U0570362

国家出版基金项目
NATIONAL PUBLICATION FOUNDATION

中国社会科学院近代史研究所中华民国史研究室

总编 李 新

中华民国史

第三卷

(1916—1920)

李 新　李宗一　主编

彭　明　周天度　等著

中 华 书 局

接袁世凯任大总统的黎元洪。

段祺瑞内阁成员合影。

张勋。

接黎元洪任大总统的冯国璋（右）和国务总理段祺瑞（左）合影。

1917 年 9 月 10 日，孙中山在广州就任军政府大元帅合影。

中国参加第一次世界大战纪念章。

1918 年 7 月，孙中山辞任军政府大元帅
后到达上海。

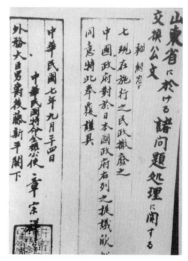

1918 年 9 月，中日关于山东问题
的换文图影。

接冯国璋任大总统的徐世昌。

徐世昌会见外国使节。

1919年2月，上海南北和议会场。

陈独秀。　　　　　　　　李大钊。

《青年杂志》创刊号。

毛泽东、何叔衡等新民学会会员在长沙合影。

蔡元培、陈独秀等与北京大学文科哲学门师生合影。

胡适。

陶行知、胡适等在美国哥伦比亚大学合影。

"五四"时期的纪念章。

1919 年 5 月 4 日，北京大学学生游行队伍。

1919 年 5 月，清华大学学生焚烧日货。

"五四"时期上海商界的罢市游行。

"五四"时期上海街头的爱国宣传。

毛泽东与辅社成员在北京陶然亭合影。

留法勤工俭学的湖南新民学会成员在法国蒙达尼合影。

周恩来等天津觉悟社成员合影。

目　录

前 言

本卷叙述的内容,是北洋军阀皖系统治时期的中国政治斗争与变化过程。时间从 1916 年 6 月袁世凯败亡后,段祺瑞上台,皖系军阀开始控制北京中央政权,到 1920 年 7 月直皖战争,直胜皖败为止,前后正好四年。

这也是中华民国史上一个较为重要的时期。

袁世凯死后,由于北洋军阀统治失去了统驭和中心的人物,便到了梁启超所谓"神奸既伏,人欲横流,而进于演水濂洞,演恶虎村"的时期,原来的"大一统"局面不复存在,各派军阀开始称雄割据。段祺瑞当政后一年,便因"府院之争"和"对德宣战案",导致了张勋拥溥仪复辟,使共和政体再一次面临倾覆的威胁。张勋复辟比"洪宪帝制"更加鄙拙可笑,因而经历的时日更短,只有十三天即告结束。复辟失败后,原来在反袁护国战争中曾一度独立的南方各省,因护法问题进一步增强了对中央政权的离心力,同北方分庭对抗,国会南迁,成立了以孙中山为首的护法军政府。为了有效地控制北京中央政权,支持、效忠或倾向于段祺瑞的一部分官僚政客,组织了安福俱乐部(即安福系),然后由安福系一手包办,违反《临时约法》,通过贿选和官宪干预,成立了安福国会。于是便形成一个国家,两个国会、两个政府的奇特局面。西南各派军阀打着护法的旗号,乘势各霸一方,并互相火并,拼命扩张自己的势力,而真正倡导护法运动的孙中山,却被排斥在一边。无论是南北战争还是南北议和,都无法消除分裂,实现统一。

北洋军阀内部因原有的凝聚力融解消失,权势之争加上在对待南方问题上的意见分歧,分裂成皖系和直系两大派。直皖矛盾的演变激化,进而超过了南北之间的矛盾,直系转向同西南军阀结成联盟,共同反对皖系,结果两派最终不得不兵戎相见,通过战争来解决问题。在皖系内部,也出现了矛盾分裂,段祺瑞手下两名主将靳云鹏和徐树铮之间的角逐日趋激烈。靳因不满徐的专横跋扈而同情直系,又成为直系争取反徐反皖的同盟者。

当南方各派军阀势力发展和直系吴佩孚崛起的时候,东北张作霖的奉系军阀势力也很快膨胀起来,摆脱了依附于皖系军阀的从属状态,成为一支影响政局的独立力量。新的直奉联盟,进一步削弱了皖系的力量,使直皖两派的均势失去平衡。曾经一度和段祺瑞合作、成为段内阁有力支柱的研究系,被段抛弃后,也站到了他的对立面。

因此,这一时期政局的一个显著特点,是多种政治势力并峙发展,权力分散,北京中央政府的权威大大削弱,不仅南方军政府所属各省拒不听命,就是北洋所管辖的省区也多貌合神离。段派军阀统治比袁世凯的统治还要脆弱得多。从总体来说,北洋军阀势力已在走下坡路,开始了它的衰落过程。

段祺瑞为了恢复北洋军阀一统天下的霸业,坚持对南方进行讨伐,企图用武力统一中国。但他力不从心,北洋派中除了徐树铮、倪嗣冲等极少数顽固主战派之外,支持赞成的人不多。段祺瑞在起初掌握北京政权时,因他曾反对袁世凯称帝,得到了包括孙中山在内的各派政治力量和社会舆论的支持,后来又因举兵讨平张勋复辟和主张对德宣战,赢得了一些声誉,但他远没有袁世凯一度有过的那种威权。他出任内阁总理,三上三下,最终还是不得不下台,退居幕后操纵。皖系自始至终,从来也没有掌握中央政府的全部权力。

皖系军阀对外投靠日本帝国主义,出卖国家主权换取日本的借款,以维持自己的统治;对内扩编军队,炫耀武力,进行内战。安福系结党营私,毁法乱政,为非作歹,祸国殃民,他们的倒行逆施,激起了全国人民的公愤,完全失去了人心。因此,在直皖战争中,皖军在战场上一触即溃,不过三四天即被直军完全打败,导致了皖系军阀统治的倾覆。从根本上说，是民意和人心决定了这一结局。

　　从中国民主革命的总进程来看，这个时期又是处于新旧交替的历史转折时刻。由于辛亥革命没有完成民主革命的任务，以孙中山为首的革命派所缔造的共和政体不断遭到破坏，反面人物一再出场，演出了洪宪帝制和张勋复辟的历史丑剧，时局愈来愈坏，人们的怀疑失望增长了，也在开始进行反思和再认识。新文化运动的兴起，就是对当时这种现实的反抗和反思的表现。人们虽然起初还没有找到正确的答案和出路，但毫无疑问是在重新探索，起步前进了。辛亥以后特别是第一次世界大战期间，随着中国资本主义经济的发展，阶级力量有了新的变化，教育也相应地得到了发展。旧的封建主义教育得到了某些改革，资产阶级的教育思想和教育制度在逐步确立，具有爱国思想和西方民主意识的资产阶级小资产阶级知识分子队伍在进一步扩大，这是新文化运动得以广泛传播的重要社会条件。俄国十月革命的胜利，给中国以重大的影响，使人们从茫茫的黑夜中看到了人类的新曙光，马克思主义从此开始在中国传播，并造就了虽然当时为数不多但却是崭新一代的共产主义知识分子，给腐败的社会机体注入了新的血液。第一次世界大战英、法、美协约国战胜德、奥匈同盟国，也给当时的思想界和政界以很大的影响。广大的资产阶级小资产阶级知识分子认为，这是公理对强权，民主主义对专制主义，和平人道主义对暴力武断主义的胜利，从而在他们中间引起了对民主主义的空泛幻想。这些都影响到五四爱国运动的发生与发展。

　　以巴黎和会中国外交失败为导火线爆发的五四北京学生爱国运动，提出"外争国权，内除国贼"，要求惩办卖国贼曹汝霖、章宗祥、陆宗舆，拒绝在屈辱的巴黎和约上签字，其矛头实质上是指向日本帝国主义和亲日卖国的皖系军阀官僚政客的。从"五四"到"六三"，爱国运动从北京扩展到上海、天津及全国各地城镇，继学生之后，工人、商界和市民也被卷了进来，形成巨大声势。军阀政府对此莫可如何，并且不得不让步，被迫遵从人民的意愿，将曹、章、陆免职，同意拒签和约。这固然是人民群众团结一致,坚持抗争的结果,同时也和当时分裂型政治,统治阶级在内政外交方面不能协调一致行动,作出统一的决定有关。五四运动标志着中国人民的空前大觉醒,第一次真正显示出人民群众的威力。它给皖系军阀统治以很大的冲击,使其威信扫地,从而也给其政敌提供了进行反皖活动的大好时机。"五四"前后,研究系活跃一时,抓住每一个有利时机,利用他们的宣传工具,对皖系旁敲侧击,对爱国运动表示同情和支持。吴佩孚在五四运动后,更是利用了人们日益增长的不满情绪,加速了他的倒皖活动进程。

中国民主革命以五四运动为契机,前后有新旧之分。资产阶级领导的旧民主主义革命,从此逐步转变为无产阶级领导的新民主主义革命。经过五四运动,中国人民重新认识了自己的历史使命和价值。一部分先进的知识分子,开始运用马克思主义的宇宙观来研究中国问题,寻求社会改造的新方案。以孙中山为首的资产阶级民主派和其他爱国进步人士也在进行新的探索。从此,同封建军阀对阵的,不止有资产阶级民主派,而且还产生了一批比资产阶级民主派更彻底更强劲有力的无产阶级民主派。历史翻开了新的一页,在曲折的道路上向前迈进了。

综上所述,一方面是北洋军阀统治集团的分裂,权势的削弱和趋向衰落;另一方面是新思潮的勃兴,人民新的觉醒,进步民主力量的重新组合聚结。把这两方面的情况结合起来观察,人们可以得出这样的认识和结论:时代在阔步向前,民意不可侮,民主的潮流不可阻挡,军阀势力虽然还可以横行一时,但历史注定他们末日的来临为期已不会很远了。

历史现象纷繁复杂,但总是有规律可循的。本卷围绕皖系军阀的兴衰这个总题,对袁世凯死后的国内政局,张勋复辟,西南军阀的纷起,护法运动,段祺瑞的卖国与独裁,南北议和,五四运动,直皖战争,以及这一时期内的中外关系等重大历史事件和专题,进行了探讨,阐明皖系军阀兴衰的历史过程及其必然性,同时兼及其他重要问题。编写者力图通过翔实的史料,按照历史的本来面目来认识评析历史事件和人物,避免主观随意性。如有舛误和不当之处，希望史学界的同行们和读者诸君多予批评指正。

本卷由彭明、周天度主编，各章执笔人如下：

前言　周天度

第一、第二章　潘荣（其中第一章第一节第一目周天度）

第三章　谢本书

第四章　方式光

第五章　章伯锋（第一节），周天度（第二节）

第六章　周天度

第七章　邓野（其中第七节彭明）

第八章　周天度

钟碧容提供了部分资料。彭明作了较多的组织工作。全书初稿由周天度、彭明进行整理修改，统一体例，核定史实，并最后定稿。邓野参加了第二、第四章部分史实的核对工作。李新、李宗一审阅了全书。

王述曾同志协助审阅了全稿，提了不少好的修改意见，并改正了某些地名、人名和引文方面的错漏，谨向他深致谢意。

第一章　袁世凯死后的国内政局

第一节　段祺瑞政府的成立

一　段内阁的组成和国会的召开

1916 年 6 月 6 日袁世凯死后,副总统黎元洪继任总统,段祺瑞则掌握北洋政府的实权,成为稳定北京政局,处理洪宪帝制善后问题的关键人物。这一政治局面的形成,不是偶然的。

段祺瑞(1865—1936),原名启瑞,字芝泉,安徽合肥人,故后来人们把以他为首的一派北洋军阀集团称为"皖系"。清末,段在天津武备学堂学习炮兵,毕业后曾被派往德国学习军事一年。1896 年,袁世凯将他调到天津小站新建陆军担任炮队统带兼随营学堂监督,从此一直受袁赏识,成为袁扩编北洋军的重要帮手,以后人们把他和王士珍、冯国璋并称为"北洋三杰"。1906 年—1909 年,段先后任北洋军第三和第六镇统制,并兼督理北洋武备各学堂,任保定军官学堂总办、陆军各学堂督理、会考陆军留学毕业生主试大臣等官职。因此,北洋军官大多是他的门生故吏。北洋政府成立后,他长期控制陆军部,为袁世凯的独裁统治效力。袁氏开始准备称帝之后,便逐步削夺段的兵权。段对此深表不满,对袁氏的帝制公开进行抵制和反对。他说:"项城本清室大臣,以赞成共和,遂为总统,今若称帝,何以对故主,微论民国。"①后来,袁派曹锟、张敬尧率北洋军讨伐护国军时,段曾遥约冯国璋暗中对张"竭力

---

① 　沃邱仲子:《段祺瑞》,上海广文书局 1920 年版,第 42 页。

阻遏，勿使进兵"①。张受段密意，后在泸州屯兵不进。陈树藩在陕西逐走袁党陆建章，实行独立，也与段祺瑞的幕后策划有一定关系②。

1916年3月下旬，袁世凯在全国人民的一致反对下，被迫取消帝制。为了收拾残局，他重新起用段祺瑞，任命他为参谋总长，随后又改任为国务卿兼陆军总长，希望段能重新效力。但袁仍抓住军权不放，对段提出的撤销海陆军统率办事处，取消拱卫军和模范团，将中央一切军权统归内阁辖制等要求，并不付诸实行，引起段的严重不满。因此，段对袁仍然采取表面敷衍、实则拆台的手法，对于南方强烈要求袁氏退位，暗中表示支持。

由于上述历史原因，特别是由于在反对帝制运动中的表现，段祺瑞在全国享有一定的"人望"。袁死后，徐世昌极力支持段，以便维持北洋势力。有能力与段竞争北洋首领地位的冯国璋，远在江南，对北京政情一时还摸不透，对段也不表示反对。黎元洪也认为不取得段的支持，就很难行使总统职权。因此段祺瑞便成为北方政局中唯一可以出来收拾局面的人选。对南方反袁势力来说，在北洋集团中，也只有段才是可被接受的人物。6月7日，黎元洪就任总统职。就在这一天，梁启超致护国军电说："收拾北方，惟段是赖。南方似宜力予援助，毋令势孤，更不可怀彼我成见，致生恶感。"③6月8日，梁又致电黎元洪："项城以违法专欲失天下望，今宜尽反其所为，请以明令规复旧约法效力，克期召集国会，委任段公组织新阁，延揽各派俊彦署理阁员，共图匡济。"④孙中山也表示了大体相同的意见，认为："黎氏依元年约法出任总统，乃当然之事，余甚表同意。段氏维持秩序，尤属有裨大局，厥功甚伟。日来有人主张调护国军若干入卫京师者，不知段氏既能膺此艰巨，人民安堵，

①　沃邱仲子：《段祺瑞》，第48页。
②　沃邱仲子：《段祺瑞》，第49页。
③　《梁任公致护国军电》，《申报》，1916年6月9日。
④　《梁任公复黎大总统电》，《申报》，1916年6月10日。

又安用此一着？调兵多，则力有未逮，少则仍无济于事，是徒伤北军感情，且先示人以不信，余甚不取也。"①6月23日，他在致段祺瑞的信中说："民国初元，曾亲教诲，伟人丰采，至今不忘。盖当南北议和之际，惟执事为军人领袖，赞成共和，大局以定。洎帝制发生，尤能以大义自持，冒犯险难，终始不变，求之当世，诚拔萃而寡俦。而今日天下汹汹，扶危定倾，又唯执事是赖，此文所倾服不置也。……愿执事翊赞当机，不为莠言所惑，重陷天下纷纠，亦文之望也。"②南方其他一些实力派人物，如陆荣廷、唐继尧、龙济光等，对段祺瑞也没有恶感，愿意承认他在北京中央政府中的地位。

但是南方认为，段内阁作为事实上的内阁，牵涉一个法理问题，同时还存在着一个法统问题。所谓法理问题，就是段祺瑞的国务卿是由袁世凯任命的，国会早已被袁解散，其任命未经国会同意，因而是不合法的；国务卿的"卿"这个名词，本身就含有帝制味道，是帝制运动的产物。而且国务院中除段祺瑞等一二人外，其他大多数人是属于要清算惩治的帝制祸首，这样一个为帝制派盘据的内阁，是他们所不能接受的。南方曾致电北京政府，指出："国务员多为袁党，应即改组内阁。"并要求改国务卿为总理③。所谓法统问题，就是约法与国会问题。南方认为，1913年国会解散后，帝制运动即已开始进行，只有国会未解散以前所制定的法律如《临时约法》等，才能承认有效；袁世凯制定的新约法等是不合法的，应当废除。黎元洪继任总统，任期应当依据《总统选举法》第五条的规定，至前总统任期满时（1918年10月10日）为止。前国会应立即召集，新副总统由国会选出，新内阁由黎元洪总统任命，由国会同意，才能生效④。这就是说，南方对段内阁的赞同和支持是有条件的。

---

① 《南海中山对于时局之主张》，《申报》，1916年6月13日。
② 《致段祺瑞函》，《孙中山全集》第3卷，第311—312页。
③ 《译电》，《申报》，1916年6月16日。
④ 《译电》，《申报》，1916年6月16日。

正是由于上述原因,南方在袁世凯死后向北京政府正式提出三大要求:一、恢复旧约法;二、召集国会;三、惩治祸首。南方需要看看段祺瑞对这些问题采取什么态度,然后才能决定弃取。如果段能满足这些要求,当然会得到南方的支持,从而可以实现南北的和解与统一。这是南方各派政治力量的一致主张,尽管他们所抱的目的各有不同。当时南方和段祺瑞之间,实际上是一种相互依存、相互制约、相互利用的关系。南方向北京政府提出恢复旧约法、召集国会、惩办帝制祸首的要求,需要黎元洪下命令,并且必须有段祺瑞的副署,才能有效,如果不承认段内阁,则其所副署的命令就不能发生效力;另一方面,段内阁只有得到南方的支持,国会的同意,才是合法有效的。

对于南方所拥戴的黎元洪出任大总统,段祺瑞首先表示赞助,并予以坚决支持。6月5日,袁死的前一天晚上,段即往黎宅请他"依据约法,出任重寄,维持大局"①。6日晨袁气绝后,段又两次谒黎,重申前请②。7日,在黎元洪就职典礼上,他代表全体阁员致祝词,表示"余等必竭力赞助总统"③。对于当时北京反对黎出任总统的一些军事头目,段作了不少说服工作。人们拿这件事和前此袁称帝时他采取抵制反对的态度进行比较,认为他还是泾渭分明的。报纸评论说:"今日各界公电纷纷,谓大总统未能完全自由者,不仅疑帝制派人尚盘据政局中,亦有一部分人疑段之态度不甚分明,或谓为人利用也。吾谓段于前既反对帝制而退,今又首先拥护总统,态度无所谓不分明。"④

关于恢复旧约法和召集国会问题,段祺瑞开始时态度迟疑,但随后不久还是同意了。6月29日,北京政府国务院开会,最后决定恢复旧约法,废止新约法,并决定于8月1日以前召集国会。当日晚,由段祺

①　《黎总统就任纪》,《申报》,1916年6月10日。
②　《黎总统就任纪》,《申报》,1916年6月10日。
③　《黎总统正式就任之详情》,《申报》,1916年6月11日。
④　《段祺瑞之个人与时局》,《申报》,1916年6月13日。

瑞和内阁其他成员副署，黎元洪以大总统名义公布的命令说："共和国体，首重民意，民意所寄，厥惟宪法，宪法之成，专待国会。我中华民国国会自三年一月十日停会以后，时越两载，迄未召复，以致开国五年，宪法未定，大本不立，庶政无由进行，亟应召集国会，速定宪法，以协民志而固国本。宪法未定以前，仍遵行中华民国元年三月十一日公布之《临时约法》，至宪法成立为止。其二年十月五日公布之大总统选举法，系宪法之一部，应仍有效。"①与此同时，黎还依《临时约法》第五十三条，颁布了"续行召集国会，定于本年八月一日起继续开会"的命令②。

这样，新旧约法存废问题的争持遂告一结束。在肃清帝制、恢复共和方面，段祺瑞虽然是艰难地然而是果敢地迈出了一大步，从而也就为消除南北对抗，实现和解，扫清了最大的障碍。《申报》为此发表的一篇《时评》说："西南军起义，即宣言为约法而战，故帝制取消而仍进战不已，袁死黎继而仍备战不已，以约法未复，战之目的未尽达也，今则可谓目的尽达矣。以南方最初之主张言，既可谓为完全达到，而以最近一致之要求，又可谓为已得三分之二。仅余惩祸首一端未有表示，然亦屡传其拟议办法，当必有以慰我国人。然则南方之志愿所未满者，亦无几矣。……而民国之无穷之希望，亦自此始矣。吾故为今日之约法国会贺。"③著名记者邵飘萍也在一篇短文中指出："上之数者，可谓根本解决。收效稍迟，而结果圆满，可深为民国前途庆者。"④

同一天，黎元洪颁布命令，任段祺瑞为国务总理，废去原来国务卿的头衔⑤。

---

①　《命令》，《申报》，1916年7月1日；《政府公报》，1916年6月30日，第175号，命令。

②　《命令》，《申报》，1916年7月1日；《政府公报》，1916年6月30日，第175号，命令。

③　《最后之目的已达》，《申报》，1916年7月1日。

④　《根本解决》，《申报》，1916年7月1日。

⑤　《命令》，《申报》，1916年7月1日；《政府公报》，1916年6月30日，第175号，命令。自6月30日起，段祺瑞所副署的命令，头衔一律改称国务总理。

关于惩办帝制祸首问题,西南原提出一个名单,除筹安会"六君子"杨度、孙毓筠、严复、刘师培、李燮和和胡瑛外,加上梁士诒、朱启钤、段芝贵、周自齐、张镇芳、雷震春、袁乃宽,共十三人(人称"十三太保")。段祺瑞起初不同意惩办,主张将帝制派与被缉拿的国民党人一起予以特赦。黎元洪认为不能将两者混同起来,因而黎、段在这个问题一度发生意见分歧①。后来因为南方坚决要求惩办,而北方又有一些人求情,为了满足南方的要求,又不多事株连,经过多次磋商研究,北京政府于7月14日发表惩办帝制祸首命令,将杨度、孙毓筠、顾鳌(前法制局局长)、梁士诒、夏寿田(内史,一切帝制文电多出自其手)、朱启钤、周自齐、薛大可(《亚细亚报》经理)八人列为祸首,"着拿交法庭详确讯鞫,严行惩办,为后世戒,其余一概宽免"②。

在北京惩办祸首令发表的同一天,南方鉴于恢复旧约法和召集国会这两个最主要的目标已经达到,也发表通电,宣布将军务院予以撤销③。

北京政府的惩办祸首令,自然是很宽大而不彻底的,而且在命令发表前祸首们早已逃之夭夭(只顾鳌一人乘车离京时在车站被捕);命令发表后又未采取有力措施,将他们拿交法庭惩办。但是段祺瑞还是协同黎元洪为肃清帝制余毒,废除了不少袁世凯制定的反对共和、实行专制独裁的条例制度和设立的机构。

6月10日,北京政府下令裁撤陆海军大元帅统率办事处,其职权分别归还陆军部、海军部、参谋本部接掌办理④。

袁世凯为巩固其统治,镇压反对派,曾于1914年4月设立京畿军政执法处,派其党羽杀害异己,罪恶昭彰。6月19日,北京政府特明令予以撤销⑤。该处奉令后,于6月29日将已结未结各案分别情况,移交

①　《东方通讯社电》,《申报》,1916年6月13日。

②　《命令》,《申报》,1916年7月16日。

③　《军务院宣告撤销电》,《申报》,1916年7月18日。

④　《命令》,《申报》,1916年6月12日;《政府公报》,6月11日,第156号,命令。

⑤　《命令》,《申报》,1916年6月21日;《政府公报》,6月20日,第165号,命令。

陆军部接收核办。各地的军政执法处，亦同时取消。

袁世凯蔑视人权，草菅人命，违反原《暂行刑律》第四十条"死刑非经司法部复准，不得行之"的明文规定，往往通过咨转、呈请、批准等程序，随意执行死刑，妄施杀戮。7月1日，北京政府申令："死刑非经司法部核准回报，不得执行。""所有关于执行死刑之咨转、呈请、批准等程序，均应废除。"①

7月6日，北京政府发布命令，废止袁世凯颁布的《颁爵条例》、《惩办国贼条例》、《附乱自首特赦令》、《纠弹法》②。这些条例都与帝制有直接或间接的关系，是袁世凯实行窃国，阴谋复辟帝制，借以惩办反对派及奖励其鹰犬爪牙的工具。这一措施颇为舆论所重视。《字林西报》发表评论指出："今晨若干命令颇可满意，足征政府步趋渐正，已以反对帝制者所注意之点为然。""此举尤可为南方所嘉纳，视为政府意在悉反袁氏所行之明证。"③

7月8日，北京政府废止袁世凯颁布的《文官官秩令》④。前此两日（6日），为慎选人材，郑重吏治，北京政府成立由十人组成的"文官甄用委员会"，由段祺瑞任委员长⑤。

7月13日，北京政府申令释放政治犯，并撤销政治犯通缉各案。令文指出："现在《惩办国贼条例》及《附乱自首特赦令》业经废止，所有本年七月十二日以前因政治犯被拘禁者，应即一律释放，其通缉各案亦一律撤销。但触犯刑事罪名者不在此限。"⑥命令公布以后，在上海、湖南等地陆续释放了因反袁而被拘捕的爱国正义人士。

---

① 《命令》，《申报》，1916年7月3日。
② 《命令》，《申报》，1916年7月9日。
③ 《译电》，《申报》，1916年7月9日。
④ 《命令》，《申报》，1916年7月11日。
⑤ 《政府公报》，1916年7月9日，第184号，呈。
⑥ 《命令》，《申报》，1916年7月15日；《政府公报》，1916年7月13日，第188号，命令。

　　袁世凯当政期间,厉行箝制舆论,取缔言论自由,国内报纸遭统率办事处、政事堂以及各地军事长官知照或函请内务部查禁者不少。袁死后,上海日报公会电请解禁。7月6日和8日,北京政府内务部先后两次咨各省区:"现在时局正宜宣达民意,提携舆论",前此查禁各报"应即准予解禁","一律自可行销"①。解禁的报纸计有上海《时事新报》、《民国日报》、《中华新报》、《民信日报》、《共和新报》、《民意报》等共二十余种。7月16日,北京政府又颁布命令,废止《报纸条例》②。国务会议在讨论这一问题时,有一部分人不同意,另有人则提出此次条例废止后,仍采用从前报律。段祺瑞不赞成,认为"报律系订自前清,尤不宜于共和国体,应暂持放任主义,俟将来查看情形再定办法"③。

　　7月18日,北京政府申令废止袁世凯制定的《官吏犯罪特别管辖令》、《官吏犯赃治罪法执行令》、《徒刑改遣条例及施行细则》、《清查地亩诉讼变通办法》、《简任法官预保办法》、《道署暂设上诉机关易答条例》④。

　　此外,还有袁世凯假托国民总代表名义助成帝制的参政院、平政院所属之肃政厅,和在总统府内设立的含有帝制性质的内史,以及在国务院设立的临时机关等机构和职官,也都予以裁撤。现行的国务会议章程也被取消,仍改用1912年制定的国务会议章程。

　　段祺瑞一面配合黎元洪对政治体制进行改革,一面积极着手改造旧内阁,组织新内阁。他原先提出一个阁员名单,由汪大燮任外交总长,许世英任内务总长,陈锦涛任财政总长,刘冠雄任海军总长,章宗祥任司法总长,张国淦任农商总长,范源濂任教育总长,曹汝霖任交通总

---

　　①　《政府公报》,1916年7月9日、10日,第184、185号,咨;《恢复言论自由》,《申报》,1916年7月13日。

　　②　《命令》,《申报》,1916年7月18日。

　　③　《国会与报界之今后责任》,《申报》,1916年7月22日。

　　④　《政府公报》,1916年7月19日,第194号,命令。另见《申报》,1916年7月20日。

长。这个内阁名单与原来旧内阁变化不大,交黎元洪审核盖印时,黎为了多容纳几个南方人士以争取南方,实现南北和解,将其中刘冠雄、章宗祥、曹汝霖、范源濂四人换掉,加入唐绍仪、孙洪伊、程璧光、张耀曾,并征求段祺瑞的意见,段也表示同意①。6月30日,即段被任命为国务总理的第二天,黎元洪发布命令,任命唐绍仪为外交总长,许世英为内务总长,陈锦涛为财政总长,程璧光为海军总长,张耀曾为司法总长,孙洪伊为教育总长,张国淦为农商总长,汪大燮为交通总长,段祺瑞兼任陆军总长。唐绍仪未到任以前,由陈锦涛暂兼署外交总长;张耀曾未到任以前,由张国淦暂兼署司法总长;同时免去原兼署外交总长、交通总长曹汝霖、内务总长王揖唐、海军总长刘冠雄、司法总长兼农商总长章宗祥、教育总长张国淦的职务②。

　　这个内阁名单除陈锦涛、张国淦两人外,其余都是新任命的,南方人士占有相当大的比重,表明段祺瑞作了很大的让步。但是,南方对这个"混合体制"的内阁并不满意,原因是内阁中还保留有帝制分子。许世英长内务,张国淦长农商,不仅南方人士反感,北方也有人不表赞同。7月3日英文《京报》说:他们两人"一为声名狼藉之徒,一为帝制余孽同类,亦得公然备位阁中,明令发表,举国哗然,可见好恶人有同心,天下岂无公论!"③7月6日,军务院派代表高尔登、方声涛进京谒见黎元洪,于陈述军务院拥护政府之诚意的同时,希望政府:一、肃清帝制余孽;二、"内阁虽成立,良莠不齐,应摒去不肖分子"④。黎对南方的意见表示可以理解。

　　名单发表后,黎元洪、段祺瑞随即一再致电唐绍仪、孙洪伊、张耀曾等人,敦请他们速来京就职。7月3日,段祺瑞致电唐绍仪说:"公长外

---

　　①　张国淦:《中华民国内阁篇》,《近代史资料》总40号;《东方通信社电》,《申报》,1916年7月3日。

　　②　《命令》,《申报》,1916年7月2日。

　　③　转引自《内阁人物之评论》,《申报》,1916年7月6日。

　　④　《专电》,《申报》,1916年7月7日。

交,历数十年,硕德重望,中外镜仰,斲轮老手,倾盖旧交,公谊私情,两无可诿。外交一席,为国暂屈,星驾北遄,无任企祷。"①同日,段致孙洪伊的电文说:"世衰学敝,雅待扶轮。先生硕望通才,万流仰镜,尚希慨念时艰,勉纡星轸,士林额庆,大局蒙庥。戒形〔行〕有期,敢祈电示。"②但唐、孙由于:第一,阁职的任命,事先未征得他们本人的同意;第二,内阁中还保留有与帝制有关系的人如张国淦、许世英;再加上他们对北洋政府的不信任感,都表示不愿就职。唐绍仪复电段说:"为国驰驱,本仪素志,果能尽职,何必在位。逖听殊猷,曷胜企跃。知我爱我,毋强所难。"③孙洪伊在致张继的电文中指出:"此次改组,似去轨道尚远。况内阁伏有黑幕,如果成立,必增长官僚势力,政治终难清明,循是以往,国将不国。"④

黎元洪希望唐绍仪、孙洪伊出来共济国事,固然出于诚意,段祺瑞也很希望他们就职,"借便时局之收拾"⑤。为了尽快组成一个为南方所满意,能够得到国会通过的内阁,黎、段一方面派张继、王正廷前往上海促驾,另方面对内阁名单再次作了更动。7 月 13 日,批准汪大燮辞职,改任孙洪伊为内务总长,许世英为交通总长,范源濂为教育总长⑥。后来张国淦也辞职。为表示容纳原军务院人士,又任命谷钟秀接替张国淦任农商总长。孙洪伊在黎元洪、段祺瑞一再敦请和一些南方人士的劝说下,于 7 月 27 日抵北京就内务总长职。唐绍仪则始终不肯北来。

当时,进步党人对黎元洪竭力延揽国民党人士唐绍仪、陈锦涛、程璧光、张耀曾和倾向国民党的孙洪伊非常不满。7 月 11 日,梁启超在

① 《段总理再致唐少川电》,《申报》,1916 年 7 月 5 日。

② 《段总理致孙洪伊电》,《申报》,1916 年 7 月 5 日。

③ 《唐少川再复段总理电》,《申报》,1916 年 7 月 5 日

④ 《孙洪伊复张溥泉电》,《申报》,1916 年 7 月 7 日。

⑤ 《新内阁劝唐孙就职》,《申报》,1916 年 7 月 12 日。

⑥ 《命令》,《申报》,1916 年 7 月 15 日。

致西南各省的电文中说："各事并非全由段作主,有咎黎当分任。前次任阁员,除许(世英)外,皆黎亲简也。"①实际上黎元洪出任总统之初,对南方人士,无论是国民党人还是进步党人,都竭力拉拢。黎曾电邀梁启超进京"共商国是",但被婉言谢绝。7月初,黎又任梁为总统府秘书长,召梁迅即进京,也没有得到响应。梁启超原是热衷政治的,此时为何一再辞官不就? 原因有二:一是他周围的同党多劝他暂不出山,以免重蹈"第一流人才内阁的覆辙"②。二是他本人也考虑到段祺瑞与黎元洪矛盾重重,出任总统府秘书长,无异"作重茧以自缚"。"今若碰在此风头上,为《恶虎村》、《水帘洞》剧本中凑一脚色,这是何苦"③。

梁启超既一再推辞,所以黎元洪没有举荐梁入阁。黎不知道,梁本人虽暂不愿出山,但他却不愿意看到国民党人纷纷入阁。梁的本意是,自己暂不出来,以在野从事社会教育为名,评论时政,既可赢得声望,又不冒风险。8月,梁在向记者发表谈话时,透露了他的这种思想,说:"立宪国之政治事业,原不限于政府当局,在野之政治家亦万不可少。对于政府之施政,或为相当之应援补助,或为相当之监督匡救,此在野政治家之责任。"④梁启超曾想推荐几个心腹当官,但没有得到满足,所以他牢骚满腹,并把怨气发泄到黎元洪身上。

内阁任命后,就等召集国会予以追认了。

6月中旬,当北京政府还未作出恢复旧约法、召集国会的决定时,参众两院议员发出《集会紧急通告》,宣称"国事危迫,一发千钧",根据《临时约法》第二十条"参议院得自行集会闭会"的规定,要求所有议员于6月30日以前抵达上海,7月10日两院在上海合行开会⑤。政府决

---

①　《致陈炳焜陆荣廷电》(1916年7月11日),《护国之役之电稿》。

②　《梁启超年谱长编》,上海人民出版社1983年版,第792—793页。

③　《致与庐诸贤书》(1916年9月13日),《梁启超年谱长编》,第794页。

④　《与报馆记者谈话》,《饮冰室合集》专集之三十三,第132页。

⑤　《国会议员紧急集会通告》,《申报》,1916年6月17日;《民国议会集会通告》,《申报》,1916年6月23日。

定恢复旧约法,于8月1日召集国会后,参众两院又联合发出通告,要求所有议员于7月31日以前齐集北京,俟足法定人数,即行开会①。与此同时,政府内务部也派代表沈钧儒、孙熙泽于7月中旬赴沪欢迎议员团。

8月1日,参众两院议员在北京众议院举行开会式,这次会议名称为国会第二次常会,到参议员一百三十八人,众议员三百一十八人。会场中,"议员彼此握手,频语寒暄",对国会的恢复,"不胜悲喜交集"②。黎元洪、段祺瑞及其他在京阁员均出席。由参议院议长王家襄致开会词,黎元洪致祝词。

国会开会后,政府计划交议的议案有:一、阁员的追认;二、副总统的选举;三、各种法律的修正;四、宪法的制定;五、民国六年度的预算案③。其中制定宪法是最重要的,而人们所最关心的,则是追认阁员和选举副总统问题。在这个问题上开始出现了一些意见分歧。在程序和人选问题上,属于南方国民党的一些议员,主张先选举副总统,再行追认阁员,认为副总统选出后,"则民国根本上要点既定,余则均易表决"④。其意图是想选段祺瑞为副总统,而将内阁总理一席留给唐绍仪,这样可以避免"武人内阁"的称号。政府的意见,以为"国会倘能先将内阁承认一项解决,则中央行政基础即可从兹巩固",内阁总理以段祺瑞担任"决能称职"⑤。《申报》在一篇评论中指出:"国会开后之第一幕,为副总统与内阁总理之两问题,而实则为唐、段二人之问题。副总统之名虽尊,然而宾也,无实权者也。内阁总理之名虽尊不如副总统,然而主也,有实权者也。取实权而让空名,南北意见之所同。此两问题

---

①　《民国议会集会改正地点通告》,《申报》,1916年7月11日。

②　《纪国会第二次开幕情形》,《申报》,1916年8月5日。

③　《译电》,《申报》,1916年7月26日。

④　《国会议员之薪俸与议题》,《申报》,1916年7月30日。

⑤　《国会议员之薪俸与议题》,《申报》,1916年7月30日。

孰先决者即孰方胜,故两问题亦可视为一问题也。"①

段祺瑞当然不想当那种名虽尊而无实权的副总统,而将拥有实权的总理位置让给别人;而且在他看来,阁揆一席,"非彼莫属",惟有他才能担当此任,他是"当仁不让"的。他屡次对人说:"近闻外间有人主张举余为副总统,余实感激,但陆军总长苟无相当继任之人,恐不足收统驭全局之效;即总理一席,尤非南方允乎不可。余虽驽下,自愿早避贤路,然遇万不得已时,亦断不以维持之责诿之他人。余意两年以内,为收拾难局最紧要之关头,过此则主持之人较易为力矣。"②他还声称:"某以国事为重,但使贱躯可以勉支,亦断不肯撒手而去。"③有人因风闻段有"辞让政权"之说,写信劝段勿让,他复信说:"瑞本忧患余生,饱尝世变。……昔创共和,曾与其役,今因纷革,竟召沦胥,罪案千秋,将何以自解。是以幡然改计,重入漩涡,国是未宁,誓不返顾。非谓衰庸必能有裨,盖援佛氏'我不入地狱,谁入地狱'之说,爱国之念,犹之诸君子也。所幸并时贤达,能谅愚衷。"④言下之意,他是决心非任总理不可的。唐绍仪则表示,他既坚辞外交总长,更绝无想出任国务总理的意思。

黎元洪和国会大多数议员以及舆论都表示支持段祺瑞膺任总理,认为"改组内阁宜出以慎重","段氏显为暂时必要的人物"⑤。南方也表示同意总理一席可不更动。那些曾经主张先选副总统,举唐绍仪为总理的议员们也不再坚持自己的意见。经各方面磋商,决定先追认内阁,副总统选举暂缓进行,并属意此席将来留给冯国璋。

8月21日,众议院开会,到四百一十三人,已足法定人数,由副议长陈国祥主持会议,宣布本日第一议案为《特任段祺瑞为国务院总理咨

---

① 《杂评·先决问题》,《申报》,1916年7月30日。

② 《将来内阁总理之人物》,《申报》,1916年8月3日。

③ 《内阁总理之将来人物》,《申报》,1916年8月4日。

④ 《段芝泉并无辞让政权意》,《申报》,1916年8月18日。

⑤ 《内阁问题之最近主张》,《申报》,1916年8月8日。

请同意案》。后由黎元洪的代表黎澍登台陈述理由。他说:"大总统依约法第三十四条特任(段祺瑞)为国务总理,咨请追认。查段氏在民国成立之初,厥功甚伟,虽属军人,而于政治经验甚富。当民国二年时,曾代理国务总理,成效昭著。当帝制发生时,极力反对。民国恢复,大局多赖维持。兹特任为国务总理,尚希表示同意。"①接着投票,结果同意票四百零七票,不同意票七票,以绝对多数通过。会后黎元洪立即通电各省知照。23日,参议院开会投票,又以一百八十七票对六票的绝对多数通过。9月1日和4日,唐绍仪、陈锦涛、程璧光、张耀曾、孙洪伊、范源濂、许世英、谷钟秀八名阁员也先后由众议院和参议院分别予以通过。至此,段祺瑞内阁正式成立。

段祺瑞组阁,掌握北京政府大权,从此开始了皖系军阀控制中央政权的历史。护国战争结束了袁世凯推行的帝制连同袁本人的生命。段祺瑞在全国反帝制运动浪潮的影响与推动下,和黎元洪一道,继续清除帝制的遗毒,恢复了旧约法,召集了国会。但是,段并不真心实意地拥护共和。以孙中山为首的资产阶级民主派缔造的共和制度,并没有真正得到恢复。对约法和国会,皖系军阀可以随时践踏它,毁弃它。段祺瑞政府仍然是封建专制主义的政权。袁世凯统治曾经赖以存在的旧的封建官僚势力和思想并没有触动,依然原封不动地保存下来。就在段内阁成立之初,1916年9月,著名的民主革命家和教育家蔡元培在一篇文章中曾深刻地指出:"袁氏的罪恶,非特个人之罪恶也,彼实代表吾国三种之旧社会:曰官僚,曰学究,曰方士。畏强抑弱,假公济私,口蜜腹剑,穷奢极欲,所以表官僚之黑暗也;天坛祀帝,小学读经,复冕旒之饰,行拜跪之仪,所以表学究之顽旧也;武庙宣誓,教会祈祷,相士贡谀,神方治疾,所以表方士之迂怪也。今袁氏去矣,而此三社会之流毒果随之以俱去乎?"②这实际上也是段祺瑞政权的社会基础。袁世凯的败

---

① 《参众两院开会纪》,《申报》,1916年8月25日。

② 蔡元培:《对于送旧迎新二图之感想》,《旅欧杂志》第3期,1916年9月15日。

亡,解决了全国人民与帝制的矛盾,表面上暂时一度呈现出"维新"、"统一"的局面,但是民主共和与封建专制独裁这个根本性的矛盾依然存在,南北之间的矛盾也还存在。北洋军阀以及其他官僚政客们,为了自己的私欲和集团派系的利益,都想顽强地表现自己。在新的历史条件下,新的总统府和国务院之间的矛盾,北洋军阀内部的矛盾,以及南方各派系之间的矛盾,又开始出现,并且随着事态的发展和段祺瑞独裁专制的加强而迅速激化起来。

二　各省督军、省长的任命

段祺瑞在组织新内阁的同时,即着手安排地方军政长官,首先是省一级。对此,段祺瑞是按军事实力来进行分配的。当时,全国有三种不同性质的武装力量:一、北洋军(包括依附于北洋集团的张作霖、阎锡山等地方军阀)。这一部分武装力量拥有众多军队,并占据了东北、华北、西北、华中、华东大部(当时北洋军尚未占领浙江)和华南一部(福建及海南岛)。二、进步党和西南实力派的武装力量。它们占有云南、贵州、广西、四川四省,以及广东绝大部分地区和湖南部分地区。三、国民党的武装力量。在护国战争中,李烈钧领导护国军第二军(滇军两师组成),经贵州、广西进入广东,当时驻在韶关一带;程潜组织的护国军(共三旅),占据了湘西,7月初驱逐汤芗铭,控制了长沙①;居正领导的中华革命军东北军(共二师一混成旅),占据了山东潍县一带②。

上述三种力量,当然是以北洋派实力最为雄厚,占绝对优势;其次,西南实力派经营已久,也有一定的兵力;国民党及其军队则比较涣散,根基也不牢固。特别是山东中华革命军东北军,由于孙中山在袁世凯

---

① 程潜:《护国之役前后回忆》,《文史资料选辑》第48辑,第39—42页。参见邹鲁:《中国国民党史略》,商务印书馆1946年再版,第79页。

② 《中华革命军改制文件》,台北《革命文献》第46辑,第329—339页。

死后,即力主解散武装,"息纷争,事建设",已处在收束阶段①。

段祺瑞之所以急于确定各省军政长官,是打算稳定北洋派,瓦解西南护国阵营,加强对地方的控制,实现北洋政权下的"统一"。

7月6日,北京政府重新任命了全国各省军政长官。因军务院多次要求废除有帝制色彩的将军、巡按使名称,改称都督、民政长,北京政府遂采取妥协的做法,将都督、将军、民政长、巡按使等名称都予废除,各省理军务长官改称督军,民政长改称省长。其他职权机关,则"暂仍其旧"②。各省军政长官的名称虽然变了,但实际内容并没有多少改变。北洋派控制的各省督军几乎是袁世凯在世时的原班人马。其名单如下:奉天督军兼省长张作霖,吉林督军孟恩远、省长郭宗熙,黑龙江省长毕桂芳兼督军,山东督军张怀芝、省长孙发绪,河南督军赵倜、省长田文烈,山西督军阎锡山、省长沈铭昌,江苏督军冯国璋、省长齐耀琳,安徽督军张勋、省长倪嗣冲,江西督军李纯、省长戚扬,福建督军李厚基、省长胡瑞霖,湖北督军王占元、省长范守佑,直隶省长兼督军朱家宝,新疆省长兼督军杨增新,甘肃省长兼督军张广建,陕西督军兼省长陈树藩③。上述除陕西督军陈树藩是袁世凯死后由段祺瑞任命的外,其余十三省新任命的督军就是原来本省的将军。为了达到既能安抚西南实力派和进步党,又不影响日后时机成熟时"统一"南方的双重目的,段祺瑞在安排南方独立各省的督军问题上用了很大心机。7月6日北京政府的命令中,南方独立各省除云南督军唐继尧和贵州督军刘显世为原来的本省将军外,其他督军、省长均换了人④。

----

① 《中华革命军改制文件》,台北《革命文献》第46辑,第329—339页。并参考辜仁发:《中华革命军山东反袁战争亲历记》;锺冰:《中华革命军讨袁始末》,《文史资料选辑》第48辑。

② 《政府公报》,1916年7月7日;《申报》,1916年7月7日。

③ 《命令》,《申报》,1916年7月7日;《政府公报》,1916年7月7日。

④ 四川督军兼省长蔡锷,广东督军陆荣廷、省长朱庆澜,广西督军陈炳焜、省长罗佩金(后又改为陈炳焜兼署),云南督军唐继尧、省长任可澄,贵州督军刘显世、省长戴戡,浙江督军兼省长吕公望,湖南督军兼省长陈宧。(以上均见1916年7月7日《政府公报》。)

　　对地方政权的分配，进步党人本来是抱着很大期望的。如前所述，梁启超等热烈拥段，其目的除与国民党人对抗外，还有以此换取段的支持，在西南取得一两省地盘的意图。

　　在段祺瑞着手安排各省军政长官之前，梁启超即开始运动段，要他多起用进步党人担任西南地区各省的军政长官。7月3日，梁致电范源濂说："亮侪（籍忠寅）、印昆（周印昆）、孝怀（周善培）、佛苏（徐佛苏）、幼苏（陈廷策）等皆巡按妙选，得间不妨切实推毂。最好令黎、段访才于我西南数省；军民长官之调动，事前先与我商，必较妥洽。循若（戴戡）必须有位置。"①但是，段祺瑞没有满足进步党人的要求，仅任命戴戡一人为贵州省长。而进步党人最为属意的是湖南。戴本人为避免与接近进步党的刘显世冲突，也不愿任贵州省职。10日，梁启超亲自出面致电段祺瑞说：戴戡"才具开展而醇洁稳健，实当代有数人才，不宜弃置，能量移他省最善"②。13日，梁又电当时已在北京的籍忠寅，要他出面运动黎元洪、段祺瑞将戴戡改任湖南省长，电报说："循（戴戡）长黔，实不宜。陈（宧）既不能入湘，干（陆荣廷）又不能久，惟以循任湘省长，迅速到任，俾陆以湘委之而自解粤纷，则两局皆略定耳。"③同日，他并电请陆荣廷也向黎元洪、段祺瑞推荐戴戡④。但是，段祺瑞在这一问题上根本没有理会进步党人。16日，北京政府任命刘人熙暂代湘督，作为缓和国民党人反对陈宧的临时措施⑤。20日，蔡锷向梁启超表示，愿意回家乡湖南任职，以便养病。梁接电后认为这也是插手湖南的好借口，立即电请熊希龄运动段祺瑞实行⑥。但是，梁的这个计划也被段搁

　　①　《致范源濂》(1916年7月3日)，《护国之役文电稿》。

　　②　《致段祺瑞电》(1916年7月10日)，《护国之役文电稿》。

　　③　《致籍忠寅》(1916年7月13日)，《护国之役文电稿》。

　　④　《复陆荣廷电》(1916年7月13日)，《护国之役文电稿》。

　　⑤　7月4日，汤芗铭被湖南军民赶走。6日，北京政府发表当时从四川退到鄂西的陈宧为湖南督军兼省长，遭到湖南各界的强烈反对。

　　⑥　《致熊希龄电》(1916年7月25日)，《护国之役文电稿》。

置不用。很明显,湖南是南北军事要道,如果蔡锷在湘,湖南就可能成为南方的屏障,对以后北洋军南下不利。段内心还是要北洋派一统天下的。后来段选中文人出身且当时在湘军中尚无很大实力的谭延闿暂代湘督,显然也是另有打算的。段还一度策划任命戴戡为湖南查办使,调解湖南地方势力与北洋军的矛盾,实际上是要进步党人为北洋派火中取栗。梁启超虽然曾经极力为戴戡争湖南省长一职,但此时湖南形势已变,戴前往查办"必无效果",只能与各方"徒生恶感",只得又为戴力辞此职。

梁启超对北京政府仅任命蔡锷为四川督军而未予戴戡以湘省省长极为不满。他向同党大发牢骚说:"我辈为大局如此尽力,若结果为彼,真短气!"①

从7月6日对全国各省军政长官的任命看,段祺瑞似乎在浙江、四川、广东等省的问题上对进步党人和西南实力派做了些让步。但如仔细分析,就可以看出,这些妥协大都是在军事形势不利的情况下被迫做出的。浙江、广东就是这种情况。(四川问题,留待后述)

1916年4月,袁世凯在浙江的走卒朱瑞和屈映光先后被浙江军民赶走。5月6日,吕公望被推举为浙江都督,宣布独立,并按照西南军政府纲领,组织浙江护国军政府。段祺瑞对于浙江脱离北洋集团的束缚当然是不甘心的,但在袁世凯死后南北妥协的形势下,又不愿因浙江而影响大局。况且浙江在北洋势力包围之中,打入的机会很多。因此,段在安排各省军政长官时承认了浙江的现状,任命吕公望为浙江督军兼省长。

对广东,段祺瑞的方针是竭尽全力支持龙济光任督军,但由于各方激烈反对而未能达到目的。龙在袁世凯死后第三天,即宣布广东取消独立。当时李烈钧率滇军至粤北,拟假道韶关进入江西,但驻在韶关的龙济光的振武军,紧闭城门,不准滇军通过,并在韶关城上架炮轰击滇

① 《复周善培电》(1916年7月24日),《护国之役文电稿》。

军,引起战争。振武军和滇军发生冲突后,龙济光即向段祺瑞乞援。段电令江西将军李纯将北洋军集结于赣南,准备出击李烈钧。但北洋军尚未动作,振武军已被滇军击败。陆荣廷又令桂军乘势由西路攻入三水,将龙济光困在广州。这时,如果北洋军入粤,就意味着一场新的南北战争。段祺瑞权衡局势,感到在政治上、军事上均无把握,只好暂退一步。7月6日,北京政府任命陆荣廷为广东督军,朱庆澜为广东省长,龙济光调任两广矿务督办。但是,段祺瑞同时又以陆荣廷本人尚在湖南为借口,令陆暂署湖南督军;在陆未到广州以前,仍以龙济光暂署广东督军。对与振武军开仗的滇军领导人李烈钧,段则未予任何位置,仅令其"来京听候任用"①。从北京政府处置广东的命令来看,段祺瑞仍在拖延时间,力争保留龙济光广东督军的地位。但是,包括梁启超进步党人在内的南方各派,都对龙衔恨已久,坚决反对龙继续督粤。陆荣廷也没有理睬北京政府暂行署理湘督的命令,而于7月10日返回广西。8月下旬,陆率兵入粤,以武力逼迫龙济光交卸。龙在桂滇大军的压力下,被迫放弃广州。

对南北用兵必争之地的湖南,段祺瑞本是意在必夺的。但是,7月4日晚,北洋派的走卒汤芗铭在湖南护国军逼迫下逃出长沙,打乱了段的计划。段一时难以调兵遣将,便匆忙任命从四川逃到鄂西的陈宧为湖南督军兼省长。这一任命遭到南方各省特别是湖南军民的强烈反对。7月6日,程潜率军进入长沙后,与曾继梧、赵恒惕等湘军将领及各界代表协议,于7日举刘人熙为湖南临时都督。刘人熙,字艮生,湖南浏阳人,曾任广西道台,与陆荣廷有交。程潜等想通过他取得桂军的援助。陆虽不是乐为老朋友捧场的古道热肠之士,但湖南为两广门户,如落入北洋军手中,就会危及两广。从自身安全考虑,陆表示支持湖南抵制陈宧督湘。国民党人和部分湘军将领都欢迎刚由日本回国的黄兴出任湘督。7月14日,程潜、曾继梧、陈复初、赵恒惕和龙璋、覃振等联

---

①　《政府公报》,1916年7月7日。

名致电黎元洪、段祺瑞,要求任命黄兴为湘督,"以资镇摄"①。但黄兴力辞不就,推荐谭延闿或蔡锷出任此职。最后,段祺瑞任命谭延闿为湘督,其用心已如前述。

段祺瑞在地方政权的分配上,对国民党人显然持排斥态度。他不仅排斥孙中山和中华革命党,也排斥国民党稳健派。护国军共三军,一军司令蔡锷、三军司令唐继尧分别被授为川督、滇都,独二军司令李烈钧无所授受。其他籍隶国民党的护国军统兵大将如熊克武、方声涛等,也遭排挤。军务院"运筹决策"的"主干人物"李根源,虽被任命为陕西省长,但命令发表后,却由于陕西督军陈树藩的阻挠而不能到任。直至次年2月,在总统黎元洪的支持下,李才到陕西做了不到半年的省长。

第二节　各派政治力量的动向

一　孙中山及国民党人的动向

孙中山和大多数的国民党人,对于袁世凯死后代之而起的段祺瑞封建军阀专制的本质,在一个相当长的时期内是认识不清的。袁世凯病亡次日,孙中山在上海向报界发表谈话说:"对于今日之时局,颇具乐观。……若今后南北各执权者能一秉至公,尊重约法,拥护共和,去其争位夺权之私心,革其武人干政之恶习,以爱国之真诚、和平之精神,致力于奠定国基、建设国政之事业,则袁死而中国真可大治。"②孙中山抱着息事宁人的态度,曾多次表示他能够与段合作。6月中旬,孙中山公开在上海发表谈话说:段祺瑞"曾为逆党所不容,此时或能与民军相互

---

① 《程潜等举黄兴为湘督致黎元洪、段祺瑞电》,《革命文献》第48辑,第253页。

② 《在上海对某记者的谈话》,《孙中山全集》第3卷,第303页。

提携,亦未可料"①。他对段祺瑞虽然也有些担心,但主要是对段身边的袁世凯的一些旧人不信任,怕段为"莠言所惑,重陷天下于纷纠";而对段本人则表现出明显的好感,一再称颂段"扶危定倾,经武图强",为北洋将领中的精粹。

孙中山为了表达愿与段祺瑞合作的诚意,特派中华革命党人萧萱和叶夏声到北京,征询段对处理反袁战争善后问题的意见,并主动提出收束中华革命党的军队。与此同时,孙中山电令国内各地的中华革命军罢兵息战,实现国内和平,一切俟法律解决。6月10日,孙中山分别致电朱执信和居正说:"袁死政局一变,我宜按兵勿动,候商黎大总统解决。"②6月13日又致电黄兴,"黎能复约法,召集国会,当息纷争、事建设以昭信义、固国本。"③他还在给各地中华革命军将领的电文中说:"今者袁死黎继,我辈革命之目的物不存,则革命军亦无从继续。"④他认为在新的形势下,中华革命党不应以军事争政权,而应顺应国民心理,对赞成共和的执政者"暂为监视"⑤。当时,中华革命党在国内的力量虽不很大,但分布还是比较广的,山东、广东、福建、四川等地都有中华革命军的组织,其中在山东的中华革命军东北军有一定实力,已组织起二师一旅的正规军。对于孙中山立即结束军事行动并解散革命军的意见,当时中华革命军将领和一些志愿从军反袁的华侨是持有异议的,但孙中山力排众议,一再发出立即收束的命令。对少数抵触情绪较大的中华革命军将领,孙中山甚至采取了强硬的态度。他曾电告在山东的中华革命军东北军总司令居正说:"各军如不依令解散,即脱离关系。"对华侨战士,孙中山则反复劝谕说:"假如今日军队不解散,其数不

① 《在上海与徐朗西的谈话》,《孙中山全集》第3卷,第309页。
② 《申报》,1916年6月14日。
③ 《申报》,1916年6月14日。
④ 《致杨寿彭函》,《孙中山全集》第3卷,第365页。
⑤ 《在沪欢迎从军华侨大会上的演说》(1916年9月30日),《孙中山全集》第3卷,第371页。

过十万，华侨队不过千数百人，其力未必能谓之无敌。惟以心力护此共和，则效力远胜于武力。"①

中华革命党经费，绝大部分来自海外华侨捐款。护国战争结束，华侨捐款也告终止。这也是孙中山不得不取消中华革命军的一个原因。

在孙中山的督促下，居正等于8月上旬赴济南，与山东督军张怀芝和北京政府的代表商定编遣中华革命军东北军事宜。12月，中华革命军东北军在潍县、高密、昌东等地交枪，由北京政府和山东督军派人编遣。在此前后，广东、四川、福建的中华革命军也都结束了军事行动，并相继解散。在孙中山"息战争，事建设"的思想指导下，中华革命党人在反袁战争中组织起来的一点武装，就这样完全收束了。

这时，不仅中华革命军完全收束，就是中华革命党组织本身，也宣布停止活动。7月，中华革命党本部向各地支、分部发出通告，宣布奉总理指示，不仅收束军事，"一切党务亦应停止"②。

不论是收束武装，还是停止政党活动，孙中山的指导思想的基本点都在于从事和平建设。他认为北京政府宣布恢复《临时约法》和国会后，"执政者已赞成共和"，中国国内已具备了从事和平建设的环境。"破坏既终，建设方始"③。

为了向国人说明自己从事和平建设的决心，孙中山还表示将不问政事。他在给友人的一封信中说："今后想无有野心家矣。则维持现状，以使政理从渐而进，国内大有人矣。"他本人决意从此不再过问国事④。

当然，孙中山解散中华革命党本部组织，表示不想过问政事，也还

① 《在沪欢迎从军华侨大会上的演说》，《孙中山全集》第3卷，第373页。
② 《中华革命党本部通告》（1916年7月25日），《孙中山全集》第3卷，第333页。
③ 《中华革命党本部通告》（1916年7月25日），《孙中山全集》第3卷，第333页。
④ 《批今后决意不问国事》，《国父全集》第4册，第259页。

有一些策略上的考虑。袁世凯死后,基于广大群众厌倦政党政治的心理,社会舆论普遍地批评政党。而进步党人和国民党稳健派也都标榜"不党主义",以适应舆论和群众心理。孙中山和中华革命党人为了争取群众,也必须有所表示,这也是他表示不问政事的原因之一。

在袁世凯死后的相当一段时间内,孙中山对用和平方法来改善政治抱有很大的期望。北京政府宣布恢复《临时约法》和国会后,孙中山多次鼓励在上海的国民党议员北上,以便组织一个好国会,制定一部好宪法。孙中山为了表示和北京政府合作的诚意,还改变了民国初年拒绝袁世凯授予大勋位的做法,接受了黎元洪颁授的大勋位,并于1917年1月在上海寓所举行了正式接受大勋位的仪式。在孙中山的影响下,中华革命党人的议员田桐等也相继宣布,要"移武力革命精神,趋入政治轨道"①。

1916年8月1日国会复会后,国民党人(无论是中华革命党,还是稳健派)都以国会为进行政治活动的主要阵地。孙中山虽不在北京任职,但对国会也抱有很大期望。他一向把宪法和国会看作实现民主共和的根本途径。反袁战争结束后,孙中山曾总结袁世凯背叛民国的教训,指出:袁世凯之所以能够实行封建专制,复辟帝制,最根本的原因是"民智未开",人民未能行使主权。因此,他认为:维护民主共和必须使民众参政,而使民众过问政治的最好方法是实行地方自治,渐次实现直接民权。7月中旬,孙中山在欢送国会议员北上的茶话会上,第一次向各界公开提出以"地方自治为建国基础"的政治主张。7月下旬至8月中旬,孙中山游历杭州、绍兴、宁波等地,行踪所至,无不发表讲演,鼓吹地方自治和直接民权。孙中山这时所找到的救国方案,仍是以美国为模式的资产阶级政治制度。他认为,学习美国、瑞士等国家实行地方自治的制度,便能建设真正的共和,使民国名实相符。

9月,国会开始审议宪法草案,一部分议员即在孙中山的影响下,

---

① 《田桐声明解散秘密团体电》,《中华新报》,1916年7月29日。

提出将地方制度加入宪法的修改宪法提案。但是，段祺瑞实行的仍是军阀独裁专制，他根本不想实行真正的民主共和，从来没有把宪法和国会放在眼中，也根本不可能采纳孙中山等提出的所谓"地方自治"的方案。不久，事实就告诉了孙中山，他的"地方自治"的设想，只能在国会中引起无休止的争论而得不到任何结果；即使"地方自治"的条文被列入宪法，也只能是一纸空文。因为当时的中国没有实行资产阶级民主制度的条件，任何中央集权，只能是中央封建专制；地方自治，也只能是地方军阀的割据和专制。

二　进步党人的动向

袁世凯一死，以梁启超为首的进步党人立即转变对北京政府的态度。袁死后的第二天（6月7日），梁启超即致电段祺瑞说："扶危定倾，惟公之责。愿当机立断，宏济艰难……护法奉国，尽瘁荷艰，早奠邦基。"[①]如前所述，他还致电西南护国军，敦劝大家同他一道支持段祺瑞。嗣后，梁便说服唐继尧、陆荣廷等撤销军务院，拆散了南方护国阵营。

进步党人转变对北京政府的态度，不是偶然的。首先，袁世凯被护国运动冲垮之际，旧日国民党的势力（不论是中华革命党，或是所谓稳健派）在国内逐渐恢复公开活动，力量也有所发展。第二，从进步党人的改良主义本性看，他们在政治上原与北洋派没有根本的利害冲突。就是在1914年进步党内阁被袁世凯一脚踢开后，梁启超等人都仍然拥袁不变。只是到袁世凯冒天下之大不韪而称帝时，进步党人才迫于形势，感到必须改变方针。他们看到：袁世凯称帝必然引起国内大乱，不仅中华革命党一定要加强反抗，南方各省残存的国民党势力也不会袖手旁观；即西南各省的实力派，也可能借机图谋自立，而北洋派内部也已孕育着反袁的潜势力。正是由于上述考虑，梁启超等人既不愿与袁

---

① 梁启超：《护国之役文电稿》。

世凯一同垮台,又不甘为牛后,才与蔡锷等一道决然发起护国战争。袁世凯于1916年3月下旬被迫宣布取消帝制后,梁启超等人反袁的政治目标虽已达到,但他们深知:袁不退位,将对发动反袁的进步党人是一大威胁,因而不肯与北洋政府妥协;而在袁世凯死后,他们认为进步党与袁的继任者并无重大矛盾,北洋势力不仅不会构成对他们的巨大威胁,而且他们必须依靠北洋派才能有所发展,才能防止国民党势力的抬头。进步党人与北洋派的矛盾远不如他们和国民党人的矛盾深刻。袁世凯死后进步党人的种种表现,完全合乎历史客观逻辑的发展。

特别重要的是,进步党人企图在北洋派的支持下,在西南取得一块地盘作为他们活动的基地。这也是梁启超卖力地帮助段祺瑞支撑政局的基本原因之一。

1915年秋,梁启超在天津策划反袁时,已有利用反袁运动在西南建立进步党根据地的企图。11月18日,梁给其时在云贵等地同党的一封信中说:“吾侪自命稳健派者,失败之迹历历可指也,曾无尺寸根据之地,惟张空拳以代人呐喊,故无往而不为人所劫持,无时而不为人所利用。今根基未覆尽者,只余此区区片土(指滇黔),而人方日睥睨于其旁(指国民党)。”①梁在这里把进步党人与袁世凯勾结,说成是为人“劫持”、“利用”,并归咎于没有根据地,显然不合事实。但这封信的主要目的,在于鼓动西南的进步党人在反袁运动中自谋“树立”。12月云南宣告起义,梁启超在上海起草了大量的起义文告。在《云贵檄告全国》一文中,梁为起义军提出四项目标:“一曰与全国民戮力拥护共和国体,使帝制永不发生;二曰划定中央地方权限,图各省民力之自由发展;三曰建设名实相副之立宪政治,以适应世界大势;四曰以诚意巩固邦交,增国际团体上之资格。”②值得注意的是,梁启超在这篇檄文中不仅激烈

①　《致籍亮侪、陈幼苏、熊铁崖、刘希陶书》(1915年11月18日),《盾鼻集》第1卷,函牍,上海商务印书馆1917年版,第13页。

②　《云贵檄告全国文》,《盾鼻集》公文,第8页。

抨击了袁世凯称帝,而且提出要"划定中央地方权限,图各省民力之自由发展"。一向主张中央集权的梁启超,此时之所以提出限制中央集权,加强地方权限,不仅仅是为取悦西南地方实力派,而且与他要在西南建立进步党根据地的计划是紧密联系的。在私下通信中,梁对利用护国战争之机,在西南建立根据地的计划就更直言不讳了。1916 年 1 月 27 日,梁致信给当时在四川前线的蔡锷说:"此时忧在亡秦,虽云艰瘁,然有公共之向心,尚可力图拨控。神奸既殛之后,人欲横流,自兹方始。……过此以往,则为演《水帝洞》演《恶虎村》之时,决无我辈插足之地,惟有与吾弟共甘苦于邛蜀滇僰间,冀庄严此土,为国人觅一遗种地耳。"①梁启超毫不含糊地表明了进步党人准备控制川、滇、黔,在西南建立根据地的意图。

　　进步党人在西南建立基地,显然与西南各省实力派以及北洋集团的利益都是有冲突的。他们在西南的活动首先受到唐继尧、刘显世等的挟制。蔡锷、戴戡率滇、黔军入川作战后,唐和刘特别是唐,唯恐蔡部在和北洋军作战中发展壮大,于己不利,因而对蔡的护国军第一军多方掣肘,无论在经费、兵员、武器各方面都未给予必需的援助。蔡在致梁启超信中曾提到:"自滇出发以来,仅领滇饷两月。半年来,关于给养上后方毫无补充,以至衣不蔽体,食无宿粮。"②直至 6 月 7 日(袁世凯病亡,蔡锷在军中尚不知道),蔡还致电唐继尧,苦苦哀求唐支援一些子弹。

　　由于唐继尧对梁启超、蔡锷防范严密,进步党人后来不得不放弃经营云贵的计划。两广方面,当时进步党人也很难打入。不仅陆荣廷在两广的地位已趋稳固,而且国民党人(中华革命党和稳健派分子都有)在广东也较活跃。在这种形势下,进步党人只有将经营的目标放在

---

　　①　《盾鼻集》第 1 卷,函牍,第 20—21 页。

　　②　《致梁启超》(1916 年 6 月 28 日),《蔡松坡集》,上海人民出版社 1984 年版,第 1173 页。

四川。

袁世凯死后,梁启超派黄群前往北京与段祺瑞接洽,为蔡锷活动在四川的职位。开始,段并不想把四川交给蔡锷,未给梁启超肯定答复。但到6月中旬,四川发生陈(宧)周(骏)之争,局势大乱①。为稳定局势,段祺瑞只好暂时任命蔡锷为益武将军,督理四川军务。6月末,蔡锷指挥护国军攻抵成都,赶跑周骏。在此情况下,北洋势力才退出四川。7月6日,北京政府任命蔡锷为四川督军兼省长。

蔡锷对经营四川,开始因健康关系和以前曾声明反袁胜利后即引退等原因,有所顾虑。但面对四川的混乱局面,他又不忍"绝裾而去"。此外,梁启超也极力敦促他接受北京政府的任命。最后,蔡接受了川督的任命。接任后,蔡锷在驻地泸州与秘书、参谋长等研究了重建四川的计划②。7月末,蔡带病抵成都履任。他果断地将入川滇、黔军和川军进行整顿,制定奖惩条例,并统一财政,初步处理了一些急迫的战争善后事宜。但是,蔡的病势日渐恶化,实在无法坚持正常工作,只得电请北京政府准假养病。8月7日,北京政府批准蔡锷暂时离职休养。9日,蔡离开成都。

蔡锷在成都期间,曾亲临绅界会议,表示四川富庶,大有可为,愿以较长时间尽心经营四川③。他还带病召开军政会议,对四川的复员善后及人事作出安排。会后,他又对熊克武等人说,原想到中央政府任职,现在不想去了,病好后仍要返川④。蔡离开成都后,在泸州休息了几日。其间,梁启超为保住四川,曾几次打电报给戴戡,要他劝蔡不要

---

①　陈宧宣布与袁世凯脱离关系后,袁任命川军第一师师长周骏为崇武将军,督理四川军务。袁死后,周仍以四川将军名义进攻陈宧,于26日占领成都,并自立为四川都督。

②　史沫特莱:《伟大的道路》,中译本,第137页。

③　《在成都绅界会上的讲话》(1916年8月),《蔡松坡集》,第1218页。

④　李乐伦:《护国之役后四川的动乱局面》,《四川军阀史料》第1辑,第89页。

立即离川，先在重庆养病，待戴戡等在川站稳脚跟后再离去①。但此时的蔡锷，已虚弱得连两三步都走不了，声息微弱②，无法执行梁的意图。

进步党人谋得四川后，还想争取湖南，但由于段祺瑞的阻挠，未能如愿。

以梁启超为首的进步党人竭力谋取川湘，在西南建立根据地的活动，并非要与段祺瑞唱对台戏。梁在当时的《电稿纲要》中写得很清楚：段氏主持政局，"西南得有所根据，以图拥护。"③但是，进步党人既然想开辟一块地盘，在北洋派和国民党中间充当第三种势力④，也就不可能得到段祺瑞的实际支持。

8月末，蔡锷离川东渡日本治病，因医治无效，不久即在日病逝。梁启超在西南为进步党建立根据地的计划，因蔡氏之死而更加无法实现了。蔡锷离川前，曾保举罗佩金暂代四川督军，率滇军驻守省城，同时推荐戴戡为四川省长兼军务会办，率黔军驻守重庆。梁启超、蔡锷以罗、戴分掌川局，也只是一种权宜之计。蔡锷本拟把四川交给同窗至交蒋方震，但因尚未准备妥当，而且身边还离不开蒋，因而只好暂安排罗、戴分掌川局。但这样的安排，对进步党人在四川的地位是不利的。因为罗佩金早已倾向唐继尧，进步党人在川只能依靠戴戡，而戴的威望和才能都远逊于蔡锷。蔡锷在川时，唐继尧慑于蔡的声威，对入川滇军虽然垂涎，但不敢过问。蔡离川并很快病死，唐便无所顾忌了，入川滇军实际上为唐遥控。而戴戡所部黔军仅有一混成旅，实力单薄，不仅不能与入川滇军相比，也远不及川军。蔡离川后不久，川滇军发生冲突，1917年4月，戴戡乘机夺得督军职位。但嗣后不久，川军实力派首领

---

①　《致戴戡电》(1916年8月9、13、17日)，梁启超：《护国之役文电稿》。

②　史沫特莱：《伟大的道路》，第138页。

③　《电稿纲要》(1916年7月27日)，梁启超：《护国之役文电稿》。

④　1916年7月11日，梁启超在致蒋方震的电报中说："蜀不能失，尚可联西南作第三者资格。"(《护国之役文电稿》)

刘存厚即与戴戡因分赃不均发生冲突。刘在北京政府段祺瑞的鼓动下,倾全力围攻驻川黔军。戴戡所领黔军本来实力不强,所以很快失败,而在撤逃时又遭到刘部围歼,连戴戡本人也因之身亡。此时,蒋方震料理完蔡锷的后事,正匆匆赴川,但行抵重庆即得知驻川黔军完全失败的消息,他只好黯然离去。进步党人在护国战争中所掌握的武力就这样完全瓦解了。

对于戴戡在川的失败,梁启超等当然是痛惜的。梁在经营西南屡受挫折后,便放弃了在西南建立根据地以充当第三者的设想,转而进一步联合北洋派,打击以孙中山为首的革命派,力谋在北京政府中分得一席地位。

三　北洋集团的开始分化

前卷已述及,袁世凯称帝引起北洋嫡系段祺瑞、冯国璋等的不满,北洋集团即已出现严重裂痕。袁氏败亡后,北洋集团因失去重心和统驭的人物而更加呈现分化瓦解的趋势。北洋嫡系分为两支,即以段祺瑞为首的皖系和以冯国璋为首的直系。虽然公开分裂是后来的事,但袁死后两派的矛盾分化,实际上就已经开始了。

段祺瑞由于长期在北洋军中担任重要职务,并曾在北京政府中任陆军总长,培养了一批军事骨干力量,如徐树铮、靳云鹏、吴光新、傅良佐、曲同丰、陈文运、马良等,成为他的亲信。袁死后,他掌握着北京政府的实权,又在北洋集团中积极网罗私党。原来就与他比较接近的安徽省长倪嗣冲、山东督军张怀芝、福建督军李厚基、陕西督军陈树藩、甘肃督军张广建、浙江督军杨善德(1917年1月3日任命)和淞沪护军使卢永祥(1917年1月6日任命)等,纷纷投到他的门下。段祺瑞通过这些地方军阀,不仅掌握了大批军队,而且在西北控制了陕甘两省,在华东控制了安徽(皖南、皖中)、山东、浙江和包括上海在内的淞沪地区,在华南控制了福建。这样就开始形成了以段祺瑞为首、由上述这些军事实力派人物组成的皖系军阀集团。

除段的嫡系外,两广矿务督办龙济光也依附于段。河南督军赵倜(所部由毅军改编)、热河都统姜桂题(所部亦由毅军改编)、奉天督军张作霖起初也曾支持段(张、赵1919年开始转向同直系合作反皖)。

此外,原来依附于袁世凯的许多政客也纷纷投入段系,如王揖唐、田文烈、方枢、张弧等。段对这些人都予以重用。在财界拥有雄厚势力的交通系政客曹汝霖、陆宗舆和叶恭绰等,也和段有密切关系。

段祺瑞虽然控制了北京中央政府,但是并没有完全掌握北洋军队。

在北洋嫡系中,另一实力大、地位高的首领是冯国璋。冯国璋(1859—1919),字华甫(符),直隶省河间人,所以后来人们把以冯为首的军阀集团称为直系。冯领兵南下镇压二次革命后不久,接替张勋出任江苏都督,为北洋派坐镇江南。此时,冯国璋的亲信王占元和李纯也先后被任命为湖北、江西两省的护军使。冯系势力在长江中下游苏、赣、鄂三省开始连成一气,为后来直系的形成奠定了基础。

在袁世凯时代,冯国璋与段祺瑞曾是北洋上将中向袁争宠的主要对手。袁世凯称帝时,段被打入冷宫,冯也遭到袁的猜忌疏远。为自身利害计,二人都对袁世凯称帝采取抵制的态度,一度成为同盟者。但自袁死后,段、冯很自然地又成为北洋集团中争夺权势的主要对手。当时他们之间的分歧,主要表现在对待南方的不同态度上。

段祺瑞以北洋派正统自居,企图以北洋派来统一全国,由他来宰制天下,把南方国民党、进步党和其他反袁实力派,看作是一种异己力量而不愿与之合作(梁启超等进步党人随后同段合作,但很快即被段抛弃)。对南方提出的恢复旧约法、召集国会、惩办帝制祸首三大要求,段祺瑞开始时并不乐意接受,只是后来由于南方坚持不让步,他才不得不表示赞成。他虽同南方达成了和解,但实际上是面和心不和。

冯国璋则不然。护国战争期间,孙洪伊、唐绍仪等为拉冯反袁,与冯保持经常接触。袁死后,冯仍与孙洪伊、吴景濂等函电往还不断。冯与军务院之间的联系也十分密切,军务院曾先后派林长民、范源濂、周善培等到南京与冯"商榷要政"①。对于南方向北京政府提出的恢复旧约法、召集国会、惩办祸首的要求,冯国璋比较早地表示了赞同的意见。6月11日,他针对包括段祺瑞在内的内阁成员所提出的对帝制派不起诉的主张,特去电驳议,认为"帝制诸人,惑元首,祸国害民,罪恶万千,若不惩办,何以谢天下而服人心"②。6月15日,他发表通电,主张恢复旧约法,召集国会。关于恢复旧约法,他说:"国家根本大法,不可无一,不能有二。新约法为总统制,今已不适用,当时制定又未按定程修改,在民国法系为非正统。……此法早已无效。新法无效,现在舍《临时约法》外,别无根本之法;舍恢复《临时约法》外,即别无可以改造之道。"恢复的方法,他认为:"恢复与修正不同,自非变更法律之比,可用明令宣布,但称中华民国《临时约法》自三年五月一日起施行中断,兹恢复云云,似较直截了当,且亦无损庄严。"关于召集国会问题,他指出:"恢复民国二年国会本与《临时约法》相联。因《临时约法》而有国会组织,依国会组织法而有国会。约法既复旧,则由约法发生之国会,势不能不相因而复。"因此结论是:"应依《临时约法》续行召集。"③从这些主张可以看出他和段祺瑞与南方之间意见的异同。后来有些国民党人在北方因受段祺瑞压迫而呆不下去时,便跑到南京托庇于冯国璋。因此,许多国民党人把冯视为反段的盟友④。

以后,直系和皖系在南方问题上一直存在深刻的矛盾。到1918年,段祺瑞坚持武力统一中国,对南方用兵,冯国璋在北京中央政权的地位(代理大总统)也被排挤掉,两派就出现公开的对抗了。

---

① 《专电》,《申报》,1916年6月15日、16日、17日。

② 《申报》,1916年6月12日。6月12日段复电冯说:"大赦帝党案已取消。"见《申报》1916年6月13日。

③ 《冯华甫主张旧约法电》,《申报》,1916年6月18日。

④ 《林森致孙中山函》(1916年12月4日),转引自《国父年谱》下册,第661—662页。

第二章　府院之争和张勋复辟

第一节　府院之争

段祺瑞执政不久，便和总统黎元洪发生激烈的争执，而造成北京政局极不稳定，并因此引起一场民国史上再一次复辟帝制的事件——张勋复辟。

黎元洪和段祺瑞之间的争执，被称为"府院之争"。"府"即总统府，指黎元洪一派；"院"即国务院，指段祺瑞一派。这场斗争，从国际根源来说，它反映了美帝国主义和日本帝国主义争夺中国的矛盾。从国内政局的具体变化来看，它反映了研究系与国民党的矛盾、国民党与皖系军阀的矛盾以及黎元洪和段祺瑞个人之间争权夺利的矛盾等等。这些矛盾交织在一起，形成错综复杂的局面。

一　研究系和商榷系在制宪问题上的斗争

从国内政派分野来看，支持黎元洪的力量是国民党人和南方的地方势力；支持段祺瑞的基本力量则是研究系（进步党）和亲段的北洋督军。因此，研究系与国民党之间的矛盾，在府院之争中占有重要地位。研究系的前身是进步党。在护国战争期间，为了反对袁世凯，进步党人与国民党人曾在西南地区有所合作，但护国战争一结束，这种合作即马上破裂并开始了新的斗争。他们的斗争主要表现在国会制宪问题上。

1916年7月，军务院撤销。国民党和进步党双方便积极组织力量，力图由自己控制即将恢复的国会。当时，梁启超布置各地进步党人组织起来。18日，他在致贵阳进步党人的一封信中说："吾党今虽取冷静态度，亦不能长此终古"，明确指出要组织"无形政党"，并令贵阳同党请求蔡锷、刘显世提供组党经费①。所谓"无形政党"，就是不以政党之名而行政党之实。因为民国初期的政党热潮没有什么好结果，袁世凯死后，各政党复活时便纷纷以"不党主义"相标榜。8月22日，汤化龙、刘崇佑召集在京进步党人于安庆会馆讨论组党，决定成立"宪法案研究会"②。与此同时，另一部分进步党人结成"宪法研究同志会"，以王家襄、陈国祥为头目③。31日，"宪法案研究会"召开正式成立会，通过了《宣言》和《简约》。《宣言》大谈一通"精审良宪"的宗旨④。两天以后，"宪法研究同志会"也召开正式成立会，通过了《公启》和《简章》，其内容与"宪法案研究会"如出一辙，也大谈"抛开党见"，精研宪法，等等⑤。从这些公开宣言的字里行间，虽然也可以看出进步党攻击国民党"偏于党见"、"理想过高"的用意，但其组党的实质毕竟是被表面文章所掩盖。梁启超在私下对组党目的就讲得清楚多了："今决组强固无形之党，左提北洋系，右挈某党一部稳健分子，摧灭流氓草寇两派。现国会即开始讨伐。"⑥

南北"统一"后，国民党人也公开声称"移武力革命精神，趋入政治轨道"⑦。开始，张继在北京寓所召集国民党人聚会，有所策划，但尚无组织名义。8月底至9月初，国民党议员也相继组织起三个政团：一、中华革命党议员为骨干的丙辰俱乐部，马君武、居正、田桐为主要人物；二、国民党稳健派为主体的客庐系，包括谷钟秀、王正廷、吴景濂为首的

① 《复熊铁崖、刘希陶电》(1916年7月18日)，《护国之役文电稿》。

② 《宪法(案)研究会之先声》，《晨钟报》，1916年8月23日。

③ 《组织宪法研究会》，天津《大公报》，1916年8月24日。

④ 《晨钟报》，1916年9月2日。

⑤ 《宪法研究同志会开会》，《大公报》，1916年9月3日。

⑥ 《致熊铁崖、刘希陶电》(1916年8月21日)，《护国之役文电稿》。按，梁电中所说某党稳健分子系指谷钟秀、张耀曾、李根源等人；流氓草寇指中华革命党议员马君武、居正、田桐等及孙洪伊为首的韬园系议员。

⑦ 《中华新报》，1916年7月29日。

三个小派别；三、韬园系，以原进步党分化出来的孙洪伊、丁世峄、温世霖等为首领。9月9日，在孙洪伊倡议下，丙辰俱乐部、客庐系和韬园系三派议员三百八十余人在北海公园集会，组成"宪法商榷会"。"商榷会"集合了参众两院的国民党人，是国会的第一大党。但其内部丙辰俱乐部和韬园系与客庐系的谷钟秀派存在很大的矛盾。11月，谷钟秀、张耀曾等因选举副总统问题与吴景濂等发生严重争执，脱离客庐系另组"政学会"。吴景濂等亦改客庐系为"益友社"①。自此，"商榷会"由三系变为四系，但在政治上仍为三派，丙辰俱乐部与韬园系由于政治主张接近，不久合组为"民友社"②。

进步党人看到国民党各派合组"商榷会"，遂于9月12日宣布"宪法研究同志会"与"宪法案研究会"无条件合并为"宪法研究会"③。"宪法研究会"在参众两院共拥有议员一百六十余人，是仅次于"商榷会"的第二大党。

研究系与商榷系在国会的斗争，开始集中于制宪问题。9月22日，宪法审议会开始审议宪法草案（即1913年制订的《天坛宪法草案》，这个草案因袁世凯解散议会而被搁置）。会议延续至1917年5月。在审议过程中，两派争议最大、冲突最激烈的是省制加入宪法问题。在国会体制等问题上，两派也存在着严重分歧。

---

①　李根源：《雪生年录》卷2，第15页；《我与政学会》，《文史资料选辑》第3辑。参见韩玉辰：《政学会的活动》，《文史资料选辑》第3辑。

②　国民党人在国会恢复后各派分合概况，表解如下：

旧国民党		宪法商榷会 （1916年9月成立）	政学会 （1916年11月成立）
	客庐系 （1916年8月成立）		益友社 （1916年11月成立）
	丙辰俱乐部 （1916年8月成立）		丙辰俱乐部 韬园系 }民友社
	韬园系		

③　《晨钟报》，1916年9月14日；《大公报》，1916年9月15日。此后，进步党即被世人称为研究系。

1916 年 10 至 12 月,宪法审议会讨论地方制度问题。研究系和商榷系各持己见,争论不休。10 月中旬,在商榷系议员的强烈要求下,焦易堂、吕复等提出省制订入宪法的提案被列入审议会议程。20 日,审议会开会,焦、吕等首先发言,指出欧美等共和制国家的宪法都有关于地方制度的条文,中国既行共和制,也应学习欧美共和国家,将地方制度列入宪法,实行省长民选,并给予地方以一定的自治地位①。陈善、汤化龙相继发言反对。陈、汤发言的要点是:一、宪法应有固定性,地方制度目前尚不能确定,不能以宪法进行"试验"。二、虽各省议会多赞成省制入宪,但各省督军、省长多持反对态度,"倘宪法上规定稍存不慎,则惹起政潮,影响所及,贻害匪浅"②。双方争执激烈,会议无结果而散。23 日、25 日,11 月 7 日,审议会又进行三次辩论,均无结果。29日,进行投票表决,也因研究系反对,赞成票不足三分之二,未能通过。12 月 4 日、5 日,宪法审议会又连续两次投票表决,结果与 11 月 29 日投票一样,仍未获通过。8 日,投票表决"省长由大总统自由任命,地方制度加入宪法",斗争更加激烈,以致引起武斗。是日,出席审议会议员六百三十九人,四百二十二人投赞成票,二百一十四人投反对票,赞成票差四票不足三分之二,提案未获通过。商榷系感到非常懊丧。这时有人检举个别研究系议员持有两张选票,使商榷系议员更加愤怒。张我华、刘成禺等大骂副议长陈国祥发选票时徇私舞弊,而研究系议员则矢口否认,刘崇佑、籍忠寅反指摘商榷系方面无事生非。双方争夺讲台,扭作一团,并以墨盒、椅子为武器乱砸对方,整个议场陷入混乱③。事后,研究系公开通电各省督军,攻击商榷系。商榷系也在报刊上揭露研究系选举时舞弊,回击研究系④。

① 《民国日报》,1916 年 10 月 21、23 日。
② 《晨钟报》,1916 年 10 月 21 日;《民国日报》,1916 年 10 月 23 日。
③ 《民国日报》,1916 年 12 月 11 日;《晨钟报》,1916 年 12 月 9 日。
④ 《民国日报》,1916 年 12 月 10 日—15 日。

研究系如此激烈地反对省制入宪的原因,从北洋督军对此问题的态度可以看出端倪。自商榷系提出省制入宪的提案后,北洋督军纷纷表示反对。国会辩论省制问题前夕,十六个省的北洋督军联名通电威胁国会不得"以不适国情之条文草率加入,致酿异变"①。在研究系表态反对省制加入宪法之后,王占元又致电国会,要国会"博采群议,不必遽行加入"②。而商榷系主张省制入宪、省长民选的实质,就是反对北洋军阀集权,维持南方实力派的半独立地位,以使国民党得到生存和发展。7月17日,孙中山在欢送旅沪两院议员北上的茶会上,曾明确指出实行"地方自治"的重要性,督促国会开会后予以实现③。10月下旬至11月上旬,四川、广东、广西、云南、浙江、山西、吉林、甘肃、山东、江西等十六个省议会都通电支持省制订入宪法,其中南方数省并要求省长实行民选④。所以商榷系提出"地方自治"的要求,不仅一般地反映了资产阶级的利益,而在当时更具体地反映了南方各省实力派和地方人士的利益。

国会关于国会体制等问题的辩论,也和地方制度的讨论相仿。国民党人主张扩大国会权限,以抵制段祺瑞的专断独裁;研究系则主张缩小国会权力,改两院为一院,以迎合皖系军阀专制的需要。但由于国民党在国会中居多数,研究系的主张不能如愿以偿。因此,段祺瑞、徐树铮等皖系首领对国会甚为不满,他们不断挑动北洋各省督军出面干涉国会和打击国民党人。

二　督军团对国民党人的攻击

1916年6月,冯国璋发起的南京会议结束后,张勋、倪嗣冲即以对

---

① 《晨钟报》,1916年10月17日。
② 北洋政府陆军部档案。
③ 《民国日报》,1916年7月20日;《中华新报》,1916年7月19日。
④ 《民国日报》,1916年10月20日。

抗南方和国民党势力为号召,邀请参加南京会议的吉、黑、奉、直、晋、皖、豫七省代表便道前往徐州开会,这便是第一次徐州会议。张勋在会上提出解决时局的"要纲"十条,胁迫南方独立省份迅即"取消独立",否则"仍以武力解决"。"要纲"还声称"绝对抵制迭次倡乱的一般暴烈分子参与政权",意即反对国民党人参政①。6月9日,皖、奉等七省代表通过"要纲",并于当日通电发表。这次会议在组织上虽然没有打出什么旗号,但在实际上已经结成了以张勋、倪嗣冲为首的北洋地方军阀同盟。9月,张、倪又召集北洋各省代表在徐州开会。21日,山东、奉天、吉林、黑龙江、河南、直隶、浙江、江苏、湖北、江西、绥远、察哈尔、热河十三省区督军代表,由张、倪领衔宣布组成"各省区联合会",并发布八条纲领,其主要内容为"固结团体,巩卫中央,庶免为少数人所牵,率致贻大局之虞";国会如"各怀党见,违反真正民意,不顾国家,至不得已时,亦当为正当之干涉";宪法如有"必不可行之处,当共抒正论";等等②。"各省区联合会"后来即被人称为督军团。

这次会议后,张勋又先后两次(1917年1月和5月)邀集北洋各省代表在徐州集会。这些会议的攻击矛头,都是对着国民党人的。

张勋等攻击国民党议员是"暴徒"、"不良分子",要求"改组"国会。8月初,张勋致电黎元洪及全国各省督军,要求在国会开会之前,将议员中参与二次革命的反袁党人与附和帝制的分子一同罢免,"以昭公允";并攻击国民党议员在上海开会等活动是"违法行为";要求北京政府速将议员名单交有关机关审查,"详加厘剔"。

张勋等还诬陷选入内阁的国民党人,阻止他们入阁参政。8月初,上海租界英巡捕查获一批烟土,本与张耀曾无关,但是督军团却抓住此事大做文章。9月2日,张勋首先通电,指责张耀曾"贩土营私,丧权辱国",并要求将张驱出内阁。13日,张勋、倪嗣冲、姜桂题、张作霖、冯德

---

① 《中华新报》,1916年6月14日。

② 《晨钟报》,1916年9月25日。参见《中华新报》,1916年9月29日。

麟、孟恩远、毕桂芳、许兰洲、王占元、张怀芝、赵倜、田文烈、李厚基、田中玉、杨善德十五人，又由张勋领衔联名通电，向张耀曾发起更猛烈的攻击，要求即日予以罢斥，交法庭公审。9月，张勋等又对正准备入京就任外交总长的唐绍仪发动攻击，要求将他逐出内阁。

督军团肆无忌惮地干涉国会、宪法、内阁，攻击国民党及其议员、阁员，引起社会各界的谴责，南方的实力派也表示不满。8月21日，来自广西的议员赵炳麟在众议院提出禁止军人干涉议会案①。9月，云南议员李燮阳又在众议院提出查办张勋案。李燮阳在提案中指出，张勋"力主复辟之邪说，身作复辟之保障。叛国逆贼，延为上宾，帝制余孽，悉成佳士，今日之徐州，竟成帝党之巢窟。阴谋会议，志存乱国。……密结十三省督军同盟，干涉国政。……霸据徐州，形同强盗。……清江浦关税直由其征收，两淮盐运税款亦由其自由提拨，江北官吏悉归其支配，津浦铁路沿线亦为其蹂躏不堪，徐淮一带地方主权已成其个人势力范围，与中华民国显成分立之象，直言之，已演成中华民国内一小独立国之景象"。李在提案中还指出，政府"及今不图，滋蔓难治"②。27日，《中华新报》以《诛张勋》为题，发表社论，明确指出："张勋羽翼已成，势在必反……政府苟欲自树，则唯有立罢张勋军职，庶乎大祸可以止息。"③

总统黎元洪对督军团的活动深感忧虑，曾几次派人到徐州敦劝张勋，但张根本不买他的账。唐绍仪被督军团吓跑后，黎感到事态严重，9月29日发布了一道禁止军人干政的训令。训令说：少数军人"每囿一偏之见，或阻众集议，凌轶范围；或隐庇逋亡，托名自固，甚且排斥官吏，树植党援。假爱国之名，实召亡之渐……尚望翻然自省"④。同日，段祺瑞也致电参加徐州会议的各省督军，委婉地批评他们"间有过情"。

①　北洋政府陆军部档案。
②　重庆《商务日报》，1916年10月9日。
③　《中华新报》，1916年9月27日。
④　《政府公报》，1916年9月30日，第266号。

但段的电报极力掩盖督军团及其徐州会议的真面目,居然说督军团干涉国会、诬蔑阁员的不法行为是由于"热情所激",把在光天化日下举行的徐州会议竟说成"道路传闻"①。张勋将北京政府禁止军人干政的训令视同弁髦,10月1日公然复电反对,指责北京政府"上无道揆"②,又去电威胁国会,声称要"循部曲健儿之请,橐鞬入京"③。

段祺瑞极力包庇张勋,掩盖徐州会议的真相,是因为他本人与督军团及徐州会议有难解之缘。8月国会复会以后,段通过他的头号心腹徐树铮,一直与张勋保持密切联系,信使往还,不绝于北京、徐州之间。8、9月间,皖系重要骨干张志潭、曾毓隽先后到徐州活动,策动张勋驱逐张耀曾、唐绍仪④。10月,国民党议员邹鲁联合十数人再次在众议院提出查办张勋案。提案列举了张勋私自组织军人团体,对抗中央,破坏统一;破坏制度,紊乱宪法;干涉内阁阁员任免,图谋颠覆政府和肆意攻击国会、违反共和精神等四大罪行⑤。由于段祺瑞置之不理,邹又提出十大质问案,再次指出张勋割据徐淮、残害人民、干政干宪等不法行为⑥。11月,段以国务院名义咨文众议院,为张勋饰词辩解,认为割据徐淮,残害人民一节,"事属传闻,未可为据,至徐州会议经政府训诫,早已解散,所谓章程大都出于报章,不足为信。"⑦

第二次徐州会议结束后,督军团的集体活动一度中断。这并非段祺瑞"劝导"的结果,而是由于冯国璋为首的部分督军表现不同意向。当第二次徐州会议倪嗣冲提出驱逐唐绍仪的动议时,"长江三督"(苏督

---

① 《民国日报》,1916年10月4日。

② 邹鲁:《查办张勋案》,《回顾录》卷2,第96页。

③ 邹鲁:《查办张勋案》,《回顾录》卷2,第96页。

④ 《徐树铮致张勋函》(1916年8月29日),《近代史资料》总35号,第6页;曾毓隽:《忆语随笔》,《文史资料选辑》第41辑,第22页。

⑤ 邹鲁:《回顾录》卷2,第95—96页。

⑥ 邹鲁:《查办张勋案》,《回顾录》卷2,第86页。

⑦ 北洋政府国务院档案。参见《民国日报》1916年11月26日。

冯国璋、赣督陈光远和鄂督王占元)的代表已表示疑义,为倪嗣冲所压制。后倪擅自代替三督列名驱唐通电①。通电发表后,冯国璋等先后声明与通电无涉,使张勋、倪嗣冲非常难堪②。在冯等影响下,有些督军也将代表从徐州撤回。

张勋和倪嗣冲是反对国民党和南方实力派的死硬派。二次徐州会议结束后,他们仍然继续攻击国民党阁员,干涉宪法和政治。他们的活动不是孤立的,一直得到皖系的支持和鼓励。徐树铮始终与张勋、倪嗣冲保持密切联系。1917年1月初,徐与靳云鹏、吴光新、曾毓隽等皖系骨干分子南下为冯国璋祝寿,与倪嗣冲商定,乘机邀请各省督军代表和靳云鹏、徐树铮等齐集徐州,由张勋主持召开第三次督军团会议。会议提出解散国会,修改约法、改组内阁和总统府四项所谓解决时局主张③。研究系政客对北洋督军团的活动也起了推波助澜的作用。在第三次徐州会议前夕,梁启超由上海至北京,中途在徐州下车,与张勋密谈数日。在此之前,梁与张勋函电使节往来已渐频繁。后梁又两次派张君劢到徐州见张,策划与国会中的研究系内外配合。他在致张勋的信上说:"惟鞭策救济之功,终须随时仰诸疆吏。"④

段祺瑞和研究系利用督军团,通过破坏国会以打击国民党的伎俩,当时就已被人们识破。早在1916年9月,上海《民国日报》的一篇文章就指出:"国会方开,锋芒正锐,政府……别树二三悍将于外,使国会无日不发生危险之机,以挟持国会,俾国会不得不眤以就己。"⑤不难看出,督军团正是由于有段祺瑞等的包庇纵容,才能如此嚣张。

---

① 《中华新报》、《民国日报》,1916年9月29日。

② 重庆《商务日报》,1916年10月13日、19日。

③ 《新青年》第2卷第6号:《国内大事记》。参见曾毓隽:《忆语随笔》,《文史资料选辑》第41辑,第22—23页;《张君劢致梁启超函》(1917年1月5日),《梁启超年谱长编》,第802页。

④ 《张勋藏札》,《近代史资料》总35号,第22页。

⑤ 哀:《政府之所不为》,《民国日报》,1916年9月4日。

三　府院权限之争

黎元洪和段祺瑞之间个人关系的恶化，最初主要表现在总统府和国务院的权限问题上。

袁世凯死后，段祺瑞立即起用他的亲信徐树铮为国务院秘书长。

徐树铮（1880—1925），字又铮，江苏萧县人，十二岁时中过秀才。1905年由段保送去日本士官学校学习，两年后毕业。回国后即入段幕府，赞襄帷幄。他当时仅二十七岁，少年得志，十分自负。先后任第六镇军事参议、第一军总参谋、陆军部军学处处长。1914年，他升任为陆军部次长，同时在北京创正志中学，自任校长，并请林纾等人为教员。1915年袁世凯阴谋称帝，他力劝段祺瑞抵制，并与段共进退，因此深得段祺瑞的信任。此后，段的许多重大措施，大都出自他的策划，因此人们称他是段的"小扇子军师"。

段祺瑞以徐树铮为国务院秘书长，起初曾遭到黎元洪的反对，但由于段的极力坚持，又由于徐世昌、张国淦等人的劝说，黎才勉强从段所请，但对徐始终没有好感①。

徐树铮自恃段的倚重，又有皖系军人为后盾，根本不把没有实力的总统放在眼里。内阁的文件、命令呈交总统审阅、用印，本属国务院秘书长本职，但徐却时常借故不出面，派手下人向黎呈请用印，使黎非常不快②。而当徐本人进府面见总统时，老是阴沉着脸，一言不发，甚或开口顶撞。有一次，某省同日更动三个厅长，黎向徐问了一句："任命的都是些什么人？"徐便抢白道："只在这里盖印好了，管他任命什么人。"使黎非常难堪。黎因此愤怒地表示，再也不愿与徐见面③。当时总统

---

① 张国淦：《中华民国内阁篇》，《近代史资料》总40号，第124页。

② 《大公报》，1916年8月29日。参见《民国日报》，1916年11月14日。

③ 张国淦：《黎元洪与段祺瑞》，中国社会科学院近代史研究所藏未刊稿。参见《北洋军阀史料选辑》下，第46页。

府秘书长张国淦与黎元洪、段祺瑞的关系很深，为人又圆滑，有他从中周旋，所以没有使事情发展到不可收拾的地步。

　　8月1日，张国淦因故辞去本兼各职，总统府秘书长由参议员丁世峄继任。丁世峄（1879—1930），字兔严、佛言，清末曾任山东咨议局议员，是立宪派中的激进分子。1913年加入进步党，在党内属孙洪伊一派，二次革命后倾向国民党。他到任后，力主提高总统地位，限制国务院秘书长职权。8月下旬，他提出《府院办事手续草案》，主要内容有两点：一、总统得随时出席国务会议；二、所有国务院议决事件及任免官吏命令须经该管部长官同意后，再呈大总统盖印，如总统有不同意见时，得交回国务院再议①。这样，就使黎、段关系进一步紧张起来。段祺瑞不能容忍黎元洪插足国务院，他一见此草案，便称病请假不出，并放风辞职，后经熊希龄等劝解，才于26日销假视事。他当日即向徐树铮下了一道命令，凡国务院呈请总统核阅的文件，"应责成该秘书长躬自递呈，阅印后赍回。无论风雨星夜，不得假手他人，以昭慎重，而免歧误"②。至于总统出席国务会议问题，段坚决不肯让步。最后府院双方议定了几条折衷的办法：一、总统不出席国务会议，但国务会议议事日程先期呈阅。二、国务会议议事记录随时呈阅。三、紧急军政要件，由国务员进府直接报告。四、总统对于国务会议议决案件，如有认为不合者，得命总理及主管国务员说明理由，说明后如仍认为不合，得交回复议一次。五、每日呈阅文件与呈请用印，由国务院秘书长亲送③。此后，黎、徐关系一度表面上有所缓和。

　　但是，黎元洪与徐树铮冲突的根子在于段独揽政权，而黎又不甘心只作盖印的工具，这个矛盾不解决，府院之争是不可能平息的。内务总长孙洪伊到任后不久，即与徐树铮发生冲突，黎与段的关系又随之紧张

---

①　《大公报》，1916年8月29日。参见《民国日报》，1916年8月29日。
②　北洋政府徐树铮档案。参见《政府公报》，1916年8月29日，第235号。
③　《大公报》，1916年9月2日。

起来。

7月底至8月初，孙洪伊、张耀曾等国民党阁员在孙中山、黄兴的支持鼓励下，先后由上海北上就任。他们到任，对段、徐的专擅是不利的。孙洪伊(1870—1936)，字伯兰，直隶人，清末为立宪党激进派领袖，1913年加入进步党。二次革命后，转向国民党阵营，并博得好评①。他到任未及一月便与徐树铮展开斗争。

8月下旬，湖南议员郭人漳、周震鳞对投靠皖系的官僚政客胡瑞霖(时任福建省长)在湖南财政厅长任内的劣迹提出查办提案转到国务院后，徐树铮不与主管的内务总长孙洪伊协商，也不经国务会议，就擅自以国务院名义咨复众议院，极力为胡辩护，将提案驳回。孙以此事关系责任权限甚大，向段祺瑞据理力争，并提出辞职以示抗议，同时还致信众议院，撤销其辞退议员书，表示仍愿就议席，搞得段、徐非常狼狈②。嗣经黎元洪、段祺瑞极力挽留，孙始打消辞意。段当即命徐将原咨文追回。徐答应照办，继又捏称该咨文已由众议院秘书厅印送各议员，无法追回。孙洪伊即用电话询知众议院并无此事，方知徐是故意撒谎，于是又起冲突③。

此后，段祺瑞、徐树铮对不受他们羁束的孙洪伊恨之入骨，必欲去之而后快。9月初，孙为整顿内务部，裁减部员，被裁汰者祝书元等在徐树铮煽动下，向平政院起诉，控告孙违法。20日，平政院裁定："撤消内务部原令，准被解职人员仍回内务部供原职。"④孙拒不接受此项裁

---

①　周震鳞在1916年11月4日致孙中山信中说，孙洪伊"自二次革命至今，早与真正之国民党愈接愈近，较之国民党中新官僚分子品格固相霄壤矣"，并说孙"崇拜先生，久出至诚"。(《国父年谱增订本》下册，台北1969年出版，第659—660页。

②　《徐树铮作祟史》，《民国日报》，1916年8月31日；《徐树铮七大罪案》，《民国日报》，1916年11月14日；《胡瑞霖查办案之索隐》，《晨钟报》，1916年9月20日；《申报》，1916年8月31日。按孙洪伊原为众议院议员，议员法规定，凡议员不能任政府官职。孙任内务总长后，曾辞去议员。

③　《府院间权限问题》，《申报》，1916年8月31日。

④　《晨钟报》，1916年9月22日。

决。于是，徐批就一道执行平政院裁决书的命令，送府盖印，但孙拒绝副署，黎元洪也不予盖印，批复"交院再议"。黎并从孙所请，将此案批交国会审议。事情拖到10月，段再也不能忍耐，于19日呈请罢免孙，但遭黎拒绝。

这次政潮，还波及到国会。早在9月24日，研究系的机关报《晨钟报》，便刊文攻击孙洪伊"违法"。10月23日，研究系首领汤化龙又以"老友"身份进总统府，以所谓"舆论"向黎元洪施加压力①。在段祺瑞和研究系的威胁之下，黎开始动摇，劝孙"自请辞职"，或"赴东西洋各国考察政治"，或"转任其他特任官"②。但是，孙毅然表示"自信无过"，宁受免官处分，决不自请辞职。

商榷系的韬园系和丙辰俱乐部两团体坚决支持孙洪伊与段祺瑞抗衡。24日，直隶议员王玉树就国务总理径自呈请罢免国务员是否合法问题，在众院向段提出质问。11月上旬，吕复又提出查办徐树铮案，列举徐七大罪状，联署者六十余人③。

孙洪伊既不肯辞职，段祺瑞便以自己辞职相威胁。黎元洪只好采纳左右意见，请徐世昌出来组阁。袁世凯死后，徐世昌长期居于河南辉县水竹村，名为"退耕"，实为观望。10月下旬，黎的代表到辉县请徐出来组阁，徐托故拒绝。11月初，黎又派代表去请，徐表示："倘允不入政界……一俟感冒就痊，即当就道。"黎只好答应徐仅负调停之责④。其实，徐并非不想出山。赴京之前，他曾致电冯国璋，商讨调解政局的策略，实际上就是一种试探，但冯未置可否。冯对混乱的政局有自己打算，他在黎与段、研究系与国民党的对立中，采取第三者的姿态。9、10月间，梁启超到南京活动，极力劝冯与段合作，支持研究系，冯未作积极响

① 《汤化龙启事》，《晨钟报》，1916年10月25日。
② 《民国日报》，1916年10月29日；《晨钟报》，1916年10月24日。
③ 北洋政府国务院档案。参见《民国日报》，1916年11月12、14日。
④ 《黎大总统请徐东海来京各电》，《文电汇选》，1915—1916年，中国社会科学院近代史研究所藏档未刊稿。

应。在此前后，段曾数次派人到南京争取冯的支持，冯也采取敷衍态度。

11月16日，徐世昌抵京。次日，黎元洪便亲自到东四五条胡同徐宅拜访。嗣后，徐向段祺瑞建议，将徐树铮改任陆军总长，孙洪伊改任农商总长。但是段不以为然，他认为孙"不择手段，破坏北洋团体"，必须逐出内阁。19日，徐又向黎、段建议，将孙和徐同时去职，由张国淦任国务院秘书长。段勉强同意。20日，孙被解职。两天以后，徐也在段授意下辞职。研究系对孙洪伊被逐出内阁，感到很快意。22日，梁启超从广州致电徐世昌说："维持内阁，实今日不二法门，公大力主持，大局当可立定。"①

孙洪伊被免职后，回到国会，利用国民党在国会的优势，继续抵制段祺瑞。国会接连否决段提名任命任可澄、张国淦为内务总长的提案。孙并进一步策划利用国会推倒段内阁。12月2日，韬园系首领、直隶议员温世霖在众院提出弹劾段祺瑞的提案。孙洪伊在国会的活动，威胁到段内阁的存在，段决以武力相待。1917年1月13日，步兵统领江朝宗派兵包围孙宅，进行搜查，准备逮捕孙洪伊。孙事先得人通报，逃往南京托庇于冯国璋。

逼走孙洪伊后，段祺瑞仍不满足，又挑唆督军团要求总统黎元洪罢免总统府秘书长丁世峄。2月25日，黎被迫批准丁辞职，由夏寿康继任。

府院政潮虽因孙洪伊、徐树铮和丁世峄相继去职而暂告一段落，但黎元洪与段祺瑞的关系并未改善，而是处于暂时僵持状态。不久，双方又因对德外交问题发生新的斗争。

四　对德绝交及其国际背景

1914年第一次世界大战爆发后，欧洲列强忙于欧洲战争，无暇东

---

①　梁启超：《致籍忠寅转徐世昌》，《护国之役文电稿》。

顾,日本在华势力迅速加强。大战爆发不久,日本就以参战为名,出兵中国山东省,占领胶州湾及胶济铁路沿线地区,夺取了德国在山东省的全部权益。从帝国主义各国对华贸易来看,自1914年起,英、法、俄、德等国对华输出普遍下降(其中德国的对华输出完全停止),只有日本和美国对华输出猛增。美国因参加世界战争最迟(1917年4月对德宣战),保存了实力,还有力量与日本抗衡和争夺。当时美驻华公使芮恩施多次呼吁本国政府加强对中国的"援助",以抵制日本在中国的扩张①。

1917年初,美国准备对德宣战,并企图借机加强它在中国的影响。2月1日,美国政府在宣布与德国断绝外交关系之后,命令芮恩施设法运动中国政府与美国政府采取一致行动②。芮恩施奉命积极开展活动,连日拜访总统黎元洪、总理段祺瑞等,鼓励他们与美国联合,对德国采取行动。此外,总统府的美籍顾问福开森、英籍顾问莫理循和《远东时报》编辑唐纳德等对北京政府有影响力的外国人,也被芮恩施动员起来,游说政府官员和国会议员。在芮恩施等人的活动下,2月9日,北京政府就德国潜艇封锁公海一事向德国政府提出了抗议。

日本政府获悉美国插手中国对德外交、企图左右中国政局的动向后,迅速改变反对中国参战的态度,转而积极支持中国参战。2月上旬,中国驻日公使章宗祥奉北京政府命,就中国向德国潜水艇袭击公海商船提出抗议一事,征询日本政府意见。9日,日本外务大臣本野召见章,表示中国"仅提抗议,于中国地位似非得计,不如即行宣布断绝国交,并不必俟抗议回答;至此次抗议,深惜事前未与接洽,现两国力谋祛除隔阂,深冀中国政府熟考"③。两天以后,本野再次接见章,表示希望

---

① 《芮恩施致蓝辛电》(1917年2月6日、7日、26日),《美国对外关系文件》。参见芮恩施著,李抱宏、盛震溯译:《一个美国外交官使华记》,第20—21章,商务印书馆1982年版。

② 芮恩施著,李抱宏、盛震溯译:《一个美国外交官使华记》,第21章,第188页。

③ 章宗祥:《东京之三年》,《近代史资料》总38号,第24页。

中国与德国断交之后，"再进一步加入联合战团"①。13 日，本野又派寺内首相的亲信西原龟三再次赴华。西原赴华的主要使命是以同意中国减缓交付庚子赔款，提高关税和提供参战军费为饵，诱使北京政府立即向德国宣战。为保证西原完成使命，外务省并将对支持中国参战尚抱怀疑态度的驻华公使林权助调回东京述职②。日本报纸对本国政府在中国对德外交问题上的转变作了如下剖析："日本人士对中国放弃中立，向持异说，即赞成与反对二派是也。反对者谓，中国参战，将于和平会议取一席地，而获与日本对等之投票权，则会议处分青岛等问题时，日本将不利云。斯说也，杞忧而已。良以和平会议关于各国势力消长滋大，发言与投票权视国之强弱而为轻重。故中国虽获投票权，亦不足与日本抗也。即使投票以多数取决，实际上尤有借于外交术，否则仍不能贯彻主张也。"③这个分析是很透彻的。

事实上日本政府正是这样做的。它一面积极鼓动中国参战，一面与英、法、俄等国进行幕后交易。中国参战是协约国所企望的，日本即以此作为交换条件，与英法等国达成协议："保证将来在讲和会议中，援助日本要求割让德国在山东及赤道以北岛屿之领土权利。"④当美国与日本在中国对德问题上产生冲突，阻挠中国参战时，英国和法国，特别是英国坚决支持日本，抵制美国，怂恿北京政府参战⑤。北京政府就德国潜艇封锁公海向德国提出抗议后，美国和日本在中国对德外交问题上的分歧便很明显地表现出来。2 月 10 日，美国国务卿蓝辛指示芮恩施立即向中国方面表示，美国不愿意看到中国参加世界战争⑥。不久，

---

①　章宗祥：《东京之三年》，《近代史资料》总 38 号，第 26 页。

②　《西原借款回忆》，《近代史资料》总 38 号，第 136 页。

③　转引自《第一次世界大战中国之参战》，《人文月刊》第 7 卷第 1 期。

④　《英国驻日大使致日本外务大臣本野照会》(1917 年 2 月 16 日)，王芸生《六十年来中国与日本》第 7 卷，第 72、73 页。

⑤　《日本外务省档案》，第 25 号，第 8228 页；第 27 号，第 10369 页。

⑥　《蓝辛致芮恩施》(1917 年 2 月 10 日)，《美国对外关系文件》。

他又进一步要芮恩施向中国政府表示,欧洲战局尚不需要中国参战;中国政府在与美国政府协商之前,"不要采取进一步的行动"①。

美国政府改变支持中国参战的立场,得到总统黎元洪的支持和响应。黎本来就担心段祺瑞在参战的名义下,进一步加强对自己和国会的控制。2月初,芮恩施拜会黎元洪时,黎已表露出这种顾虑②。

段祺瑞为解决扩充军队等问题的财源,在日本的支持和怂恿下,决心立即实行对德绝交,继之以宣战。2月14日,国务院及外交部合电驻日公使章宗祥说:中国方面已决定,一旦发生德国潜艇袭击中立国船只事件,中国即不俟德国回答,对德绝交,并表示绝交后"需费甚巨",希望联合国(指协约国)准许中国"酌加关税及将庚子赔款缓解或延长年期"③。17日,日本外务大臣本野对章宗祥表示,日本对加税及缓解赔款两事赞成④。此时,西原也抵达北京,就中国加入协约国的条件问题与曹汝霖、汪大燮、陆徵祥等进行磋商,并会见了段祺瑞和特意赶到北京来"研究"对德外交问题的研究系领袖梁启超⑤。同时,章宗祥也连日在东京与本野谈判中国参战的条件。3月初,段祺瑞等炮制出《加入协约国条件节略》⑥。3日,国务会议通过向国会提出的对德绝交咨文和《加入协约国条件节略》。4日,段亲率阁员到总统府,请黎元洪在对德绝交咨文上盖印交国会通过,并将《加入协约国条件节略》发给章宗祥,与日本政府协商。但是,黎以事关重大,还需慎重为辞,拒绝盖印。

---

① 《蓝辛致芮恩施》(1917年3月2日),《美国对外关系文件》。

② 《一个美国外交官使华记》第21章,第189页。

③ 章宗祥:《东京之三年》,《近代史资料》总38号,第27页。

④ 章宗祥:《东京之三年》,《近代史资料》总38号,第29页。

⑤ 《西原借款回忆》,《近代史资料》总38号,第135—137页。参见《梁启超年谱长编》,第811页。

⑥ 《节略》要点为:一、停付德、奥两国赔款,暂缓十年偿付协约国赔款;二、同意中国将进口税增至百分之七点五,待裁撤厘金后,增至百分之十二点五;三、取消辛丑条约关于不允许中国在天津驻军等条款。见章宗祥《东京之三年》,《芮恩施致蓝辛电》(1917年3月18日)。

段愤怒离去，当晚即宣布辞职并离京赴津。这样就使表面上一度缓和的府院斗争骤然激化。

段祺瑞出走天津后，黎元洪本想借机改组内阁。5日，他请徐世昌、王士珍和赶到北京来磋商外交问题的副总统冯国璋一起到总统府议事。黎元洪请徐世昌和王士珍分别出任总理和陆军总长，但徐、王二人连连作揖，敬谢不敏。冯国璋则自请赴津劝段祺瑞复职。6日，北洋系各省当局又相继打来电报，挽留段"力任艰难"。黎元洪害怕激出事变，只得请冯国璋赴津劝段复职。冯临行前与黎商订了段复职的条件：一、内阁确定的外交方针，总统不再加以反对；二、内阁拟定的命令，总统不得拒绝盖印；三、内阁训示各驻外使节、督军、省长，总统不得干预①。段祺瑞见黎元洪已暂时屈服，当晚返京。次日，段密电各省及驻外公使，声称内阁对德外交方针已获总统赞同，各省"切勿再生异议"②。

当时，对德外交问题成为国内舆论的主题。孙中山自开始即主张中国保持中立立场。2月，他口授要点，由朱执信执笔，撰成《中国存亡问题》一书，以朱执信名义发行。此书的要点是，中国为救亡图存，不应参战；加入协约国的条件可自外交斗争取得，而不必参战；中国、美国和日本三国应当友好亲善。孙中山的主张在国会得到丙辰俱乐部和韬园系的坚决支持。

研究系在对德参战问题上完全追随段祺瑞，主张绝对"加入"③。两年前曾预言德国必胜的梁启超这时也变为积极的对德宣战论者。梁在这个问题上的转变，固然是看到德国失败的迹象已逐渐显露，更主要的是，他想借外交问题达到压迫反对派的目的。3月7日，他在给段祺瑞的信中说，对德国"早绝一日，则德人及国内捣乱分子即少一部分活

① 《中华新报》，1917年3月8日、9日；《民国日报》，1917年3月8日。
② 北洋政府陆军部档案。
③ 《汤化龙在宪法研究会上演说》，《晨钟报》，1917年5月4日。

动余地"①。

商榷系各派虽多持反对参战态度,但各派反对段内阁对德方针的
程度又有所不同。丙辰俱乐部和韬园系不仅反对向德国宣战,而且反
对对德绝交,益友社和政学会则主张对德问题可做到绝交为止。由于
益友社和政学会投了赞成票,3月10日、11日,众参两院分别通过对德
绝交案。

北京政府宣布对德绝交后,参战问题成为府院和国会两派斗争的
焦点。当时国会内外,朝野上下形成很强烈的反对参战的舆论。对德
绝交前,孙中山曾电参众两院,坚决反对参战②。14日,上海商界联合
会通电反对向德宣战,广州、武汉商会继起响应③。当段祺瑞邀梁启超
同到总统府逼迫黎元洪表态赞同参战时,黎便以社会舆论不赞成反驳
他们④。使段祺瑞感到棘手的,不仅仅有孙中山和国民党议员以及其
他名流⑤掀起的反对参战的强大舆论,而且北洋各省的督军也多不理
解段祺瑞参战的用心,对这一问题态度消极。由于有上述障碍,所以尽
管日本一再逼迫中国迅速加入协约国对德宣战,而段祺瑞一时却无法
实现参战的意图。他还需要说服各省的北洋督军。

五　参战问题引起的风波

段祺瑞要达到对德宣战的目的,首先需要得到北洋督军们的支持,
然后再利用他们压制黎元洪和国民党议员。

段祺瑞知道,各省督军反对参战的一个重要原因,是他们害怕领兵
远征欧洲。要使他们积极支持参战,必须解除他们不愿打仗的顾虑。

---

① 《致段祺瑞函》(1917年3月7日),中华书局藏手抄本。
② 《中华新报》,1917年3月9日。
③ 《中华新报》,1917年4月1日。
④ 许田:《对德奥参战》,《近代史资料》总2号,第68页。
⑤ 指伍廷芳、陈锦涛、王正廷和陈友仁等,这些人也可列入国民党范围之内。

于是，段假借"军事会议"名义，把各省督军召集到北京，解释自己参战的真正用心。

4月中旬，倪嗣冲首先应召赴京。动身前他还公开表示反对参战。但是，抵京后段祺瑞向他说明，所谓对德宣战乃是"宣而不战"，不需各省出兵，可以不必顾虑。于是，他便来了个一百八十度的大转弯，由反对参战的健将变成力主参战的先锋。他私下向人透露："未到京之前，本系反对加入；即各省督军，除非北洋系外，其余十七省，我敢断言，其与我同一意见。及到京后，察看政府情形，乃幡然变计，知业经抗议绝交，则第三步文章，决无可以中止之理。"[①]

在段祺瑞的督促和倪嗣冲的撺掇下，湖北督军王占元、直隶督军曹锟、山东督军张怀芝、江西督军李纯、福建督军李厚基、吉林督军孟恩远、河南督军赵倜、察哈尔都统田中玉和绥远都统蒋雁行先后抵京。其余江苏、黑龙江、奉天、浙江、湖南、甘肃、陕西、云南、贵州等省督军，也都派出代表参加会议。25日，段祺瑞亲自主持首次会议，参谋总长王士珍、海军总长程璧光、训练总监张绍曾等也被拉来列席。首次会议即就内阁对德外交方针进行表决。结果，出席会议二十五人，赞成者十七人，依从多数者七人，段的外交方针在北洋督军中获得压倒多数的支持[②]。

但是，在北洋督军中，冯国璋的态度始终不明朗。2月，段即曾派专人向冯解释对德问题的"曲折与利害"[③]。23日，冯入京与段会谈，态度有所转变。3月中旬，冯返回南京，于21日密电北洋各省，说："抵京后，犹冀事势可以挽回，自量国力，勿为多事。乃观察各方情况，知内部绝未一致，而外交紧迫，已难自持。东海相国，合肥总理老谋深算，则欲趁此机会，力图富强。总理决心，加以外交趋势，绝德之举，非成事实

---

① 《张勋藏札》，《近代史资料》总35号，第44—45页。

② 北洋政府国务院档案一〇〇二，485。

③ 许田：《对德奥参战》，《近代史资料》总2号，第65页。

不可,于是璋亦未敢胶执成见。"①从这封电报可以看出,冯国璋同意对德绝交的态度很勉强,内心并不赞同段祺瑞立即对德绝交并进而宣战的方针。3月15日,冯私下密示江苏省官员,对德问题"以断绝国交为限"②。4月16日,冯又故意将"英法失利……宣战更宜持重"等内容的外交探报转给正在北京的各督军③。

4月末,军事会议结束后,倪嗣冲等北洋督军即开始胁迫黎元洪和国会同意向德国宣战。5月1日,内阁讨论对德宣战问题,倪嗣冲、张怀芝、孟恩远、李厚基等闯入会场,倪以所谓军界首脑名义表示,各省督军一致支持总理段祺瑞的对德方针,政府应当立即对德宣战,张怀芝等随声附和④。在督军团的胁迫下,内阁匆匆通过对德宣战案。段随即率领当日出席会议的阁员到总统府面请黎元洪核准⑤。是日,日本公使林权助也登门"拜访"黎元洪,警告黎说,如国会否决参战案,政局将发生纷扰⑥。3日,倪嗣冲又率督军团到总统府,向黎陈述参战意见。在督军团、段祺瑞和日本公使的压力下,黎元洪被迫同意将对德参战案提交国会辩论。这样,参战问题又转移到国会。

在国会中,反对向德宣战的力量占了优势。益友社和政学会对向德宣战问题的态度与绝交问题态度不同。益友社早就公开表示,反对对德宣战。段祺瑞把很大的希望寄托于政学会,但该会经过几次讨论,最后举行内部投票,结果还是否决了宣战案⑦。在这种情况下,段不敢

---

①　《冯国璋致北洋各省密电》(1917年3月21日),原件藏中国社会科学院近代史研究所。

②　《冯国璋电稿》,北洋政府零散军事档案。

③　《冯国璋致禁卫军铳电》(1917年4月16日),《近代史资料》总40号,第66页。

④　《晨钟报》,1917年5月2日;《中华新报》,1917年5月3日;《民国日报》,1917年5月3日。

⑤　《中华新报》,1917年5月3日;《民国日报》,1917年5月3日。

⑥　《日本与中国——大正时代》,第115页。

⑦　《中华新报》,1917年5月11、12日。

贸然将对德宣战案交国会表决。3日，国务院在外交部迎宾馆宴请参众两院议员，段到会演说，略谓世界各国皆反对德国，协约国希望中国参战，要求国会合作①。4日，督军团又假迎宾馆宴请议员，为段疏通宣战案。李厚基代表各督军演说，声称：要不惜一时的名誉，实行对德宣战，"乃至受人指骂，固所当然"②。这时，督军团已经凶相毕露了。8日，众议院讨论宣战案。段祺瑞亲自到场督促投票表决，但结果众院会议仍议决提交全院委员会审查。皖系军人料知全院委员会审查的结果不会对他们有利，便决心撕下面具，使用强硬手段，伙同督军团制造了公民团事件。

10日下午，全院委员会审查对德宣战案。当日上午，议会门前忽然聚起数千人，手持"五族公民请愿团"、"学界请愿团"、"陆海军人请愿团"、"政学商界请愿团"、"北京市民请愿团"等各种旗帜，沿街散发传单，要求国会即日通过对德宣战。国民党系议员田桐、邹鲁、龚政、吴宗慈、郭同等人因不愿接受传单，遭到殴打③。中午，"公民团"包围了国会。自称"公民代表"的张尧卿、赵鹏图、白亮等人闯进议场宣布："倘不通过参战案，一个议员也别想出去"，出去则"打死无赦"④。军警闻讯赶来"维持秩序"，但并不驱散胡作非为的"公民团"，只是不准许议员外出。下午2时半，参加全院委员会的议员一致决定，暂不讨论对德宣战问题，即将全院委员会改为全体议员大会，请国务总理、内务总长到会，质问北京秩序和议员安全问题。下午5时，内务总长范源濂到会，但他指挥不动军警，只好等段祺瑞和北京警察总监吴炳湘到来。傍晚，段、吴先后到场。段走出汽车时，请愿"群众"居然摇旗鼓掌，表示欢迎。段向议员们表示，对"公民"请愿，"事先一切不知"，并命令吴到外面解散

　　①　《中华新报》，1917年5月4日。

　　②　《民国日报》，1917年5月5日；《中华新报》，1917年5月5、7日。

　　③　《众议院公报》第2期，第112号，1917年5月13日。参见《雷震春、张镇芳函》(1917年5月11日)，《近代史资料》总35号，第49—50页。

　　④　《晨钟报》，1917年5月11、12日。

"请愿群众"。吴到议场外温言劝导了一番,根本无效。一直到晚9时,一些"公民"向议院院内投掷砖瓦,打伤了日本记者,段恐引起交涉,才派出马队将"公民团"驱散。

10日"公民团"围攻议会事件,是皖系军人策划的。当8日众议院决定召集全院委员会表决参战案时,在京各督军便议定,如果全院委员会不通过此案,"决当积极进行解散国会,无论如何障碍,必其达到解散目的"①。傅良佐、靳云鹏和王揖唐,组织收买大批游民,准备在10日国会开会时进行捣乱②。所谓的公民代表,也大都是国务院和陆军部的官员,国务院参议陈绍唐则直接参与了组织"公民团"包围国会的活动③。

"公民团"事件发生后,孙中山与谷钟秀等立即联合通电,要求北京政府严惩肇事者。北京、上海等城市的学界、商界和南方各省的督军及省议会,随即纷纷通电响应。北洋派中未到北京的江苏督军冯国璋、江西督军李纯也通电附和④。为抗议皖系军人一手制造的"公民团"事件,国民党阁员谷钟秀、张耀曾、程璧光相继宣布辞职,外交总长伍廷芳也潜离北京。11日,段祺瑞在府学胡同宅邸召集亲信开会,商讨对策。张国淦建议段辞职,改组内阁,由国民党二人、研究系二人、北洋系二人联合组织"国防内阁",收拾局面⑤。段本人最初有些意动,但徐树铮、傅良佐、靳云鹏等极力反对。在徐、傅等人怂恿下,段决心干到底,15日、16日又先后两次咨请国会从速议决对德宣战案。仍在北京的北洋督军或以同乡关系,或以地方长官关系,分别设宴招待议员,继续为段疏通。15日,督军团又设宴招待参众两院议员,仍由李厚基代表各督

---

① 《傅良佐致吴光新电》(1917年5月9日),北洋政府陆军部档案。

② 《梁启超年谱长编》,第820页。参见《张勋藏札》,《近代史资料》总35号,第49—50页。

③ 《晨钟报》,1917年5月18日。

④ 北洋政府陆军部档案。

⑤ 《梁启超年谱长编》,第820页。参见《晨钟报》,1917年5月13日。

军致词。他说:"公民团"事件完全是"无意识"的举动,希望议员不要介意,以大局为重,维持内阁,实现对德宣战①。但是,"公民团"事件造成的影响,不是李厚基几句花言巧语所能挽回的。商榷系各派在"公民团"事件后,一致采取抵制内阁的立场。19日,众议院复议对德宣战案时,议员褚辅成提出内阁阁员多数辞职,内阁实已无法负责,建议暂缓讨论对德参战案,先行改组内阁②。褚的动议,得到商榷系各派赞同,经投票表决,二百二十九票赞成,一百二十五票反对,五十票弃权。将近三分之二议员赞成改组内阁,实际上已构成国会对内阁的不信任。

段祺瑞利用"公民团"胁迫国会未能得手,便决心解散国会。21日,督军团在京召开紧急会议,决定采取最后步骤,联名呈请总统解散国会。研究系的骨干分子籍忠寅等参与了督军团的策划。当天,在京的北洋督军和督军代表由孟恩远领衔,具呈黎元洪,借口宪法会议通过的宪法条文,将导致所谓议会专制,陷内阁于"颠危之地",要求"将参众两院即日解散"③。先一天,即20日,张勋致电督军团支持解散国会,声称当"为诸公后盾"④。

黎元洪无力应付督军团,只好求助于美国公使芮恩施。是日,芮恩施到总统府与黎进行长时间密谈,表示"允为后盾"⑤。21日,黎召见督军团领衔呈请解散国会的孟恩远、王占元二人,训诫他们切勿超越宪法行事,对宪法草案有不同意见可商诸国会;并指出,时局的症结在内阁,段祺瑞"理宜引退"⑥。孟、王退出后将黎的态度转达在京诸督军。

------

① 《专电》,《民国日报》,1917年5月16日。

② 顾敦鍒:《中国议会史》,苏州木渎心正堂1931年版,第255页。

③ 《民国日报》,1917年5月22日。

④ 《民国日报》,1917年5月23日。

⑤ 《张勋藏札》,《近代史资料》总35号,第51页。据1917年5月26日端纳致宋发祥函称:"外交团之意见,皆于违犯宪法举动,极力反对。段若竟施强力,必归失败。"见《近代史资料》总40号,第70页。

⑥ 《民国日报》,1917年5月24日。

督军团密议对策之后，当晚，倪嗣冲、王占元、李厚基等直奔徐州，其他人各回任所。

　　黎元洪在召见孟恩远等同时，派钱能训到天津敦请徐世昌进京接替段祺瑞。段得到消息，也委派张国淦为代表赴津，请徐世昌"接代"。结果，徐不仅拒绝出任总理，并表示无意出面调停。21日，段祺瑞又亲自登门拜访王士珍，请其"代理"，王吓得连连作揖，推辞不迭①。段请徐、王代理不过是装样子，实际上他根本不想下台。徐世昌、王士珍既不肯接受总理职务，黎元洪即准备以伍廷芳暂时代理内阁总理。20日，黎批准程璧光、谷钟秀、张耀曾辞职，却留下伍廷芳的辞呈未发。段祺瑞深恐黎元洪采取行动，22日，他向黎提出补充阁员人选，其中大多是黎平素有好感的人：内务总长夏寿康，司法总长饶汉祥，海军总长汤芗铭，财政总长孙宝琦，农商总长庄蕴宽，交通总长汪大燮②。

　　22日，当张国淦把补充阁员的名单交给黎元洪阅后，黎罢免段祺瑞的决心有些动摇。但是，左右亲信提醒他不要中了段祺瑞的缓兵之计。23日，黎元洪发布三道命令，第一道命令免去段祺瑞国务总理和陆军总长的职务，特任外交总长伍廷芳暂代国务总理；第二道命令委派陆军部次长张士钰暂代陆军总长；第三道命令是委派王士珍为京津一带临时警备总司令，并派江朝宗、陈光远为副司令③。同时，黎还通电各省，阐明"迫不得已"罢免段祺瑞的原因，希望段仍"内外一心，共图国是"。免段令交付印铸局印行之前，张国淦匆匆赶到总统府，劝黎元洪再加考虑。黎表示外交、军事都已有布置，未为所动④。

――――――――――

　　①　《梁启超年谱长编》，第821—822页。
　　②　许田：《对德奥参战》，《近代史资料》总2号，第75页。另据1917年5月23日《晨钟报》报导，段祺瑞委派张国淦向黎元洪提出的人选为：内务总长范源濂、外交总长高尔谦、交通总长汪大燮、财政总长李经羲、海军总长萨镇冰、教育总长蔡元培、农商总长夏寿康。两说有很大出入。
　　③　《政府公报》，1917年6月23日。
　　④　许田：《对德奥参战》，《近代史资料》总2号，第76页

段祺瑞接到免职令，当日仍以国务总理名义通电各省，声称免职令未经本人副署，将来地方及国家因此发生何等影响，"概不能负责"①。嗣后，段即赴津策动督军团解散国会，驱逐黎元洪。

第二节　张勋复辟

张勋复辟事件的出现不是偶然的。如同袁世凯的恢复帝制一样，是有它的历史原因和阶级、社会基础的。所不同的，一是要建立新的袁家王朝，一是要恢复爱新觉罗氏的清王朝。

如前所述，自民国建立后，张勋一直没有停止复辟清王朝的阴谋活动，并且在他的周围逐渐聚集了一些赞成复辟的前清遗老和部分督军，形成为一个复辟集团。1913年和1916年，以张为首的复辟集团两次策动复辟叛乱，均未得逞。袁世凯帝制失败，张勋从反面总结了它的"教训"。他认为恢复帝制是应该的，但不应建立袁家王朝，而应该复辟清王朝。袁世凯曾受恩前朝，而自己却来做皇帝，未免"辜负皇恩"，有失忠义，其失败的原因也就在这里。因此，在袁世凯帝制失败后，张勋的复辟阴谋活动，不仅未加收敛，反而更加猖狂起来。

一　北洋八省"独立"和国会解散

1917年春，府院关系因对德问题再度恶化后，段祺瑞和黎元洪争相拉拢拥兵徐州的张勋，以为奥援。4月中旬，段策划召集各省督军"军事会议"时，就企图把张勋引进北京，借张之手压制国会，推倒黎元洪。为了诱张进京，段不惜以日后实行复辟为钓饵。当时，倪嗣冲对在京代表张勋与各方联络的阮忠枢说，此次会议由他发起，"东海（徐世昌）、芝泉（段祺瑞）均极端赞成，曾电约大树（指冯国璋）。大树不来，我

①　《革命文献》第7辑，台北1969年版，第29页。

辈亦不强其必至,正可推定武(指张勋)作一领袖,执坛坫之牛耳"。他还声称,一定要改组内阁,"如黄陂(黎元洪)不以为然,即可借此推倒黄陂,倒黎排冯,即可拥戴东海。此系千载难逢之机会,断断不可错过。……如东海得居首席,一二年后,将内政整理,国势略定,再由东海之手,归还旧主(指溥仪),其势由顺而易。凡此种种,从现在地位、声望、魄力而论,均非待定武前来解决不可"①。

在段祺瑞积极拉拢张勋的同时,黎元洪也竭力争取张勋的支持。张勋在对待国民党人和国会、内阁等问题上虽与段态度一致,但在"参战"问题上却由于复辟派与德国的关系②,与段大相径庭。黎元洪就企图利用段、张在参战问题上的分歧,把张拉到自己一边。在段召集军事会议前夕,黎即通过阮忠枢、金永等向张勋示意。4月19日,阮函告张,黎对于此次军事会议,"深恐各省督军受芝泉之运动,赞成与德宣战,而亟盼我公来京,反对此举。因令郛郑(唐浩镇,总统府秘书,黎元洪的亲家)往告小松(张寿令),意欲使小松赴徐劝驾。小松则推荐道坚(金永),电约道坚到京,由郛郑介绍私谒黄陂"③。不久,金永应邀至京,唐浩镇代黎接见。唐向金表示,黎"实处孤危之地"④,希望张"维持大局",并说,张如到北京参加军事会议,应反对向德宣战,"主张大计"。金表示张不拟进京,唐又请张"发一直截电文"反对参战⑤。5月,黎元洪又派亲信哈汉章等南下,游说张勋。

阮忠枢与另一在京、津为清朝复辟集团与各方联络的重要人物张

---

① 《张勋藏札》,《近代史资料》总35号,第44、45页。

② 辛亥以后,张勋与许多清朝遗老和王公贵族,在德国帝国主义支持下进行复辟活动,章宗祥所著《东京之三年》、西原龟三所著《梦的七十余年》,以及《郑孝胥日记》中,都有德国人供应张勋金钱、枪炮的记载。分见《近代史资料》总35号,第71页;总38号,第49、144页。

③ 《张勋藏札》,《近代史资料》总35号,第44页。

④ 《张勋藏札》,《近代史资料》总35号,第47页。

⑤ 《张勋藏札》,《近代史资料》总35号,第46页

镇芳,完全了解段祺瑞、黎元洪争相拉拢张勋的用心。他们一面与双方周旋,一面秘密写信给张勋,力劝张暂不进京。阮忠枢指出:段祺瑞欲借张勋之名,分散西南各省和国民党人的攻击,"保全"自己;黎元洪则欲借张勋之口,"昌言"反对参战,"因之倒阁而去段";双方"概置大局于不顾,各挟私意以私争"。张如到京,必将为难,"何如置身局外,作壁上观"①。张接信后,依计而行,拒绝段、黎双方的邀请,蜷伏在徐州作复辟的准备。4月19日,张勋密派心腹商衍瀛到天津活动。商到津后,与复辟分子张镇芳、雷震春详细商讨了发动复辟后如何控制北京的计划。20日,商衍瀛函告张勋,"大约西苑、南苑、通州、廊坊、北京游徼队、警厅等处,皆可呼应。"②

张勋一面在京津布置力量,一面争取北洋各省的支持。5月,他多次写信与冯国璋商讨时局。19日,在北京开会的北洋督军们联名呈请黎元洪解散国会。张勋得讯后立即发表通电,表示赞成。他在电报中表功说,他于国会"去岁召集之初,固已早持另组之说",并声称:"今者诸公决议以宪法种种弊端为言,而有解散之请,词严义正,一秉大公……勋虽无似,敢不力持正义以盾诸公之后。"③

如前所述,督军团要求黎元洪解散国会的呈文被黎拒绝。嗣后,倪嗣冲等便纷纷南下徐州。21日至22日,段祺瑞的代表徐树铮、曾毓隽,安徽省长倪嗣冲、山东督军张怀芝、湖北督军王占元、河南督军赵倜、福建督军李厚基与奉天等省的督军代表十余人先后抵徐。

5月23日,张勋与抵徐各省督军和督军代表举行所谓第四次徐州会议。徐树铮、倪嗣冲参加会议的主要目的,是鼓动张勋领头解散国会,驱逐黎元洪。是日,黎元洪发表罢免段祺瑞国务总理的命令,倪嗣冲闻讯后立即在会上借题发作,顿足大骂,声称要"首先发难,请诸君随

---

① 《张勋藏札》,《近代史资料》总 35 号,第 47 页。
② 《张勋藏札》,《近代史资料》总 35 号,第 36—37 页。
③ 《民国日报》,1917 年 5 月 24 日;《晨钟报》,1917 年 5 月 24 日。

后继起"。张怀芝也随声附和，并提议与会各省份由京奉、津浦、京汉三路进攻北京。张勋则乘势提出，推倒现政府后，各省共同拥戴清帝复辟①。徐树铮为达到解散国会和驱黎的目的，当场表示，段祺瑞虽然不能公开支持复辟，但只要达到解散国会和驱黎的目的，其他一切在所不计②。倪嗣冲、张怀芝等也表示支持。张勋、万绳栻见徐树铮和各省督军都赞同复辟，非常高兴，当场要与会者签名为信。

24 日，张勋致电黎元洪，声称："民国定制，适用责任内阁制度，凡任免官吏，向由国务院发出，非经国务总理副署，不能发生效力，历办有案。秘书厅掌司机要，类于幕职，本无责任可言。今忽逾越职权，擅发通电，宣布命令，殊属旷例，当然不能认为有效。旋接段总理以前项命令未经副署不能负责为言，其违法更无待言，群情益复愤激，以为共和国家首重法制，如果任意出入，人民将何适从。今中央既首先破坏法律，则各省惟有自由行动。……如无持平办法，必将激生他变。"③这个电报，一方面气势汹汹地斥责黎元洪罢免段祺瑞为非法，挑唆北洋各省"自由行动"；另一方面又说此违法令为秘书厅逾权"擅发"，要黎元洪"持平"，以免"激生他变"，为充当"调人"埋下伏笔。

研究系议员也对黎元洪罢免段祺瑞坚决抵制。5 月 31 日，汤化龙辞去众议院议长。嗣后研究系议员也纷纷辞职南下④。

在北洋各省督军和研究系政客的抵制下，黎元洪一筹莫展。开始，黎竭力拉拢北洋派元老徐世昌和王士珍出任国务总理，但徐坚决不肯应召。24 日，黎派吴笈荪、饶汉祥赴津，促徐出山，徐以"杜门谢客，不能入京"为辞，拒不见面。受到直系军阀拥戴的王士珍与徐世昌的态度

① 《徐州特别通信》，《中华新报》，1917 年 6 月 1 日。
② 当时徐树铮对王郅隆说："张勋是复辟脑袋，先让他去做，我们机会就来了。"见曾毓隽：《忆语随笔》，《文史资料选辑》第 41 辑，第 23 页。参见《张勋揭露段祺瑞电》(1920 年 7 月 20 日)，北洋政府陆军部档案。
③ 《晨钟报》，1917 年 5 月 26 日。
④ 《晨钟报》，1917 年 6 月 2 日—5 日；《中华新报》，1917 年 6 月 5 日。

略有不同,对黎元洪的处境表示同情,但他为人一向谨慎小心,不肯冒风险。25日下午,黎亲自到堂子胡同王的私宅劝驾,王称与段交谊甚笃,不能取而代之,婉言谢绝。经黎再三恳求,王最后答应出任陆军总长。在这种情势下,总理职位便落到李经羲身上①。李经羲,字仲仙,一作仲轩,安徽合肥人,李鸿章之侄,清末曾任云贵总督,辛亥革命时被蔡锷礼送出境。1913年为政治会议议长,次年改任参政院参政。1915年袁世凯称帝时,把他摆到"嵩山四友"之列,以示优待。黎之所以任李为总理是因李一向注意与淮军将领拉拢,与张勋有些瓜葛。

　　5月25日,黎元洪向国会提出咨文,要求批准任命李经羲为国务总理。27日,黎又发出通电,诉说组阁之难。电报说:"初议东海(徐世昌)出山,未获允诺,遂坚请聘卿(王士珍)担任,专使络绎,继以亲往,痦口哓音,再三敦劝。聘卿终荐先生(李经羲),自愿居陆军总长之职,时机危迫,不得不曲徇其请。"②是日,众议院破例开会,通过李经羲为国务总理的提案。次日,参院也通过此案。李经羲这个老官僚能为国会通过,主要是因为国民党议员投了赞成票。黎元洪和国民党议员希望李经羲能在影响张勋方面发挥作用。

　　但是李经羲还未就职,倪嗣冲即在蚌埠宣布安徽"独立"。通电声称:"群小揽权,扰乱政局。……政府几乎一空,宪法又系议院专制,自今日始,与中央脱离关系。"③旋下动员令,并截留津浦路车辆,运兵北上。在此前一日,奉天督军张作霖已通电要求解散国会及段祺瑞复任,否则即与北京政府"断绝"关系④。继皖、奉之后,河南督军赵倜、省长田文烈,浙江督军杨善德、省长齐耀珊,山东督军张怀芝,陕西督军陈树藩,直隶督军曹锟,黑龙江督军毕桂芳等也先后宣布"独立"。

---

　　① 《提出李经羲为总理之经过》,《民国日报》,1917年5月28日。
　　② 《黎元洪致李经羲电》,《民国日报》,1917年5月31日。《政府公报》,1917年5月28日。
　　③ 《中华新报》,1917年6月1日。
　　④ 《张作霖上大总统电》,《中华新报》,1917年6月2日。

皖、奉等八省的"独立"，是段祺瑞和徐树铮一手策划的。段"下野"回津后，皖系军人和研究系、交通系政客，每日聚在段府，密谋推倒黎元洪，解散国会①。皖、奉宣布"独立"后，徐树铮立即密电倪嗣冲说：皖、奉均已"独立"，天津"须有主持之人，方能与中外官长交接办事"。"前在徐议，有朝彦（雷震春）总司令名目，似宜早日商明各省，通电揭晓，俾便进行。"②于是，6月2日，"独立"各省在天津设立"各省军务总参谋处"，推雷震春为总参谋长，并宣布要另立"临时政府"和"临时议会"③。

美国对北洋各省在段祺瑞煽动下脱离北京政府很不满，并曾予以干涉。6月4日，美国务卿令公使芮恩施持照会告北京政府外交部，内称："中国对德开战抑或仍守与德绝交之现状，乃次要之事件"，"美国尤为深切关心者，在中国之维持中央统一"④，并特别指示芮恩施将上述内容通知"反对总统的军人派领袖"⑤。与此同时，美国还向日、英、法等国提议，以上述内容向中国提出联合劝告，以稳定总统黎元洪的地位。美国此举立即遭到日本的有力反击。日本外务省明确照会美国政府："日本坚持其早已声明的不干涉中国内政的政策。……故日本政府坦率相告，没有理由参加美国政府提议的对华一致劝告。"⑥由于英国明确支持日本，美国企图制止北洋各省叛乱的企图失败了。

对北洋各省督军在段祺瑞煽动下纷纷独立，冯国璋也不以为然。6月1日，他致电各省，力主"调停"⑦。但是，段祺瑞和"独立"各省对冯

①　许田：《对德奥参战》，《近代史资料》总2号，第77页。
②　北洋政府国务院档案一〇〇二，233。
③　《天津之总参谋处》，《晨钟报》，1917年6月4日；《中华新报》，1917年6月5—7日。
④　《蓝辛致芮恩施电》（1917年6月4日），《美国对外关系文件》。参见章宗祥：《东京之三年》，《近代史资料》总38号，第44页。
⑤　《蓝辛致芮恩施电》（1917年6月4日），《美国对外关系文件》。参见章宗祥：《东京之三年》，《近代史资料》总38号，第44页。
⑥　《美国提议对华劝告经过概要》，《日本外务省档案》，第24号，第8158页。
⑦　《中华新报》，1917年6月7日。

根本不予理睬。

北洋各省的"独立"，使李经羲吓得躲在天津租界中，不敢露面。黎元洪再三派人催请，他提出必得有张勋进京"保驾"，才能就职。在此之前，张镇芳等已多次向黎"献策"，请张勋率军进京"保护"。黎别无他路，只好采纳他们的建议。5月31日，黎元洪向张勋发出邀请电。电报说："倘承移驾津门，与仲轩总理慎密筹商，并即联袂来京，立图解决，执事之功，民国之福。"①次日，黎又发布请张进京"调停国事"的总统命令。有人曾提醒黎元洪，张勋进京"恐加入复辟文章"，不要上当②。但是，事态的发展已不容黎有其他选择。6月7日，张勋率辫子军步炮兵十营四千三百余人由徐州登车北上③。行前他还致电北洋各省，望"坚持原旨，一致进行"④。

8日，张勋的辫子军进入北京，但张本人却在天津停留下来。他在津停留有两个目的：一、等待黎元洪解散国会；二、征求徐世昌、段祺瑞和各列强对复辟的意见。是日晚，总统府秘书长夏寿康奉黎元洪之命，到天津迎接张勋进京。张当即提出"调停"的六项条件：一、实行责任内阁；二、解散国会；三、解散省议会；四、改定宪法；五、惩办群小（指总统府军事幕僚处处长哈汉章及金永炎等人）；六、特赦政治犯⑤。黎元洪不敢怠慢，当天下令撤销总统府军事幕僚处⑥。但张的主要条件是解散国会。在张的武力威胁和冯国璋"两害取轻"的劝诱下，黎终于答应立即解散国会⑦。次日，他拟好解散国会令，交代理总理伍廷芳副署发

---

① 《夏寿康往来函电》，《近代史资料》总38号，第180—181页。

② 《夏寿康往来函电》，《近代史资料》总38号，第182页。

③ 张勋于1917年6月6日通电各省督军："奉命入京调停国事，规定本月七日首程北上. 特闻。"北洋政府陆军部档案一〇一一，45。

④ 《晨钟报》，1917年6月9日。

⑤ 《晨钟报》，1917年6月9日、10日。

⑥ 北洋政府内务部档案。

⑦ 1617年5月，黎元洪曾驳回北洋督军团要求解散国会的呈文，并表示为维护《临时约法》和国会，"不违法、不盖印、不怕死"。《文史资料选辑》第48辑，186页。

表,但遭到伍的坚决拒绝。

　　10日,张勋气势汹汹地威吓伍廷芳:"兵临近畿,且夕即可横决,设以一人之梗议,致大局之全隳,责有专归,悔将何及?"①但伍廷芳不为所动,坚定地表示:"约法无解散国会明文",非得全国一致赞同,不能"遽然从事"②。黎元洪、冯国璋等见伍廷芳不肯向张勋妥协,敦促李经羲"即日进京就职",副署解散国会的命令。而李也躲闪不前。黎元洪怕激变张勋,只得于12日下令免去伍廷芳的代总理,改任步兵统领江朝宗暂代。次日,由江朝宗副署,发布解散国会令③。同时,黎元洪又发通电,表明为保留民国名号,下令解散国会的苦心所在。通电说:"皖奉发难,海内骚然。……各路兵队,逼近京畿,更于天津设立总参谋处,自由号召,并闻有组织临时政府与复辟两说。人心浮动,讹言繁兴。安徽张督军北来,力主调停,首以解散国会为请。迭经派员接洽,据该员复述,如不即发明令,即行通电卸责,各省军队自由行动,势难约束等语。亡国之祸,即在目前。元洪筹思再四,法律事实,势难兼顾。……为保存共和政体,保全京畿人民,保持南北统一计,迫不获已,始有本日国会改选之令。"④是日,张勋也通电全国说:大总统已颁明令解散国会,"拟即复命入都,共筹国是"⑤。次日(14日),张勋偕新任国务总理李经羲及刘廷琛、胡嗣瑗等乘车进京。

二　张勋集团与皖系军阀的角逐

　　张勋复辟集团与皖系军阀虽都主张解散国会,驱逐黎元洪,但两派想要达到的目的并不一致。前者要推翻民国,复辟清室;后者要拥戴段

---

　①　北洋政府国务院档案。
　②　北洋政府大总统府档案。
　③　《政府公报》,1917年6月13日。
　④　《政府公报》,1917年6月14日。
　⑤　北洋政府陆军部档案。

祺瑞重新组阁,继续皖系军阀的统治。当事态进一步发展时,两派的矛盾也就明显地暴露出来了。

在张勋设下"调解"的圈套,诱黎邀请他进京时,段祺瑞和徐世昌也另外布置了一套推倒黎元洪、解散国会的计划。如前所述,6月2日在津成立的"各省军务总参谋处",是由段祺瑞的心腹徐树铮在幕后策划组织的。按照段祺瑞和徐世昌的计划,各省"总参谋处"仅是他们另组政府的第一步。当时,他们已与皖、奉、鲁各省暗中议定:一、废除约法;二、迫使黎元洪退位;三、在北京组织中华民国军政府;四、召集临时参议院,制定宪法。6月3日,曹汝霖入京将此计划报告日本驻京公使林权助①。日本内阁对此计划立即表示理解和支持。次日,日外务大臣本野约见驻日公使章宗祥,表示深信徐世昌出山即能"收大局重谋建树",并进一步指出:应"先事消灭"北京现政府,再谋建立新政府②。8日,日本首相寺内的心腹西原龟三化名山田宪三秘密抵达天津,筹划"促使徐(世昌)、段(祺瑞)出山"③。

然而,当徐、段等人将另组政府计划电告当时尚在徐州的张勋时,遭到张的强烈反对。张坚决主张乘机推翻民国,复辟清室,并警告段、徐等人"不得于通常名目之外,别立名目"④。日本政府得知张勋态度以后,大不以为然,即通知章宗祥:"复辟万非所宜,日当局深信徐能主持大局。对于前电宣言,均甚首肯。若徐不能统率,分裂可虞。……务请俟张(勋)到津后,详细劝阻";"并望告以万勿为无责任之日人所惑"⑤。这里所说的"无责任之日人",是指当时在中国活动的陆军参谋

---

① 《日本外务省档案》MT80号,第5407—5409页。

② 章宗祥:《东京之三年》,《近代史资料》总38号,第43—44页。参见《中华新报》,1917年6月7日。

③ 西原作为寺内特使,曾于1916至1918年数度前来中国与皖系军阀勾结。关于他经手的借款问题,第五章还有专节述及。1917年5月段祺瑞被免职下台后,他潜来中国,为段祺瑞出谋划策。详见西原龟三:《梦的七十余年》,第198—200页。

④ 许田:《对德奥参战》,《近代史资料》总2号,第77页。

⑤ 章宗祥:《东京之三年》,《近代史资料》总38号,第44页。

次长田中义一。5月，田中在徐州与张勋会见时，对复辟问题"语多游移"，张遂以为日本亦赞成复辟。日本内阁得知这一情况后，立即电令田中派员向张勋声明，日本不同意复辟清室①。

日本当局自1916年10月寺内上台，便改变了原大隈内阁纵容"宗社党"复辟清室的方针，全力扶植段祺瑞。徐世昌之所以不支持张勋复辟清室，是由于已清楚日本的意图。民国成立后，徐世昌一直与张勋为首的复辟集团保持密切联系，人们都认为他是清朝遗老的领袖。1916年袁世凯死后，徐确实有过乘机推翻民国、拥清室复辟的打算。但他富有政治阅历，深知没有列强特别是邻国日本的支持，难于成功。因此在1917年初，他派心腹陆宗舆以接收交通银行借款名义东渡，试探日本当局对复辟的态度。当时，外务大臣本野明确表示：清室复辟，"时机"不到，"以十余龄之幼主，又有种族问题"，"致乱有余，为治不足"②。徐摸清日本意图以后，遂打消了拥清室复辟的计划。3月26日，日本陆军大臣大岛也曾训令日军驻青岛司令大谷转告清室复辟集团的另一个重要头目升允：清室复辟"目下尚非其时"③。6月8日，张勋抵津后，日本外务大臣本野又电令驻京公使林权助以"适当方法"向张直接表明不支持复辟的态度④。

---

① 章宗祥：《东京之三年》，《近代史资料》总38号，第44页。另见《林权助笔下的张勋复辟》，《近代史资料》总35号，第115页；王武《张勋复辟逸史》，全国政协文史资料未刊稿。王文说，张勋率军北上，"田中乃急派日人中岛比多吉在半途阻遏，议缓期举行，故张勋到天津遂屯兵不前"。另有《张勋与佃信夫》一文说，田中在徐州会见张勋时，也面谕张勋，复辟"时机尚早，希慎重考虑"。《近代史资料》总35号，第126页。

② 章宗祥：《东京之三年》，《近代史资料》总38号，第43页；《林权助笔下的张勋复辟》，《近代史资料》总35号，第113—114页。

③ 《张勋与佃信夫》，《近代史资料》总35号，第126页。升允，字吉甫，清末曾任陕甘总督，辛亥革命时顽抗失败，逃窜哈尔滨，在满蒙王公支持下，勾结沙俄和日本，招收马贼，组织各种复辟武装，与张勋相呼应。

④ 《日本外交文书》，大正六年，第2册，第28页。

在日本政府的干涉和徐世昌等的劝阻下，张勋复辟的决心也一度有些动摇。当时，他打算先把李经羲内阁扶植起来，作为控制中央政权的工具，至于复辟，观望一个时期再说①。13日，张勋通电独立各省"撤回军队，效顺输诚"②。次日，又通电宣称国会"既经解决，则组阁断难延缓"，吁请各省支持李经羲组阁③。

日本政府和段祺瑞对李经羲组阁都持反对态度。6月11日，日本首相对中国公使章宗祥表示：中国时局"宜速解决。宜乘此兵权在手，组织纯粹之强固政府。俟政局大定，然后再议调和，兼收并蓄。若现在即行迁就，恐仍非根本解决之道。"④寺内的话清楚地表明，日本是反对李经羲出组内阁的。于是，在日本当局和段祺瑞、徐世昌的操纵下，北洋各省纷纷通电反对李经羲内阁。14日、15日，张怀芝、倪嗣冲、赵倜、张作霖相继通电反对李经羲组阁，并称能收拾大局者，只有段祺瑞。与此同时，曹锟致电张勋，声称现时"势必军人内阁，乃能统一兵权，大振国威"，主张由王士珍出组内阁⑤。嗣后，浙江、山西、山东等省督军相继通电响应，推戴王士珍组阁。

张勋面对这种局面，虽然内心很恼火，但也无可奈何，只好吁请冯国璋体谅"调停之苦衷"，出面为李经羲捧场，并向北洋各省疏通⑥。冯国璋虽对张勋妄自尊大早有不满，并看到北京政局尚在混乱中，李经羲即使上台，也一定会短命，但为保持对北京和各省的影响，于16日、17日致电各省，为李内阁疏通⑦。这时，段祺瑞已另有打算。研究系熊希龄

---

① 冷汰：《丁巳复辟记》，《近代史资料》总18号，第111页。参见赵星缘：《张勋与宣统复辟》；王武：《张勋复辟逸史》，全国政协文史资料未刊稿。

② 北洋政府陆军部档案。

③ 北洋政府陆军部档案。

④ 章宗祥：《东京之三年》，《近代史资料》总38号，第46页。

⑤ 《中华新报》，1917年6月21日。

⑥ 北洋政府江苏督署档案。

⑦ 北洋政府江苏督署档案。

等向段祺瑞献策,利用张勋复辟,赶走黎元洪,然后再以讨伐复辟为名,重掌北京政权。因此,段于 22 日撤销了天津的"各省军务总参谋处"①。"独立"的各省也相继宣布"归附中央"。同日,李经羲宣布就职,声言"断以三月为限"②。

对李经羲内阁,日本的态度仍然是,力促北洋督军拥立徐世昌、段祺瑞,迫使李内阁流产③。在徐世昌、段祺瑞的授意下,各省督军以李经羲内阁阁员李盛铎、龙建章、江庸等"不孚众望"为辞,仍取不合作态度④。有的督军仍推王士珍组阁。

对李经羲内阁,复辟集团内部也有人拆台。张勋在日本劝阻下,复辟的决心动摇。张勋的参谋长万绳栻和他周围的遗老们焦虑不安。遗老的首领刘廷琛斥责张勋"欺君卖友",与张闹翻。升允、王宝田等复辟骨干分子见势不妙,先后离去⑤,还有的躲闪不前。为了挽回复辟"事业",万绳栻与遗老们终日策划,"搜索枯肠"⑥。据陈曾寿事后披露,万绳栻等经多次密谋,决定搞垮李内阁,使张勋无脸下台,逼其走复辟一途。于是,他们背着张密电各省,"令反对李经羲之内阁,利其纠纷不

---

① 许田:《对德奥参战》,《近代史资料》总 2 号,第 77 页。

② 《中华新报》,1917 年 6 月 24 日。另见同日《民国日报》。

③ 《西原借款回忆》,《近代史资料》总 38 号,第 143 页。

④ 原李经羲提名的内阁阁员有张謇、严修、赵尔巽等"名流"。但这些"名流"不肯应召就职,李只得任命李、龙、江等人为阁员。

⑤ 据冷汰《丁巳复辟记》载,"张(勋)既闻日人言,到津后,沮之者尤众,意稍移。刘公(刘廷琛)愤其失信,语侵之。退草一函以贻之,责其欺君卖友。张亦怒,事遂中挫。"(《近代史资料》总 18 号,第 111 页);据陈毅记载,"张公(张勋)军过天津,顿而后进,饴山(王宝田)托病去,潜楼(刘廷琛)愤甚,交几绝,予亦谢不前。"(陈毅:《丁巳同难图记》,《近代史资料》总 35 号,第 95 页)刘廷琛,字幼云,别号潜楼,江西德化人,光绪甲午科进士,为翰林院编修。1906 年任陕西提学使,后任学部右参议、京师大学堂总监等职。辛亥后往来于上海、青岛之间,积极策划复辟,为遗老首领。王宝田,字饴山,山东人,清末曾任兖州团练使,辛亥以后留居山东,1913 年在刘廷琛鼓动下,参与复辟清室的活动。

⑥ 冷汰:《丁巳复辟记》,《近代史资料》总 18 号,第 111 页。

解，以为复辟之机。不数日，反对李内阁之电果纷纷出矣"①。

张勋维持李内阁不成，已无退路，遗老们乘机鼓噪。陈曾寿以天津诸遗老名义写信，催张行动。信中说："今统一之局已经破裂，牵就调停万难息事，非申明大义，复子明辟，不足以镇服颠危。……内蒙独立，龙旗已树；东省联合进兵，势难中止；乱党勾合东南，行将蠢动；若复依违两可，必致进退失据。……称兵各省，已与乱党结不解之仇，非归命朝廷，依附义旗之下，无以自处。……是公进有万全，退无一是；进有不世之功，退有不测之祸。孰得孰失，不待智者而决矣。"张勋看了这一派胡言后，居然认为很有见地，为之"大动"②，于是决心不顾一切，发动复辟。

6月末，康有为在沈曾植鼓动下进京，为复辟推波助澜。早已由维新派领袖堕落为保皇党党魁的康有为，在民国建立以后更加反动。他与清朝遗老们沆瀣一气，诽谤共和，鼓吹君主制。遗老们多视康为异己，但又要利用其名声造复辟舆论，表面上对康备加推崇。沈曾植在沪得知张勋在日人和徐世昌劝阻下思想动摇，便一面写信要京津遗老切勿星散，一面急促康有为与他们一道北上参加复辟③。康一直对复辟抱莫大希望，张率兵进京后，他曾向人表示：张若能复辟清室，"一星期内可措国家于磐石之安"④。因此，他一经沈邀请，便欣然就道。

26日，康有为在沈曾植、王乃徵和弟子徐勤之子徐良三人陪同下，从上海登程北上。他眼见多年的梦想就要实现，非常得意，途经丰台望见西山时，特赋诗一首。诗中写道："廿载流离逐客悲，国门生入岂能知。长驱津浦有今日，大索长安忆昔时。朝市累更哀浩劫，天人合应会佳期。西山王气瞻葱郁，风起云飞歌有思。"⑤复辟集团的遗老们原来

①　冷汰：《丁巳复辟记》，《近代史资料》总18号，第111页。
②　冷汰：《丁巳复辟记》，《近代史资料》总18号，第111—112页。
③　《沈曾植函稿》，《近代史资料》总35号，第88页。
④　王益知：《康南海史料商榷》，《文史资料选辑》第31辑，第248页。
⑤　王益知：《康南海史料商榷》，《文史资料选辑》第31辑，第251页。

以为,民国建立后,政局混乱不堪,只要他们起来"立建龙旗,宣言复辟,使薄海远近,望风兴起,忠义奋发,必将天旋地转,旦夕遂定"①。王公贵族,遗老遗少,部分看风转舵的封建军阀,再加上鼎鼎大名的保皇派康有为等人,这些就是张勋复辟的社会基础。但是,这个基础未免太薄弱了。尽管中国社会还未从根本上改观,但历史的车轮决不会倒转。经过辛亥革命以后,民主和共和的思想已经深入人心,中国人民对于皇帝这个偶像已经不再顶礼膜拜了。复辟违背人心,因而也就注定了它必然失败的命运。

三　复辟丑剧和全国反复辟的斗争

6月28日,康有为一行抵京,下车后即被张勋迎至他的公馆。当晚,张勋、康有为与沈曾植、王乃徵、张镇芳、雷震春在张宅举行会议。康有为说,徐勤"自两广来归,悉南方诸帅,俱备响应",督促张勋立即动手。会议当即决定了复辟计划②。

30日傍晚,张勋偕刘廷琛潜入皇宫,与溥仪的师傅陈宝琛举行"御前会议",将复辟行动计划告知清室。会后,张勋装作没事一样前往江西会馆看戏。实际上,这时复辟的行动已经开始了。12时,张勋离开戏场,返回住处,王士珍、江朝宗、陈光远和京师警察厅总监吴炳湘也被辫兵"请"至。张勋当即宣称:此次入京,实为复辟而来,现已定于明晨举进,并厉声诘问王、江等人态度。王士珍壮着胆问了一句:"各省及外交有否接洽?"张勋说:"外交确有把握,冯国璋、陆荣廷均表赞意,并有电来催。各省督军也一致拥护。"不等众人回答,他又说:"我志在必行,你们同意,则立开城门,放我兵马进来,否则请各归布置,决一死战。"在

①　《郑孝胥丙丁日记》,《近代史资料》总35号,第74—75页。
②　王武:《张勋复辟逸史》,全国政协未刊稿;冷汰:《丁巳复辟记》,《近代史资料》总18号,第113页。

张勋的恫吓下，王士珍、江朝宗等面面相觑，不敢再说话。张勋遂命令吴长植等打开城门，放辫军尽入①。接着，张勋穿上蓝纱袍、黄马褂，戴上红顶花翎，率领刘廷琛、康有为、张镇芳、万绳栻、胡嗣瑗、陈曾寿、陈毅、商衍瀛、沈曾植、王乃徵和王士珍、江朝宗及几位辫军统领共五十余人，乘车进宫。这时已是 7 月 1 日凌晨。3 时许，废帝溥仪在养心殿召见张勋等。张率领诸人，匍匐在地，向溥仪行三跪九叩礼。接着由张奏请复辟，他嘟嘟囔囔地说："隆裕皇太后不忍为了一姓的尊荣，让百姓遭殃，才下诏办了共和，谁知办得民不聊生。……共和不合咱的国情，只有皇上复位，万民才能得救……"溥仪说："我年龄太小，无才无德，当不了如此大任。"张又说："皇上睿圣，天下皆知，过去圣祖皇帝（指康熙）也是冲龄践阼。……"十二岁的溥仪便连忙按照他师傅陈宝琛的嘱咐说："既然如此，我就勉为其难吧！"②

张勋下去以后，其余各人也开始给溥仪叩头，有的请安，有的谢恩，有的连请安带谢恩。然后又有太监拿来了事先就写好的一堆"上谕"。这一天，溥仪一气就下了八道"上谕"，内容分别为：

一、下诏即位。这道诏书说什么"权衡重轻，天人交迫，不得已允如所奏，于宣统九年五月十三日（即 1917 年 7 月 1 日）临朝听政，收回大权，与民更始"。

二、锡封黎元洪为一等公。这道伪谕诡称"黎元洪奏请归还国政"。

三、设内阁议政大臣。这道伪谕宣布，其余官制暂照宣统初年，现任文武大小官员照常供职。

四、授张勋、王士珍、陈宝琛、梁敦彦、刘廷琛、袁大化、张镇芳为内

---

①　冷汰：《丁巳复辟记》，《近代史资料》总 18 号，第 113 页；《陈光远报告张勋在京复辟活动致冯国璋电》（1917 年 7 月 8 日），北洋政府大总统府档案；上海文艺编译社编：《复辟始末记》卷上，第 49 页。

②　溥仪：《复辟的形形色色》，《文史资料选辑》第 26 辑，第 15—16 页；冷汰：《丁巳复辟记》，《近代史资料》总 18 号，第 113—114 页。参见《三水梁燕孙先生年谱》上，第 36 页。

阁议政大臣。

五、授万绳栻、胡嗣瑗为内阁阁丞。

六、授各部尚书：任命梁敦彦为外务部尚书，张镇芳为度支部尚书，王士珍为参谋部尚书，雷震春为陆军部尚书，朱家宝为民政部尚书。

七、授徐世昌、康有为为弼德院正副院长。

八、授总督和各省巡抚。（总督只授三人，即直隶总督张勋，两江总督冯国璋，两广总督陆荣廷。各省督军一般改授该省巡抚，原直隶省长朱家宝授民政部尚书，巡抚一职授曹锟；安徽因张勋离职，巡抚授倪嗣冲；江苏因冯国璋已授两江总督，巡抚授原省长齐耀琳。）①

当天，张勋还通电各省，攻击辛亥革命是"创改共和，纲纪隳颓，老成绝迹，暴民横恣。……"宣称中国只有实行君主制才能"享数百年或数十年之幸福"，并命令各地立即改用宣统年号，悬挂黄龙旗②。7月1日早晨，北京街头警察叫各户悬挂龙旗，居民没有办法，有的只好用纸糊一面龙旗应付③。

只有那些早就盼望着清室复辟的王公贵族和遗老遗少们非常活跃。他们兴冲冲地聚集在皇宫门前等候觐见"皇上"；那些没朝服的人则急忙到估衣铺去抢购朝服，没有发辫的人则到戏装店定作用马尾制的假发辫。他们穿着袍服马褂，晃着大辫子（有些人是假的）招摇过市，"有识者则指于道旁曰：此某尚书也，此某侍郎也。……在宫内，内务府的人员穿戴特别整齐。四个太妃几乎天天都去神佛前烧香，乐得不知怎么是好④。

张勋及其复辟集团的倒行逆施，立即遭到全国人民的强烈反对。

复辟消息传到上海后，孙中山极为愤慨，当即召集章太炎、唐绍仪、

---

① 《内阁官报》第1号，1917年7月2日（旧历五月十四日）。
② 《内阁官报》第1号，1917年7月2日（旧历五月十四日）。
③ 溥仪：《复辟的形形色色》，《文史资料选辑》第26辑，第17页，
④ 溥仪：《复辟的形形色色》，《文史资料选辑》第26辑，第17—18页。

程璧光等在寓所会商,随即发表讨逆宣言,指出:"此次讨逆之战,匪特为民国争生存,且为全民族反抗武力之奋斗。"①并令各省革命党人"出师讨逆",还派员北上策动。中华革命军东北军一部接令后,即向天津方向移动②。当时,章太炎还提出迎黎元洪南下在沪组政府的建议。6日,孙中山偕廖仲恺、朱执信、章太炎等人乘军舰南下,谋在广州组织武力讨伐张勋。

　　在资产阶级革命党人的推动下,上海和南方许多城市相继掀起口诛笔伐、申讨张勋复辟的强大舆论。7月2日,上海《民国日报》发布《讨逆檄》,严正宣布张勋,康有为已成民国叛逆,"再有言调和者,国民当以国贼视之"。同日,《中华新报》也大声疾呼:"只有杀开一条血路,再无反顾之势。"上海其他各报,如《时报》、《民国大新闻报》、《新闻报》也都态度明朗。自7月3日起,各报每日都以大量版面刊登各界人士声讨张勋的通电,报道各地反对复辟的消息。支持复辟的报纸,只有康有为主办的《国是报》,但不久也因排字工人拒绝排印而停刊。各界团体也闻风而起。7月2日,上海中华民国公民会、学生救亡会、平民求治社等团体都召开紧急会议,到会人员异常愤激,一致主张"组织义师,扫灭妖氛"③。同时,学生救亡会、中华民国公会、上海神州女界协济社、中华政法学会、中华共和保障会、基督教公民等团体纷纷发表通电、公函,号召各界"投袂奋起,群策群力,共拯危亡"④。上海工商界也参加了反复辟的斗争。3日,沪北、沪南两商会邀集各业同人紧急会议,决定反对复辟,并致电冯国璋,要求"维持共和国体"⑤。商会还联合上

---

①　邵元冲:《总理护法实录》,《建国月刊》第1卷第3期。

②　杨虎:《革命缀言》,桂林力报馆1943年版,第17页。

③　《中华新报》,1917年7月3日。

④　《民国日报》,1917年7月4日。上述团体电函均见7月3日—5日《民国日报》和《时报》。

⑤　《民国日报》,1917年7月4日。上述团体电函均见7月3日—5日《民国日报》和《时报》。

海县教育会,在6日至8日"高揭共和国旗三天",以示拥护共和,反对复辟①。南洋兄弟烟草公司宣传反复辟别开生面,特创以五色旗为商标的"爱国牌"香烟,并将此烟捐献几十大箱,犒劳准备北上讨逆的军队。

两湖各界声讨复辟的舆论也非常激烈。长沙广益学校教师鲁赫喧听到张勋复辟,为号召讨逆,断指血书"护法讨贼"四个大字,以震视听②。3日下午,长沙市民万人集会,誓师拥护共和,反对复辟③。5日,华容商人李醉白谒见湖南督军谭延闿,表示愿意捐钱万串,帮助讨伐张勋④。次日,商轮公司同人决定,当湘军出师北伐时,该会同人每日从收入中提十分之二作为军饷⑤。在湖北,"武汉各界人士初闻复辟之说,皆不信",及经证实后,"无论绅商士庶、贩夫走卒,皆表示一种反对态度。民情愤激,有过于袁氏称帝之时。……各政团党会莫不急袪私见,开联合会议,筹商救亡之策。各团体亦纷纷开会,文电纷飞,表示反对"⑥。

复辟消息传到两广后,各界发起组织"国民哭临大会"。"上至官长,下至舆夫,无不痛心疾首,表示反对"⑦。"哭临大会"后又改名为"国民护国后援会",鼓吹武力讨伐张勋。

在复辟祸首张勋、刘廷琛和万绳栻等人的家乡江西,各界民众反对复辟的情绪也不稍逊于其他地方。南昌各报从复辟发生后,同声谴责张勋等,斥其为"祸胎",给江西人民带来耻辱。在群众的谴责下,甚至刘廷琛和万绳栻的家属都不能在家乡安身⑧。

① 《时报》,1917年7月4日。
② 长沙《大公报》,1917年7月8日。
③ 长沙《大公报》,1917年7月5日。
④ 长沙《大公报》,1917年7月8日。
⑤ 长沙《大公报》,1917年7月7日。
⑥ 《复辟实现后之湖北》,《时报》,1917年7月9日。
⑦ 《复辟声中之广东》,《复辟始末记》卷下,第32页。
⑧ 《复辟声中之江西》,《复辟始末记》卷下,第33页。参见长沙《国民日报》,1917年7月29日。

在北京城内外,辫子兵持刀禁谈"复辟之是非","对于没有辫子的人们,真是气焰万丈"①。复辟当日,李大钊愤然离京赴沪。3日,鲁迅(时任教育部社会教育司第一科科长)冒雨到教育部提出辞职,以示抗议。复辟后一、二日内,《国民公报》、《真共和》、《东大陆》、《大中》、《大中华》、《启明》、《六更公报》等大小十一二种报纸先后停刊,"以避不随心之言论"②。市民对龙旗"无欢呼,无庆祝,衙门中人皆垂头丧气","辄见频摇其首"③。

旅外公民、学生及南洋华侨也对张勋复辟表现了极大的义愤。7月7日,工商界侨民一万五千人发表讨逆通电,建议"各省区各盟旗尽量地组织""平民自立讨逆军","杀除叛国之群贼,扫清帝制之毒根"④。8日,留日的中国学生一千余人在东京召开讨逆大会,戴天仇(戴季陶)在演讲中说,前清"遗孽一日不除尽,中华民国国基一日不能巩固"。何香凝挥泪疾呼:"国家兴亡,匹夫有责。"号召男女青年一致奋起,"尽国民一分子之责任"⑤。

人民群众的反复辟斗争,由于张勋的迅速垮台,历时很短,但这次斗争的广泛性、群众性却非常突出。它表明经过辛亥革命的洗礼,要求民主共和,反对封建专制,已成为古老中国新时代的潮流。

张勋复辟集团原以为,只要他们在北京干起来,至少北洋各省督军们及陆荣廷会降心以从,然而形势的发展完全出乎他们的预料。

复辟发生后,各省军政长官,包括曾宣布独立的各省,响应者也寥寥无几。二十余省的军政大员,只有原直隶省长朱家宝在授任伪民政部尚书后,上折"谢恩"⑥;在天津养病的吉林督军孟恩远接伪谕后,派

①　《且介亭杂文·病后杂谈之余》,《鲁迅全集》第6卷,第189页。
②　《民国日报》,1917年7月5日。
③　《时报》,1917年7月6日。
④　《旅外公民讨逆通电》,《民国日报》,1917年7月16日。
⑤　友周:《记留东学生之讨逆大会》,《时报》,1917年7月16日。
⑥　《民国日报》,1917年7月5日。

人到长春宣布接任吉林"巡抚",并上表"谢恩"①;此外还有自立为绥远都统的王丕焕接到伪谕,率同官员"望阙叩头"。全国大多数军阀,在观望一阵以后,看见复辟不得人心,都相继表示反对。

7月1日,张勋派梁鼎芬去找黎元洪,要他在"奏请归还大政"的奏折上签字,遭到黎的严辞拒绝。次日,黎又采纳张国淦的建议,特任冯国璋以副总统代总统职务,重任段祺瑞为国务总理,并派秘书覃寿堃星夜赶往天津,将委任令交段祺瑞。当天,张勋逼迫黎元洪一日内交出总统府,并派兵更换原总统卫队。这时,黎得陆军部次长蒋作宾帮助,避入东交民巷,先投法国医院未被接纳,又折入日本使馆武官随员斋藤少将的宿舍。次日,日本公使宣称,黎元洪已进入日本使馆区,按照国际惯例,予以保护②。

段祺瑞在津得知张勋发动复辟后,立即集合左右商讨对策,决心利用这一时机,重新登台。3日,段祺瑞匆匆向全国发出反对复辟的通电。电文说:"天祸中国,变乱相寻。张勋怀抱野心,假调停时局为名,阻兵京师,至七月一日遂有推翻国体之奇变。窃惟国体者,国之所以与立也,定之匪易。既定后而复图变置,其害之中于国家者,实不可胜言。……民国肇建,前清明察世界大势,推诚逊让。民怀旧德,优待条件,勒为成宪。……今翻云覆雨,我国人虽不惜以国为戏,在友邦岂能与吾同戏者? 内部纷争之结局,势非召外人干涉不止,国运真从兹斩矣。若曰为清室耶? 清帝冲龄高拱,绝无利天下之心。……今兹之举,出于逼胁,天下共闻。……祺瑞罢斥以后,本不敢复与闻国事,……既已服劳于民国,不能坐视民国之颠覆分裂而不一援。且亦曾受恩于前朝,更不忍听前朝为匪人所利用,以陷于自灭。"③这个通电是梁启超为段祺瑞起草的,从电报的字里行间,可以清楚地看到"先朝旧臣"的本色。

---

① 《旅外公民讨逆通电》,《民国日报》,1917 年 7 月 16 日。参见《日本外务省档案》第 129 号,第 2114—2118 页;《近代史资料》总 35 号,第 139—140 页。

② 《民国日报》,1917 年 7 月 3 日。

③ 《民国日报》,1917 年 7 月 5 日。

复辟后第二天,研究系的机关报《晨钟报》,暂移天津出版。北洋派和交通系各报如《公言报》、《民言报》等停刊。

是日,冯国璋也通电反对复辟。电文指斥张勋"奉令入京,调停时局,忽以兵力包围清宫,逼勒清帝,擅行复辟"[1],表示要"誓扫妖氛,恭行天罚,刻日兴师问罪,殄此元凶"。在段祺瑞、冯国璋通电反对复辟之前,已有湖南督军谭延闿、湖北督军王占元、浙江督军杨善德等通电反对复辟。继段祺瑞、冯国璋之后,直隶督军曹锟、贵州督军刘显世、广东督军陈炳焜、山西督军阎锡山、山东督军张怀芝、河南督军赵倜、福建督军李厚基等也相继发表通电,反对复辟。

南北军阀反对清室复辟,其目的是为了保持自己的统治地位。正如上海一国民党人组织的团体在致浙督杨善德的电报中所指出的,杨善德等北洋督军"前日与张逆一致行动,固为保全禄位,而今日之反对复辟,空言敷衍民党,亦无非保全禄位"[2]。

与中国有外交关系的帝国主义国家(荷兰除外),出于自身利益,对复辟也普遍持反对态度[3]。日本态度已如前述。6月,美国外交部也公开表示"不愿见帝制复现于中国"[4]。复辟发生后,英国、美国、法国、俄国和日本五国联合警告张勋,要他保证黎元洪人身安全[5]。此外,外国人办的报纸,反对复辟的态度都十分明朗[6]。

张勋复辟集团失去国内国外的支持,其失败是不可避免的。

四　复辟失败和段祺瑞的乘机再起

张勋宣布复辟的次日(7月2日),段祺瑞与徐世昌略事商讨后,便

---

① 《民国日报》,1917年7月5日。
② 《中华民国护国军后援会致浙江杨督电》,《民国大新闻报》,1917年7月8日。
③ 这时中国已与德国绝交。
④ 《顾维钧电报》(1916年6月12日),北洋政府国务院档案。
⑤ 《复辟中之京讯》,《时报》,1917年7月5日。
⑥ 《西报之评论》,《民国日报》,1917年7月4日。

偕同靳云鹏、张志潭、梁启超、汤化龙等人从天津乘汽车赶往马厂,组织武力,讨伐张勋。

　　段祺瑞要在天津附近组织讨张的军队,也有一番周折。当时驻京畿的军队除张勋辫军外,十一师(师长张永成)驻北苑,十二师(师长陈光远)驻南苑,十三师(师长李进才)驻西苑。此外还有近畿第一旅(旅长张锡元)、近畿第二旅(旅长吴长植)和江朝宗统领的京城卫戍军驻扎北京城内。这些军队的将领在复辟发生后态度暧昧。江朝宗、陈光远、张永成、李进才、张锡元、吴长植等人都在宣告复辟的通电上列名,段祺瑞不敢打这些人的算盘。除以上京畿驻军外,直隶北部还有:一师(师长蔡成勋)驻宣化,八师(师长李长泰)驻马厂,三师(师长曹锟)、二十师(师长范国璋)驻保定,十六混成旅(旅长杨桂堂)驻廊坊。上述各军队的将领除蔡成勋外,都未列名复辟通电,多数尚在观望,有的已表示反对复辟。但是这些军队大都非段祺瑞的嫡系,使段大费踌躇。段与左右再三商讨,最后确定运动驻马厂的八师发起讨伐张勋的军事。该师团长阎繁瑞、阎繁敏原系段的马弁,师长李长泰与段私交甚厚。与此同时,段还派人运动驻廊坊的十六混成旅。该旅旅长原为冯玉祥,4月初被段的心腹排挤,改任直隶巡防营统领。冯走后,十六混成旅旅长由原参谋长杨桂堂继任。杨平庸无能,冯的潜势力仍在。复辟发生后,张绍曾、陆建章都有所举动,段祺瑞深恐冯玉祥为他人利用,赶快重新任命冯指挥第十六混成旅。

　　3日,驻保定第三师师长曹锟,在密电征得冯国璋的意见之后,通电宣布反对复辟,参加讨逆,从而加强了段祺瑞讨逆军事的阵容。当日,段在马厂召集军事会议,组成"讨逆军总司令部",自任总司令。研究系政客梁启超、汤化龙,交通系政客叶恭绰和段的亲信徐树铮、靳云鹏、傅良佐、曲同丰、陈文运、魏宗瀚、张志潭、曾毓隽、丁士源、张弧、任凤苞以及徐世昌派的陆宗舆、张国淦、吴鼎昌等人都参加讨逆军总司令部,分任各职①。

马厂会议决定:讨伐张勋的军事行动,分东西两路同时进行。西路由曹锟任司令,率三师、二十师沿京汉路北上;东路由段芝贵任司令,督八师和十六混成旅集合于廊坊,然后沿京津铁路西进。4日,段祺瑞、冯国璋联名通电,列举张勋等人破坏民国的八大罪状,宣布讨伐。同日,八师自马厂誓师出发,经天津赴落垡、廊坊。

讨伐张勋的军事自7月5日开始。5日凌晨4时,讨逆军东路军八师一部在廊坊、万庄之间与辫军首次接战。辫军无备,稍事抵抗,即退往丰台,讨逆军追至黄村(今大兴县城)以北。同日,西路军三师也乘火车北上,占领涿州、良乡,直抵芦沟桥②。6日,讨逆军东路冯玉祥部也参加战斗,与八师王汝勤部合兵追击辫军至丰台以东。同日,由南苑航空学校组成的讨逆航空队轰炸了丰台辫军的阵地③。7日,讨逆军攻丰台,东路先发起。辫军正在抵抗之际,西路会同新加入讨逆阵营的十二师陈光远部自西发起攻击,辫军不支,向西北逃窜。原依附张勋的近畿第二旅吴长植部在战场上倒戈。正午,讨逆军完全占领丰台。据曹锟报告,此役辫军仅死"数十名","我军人马一无损伤",可见战斗并不激烈。同日,西路三师吴佩孚旅占领协寨、跑马厂等地④。自此,北京城东南要隘尽为讨逆军控制,辫军只得紧闭城门,龟缩在北京城内。

与进攻丰台同时,讨逆军航空队轰炸了北京城内辫军营地和清宫。投下的三枚炸弹,两枚落在宫内,炸伤轿夫一名,使辫军人人自危,惶惶不安⑤。清室不得已,才出面托日本公使林权助函劝段祺瑞停止轰炸⑥。

---

① 《晨钟报》,1917年7月7日。

② 《段祺瑞关于廊坊、黄村等地进剿讨逆军战况通电》,《段祺瑞致冯国璋电》(1917年7月6日),北洋政府总统府档案。

③ 《秦国镛致冯国璋等电》(1917年7月8日),北洋政府国务院档案。

④ 《曹锟致冯国璋电》(1917年7月8日),北洋政府总统府档案。

⑤ 《秦国镛致冯国璋等函》(1917年7月8日)。参见《东方通信社电》,《民国日报》,1917年7月9日;《文史资料选辑》第26辑,第21页。

⑥ 《梁节庵先生年谱》,台湾艺文书馆印行,第335—341页。

叶恭绰出任讨逆军司令部交通处长，对讨逆战事顺利展开作用颇大。经他运动，京奉、津浦、京汉三路局将大批客货车皮集中于天津和保定，载讨逆军北上；同时又将徐州附近各车段的空车皮完全调走，使徐兖地区的辫军不能北上增援张勋①。

研究系的重要成员几乎全体出动，为段祺瑞出谋划策，摇旗呐喊。梁启超、汤化龙直接参加"讨逆军总司令部"，这一时期段向外发布的重要文电，都是梁启超的手笔。熊希龄则躲在幕后为段祺瑞向四方活动。7月1日，复辟消息一传出，熊即致电上海赵凤昌，要他疏通国民党人与段祺瑞"速释嫌怨"，联合起来反对张勋。"万不可于北军范围内发起革命军，恐北方将领畏有萧墙之祸，反致团结一气，投入复辟漩涡"②。4日，熊希龄再电赵凤昌，请"设法运动海军……开赴大沽"，威胁辫军，并促使当时态度尚不明朗的陈光远、蔡成勋两部迅速加入"讨逆军"③。

随着"讨逆军"在军事上的进展，段祺瑞于5日将司令部自马厂移至天津，并通电宣布就任国务总理，暂以直隶省公署为办事处。

段祺瑞早于2日已收到黎元洪重任他为国务总理的命令，但当时他的左右意见不一：丁士源为首的一派，主张抛开黎元洪，自立旗帜；另一派以张国淦为代表，主张接受黎元洪的命令，就任总理，名正言顺，便于号召。段经过考虑，采纳了后一种意见。

张勋在北京发动复辟后三日，仍得不到外省响应，大为恐慌。4日，他致电参加徐州会议的各省军阀说，第四次徐州会议，首由张怀芝、倪嗣冲等人"揭出复辟宗旨，坚明要约"，自己"带队北上，临行通电，谆谆以达到会议词旨为言"，而现在复辟已实行，"诸公意怀观望，复电多

① 陈文运：《复辟之役马厂誓师亲历记》，《文史资料选辑》第41辑，第42页。
② 《熊希龄致赵凤昌函》（1917年7月1日），《赵凤昌藏札》（原件藏国家图书馆善本室）。
③ 《熊希龄致赵凤昌函》（1917年7月4日），《赵凤昌藏札》（原件藏国家图书馆善本室）。

以事前未商为言,闻之不胜悚愧"①,要求他们实践前言,赞助复辟。6日,他又有电致北洋各督军说:复辟之举,"凡我同袍各省,多与其谋。东海(徐世昌)、河间(冯国璋)尤深赞许,信使往返,俱有可征"②。但是,张勋的哀求与威胁,丝毫不能改变自己的困境。没有一个北洋"同袍"肯于此时为张解围,而原来附张的孟庆远、王丕焕等人见势不好,也都倒戈。

随着辫军的接连失利,龟缩在北京城内的复辟集团也动摇瓦解。当日鼓吹复辟最甚的张镇芳等人争相外逃。9日,张镇芳和雷震春在丰台车站被"讨逆军"查获。同日冯德麟亦在天津车站被拘获。

张勋见大势已去,只得一面向伪清廷提出辞职,一面央请北京公使团出面"调停"。8日,溥仪发布所谓"谕旨",准张勋辞去"内阁议政大臣暨直隶总督兼北洋大臣"职务,内阁政务暂由王士珍"妥慎办理",俟徐世昌来京,"再会同筹商善后办法"③。经徐世昌斡旋,段祺瑞派出讨逆军的交涉处长刘崇杰入京,与各国使团接洽。刘崇杰代表段向张勋提出了实行停战的三个最低条件:一、取消复辟;二、保全清室优待条件;三、在京定武军立即解除武装④。但张勋还企图带兵退归徐州老巢,不肯解散辫军,谈判破裂。11日晚,讨逆军通知外交使团,和平解决已无可能,但军事行动将竭力设法限制在不危及在京外国人的范围⑤。

继陈光远之后,十一师张永成部也参加讨逆军事,与十二师组成讨逆军中路,由陈光远任司令。东路、西路和中路讨逆军计达十八旅五万七千余人⑥。12日拂晓,讨逆军分三路向北京城内的辫军发起总攻。

---

① 《革命文献》第 7 辑,第 76 页。
② 《晨钟报》,1917 年 7 月 9 日。
③ 《紧要新闻》,《晨钟报》,1917 年 7 月 10 日。
④ 《东方通信社电》,《民国日报》,1917 年 7 月 10 日。
⑤ 《东方通信社电》,《民国日报》,1917 年 7 月 14 日。
⑥ 《丰台电话》,《晨钟报》,1917 年 7 月 11 日。

东路军八师和十六混成旅自城南经永定门直取天坛,西路军三师自城西占领彰仪门;中路军十一师、十二师占领了朝阳门。当时,辫军分两处设防:城外统领李绍臣率步兵六营守天坛;城内统领苏锡麟率一营卫队、一营炮兵和两营步兵驻守辫军大本营南河沿地区(当时辫军在南河沿张勋宅周围设防。南起前门,沿东华门向北一直到景山、北海、西四牌楼一线)。讨逆军发起进攻后,天坛辫军稍作抵抗,经段芝贵许以缴械投降不加追究,并发给三个月军饷后,即放下武器。南河沿地区直至中午才结束战斗。初时辫军恃天安门城门墙坚壁厚,进行抵抗,讨逆军无法前进。直至11时,讨逆军炮轰张宅,张勋始在外国人保护下逃往荷兰使馆,苏锡麟缴械投降①。这场讨逆战争也就到此结束。张勋的复辟丑剧,只经历短暂的时日,即以彻底失败而告终②。

　　段祺瑞能如此迅速地平息辫军的抵抗,与日本帝国主义的支持是分不开的。如前所述,寺内正毅的心腹西原龟三,于六七两月间一直潜伏于天津,为段出谋划策。在战争紧急关头,日本在华的金融机关及时向段提供了大笔军费。7月12日,直隶财政厅长汪士元以补助直隶金融费用为名,在天津向日本三菱洋行借款一百万日金。这笔钱实际上完全充作讨逆军的军费③。同日,讨逆军东路司令段芝贵通过日本公使林权助,向日本正金银行借款八万银元,用来收买驻守天坛的辫军④。段祺瑞重掌北京政权以后,急忙向西原表示:政局几经变化,再度出任总理,"中日两国如欲加紧协作……舍此当无更好的机会"⑤。此后,皖系军阀便有恃无恐地加深与日本帝国主义的勾结。

---

　　①　《段芝贵详报讨逆情形致冯国璋电》(1917年7月12日);《讨逆军总司令部收复北京致冯国璋电》,(1917年7月12日),北洋政府总统府档案。参见苏锡麟:《我在复辟之役中的亲身经历》,《文史资料选辑》第41辑。

　　②　1923年9月,张勋病死于天津。

　　③　徐义生:《中国近代外债史统计资料》(1853—1927),第152—153页。

　　④　徐义生:《中国近代外债史统计资料》(1853—1927),第152—153页。参见《林权助笔下的张勋复辟》,《近代史资料》总35号,第116—117页。

　　⑤　《西原借款回忆》,《近代史资料》总38号,第146页。

　　7月6日,冯国璋在南京宣布就任代理大总统,同日下令将李经羲免职,正式任命段祺瑞为国务总理。段祺瑞私下早已开始组阁的活动。张勋复辟不仅帮助段解决了总统黎元洪和国民党占优势的国会,而且为组织完全排除国民党人的内阁创造了条件。由于研究系为皖系反对国民党和黎元洪效了大力,段便起用不少研究系政客,组成段派官僚和研究系的混合班子。而研究系与冯国璋也一向有所拉拢,所以冯对段的内阁班底表示赞同①。14日,段由津入京。次日,冯国璋任命汪大燮、刘冠雄为外交、海军总长。18日,冯又任命五名总长:内务汤化龙,财政梁启超,司法林长民,农商张国淦,交通曹汝霖②。

　　冯国璋虽通电接受代理总统,但对于是否北上正式继任总统却犹豫了很久。当时,冯派、段派内部对此问题都有歧议。在段的左右,徐树铮、丁士源一派恐冯手握兵权,再加总统名义,比黎元洪更难对付,力主段自行摄理总统。张志潭、张国淦一派则主张黎元洪解职,由冯国璋北上继任,比较合乎情理;而且把冯调离南京,比较更容易对付。段派内部尚在酝酿之际,李纯、曹锟等纷纷通电拥护冯国璋北上就职。段祺瑞恐因此问题在北洋派内部闹起风波,便采纳张志潭等的意见,派靳云鹏南下劝冯北上③。冯国璋左右对冯是否应北上也意见纷纭。冯的女婿陈之骥等认为冯不能离开经营有年的南京和自己的军队,去北京做空头大总统;而冯的参谋长师景云等则认为,中央无主,元首虚悬,是冯扩大权势的大好机会。冯本人尚在犹豫,靳云鹏已衔命来到南京,向冯国璋表示:段祺瑞此次组阁,一定服从冯国璋,并以“二人同心,其利断

---

　　①　徐树铮反对段吸收研究系入阁,曾向段、冯表示,组阁不宜“偏重党会”,但未被段、冯采纳。见《徐树铮档案》,第二历史档案馆藏。参见张国淦:《中华民国内阁篇》,《近代史资料》总40号。

　　②　内阁共九席,陆军总长由段祺瑞兼任,教育总长为范源濂。《政府公报》,1917年7月15—19日。

　　③　曾毓隽:《忆语随笔》(三),天津市政协文史资料未刊稿;张国淦:《近代史片断的记录》,《近代史资料》总37号,第166—167页。

金"等语,力促冯、段合作。在师景云、靳云鹏等人怂恿下,冯国璋终于答应北上就总统职,但提出必须以调江西督军李纯接替他走后所遗的江苏督军职务为条件,此外,提升十二师师长陈光远为江西督军,接替李纯。段祺瑞原打算以自己的心腹段芝贵接替冯国璋出任江苏督军,但为了对付西南,稳定政局,只好答应冯的条件。同时,段也提出交换条件:任命傅良佐为湘督,段芝贵为京畿警备总司令,吴光新为长江上游总司令兼四川查办使。冯国璋见段已同意李纯和陈光远的任职,也接受了段的交换条件①。冯、段幕后交易做成后,7月29日,冯国璋通电宣布:黎元洪"坚持引退,长此濡滞,则政令多歧,人心不定,进退维谷,负疚弥多。兹定于三十一日早自宁出发至京,亲造黄陂寓邸,固请复位,使国璋卸去代理职权,不胜大幸"②。

冯国璋所谓进京敦请黎元洪复位,当然是骗人的鬼话。8月1日,冯率警卫部队抵北京,当天上午到东厂胡同拜访事先特意从避居的法国医院中赶回来迎候的黎元洪。二人见面后,冯假意劝黎复位。黎当然明白冯的用意,坚决拒绝。冯敷衍了几句即欣然离去。4日,冯通电宣布代理总统。

北京政府表面上在冯、段合作的新体制下重新组成了。但是,这一体制仍是脆弱的。冯、段之间存在着不可调和的利害冲突,实际上处于对立的地位。冯国璋上台前,二人在用人与地盘上的讨价还价已为新的府院之争埋下了伏线。

张勋复辟平定之后,对德国宣战一事再度提上了议事日程。这一次由于再不存在国会干扰的问题,因此宣战命令顺利发表,并且将宣战的范围扩大到德国的主要盟国奥地利。8月14日,北京政府发布《大

---

① 曾毓隽:《忆语随笔》(三),文史资料未刊稿;陈之骥:《冯、段矛盾的焦点及冯联南议和的经过》,文史资料未刊稿;张国淦:《北洋军阀直皖系之斗争及其没落》,《北洋军阀史料选辑》下,第44—45页。

② 《冯国璋艳电》(1917年7月29日),《近代史资料》总40号,第101—102页。

总统布告》，正式宣布对德、奥宣战。布告声称："我中华民国政府前以德国施行潜水艇计划，违背国际公法，危害中立国人民生命财产，曾于本年二月九日向德政府提出抗议，并声明万一抗议无效，不得已将与德国断绝外交关系等语。不意抗议之后，其潜水艇计划曾不少变，中立国之船只，交战国之商船，横被轰毁，日增其数。……遂于三月十四日向德政府宣告断绝外交关系，并将经过情形宣示中外。……乃自断交以后，历时五月，潜艇之攻击如故。非特德国而已，即与德国取同一政策之奥国，亦始终未改其度。既背公法，复伤害吾人民，我政府责善之深心，至是实已绝望。爰自中华民国六年八月十四日上午十时起，对德国、奥国宣告立于战争地位。所有以前我国与德、奥两国订立之条约及其他国际条款、国际协议属于中德、中奥之关系者，悉依据国际公法及惯例，一律废止。"①该布告由段祺瑞及各部总长汪大燮、汤化龙、梁启超、刘冠雄、林长民、范源濂、张国淦、曹汝霖联名副署发表。

是日，外交部照会各协约国、中立国驻华公使以及德国驻京代表（中德断交后，德国委派一名代表照看在华利益）、奥地利驻华公使，通告中国对德、奥宣战。美、英、法、日、意、俄等国公使当即复函外交部，对中国参战表示欢迎。然而奥地利公使则在复函中声明："此项宣战，本公使以为违背宪法，当视为无效。盖按黎前大总统之高明意见，此项宣战之举，应由国会两院同意赞成，方可施行。"②外交部认为，中奥已为敌国，不能接受这一公文，当即将公文退还奥地利公使。其实，由于段祺瑞根本不愿恢复旧国会，因此宣战案也无法提交国会。该宣战案是在一年之后，仅仅于战争结束前数日，才为安福国会通过.第一次世界大战后来以协约国胜利、德国战败而告终，中国自然也忝居于战胜国之列，段祺瑞因对德宣战有功而捞取了一笔政治资本。

宣布对德宣战后，段祺瑞为了进一步控制军队，并筹建自己的嫡系

①　《政府公报》，1917 年 8 月 14 日。

②　《东方杂志》第 14 卷第 9 号，第 215 页。

武装，以便同南方作战，消灭异己，便以参战为名，于1918年3月1日成立了参战督办处，由他的心腹干将靳云鹏任处长（后又由段亲自任处长，故当时人称"段督办"）。参战督办处和随后用日本借款建立的参战军（后改为国防军、边防军），成为皖系军阀统治的一大支柱。

第三章 西南军阀的纷起

第一节 滇系军阀

一 川滇黔军之战

四川是滇系军阀唐继尧及其追随者黔系军阀刘显世对外扩张的主要争夺对象。1916年11月蔡锷病逝后，滇系唐继尧的对外扩张遇到了川系的反抗。原来在护国军旗帜下的滇、川、黔三省军队互相残杀，发生了1917年以四川省会成都为战场的川、滇、黔战争，即"刘罗"、"刘戴"之战。这是西南军阀史上的第一次军阀混战。

先从"刘罗"之战说起。

护国战争结束后，段祺瑞为了"强干弱枝"，削弱异己力量，下令"收束军队"，责成各省军事当局将以前出省作战的军队撤回原防，并着手编遣各地民军以及自护国战事发生以来新扩充的军队。段祺瑞拟就一套裁兵计划，全国陆军规定为四十师，每师一万人，另编二十个独立旅，每旅五千人，合共五十万人。此外，各省可保留一些非正规性质的警备队，但全国警备队不得超过二百营，每营五百人，合共十万人。北京政府的裁兵计划，实际上只是要裁减南方军队。南方军队当然听命于北京政府。这个裁兵计划却直接导致了川滇军阀之间发生的1917年"刘罗"之战。

　　蔡锷离川后,滇军将领罗佩金①、黔军将领戴戡②分别担任了四川督军和省长。1916 年 8 月 13 日,北京政府发表罗佩金暂署四川督军,戴戡暂署四川省长兼军务会办。戴戡在重庆就省长职,而在成都就督军职的罗佩金不愿手握兵权的省长和他同理军务,便与川军将领刘存厚③相勾结,反对戴戡。戴戡派人到成都疏通有关方面后,才于 1917年 1 月 14 日率领黔军熊其勋—混成旅到达成都。

　　那时,川军已编为五个正规师。罗佩金所率进入川省的滇军编为两个师,戴戡所率进入川省的黔军编为一个混成旅。护国战争后,在川的滇、黔军不仅无意撤出四川,而且还继续增兵。滇军在川已编为顾品珍④、赵又新⑤两师,还以贾紫绶为四川督署卫队团长,增设兵工厂卫厂营、造币厂卫厂队等,又在滇招募徒手士兵七千人来川。这样使入川的滇军总数达三万人左右⑥。此外,护国军银行迁往成都,以云南大资本家李临阳为总经理,大量发出富滇银行钞票,吸收市场的银元、黄金;又握川南盐税,先后提取数百万元。大批滇人出任各级地方官吏。例如,罗佩金对军署、省署的人事作了引人注目的更动:委韩凤楼为四川讲武学堂校长,以修承浩代尹昌龄为民政厅长,以杨宝民代邹宪章为财政厅长,以雷飙代嵇祖祐为全省警务处长,委赵又新兼永宁道尹。川军刘存厚部曾参加护国战争,起了一定的作用,可是护国战争后,川省大

　　①　罗佩金(1878—1922),字榕轩,云南澄江人。日本陆军士官学校毕业,入同盟会,曾参加云南辛亥和护国起义。1922 年为唐继尧所害。

　　②　戴戡(1879—1917),字循若,贵州贵定人。立宪派。辛亥后任贵州都督府参赞,省长、巡按使,后参加护国起义。1917 年战死。

　　③　刘存厚(1885—1960),字积之,四川简阳人。早年留学日本,加入同盟会,曾参加云南辛亥起义,响应护国起义。大陆解放时逃往台湾,1960 年病逝。

　　④　顾品珍(1883—1922),字筱斋,云南昆明人。早年留学日本,曾参加云南辛亥、护国起义,后任滇军军长、滇军总司令等职。

　　⑤　赵又新(1881—1920),字凤喈,原名复祥,云南顺宁人。清末留学日本,加入同盟会,曾参加云南辛亥、护国起义,后任军长。

　　⑥　金汉鼎:《唐继尧图川和顾品珍倒唐的经过》,《文史资料选辑》第 3 辑。

权落入滇、黔外籍人士手中,因而刘存厚极为不满,埋下了川军与滇、黔军矛盾的伏线。

北京政府要各省"收束军队",甚至有"将蜀军队遣七留三"①的安排。而川省财力有限,仅 1916 年四川各项军费开支达一千三百万元,比"核定预算,已超越一倍有余"②。川省财力很难继续供养这么多的驻川部队。于是罗佩金决定裁军,然而他的裁军计划是要把段祺瑞的"强干弱枝"改为"强滇弱川"。这是适应唐继尧向四川扩张的需要而拟订的。1917 年 1 月,罗佩金与由北京派来四川的检查使王芝祥会商决定,留在四川的滇、黔军一律改编为中央军,归中央陆军部直接统辖,军费由中央负担。随后,北京政府核准在川的滇军改编为一师一旅,在川的黔军改编为一混成旅一独立团。这样,不仅滇、黔军队编为中央军,取得了驻川的合法地位,而且饷银亦优于川军,滇军每师饷银为一百二十万元,川军每师才八十万元。

段祺瑞表面上支持罗佩金的裁军计划,实际上却采取了挑拨离间的手法。罗佩金以为有了北京政府的支持,乃于 1917 年 4 月召开在川各军将领的成都会议,中心议题是缩编川军。罗佩金在会上宣布,北京同意将滇军编为一师一旅,黔军编为一旅一团,番号是国军,饷械由中央负担,享有国军的同等待遇。川军则编为地方军,三个师一个旅,番号是四川陆军暂编第某师或某旅,没有与国军的同等待遇。川军现有五师,先自缩编,做裁并的准备,去特科,只留步兵。

罗佩金早已担心刘存厚会反对这个裁军办法,因此在会前他就密电请段祺瑞政府将刘存厚调往北京,另行安排职务,而保荐滇军梯团长(旅长)刘云峰继刘存厚任川军第二师师长的职务。段祺瑞回电予以核准,但调职的命令却迟迟不发,段还以参陆办事处的名义把罗佩金的秘

---

①　《国民公报》,1916 年 9 月 3 日。
②　《四川财政厅厅长黄大暹呈四川省长文》,《四川军阀史料》第 1 辑,第 259 页。

密计划密告刘存厚,煽动刘进行反抗。密电甚至还说,罗佩金要求换的川军将领不止刘一人,企图借此进一步煽动全体川军将领进行反抗①。

罗佩金为了杀鸡吓猴,先从实力较弱的川军第四师开刀。该师师长陈泽霈原属滇军系统,但自调任川军师长以来,就渐渐靠拢了川军将领,与罗的关系日益疏远。罗乃下令将该师缩编为一个混成旅。陈泽霈要求缩编为一个混成旅及一个团,并要求发清欠饷,这实际上是拒绝执行缩编令。罗佩金乃于 1917 年 4 月初第二次下达命令:"照得川省军队过多,亟应收束,前经本督统筹规划,分别办理,并于二月二十七日命令第四师师长陈泽霈将所部一师裁为步兵一旅,并按照改订四川陆军暂行编制,将所有兵额分别裁汰,统限于三月十号以前一律办竣,所有退伍给奖证书、奖章、奖状以及该师恩正各饷,均经先后核发承领在案。乃逾限日久,该师裁编事宜仍未办理完竣,实属延玩已极。裁兵关系要政,万难任令迁延,应将该师长立予撤任。该师所辖部队及一切经手事件,即日交由第七旅旅长卢师谛接管。此令。"②

罗佩金下令以卢师谛接管第四师的同时,于 4 月 15 日将该师在省城部队集合在成都市区皇城内,全部缴械,并扣押了师长陈泽霈、师参谋长周绍芝等人。该师在省城外的部队,亦被包围缴械,勒令解散。罗的做法引起了川军的不满,川军一、二、三、四、五师师长联名,以刘存厚领衔发出通电,指责罗佩金"强滇弱川,编遣不公"③。双方如箭在弦,一触即发。

4 月 18 日,滇军一部由德阳押送川军第四师所缴步枪一千余支、

---

　　① 杨兆蓉所著《辛亥后之四川战记》。该文还说,北京政府陆军部长靳云鹏有意将罗佩金的报告泄露给刘存厚,因为刘是共和党,与靳早有勾结。见《近代史资料》1958 年第 6 期。

　　② 《罗佩金将川军第四师裁为步兵一旅给卢师谛旅长令》,《四川军阀史料》第 1 辑,第 266 页。原件所注日期为 1917 年 2 月 27 日,误。

　　③ 吴光骏:《刘存厚的早期活动与"刘罗""刘戴"之战》,《四川军阀史料》第 1辑,第 125 页。

子弹十余万发来省,至成都北门外,刘存厚下令开枪射击,将人械一并扣留。当场滇军死十余人,余均被禁闭①。滇军另一部从灌县返回成都,经过成都通惠门,刘存厚又下令开枪射击。这样就引起了在成都的川、滇军开炮互击,而双方都指责对方首起衅端。罗佩金指责刘存厚"派兵围攻军署,弹如雨下,全城震惊";继又通电说,刘存厚部进攻军署,"纵火烧及商民数百家,全境蹂躏,川局糜烂"②。刘存厚则反唇相讥,指责罗佩金迫使川军第四师缴械,"更生擒千数百人,杀于新东门等处以示威,累累陈尸,万目共睹。穷凶极恶,万古无传。川军闻之,发指皆裂。而罗氏犹以为未足,更欲斩草除根,于本月十八夜,分兵三路,一路由武备街袭击本军司令部,一向羊市街,一绕通惠门,夹击二师炮团。又有先期藏匿少城滇籍军官家内之便衣士兵,同时突起,八面围攻"③。这天,成都巷战发生,炮声隆隆,杀声四起。"刘罗"成都巷战正式爆发。这是护国战争之后西南军阀之间的第一次混战。

　　这次战争的双方都为了争权夺利,不惜使人民群众遭到巨大的灾难。4月19日,滇军顾品珍师王秉钧旅派兵焚烧皇城周围民房(贡院街、三街北街、皮房街、东西皇城边街、东西御河沿街、永靖街等处),声言"亮城",防止川军利用民房伏击。皇城上滇军还发射烧夷弹,机枪步枪交织扫射,禁阻警察前往救火。一时黑烟蔽天,红焰照地,人民奔窜,哭声载道,数百家房屋顿成灰烬。刘存厚部为诿罪滇军,亦派士兵数百人伪装滇军,戴上红边军帽,伙同流氓地痞分头放火,抢劫财物。火势一直延烧到4月22日。滇军赵又新师第二十七团团长金汉鼎后来回忆说:"王秉钧在督署被围时,不预先通知人民迁移,就放火焚烧皇城边的民房,人民生命财产受到严重的损害。其营长李正芳任意捕人,将善

　　①　《刘存厚叛乱始末记》,《近代史资料》1958年第6期,第95页。
　　②　周开庆:《民国川事纪要》上册,台北版,第172页。
　　③　《刘存厚布告罗佩金向所部进攻的经过》,《四川军阀史料》第1辑,第277—278页。

良男女老少也带上城墙,用武力戮死,推倒城下,真是民怨沸腾,哭声震天。"①有人还称这"可谓三百年来未有之惨剧也"②。滇军两旅分路猛扑刘存厚军的防线,企图占领北较场刘的军部。川军拼命阻击,白刃肉搏,双方都有严重伤亡。滇军未能按预订计划占领北较场,只得退回原地。

其时,川、滇两省议会亦互相指责。川省议会通电说,此次战役,"经红会调查,人民惨被焚杀、击毙、受伤者,约千余人。飞灾奇祸,实数百年来所罕见。窃此次肇衅之由,原因复杂。推原祸始,罗督实为厉阶。川军固当裁汰,但能开诚布公,宁有阻力?"滇省议会则通电声明,刘存厚叛攻川督,"称兵犯上,侮蔑中央,弁髦法令,恣意捣乱,妨害国家,罪恶贯盈,令人发指"③。入川的黔军则保持"中立"。

战争爆发后的第三天,即 4 月 20 日,经省议会、商会、英、法、日三国领事分途调停,双方停战一日。黔军开驻川、滇军防区之间,以阻止双方开炮互击。当日,北京政府电令免去罗佩金四川督军职,免去刘存厚川军第二师师长职;改任罗佩金为超威将军,刘存厚为崇威将军,饬令停止战斗,来京供职;令戴戡暂代四川督军,刘云峰为川军第二师师长。

4 月 21 日,罗佩金将督军印信送交戴戡,表示愿意交卸。22 日,在成都绅商和外国领事的调停下,双方签订了停战协定。但是当晚双方又发生了战斗,互相指责对方违背条约。23 日,北京政府派王人文、张习来川查办,严令川滇两军停战。24 日,黎元洪接到戴戡的密电,报告罗佩金愿意遵令卸职,但川军仍攻督署。黎元洪乃下令罢免刘存厚的崇威将军,听候查办。命令说:"兹据戴兼督电称,刘存厚于中央停止争斗之令,置若罔闻,仍攻督署等语。崇威将军刘存厚着即免职,听候查

①　金汉鼎:《唐继尧图川和顾品珍倒唐的经过》,《文史资料选辑》第 30 辑。
②　《东城碧血录》,黄绶:《罗戴祸川纪实》副册。
③　《四川省议会报告滇、川军冲突情况电》、《云南省议会请彻查刘存厚称兵犯上电》,《四川军阀史料》第 1 辑,第 279—280 页。

办。所有在省川、滇各军,责成该兼督严饬各该管官长即日开拔出城,分别驻扎,懔遵前令,不得再滋事端。"①

其时,滇军赵又新部金汉鼎团在简阳、资阳间被川军所阻,无法西进支援罗佩金。罗佩金乃于4月24日率领滇军由东门退出,次日刘存厚率川军由西门退出。其后川、滇军继续互相指责,但两军在成都已脱离接触;在省城外两军虽有接触,但规模不大。总的说来,"刘罗"之战已停顿下来。罗佩金率领滇军一直退到自流井、富顺一带。

这次"刘罗"之战,百姓伤亡在三千人以上,财产损失达四十七万余元,房屋烧毁七百八十户,被抢劫的达一千一百九十四户。北京政府财政部曾拨款十万元、总统捐款二万元,以为救灾之用。有的记载说,这次战争,"计焚烧民舍三千余家,人民死者六千余人,财产损失达亿万以外"②。

"刘罗"之战刚结束,"刘戴"之战又起。

戴戡控制了四川大权,黔系军阀刘显世十分得意。刘显世(1870—1927),字如周,贵州兴义人,辛亥革命前为乡兵管带,贵州辛亥起义后投机革命,任新军标统、贵州军务处长、国民军总司令、护军使等职,却大肆屠杀革命党人及贵州自治学社社员。后为大势所趋,响应护国起义,宣布贵州独立,自任都督。护国战争结束后,又任贵州督军兼省长,追随唐继尧向四川扩张。戴戡所率黔军在川,得到了刘显世的全力支持。

还在"刘罗"战争之际,戴戡曾与刘存厚暗中约定,待罗佩金下台后即将军务会办一职让与刘存厚。但罗佩金出走后,戴戡手握督军、省长、军务会办三颗印信,无意让出会办。刘存厚要求戴戡履约,戴却以刘尚在查办期间,俟中央查明以后当再履约为词,有意推卸。刘甚为不满,且知黔军兵力弱于滇军,仅有熊其勋旅九营和省署组织的警卫队二

---

①　《黎元洪发布刘存厚免职查办令》,《四川军阀史料》第1辑,第279页。

②　《四川各界代表吁请消弭川乱根源电》,《四川军阀史料》第1辑,第285页。

团,不过七千余人,而警卫队又是临时从各县抽调来的川人,不会为戴卖命。于是,刘存厚将自己的司令部迁到成都近郊,对戴戡施加压力,并杀害戴的军需课长。戴不能忍受,决定进行报复①。

1917年7月1日张勋扶持溥仪复辟时,曾以伪谕任命刘存厚为"四川巡抚"。刘既未拒绝,亦未接受。戴戡即于7月2日发出声讨张勋的通电,同时准备使用武力对付刘存厚。为此,他急电云南唐继尧、贵州刘显世说:"惟刘存厚得任四川巡抚,态度虽尚未明,然其乱谋久蓄,或思一逞。若果甘心附乱,亦惟有合滇军力,先予痛剿,免碍进行。"②7月3日,戴戡在督署召集军事会议,请刘存厚出席,并要他对北京伪谕表明态度。刘派代表吴绍良出席会议,要求先撤去电局的检查员,然后表态。戴即以刘存厚态度暧昧为名,决定对刘用兵。

7月5日晚,"刘戴"战争爆发。当晚,熊其勋旅派团长袁光辉、胡忠相、熊其斌等,率队分路猛扑北较场的刘军军部及西较场文殊院等地。刘存厚早有准备,并于战争爆发前一天,即7月4日,发出讨伐张勋、拥护共和的电报,在舆论上使戴戡的"讨伐叛逆"失去目标。刘存厚还就这一问题致电西南各省军政要人,希望一致行动。电报说:"诸公民国元勋,素所钦佩,艰难共济,谅有同心,况属辅车,岂忘袍泽,尚祈酌示办法,以期一致进行。"③实际上,刘已做好了反击的准备。当黔军向刘存厚川军发动进攻时,刘军立即进行了反攻。黔军力弱,被迫后退,并沿锣锅巷、玉带桥、白丝街、线香街、西顺城街一带纵火焚烧民房,直烧至古中市街、大坝巷口,以图阻止川军的追击。"黔军暴行,过于滇军,杀戮焚劫,人民转徙逃避。伤亡损失,比刘罗巷战尤巨"④。

---

① 杨兆蓉:《辛亥后之四川战记》,《近代史资料》1958年第6期,第52页。

② 《戴戡拟痛剿刘存厚电》(1917年7月2日),未刊资料。

③ 《刘存厚致西南各省电》(1917年7月4日),《云南档案史料》第2期第27页。唐继尧在电报上批"不理"。

④ 吴光骏:《刘存厚的早期活动与"刘罗"、"刘戴"之战》,《四川军阀史料》第1辑,第128页。

"刘戴"之战几乎是"刘罗"之战的翻版,双方互相指责对方应负发动战争的责任。戴戡说刘存厚首先下令炮攻督署,刘存厚则说黔军首先开炮攻击城外川军;戴说刘接受巡抚伪职,刘则宣称绝无其事。双方省议会和两省国会议员,也都以畛域之见,发出内容完全相反的呼吁和控诉。川军周道刚、熊克武等部采取"中立"态度,准备联合川滇将领发起武装调停。退守川南的罗佩金所率滇军,按兵不动,静观态势,举棋不定。贵州督军刘显世拟派三个梯团进入四川,援助戴戡。云南督军唐继尧企图重新恢复滇军对四川的控制,组织"靖国军",自任总司令,准备"亲督三军,誓除叛逆",宣称"思惟北征,宜先靖蜀"[1]。为此,云南方面从昭通运往叙州的军火源源不断,其数量超过了讨袁战争时期。尽管如此,退守皇城的黔军,坚持了十余日,却始终没有见到援军,伤亡颇重,粮弹匮乏,无法继续再坚持了。于是在省议会和英、法领事的调停下,戴戡交出督军、省长、会办三颗印信给省议会,表示愿意退出成都。7月13日,川军开放南门让黔军退走,但黔军惧川军有埋伏,在掠夺了南门粮食后,又退回皇城。7月17日,戴戡率黔军由南门突围而出,向华阳、仁寿方向分路退走。7月21日,戴戡所率黔军行至仁寿县秦皇寺遭遇刘军腰击,熊其勋为川军所俘,后被斩首,黔军逃散。戴戡亦同时被川军杀害[2]。"刘戴"之战以刘存厚胜利而结束。此次川黔成都巷战,仅据红十字医院收容统计,兵士战死者三百六十四人,伤者六百六十一人;市民死者一百一十人,伤者三百一十人。

战争虽然是刘存厚取得了胜利,然而北京政府却任命川军第一师师长周道刚暂代四川督军,并派北洋系的长江上游巡阅使吴光新为四川查办使,率领北军入川;同时命令罗佩金、刘存厚两人遵照前令,迅速入京,所部军队交周道刚接收统率。到了此时,人们才看清楚,原来以段祺瑞为首的北京政府是有意利用南方各派军阀之间的争斗,借以把

---

① 《唐继尧》,台湾文海出版社1967年影印版,第89页。

② 戴戡之死有不同说法,一说被杀,一说自杀。

四川纳入北洋军阀的势力范围。

与成都两次巷战差不多同时及其稍后，又发生了川、滇两军在川南地区的两次战斗。这是"刘罗"、"刘戴"战争的继续和发展。这两次战斗，是由于刘存厚企图乘胜直追，把滇、黔军全部赶出川境，以及唐继尧、刘显世不甘失败，要继续控制四川而引起的。他们为了争权夺利，不惜残民以逞。

1917年7月中旬，滇军罗佩金奉唐继尧之命，向刘存厚部反击。罗派韩凤楼、刘云峰、赵钟奇为第一、二、三路军司令，分兵三路，向成都挺进，口称援助戴戡，但故意迟滞行动，实际上是企图恢复失去的"四川督军"的宝座。刘存厚部陈洪范、舒云衢旅与滇军相遇于青神、眉山一带。一时之间，大军云集，川、滇两军，阵地交错，城内城外，炮声震天。刘存厚部倾全力向滇军反扑，激战数日，双方死亡惨重。滇军后因赵钟奇部内部不稳，主动撤出战场，退回资中。进攻眉山的滇军闻讯，军心动摇，加上滇军后路乐山为川军占领，滇军大为震恐，狼狈逃走。刘存厚军跟踪追击，连续占领了青神、仁寿、乐山、犍为、井研、荣县等地。滇军北上成都的计划遂成泡影。罗佩金也因多次战斗失利，乃由宜宾返回云南，此后在川滇军就由顾品珍指挥。这是川滇军在川南的"青眉攻防战"。

到1917年8月底，又发生了"资内争夺战"。其时，唐继尧已派大批滇军入川，邓泰中、李友勋两旅与赵又新部合驻自贡，黄毓成、叶荃两军与赵又新另一部共驻泸州，顾品珍军据守简阳、资中、内江、隆昌一带。刘显世亦派黔军第一师师长王文华率兵屯集川黔边境，伺机出击。川军方面，第一师周道刚部驻重庆，第二师刘存厚部沿岷江上游布防，第三师钟体道部在沱江东岸和涪江下游沿线布防。川军的作战方针是，先打滇军，后打黔军。8月底，川军第二、三师进攻简阳、资阳，与滇军发生激战。顾品珍腹背受敌，先后放弃简阳、资阳、资中、内江、隆昌等地，分队退往富顺、自贡。9月12日，顾品珍命金汉鼎旅三日内收复内江，滇军乃向内江急进，川军阻击，战斗相当激烈，内江的争夺几反几复，死亡枕藉。9月22日，滇军撤出内江，一路经自贡向宜宾撤退，一路经富顺向泸州撤退。资内争夺战以川军获胜而暂告结束。

此后,滇军在川南取守势。稍后,顾品珍率滇军李友勋、耿金锡两旅与入川黔军王文华部配合,分路奇袭重庆,局势又发生了新的变化。川军不得不从川南撤退①。

1917年川、滇、黔两次成都巷战,从他们发动战争的目的、战争所采取的手段及其客观效果等几个方面来看,是一场典型的军阀混战。

首先,关于战争的目的。发动和参与战争的三方,都是在护国战争中膨胀起来的军事头目,他们都是为了争权夺利,扩张地盘而互相混战。以唐继尧为代表的滇军要向四川扩张,以刘存厚为代表的川军则希望独揽川政,再向外发展。正是在这种相互要求扩张以至独霸四川或西南的动机指使下,川、滇、黔三省军队的矛盾集中于四川省会成都,从而爆发了"刘罗"、"刘戴"两次成都巷战。尽管战争的各方都有自己参与或发动战争的"理由",但是战争对于川、滇、黔三方来说都是非正义的,违背民心的。"刘罗"、"刘戴"间的非正义之战,正是西南军事领袖们堕落为封建军阀的重要标志。这样就决定了不管是战争本身,还是各派军队,都得不到人民群众的支持。例如,护国战争以后,滇军在川就遭到了川省人民的强烈反对。唐继尧自己也不得不承认,滇军此时在川,"人民仇视,给养困难,土匪骚扰,交通断绝"②。四川人民"一致仇视滇军,坚壁清野",使之"粮秣无从筹备",连"井水亦无所得食",造成"军心散漫,毫无斗志"③。稍后任唐继尧秘书长的周钟岳也说,"此次战争,(川人)绝我粮秣,断我交通,行军之难,数倍往日。"④这些话已把滇军在川的处境刻画了出来。这与不久前的护国战争期间,滇军出师川境,人民箪食壶浆以迎的情况形成了鲜明的对比。

---

① 钟和光:《"刘罗""刘戴"之战在川南的继续和发展》,《四川军阀史料》第1辑。

② 唐继尧在李烈钧电报(1917年12月16日)上的批语。未刊资料。

③ 唐继尧在徐之琛密电(1917年9月12日)上的批语。未刊资料。

④ 周钟岳:《惺庵回顾续录》,《云南文史资料选辑》第5辑,第206页。

其次,川、滇、黔三方在战争过程中,为了达到自己的目的而不择手段,焚烧抢掠,无所不为,给人民群众带来巨大的灾难,成都巷战过程中,烧杀抢掠,触目惊心。随后川南战役的结果,更造成纵横千里,哀鸿遍野,四境萧条,村市丘墟的景象。据《古宋县志》记载,川、滇、黔军阀的争夺,"焚烧各区房舍三千余家。团民与匪扑斗,战死者数百人,牵去不知踪迹者亦以百计。损失财产达数十万。劫后遗黎,已不聊生。迨大军清乡,又筹军饷、供伕役,宋人益罢敝。清乡后,疫疠大作,传染遍数区,死亡者又三千余人,全家绝灭者二百余户。益以流亡转徙,宋人殆减少大半。由是田园荒芜,荆棘丛生,人行绝迹,蓬蒿掩路。长林丰草间,时睹野兽出没噬人,死于虎豹者,又不知凡几也。遂致四境萧条,凄凉满目。"①古宋乃川、滇、黔间一边远小县,非争夺中心,犹且如此,他地情况,可想而知。

从上述我们可以看到以下几点。第一,这是非正义的军阀之间的战争,对于战争的三方来说,都不具有正义性。第二,这是西南军阀史上的第一次军阀混战。辛亥革命以后,省与省之间,省与中央政权之间,以至于各省内部,都发生过一些战争,然而不管是辛亥起义,北伐出师,援川援黔援藏,二次革命,以至护国战争等,尽管可能有这样那样的问题,但是战争都具有某种合理性或正义性,至少不是战争双方都是非正义的。只是到了1917年西南各省之间的战乱,才出现了战争的任何一方都是非正义的军阀之间的战争。第三,可以把1917年川、滇、黔成都巷战视为西南各省军事头目堕落为封建军阀的重要标志,也就是西南军阀正式形成的重要标志。李根源在评价1917年川、滇、黔战争时曾说:"川事结果如是,西南局面破矣。"②所谓"破",就是指"团结"的局面遭到破坏,分裂、割据的形成和混战局面的出现,这正是西南军阀形成的基本特征之一。

①　四川《古宋县志》卷9,第22页。
②　李根源:《书丁巳川事)(1917年),《曲石文录》卷2,1932年版,第22页。

二　滇系军阀的扩张

从护国战争结束，滇系军阀形成，到 1920 年的几年间，是滇系军阀的扩张时期，也是它的极盛时期。虽然在 1917 年的川滇、川黔成都巷战中，滇系军阀暂时受到挫折，但它随后就又以"靖国"之名，进一步向四川扩张①。

张勋复辟时，唐继尧于 1917 年 7 月 3 日发出讨逆通电②。他甚至表示，为了讨逆，"愿负弩矢，以为前驱"③。然而，当孙中山决心反对假共和，维护真共和，准备开展护法运动时，唐继尧却采取了对孙中山"暂虚与委蛇，以敷衍中央"④的态度。当驻粤滇军第三师师长张开儒⑤ 7 月 14 日在广州公开发表拥护护法通电时，唐继尧就很不以为然，在收到张开儒的通电后批道："该师通电，言太激烈，有损无益。"⑥这时，唐继尧不仅控制了滇、黔，而且其势力已达到川、粤。他自恃实力强大，既以"西南领袖"、"东大陆主人"自居，又把眼睛盯着总统宝座⑦，哪里还愿意屈居于孙中山领导下进行护法战争呢！

然而，形势逼人。一方面，两广在 1917 年 6 月 20 日通电暂行"自主"，孙中山又于 7 月 17 日抵达广州，宣传护法宗旨，准备进行护法斗

---

① 关于唐继尧参加护法的情况，将由另章叙述。这里只从滇系军阀扩张的角度略加叙及。

② 《唐督军布告全国克日出兵诛讨复辟电》，云南《护国报》，1917 年 7 月 11 日。

③ 唐继尧：《致天津段总司令共同征讨电》，《会泽靖国文牍》卷 1，昆明 1923 年版，第 28 页。

④ 《唐继尧复徐之琛电》（1917 年 7 月 5 日），未刊资料。

⑤ 张开儒（1869—1935），字藻林，云南巧家人。早年留学日本，加入同盟会。辛亥后历任滇军旅长、师长、军长、广州军政府陆军总长等职。

⑥ 《唐继尧复张开儒密电》（1917 年 8 月 2 日），未刊资料。

⑦ 徐之琛在 1917 年 7 月 12 日致唐继尧密电中说："太炎有举公为总统之电。"未刊资料。

争;另一方面,唐继尧也想利用护法时机,进一步向四川扩张,以称霸西南。就在孙中山到达广州的同一日(7 月 17 日),唐继尧首先发出通电,不承认段祺瑞内阁的合法地位,随后又多次发出通电,反对段祺瑞内阁,声明:"决心自主,不认非法内阁之命令。""谨奉告全国,自复辟事起以后,合法内阁未成立以前,所有非法内阁一切命令,概视为无效。"①8 月 11 日,唐继尧连发两电,正式宣布"护法"。他宣称护法的四点纲领是:"一、总统因故不能执行职务,当然由副总统代行职权。惟故障既去,总统仍应复职。否则应向国会辞职,照大总统选举法第五条第一项办理。二、国会非法解散,不能认为有效,应即召集开会。三、国务员非经提交国会同意,由总统正式任命,不能认为适法。四、称兵抗命之祸首,应照内乱罪按律科办,以彰国纪。凡此四义,一以约法为依归,不能意为出入。"②

　　不过,唐继尧的"护法",却采取了自立门户、别树一帜的办法,打出了"靖国"的旗号。孙中山领导的是"护法战争",而唐继尧参与的却是"靖国战争"。所谓"靖国",乃是"涵有别种在外滇军之意,非仅因护法之故"③。关于这一点,唐继尧 1917 年 10 月 8 日在致梁启超的一份密电中,曾加以说明:"真日之宣言,实欲维正义……非与激烈分子为和声。"④他所谓的"激烈分子",显然是指孙中山领导的国民党人而言的。因此,打着"靖国"旗号的"护法",虽然壮大了孙中山领导的护法运动的声势,却掩饰不了唐继尧利用"护法"之名进行扩张的实质。后来唐继尧拒绝就任以孙中山为大元帅的广州军政府的元帅职,正是这种实质

---

　　① 《决心自主复上海张镕西等电》《再以反对非法内阁通告京内外电》《会泽靖国文牍》卷 1,第 36、39 页。

　　② 《阐明四义拥护约法通告京内外电》《会泽靖国文牍》卷 1,第 37 页。又见《云南档案史料》第 3 期,第 15—16 页。

　　③ 文公直:《最近三十年中国军事史》第 2 编,上海太平洋书店 1930 年版,第389 页。

　　④ 唐继尧 1917 年 10 月 8 日致梁启超电,未刊资料。

的反映。唐继尧对此也作了绝妙的解释:"中山举动本嫌唐突,惟既已发表,似勿庸积极反对。有彼在,亦有一种助力,将来取消,亦得一番交换利益。"①

为了"靖国",唐继尧将滇军改组为"靖国军",自任总司令,下属六个军,分别以顾品珍、赵又新、庾恩旸、黄毓成、张开儒、方声涛为靖国第一、二、三、四、五、六军总司令,准备大举入川。稍后,他又将四川汉军张熙部改编为第七军,新编叶荃第八军,加上黔军王文华第一师,共七十多个营,总兵力约四万人,号称"滇黔靖国联军",唐自封为"滇黔靖国联军总司令",决定"全力定川,川局既定,再图第二步之发展"②。为此,他在给孙中山并各界的函件中声明:"尧是决心亲督三军,长驱北上。第川事于中作梗,不先戡定,终难免内顾之忧。"③11月14日,唐继尧以川军刘存厚阻碍滇军为名,率滇黔联军誓师出发,并将联军总司令部驻扎于贵州毕节,指挥滇黔军向川军刘存厚等部发动进攻。

在这次战争中,滇军最初失利,不仅丧失了川中盆地,川南也未能保住,直退到川滇、川黔边境的盐津、镇雄、叙永等地。11月以后,战事起了变化。滇军顾品珍部由泸州东下,联合黔军王文华部成功地突袭了重庆,北洋派的四川查办使吴光新和四川督军周道刚于12月3日撤出重庆。吴光新部一直退到湘、鄂,周道刚败走永川。12月4日,滇黔联军进入重庆,旋即向川南进击,并于14日占领泸州。

12月8日,北京政府发表刘存厚为四川督军,张澜为四川省长。刘存厚受任督军后,在成都号令川军第一、二、三师重新部署,以对付滇黔联军的进攻。

12月21日,川军熊克武通电加入靖国联军,推唐继尧为"川滇黔靖国联军总司令"。这样,军事形势又进一步发生变化。虽然在川东南

① 唐继尧1917年9月16日复徐之琛电,未刊资料。
② 唐继尧1917年7月15日致李曰垓、李烈钧电,未刊资料。
③ 《唐继尧致孙中山支持戡定川局函》,《云南档案史料》第1期,第43页。

的战斗(东路)互有进退,呈胶着状态,但川中和川西(中路与北路)的联军却取得了比较迅速的进展。1918 年 2 月 16 日,刘存厚在战争失利的情况下,宣言与西南各省一致护法,以图缓和局势。但是,这时刘存厚在政治上十分孤立,军事上处于劣势,内部又不稳,所部纷纷脱离其控制,因而不得已于 2 月 19 日与省长张澜、川军钟体道师、田颂尧旅、赖心辉旅等部撤出成都,一直败退到陕南汉中地区。到 2 月 20 日,"川滇黔靖国联军"所属的纵队司令吕超、黔军司令袁祖铭及四川靖国军萧德明等部先后进入成都。至此,唐继尧以控制四川为目标的"靖国"战争就基本上结束了。

唐继尧控制了川、滇、黔三省,声势显赫,更加飞扬跋扈。2 月 25 日,他不经广州军政府同意,以"联军总司令"名义以电报直接任命熊克武为四川督军兼省长,并促其速赴成都就职(4 月,孙中山才补任熊克武为四川督军)。三四月间,他借援鄂、援陕名义,又连续任命八个总司令,即以黄复生、叶荃、王文华、顾品珍为援鄂第一、二、三、四各路总司令,以石青阳、颜德基、李国定、丁泽煦为援陕第一、二、三、四各路总司令。此外,他还安插王文华为重庆镇守使,赵又新为四川军务会办,顾品珍为叙泸镇守使,叶荃为夔万镇守使等。

唐继尧为了牢固地控制四川,并进一步向陕西、湖北扩张,便以商讨北伐为名,决定于 1918 年 9 月在重庆召开川、滇、黔、鄂、豫五省联军会议,并就任"五省联军总司令"职。出席会议的有:四川的督军熊克武、省长杨庶堪以及黄复生、石青阳、颜德基、卢师谛各司令,云南方面的滇军军长顾品珍、赵又新,贵州方面的黔军总司令王文华,湖北方面的鄂军总司令黎天才[①],河南方面的豫军总司令王天纵[②]等。

---

① 黎天才(1886—1927),字辅臣,彝族,云南丘北人。曾参加辛亥起义,后任师长、镇守使、湖北靖国军总司令、鄂豫联军总司令等职。

② 王天纵(1879—1920),字旭九,号光复,河南嵩县人。曾参加辛亥起义,后任北京地区稽查长、河南靖国军总司令等职。

上述两人皆宣称"靖国",所部又驻扎川边,故参加了重庆会议。

　　唐继尧于 9 月 10 日从贵州毕节到达重庆南面的綦江,逗留一周之久,一方面故意冷落与会的各军将领,以显示"联帅"的威风,另一方面趁此时机联络各方,分化收买川军,直到 9 月 17 日,他才在前呼后拥、戒备森严的情况下到达重庆。这一天,重庆全城戒严,所有各码头的渡船均勒令停靠对岸海棠溪。自太平门到学院衙门行辕,沿途断绝交通,每一铺户站一武装哨兵。沿街商铺及楼上窗户,一律勒令关闭。唐抵海棠溪,鸣礼炮二十一响。乘坐借来的美军摩托艇渡江,经太平门入城,仪仗甚盛,前列为护卫骑兵,次为御用的"伩飞军"(警卫军),头戴钢盔,身背十响枪,手持方天画戟,俨然是帝王出巡的仪仗;再次为掌旗官,乘高头骏马,手掌杏黄滚金丝穗帅旗上绣斗大的一个"唐"字。后面接着才是唐乘坐的八抬绿呢大轿,轿内放着绣龙金黄褥靠垫,轿后为唐的坐骑黄骠马,紫金鞍。殿后是其护卫大队长龙云率领的护卫大队。他入城后,即乘其黄骠座马,足登金镫,浩浩荡荡,威风凛凛,进入行辕。他到达重庆后,竟然宣称"今日省界二字,本不值识者一笑",意思就是要打破省界来兼并四川。而这时已排斥了孙中山的广州军政府也对唐吹捧备至,居然说是"西南半壁,付托得人"①。

　　在重庆联军会议上,唐继尧抛出了早先 7 月在贵州毕节草拟的以"准备北伐案"为题的所谓《川滇黔三省同盟计划书》。他和贵州督军刘显世已在这个同盟书上签了字,现在就等四川督军熊克武签字,同盟即告成立。这个同盟书的内容大体上可归纳为五点。第一,四川兵工厂作北伐军械弹补充,归联军管辖支配,实即全归滇、黔军所有。第二,造币厂亦归联军管辖支配。第三,四川全省的厘税,包括盐税、关税、酒税等,作北伐军军饷的补充,实即是作滇、黔军军饷。第四,资中、资阳、简阳、叙府、泸州、重庆、万县及自流井、荣县、威远和会理、宁远、酉阳、秀山各属,凡川东南财富之区,悉作滇、黔军防地,仅以面积计算,已占当

――――――――――

　　① 四川省文史馆资料室:《重庆联军会议前后》,《四川军阀史料》第 2 辑,四川人民出版社 1983 年版,第 38—39 页。

时全省的三分之二。第五，上述各项由联帅总部在重庆特设机构主持办理。唐继尧拿出同盟书，逼迫熊克武签字。熊深感事情重大，一签字就等于正式承认把四川划入云南的势力范围，因而表示无权处理，拒绝签字，并说："北伐我完全赞同，出兵出款，四川应该尽力所及，兵工厂也应该尽量供给械弹，但全省厘税和兵工厂归总部直接掌管，这样重大事件要经省议会通过，我做不了主，即使我个人同意也没有用。"①

唐继尧从 9 月 17 日到重庆，至 10 月 8 日离开重庆的二十天内，翻来覆去地就同盟书条款进行谈判。根据同盟书，滇军提出每月需四川协济 32 万元，黔军提出每月需 28 万元，这样一年共需 720 万元。熊克武以四川无力负担如此巨款而要求重议，滇军方面坚持不能少，黔军方面则减为每月 23 万元。熊仍认为数额太大，断然拒绝。因此，会议未能取得预期的结果②。唐继尧于 10 月 2 日发布援鄂援陕命令后，匆匆收场，于 10 月 8 日离开重庆，经泸州返回昆明。

与此同时，陕西、湖南、福建等省部分军事首脑，亦以"靖国"相号召。这样，唐继尧俨然以川、滇、黔、鄂、豫、陕、湘、闽八省联军总司令自命③。这是滇系军阀唐继尧声威达到顶峰的时期。唐继尧正是利用孙中山护法这块招牌，打着靖国的旗号，经营其扩张地盘的军阀事业。

还在护法战争进行之际，当 1918 年三四月吴佩孚先后占领长沙、衡阳等地时，南北双方的情况都发生了重大的变化。直系军阀鼓吹以"和平"方式解决西南争端，立即得到了以滇系军阀唐继尧、桂系军阀陆

---

①　熊克武：《四川护法期间内部分裂与滇军入侵》，《四川军阀史料》第 2 辑，第 17 页。

②　参见《重庆联军会议前后》，《四川军阀史料》第 2 辑，第 40 页；又据周钟岳说："滇军每月要求补助军费 28 万，黔军要求 18 万，熊克武未允。故此次会议，效果殊少也。"（《惺庵回顾续录》，《云南文史资料选辑》第 5 辑，第 213 页。）

③　关于唐继尧以七省、八省或十省联军总司令自命，说法不一，此系根据《唐继尧》一书第 22 章记载归纳。该章说："唐氏所指挥之靖国军，其区域则达八九省，人数则有二十余万。"

荣廷为代表的西南军阀的响应。6月，吴佩孚与南方湘系代表签订了湖南停战协定，这样湘系就成了西南军阀与直系军阀勾结的中介人。1919年2月南北和议开始以后，吴佩孚与西南军阀的勾结就进一步加紧了。随后双方共同签订了《救国同盟条约草约》（军事密约，详第八章第一节）。

唐继尧与北洋直系军阀的勾结，使他与孙中山的距离愈来愈远。1919年，孙中山把中华革命党改为中国国民党，党人龚师曾劝说唐继尧加入国民党时，唐却正颜厉色地表示拒绝，甚至和龚争论得拍桌子。他最后说："我就是穷得讨饭，也不会加入国民党。"[1]其所以如此，是因为这时他正在做着"川滇黔巡阅使"的梦[2]。

为了实现其"川滇黔巡阅使"的野心，唐继尧视四川为滇军的征服地，不仅恣意奴役搜括，而且进一步蓄谋"倒熊"，对川军进行分化，挑动杨庶堪、吕超等部川军反对熊克武。1920年3月，唐继尧下令免去熊克武四川靖国军总司令职，5月又任命吕超、刘湘为四川靖国军正、副总司令，这就又一次"点燃了川滇黔战争的导火线"[3]。5月下旬，新的川、滇、黔战争正式爆发。

这时，滇军在川有顾品珍、赵又新两个军。唐继尧命令顾、赵两军联合黔军王文华部攻击熊克武。虽然在6月10日把熊部赶出成都，转往川北保宁（今阆中），但滇军伤亡五千余人[4]，可见战况是比较激烈的。熊克武退出后，吕超进入成都，于7月18日就任川军总司令。然而，滇黔军凌驾于吕超之上，并设立了三省联军总部，以唐继尧为统帅，要把川省军、民、财各政统归联军总部管理，川省中央税收及地方财政收入与四川兵工、造币两厂，全归联军总部支配。这是过去唐继尧强令

---

① 龚师曾：《孙中山先生与唐继尧的关系》，《广东文史资料》第25辑。

② 刘光烈：《我代表熊克武赴北京活动经过》，《四川军阀史料》第2辑，第61、87页。

③ 但懋辛：《川军驱逐滇黔军概况》，《四川军阀史料》第2辑，第110页。

④ 张廷勋：《赵又新将军传》，《昆明文史资料选辑》第1辑，第58页。

熊克武接受遭到熊拒绝的条件,他又企图强令吕超接受。吕超深感事关重大,"以民政应归省长管理,军人不得干政为理由,迁延未决"①。

是年秋,熊克武以驱逐客军相号召,联合川军务部,分路向成、渝两地及川南进攻。9月5日,吕超逃离成都,滇军败退。川军乘胜直追,驻川的滇军第二军军长赵又新于10月8日被打死于泸州城外学士山。于是,滇黔军全线溃退,滇军直退到贵州毕节,驻川的客军全部被逐出了四川。唐继尧向四川的扩张遭到了严重的挫折。

驻川的滇军第一军军长顾品珍,原来就不满唐继尧强驱滇军混战,这时又得到熊克武的鼓励,遂以"士兵厌战"为由,准备班师回滇,驱逐唐继尧。唐派周钟岳前往毕节,以慰问为名,观察动静,刺探虚实。周钟岳到毕节后,向驻扎毕节的顾品珍提出四个问题:一、此次我军退却之真因? 二、我军经此次损失后,现在实力如何? 三、现在军队如何分布? 四、现在粮糈情况如何? 顾品珍回答说:滇军在川计有两军,原有三万人,现只剩一万,枪械只余七千余支,辎重行李则荡然无存。然后反问周钟岳:"唐帅既促开和会,何必出兵以争四川? 既废除督军之名,何必创树联军之帜?"周钟岳为唐辩解说:"联帅意将敌焰稍为压服,仍趋重于调和,并非有争川之心,始终不过欲排除护法阻碍而已。""废督之后,军队无人统率,则裁兵计划无从执行,地方治安无人保卫,故暂设联军总司令部,以为收束军队之机关。"②周钟岳回昆后,向唐继尧汇报顾品珍的言行"殊属可疑"。唐为了稳定顾品珍,任命顾为云南东防督办。顾一方面宣誓就职,一方面又率师向昆明进发。驻省的叶荃第八军与顾品珍的行动配合,倒戈反唐。

在顾品珍大军压境,叶荃倒戈,内部分裂,军心动摇的情况下,唐继尧被迫通电辞职,于1921年2月8日率亲信卫队百余人离开昆明,乘滇越铁路火车向南出走,流落香港。

---

① 但懋辛:《川军驱逐滇黔军概况》,《四川军阀史料》第2辑,第114页。
② 《惺庵回顾续录》,《云南文史资料选辑》第5辑,第234—243页。

第二节　桂系军阀对两广的控制

一　桂系对广东的控制

袁世凯暴死时,陆荣廷的部队已深入湖南,占领长沙。北京政府拟任命陆为湖南督军,但是陆垂涎"财富之区"的广东,要在两广站稳脚跟,因此积极向广东扩张。这样就逐渐造成了以陆荣廷为首的桂系军阀控制两广的局面。

如前所述,袁世凯死后,在广东爆发了李烈钧滇军和龙济光济军的战争,龙济光战败后退守广州。由于龙在广东极不得人心,7月6日,段祺瑞政府迫于形势,宣布以陆荣廷为广东督军,朱庆澜为广东省长;调龙济光为两广矿务督办,驻海南岛;将李烈钧调到北京"另有任用"。但是,龙济光赖在广州不走。段政府在同一天又任命陆荣廷暂署湖南督军,陆未到广东之前,仍由龙济光暂署广东督军。这个命令的实质在于,调开李烈钧,以拔除龙济光的正面敌人;派陆荣廷署湖南督军,以阻止他到广东接任广东督军。这个命令理所当然地遭到各方面的反对。段祺瑞又借口"粤事真相不明",加派刚由湖南逃出来的汤芗铭为广东查办使,派海军上将萨镇冰为粤闽巡阅使,但是,汤芗铭没有敢到广东来"查办"。

一心垂涎于"财富之区"的陆荣廷,坚辞湖南督军,对北京政府的命令不予理睬,于7月10日由衡阳自动班师回广西,接着由广西带兵东下,进驻肇庆,压迫龙济光。而李烈钧也没有去北京,等待"另有任用"。龙济光在滇、桂军的双重压力下,被迫提出卸职条件四条:一、济军二万人以上(虚报),应编为两师;二、请拨付军饷和移防费三百万;三、督办两广矿务,应选择两广扼要地方屯驻济军,在此区域以内,其他各军均须撤出;四、督办两广矿务公署应按照督军公署的规模,直隶中央,本省长官无权调度。不过,他在还未能实现这些要求时,即向广州索取开拔费五十万元,匆匆退出广州,进驻海南岛。李烈钧则于8月17日通电解除职务,将在粤滇军交张开儒、方声涛两师长直接统辖,然后取道香港赴上海。10月2日,陆荣廷就在肇庆宣布就任广东督军,两天以后率军进驻广州。自此,广东军政大权落入了桂系军阀陆荣廷之手,广东成为桂系的地盘和势力范围。以陆荣廷为首的桂系军阀霸占两广的局面正式形成。

　　还在护国军军务院结束之时,原属军务院的李耀汉、林虎两军都表示愿归陆荣廷统率指挥,于是桂系在广东的兵力进一步增强。陆任广东督军后,将桂系军阀的要员安插到广东,控制要职:以谭浩明率军驻广东,以莫荣新兼任广惠镇守使,以林虎兼任高雷镇守使,以沈鸿英兼任钦廉镇守使,以李耀汉继续任肇罗镇守使;广西方面,以陈炳焜为督军兼省长,以韦荣昌继莫荣新为浔梧镇守使,以林俊廷继陈炳焜为桂林镇守使,以黄培桂继谭浩明为龙州镇守使。经过如此部署,桂系便完全控制了两广的实权。所以有人说:"陆荣廷既据有广东,乃令其爪牙陈炳焜继承广西地位。躯壳虽离,灵魂尚在,预为统一两广之野心,亦作为两广巡阅使之张本。"①

　　1917年3月,陆荣廷接黎元洪电邀去北京会晤。其时,黎元洪总统府和段祺瑞国务院之间的"府院之争"已很尖锐,双方都想拉拢、利用陆荣廷。段想拉拢陆荣廷作为其在西南各省中的得力爪牙,因陆是拥有实权的人物;黎则想利用陆荣廷在护国战争中猎取到的名誉,希望他成为副总统候选人,作为他与段争夺的得力伙伴和心腹。陆于3月中旬从广州出发,经香港乘轮船直航上海改乘火车北上。沿途受到新当选的副总统、江苏督军冯国璋、安徽督军倪嗣冲、长江巡阅使张勋的欢迎。3月27日,陆抵达北京,下榻总统府怀仁堂。黎、段各设盛宴款待,礼遇甚崇。陆即利用这个机会,向黎、段双方讨价还价,以谋取得更

───────────────

　　① 李培生编:《桂系据粤之由来及其经过》,广州艺苑印刷所1921年印行,第2页。

多的权利。黎、段于 4 月 10 日升任陆为两广巡阅使,而且按照陆的意图,任命陈炳焜为广东督军,谭浩明为广西督军。至此,陆荣廷完全操纵了两广的军政大权,桂系势力"极形膨胀,一时(军队)编至七军"之多①,扩充到五万人,成为西南各省中最大的一支举足轻重的军事力量。陆利用黎、段之争,把两广统治权从名义到实际,牢牢地掌握在自己的手中,成为当时全国颇有影响的人物和势力。一个研究中国问题的日本人曾写道:"西南实力派之巨擘,有广西王之称之陆荣廷……彼等在广西人中为最大阶级之物。不仅广西人而已,即长江以南,能与彼等比肩者,亦无几人。"②有人评论,陆荣廷与北方军阀奉系头子张作霖、直系头子冯国璋已经并驾齐驱了,因而有"南鹿北獐"("南陆北张")或"北冯南陆"之说。以陆荣廷为首的桂系军阀的实力已超过了以唐继尧为首的滇系军阀的实力。桂系军阀控制地区的条件较之滇系军阀控制地区的条件更为优越富庶,更靠近国内的政治、经济中心,因而桂系军阀对当时全国政治生活的影响更为明显。

　　张勋复辟失败后,段祺瑞重任国务总理,对西南采取敌视政策,企图玩弄"武力统一"的把戏,这就引起了西南实力派的反感。西南实力派为了自身的利益和发展,不得不反对段祺瑞的"武力统一",因而和孙中山的护法反段找到了共同点。还在张勋复辟前夕,北京政局混乱之际,孙中山曾致电陆荣廷及西南各省督军,指出"民国与叛逆不能两存",呼吁他们"克日誓师,救此危局"③。6 月 14 日,孙中山派胡汉民为代表前往广州,与桂系广东督军陈炳焜商谈护法讨逆。6 月 17 日,胡汉民又前往南宁会见陆荣廷,邀他去广州共商护法大计。陆荣廷托辞足疾,不肯起程。6 月 18 日,广东各界在明经堂举行公民大会,要求

---

　　①　文公直:《最近三十年中国军事史》,上海太平洋书店 1930 年版,第 2 编,第337 页。

　　②　园田一龟著,黄惠泉、刁英华译:《新中国人物志》,上海良友图书印刷公司1930 年版,第 424 页。

　　③　邵元冲:《总理护法实录》,《建国月刊》第 1 卷第 3 期。

省当局即日出师北伐。同时,国民党人和国会议员南下广州的日益增多,驻粤滇军亦跃跃欲试。桂系为了维持自己在两广的统治,不能不有所表示,于是在6月20日由广东督军陈炳焜、广西督军谭浩明出面发出通电,宣布两广暂行"自主"。所谓"自主",在民国初年还是一个新名词,与独立有所区别。自主时期,两广不受北京内阁的干涉,但遇有重大问题,仍可直接请命元首。这就是说,自主是一种半独立状态,是脱离内阁而不脱离总统。这是袁世凯死去后第一个宣布自主的地区。张勋复辟时,曾多方拉拢陆荣廷,先后授以陆为"一等公","两广总督","参预议政大臣"等名义,但陆始终不参与张勋的活动。两广自主为孙中山来到广州掀起护法运动提供了条件。

　　9月初成立的广州护法军政府,以孙中山为大元帅,陆荣廷、唐继尧为元帅。然而,宣布两广自主的桂系首领陆荣廷,不仅拒绝就任元帅职,而且反对另组政府,主张"总统复职",甚至通电全国声明,"以后广东无论发生何种问题,概不负责"。这等于否认广州护法军政府。其实,陆荣廷等人让孙中山来到广州,不过想拉大旗作虎皮,借孙中山护法的旗帜,来对抗段祺瑞的"武力统一",并非真拥护共和。正如孙中山后来所说,陆荣廷"只欲分中央专制全国之权,俾彼得专制于二三行省"而已[1]。北方密探也说,陆荣廷"只求目前得一湘粤桂巡阅使,将来并兼领副总统,于愿即足。其他西南问题、国会问题,若皆不足措意"[2]。陆荣廷只是不要使自己的地盘"统一"到段祺瑞手里,也不能容忍孙中山以大元帅身份凌驾于他的头上,在两广出现一个"太上政府"。

　　陆荣廷等人不仅不就元帅职,还多方面干扰和破坏广州护法军政府。以孙中山为首的护法军政府实际上没有掌握任何军队,是一个"有同寄寓"[3]似的"影子政府"。这时在广东的军队,除了属于桂系军阀的

---

①　《通告海外革命党人书》,《孙中山全集》第4卷,第499页。

②　《马凤池密报》,《近代史资料》1978年第1期。

③　《孙中山全集》第4卷,第537页。

队伍外,还有驻粤滇军和警卫军两种军事力量,而龙济光的济军则已进驻海南岛。驻粤滇军是护国战争时由李烈钧率领到广东来的。最初桂军与驻粤滇军尚能和平相处,但是后来由于驻粤滇军将领李烈钧、张开儒、方声涛等人反对陆荣廷、唐继尧的扩张政策,因而发生了许多矛盾。

警卫军则是由朱庆澜建立起来的。朱庆澜在辛亥革命时曾任四川副都督,后任黑龙江巡按使、护军使,一度拥戴袁世凯称帝,护国战争时被逐出黑龙江。护国战争后,段祺瑞政府任命朱庆澜为广东省长,是想利用他作为进攻西南的内线。但是,朱到广东后,态度发生了变化,明显地倾向于联合孙中山,这就引起了段祺瑞的不满和陆荣廷的嫉妒。朱庆澜吸收了一些民军和龙济光系统的杂牌军,组成了警卫军二十营,由省长亲自统率,这就形成了这个省在督军之外还有一个"督军"的局面,更加引起了桂系军阀的仇视。桂系军阀要求滇军回滇,警卫军的统率权应划归督军。但是,滇军既不想轻易离去,朱庆澜也不想交出兵权。这样,朱自然更倾向于联合驻粤滇军与孙中山进行合作,以对抗桂系军阀的压力。为此,朱庆澜聘请了前广东都督、著名国民党人陈炯明、胡汉民为省长公署高等顾问,并经常邀请国民党人到广州会谈。

1917 年 6 月 24 日,广东督军陈炳焜借口自主时期军事指挥权应当统一于督军,令高雷镇守使林虎为接收警卫军的专员。朱庆澜得到滇军和国民党人的支持,拒绝交出警卫军。朱并与由上海回到广州的李烈钧商议,将警卫军与驻粤滇军改组为中华民国护国军第一、第二两军,准备北伐。李烈钧首先通电就任第二军总司令职务,驻粤滇军师长张开儒、方声涛也发出"枕戈待命"的电报。但是,桂系军阀却拒绝提供北伐所需饷械。朱庆澜乃将警卫军二十营改称省长亲军,交陈炯明统率,由孙中山任命陈炯明为亲军司令。桂系军阀于是集中攻击朱庆澜,"借口北方官僚不宜在护法旗帜下任省长为名,鼓动一些省议员倡议省长民选"①。同时,陈炳焜派兵包围陈炯明司令部,收缴其关防,迫使陈

---

① 　郭翘然、李洁之:《粤军史实纪要》,《广东文史资料》第 31 辑,第 8 页。

炯明逃往香港。朱庆澜也被迫于 8 月 26 日向省议会提出辞职。省议会乃选举胡汉民为省长。桂系要求选出李耀汉,未被接受,陈炳焜便派兵一营移驻省议会,进行恫吓,夺去了省长印信,还以督军名义接管了省长亲军。在这种情况下,胡汉民只得辞去省长职,省议会被迫另选李耀汉为省长①。这件事引起轩然大波,广东各界群起反对。孙中山气愤之余,在 11 月 15 日命令海军炮击观音山的广东督军署,以驱逐陈炳焜。但程璧光拒绝执行命令,且将各舰调往黄埔,宣布戒严。炮击督署计划虽未执行,但是孙中山与桂系的矛盾表面化了。加上北军南下,湘桂边境战云密布,陆荣廷为了缓和与孙中山的矛盾,决定调陈炳焜回广西,以莫荣新代理广东督军。孙中山、胡汉民提出以陈炯明复任亲军司令,作为莫荣新督粤的交换条件。莫荣新被迫同意后,于 11 月 22 日就任代理广东督军职。

亲军二十营交还军政府以后,孙中山拟将这支军队改编为护法武装,一方面为了实行北伐,另一方面也是为了暂时躲避桂系的压力,保留这支直属军政府的陆军武装。为此,孙中山把亲军改组为援闽粤军,以陈炯明为总司令,开赴福建。可是桂系军阀仍企图从各方面扼杀这支武装,从经济上卡这支武装的脖子。廖仲恺遵照孙中山的指示,多方筹款接济这支武装。何香凝曾回忆当时的情况说,孙中山"在上海的房子因此由仲恺经手抵押过两次,一次得款二万元,一次得款二万五千元,都由仲恺亲自带到漳州交给这批驻闽粤军了。孙先生满希望这批军队将来可以成为比较进步的革命武装力量"②。

莫荣新独揽广州大权以后,继续刁难和破坏护法军政府,竟然说:"孙某之政府,空头之政府也。彼无兵无饷,吾辈但取不理之态度,彼至

---

① 《军政府成立详记》,《民国日报》1917 年 9 月 20 日。

② 何香凝:《我的回忆》,《回忆辛亥革命》,文史资料出版社 1981 年版,第 28 页。

不能支持时,自然解散而去。"①莫荣新等还有计划地谋害支持孙中山的干部和身边卫士。金国治是孙中山任命的潮梅前敌司令,莫荣新把他绑架杀死。1918年1月2日,莫荣新又诬指大元帅府卫队(属粤系地方派军人李福林所部)的连、排长多人为"匪",擅行逮捕枪杀,以恫吓孙中山。孙中山十分气愤,为惩罚莫荣新的跋扈行为,于第二天(1月3日)命豫章、同安两舰炮击观音山的广东督军署,并且表示:"吾为民除害,今即以身殉,份也。"②孙中山严正指出,当陈炳焜督粤时,"谓听军政府自生自灭","今则愈逼愈紧,只许自灭,不许自生";炮击莫荣新督署,"实所以表公道,伸不平,而使军政府自辟其生路者也"③。炮击督署是孙中山对桂系军阀反动气焰的一次回击。莫荣新莫可奈何,一时不敢还击。这以后,援闽粤军才得以在1月12日于广州东郊誓师出发。

然而,桂系军阀的倒行逆施只是略加收敛,随着时间的推移又嚣张了起来。是年5月4日,莫荣新竟然假唐继尧之命,强行剥夺了支持孙中山的护法军政府陆军总长、滇军军长张开儒的兵权。5月12日,莫荣新又派兵拘禁了张开儒,枪杀了张的秘书长崔文藻。接着,在桂系的操纵下,又于5月20日改组了广州护法军政府,变大元帅制为多头的总裁制,使孙中山处于完全无权的地位而被迫辞职。孙中山于5月21日离开广州,前往上海,表示与桂系断绝关系。桂系军阀之上的"太上政府"事实上没有了,他们可以更加为所欲为了。

二 桂系军阀的残暴统治

桂系对两广的统治,"凡百施为,无不本其强盗天性"④,致使两广人民深受其害。

① 邵元冲:《总理护法实录》,《革命文献》第7辑,第18—19页。
② 叶声夏:《国父民初革命纪略》,第122—123页。
③ 《民国日报》,1918年1月17日。
④ 《广东讨贼第二军总司令李绮庵等致孙中山电》,1920年9月22日。

　　陆荣廷对广西的统治确是无恶不作。"其种种敛钱之法,如开赌、加赋、发行纸币等,屈指难数。单就发行纸币而言,其数达二千余万,既无抵押,又无担保"①。加之其他各种残酷剥削和掠夺,以及水旱灾害频年,弄得工农业生产一蹶不振,民不聊生。陆荣廷在广西厉行专制统治,"将广西人所有之权利,完全收归于自己之一身。……广西一切幸福权利,只陆荣廷一人享之,一家享之,一派享之。……其余数百万人民,皆陆荣廷之奴隶也"②。陆荣廷过着骄奢淫逸的生活。他在武鸣霸占了四千多亩土地,建筑了豪华的"上将台"、"陆公馆"、"宁武庄",还有纪念其父亲、叔父的"业秀公园"、"明秀公园";在南宁、龙州等地建筑有"耀武上将军府第"和"陆公馆";在上海、苏州等地购置豪华的别墅。陆荣廷有妻妾八人、婢女几十人;家里养有桂林戏班,逢年过节或逢吉庆之日,日夜演戏,供其娱乐享受。陆荣廷为光宗耀祖,还联络陆姓人氏在南宁南门外兴建"陆氏总宗祠"。为了几个门额大字,竟挥金如土,悬赏"入选的每字一百元酬金"③。

　　桂系军阀拥兵据粤,实行封建军事专政,需要大量的军费和行政费,必然要对广东人民实行经济掠夺。就以军费支出的增加来看,比"南海龙王"龙济光统治广东时期还要厉害。龙济光统治广东时,1915年度的预算中,陆军费按月应支毫银 459,520 元,警卫军费每月支出 429,480 元,共计每月 889,000 元,另每月兵工厂支出 30,000 元,总计年支出 11,028,000 元。桂系军阀进驻广东以后,军费逐年增加,1916、1917 年度,陆军费每月支出 645,000 元,警卫军费每月支出 448,284元,兵工厂费每月支出 50,000 元,共计每月支出 1,143,284 元,总计年支出 13,719,408 元;1918 年、1919 年度,各项军费每月支出 2,271,551 元,总计年支出 27,258,612 元。1920 年度,各项军费支出每月约

①　《在梧州对国民党员的演说》,《孙中山全集》第 5 卷,第 629 页。
②　《在梧州对国民党员的演说》,《孙中山全集》第 5 卷,第 629 页。
③　《中央日报》(桂林版),1947 年 5 月 28 日。

2,144,464元,全年支出约 25,735,968 元①。如此庞大而又不断增加的军费,主要依靠掠夺和榨取而来。

首先,加紧掠夺人民。设置名目繁多的捐税,致使苛捐杂税多如牛毛。"虽前清豁免之粮,亦勒令缴纳,否则拿人酷诈"②。为了增加税捐,开放烟赌,结果使广东"烟苗遍地,赌馆满街"③。仅赌捐一项,每年收入达数百万元之多④。桂系军阀的敲诈手段,无所不用其极。例如,当莫荣新要撤出广州时,还提出要所谓"开拔费"5,000,000 元。广州各团体代表商量后同意筹款 500,000 元,作为对桂系的"送行费"。莫一再讨价还价,硬要广州地方筹集 2,000,000 元,并进行各种威吓和诡骗,最后还是增加"让城费"到 1,500,000 元。这笔巨款的筹措办法是由省城商店、居民各抽租捐一月;赌馆捐三月,约 400,000 元,其余由银行垫支,以后再筹还。

其次,大借内债、外债。桂系统治广东四年多,所借内外债总额达 1,600 多万元⑤。其中日金 4,740,000 元,港纸 1,024,259 元,大圆纸 1,520,000 元,毫银 4,956,681 元,省行券 143,000 元,毫票 4,272,679 元。桂系所借外债的情况,参见下表:

桂系据粤时期借入债款表⑥

债权	借　额	起借日期	利率	未还数	担保抵押品
台湾银行	日　金 3,000,000	1917 年 4 月 2 日	月息一分	2,656,476 元	以士敏土厂及大沙头旧藩署广府衙门为担保品

---

①　李培生编:《桂系据粤之由来及其经过》,第 52 页。

②　李培生编:《桂系据粤之由来及其经过》,第 8 页。

③　《民国日报》,1920 年 6 月 4 日。

④　《申报》,1920 年 6 月 10 日;《民国日报》,1920 年 7 月 22 日。

⑤　李培生编:《桂系据粤之由来及其经过》,第 23、47 页。

⑥　据李培生编:《桂系据粤之由来及其经过》。参见夏琢琼、钟珍维:《旧桂系军阀在广东》,《西南军阀史料研究丛刊》第 2 辑,贵州人民出版社 1983 年版,第 206 页。

（续）

债权	借　额	起借日期	利率	未还数	担保抵押品
台湾银行	日　金500,000元	1917年4月2日	月息一分	140,000元	以烟草税70万元、牛皮捐26万元、屠牛捐23万元作按
	港　纸40,000元	1918年11月13日		40,000元	
	日　金760,000元	1919年1月17日	月息九厘	603,000元	以广东电话总局一切财产权利作担保及全省烟酒税收入作为偿还该借款本息。
李嘉生	港　纸20,000元	1918年5月11日	年息一分	20,000元	准其完钨矿砂税扣压
李察纯	港　纸100,000元	1918年10月25日	年息一分	70,00元	以粤省香山、海丰、陆丰、惠阳四县岁收矿税为担保

　　从上表可以看出以下几点：第一，多数借款没有偿还；第二，借款多以税权作为担保；第三，还债负担最后又转嫁到人民群众的身上。

　　再次，抢占广东公私钱财。例如："广东中国银行被桂系提取现款"，由于现款提取过多，致使兑现停止，纸币价格一落千丈；"造币厂所出毫洋，概运回桂"；"兵工厂所出枪械子弹，悉数发给桂军，或运回广西"；甚至广雅图书亦"劫掠殆尽"①。至于专私牟利，更是家常便饭。桂系控制广东之初，第一次世界大战尚在进行。由于战争的影响，粮食的国际市场价格猛涨。桂系军人见有利可图，即加紧在广东搜刮粮食，用官轮或军舰派兵护运至香港出售。每出口大米一担，可获利2元以上，每轮可装六百至七百担，因此每运输一次，即可得利7000至8000元。桂系兵舰出口，都可以免于检查。有时上半夜运米出口，下半夜又运盐出口。这样，兵轮大搞非法买卖，每月可获巨利。桂系还与滇、黔军阀勾结，贩运鸦片至广东销售，亦获利甚厚。至于贪污舞弊案件，更

---

　　①　李培生编：《桂系据粤之由来及其经过》，第7页。

是数不胜数。一个小小的排长有的发财至数十万元。1920年据梧州粤商调查,仅陆荣廷"寄贮于外国银行之黄白现金,约一千二百万元之多"①。这笔不义之财,很大一部分就是从广东掠夺而来的。

第四,非法出卖矿权及资源。1918年10月25日,广东督军莫荣新、财政厅长杨永泰与英商烈察臣订立合约,出卖陆丰、海丰、惠阳、香山四处矿产,取得借款十万元。1919年6月,莫荣新、省长张锦芳与英商事业公司委托人路易加士、岑伯铭签订合约,广东政府允许该公司钻穴探查及测量南海、番禺等几十个县的煤炭等矿藏。签订合同后,其他人不得参与。成交后,莫荣新、张锦芳的广东政府可以得到一百万元的收入。

第五,纵兵作恶,残害人民。桂系军阀的部队,军纪荡然,士气低落。军阀们为了"鼓励"士气,纵兵寻欢作乐,胡作非为,因而桂军军行所至,淫掠焚杀,无恶不作②。1920年1月,"广东桂军在三水芦包某乡强奸全村妇女,四十岁以下莫能免"③。同年5月,桂军在广东新兴县天堂、河头等处,"任意抢掠财物,焚杀居民,该灾区百余村乡之财物,被抢掠一空"④。黄绍竑对此曾回忆说:"初到肇庆的时候,去林虎军中看俞作柏、伍廷飏,他们由新兴打完李耀汉回来,邀黄绍竑去参观战利品。那些战利品不是武器弹药,而是耕牛和家私什物,用条子标明是某连某排某人的,有些还标出价钱出卖。他们还问黄要不要。肇庆城满街都是这些东西。伍廷飏曾说,以前作战有护法护国的政治口号作为号召,骗士兵去卖死,现在只有用'发洋财'来引诱士兵卖命了。"⑤后来桂军兵败回桂,沿途仍大肆骚扰,"西江沿岸的圩镇,都被溃退的桂军骚扰抢劫,凄凉满目"⑥。

---

① 《民国日报》,1920年11月22日。
② 《民国日报》,1920年6月4日。
③ 《申报》,1920年1月15日。
④ 《民国日报》,1920年5月13日。
⑤ 黄绍竑:《旧桂系的兴灭》,《文史资料选辑》第16辑,第196页。
⑥ 黄绍竑:《旧桂系的兴灭》,《文史资料选辑》第16辑,第196页。

　　桂系军阀的残暴行为,终于导致了1920年孙中山领导的驱桂战争,使陆荣廷的统治宣告失败。

第三节　川黔两省军阀割据势力

一　川系势力

　　川系军阀是辛亥革命以后逐渐形成的,但其来源却可追溯到清末编练的四川新军。光绪二十七年(1901)清政府废除绿营制度,建立新军,规定全国各省共编练三十六镇(师)。四川因省区较大,兼控康藏地区,决定成立第十六、十七、十八三镇。四川不仅负担三镇的全部经费,每年还要定额接济邻省:西藏一百万两,云南五十万两,贵州四十万两,甘肃、青海各三十万两①。为了培养聚集军事人材,需要设立军事学堂,派遣青年出国学习军事。四川首先派遣周道刚、徐孝刚、胡景伊、张毅、刘鸿逵、徐海清六人,赴日本陆军士官学校学习军事。随后,四川相继设立了武备学堂、陆军小学堂、官弁学堂、陆军速成学堂、陆军讲武堂等,培养中下级军官。这些学堂毕业的学生,后来成为四川军队的骨干力量,大多成为军阀部队的各级军官。

　　辛亥革命前夕,四川已建成的新军,仅第十七镇。辛亥革命后,四川军队已编为五个师,即宋学皋(后为周骏)的第一师,彭光烈的第二师,孙兆鸾的第三师,刘存厚的第四师,熊克武的第五师,而以胡景伊为全川陆军军团长,控制五个师。袁世凯死后,川军仍保留五个师的兵力,分别以周道刚、刘存厚、钟体道、陈泽霈、熊克武为一至五师师长。由于这时中国出现了分裂割据的局面,无论是附袁川军,还是倾向护国军或倾向孙中山的川军,其首脑人物无不利用"南北角逐"的形势,乘机窃取和扩大军权,招募私人军队,发展个人势力。一些中下级军官,也

---

　　①　刘石渠:《清末民初川军沿革》,《四川军阀史料》第1辑,第3页。

逐渐坐大，占据一定的地盘。这些割据势力，无论南、北政府都鞭长莫及，只好采取居间操纵，使其互相牵制的策略。这样，护国战争结束以后，四川的军阀势力就基本形成了。

四川大规模的军阀战争开始于1917年"刘罗"、"刘戴"之战，已如前述。战后，北京政府任命周道刚为四川督军，但是段祺瑞又派吴光新入川查办，企图控制川、滇、黔地区。于是川、滇、黔联合起来赶走了吴光新。北京政府又任命刘存厚为四川督军，以张澜为省长。

1918年1月9日，熊克武在重庆就任四川靖国军总司令，响应护法，联合滇黔军，共同讨伐依附北洋军阀的刘存厚，进占成都，刘存厚退至陕西宁羌。4月，孙中山任命熊克武为四川督军，杨庶堪为省长。熊克武在当时的国民党人中不愧为革命志士，然而他当上督军后，处在封建割据和军人专政的环境中，也走入了军阀的行列。

1920年5月至10月又发生了新的川、滇、黔军阀大混战，熊克武联合川军各部，对抗滇黔军，结果滇黔军全线崩溃，退回云贵。从此辛亥以后客军驻川的局面结束。但是，四川本省各派系军阀混战的局面，却又延续了下去。川军此时扩大至十个师以上。

二　黔系势力

黔系军阀势力的形成是与刘显世分不开的。刘显世的父亲刘官礼（字统之），以办团练镇压回民起义受到清廷赏识，先后授游击、同知，"以功擢升知府，赏戴花翎"，控制了一支武装力量，成为盘据兴义的一霸。"旧日部下，均为各属大绅。兴义知县遇事非咨请不敢行。地方大小事项，一言而决，居然盘江小朝廷气概。"[1]

光绪二十八年（1902），广西会党起义军进入贵州，攻陷兴义府城。

---

[1]　吴雪俦、胡刚：《贵州辛亥革命散记》，《云南贵州辛亥革命资料》，科学出版社1959年版，第197页。

刘官礼与子刘显世、侄刘显潜乘机扯起团防局大旗,协同清军收复府城,得到清政府嘉奖,刘显世被委为靖边团营管带,从此他发迹。后刘官礼年老多病,刘显世继承了其父的衣钵。刘显世比其父更加阴险,有"笑面虎"之称。他们不仅血腥镇压各族人民起义,还肆意兼并土地。时人写了一副对联,贴在刘氏团防局的大门上,上联是:"缙绅诸公、狼公、虎公、饕餮公,公然办公,公心何在,公理何存,无非借公图私利。"下联是:"团防总局,饭局、酒局、洋烟局,局中设局,局内人甘,局外人苦,何日了局庆升平。"①这副对联反映了人民群众对刘氏父子残害地方的无比义愤。

武昌起义后,贵州巡抚沈瑜庆曾调刘显世尽快进省,协同镇压革命。但刘显世招募的徒手五百人尚在途中,贵阳已于1911年11月4日发动起义,宣布共和。刘显世遂混入贵州军政府,担任枢密院枢密员兼军事股主任。其徒手五百人均发给枪支,编为新军第四标。不久,刘显世于1912年2月2日发动政变,掌握了贵州军政府的实权。3月3日,刘显世等人又与入黔的唐继尧所率滇军相勾结,里应外合,突袭贵州军政府,杀害革命志士。3月4日,成立了以唐继尧为临时都督,刘显世为军政部长的贵州政府,这样就建立了唐继尧、刘显世对贵州的联合军事统治。

1913年11月,唐继尧调任云南都督,刘显世则被任命为贵州护军使(因贵州省小,袁世凯撤都督而设护军使),接替唐继尧统治贵州。1914年9月,袁世凯晋升刘显世为中将。袁世凯称帝时,刘曾签名劝进。但云南宣布反袁独立时,从云南发出的讨袁通电中也列有刘显世的名字。他虽通电否认反袁,但在大势所趋的情况下,不得不于1916年1月27日宣布贵州独立,并自任贵州都督。

袁世凯死后,北京政府任命刘显世为贵州督军,戴戡为贵州省长。

---

① 冯祖贻、顾大全:《贵州辛亥革命》,贵州人民出版社1981年版,第69—70页。

不久,戴戡去四川任省长兼军务会办,所遗省长一职由刘兼任。自此,刘显世集贵州军政大权于一身,对内实行军事统治,对外追随唐继尧向四川扩张,形成了以刘为首的黔系军阀集团。

孙中山掀起反对北洋军阀的护法运动时,滇、桂系军阀阳为赞助,阴则破坏。其时,唐继尧打出了靖国的旗号,组织靖国联军,唐自任总司令,而以刘显世为副总司令,黔军协同滇军进军四川。然而,黔军的"靖国",目的不过两点,一是"出师四川,为戴戡复仇"①,二是掠夺川省的财富。黔军取川东为立脚之地,仅1917年8月30日一次,就由重庆提取现款20万元回黔②。稍后,黔军又与熊克武达成协议,每月取饷款18万元③。黔军主力分驻川、湘,寄食于人,由不足建制的六个团扩充到五旅十个团,近二万人。

以刘显世为首的黔系军阀,在贵州称为兴义系,以区别于后来以周西成为代表的黔系军阀桐梓系。兴义系是以刘显世为首,在刘氏兄弟周围,形成了以熊范舆、何麟书、张协陆和郭重光"四大台柱"为核心的集团。这个封建宗法集团的主要成员,非刘氏血族姻亲,即门生故旧,刘显世在贵州建立的军阀政权,是清末地方团练、立宪派与旧官僚"三合一"的政权,代表了大地主大资产阶级的利益。这个政权,除了依附滇系向外扩张外,对内则实行封建军阀的统治。

贵州本来就是一个贫瘠"为各省冠"的省区④,清末全省年支出约需银120万两,其中本省仅能收入40万两,还有约80万两要靠外省协饷。辛亥革命以后,协饷停止,然而军队日益扩大,军事活动频繁,财政支出逐年增长,例如贵州1912年支出为250万元,1913年为300万元,到1928年竟增至900万元之巨,入不敷出达一半以上。刘显世为

---

① 《太炎先生自定年谱》,汤志钧编:《章太炎先生年谱长编》(上),中华书局1979年版,第580页。

② 《渝埠要闻》,《国民公报》,1917年9月9日。

③ 《紧要新闻》及《令分酌调款办法》,《国民公报》,1918年6月5、6日。

④ 《论理财当从实业入手》,《贵州公报》,1912年4月13日。

解决财政困难,除向外扩张外,在省内则加紧盘剥和压榨,如纸币抽签兑换、食盐加税(每包加抽二两入口省税)、增加田赋和厘税较清末达一倍,开放烟禁等,使"物价骤涨,百物因而昂贵,社会之害遂不止"①。刘显世集团还从一般官员和士兵的薪饷中进行克扣,"黔省官俸微薄,久为中外所闻。弁兵薪饷与陆军定章相差几倍。以一师团全年之费,不过 80 万两,为各省所无"②。因此社会矛盾和刘显世集团内部的矛盾普遍激化。在这种情况下,兴义系也分化为"旧派"和"新派"两大派别③。旧派以刘显世为首,新派则以王文华为首。

王文华,贵州兴义人,早年曾参加民主革命。刘显世是王文华的亲舅父、叔岳父。1911 年王任刘显世徒手兵的前队官,贵阳光复后任营长、刘显世的副官长、团长等职,护国战争时任护国第一军右翼军东路支队司令。袁世凯死后,王文华组建贵州陆军第一师,自任师长;1917年 9 月,又任黔军总司令。以王文华为首的贵州陆军第一师的组成,标志着兴义系"新派"的正式形成。这时,王文华罗致了自己的妹夫何应钦及朱绍良、谷正伦、张春圃、李毓华、王纯祖等一批日本士官生,委以重任,加上附己的卢焘、窦居仁、李雁宾、袁祖铭等人,形成了新的集团。王文华之兄王伯群,与在京的牟琳、符经甫"二参议"和在省内的李仲公、张步先"两秀才"以及黔军驻沪代表双清等人,成了新派的智囊。新派的主要骨干大多是辛亥革命前后从戎或从政的青年知识分子,较年轻,容易接受新思想,处于兴义系集团的中下层。他们不满于现状,权力欲望很强,因而新旧两派"权位争夺,夹杂着从南从北、联段(祺瑞)联孙(中山)的各种纠纷,就掀起了你死我活的一场政治风波"④。

---

①　《贵州民国以来政治大略》,未刊资料。

②　《龙巡按使呈大总统文》,《贵州公报》,1915 年 2 月 26 日。

③　兴义军阀两派,历来有新派、旧派,少壮派、元老派,王派、刘派,武派、文派几种不同的提法。这里使用新派、旧派的提法。

④　桂百铸:《刘显世集团内部斗争散记》,《贵州文史资料选辑》第 1 辑,第 120页。

　　新派利用人民群众对刘显世统治的不满情绪,以"刷新政治"为口号,争取民心,颇具吸引力和迷惑性。王文华、王伯群兄弟发起并操纵贵州政治委员会,以"刷新政治"为"宗旨",成为"全省政治之枢纽"①,并召开"贵州政治会议","审议贵州政治上一切应兴应革事宜"②。他们利用"军民分治"的口号,逼迫刘显世先让出省长一席。新派操纵省议会,推王伯群为省长,并要求广州军政府简任。何应钦与王文华兄弟相配合,除控制讲武学校和少年贵州会外,还控制了八十一县同乡联合会,并任第五旅长兼省会警察厅厅长等要职。

　　1920 年初,唐继尧发动了进攻熊克武部川军的滇黔川联军行动,王文华乘机赶赴四川。他一面抓黔军军权,向外发展,一面清除黔军内部不附己的分子,对内待机观变。10 月,入川黔军被迫回黔,王文华遂采取紧急行动。他在策划反刘显世活动的同时,为避"以甥逐舅"、"以下犯上"之嫌,借口养病,留居上海,而以第一旅旅长卢焘为代理黔军总司令。11 月,在何应钦、谷正伦的直接指挥下,谷正伦旅的孙剑峰营开入贵阳,将刘显世调进省城的游击军三千多人缴械,并杀死了郭重光、熊范舆、何麟书及其子侄三人,迫使刘显世通电解除贵州督军、省长职务,流亡云南。这就是贵州军阀统治时期的"民九事变"。卢焘以黔军代总司令、代省长名义统治了贵州。

　　但是王文华的代理人卢焘无力控制贵州,从而形成了"五旅争夺"(王文华部五个旅互相争夺对贵州的统治权)的局面,结果为袁祖铭所取代③。

---

①　《戴议员等上刘兼座书》,《刘兼座复函》,见《贵州公报》,1920 年 1 月 23 日。

②　《贵州政治委员会组织大纲》,《贵州公报》,1920 年 1 月 21 日。

③　袁祖铭,字鼎卿,贵州安龙人,辛亥革命前与王文华同为刘显世部的队官。辛亥以后升至贵州陆军第二师师长,与王文华争夺权利而发生矛盾。1921 年,袁祖铭与贵州参议会议长张彭年合谋,将王文华刺死于上海。此后贵州陷入混乱之中,袁祖铭于 1922 年返回贵州逐走卢焘,自任黔军总司令、贵州省长。然而 1923 年滇军又护送刘显世回黔,重任贵州省长。第二年刘又垮台。到 1926 年,桐梓系周西成掌握了贵州大权,开始了桐梓系军阀对贵州的统治。次年 1 月,袁祖铭被刺身亡。

　　黔系军阀除具有一般军阀的特征外，还有两个突出的特点，即依附性和掠夺性。所谓依附性，是指黔系军阀在其形成和发展过程中，一般要依附于邻省或国内某些较强的势力，以求得政治、军事和经济上的援助，然后在这些势力的扶持和卵翼下，夺取贵州的统治权，形成地方军阀的割据。黔系军阀的鼻祖刘显世是依附于滇系唐继尧而成为独霸一省的军阀的。后来的袁祖铭、周西成都有类似的特征，只是依靠的对象不完全相同罢了。所谓掠夺性，主要是指黔系军阀在对外发展过程中，矛头指向四川、湖南等比较富庶的地区，据地取财，攫取大量税款和枪械，扩充军队，饱填私囊。这两个特点，则是与贵州的贫瘠、弱小、经济基础薄弱的条件联系在一起的。

　　西南军阀中，除有滇系、桂系、川系、黔系等势力外，还有湘系和粤系势力的存在。关于这两个派系的情况，已在本书各有关章节中分别讲到，此处不再赘述。

第四章　孙中山南下护法和南北战争

第一节　护法军政府的成立

一　孙中山南下筹备护法政府

孙中山一直密切注视着北京"府院之争"的演变和督军团祸乱北方局势的发展。

早在 1917 年 5 月 22 日,孙中山与岑春煊、章太炎、唐绍仪曾联名致电段祺瑞及众参两院,要求他们遵守约法,尊重国会。"若与政客交换条件,使少数人得被擢用,而以国家为牺牲,无论官僚、民党,悉为国人之所不容。"①同时,他又与章太炎等联名致电黎元洪及两院议员,指出"乱党独立,要求元首退位、国会解散,此但威吓行为,断不可长其骄气";要求黎元洪"信赏必罚,勿事调停";希望议员们"与宪法共死生……以保民国代表之尊严"②。随后,他怒斥"倪逆叛乱,附者八省"③的反革命罪行,指出倪嗣冲一伙"举兵谋另组政府,为复辟先声"④。他揭露天津伪政府玩弄"拥护总统,解散国会"的花招及张勋借调停之名解散国会、大搞复辟的阴谋,指出"调停战事之人,即主张复辟之人;拥护元首之人,即主张废立之人"⑤。

---

① 《致段祺瑞与参众两院议员电》,《孙中山全集》第 4 卷,第 35 页。
② 《致黎元洪及参众两院议员电》,《孙中山全集》第 4 卷,第 100 页。
③ 《致陆荣廷唐继尧等电》,《孙中山全集》第 4 卷,第 101 页。
④ 《致陈炳焜等电》,《孙中山全集》第 4 卷,第 101 页。
⑤ 《致黎元洪伍廷芳电》,《孙中山全集》第 4 卷,第 104 页。

孙中山从正副总统在督军团叛乱过程的表现中,看到了建立护法政府的重要性。他认为黎元洪身为国家元首,在"群盗鸱张,叛形已著"的情况下,屈服于督军团的压力,"求与调和,以损元首之尊严,国会亦或自议解散。……不知国会一散,去中坚而存守府,叛党得挟元首以令全国,反客为主,其祸更甚于反侧跳梁",这种做法,"实同降伏"。因此,他指出:今日的中国,"宜宣言拥护国会,不宜宣言拥护总统"[1]。冯国璋身为副总统,在督军团叛乱时,"力能申讨而佯守中立,阴与周旋,兼为从中游说,迫胁元首,申请解散国会,实属通同谋叛"[2]。既然正副总统或者"降伏"叛逆,或者"通同谋叛",完全丧失了充当国家元首的资格,那么,建立护法政府就显得十分必要了。

孙中山也从段祺瑞在张勋复辟的表演中,看到了建立护法政府的紧迫性。段始则嗾使张勋复辟,继而打着"讨逆"、"拥护共和"的旗号,窃权盗国。这种"以叛讨叛、以贼灭贼"的行径,完全暴露了北洋军阀政府"乃与张勋争权攘利,而非拥护共和"[3]。随着国会第二次被解散,中华民国名存实亡。奸贼当权,国家遭殃。而民主政治的历史潮流不可阻挡,"国人不能容羿、浞、莽、操之徒窃据大位,时势迫亟,民国不可一日无主"[4]。

鉴于护法各省因无正当的统一机关,"内无以号召全国,外不能交际友邦"[5],"正式国会急切难成,而对内对外又不能不有继绝扶危之中心组织"[6],孙中山决定加紧筹建护法政府的工作。7月1日张勋复辟事起,黎元洪避居日本使馆。孙中山一面先行通电否认副总统冯国璋有代理大总统资格,一面又把一度考虑实行的"驱黎"策略改为"迎黎",

①　《致陈炯明电》,《孙中山全集》第4卷,第103页。

②　《致西南六省各界电》,《孙中山全集》第4卷,第110页。

③　《致津沪国会议员电》,《孙中山全集》第4卷,第118页。

④　《致西南六省各界电》,《孙中山全集》第4卷,第110页。

⑤　《致王文华电》,《孙中山全集》第4卷,第337页。

⑥　《通告护法各省军政首领支持军政府电》,《孙中山全集》第4卷,第349页。

因为他获悉黎元洪在张勋复辟当天否认还政,对复辟政权"严词拒绝,誓不承认"①。与此同时,孙中山通电号召两院议员"全体南下,自由集会,以存正气,以振国纪"②,并派刘成禺、符梦松北上欢迎,汪精卫则驻沪招待南下议员。孙中山致电西南各省,强调今日的中国,"唯西南六省为民国干净土,应请火速协商,建设临时政府,公推临时总统,以图恢复"③。7月5日,黎元洪派总统府军事幕僚长金永炎抵沪谒见孙中山,说明黎决意辞职,现避居日本大使馆,将印信移交冯国璋副总统。而冯于6日抢先在南京宣布代理大总统职权。同日,程璧光派军舰四艘赴秦皇岛,迎黎元洪南下,但黎执意辞职,终不肯行。

孙中山曾一度考虑以上海为护法根据地。但上海是帝国主义封建顽固势力集中之地,外交问题十分棘手;那里的政学会分子又是非不辨,不愿与他合作共事,复辟势力的暗流或隐或现,蠢蠢欲动;护法力量很难发展。因此,他毅然放弃上海而选择广东为护法根据地。这个策略上的改变是正确的。因为广东是孙中山的故乡和他长期从事革命的策源地,有较好的群众基础,又是西南各省的政治、经济、军事中枢。从历史上看,那里无论是粤军或驻粤的桂军、滇军,在护国战争时期都或多或少有过一段参加"革命"、"拥护共和"的光荣经历,与北洋军阀有所不同。在督军团祸乱北方期间,两广宣布"自主"最早,陆荣廷为了保存和发展两广的地盘,对段祺瑞的武力统一政策采取了某种对抗形式,这在客观上也为护法运动的发展提供了可能。因此,孙中山把西南六省看作是"民国干净土",认为"默观时势,江河流域已为荆棘之区,惟西南诸省拥护共和,欢迎国会"④。张勋在北京复辟期间,广东省长朱庆澜派人到上海邀请孙中山组织军政府,而驻粤滇军将领张开儒也通电主

---

① 《中华新报》,1917年7月7日。
② 《致参众两院议员电》,《孙中山全集》第4卷,第110页。
③ 《致西南六省各界电》,《孙中山全集》第4卷,第111页。
④ 《致津沪国会议员电》,《孙中山全集》第4卷,第118页。

张迁都广州，认为"国都既陷，政无所出。维今大计，速迁政府，设置地点，广州为宜。组织内阁，遥戴黎公"①。于是孙中山在7月6日率海琛、应瑞舰离沪赴粤，章太炎、朱执信、廖仲恺、何香凝、陈炯明等同行。他们于10日抵汕头，17日到达虎门，旋改乘江固舰抵黄埔。广东督军陈炳焜、省长朱庆澜等前往江边迎接。孙中山在黄埔公园欢迎会上发表演说，主张请海军全体舰队来粤，然后在粤召集国会及请黎元洪前来执行大总统职务。19日抵广州，出席省议会欢迎会，与陈炳焜、朱庆澜商讨邀请国会议员来粤以召开国会和组织护法政府问题。孙中山提议以省议会名义，请国会议员来粤召集国会以决定大计；如法定人数不足，可召开紧急非常会议，"以决要政"。朱庆澜表示赞成。陈炳焜态度暧昧，以"南方力薄，经济困难"为辞，加以推托。孙中山逐一解释，并希敦促陆荣廷东下合作，"陈始无言，勉强同意"②。同日，孙中山通过津、沪各报邀请国会议员南下护法，召开国会，以行"民国统治之权"③。

二　海军南下支持孙中山护法

在孙中山护法的号召下，早在1917年5月底，当倪嗣冲宣布安徽独立，派其侄倪毓芬为"北伐军"司令，率兵直迫丰台之时，海军总长程璧光即以复辟祸起，大局危迫，电令第一舰队司令林葆怿率舰队驻扎大沽，以资镇慑。随后，督军团集会于天津，设立"总参谋处"，拟成立伪"临时政府"，程璧光乃于6月4日清晨入见黎元洪，告以张勋复辟的严重性。他说："今叛督称兵，围困京邑，凌迫元首，危害国家。为大总统计，宜急离京暂避其锋，免为要挟。西南各省，暴力所不逮，璧光愿躬率

①　《中华新报》，1917年7月8日。
②　参见广州《粤报》，1917年7月20日；邵元冲：《总理护法实录》，《革命文献》第7辑，第13页。
③　《致津沪国会议员电》，《孙中山全集》第4卷，第118页。

舰队,护我大总统南下,号召义旅,歼除横逆,庶几共和可保,国命有托。愿大总统速行勿疑。"①黎元洪犹豫不决。程璧光敦促再三,但黎始终未能下决心,只要求程先行出京,集中舰队,相机行事。程璧光于6月5日离京,临行前夜访伍廷芳,探询他对时局的看法。伍回答说:"国事至此,若图挽救,非一手一足之烈。孙中山、唐少川(绍仪)、岑云阶(春煊)三君虽在野,未尝一日忘国事,现皆居沪。君抵沪,必与计议,国事可为也。"②程9日抵沪,拜会孙中山。孙促其即行出师讨逆,勿以经费为虑。23日,孙中山与唐绍仪、岑春煊联名宴请程璧光于上海静安寺路哈同花园。27日,孙派人送交麦加利银行支票30万元,以作护法军饷之用。7月4日,程璧光和卢永祥发表讨贼檄文,痛斥张勋复辟的狼子野心,指出:"造此逆谋,不特四万万人艰难缔造之共和国体将为所绝,四千年之文明国家将为所覆,且逆世界进化之潮流,招万国舆论之侮笑。"宣称"即日出师,挥戈北上,清帝制之余孽,杜汉奸之蔓延"③。21日,程璧光收到孙中山关于粤省欢迎海军南下的电报后,随即与第一舰队司令林葆怿率舰队自吴淞口开往广东,计海圻、海琛、飞鹰、永丰、舞凤、同安、永翔、楚豫,连同过象山时增加的福安、豫章两舰共十舰,一万二千余吨。唐绍仪、汪精卫等同行。他们在沪发表"养电"——《海军护法宣言》,宣布海军讨逆三大目标:"一曰拥护约法;二曰拥护国会;三曰惩办祸首。"表示"所求者共和之实际,非共和之虚名"。"必使已毁之约法,回其效力;已散之国会,复其原状。元恶大憝、为国蟊贼者,无所逃罪,然后解甲。自约法失效、国会解散之日起,一切命令皆无根据,当然认为无效。发此命令之政府,当然否认。"④这篇宣言在段内阁通电各省征求召集临时参议院意见之前三日发表,实为响应孙中山

①　莫汝非:《程璧光殉国记》第3章,第4页。
②　莫汝非:《程璧光殉国记》第3章,第4—5页。
③　莫汝非:《程璧光殉国记》第3章,第6页。
④　莫汝非:《程璧光殉国记》第3章,第9—10页。

护法号召第一声。24日,广东省长朱庆澜致电程璧光,热烈欢迎海军护法来粤,表示广东省政府"以拥护约法,回复国会,划除国贼,为一致之进行"①。8月5日,海军舰队全部抵黄埔。

海军护法南下,鼓舞了正在苦斗中的孙中山,震动了段祺瑞的北京政府,激起了广东人民的革命热情,壮大了西南护法运动的声势。6日,广东各界在长堤东园集会欢迎海军南下,"到会者,数逾数万",盛况空前。各界代表争先发表演说,"淋漓慷慨,闻者咸为动容"②。

三 孙中山成立军政府

孙中山通电全国主张择地另开国会,重新组织临时政府。国会议员响应孙中山的号召,纷纷先后至沪,住在法租界恺自尔路惟善里国会议员通讯处。孙中山抵粤后,致电国会议员来粤开会。广东各界也通电表示欢迎。至8月中旬,南下抵达广州的议员已达一百五十余人,但仍不足法定人数。18日,孙中山在黄埔公园宴请国会议员,商讨召开国会事宜。与会者认为,北京政府既已毁废约法,向护法各省用兵,中华民国名存实亡;为了对内团结护法各省,对外实行独立自立的外交政策,必须在南方另行组织政府,议员人数虽不足法定,可采取法国的先例,召开非常会议。19日,南下国会议员一百余人在广州回龙社前烟酒公卖局原址第一招待所举行谈话会,讨论召开国会及组织政府问题。决议采用"国会非常会议"名称,定于8月25日在广州召开非常会议,并推举吕志伊、王有兰等七人为军政府组织大纲起草员。随后南下议员通电西南各省,指出:"同人等昔受国民之托,职务未终。今被国贼之驱,责任难弃。用依《约法》,自集于粤。人数未满法定,本难遽行开会。惟念时局之危,间不容发,西南散处,意志辄殊。对外则冯、段宣战,我

---

① 莫汝非:《程璧光殉国记》第4章,第2页。
② 莫汝非:《程璧光殉国记》第4章,第4、6页。

将何以处德、奥？对内则黄陂孤陷,我将何以设政府？凡荷重要,亟待讨论,爰绎主权在民之用,师法人国变之例,特决定本月二十五日于广州开非常会议,以谋统一,以图应变。"①

8月25日,国会非常会议在广州正式开幕,国会议员一百五十余人出席。会议由原任众议院议长吴景濂主持。孙中山及广东省长朱庆澜等到会祝贺。粤督陈炳焜仅派代表列席。29日,国会非常会议第二次会议通过《国会非常会议组织大纲》二十一条,规定国会非常会议以现任国会议员组织之;国会非常会议至内乱戡定、《临时约法》之效力完全恢复时为止;军政府组织大纲由国会非常会议制定并宣布之。31日,国会非常会议第三次会议通过《中华民国军政府组织大纲》,共十三条,其主要内容如下:中华民国为戡定叛乱,恢复《临时约法》,特组织中华民国军政府;军政府设大元帅一人,元帅三人,由国会非常会议分次选举之;《临时约法》之效力未完全恢复之前,中华民国之行政权由大元帅行之;大元帅代表中华民国;军政府设立外交、内政、财政、陆军、海军、交通六部;军政府设都督若干员,以各省督军赞助者任之。

显然,这个《中华民国军政府组织大纲》是为了适应戡定叛乱的战时需要而产生的。它是作为《临时约法》的补充而存在的。其特点是把恢复《临时约法》作为主要奋斗目标;在《临时约法》未恢复以前,大元帅对外代表中华民国,对内行使中华民国行政权力;对总统则虚位以待。

9月1日,国会非常会议举行大元帅选举会,出席议员九十一人,孙中山以八十四票当选为大元帅。翌日选举元帅,唐继尧得八十三票,陆荣廷得七十六票,均当选。余一名元帅原预定为程璧光,但程派代表表示不愿居此名义,会议乃从缓议。同日下午,众议院议长吴景濂、参议院副议长王正廷及国会议员数十人,乘舞凤舰至黄埔,举

---

① 邹鲁:《中国国民党史稿》第3篇第4册,第1074页。

行大元帅授印仪式。吴景濂致大元帅颂词道:"民国不造,倪、张倡逆。国会解散,大法扫地,以启清廷复辟之变。段祺瑞与张勋,同恶相倾,迭为起灭。屠清斯覆,而大总统亦被废斥。国法圮绝,民无所依。景濂等以为救拯焚溺,不可格以恒轨。用是依准法国前例,开非常会议于广州。金谓大盗移国,非武力不能铲治,西南各省与海军第一舰队,兵力雄厚,士心效顺。而部曲散漫,未有统帅,殊不足以取齐一之效。即于六年八月三十日议决军政府组织大纲,置海陆军大元帅一人。九月一日,投票选举。前临时大总统孙先生文,手创民国,内外瞻仰,允当斯任,即日赍致证书,登坛授受。悃忱未尽,复申是言。所愿我大元帅总辑师干,歼灭群丑,使民国危而复安,约法废而复续,不胜郑重期望之至。"①旋由王正廷代表授印。孙中山致答词说:"文以不德,忝为共和先导。民国成立,六年于兹,而枭雄畔换,频烦不已,文不能救,自念无以对我邦人兄弟。今者叛督倡乱,权奸窃柄,国会解散,元首迁废。此诚勇夫志士发愤倡义之时也。而迁延数月,大兵未举,政府未立,内无以攘寇乱,外不足以示友邦。文以国会诸君不释之故,不得不统摄军政。任职以后,唯当竭股肱之力,攘除奸凶,恢复《约法》,以竟元年未尽之责,雪数岁无功之耻。责任在躬,不敢有贰,诸所举措,亦唯国会诸君实匡逮之。"②

9月10日,孙中山在广州就任海陆军大元帅,发表就职宣言,痛斥北京政府"权奸当道",祸乱中华,"侵约法宣战媾和之权,辱国会神圣立法之地";"嗾贼兴戎,以肇解散国会之祸",张勋应机复辟,"民国根本,扫地无余"。宣言指出:"犹幸共和大义,浃于人心,举国同声,誓歼元恶"。"所赖海军守正,南纪扶义,知民权之不可泯没,元首之不可弃遗,奸回篡窃之不可无对抗,国际交涉之不可无代表也。"于是召开国会,

①　邹鲁:《中国国民党史稿》第3篇第4册,第1075—1076页。
②　《军政府公报》第1号,1917年9月17日。参见《中国国民党史稿》第3编第4册,第1076页。

"以文为海陆军大元帅,责以戡定内乱,恢复约法,奉迎元首之事"。孙中山最后表示:因为身与共和死生相系,"艰难之际,不敢以谦让自洁,即于六年九月十日就职。冀二三君子同德协力,共赴大义。文虽驽钝,犹当荷戈援桴,为士卒先,与天下共击破坏共和者!"①

经孙中山提议、国会非常会议通过,任命军政府各部总长名单如下:

外交总长　伍廷芳　　次长　王正廷

财政总长　唐绍仪

陆军总长　张开儒

海军总长　程璧光

内政总长　孙洪伊　　次长　居正

交通总长　胡汉民

除各部总长外,军政府还任命若干军政长官:

军政府秘书长　　　章太炎

军政府总参谋长　　李烈钧

军政府海军总司令　林葆怿

大元帅府亲军总司令　李福林

大元帅府参军长　　许崇智

军政府第一军总司令　陈炯明

大元帅高等顾问　　吴景濂

川滇劳军使　王湘

湖南劳军使　林祖涵

从上述各部及各部门任命的人员看来,军政府是由国民党、海军及驻粤滇军组成的联合政府。由于两广巡阅使陆荣廷一开始就采取"虚与委蛇"的消极态度,桂系没有参加政府工作,这就决定了军政府将是个短命的政府。

① 《大元帅就职之布告》,《军政府公报》第1号,1917年9月17日。

四　各地护法军、靖国军的兴起

军政府的成立及孙中山被举为海陆军大元帅,鼓舞了各地反对北洋军阀黑暗统治的力量,促进了护法运动高潮的到来。

四川:当军政府成立的消息传到四川的时候,11月1日,川边屯殖使张煦在西昌宣告独立,并致电军政府大元帅孙中山,表示"拥护真正之共和,扫除非法之政府,爰举十邑之地,州【卅】营之众,遥承军府,近联滇黔,为国讨贼,虽死不避"①。唐继尧将该部编为靖国军第七军,任张煦为总司令。3日,颜德基以"四川靖国临时司令"名义,在绥定(今四川达县)通电独立,声讨段祺瑞祸国殃川罪行,宣布与西南一致行动。12月14日,陈凤石在大竹县宣告独立,通电护法,自任为"四川靖国招讨司令"。18日,川军第一师第二混成旅旅长王祺在合川通电护法,被军政府任命为四川靖国联军川北总司令。1918年2月16日,川军第二师所属之刘成勋、陈洪范两旅在乐山宣布拥护西南护法军。17日,川军一、三两师全体军官联名致电李烈钧,表示加入西南护法军。18日,川军一、三两师及刘成勋、陈洪范、汪可杰、舒荣衢各旅再次联名宣布与西南靖国、护法各军一致,并推熊克武主持四川军政事务。

湖北:军政府成立后,湖北护法力量迅速发展。1917年12月1日,鄂军第一师师长石星川在荆门(今江陵县)宣告自主,组织湖北靖国军,并电请襄阳镇守使黎天才取一致行动,还致电军政府陆海军大元帅孙中山,痛斥段祺瑞"施袁(世凯)故智","蔑法徇私",煽动叛乱,怂恿复辟,"乘机攫踞大位",宣布"与西南各省一致行动,以巩固共和国基,恢复约法为目的"②。孙中山复电表示祝贺说:"义帜飚举,共誓讨逆,露

　　①　《靖国联军第七军司令张煦致大元帅电》,《军政府公报》第25号,1917年11月19日。

　　②　《湖北靖国军第一军总司令石星川致大元帅电》,《军政府公报》第35号,1917年12月20日。

布传来,欣喜何极。"指出"荆沙为大江师旅树之先声,从此西通巴蜀,南连三湘,奉提挈左右,共规大计,会西南之雄锐,清河洛之氛祲"①,并派张伯烈、蒋文汉前往犒师慰问。同日,原鄂军第三师师长王安澜率旧部于鄂豫边境宣布独立,3 日通电进驻随县、枣阳一带,决心"与西南各省一致进行,负弩先驱,整旅北伐,会师武汉,直捣京畿,迎还总统,恢复约法,巩固国基,促成法治,以慰先烈在天之灵,而竟西南护法之志"②。6日,鄂军第一师一团在黄州(今黄冈县)宣布自主。10 日,湖北革命党人蔡济民率民军攻克广济,次日占领黄梅,自称鄂军总司令,随后攻占施南、利川、咸丰、来凤等县。16 日,襄阳镇守使黎天才通电宣告自主,并就任湖北靖国联军总司令,决心跟石星川"誓同生死"③。孙中山复电黎天才表示祝贺。黎天才随即攻新野,克天门,夺宜昌,击溃北军吴光新部,有力地配合南军的湘南作战。

陕西:护法运动发展广泛。1917 年 11 月 25 日,焦子静等在白水县通电宣布自立,筹建陕西护法军,并发布讨伐陕督陈树藩檄文。12月 4 日,陕西龙驹寨(今丹凤县)驻军王明敏等以护法军名义,占据商(县)、洛(南)一带。11 日,陕西警备军分统领耿直在西安发动政变,赶走陈树藩。21 日,郭坚在凤翔通电宣告独立,就任陕西护法军西路总司令,声明护法讨逆,与西南各省一致行动。次年 1 月 25 日,胡景翼部营长张义安在三原独立。27 日,胡景翼、曹世英分别由富平、耀县赶到三原,组织陕西靖国军,发表檄文斥责陈树藩"甘作倪、段之螟蛉,实为共和之蟊贼",声称"高搴义旗,进据三原,陈师河北,直逼西安,为西北

①　《大元帅复湖北靖国军第一军石总司令电》,《军政府公报》第 35 号,1917 年12 月 20 日。

②　《湖北第三师师长王安澜致大元帅电》,《大元帅复湖北靖国军第一军石总司令电》,《军政府公报》第 35 号,1917 年 12 月 20 日。

③　《湖北靖国军总司令黎天才致大元帅电》,《军政府公报》第 36 号,1917 年 12月 24 日。

特树风声,我与东南遥相策应"①。随后曹世英、胡景翼分任陕西靖国军左、右翼总司令,各自独立。后高峻、郭坚、卢占魁等部亦加入,2月8日攻占临潼,17日占领西安。3月8日,陕西靖国军全体军官会议举唐继尧为川、滇、黔、陕四省靖国联军总司令。

安徽:1917年11月22日,程蒯等通电护法,宣布成立皖北讨倪军,声讨倪嗣冲倡言解散国会,阴谋复辟,次日攻占寿县。1918年3月12日,安徽含山县李雨春等举义,称护法讨倪军,攻占县城,释放囚犯。

浙江:1917年11月26日,宁波驻军通电宣告自主,与浙省军民两署脱离关系,组成宁波独立军,设浙军司令部于宁波,综理军民两政事务,推前督蒋尊簋为浙军总司令,宣称"誓必荡除叛逆,兴复约法,还我国会,厉行自治"②。同日,温州、处州宣布独立,与宁波取一致行动。绍兴、台州、严州等处也随之响应,或宣告独立,或声称自立。

湖南:继湘南自主之后,1917年10月2日,宝庆守备第二区司令周伟、第五师三团团长宋鹤庚联衔通电宣告自主,声讨段祺瑞蹂躏约法、解散国会的罪行及湘督傅良佐标榜实行"以湘治湘"的祸湘计划。11月9日,宁乡护国军数百名占领县署,宣告独立。

此外,山东靖国军、福建靖国军、河南自主军相继起事。在短短几个月内,护法的烽火遍及十几个省份,"纵横于大江南北,如火如荼,一日千里,皆以拥护军政〈府〉为名"③。

各地护法军、靖国军的兴起,或者是革命党人举义讨逆,或者是爱国将领反对段祺瑞武力兼并,或者是北洋系的军人反戈抗段,虽然动机各不相同,但他们几乎都打起护法的旗号,表示与西南各省一致行动,并想方设法取得军政府和孙中山的领导和支持。

---

① 《军政府陕西靖国军命令曹世英等致大元帅电》,《军政府公报》第49号,1918年2月23日。

② 《蒋尊簋宣布自主电》,《中华新报》,1917年11月30日。

③ 《张开儒致唐继尧密电》(1918年1月20日),云南档案106—3—129。

各地护法军、靖国军的兴起,使孙中山受到莫大的鼓舞。他曾计划把各地分散的护法力量纳入军政府的统一指挥之下,具体部署是:由唐继尧统一滇、黔、川三省兵力,攻取四川,顺江东下;陆荣廷统一粤、桂及驻粤滇军援湘,协同程潜、刘建藩抗击北军的入侵,夺取湘省,直趋江汉;黎天才、蔡济民攻占湖北,挥师北指;陈炯明、李烈钧率粤军攻闽袭赣,西上武汉;黄复生、熊克武北击祁山,东进荆襄;然后各路大军会师武汉,大举北伐,统一中国。但是,由于西南军阀的牵制和破坏,各地护法力量各自为政,互不统属,孤军作战,不能在军政府和孙中山的统一指挥下形成一支有坚强领导的护法武装力量,因而自生自灭,最后终于导致失败。

第二节　南北战争的开始

一　南北政府的战略方针及其战略部署

段祺瑞继承袁世凯武力统一中国的衣钵,决心以北洋武力对付西南护法,发动第二次南北战争。其军事战略是双管齐下:一是对湖南用兵以制两广,一是对四川用兵以制滇黔。1917年8月6日,段特派其心腹大将、北洋“四大金刚”之一的傅良佐为湖南督军;特派其内弟、北洋“四大金刚”之一的吴光新为长江上游总司令兼四川查办使。

关于四川省的变幻离合情况,前章已有述及,这里主要叙述和分析湖南战场的情况。

护国战争后,各派军阀为争夺地盘而拼命扩编军队,到1917年下半年南北战争爆发前夕,全国正规军已由护国战争时的五十万人增加到六十四万人。其中北京政府陆军部直辖的部队,由袁世凯死前的十三个师三十二个混成旅(团)增加到十七个师四十三个混成旅(团),约合四十七万四千余人(不包括全国警备、巡防部队)。这是段祺瑞赖以发动内战的基本力量。

以孙中山为首的护法军政府所统辖及响应护法的军队,主要有陆荣廷控制的驻广东十个师,广西四个师,由唐继尧指挥的驻云、贵、川六个师,由海军总司令程璧光率领的第一舰队(包括巡洋舰三艘、炮舰六艘、其他辅助舰四艘)以及各地的护法军、靖国军、护国军,共约十五万人以上。虽然总兵力不及北洋军,但南军在本地区作战,可将大部分兵力投入火线。因此,在战场兵力对比上,南军与北军不相上下。

段祺瑞"武力统一"的主要战略目标是广东——护法军政府所在地,但南北争夺的前哨战是在湖南。正如段的心腹大将徐树铮所指出的:"欲定大局,非谋统一不可;欲谋统一,非川粤同受政府节制不可。以川较粤,川可稍缓,而粤宜急。粤定川或随之而自定。我之争湘者,为图粤计耳。粤不定,湘即危,湘有事,鄂亦不安,大局则时有摇动之虞。"①这就是说,段祺瑞要想统一中国,必须先征服粤、川,"而粤宜急"。要夺粤,必先攻湘。因此,湖南成了北洋军阀进攻的首要目标。

陆荣廷清楚地看到"湘省为两粤门户,又系滇黔咽喉,湘失则西南腹背受敌,不特进取之机全无,且(北军)得湘实足以制西南之死命而有余"②。他认为"湘督易人",是段祺瑞政府决定对西南各省用兵,妄想实现其"武力统一"中国的露骨表现,唇亡齿寒,必须认真对待,于是赞成率两广军队援湘。10月9日,孙中山在广州召开军事会议,讨论出师北伐的战略方针,一致议定:一、派员与陆荣廷及两广督军等磋商抵御龙济光的计划;二、以滇军第三师援湘;三、以滇军第四师及海军即日誓师攻闽;四、饬陈炯明、朱执信两军长加紧招募训练部队,为滇军、海军后援;五、由陆荣廷、唐继尧火速出大军会师武汉。这是孙中山为军政府统一领导护法各军所制定的战略方针。

---

①　《致吴佩孚敬电》(1918年5月24日),《徐树铮电稿》,第182页。

②　《粤桂军援湘确讯》,《民国日报》,1917年9月21日。

二　湖南的争夺战

1.北军三路夹攻湖南,南北战争开始

早在广州军政府成立之先,段祺瑞政府就派其心腹大将、前陆军次长傅良佐代替湘督谭延闿,并调北洋第八、第二十师入湘,南北战争行将一触即发。军政府成立后,孙中山以大元帅名义,下令讨伐段祺瑞等民国叛逆。9月29日,代总统冯国璋指责孙中山非法召开非常国会,"擅发伪令,煽动军队",下令对军政府成员"一体严缉交法庭依法讯办"。10月1日,段祺瑞与《大陆报》记者谈话,声称将"出师剿灭"南方军队,表示对反对派领袖"政府必不宽宥"。在北京政府如此咄咄逼人面前,陆荣廷邀请军政府海军总长程璧光赴桂,参加护法援湘会议。3日,两广援湘军事会议在南宁召开。陆荣廷在会上谴责段祺瑞"蔑弃约法,目无国人",指出"国事鼎沸,日趋险恶,推原祸始,系段祺瑞一人之过";声称:"今余所抱宗旨,在使谭延闿复职,撤回湘省北军,然后再与段氏谈法律。欲达此目的,非实行征伐不可",号召大家"同心同德,一致讨贼"①。会议决定由陈炳焜、谭浩明、程璧光、李耀汉联名通电,痛斥段祺瑞毁法叛国,制造内战,"构衅川湘,不惜以西南各省数千万人之生命财产供其牺牲"②的种种暴行,同时提出迎黎元洪复职、恢复国会、罢免段祺瑞、撤退傅良佐四项主张。会上还决定:出兵援湘,推桂督谭浩明为两广护国军司令(入湘后,谭自称湘、粤、桂联军总司令);军政府特派革命党人钮永建为总参谋长,陈继祖为参谋长。广西出兵四十五

---

①　莫汝非:《程璧光殉国记》第5章,第3页。
②　莫汝非:《程璧光殉国记》第5章,第6页。

营，广东出兵三十五营①，共组成五个军。以陆裕光、林俊廷、韦荣昌、马济、林虎分别为第一至第五军司令。10月3日，孙中山以大元帅名义下令："查段祺瑞实为首逆，倪嗣冲为叛军之魁，梁启超、汤化龙为主谋，朱深假藉检察职权，公然附逆，着各路司令一体进剿，有能擒斩以献者，本大元帅当视厥等差，予以厚赏。"②

至此，以南北对峙为主要形式的护法战争正式拉开了战幕。

湘南自主，傅良佐十分恐慌。当时只有第八师两个营抵达湘阴，傅只得先令湘军第一师代师长李佑文率该师第一旅开赴衡山，"相机剿办"，同时致电北京政府，提出"府既决计用兵，宜即从速准备，先发制人。京保各队务望迅饬开拨，加速运送，现我军分两路进攻衡宝，近其得手。再得一、二旅协力猛攻，一鼓而平。一面仍盼中央迅电赣、闽龙（济光）准备进行，俾两粤军队不敢实行援湘。一俟湘境肃清，彼自无能为力"③。9月20日，李佑文率第一旅离长沙南下，命第一团团长梅倬敏率部从株洲沿湘江左岸开进。22日，在衡山县七里滩与林修梅所部接战。28日，李军第一团第一营不愿"以湘攻湘"，在衡山石湾起义，加入刘建藩、林修梅护法军，第一、二团大部官兵立即响应，投入护法军，或携枪逃散。一旅之众顷刻瓦解。傅良佐欲一举扑灭湘南起义军，使"两粤军队不敢实行援湘"的企图就此落空。

9月28日，傅良佐任命第八师师长王汝贤为湘南司令，第二十师师长范国璋为副司令，统一组织指挥湘南作战。10月初，桂系召开南宁会议，决定大举援湘，通电公开讨逆。随后，段祺瑞即下讨伐令，命湘

---

① 据谭浩明致唐继尧密电报告南宁会议的情况时说：会上"决定组织两粤联军援湘北伐。计粤军二军共三十营，桂军三军共四十营，数约三师以上，先锋均已出发"。这里粤、桂两军各少五营，待考。详见《谭浩明致电唐继尧》（1918年10月12日），云南档案106—3—138。

② 《大元帅令》，《军政府公报》第10号，1917年10月1日。

③ 《傅良佐致国务院咸电》（1917年9月15日），中国第二历史档案馆北洋档案1011—5961。

南王、范两司令分兵三路夹攻湘南:正面攻衡山,右翼攻宝庆,左翼攻攸县。此时,北军第八师之第十五旅(旅长王汝勤)和第二十师之第三十九旅(旅长张纪)相继开抵长沙。稍后到达的还有倪嗣冲之安武军二十营,晋军商震混成旅及第三师阎文湘旅。

湘军第一师第一旅官兵反戈护法,使湘南护法军声势为之一振。从9月底至10月初,刘建藩率所部十营和广西陆裕光所部由旅长贲克昭率领的先头部队,先后抵达衡阳,加上林修梅部原有五个营(包括铁道守备司令李仲麟所辖两个营),使衡阳地区的护法军增至四十营,约一万五千人。这时,程潜受孙中山的派遣,也由广州抵达衡阳。10月6日,湘省护法军各路将领齐集衡阳,决定组织"护法军湘南总司令部",公推程潜为总司令。

护法军的进军路线是:粤军由第四军司令马济率领约七千人,从广州出韶关,经湖南耒阳向攸县、醴陵、长沙进攻,是为右翼;桂军一路由第一军司令韦荣昌从三江入湘,经新宁逼宝庆,一路由第三军司令陆裕光部和第二军司令林俊廷部从全州经永州、祁阳、衡阳攻长沙窥岳州,由谭浩明指挥,是为中部;湘军由湘南总司令程潜、第一师师长赵恒惕、零陵镇守使刘建藩等指挥,约二万余人,自宝庆北上,是为左翼。两广三路入湘的总目标是会攻长沙。

南北两军在湘南地区展开了厮杀,其大战役计有衡山之战、宝庆之战和攸县之战。

2. 南军轻取长沙

正当南北军在湘南鏖战之际,北洋开入湘南的主力第八师师长王汝贤和第二十师师长范国璋,于11月14日发出通电,主张停战议和,电称:"天祸中国,同室操戈。政客利用军人,各执己见,互走极端,不惜以百万生灵为孤注一掷,挑南北之恶感,竞权利之私图。藉口为民,何有于民。侈言为国,适以误国。……汝贤等一介军人,鲜识政治,天良尚在,煮豆同心。自零陵发生事变,力主和平解决,为息事宁人计。此次湘南自立,以护法为名,否认内阁,但现内阁虽非依法成立,实为事实上临时不得已之办法。即有不合,亦未始无磋商之余地。在西南举事诸公,既称爱国,何忍甘为戎首,涂炭生灵,自应双方停战。恳请大总统下令征求南北各省意见,持平协议,组织立法机关议决根本大法,以垂永久而免纷争。"①18 日,"长江四督"(直督曹锟②、鄂督王占元、苏督李纯、赣督陈光远)也联名通电,主张撤兵停战,与护法军和平解决,电云:"伏顾念亡国之惨,哀生灵之痛苦,即日先行停战,各守区域,毋再冲突,俾得熟商大计,迅释纠纷,鲁仲连之职,锟等愿担任之。更祈开诚布公,披示一切。既属家人骨肉,但以国家为前提,无事不可相商,无事不能解决。"③赣督陈光远还发表宣言,宣布保境息民,拒绝北洋军队假道江西开往湖南,要求停止川、湘两省的战争。

王、范的通电停战主和及"直系四督"的热烈响应,是直系头子冯国璋"和平混一"政策与皖系头子段祺瑞"武力统一"政策矛盾的集中反映,是冯派势力倒段的具体表现。

王、范均是直隶籍人,因乡谊关系加上派系关系,都直接听命于冯国璋。他们当初离京出征请命之时,段祺瑞态度坚决,百般激励,冯国璋则不以为然,欲言又止,略露反对武力解决西南之意。王、范默揣到冯国璋的意图所在,入湘后又不满于傅良佐的飞扬跋扈,因而消极怠战,静观形势的发展。在湖南"网开三面(即衡山、宝庆、攸县之战)、全面作战"之时,傅良佐"深恐湘乡有失,衡山后路可虑",便商同王、范,要求他们一面"进攻衡阳之背",一面"正面奋力进剿"。但是,王、范却采取不合作态度,联名复电声称"兵疲力尽,万难作战",要求"速找调人,令各方面一律停战",并哀叹"战固不能,守亦不可,

---

① 《王汝贤、范国璋停战主和寒电》(1917 年 11 月 14 日),中国第二历史档案馆北洋档案:一〇一一(2)—342。

② 通电原有直督曹锟,但曹后用长途电话向段否认,声称此电未经本人同意,概不负责。

③ 《东方杂志》第 14 卷第 12 号,第 212 页。

撤退亦难"①，唯一的挽救办法是双方立即"停战媾和"。段祺瑞一直
要直系军人打头阵，在连续作战中，王、范部队损兵折将。为保存实
力计，他们秉承冯国璋的意旨，不愿继续为段祺瑞卖命了。

王汝贤、范国璋于发出主和通电的当天，不经北京政府许可，就自
行停战，从衡山撤兵。傅良佐急电右路朱泽黄部和左路李传业部收缩
兵力回援长沙。但不待两路军队赶到，傅与代理省长周肇祥就在当晚
携带印信乘坐军舰逃离长沙。湖南人民发出"赶走北兵狼子"的怒喊，
北军陷入了草木皆兵的境地，长沙一片混乱。是日，省城绅商组织湖南
暂时维持军民两政办公处，公推王汝贤为办公处主任。

王汝贤的第八师和范国璋的第二十师，是北洋军的嫡系王牌军。
这两军擅自停战求和，犹如晴天霹雳，给段祺瑞当头一棒。为了挽回湖
南的惨败局面，他被迫对王、范采取笼络办法：一面将擅离职守的傅良
佐、周肇祥先行免职，听候查办；一面派王汝贤以总司令代行督军职务，
"所有长沙地方治安，均由王汝贤督同范国璋完全负责"。段祺瑞在命
令中特地指出："王汝贤等身任司令重寄，统驭无方，以致前敌败退，并
擅发通电，妄言议和，本属咎有应得"，但因"悔悟尚早，自请处分，心迹
不无可原。此次维持长沙省城，尚能顾全大局，暂免置议"。段要求王
汝贤等戴罪立功，并说："倘再退缩畏葸，贻误戎机，军法具在，懔之慎
之！"②这个命令，是冯派势力对段派的另一个胜利。王、范停战求和，
打乱了段祺瑞"武力统一"的计划，不但没有受到任何"军法"处分，反而
把皖系的心腹干将傅良佐逼走，取代督军和省长的地位。于是，他们一
方面在湘潭、株洲一带集结兵力，另一方面向南军提出维持南北两军现
有界线，一切问题留待谈判中和平解决的主张。护法军在北军撤出衡
山后，向北推进，连克湘潭、株洲，直趋长沙。北军节节败退，王、范被迫

①　傅良佐：《陈军法会审原文照刊》，中国第二历史档案馆，北洋档案一〇
二—(2)—24。

②　湖南善后协会编：《湘灾纪略》，第16—17页。

逃往岳阳。段祺瑞对湘用兵以制两广的计划宣告失败。

值得注意的是,湘军第一师师长赵恒惕抢先进入长沙,湘军总司令程潜电令其"扫径以待联师,勿得发生何种名义"。21日,程潜赶到长沙。第二天,湖南各界代表会议公举陆荣廷为湘粤桂巡阅使,谭浩明为湖南督军,程潜为省长。24日,程潜就任湖南省长,但谭浩明立即令程"勿得擅自建立,致涉纷歧"。于是,12月8日,程解省长兼职。12日谭到长沙,18日宣布"暂以湘粤桂总司令名义兼领湖南军民两政事宜"。这样,谭浩明把湖南划入桂系势力范围,完全剥去了"以湘治湘"的伪装。他自居三省联帅,陆荣廷就变成湘粤桂三省巡阅使了。这时,谭延闿又搬出"以湘治湘"口号大造舆论,迫使北京政府于12月下令"特任湖南省长谭延闿兼署督军"。8日,谭致电北京政府提出五项主张:"(一)对于中央命令并无抵抗之意;(二)赴湘就湖南省长兼督军之任,特请中央准其将驻岳州等处之北军一律撤退;(三)现驻湘境之桂军,应由该省长向谭浩明交涉,请其退出湘境,勿庸政府干预;(四)湘省叠遭兵火惨焚,商民萧疏,应由中央拨予巨款,维持市面;(五)湖南原有陆军两师,仍须照旧募齐,担任本省防务。上述数项,如中央不表同意,决不就职。"[1]谭延闿从自身的利益出发,与北京政府讨价还价,无异承认了段内阁的合法地位。由此可见,在一片胜利声中发生于长沙的这幕争权夺利的闹剧,生动地反映了湘粤桂联军以"护法为名,地盘为实"的军阀性质。

三　段祺瑞内阁的第二次倒台

傅良佐的仓皇逃走,宣告了段祺瑞"武力统一政策"的破产。11月15日,段向代大总统冯国璋提出辞职。16日,他给北洋系将领一份密电说:"此次西南之役……迭经阁议,询谋无间,既非私心自用,又非黩

---

[1]　湖南善后协会编:《湘灾纪略》,第23页。

武结兵,耿耿此心,可对同志。……乃奸人煽惑,军无斗志,删日王汝贤、范国璋等通电传来,阅之痛惜,不意我同袍中竟有此不顾大局之人干纪祸国,至于此极也。……环顾国内,惟有我北方军人实力,可以护法护国,果能一心一德,何国不成,何力不就。辛亥、癸丑之间,我北方军人,人数不及今日三之一,地利不及今日三之一,所能统一国家者,心志一而是非明也。近日南方党徒,亦知我北方军人宗旨正大,根柢盘深,非彼西南势力所能兼并,乃别出阴谋,一曰利用,二曰离间,三曰诱饵。昌言反对者,固为彼所深仇,即与之周旋者,亦是佯为结好。无非启我阋墙之争,收彼渔人之利。始以北方攻北方,继以南方攻北方,终至于灭种而后快。王汝贤等为虎作伥,饮鸩而甘,抚今追昔,能无愤慨。湘省之事,非无收拾之法,我不忍使北方攻北方,以自决藩篱,落彼陷阱也。"他在电文中还说:"我北方军人分裂,即中国分裂之先声,我北方实力消亡,即中国消亡之朕兆。祺瑞爱国家,不计权力。……舍祺瑞辞职之外,别无可以保全之法。……倘能达我愚忱,北方实力,得以巩固,艰难时局,得以挽回,则祺瑞今日之辞职,实为万不可缓之举。"①这份密电随即被报纸披露了。它半是谤文,半是哀歌;既是一篇绝妙的辩解词,也是一篇无可奈何的自供状。段祺瑞攻击南方对北方采取"利用、离间、诱饵"的策略,"始以北方攻北方,继以南方攻北方,终至亡国灭种而后快",实是他以己度人的写照。

　　"四督"响应王、范通电主和,激怒了飞扬跋扈、不可一世的段祺瑞。他愤于冯派将领逼迫太甚,于11月20日再次提出辞职。22日,代总统冯国璋自以为夺取北洋军政大权的时机已到,毅然下令准免段祺瑞国务总理职,特任王士珍署国务总理,又令内务总长汤化龙、财政总长梁启超、司法总长林长民、教育总长范源濂、农商总长张国淦免职。段祺瑞第二次内阁宣告倒台。

---

　　①　《段祺瑞致北洋军人铣电》,上海《中华新报》,1917年11月20日。

第三节　南北和战之争

1917 年 11 月 28 日，日本国会议员菊池来电请孙中山派人访日，电称："俄国内乱，由俄之德俘煽成，恐有人中国煽动扰东亚和平者，对支政策一变。昨阁议决定，与协商国商议，使南北妥协，中国早归平和，南方须多让步，勉求东亚大局一致，此际认为必要。至急派西南各省之人于日，代表南方各派，以在日有信用之张继、汪兆铭为宜。"孙中山随即致电唐继尧，征询他对于派张继、汪精卫赴日的意见①。这里所说的"阁议"，显然是指日本寺内内阁的态度。这是日本帝国主义妄图强迫南方护法政府作出让步，促使南北妥协后的中国纳入日本侵华战时轨道的阴谋，这样就增加了中国南北和战之争的复杂性。

一　护法军内部和战问题的分歧

北洋将领停战主和的通电，在护法阵营内部引起了不同的反响。

以孙中山为首的资产阶级革命派认为这是一场骗局，始终坚持护法的原则立场，反对南北调和。他于 11 月 18 日发表时局声明，指出"此次西南举义，既由于蹂躏约法，解散国会，则舍恢复约法及旧国会外，断无磋商余地"②。随后他致电孙洪伊，指出议和"当以取消非法机关，恢复旧国会为唯一无二之条件"③。与此同时，他揭露日本寺内内阁插手我国"南北和谈"的阴谋，强调指出："南北和议，本不容外国干涉，但恐为强有力者所制，是为可虑。"④当他从日本驻上海总领事那里

①　《国父年谱》下册，台北 1961 年版，第 704 页；《中华民国史事纪要》(初稿)，1917 年 1 至 12 月，第 971 页。

②　《大元帅对于时局之通电》，《军政府公报》第 25 号，1917 年 11 月 19 日。

③　《民国日报》，1917 年 11 月 25 日。

④　《致唐继尧电》，《孙中山全集》第 4 卷，第 251 页。

获悉日本政府"要求中国与日本连起来,而且对德宣战"时,就明确表示:"我赞成日本维持中国中立的老政策,但是要用我的十二分力量,来反对日本把中国放在日本保护底下来参战的新计划。"据孙中山后来透露,他的办法"就是把中国拉开做两半"。他说:"我那时看出日本不能希望单拿外交来征服中国,就在请中国参战这个表面名称里头,打算着用军事统辖来征服中国了",在广州建立中华民国军政府,"果然能牵制着日本军阀的计划"①。他在复头山满等人的信中再三强调"解决今日时局,以恢复国会为唯一之根本"。除此之外,不求其他条件。"背乎此者,则无论示以何种条件,文必不甘承认之。何也? 为图中国之长治久安,实舍巩固国体外,无他道耳。"②他也深刻地看到了直皖军阀之间的矛盾,在致通电主和的倡导者、江苏督军李纯的电报中,劝李在南京独立,勿为日本寺内利用。他在致孙洪伊电中,要孙转告李纯,"如南京宣布独立,军舰当可一致相助,文或乘之来沪,以取淞浙,为李督后援,请李放胆做去,断不致孤立也"。他一针见血地指出:"寺内决定方针,使中国南北调和,利用我人众物力以攻俄国,此事若成,中国其高丽矣。""此时救亡妙策,在南北分离,庶不致为寺内利用,劫持中央,以临各省。我能分立,寺内无所施技;中国不与寺内一致,寺内当不敢建攻俄之策,盖除中国之人众物力,世无足以御德俄者。文决日美之败,更速于英法也。望将此意设法传布国人。"③这里,孙中山从大局出发,用分离南北以抵御日本侵华的办法,在一定程度上反映了孙中山看到了日本侵华政策对中国的严重危害性,表现了远大的政治眼光。但他对协约国将败的看法,却不合乎实际。29 日,孙中山复电李纯,重申停战必须以完全恢复约法、国会为条件,电称:"惟是军政府与西南诸省,既以护法讨逆为职志,倘能约法国会完全恢复,创乱诸逆依法惩办,并由正式国会

---

① 《在上海欢迎美国议员团时的演说》,《孙中山全集》第 5 卷,第 298—299 页。
② 《复头山满犬养毅函》,《孙中山全集》第 4 卷,第 422 页。
③ 《致孙洪伊电》,《孙中山全集》第 4 卷,第 256 页。

解决总统内阁诸问题，则半国之兵不难一朝而罢；否则法治难复，共和徒有虚名，劳师旷日，士气忿郁，口舌既穷，战祸益烈，亦非执事息事宁人之意也。"①

由于陆荣廷热衷议和，一意孤行，甚至抢在北京政府停战令发表之前首先宣布停战，孙中山对这种不顾大局的做法表示愤慨，因而他把希望寄托在滇军头子唐继尧身上。12月7日，他致电章太炎指出："陆此次出兵，本在攫取湘权，长沙既得，其欲已偿，故一再电冯停战，而未及旧国会之应恢复；对于岳州北军，亦无驱除之意，于军府始终无诚意之表示，致冯意益肆，局势至此，危险实甚！"但他认为黎天才、石星川举义荆、襄，联军亦攻下重庆，"大江脉络，可望贯通"，形势为之一变，"此实一大转机"，请章敦促唐继尧迅速率领滇军沿长江东下，与黎、石之鄂军会师武汉，造成逐鹿中原之势。在孙中山看来，"武汉三镇，桂所必争，倘能为我所有，即形势略定"②。10日，他又致电促唐继尧等迅出宜昌，东下进击武昌。该电指出："陆主停战议和，全出于自便私图，故于近日荆襄举义，概称之为暴动，其态度可见。惟各方对于此举，多不赞同。现海军及滇粤军已于佳日开始向闽出发，荆襄及南阳已先后举义，滇黔联军已下重庆。文于黄河流域，亦有大部分兵力布置，不久即可由弟发动，望冀帅迅出宜昌东下，进击武汉，则长江以北将悉属军府范围，届时陆虽单独议和，亦无能为也。"③但唐以川中尚未荡平逆军为词，拒绝东下援鄂，回电声称："北方言和并无诚意，特缓我师，乘间图南。此间早已窥破，故始终一致主张，积极进行。惟以川中逆军，尚未悉数荡平，猝难东下。"④当北方的皖系主战派加紧调兵遣将，南北战争乌云密布，通电主和的倡导者李纯有声援南军的表示时，孙中山再次致电促唐

① 《复李纯电》，《孙中山全集》第4卷，第252页。
② 《复章炳麟电》，《孙中山全集》第4卷，第261页。
③ 《复唐继尧等电》，《孙中山全集》第4卷，第262页。
④ 《唐继尧以川中尚未荡平逆军为词延缓东下援鄂复孙文勘电的密电》（1918年1月11日），《云南档案史料》第1期，第51页。

继尧克日东下。他说:"伯兰(孙洪伊)敬日电云:'段复出,局势大变,北兵陆续南下,并决议先取南京。宁督已悟,调停无望,且借调停,以缓我师,决以宁力抵抗。日昨已密下动员令,军队已由浦口出发,事机迫切,请转唐、莫、谭三督及西南各军,迅速一致进行。'……查此间所得各路消息,宁已动兵,已成事实。但恐孤立无援,长江或为北军所蹂躏,深望贵埠军克日东下,以分北军之势。武汉北军,久无斗志,事必有成。协和(李烈钧)、竞存(陈炯明)攻闽之师,已继续出发,若共和有幸,得以保全,破贼必矣。"①但唐继尧和陆荣廷一样,对孙中山采取虚与委蛇的敷衍态度,按兵不动,以致失去了攻克岳州,会师武汉的大好时机。

以陆荣廷为首的桂系军阀认为联军占领长沙后,其主要任务是看守老家两广地盘。他们按兵不动,忙于争权夺利,静待和议的发展,一切问题消极等待谈判中解决。他们认为进攻岳州,就要冒破坏直桂联盟,从而促使直皖两系重新结合的风险;反之,不进岳州,可利用直系牵制皖系,由此达成与北方的和平协议。于是他们一再催促冯国璋代总统下令宣布停战,甚至迫不及待,于11月24日复电李纯转大总统,赞成"四督"主和通电,并带头发起南北停战。25日他们获悉冯国璋颁布停战令后,28日谭浩明奉陆荣廷之令,以联军总司令名义通令响应停战。该电称:"顷奉府院通电,段祺瑞奉令免职,根本已得解决,自应照约法停战,请转知前敌各军遵照办理,以便磋商条件等语。希即遵照办理,饬令前敌各军,暂时先行停战,以便磋商条件。"是日,谭又致电直、苏、鄂、赣四督军说:"诸公雅意调停,解决大计,三军额手,申庆和平。业经令饬前敌各军即日停止作战,以期解决。惟迭据前敌前路报告,岳州方面,北方连日增兵,似以准备激烈作战举动。桂粤各军团昼夜不安,而湘军愤深之气,尤勃勃难遏。……伏望通饬各军前敌军队一律停战,并将驻岳各军完全退出湘境,以表示和平决心。"②12月5日,谭浩

①　《致唐继尧电》,《孙中山全集》第4卷,第276页。
②　《联军通令停战》(1917年11月28日),《湘灾纪略》,第21—22页。

明致电唐继尧,要求"西南一致,以免纷歧"①。12月9日,陆荣廷无视孙中山反对停战谈判的呼吁,背叛广州护法军政府,暗中与冯国璋秘密勾结,通电主和。他给程璧光和莫荣新的电报中说:"迭接冯代总统来电,主张调和,直苏鄂赣亦与前军提议停战条件。海军出发,可否少缓日期,暂候解决,以免发生冲突,请两公协商斟夺为盼。"②这一主张,遭到程璧光的强烈反对。程在复电中尖锐指出:"冯总统及直苏四督主张调停,似应遵从,惟旧国会尚未恢复,岳州北兵尚未撤退,停战确无担保。况莫擎宇据地称兵,李厚基增兵来援,我不攻人,人日谋我,潮汕一日未平,粤疆万难镇定。在粤海军派出五舰,滇军方师长派出一旅,于九日由省出发,径讨潮汕。如果中央诚意调和,俟潮属完全收复,再行相机进止。"③

以唐继尧为首的滇系军阀,对和战问题采取两面派手法,态度暧昧。唐一面于11月28日致电孙中山,慷慨陈词,坚求护法,声称"国家之治安,全恃法律为维系",若"执政者必叛法而行,残民以逞,则南方各省人民宁死于枪林弹雨之中,不能偷活于暴戾淫威之下。安危利害,只在当局一转移间而已"④。另一面他又与陆荣廷沆瀣一气,遥相呼应,于12月4日致电直、苏、鄂、赣督军,宣布已令驻川滇军实行停战,并请代陈北京政府"严令川督切饬各队一律停战"。唐继尧反对停战调和是假,目的是为了敷衍孙中山;要求停战调和是真,其如意算盘是为了谋求个人权位,实现军阀割据。

以程潜为首的湘军将领,处于战争第一线,生死存亡,利害攸关。他们坚决要求乘胜夺取岳阳,认为不攻下岳阳,长沙也保不住。程先后于12月6日致电陆荣廷"请以武力解决岳阳问题";10日致电西南各

---

①　《谭浩明致唐继尧电》(1917年12月5日),云南档案106—3—138。

②　莫汝非:《程璧光殉国记》第5章,第9页。

③　莫汝非:《程璧光殉国记》第5章,第10页。

④　《唐元帅致大元帅电》,《军政府公报》第31号,1917年12月5日。

省,指出北洋政府继续增兵岳阳,不能"轻与议和,致中诡计";12日致电孙中山,强调"非有激烈之战,岳阳问题不能解决",宣称"潜等率师只有言战"。他认为,既然"调和已成一说",也该考虑调和条件,其原则是:一、恢复国会;二、惩办祸首;三、北军退出岳州;四、裁减北方军队;五、应规定全国兵额;六、解决四川问题;七、放逐奸邪①。非常国会也致电程潜等热烈支持他们,"主张根本廓清以为一劳永逸之计",揭露北洋政府"阳托调和以缓我攻取岳州之师,阴则厚增援兵以为由岳再犯长沙之计",断言"调和之说,最足误人",要程潜"联合两粤援军,迅速决计攻取岳州,一面分派劲旅固保常德,遥为湖北荆、襄声援"②。

滇军驻粤第三师师长张开儒提出了和谈十条原则:"(一)恢复旧约法之效力,以固国体;(二)恢复旧国会以促成宪法;(三)请黎大总统复职,如黎公辞职,则由国会解决;(四)组织合法内阁,以促进改良政治之程序;(五)惩办叛督及新旧帝党以除祸根;(六)取消清室优待条件,以免死灰复燃;(七)解散非法之参议院;(八)反对肥私殃民之一切卖国借款;(九)厚恤义军阵亡将士;(十)取消逮捕民党之伪令。"他强调"以上十条如有一未做到,万不能罢兵"③。

综上所述,护法联军占领长沙后,以陆荣廷为首的桂系军阀和以唐继尧为首的滇系军阀,坚持响应"四督"停战主和的号召,反对进攻岳州,力求与北京政府达成和平协议,因而前线陷于停顿状态,出现了不战不和、不进不退的微妙局面。以孙中山为首的军政府(包括湘军和驻粤滇军将领),主张乘胜追击,进攻岳州,会师武汉,直捣幽燕,将护法战争进行到底。他们原则上也赞成和平谈判,但反对无原则的妥协调和,不能使"武力战胜之军队蒙政治上之失败,蹈丙辰单独议和之覆辙"④。

---

① 《军政府公报》第33号,1917年12月12日。

② 《国会非常会议致湖南程省长电》,《军政府公报》第38号,1918年1月4日。

③ 《张开儒致大元帅电》,《军政府公报》第28号,1917年11月26日。

④ 《莫荣新、程璧光、李烈钧致陆荣廷等电》(1917年12月16日),云南档案103—3—139。

这是军政府内部真、假护法两个不同的政治集团在和战问题上矛盾斗争的反映。

二　北洋军阀内部和战问题的争吵

段祺瑞政府虽然再次倒台,但段本人并不甘心退出历史舞台,而是退居幕后指挥。段的心腹、陆军次长徐树铮为挽回北洋败局,重新组织力量,进行了一系列阴谋活动。皖系军阀武力统一的潜在势力蠢蠢欲动,直皖矛盾开始激化了。

日本寺内内阁的全力支持,是段祺瑞东山再起的重要因素。12月3日徐树铮致各省督军密电中说:"我北军权势消长,与日本寺内内阁利害相通。芝揆(段祺瑞)去职,彼邦时相问讯,称以各省不挽留为疑。经弟切实告以我辈但求国家治理,不争意气权势之私,若后任能施善政,我辈为太平百姓,讵不甚美。若其不然,时势自有相需之日,相机而发,迎刃立断,《孙子》所谓'解纷丝不控拳'也。此时各省之沉静,正见我辈秩序。彼闻此说,极意赞服。……又询此次结局如何,答以在个人之见,恐不免小则苏、赣易人,大则东海(徐世昌)出而收拾云云。彼即立电寺内,详报一切。昨燕孙(梁士诒)自日来电,言寺内已训令渠系内有力诸要人,并达林(权助)公使,谓段虽暂时去职,北系实力并无堕落,此后对支方针,仍认定东海、合肥为政局之中心,遇事力尽友谊援助等语。所关甚大,特飞闻。又昨电议和条件尚有惩办祸首一条漏列,所谓祸首者,段、倪、汤、梁(启超)、吴、傅及弟也。"[①]这里,徐用"利害相通"四字形容皖系军阀与日本寺内内阁的密切关系,证明了日本寺内内阁是北京政府的幕后操纵者。徐用"时势自有相需之日"答复日本对段去留的提问,反映了他对段的复出充满着信心。他寄望于徐世昌出来收抬残局。从此,徐世昌处于直皖之间举足轻重的地位,成了时局的中心人物。

①　《致各省督军江电》(1917年12月3日),《徐树铮电稿》,第2页。

督军团的密谋策划，是段祺瑞武力统一政策败而复起的直接推动力量。12月2日，在段祺瑞、徐树铮的策动下，经曹锟、张怀芝邀集，晋、奉、闽、皖、浙、陕、黑、沪、察、绥、热七省、三区督军、都统、护军使代表在天津举行督军团会议，商讨对西南的和战问题。与会代表一致主战，要求冯国璋明令讨伐湘、粤。会议初步制定了两路进攻湖南的计划：第一路推曹锟为主帅，率军由京汉路南下，经湖北进攻湘北；第二路推张怀芝为主帅，率军由津浦路南下，经江西进攻湘东。会议还确定了各省出兵的数目：直隶、山东、安徽各出一万，奉天出一万，山西、陕西各出五千，军费由各省自行负担①。显然，这种无视北京当局的自由联合行动，是督军团干政的复活，是皖系主战派对抗直系主和派的赤裸裸的宗派活动，因而对冯国璋、王士珍是个很大的威胁。6日，曹锟、张怀芝、张作霖、倪嗣冲、阎锡山、陈树藩、赵倜、杨善德、卢永祥、张敬尧十人联名电请北京政府颁发明令，讨伐西南。关于这次天津会议，据当时亚东通讯社刊登的消息，有人分析说："天津会议之发生有三个原因，而曹、王、陈、李四督军之巧电，实为其大关键。先是巧电未公布之前，时局已极浑沌。奉天张督特电直隶曹督军，征其对于时局之意见，以便取一致之行动。曹复电有讨伐无调停语。及此电发布，张严电责曹，以为不独国家大事不应如此儿戏，即朋友私交，亦不可如此无信。曹于巧电实未与闻，接电后气愤不可名状，遂决欲主战，以谢张督，此第一原因也。巧电之发生，实由江苏李督军派员赴津与曹督军接洽，表示调停意见，征曹督军同意。曹循例答以极表赞成，而李遂发出巧电。曹于事先实未闻知，各方接洽者，多至宁而不至津。曹尤愤李，故为独树一帜计而有天津会议，此第二原因也。直、鲁两督于前日先后来京会晤时，即彼此谈及时局，曹表示主战，张尤愤甚。两督言语极为投机，即同车赴津，召集会议，此第三原因也。"②其实，这三个原因可归结为一点，即直

---

① 《东方杂志》第15卷第1号，第191页。
② 《中华新报》，1917年12月22日。

系实力派曹锟骨子里是个主战派。据说,徐世昌曾告诫曹锟:"从此北洋军人团体解散,皆诸君之过,他日为人鱼肉,悔且莫追!"①曹锟顿然大悟,开始从附和主和一变为坚决主战。这次督军团天津会议是北洋将领中皖系主战派阴谋策划对直系主和派的反击,也是主战派决心重新点燃南北战火的严重步骤。

冯国璋为了贯彻执行其"和平统一"政策,一心想促成南北和议。他主张湖南先行停战,南军不进攻岳州,北军也不反攻长沙,一切问题留待和平谈判中解决,并命其心腹大将、江苏督军李纯与陆荣廷接洽。与此同时,前西南军务院抚军副长岑春煊也在沪倡议和平,电请北京政府速颁停战令,责成内阁"罢兵尊法",与"直系四督"通电主和相呼应。11月25日,即在陆荣廷发起南北停战第二天,冯国璋通电宣布停战。该电指出:"国势濒危,人心厌乱,操戈同室,夫岂本心? 迭诵南京李督军与陆干老来往电文,希望和平,正与鄙意符合。本拟早日发布,以定方针,只因内阁易人,辗转访求,迁延时日。……或恐明令一颁,或生反响,不如先从两方面剀切晓示,使其涣然冰释。区区苦衷,当蒙鉴谅。但在此犹豫期间,若双方稍有冲突,势必难以收拾。请各饬现在交战地点之前敌军队驻扎原地,停止进行,听候解决,不过一星期,当有分晓。"②但一星期过去了,和谈毫无进展。12月4日,"长江三督"(李纯、王占元、陈光远)电请冯国璋正式宣布停战。但在主战派的逼迫下,国务院任命直督曹锟为攻湘援鄂"第一路总司令",鲁督张怀芝为"第二路总司令",令各率其部"应援鄂赣,以定大局"③。18日,冯国璋委段祺瑞为参战督办,段芝贵为陆军总长。这样一来,不仅军事指挥大权仍然操纵在段祺瑞手中,而且"参战督办"有权任命官员,插手外交,指挥

①　警民:《徐世昌》,台湾文海出版社1967年影印版,第38页。

②　《中华新报》,1917年12月9日。

③　《北洋政府致曹锟、张怀芝督军电》(1917年12月26日),中国第二历史档案馆藏北洋政府档案一〇一一,3078。

作战,无异于第二个内阁总理。

为了促进和局早日实现,李纯派其高等顾问李廷玉同冯国璋的私人代表王芝祥先后亲赴广西武鸣,同陆荣廷面谈和平条件。陆提出恢复国会,拥护冯国璋继任总统,停止湘粤进兵,以换取两广取消自主,作为护法军谋和的基本条件。24日,李廷玉致电湖北督军王占元说:"昨抵武鸣,当将调解苦衷,并种种碍难内幕,痛切陈明。干老(陆荣廷)闻之,颇为见谅,并谓:'尊重法律,拥戴河间(冯国璋),始终如一。段阁倒后,无他问题,只在双方撤兵,赶速恢复国会,俾黄陂(黎元洪)正式辞职,河间依法继任,一切善后处置,静待中央解决,遵令而行。连次电止湘粤进兵,并劝两粤取消自主,以示同心排解,早息阋墙。乃停战命令迄未明颁,两段(段祺瑞任参战督办,段芝贵任陆军总长)进据要津,曹(锟)、张(怀芝)等同任司令,且龙(济光)就巡使,兵迫雷州。岳军进兵占据黄沙一带,各将校连电报告,且来责言。万一在此调解期间发生冲突,不特前功尽弃,且恐时局益危'各等语。玉云:'春督(王占元)既作调人,万无进攻之理,但湘军前方有此电告,自应电询春督,期得真相,以息群疑。'所有驻岳各军,是否前进,抑或部下妄动,尚未退还原扎地点,均希速示,以免有碍调停。"①25日,冯国璋经多方疏通,终于颁布了弭战布告。该布告强调欧战之后的中国,作为协约国的成员之一,"更无内讧之理",重申:"国璋夙以平和为主旨,久拟警告同胞,早弭战祸。徒以荆襄忽又自主,潮汕攻击不休,以故迟尚未发。近日上将军陆荣廷、云南督军唐继尧、广西督军谭浩明等,均有遵饬所属各军停止进争之表示,陆荣廷且有劝告桂粤取消自主之宣言。此天心厌乱之机,即人事昭苏之会,中央与各省均应表示同情。深愿容纳劝告,解息纷纭,于军事上先得各方之结束,于政事上乃徐图统一之进行。……若或尔虞我诈,藉和平之标

① 《李廷玉致王占元电》(1917年12月24日),《一九一九年南北议和资料》,第1—2页。

目,逞侵略之野心,斯全国当视为公敌,既非国璋所愿闻,抑亦重违陆荣廷等劝告之本旨矣。"①

　　但是,弭战布告虽下,战争阴云未散。直皖两派主和、主战的不同立场,导致了在国会问题上的激烈争论。如前所述,张勋复辟失败后,西南护法各省一再坚持恢复旧国会,北京政府硬要召集临时参议院,而冯国璋则采用折衷办法,主张通过和谈实现南北统一,同时取消旧国会和临时参议院,再根据旧国会组织法与两院议员选举法,进行新国会的选举,从而产生新总统和合法的新政府。但按照旧国会组织法与两院议员选举法,皖系对新国会的选举是无法控制的,因而极力反对。12月31日,主战派之曹锟、张怀芝、张作霖、倪嗣冲、阎锡山、陈树藩、杨善德、赵倜、卢永祥、张敬尧等十督通电反对恢复旧国会,主张以临时参议院代行国会职权选举正式总统。显而易见,皖系反对恢复旧国会,反对南北和议,妄想通过由他们一手控制的临时参议院制定新的国会组织法与两院议员选举法,一方面在北方进行所谓新国会的选举,另一方面指定自己的代理人包办西南各省的选举,从而以"政治倒冯"和"用兵西南"的办法,双管齐下,控制大局,实现其"武力统一"的野心。冯国璋洞悉皖系这一阴谋,暗示"长江三督"于1918年1月4日通电主张解散临时参议院。对此,主战派恨之入骨。5日,皖系督军团再次集会于天津,反对恢复旧国会,请代大总统冯国璋下令讨伐西南。"冯不便拒,但不发明令,只发电令照议决案施行"②。10日,北京政府以参谋部、陆军部名义电令直、鄂军队进攻荆、襄。这是冯国璋对主战派的让步。但他不以"总统"名义下令,而用参、陆办公处奉大总统谕办法,于9日对前方战士发出讨伐电令:"凡抗命者均以土匪论。"很清楚,这是企图对南方的"全面讨伐"缩小为"局部讨伐"。同日,北京政府在声讨石、黎电中,强调"查荆、襄、随、枣均属鄂省内地,石星川、黎天才等于息争盟令

---

①　《政府公报》,1917年12月27日,第698号,布告。

②　曹汝霖:《曹汝霖一生之回忆》,台湾传记文学社出版,第134页。

布告以后,仍复多方扰乱,实属形同匪类,贻害商民"①。这就是说,把
北军进攻荆、襄看作是"剿匪"行为而非对西南用兵。同时,冯国璋又请
王士珍向陆荣廷的代言人岑春煊解释:"局部讨伐令决不会影响南北的
和局。"1月下旬,冯国璋又以个人名义致电岑说:"中央(对荆、襄)的讨
伐,实为被迫而然,且有不得已之苦衷。执事若能转知荆、襄按兵不动,
听候解决,则政府必当命鄂省不以治匪区域待荆、襄,非独鄂省之利,实
亦大局之福。"②他这种两面敷衍的态度,引起主战派的不满。徐树铮
连续密电其同伙,提出改组政府的主张。他认为今日解决时局的关键,
"仍应从整理政府入手","更易一总理,政府便可厘然清明"③。他进一
步具体地说:"欲求国事进步,非先更易阁王(士珍)、苏李(纯),万无着
手之地。李去则赣之陈(光远)无能为,惟虑其才不足当此要冲,即可量
为移调。王去则河间(冯国璋)亦难为害,不妨暂置。王去极以东海(徐
世昌)出任为策之至长。盖河间虽可暂置,究恐无颜自处,懊咎之余,益
以惊悴,一旦天良发现,自悔违誓之愆,必无永年之理。继大任者,除东
海外,自无可议。……陆欣老(陆荣廷)只可暂时维持。万一河间猝有
不测,中央仍陷于困境,仍须另出他计。"④这里,徐树铮主张在继续对
西南用兵之前,必须从改组政府入手。从直皖之间的和战分歧发展到
谋倒王士珍内阁,逼李纯下台,推徐世昌出山,甚至预言冯国璋之"必无
永年",可见直(冯)皖(段)二派怨毒之深了。

随后陈炳焜、王芝祥先后到达南宁,与陆荣廷、李廷玉举行会谈。
双方首先达成协议,免去龙济光两广巡阅使及任命陆荣廷为湘、粤、桂
三省宣抚使,由李、王于1月12、14日分别电致北京政府,请予明令发
表。但冯国璋接电后,对陆、龙任免迟迟不敢发表,使北方这两位会谈

---

① 《顺天时报》,1918年1月11日。参见《中华民国史事纪要》(初稿),1918年
1至6月,第26页。

② 《顺天时报》,1918年1月25日。

③ 《致各省督军鱼电》(1917年12月6日),《徐树铮电稿》,第2—3页。

④ 《致各省督军阳电》(1917年12月7日),《徐树铮电稿》,第3—4页。

代表很是为难。于是他们商定,由陆亲致冯国璋、王士珍各一书,让李廷玉先行北返,携书面陈一切。李离南宁前夕,曾致电李纯,对冯的犹豫不决十分不满。王、李作为直系主和派的全权代表与两广实力派陆荣廷进行和平谈判,而双方达成协议的一项先决条件,竟不能付诸实施,其处境狼狈,可想而知。李廷玉在电中把和议迟迟不能成功归罪于冯国璋的优柔寡断,这是有一定道理的。但事实上,当时北京政府已大体上接受西南实力派条件。23 日,徐树铮给皖系各督军电透露说:"府中今日定稿交国务院电致西南要人,提出中央议和意见:一、国会以旧法新召;一、岳州北军调回,以西南人物督湘;一、陆荣廷如愿巡阅两粤,仍可复其原职,并兼粤督,龙(济光)则另作安置;一、川中许驻滇军一师半,划江为界。黔军亦可照前清保盐路办法,留驻一旅以上云云。"①北洋军阀内部和战问题之争,是两个不同政治集团之间争权夺利、勾心斗角的集中反映。这种矛盾和斗争,导致了后来直皖战争的爆发,无论是皖系主战派还是直系主和派,他们都尔虞我诈,两面三刀。这是北洋军阀集团反动本质的大暴露。

三 南军攻克岳阳和北军占领荆襄

岳阳为湘省门户,湘鄂交界的军事要地,自从 1913 年二次革命失败后,一直落入北洋军阀手里。1917 年 11 月中旬南方护法军占领长沙后,要求攻占岳阳的呼声很高。但由于桂系首领陆荣廷急于保存地盘,按兵不动,使南北处于不战不和的混沌状态。12 月 1 日,荆、襄自主,武汉震动。湘西军民纷纷要求开往鄂西与湖北自主军战斗在一起。这吓坏了直系主和派的鄂督王占元。为自存计,他从主和变为主战。督军团天津会议决定向西南下讨伐令以后,谭浩明电请北京政府停止进攻荆、襄,否则南军将进攻岳阳,以为报复。但皖系主战派置之不理,吴

光新、张学颜等竟于1918年1月14日开始发动进攻,荆、襄先后陷落。

早在1月上旬,正当北军利用和谈之机加紧调兵遣将的时候,湘军总司令程潜于新市(湘阴东北)连续召集军事会议,拟订攻岳作战计划,决定:湘军赵恒惕率该师第一旅和陈嘉佑之独立第三旅进攻托坝,为主攻;林修梅旅进攻筻口,为助攻;桂军韦荣昌部及陆裕光部各自佯攻破岗口(坡塘)和新墙、小桥岭,以牵制正面之敌;刘建藩所部担负警戒通城方向,并相机策应赵军主力部队;吴剑学、李仲麟部则为总预备队。16日,谭浩明、程潜、赵恒惕分路进兵岳州。18日,程潜对湘军下达进攻命令,他在训词中慷慨激昂地指出:"夺得岳州,湖南必生;不得岳州,湖南必死。我胜敌人,国家必存;敌人胜我,国家必亡。生死存亡,在此一战。凡我军人,努力杀敌。"①湘军为解放故乡,保卫桑梓而战,士气大振。23日拂晓,护法联军开始五面攻击岳州。湘军右路和中路首先迎击当面之敌于托坝,然后乘胜推进到白湖瑕,威胁北军的防御重点乌江桥;左路林修梅旅攻克筻口、花山。守岳阳的北军是北军总司令王金镜的第二师、李奎元的十一师、王汝贤的第八师、范国璋的第二十师,都是直系主和派或亲近直系的部队,他们不愿与南军血战而毁灭自己,让皖系军队坐收渔人之利。右翼托坝被攻破后,王金镜向北京政府告急说:"北军所有队伍已全数开至前线,对于北路,再无兵可派,现拟收集守城官兵及卫队两连,背城一战,如仍不支,今晚岳城恐失守。"②24日上午,湘军集中兵力攻击江桥。25日,萧耀南电称乌江桥被敌包围,急求援兵,第二天拂晓被迫退往康王桥(亦称三眼桥)。王金镜命萧耀南死守,"作背水一战,以挽回危局"③。当天,他再电向北京政府告急说:"现时敌人多,有两师之谱围攻左翼乌江桥及桃林一带地方,势甚危急。

---

①　《湘粤桂联军攻克岳州血战史》,《民国日报》,1918年2月22日。

②　《王金镜漾电》(1918年1月24日),中国第二历史档案馆藏北洋政府档案,北十一,848。

③　《王金镜关于守岳北军失败经过的报告》,中国第二历史档案馆藏北洋政府档案,北十一,1386。

若无援兵,必至不支。然岳州已无援兵可派。查汀泗桥尚驻有安武军多营,如能使其由长安驿下车,径攻敌之右侧,庶可解围,请电令王督转饬或径电该军火速遵行。"①但援军未达,乌江桥已失守,萧旅残部争相逃命,湘军长驱而入,直抵岳阳城下。王金镜命令放火焚烧后退出。27日上午,联军占领岳阳,俘敌一千三百余人。

这次湘粤桂联军攻占岳阳,是客观形势所决定的:第一,湖南人民要求驱逐岳阳北军的情绪日益高涨,湘军将领程潜、赵恒惕等早就奔走呼号,跃跃欲试。这是桂系军阀所无法强行压制的,否则必然会影响桂系军阀在湖南的领导地位;第二,以孙中山为首的军政府对桂系军阀占领长沙后按兵不动十分不满,如果不迅速改变这种状况,必然会促使军政府与湘军的联合,从而影响桂系在广东的统治地位;第三,北军进攻荆、襄,湘省吃紧。北方直系主和派不能控制局势,皖系主战派的兵锋必然指向湖南。因此,为自身生存计,为确保两广地盘计,桂系军阀不得不先发制人,出兵岳阳。

联军攻克岳阳,西南各省人心振奋,纷纷要求乘胜进攻武汉。当时的形势是:鄂省北军主力都集中在荆、襄会战,武汉空虚。如果联军乘虚进取武汉,与黎天才护法军会师湖北,将使南北战局发生重大的变化。但桂系军阀不从大局出发,旋即与直系军阀秘密勾结,认为北军攻占荆、襄,南军夺取岳阳,各得其所,双方均应适可而止,转战为和,迅速召开南北和平会议。因此,南军占领岳阳的当天,谭浩明即下令严禁前线各军跨入鄂境一步,又把护国军第二路军林俊廷部调回广东对付广东方面的国民党,并致电李纯声明,"已饬前方停止进攻,不入鄂境",保证"北不攻岳,南不攻鄂",希望李纯为首的主和派能"毅力斡旋,促成和

---

① 《王金镜有电》(1918年1月26日),中国第二历史档案馆藏北洋政府档案,北十一,848。

局"①。湘军总司令也致电李纯宣称："此次用兵,实为促进和平起见,已向王督(占元)声明,此后对于荆、襄不事吹求,我军决不进窥武汉。倘代总统不失其主张正义之宗旨,则我军仍本以前拥戴之赤忱。"②这样,进攻湖北、直捣京畿的大好时机,就被桂系军阀断送了。

1917年11月联军占领长沙后,岳阳指日可下。前面提到,在孙中山的号召下,湖北第一师师长石星川和襄阳镇守使黎天才分别于12月内宣布独立。随后,原湖北第三师师长王安澜也率领旧部起义护法。他们彼此配合,共同成立湖北靖国联军,公推黎天才为联军总司令。荆、襄"北趋彰、许而抵幽燕,南则与湘、蜀两省互为提挈",乃是"南北竞争之点"③。因此,荆、襄自主,武汉陷于孤立,"河洛幽燕,大为震动"④。鄂督王占元一面电北京政府,乞兵增援,一面调兵遣将,组织鄂省军队围歼靖国军。北京政府也惊恐万状,匆忙召集紧急会议,商讨应急措施,决定立即增调重兵由陕、豫、皖三面入鄂,幻想用一千万元的专款,削平黎天才等起义军⑤。1918年1月10日,北京政府参谋部、陆军部正式下达"武力戡定荆襄令"。在王占元的支持下,北军拟定了作战计划:将襄阳、荆州地区划分为第一、第二两大"清匪"区,北洋第三师代师长吴佩孚为第一区司令,指挥该师两个旅和驻南阳之豫南总司令吴庆桐混成旅"围剿"黎天才部;北洋第十一师师长李奎元为第二区司令,指挥北洋第二师之第四旅、吴光新部两个旅和第十八师一旅"围剿"石星川部。曹锟、张怀芝、倪嗣冲、张作霖、阎锡山、陈树藩、杨善德、赵倜、

---

① 《谭浩明致电李纯》(1918年1月30日),《中华民国史事纪要》(初稿),1918年1至6月,第114页。

② 《程潜致李纯电》,《中华民国史事纪要》(初稿),1918年1至6月第114—115页。

③ 《义声报》,1917年12月27日。

④ 《邱北县县志》第6册,第30页。

⑤ 《义声报》,1918年2月27日第3版。参见高光汉:《西南军阀混战中的黎天才》,《西南军阀史研究丛刊》第2辑,第187—190页。

张广建、鲍贵卿、李厚基、姜桂题、田中玉、蔡成勋、卢永祥、张敬尧十六省督军、都统，先后于 1 月 8 日、13 日两次电促冯国璋对西南下讨伐令。14 日，北军向荆、襄发动进攻，其进攻兵力之分配为：襄阳方面，第三师吴佩孚在东，南阳镇守使吴庆桐部在北，分两路进攻。荆州方面，吴光新部李炳之旅经长阳、百羊从西面进攻，王占元派第十八师王懋赏在潜江、第三混成旅卢金山部在监利从东面夹攻。由于桂系谭浩明坐视不救，靖国军孤军作战，众寡不敌，荆、襄遂于 22 和 27 日先后陷落。但 2 月 7 日黎天才乘吴光新部的主力聚集荆、沙之机，突袭第二旅留守部队，占领宜昌。这时，湘粤桂联军已攻克岳阳，王安澜军据守荆门。不久，黎天才放弃宜昌，进据巴东一带，准备接应滇、黔、川靖国军出川。3 月 19 日，在孙中山的再三催促下，唐继尧发布出兵援鄂令，分别委任黄复生、叶荃、王文华、顾品珍为援鄂第一、二、三、四路总司令，石青阳为援陕第一路总司令，率领一万余人，出川援鄂。4 月初，滇军先头部队抵达巴东。但北军在第二次攻湘之战夺回岳阳后，又派一部分兵力沿长江向四川进攻。于是，南、北两军相持于宜昌、荆州之间。

四　北军第二次攻湘之战

南军夺取岳阳，武汉人心浮动。皖系主战派纷纷攻击冯国璋、李纯等直系主和派"优柔适以贾祸，姑息更足养奸"[1]。1 月 8 日天津督军团会议上，有人建议惩戒李纯，这个建议虽未获得会议通过，但也引起冯国璋的注意，他秘密关照李纯"各方集兵于宁，希补救远嫌"。李纯作为主和的倡导者，既不能见信于西南护法各省，又受主战派的无端攻击，十分灰心，乃于 11 日电请辞职。李纯的辞职虽经冯国璋一再挽留而作罢，而湘、鄂战事的复起，使和谈时断时续，前途渺茫。

---

[1] 《张敬尧反对停战议和的通电》，中国第二历史档案馆藏北洋政府档案，北十一-(2)，352 号。

为了摆脱皖系的羁绊,冯国璋于 24 日邀王士珍、段祺瑞一起访徐世昌,商讨和战对策。席间,冯突然提出"为了团结和巩固北洋派,决定亲征"。他说:"近日旧同袍对于自己均不见信,拟亲赴直、鲁、蚌、苏再转鄂,面相信誓。"徐世昌"未置可否",段祺瑞"力以为非"①。但冯仍执意前往,于 26 日携带幕僚及随从一旅,由津浦路乘专车南下,准备到南京与李纯会见。27 日岳州落入南军之手,鄂督王占元惊慌失措。第二天李纯通电主和,说"岳州失守,奉中央密令,仍主调和"②。该电恰值冯南下出巡之时发布,引起主战派大肆攻击。当冯国璋车抵蚌埠时,被段系干将倪嗣冲所阻,只好于 29 日扫兴折回。冯返京后的第二天(30日)向西南下讨伐令,命曹锟、张怀芝进兵湘鄂,特派曹锟为第一路军总司令兼两湖宣抚使,张怀芝为第二路军总司令兼湘赣检阅使,张敬尧为援岳前敌总司令,命令他们"即行统率所部,分路进兵,痛予惩办"③。

2 月中旬,各路北军分别向湘鄂、湘赣边界进军:以曹锟为总司令的第一路军分为两队。吴佩孚率第三师及五个混成旅,由鄂北开往鄂南,集中蒲圻、嘉鱼一带,准备袭取岳阳;张敬尧率领第七师另两个补充旅和安武军一部到汉口后,移驻汀泗桥,进攻湖北通城。曹锟于 2 月 6 日到汉口坐镇指挥。以张怀芝为总司令的第二路军分为左右两翼,施从滨率山东暂编第一师、张宗昌的江苏第六混成旅出江西铜鼓,进攻湖南浏阳,张之杰的第十二师第二十三旅和李传业所属安武军二十营,经江西萍乡进攻湖南醴陵。冯玉祥率领的第十六混成旅从浦口溯江而上,拟经常德进攻湘西。此外,以杜锡珪为海军第二舰队司令,率楚观、江鲲、江利、江犀、江贞等五舰,由水路开进,以策应陆路进攻。

护法联军方面兵力部署是:湘军赵恒惕师在岳阳;刘建藩部在平江;桂军马济、韦荣昌、陆裕光等部在岳阳至羊楼司之间。桂系这种部

---

①　《顺天时报》,1918 年 1 月 4 日。

②　《顺天时报》,1918 年 2 月 2 日。

③　《湘灾纪略》,第 26 页。

署,其目的明显在于胜则居功,败则先退。

1. 岳阳攻守战

2月26日,吴佩孚抵达蒲圻,兵分两路进攻岳阳。第三师主力及第二、三、四混成旅,由蒲圻沿武岳铁路进攻南军的正面防御阵地;王承斌第一混成旅出嘉鱼,经太平口、鼓花洲,沿江岸进攻岳阳侧翼。27日,吴佩孚亲自指挥主攻部队向联军第一防御阵地发动进攻,并于当日占领羊楼司,第二天乘胜攻占了新店诸要点,占领了万峰山高地,突破了联军第一防御阵地。3月10日,北军开始对联军第二防御阵地发动进攻,实行钳形突击战术,先以优势兵力向云溪西面战斗力薄弱的湘军侧翼猛攻,企图击溃湘军后插入云溪,截断羊楼司的后路。湘军闻讯,自动后撤。此时守卫羊楼司的联军第三军司令陆裕光正由岳阳乘火车满载军火北上,一闻前方失利,便下令掉转车头南逃。北军于11日上午攻克羊楼司,15日占领云溪,16日上午对岳阳发起总攻。右路之第一旅第一团在舰炮配合下,攻陷要隘城陵矶,其少数先头部队突入岳阳城内,因怕联军埋伏,旋又退出。17日,各路北军会攻岳阳,联军未经坚强抵抗,当晚弃城南逃。18日上午,北军占领岳阳。

联军岳阳之败,显然是败于桂系军阀首领陆荣廷无意与北军在湖南战场上决一雌雄。如前所述,早在联军占领岳阳的当天,他就迫不及待地把一部分部队撤回广东,以便巩固桂系在广东的统治势力,扫除境内的异己力量。岳阳攻守战揭开后,他鉴于北军两路进兵,水陆夹攻,气势逼人,眼看湖南战斗就要爆发,长、岳既无险可守,江防又无海军护卫,联军腹背受敌,作战地位十分不利,认为这是一场没有胜利希望的赌博,便决定必要时保全实力,不战而退。桂系这种不准备应战的消极态度,决定了联军在湖南战场上的一系列失败。

2. 平江之战

平江地处山峦地带,北与湖北通城相接,系长沙东北的重要屏障。张敬尧所部第七师全部和鄂军、直军、安武军各一部,准备进攻平江,3月中旬已在通城一带集结。3月11日,北军分三路进攻平江,以第七

师第十四旅旅长田树勋为中央纵队司令,率所部向梧桐山、梅仙市方向
进攻;以十三旅旅长吴新田为右纵队司令,以第四十二混成旅旅长张敬
汤为左纵队司令,各率所部从两翼前进。当日,右纵队击退了防守在花
凉亭的湘军,推进到古米山、金家坳一线;中央纵队进占阿婆岭、梧桐
山;左纵队占领麦市,次日攻下盘石铺,直插天岳关。18 日,北军相继
占领了大州、倒流滩、张元岭、桃花洞等要地。21 日,中央纵队进攻梅
仙市,遭到六千余湘军的反击,激战两昼夜,不分胜败。后来北军除主
力部队正面追击外,两翼采用穿插战术。联军刘建藩无心再战,22 日
平江为北军占领。北军开进平江,张敬尧采取"三天不封刀"的野蛮办
法,在他的纵容下,士兵以搜索残敌为名,闯入民舍,烧抢淫掠,无所不
为。三天后才贴出所谓安民告示,但也无济于事,奸淫抢劫的情况并无
改善,其惨状为南北之战以来所未有。

　　当北军疯狂向岳阳和平江进攻时,坐镇长沙的湘鄂桂军"联帅"谭
浩明束手无策,无所作为。岳阳失守,联军各路退到长沙,谭召开团长
以上的军事会议。在这次会上,互相推诿责任,争论不休,什么问题也
没解决。岳阳被占后,谭浩明还胁迫长沙商会搜刮军饷,并于当日发出
"四言韵示"的安民布告,声称"岳阳小挫,军事之常,本帅坐镇,自有主
张"①。但到了 3 月 25 日,这位"自有主张"的三省"联帅"竟弃守长沙,
率领所属桂军溜之大吉了。

　　谭浩明走后,长沙陷入无政府状态。26 日晚,吴佩孚第三师不费
一兵一弹地开进了长沙,张敬尧部也随后赶到。27 日,北京政府任命
张敬尧为湖南督军兼省长,同时电令吴佩孚立即率部向湘南进军,并犒
赏攻克岳阳和长沙的将士各三十万元。

　　3. 湘东之战

　　4 月初,段祺瑞政府鉴于湖南战事发展顺利,而广东龙济光登陆阳
江后,正遭受护法军的反击,乃确定北军的作战方针为"定湘援龙,同时

---

① 《湖南省志》,第 1 卷,第 370 页。

并举"①,"虚攻衡宝,以掣敌势。一面阳攻郴州援粤,阴由闽急攻潮惠,奇兵制胜"②。根据上述方针,北军占领长沙后分三路向南推进:以张怀芝为左路,经醴陵南下,攻攸县、茶陵;以吴佩孚之第三师为中路,出长沙经湘潭,夺衡山、衡阳;以张敬尧之第七师为右路,由长沙经湘乡、永丰攻宝庆。另调奉军两旅驻守长沙,浙江一师援闽,解龙济光之围。

联军弃守岳阳、长沙后,陆荣廷决定:湘粤联军全部退到衡山、永州一线,"暂取守势";商请唐继尧率川、滇、黔靖国军立即出川东下,进取鄂西,以分敌势;两广桂粤军集中主力讨龙,以除去侧后隐患。4月下旬,谭浩明将大部分军队撤回广东,他本人于22日由衡阳退驻永州,而把湘军甩在湘潭、衡山一带。湘军见桂军撤退,也急向后撤。24日,北军中路军吴佩孚不战而占领衡阳。

4月15日,北军左路军施从滨师占攸县。不久,李传业的安武军和张之杰的赣军一旅也进抵攸县,驻扎在攸县城外,以便伺机夺取永兴、郴州,直逼粤境。20日,湘军总指挥赵恒惕由萱州渡过湘江,秘密进入霞流市、吴集和青山冲地域,恰好迎击了来犯的施从滨师。23日,湘军赵恒惕、刘建藩等部队从五个方向对攸县地区之敌发起攻击。北军不支,分向醴陵、茶陵方向逃跑,湘军光复攸县,毙敌千余人,俘数百名,夺获飞机两架,随即分数路追击北军。25日,湘粤军与扼守黄土岭之敌展开激战。赵恒惕亲临督战,指挥湘军从正面连续突击。北军慌乱败退,放弃黄土岭,分向萍乡、浏阳和株洲逃跑。湘军乘胜猛追,连克醴陵、株洲,前锋离长沙仅数十里。北军施从滨、张敬尧、张宗昌、李传业等师旅,纷纷向长沙、萍乡撤退,首尾不相顾,均溃不成军。经此一战,北军左路军几乎全军覆没,施从滨师仅剩七百余人,张宗昌混成旅只剩两营,李传业的安武军也伤亡过半,形势对北军很不利。

但是,这时的陆荣廷却极力避免在长沙地区与北军主力决战,不仅

---

①　《致靳云鹏真电》(1918年4月11日),《徐树铮电稿》,第99页。

②　《致各省督军轸电》(1918年4月11日),《徐树铮电稿》,第100页。

不协同湘军进行大规模反击，且将接应湘军的部队撤退，以致丧失了重占长、岳的大好时机。5月1日，刘建藩不幸在株洲渡河时失足身亡。张敬尧一面急调进攻宝庆的田树勋旅退保长沙，一面率第七师和奉军一部前往株洲阻击湘军。这时，湘军突然失去勇将，加上腹背受敌，赵恒惕遂下令放弃株洲、醴陵。随后，田树勋旅攻陷宝庆，吴佩孚部连陷安仁、攸县和耒阳。至此，湘东的拉锯战宣告结束。

五 段祺瑞第三次组阁

1月30日，即冯国璋对西南下讨伐令的当天，岑春煊通电提出南北划分的主张。他认为现在全国和战之争，都集中在湘、鄂二省，"岳固湘辖，北军原不必屯兵；鄂本主和，西南亦无须敌视。各守疆界，两不相侵"，呼吁南北当局维持现状，互不侵犯，"释兵戎而息内纷"[1]。31日，李纯致电孙中山，也提出为今之计，只有双方"勿再前进"，才是"战和一关键"，请孙中山调停南北，"先各停战，双方限日提出一定条件，明白宣布，通告国人，必如此而后和"[2]。徐树铮以此为借口，采用"兵谏"手段，引奉军入关，以迫使直系就范。为此，他于2月1日致电皖系各督军说："冯、王、岑密使往来商量，已有成说。观岑卅之电了然可揭。……统一局面一破，必有一半引外人保护，其一半能否自立，是不陷灭亡不止。……推原祸始，冯公聩聩，尚不足责，足责者厥惟阁之王，督之李。……现议由奉省抽调生力军队，以助战为名，分运京奉、京浦路次，强请命令罢李，李去后王必自退，不退再请罢之。"他认为"奉电[3]出后，鲁、徐、皖、沪应之，李（纯）难自安，或不待明令，即自求退"，并指出上述办法历经徐、段赞许，希促进行，以免"武汉再有动摇，益形危殆。

---

① 《顺天时报》，1918年2月2日。

② 《南京督军李纯致大元帅电》，《军政府公报》第47号，1918年2月15日。

③ 指奉天督军张作霖1月19日电请对南方下讨伐令。

李去王退后,两老(指徐、段)中必有一毅然出荷艰难者"①。此电暴露了皖系的全盘计划:以引奉军入关相助为手段,迫使冯国璋明令罢黜李纯,逼走内阁总理王士珍,为段祺瑞重新上台开辟道路。该电特别嘱咐皖系各督:"仲珊(曹锟)、子志(张怀芝)两督处,非届兵发之时不能明告,希暂勿通电。"这句话也足以说明徐树铮对曹锟、张怀芝的不信任,反映了皖系及北方主战派内部勾心斗角,尔虞我诈。而直系主和派的鄂督王占元,眼看岳州失守,湖北两面受敌,为自保计,竟出卖其同伙,将苏、鄂、赣三省联合条件密告徐树铮。2日,徐电告皖系各督说:"顷子春(王占元)专员密持确函,来通殷勤,详告苏省主动,密商苏、赣、鄂联合条件:一、北军南行者,坚拒不许过汉口、浦口;二、苏、赣、鄂有急时,同一动作;三、苏、赣、鄂遇事联防;四、海军第二舰队饷款,由苏、赣、鄂共同担任。以上四条,皆由三督亲笔签字。子春极愤苏之无状,自言'签字取其不疑。现北军到汉者,仍听其通行,决无阻挠。我已年近六十,岂肯对于北洋数十年老同人作出不成人格之事。同志各省但定有妥当办法,一经示及,立即与苏翻脸'云云。又商派员赴津一同会议。弟以此时我辈办法未经商定,不如由渠打通苏省消息为便。来员极赞同弟说,已径归矣。"②

王占元泄露"长江三督"联合条件,引起皖系主战派对直系主和派的极端憎恨。他们含沙射影地攻击冯国璋,要求惩办李纯,向西南下讨伐令。冯惊慌失措,束手无策,为了向主战派妥协,连发数令:4日,以"时事多艰,人材难得"为名,取消袁世凯复辟帝制死党梁士诒、朱启钤、周自齐通缉令;5日,布告罪己,自责"委曲迁就,事与意违","既丛罪戾于一身,敢辱高位以速谤";同日,发表整饬纲纪文电,分别惩戒与湖南战败有关之吴光新、王汝贤、范国璋、王金镜、傅良佐、周肇祥等人,并任命吴佩孚署理陆军第三师师长。冯国璋如此追究湖南战败责任,似乎

① 《致各省督军先电》(1918年2月1日),《徐树铮电稿》,第10页。
② 《致各省督军冬电》(1918年2月2日),《徐树铮电稿》,第11页。

决心一战,引起主和派的强烈不满。

　　冯国璋时而主战,时而主和,或者在向西南下讨伐令的同时,又密令李纯照旧调停,其章法之混乱,达到十分荒唐的地步。事实上,他的一举一动,甚至往来函电都处在工于心计、独断专行的皖系"智囊"徐树铮的严密监视之中。在皖系的逼迫下,冯不能坚持自己的主张,只能对各方敷衍应付,结果,既受主战派的攻击,也引起主和派的非难,在波谲云诡的政治斗争中,他终于逃不脱失败的命运。

　　2月23日,徐树铮亲赴秦皇岛,会同事先约定入关进驻滦州的奉军第二十七师张景惠旅,截留日本依据中日军事借款协定第一批运到的枪支。25日,奉军第二十七师第五十三旅开到滦州,奉天督署参谋长杨宇霆带兵到秦皇岛,将日本运来的步枪二万七千余支劫走,其中除晋督阎锡山购械部分放行外,另以三千支分给直、闽,其余一万七千多支扣车运往关外,以供装备奉军之用。同日,徐树铮赴奉天晤张作霖,商请继续调派奉军入关作战,声援段祺瑞,张表示同意。随后,奉军直达京津,严重地威胁北京政府的安全,冯国璋大为恐慌。3月18日,北军占领岳阳,皖系主战派为之一振。19日,以曹锟为首的包括长江三督在内的十五省三特区督军联名通电,要求段祺瑞组阁。由于主战派的坚决要求,冯国璋被迫请段出山,并托徐世昌促驾,但段虚假地表示坚决不干。20日晚,日本公使林权助访徐世昌,劝段祺瑞复出组阁。由于日本公使的幕后插手,徐最后一言以定①。段祺瑞终于又以胜利者的姿态从容出山了。3月23日,任段祺瑞为国务总理的命令发表,宣告了王士珍内阁的解体。29日,段祺瑞第三次组阁,名单如下:

　　外交总长　　陆徵祥
　　内务总长　　钱能训
　　陆军总长　　段芝贵

---

　　①　当时有人对徐世昌说,可"不必问芝老出否"。徐表同意,提出"诸公可将命令办好,带府请印,庶免再有推托"。见《徐树铮电稿》,第6页。

海军总长　刘冠雄

教育总长　傅增湘

司法总长　朱　深

农商总长　田文烈

交通总长　曹汝霖

财政总长　曹汝霖(兼)

段祺瑞第三次内阁完全是由段系主战派的军阀武人、官僚政客及效忠于段的新交通系所组成。这次内阁同第二次内阁一样，未经国会通过。

六　吴佩孚与陆荣廷签订停战协定

曹锟、吴佩孚本为直系冯派军人，挥师南下攻克岳阳，收回长沙，占领衡阳，战功最大，但段祺瑞政府竟把湘督兼省长一职授予毫无战绩而以屠戮著称的皖派嫡系张敬尧，使吴大为不满。这时曹锟也屡得冯国璋密电诘责，意识到继续主战，徒为皖系扩大地盘，乃派人至京日使馆，请日本转告南军谋和，结果被拒事泄，情报落入徐树铮手里。为了笼络曹锟，并防止他怀有贰心，4月4日段祺瑞政府特授曹锟勋一位，一等大绶宝光嘉禾章；吴佩孚勋三位，二等大绶宝光嘉禾章，但曹、吴不为所动。5日，曹藉口两湖地区的善后事宜应由各省自行负责，请辞两湖宣抚使职。此时，徐树铮以"奉军副总司令"名义，将奉军两混成旅编为一支队，以张景惠为支队长，于9日沿京汉线南下，开往信阳、孝感，声称增援，听候曹锟指挥，实则部署在直军后面，用以监视曹、吴。13日，曹锟以第一路军过于疲劳为由，电请将吴佩孚第三师及其余各旅调回岳阳；次日，在汉口再次电请辞两湖宣抚使职，并请给病假。吴佩孚秉承曹锟的意旨，占领衡阳后即停步不前。5月29日，曹锟未经段政府同意，即擅自离开汉口，回师天津守住直隶地盘。吴佩孚南有南军对峙，北有张敬尧及奉军监视，深感久驻衡阳不利。这时候的陆荣廷，鉴于湖南、广东人民蓄意反桂，认为吴佩孚尾追其后，力量雄厚，无法击退，而湘、粤比较，粤比湘富裕，便决定和吴佩孚讲和，撤回部队，力保广东，以稳定两广局面。于是，经过谭延闿派其心腹张其锽从中斡旋，5月25日，南军代表与直军代表在耒阳举行谈判，6月15日签订停战协定，息战言和。据谭浩明致电岑春煊等透露，这次停战协定主要内容是："双方永不开衅，不许他项军队通过，并不受他项军队之牵制。如不幸受威力胁迫时，当密为通报，设法对付，决不开衅。联军与他项军队作战时，直军决不暗助与干涉……"[1]8月，吴佩孚通电主和，公开攻击段祺瑞的"武力统一"政策"实亡国之政策"[2]。直系将领纷纷响应，南方护法军政府也复电赞成和平。段祺瑞在直、桂军阀联合反对下，8月下旬被迫命令前线各军暂取守势。陆荣廷通过湘军与吴佩孚结成新盟友。新的直桂联盟的形成加剧了直皖之间的矛盾。

第四节　军政府改组和护法运动的失败

一　孙中山炮击观音山

　　桂系军阀对孙中山领导的军政府，一开始就采取听其自生自灭的消极态度，后来更发展到公开进行破坏。粤督陈炳焜秉承陆荣廷的"釜底抽薪"之计，驱逐拥护孙中山的省长朱庆澜，强行收回由朱交给军政府管辖的二十营亲军（即省署警卫军），引起孙中山的强烈不满。陈炳焜在广东混不下去，乃由莫荣新继任粤督，但是，莫并不比陈好些。如前所述，莫曾杀害孙中山任命的潮梅前敌司令金国治，又诬指大元帅府卫队的连排长及新招卫士六十余人为土匪，任意枪杀。孙中山曾愤怒

---

① 《谭浩明报告吴佩孚订约九条内容致岑春煊等电》（1918年9月25日），云南档案106—3—186。

② 《吴佩孚主和电》，《湘灾纪略》，第63页。

地说:"如果曾做过土匪的便要枪毙,那就怎样的去处置现在的督军省长?"①这里,孙中山指的就是当时的广东省长李耀汉和督军莫荣新,因为他们都做过土匪。他强烈要求莫荣新严惩所部肇事者,向军政府谢罪,但莫置之不理。接着,又有两名招兵人员在广州被捕,孙中山写信要求保释,莫连信也不回,就把这两个招兵人员枪决了。孙中山忍无可忍,决定炮击观音山,惩罚莫荣新。1918年1月3日晚,他率领亲信将领及少数警卫部队,亲登同安、豫章两舰,驶到中流砥柱炮台指挥开炮,向督军署轰击,同时命令朱执信促李耀汉、李福林等同时发难,许崇智、邓铿、罗翼群协助陈炯明响应举事。孙中山亲发数炮,又督促炮手续发七十余发。当舰上发炮作为起事信号,炮弹打到观音山时,除李安邦巡舰不时向长堤桂军机关扫射外,陆上部队全无响应。陈炯明认为孙此举"冒险"、"轻率",按兵不动,袖手旁观。滇军虽经大元帅参议刘德泽运动,但因第四师师长方声涛、旅长朱培德、张维新等极力反对,亦不能行动。其他部队则表示中立,徘徊观望。莫荣新先得密报,接受其参谋长郭椿森的献计,采取"不理睬"政策,电令熄灭灯火,不许还击,同时打电话到海珠的海军办公室,请程璧光迅速进行调处。程璧光急忙派海琛舰向豫章舰、同安舰传达"停止炮轰,开回省城"的紧急命令。这两艘军舰起事后得不到陆军的响应,势孤力薄,又接到上级长官的命令,只得开回省城。

　　炮击观音山的第二天,各界要人及中华革命党一些元老们,对这一事件主张进行调解。孙中山向桂系提出五个条件:一、承认军政府为护法各省的最高领导机构;二、承认大元帅有统率军队的全权;三、承认广东督军由广东人选任,必要时大元帅得加以任免;四、被捕民军代表交军政府处理;五、广东外交人员由军政府任命。莫荣新表示,第一至第三条须向陆荣廷请示;第四、第五条修改为"须得军政府的同意"。这种

---

①　陆丹林:《总理炮教莫荣新》,《革命文献》第49辑,第135—136页。

答复,等于一个条件也没有接受①。但莫故作姿态,装出一副息事宁人的样子,亲自到大元帅府向孙中山道歉问疾,并答应接济元帅府卫兵月饷二万元,又循孙中山之意,派罗诚为广东交涉员,且受军政府任命。难怪当时就有人指出:"陆阿宋(荣廷)及其伙伴能有今日发迹,也有他们两手的。"②

1月9日,孙中山在大元帅府招待军政及工商各界代表,说明炮击观音山的事实经过,揭露桂系的真面目,指出军政府成立以来,由于地方当局采取"不合作"的态度,以致"形同虚设,贻误讨逆戎机"。他表示这次炮击观音山,"莫督军既未还击,又能接受条件,军政府有了生路,也就不必苛求了"。

这次炮击观音山,时人也称为"炮教莫荣新",既打击了桂系军阀的嚣张气焰,也提高了军政府的威望,并表现了孙中山坚持原则、敢于斗争的大无畏的革命精神。

二　西南联合会议的出现

军政府成立后,陆荣廷、唐继尧始则采取"虚与委蛇,敷衍中央"的态度,拒绝受元帅职,使军政府形同虚设;继而密谋策划另立西南各省联合会议,与军政府分庭抗礼。1917年11月4日,李烈钧秉承唐继尧的旨意发出"支"电,提出"拟组织军事联合会,并设政务委员会"③。同

---

①　《中华民国史事纪要》(初稿),1918年1至6月,第7页。另据张开儒致电唐继尧称:孙中山向莫荣新提出三条件:"一、由莫督军致孙大元帅及派员道歉;二、令广东政府(当局)尊重大元帅政府及非常国会;三、广东外交特派员由大元帅任命。"见《云南档案》:106—3—128。到底是三条还是五条,待考。

②　罗翼群:《孙中山南下护法十年间粤局之演变》,《广东文史资料》第25辑,第114页。

③　《唐继尧为组织军事联合会致电孙中山等》,《云南档案史料》第1期,第48页。

日,在陆荣廷的策动下①,程璧光、唐绍仪、伍廷芳等集议于海珠,讨论议和及组织西南联合会事宜。会上,唐绍仪认为先恢复伍廷芳的总理职务②,"一切问题,较易解决"。程璧光则强调指出:"今日之事,其急待进行者,在切实统一机关之建设而已。"③值得注意的是,在这个会上,谁也不提军政府的存在问题。会后,李烈钧拟定了西南联合会章程草案,征求护法各省意见。7日,陆荣廷致电程璧光,认为"大局已有转机",西南联合会议组织可以从缓。所谓"大局已有转机",指的是南北议和。他急于与段祺瑞政府妥协,甚至带头宣布停战。在他看来,这时候结合团体,成立西南联合会议,容易惹起南北恶感。因此,"审查现势,无组织会议之必要,此举似可从缓"④。随后,唐继尧力主在粤成立军事联合会,致电孙中山等,指出:"筹思再四,非此实不足巩固西南,即乞诸公合力赞同,速派军事代表组织会议,一面联电唐、岑、伍三公出任政务委员会。开会地点似以广州为适中,较能使两种会议克日成立。"⑤12日,贵州督军刘显世通电声称,西南联合会议,虽陆巡阅使主张从缓,但为现势所不可少,不过因条例与初意不合,惟宜修改条件,期对内对外一致进行。12月31日,程璧光、莫荣新将修改后的《中华民国护法各省联合条例》通电各省。恰好此时北京政府宣布龙济光任两广巡阅使,直接影响着桂系军阀占据两广的地位,打破了陆荣廷妥协求和的幻想。1918年1月9日,陆复电程、莫,表示西南"联合条件,极所

---

① 据谭浩明11月14日密电透露:"前在邕,陆巡阅使曾筹商及此(指西南联合会),并议请伍秩庸(廷芳)、岑西林、唐少川(绍仪)来粤,会商办法。(见《云南档案》106—3—138)

② 1917年初,在"府院之争"中,伍廷芳站在黎元洪一边,5月,曾代理国务总理(时任外交总长),协助黎元洪副署命令,免去段祺瑞国务总理的职务。旋因伍廷芳拒绝副署解散国会命令,黎元洪在张勋逼迫下,又不得不免去伍的代理总理职务。详见本卷第2章第1节。

③ 莫汝非:《程璧光殉国记》,第6章,第1页。

④ 《陆荣廷致电李烈钧等》(1917年12月7日),云南档案106—3—138。

⑤ 《唐继尧致电孙中山等》(1917年11月),《云南档案史料》第1期,第48页。

赞同,即请公决,速行组织为盼"①。15日,西南各省护法会议在广州成立。依据该条例第七条规定,举行宣誓式,并推岑春煊为议和总代表,伍廷芳为外交总代表,唐绍仪为财政总代表,唐继尧、程璧光、陆荣廷为军事总代表。20日,广东莫荣新等十三人联衔通电公布《中华民国护法各省联合会议条例》。

西南联合会议,原为协调、疏通西南各省军事问题而设,属于军事联合机关的性质。孙中山为促成团结,曾致电唐继尧表示:"组织军事联合会及政务委员会各节,足收同力共举之效,鄙意亦甚赞同,望由尊处分头进行为荷。"②但从《中华民国护法各省联合会议条例》,特别是稍后颁布的《护法各省联合会议组织条例》看,则远远不止是个单纯军事协调机关,而具有政府雏形。它明确规定对外对内执行政务,其职权有诸如"办理共同外交,订立契约;监督共同财政,办理内外公债之募集;统筹军备,计划作战,议决停战议和事件;议决各与省之争议事件"等等,还规定"联合会议置军事、外交、财政、议和各参赞若干员,由各总代表分别聘任之"③。这就是说,从军事、政治到内政、外交,联合会议均享有广泛的权力,俨然与军政府相抗衡。

西南联合会议的幕后操纵者是蛰居上海的岑春煊。据北洋密探马凤池情报,岑暗与冯国璋勾结,不仅插手南北和谈④,而且"极力促成自主各省联合会","明为销融陆(荣廷)、孙(中山)两派之畛域,即暗以具备南方政府之雏形"。有了这个西南联合会议,他就可以排斥孙中山而充当西南各省的盟主。"万一至督军团与大树(指冯国璋)决裂时,则立可划江水为鸿沟,由自主各省另立旗帜"。李烈钧也密电唐继尧透露

①　莫汝非:《程璧光殉国记》,第6章,第2页。
②　《孙中山致唐继尧电》(1917年11月21日),《云南档案史料》第1期,第48页。
③　《护法各省联合会议组织条例》,《东方杂志》第15卷第2号,第212—213页。
④　"西林现与大树极融洽。李纯不过表面为大树作调人,实皆西林在中斡旋。"见《马凤池密报》,《近代史资料》1978年第1期,第73页。

说:"煊意只好由联合会议推为军事总代表,将军政府无形取销。"①陆之所以开头反对联合会议,后来又表示赞同,据人分析,是因为"陆荣廷脑筋简单,只求目前得一湘粤桂巡阅使,将来并兼领副总统,于愿即足。其他西南问题、国会问题,若皆不足措意,经西林(岑春煊)一再派人与说,又请庄思缄(蕴宽)密函疏通,始承诺加入联合会"②。

这个独立于军政府之外的西南联合会议的出现,终于使孙中山逐渐清醒,表示反对。孙认为联合会议"于约法无根据",指为"督军团之第二"③。章太炎也通电怒斥岑春煊等为"倪嗣冲第二"、"李完用第二"。该电说:"岑云阶、李协和发起护法各省联合会议,观其条例行事,干预宪法,则是倪嗣冲第二也。预派议和代表,则是李完用第二也。夫以武汉且下,荆襄且复,逆寇命在咽喉之间,北方宣战,而我遽主和,堕三军之心,长仇雠之气,真无异自杀政策。此等集会,早应派遣警兵,立时解散。该会亦深知不韪,恐人犹豫,故作宣誓式。宣誓云者,不过预为盟约,推倒黎总统,拥护冯国璋耳。"④忠于孙中山的滇军第三师长张开儒也敏锐地指出:"各省联合会议之组织……其表面虽似省政府联合之过渡机关,其用意在第一步推翻军政府,第二步推翻旧国会政府。组织名虽为联合会议,其内容实为合议政府。其议事条例,实为第二国会。此种似鹿非马之会议,如不经国会通过,则为非法会议,与叛督之天津会议又何以异?如经国会通过,则国会曾产生一军政府,试问国人及友邦将何所适从?"⑤由于孙、章等的及时揭露,各省代表、非常国会

---

① 《李烈钧行营秘书厅来电》(1918年1月29日),云南省档案馆藏档案106—3—141。

② 《马凤池密报》,《近代史资料》1978年第1期,第73页。

③ 《陈璧金陈述孙中山坚决反对联合会议》,云南省档案馆藏档案306—3—130。

④ 莫汝非:《程璧光殉国记》第6章,第5页;《革命文献》第49辑,第192页。

⑤ 《张开儒反对西南联合会议致唐继尧密电》,云南省档案馆藏档案106—3—129。

以及各界有识之士的一致反对,加上伍廷芳、程璧光拒不受职,西南联合会议终于流产了。

三　军政府改组和孙中山离粤

西南联合会议刚收场,改组军政府之议又起。在岑春煊的策划下,政学会国会议员杨永泰、郭椿森、汤漪等采取威胁利诱手段,联合吴景濂、褚辅成等倡议改组军政府。程璧光不明真相,表示赞同,并以调人身份,在孙中山与陆荣廷之间极力疏通。

2月2日,程璧光、唐绍仪、伍廷芳、莫荣新等,邀请孙中山在海珠开会,讨论改组军政府问题。会上决定将军政府的领导体制进行改组。会后,拟定了《中华民国军政府组织大纲修正案》七条,“其中用意约有两端:甲、将军政府原来之单独制,改为合议制,改大元帅一职为政务总裁若干人组织政务会议,地位平等,责任同负。乙、护法各省各军仍旧派出代表,组织联合会,统筹军备,计划作战,其议决事件由政务会议施行”①。这样一来,军政府的护法性质就改变了。孙中山表示坚决反对,许多革命党人也不赞成。21日,章太炎从重庆发来通电,指斥岑春煊的议和主张“于义师初起之宣言,一概抛弃”,“莠言乱政,乃至于此”,并揭露其“热中利禄,谄媚僭盗,欲使南方护法靖国之师,皆为一己利用”。他提出:“除电请唐帅否认外,应请宣布岑春煊罪状,以告天下,毋使老奸再行煽惑。”②22日,当军政府岌岌可危的时候,孙中山通电全国,呼吁尊重国会,拥护约法,指出:“此次西南兴师,目的止于拥护约法,根本主张,惟在恢复约法之效力,与求国会永久之保障耳。……执权者若能共喻斯旨,弃其非法乱命,息战罢兵,一切解决,悉听国会,则国是既一,大乱立定。若徒恃个人之智与力,以图保持权位,不特战祸

①　莫汝非:《程璧光殉国记》第6章,第8页;《革命文献》第49辑,第394页。
②　《驳岑春煊提和议条件之通电》,《章太炎政论选集》下册,第747页。

延长,殃及国脉,即于各执权者自身,亦为速亡之道。"①同日,他通电西南护法各省,说明对时局主张,指出经国会非常会议选出之元帅及各部总长,多未就职,"举国国民,见北京政府既为非法僭窃之机关,而西南护法诸君,又未能毅然赞助国会所组织之军政府,乃彷徨歧路,无所适从。世界各友邦见我主张拥护国会者尚不能服从国会,更疑我护法之战争为割据争雄之举动。内不能示国民以趋向,外不能得世界之同情,是非不明,国是不定,国家危险莫大乎此"。孙中山吁请各将帅贡献救济良策,倘能恢复约法效力,愿即引退②。随后,他向唐继尧提出改组军政府,必须有切实可行办法,并郑重声明:"护法之惟一主张,在恢复旧国会,并使之完全行使职权,无论改组内容如何,此主张绝对不能有所牺牲,必须一致坚约,始可共议改组。"③但唐继尧始终不置可否。4月10日,国会非常会议开会,出席者六十余人,由罗家衡等提出改组军政府组织案,因桂系及政学会议员运动的结果,赞成者竟达四十余人。居正、邹鲁、马君武等反对改组,屡欲起立发言,均遭无理禁止。最后由议长指定二十人审查提案。同日,田桐在沪上书孙中山,报告在沪议员反对改组军政府,"联名致电非常[国]会,提出二办法:一、挽留大元帅;二、改组施行延期"。④ 11日,孙中山邀全体国会议员至军政府,发表义正词严的谈话。他说:"军政府视国会如君父,国会之决议,军政府无不服从。顾如昨日所提议之改组军政府,为军政府本身之存亡问题,而国会事先绝未征求军政府意见,径行提议而付审查,揆之事理,宁得为平?且以法律而论,约法规定为元首制,夫今欲行多头制。又军政府组织大纲明明规定本大纲于约法效力完全恢复,国会完全行使职权时废

①　《通告全国各界主张和平尊重国会电》,《孙中山全集》第4卷,第347、348页。
②　《军政府公报》,1918年2月23日,第49号。
③　《致唐继尧电》,《孙中山全集》第4卷,第428页。
④　《田桐上国父报告在沪议员对军政府改组意见电》,《革命文献》第49辑,第143页。

止,无修改之明文,今日何以自解?军政府近于外交方面正在进行接洽
之中,今蒙此影响,军府基础已摇,日后必无进步可言。……故今日余
个人对于改组一事,根本反对,即于改组后有欲以余为总裁者,亦决不
就之,惟有洁身引退也。"①13日,国会非常会议审查会推代表褚辅成、
王湘、吴宗慈、卢仲琳、王葆真五人会见孙中山,征询对于改组军政府之
意见,孙中山再次表示:"改组事,余始终反对,以法律上万难通融也。
苟不论法律而论事实,则余无不可委曲求全者。若国会必以联陆为有
利者,则余虽亲至南宁、梧州晤之,或以大元帅让之,皆无不可,是可见
余非争一己地位者矣。"②在这期间,传来唐继尧密电西南各省的下列
主张:"护法各省亟应组织统一机关,现在办法宜遥戴黎、冯为大副总
统,或认冯为代理大总统;在南方组织军务院或国务院,以行使职权。
推岑春煊为国务总理,置六部,伍廷芳长外交,孙洪伊长内政,陆荣廷长
陆军,林葆怿长海军,唐绍仪长财政,张继或王宠惠长司法。政府地点
宜暂在广州,俟局势稍形发展,则迁往南京或武汉。总理(孙中山)则宜
游历各国,办理外交。"③至此,孙中山终于看到了唐继尧勾结政学会分
子与桂系军阀阴谋推翻军政府,踢开大元帅的真面目,于是决心辞职离
粤。5月4日,国会非常会议开会,出席议员八十余人,首先由汤漪提
出《修正军政府组织法案》,赞成改组军政府者四十余人,超过四票通
过。孙中山当时命居正将大元帅辞职咨文送交国会,并通电辞职。通
电向国民痛切地指出:"顾吾国之大患,莫大于武人之争雄,南与北如一
丘之貉。虽号称护法之省,亦莫肯俯首于法律及民意之下。故军政府
虽成立,而被举之人多不就职,即对于非常会议犹莫肯明示其尊重之
意。内既不能谋各省之统一,外何以得友邦之承认。文于斯时瘏口哓
音,以蕲各省之觉悟,盖已力竭声嘶,而莫由取信。……文本匹夫,无拳

---

①　邵元冲:《总理护法实录》,《革命文献》第7辑,第23页。

②　邵元冲:《总理护法实录》,《革命文献》第7辑,第23页。

③　邵元冲:《总理护法实录》,《革命文献》第7辑,第23—24页。

无勇,所以用其全力以拥护非常会议者,其效果亦既如是,庶乎可告无罪于国人。兹仍愿以匹夫有责之身,立于个人地位,以尽其扶助民国之天职。"①7 日,留沪国会议员林森、田桐等二十七人,通电要求挽留大元帅孙中山,"不许其辞职",并要求延期改组军政府②。但留粤国会非常会议竟于同月 18 日三读通过军政府组织法十二条,其名称仍用军政府,变大元帅制为政务总裁制,而主席总裁则由政务会议选出。20 日下午,国会非常会议举行总裁选举会,出席议员一百二十余人,选举结果,孙中山及唐绍仪、伍廷芳、唐继尧、林葆怿、陆荣廷、岑春煊七人当选。随后,陆、唐又推岑春煊为主席总裁。孙中山眼见军政府实际权力已被西南军阀所篡夺,遂于 21 日离广州赴上海。第一次护法运动失败了。

四　护法战争的历史意义和教训

孙中山发起和领导的护法运动,在中国近代史上占有光荣的一页。

首先,"护法"口号充分体现了孙中山坚持民主主义法治,反对封建主义人治的光辉思想,起了振聋发聩的作用。中国是个延续二千多年封建专制统治的国家,内部没有民主制度,缺乏法治观念和民主传统。"集会有禁,文字成狱,偶语弃市,是人民之集会自由、出版自由、思想自由皆已削夺净尽"③。皇帝享有至高无上的权威,所谓"君命大于天","一正君而天下定"。孙中山以大无畏的革命精神,大声疾呼"民主"、"法治"的神圣不可侵犯,指出"国家治乱,一系于法"④,"共和国家,首当守法",如果"约法毁灭,国会废弃",势必恢复封建专制时代的"因人

---

①　《辞大元帅职通电》,《孙中山全集》第 4 卷,第 471—472 页。

②　《留沪国会议员林森等主张非常国会延期改组电》,《革命文献》第 7 辑,第 91 页。

③　《建国方略》,《孙中山全集》第 6 卷,第 412 页。

④　《大元帅致西南护法各省将帅电》(1918 年 2 月 23 日),《军政府公报》第 49 号,1918 年 2 月 23 日。

而治"，"燃人治已死之灰，播专制未尽之毒"，军阀武人借此"以天下私"，可以窃权盗国，残民以逞。但历史走向民主，法治的潮流是不可阻挡的，"国法不容妄干，而人治断无由再复也"①。他宣称护法的使命，就是要"纳举国之人于法轨，以自进于文明"②。这种正义的呼喊，在我们这个古老国家里，其意义是极其深远的。

其次，孙中山高举护法旗帜，以国会和约法为武器，用资产阶级民主法制、共和精神，反对专制，反对复辟，反对一切黑暗势力。这对于抵制北洋军阀的军事独裁统治，粉碎复辟帝制的阴谋，起了一定的积极作用。

诚然，孙中山的"护法"口号，没有提出和涉及有关中国民主革命反帝反封建的根本任务，没有反映广大工农群众的迫切要求，因而不能吸引和动员广大人民群众参加。至于那个时候的旧国会，也并不能真正代表民意，只不过作为革命胜利后的点缀品，甚至成为某些政治集团相互角逐的工具罢了。凡此种种，注定了护法运动不可避免地要走向失败。但是，当时的中国，中国工人阶级尚未正式登上历史舞台。孙中山在政治上又找不到新的出路。他以国会和约法为武器，反对北洋军阀的独裁专制统治，坚持走民主共和的道路，在中国人民尚未找到新的政治思想武器的历史条件下，就不失为一面战斗的旗帜，因而受到一切进步力量的拥护和支持。当海军南下护法的消息传来后，广东人民"于举国阴霾沉雾之中，忽睹霹雳青天之象，群情欢跃，莫可明言"。在广州长堤东园召开的广东各界欢迎海军南下大会上，到会者数万人，盛况空前。辕门以生花嵌成"扫除伪政府，拥护真共和"十字。爆竹声，万岁声、鼓掌声，"檐宇为震"③。孙中山一声"护法"号召，在短短几个月内，

---

① 《元旦布告》(1918年1月1日)，《孙中山全集》第4卷，第285页。

② 《通告海外革命党人书》，《孙中山全集》第4卷，第499页。

③ 莫汝非：《程璧光殉国记》第4章，第2、4页；《革命文献》第49辑，第375—377页。

护法斗争的烽火遍及全国十几个省份，"纵横于大江南北，如火如荼，一日千里，皆以拥护军政〈府〉为名"①。但是在当时军阀专权的条件下，孙中山毕竟失败了。

护法斗争的失败，主要有下列几个原因：

第一，没有坚强的革命政党的领导。辛亥革命后，随着北洋军阀势力压迫的加剧，革命党人不断分化。中华革命党以至后来的中国国民党，出现了如孙中山所指出的严重情况："维时官僚之势力渐张，而党人之朝气渐馁；只图保守既得之地位，而骤减冒险之精神，又多喜官僚之逢迎将顺，而渐被同化矣！"②辛亥革命胜利后，许多投机分子混入革命队伍，"鱼目混珠"，大多数党员"都是以加入本党为做官的终南捷径"，并造成了宗派林立，成分"过于复杂"，"总是想做大官"③。许多党员非但不支持孙中山，反而勾结军阀反对孙中山，广东军政府的改组，就是原国民党中的政学会与西南军阀相勾结而实现的。像这样一个组织不纯、四分五裂的革命党，是不可能形成坚强的领导核心，引导民主革命走向胜利的。

第二，缺乏可靠的革命武装。在中国，革命的中心任务和最高形式是武装夺取政权，是战争解决问题，但孙中山手中却没有掌握什么可靠的武装。这时候他的思想仍然停留在争取、利用旧军阀武装的阶段，不懂得用革命军队代替或改造旧军队的必要性和重要性，因而始终没有建立起一支用民主革命思想武装起来的组织严密的训练有素的革命军。在护法战争中，程璧光以北京政府海军总长的身份，率领一支舰队响应孙中山的护法号召，在社会上引起很大的震动。驻粤滇军张开儒、方声涛两个师以及广东省长朱庆澜交给大元帅直接指挥的二十营省防

①　《张开儒致唐继尧密电》，云南档案馆藏档案 106—3—129。
②　《八年今日》，《孙中山全集》第 5 卷，第 131 页。
③　《在广州中国国民党恳亲大会的演说》（1923 年 10 月 15 日），《孙中山选集》，人民出版社 1981 年版，第 524 页。

军,积极拥护和支持孙中山,当时也增加了军政府的威望。但也仅此而已,力量十分有限。北洋密探马凤池还在军政府成立以前,就断言护法运动的必然失败。他说:"查孙文定计在粤另立政府,所恃陆军势力,只有张开儒、方声涛及林虎一旅。林逆远驻雷州,形势隔禁,实仅张、方两师可资号召,他则魏邦平之警察兵可凑数耳。陆使(荣廷)、陈督(炳焜)均未附和。朱省长(庆澜)亦但利用彼党巩自己地位,决非乐从其诡谋。实力单薄,乌能成事。即幸而成焉,亦断断不能持久。"①不仅如此,拥护孙中山的海、陆军还不断受到西南军阀的压制和排挤,以致程璧光遭暗杀,张开儒被囚禁,崔文藻(陆军次长)被枪杀,驻粤滇军和省防军被调离广州地区。这样,孙中山成了一名无兵可统、无将可依的名符其实的光杆司令。

　　第三,西南军阀的破坏。早在孙中山宣布召开国会非常会议时,陆荣廷就曾表示:"中山拟在粤召集国会,恐难办到,不敢与闻。"②孙中山当选大元帅的第二天,陆荣廷拒不接受元帅职,说什么"方今国难初定,应以总统复职为当务之急。总统存在,自无另设政府之必要。元帅名义,尤滋疑议","此举实不敢轻为附和"③。他还致电唐继尧,密谋对军政府共同采取暂时虚与委蛇的骑墙态度,说:"粤另组军政府,殊难慊人意。此间事前已复电劝其审慎,未蒙采纳,刻已发生,亦且置之。"④唐继尧的主张同陆荣廷完全合拍,对军政府采取表面上敷衍,实际上不合作的态度,同样不接受元帅职务。唐的拒不受职,是因为一怕得罪桂系,二怕结怨北方。他曾经说过:"此间所谓组织军府,非桂粤当局所愿。恐因此愈失其同情,转多窒碍,故决然辞去。"⑤由于陆、唐拒绝接受元帅职,以致军政府六个部的总长,除张开儒延至1918年2月宣布

---

①　《马凤池密报》,《近代史资料》1978年第1期,第41—42页。

②　《徐之琛致唐继尧密电》,云南档案馆藏档案。

③　《程璧光殉国记》第4章,第10页;《革命文献》第49辑,第380页。

④　《陆荣廷致唐继尧密电》,云南档案馆藏档案106—3—138。

⑤　《唐继尧致张开儒密电》,云南档案馆藏档案,106—3—764。

就职外,其余五位总长均徘徊观望,始终没有就职而由次长代理职务。朱镜宙在《梦痕记》一书中写道:"自大元帅成立后,号令不出河南士敏土厂,各部总长均未就职,元帅陆、唐二公亦在观望中。大家无事可为,终日在长堤照霞楼俱乐部闲聊,或奕棋自遣。"①1918年10月初,章太炎征得孙中山的同意,赴云南劝说唐继尧同孙中山合作。据负责接待章太炎的李宗黄回忆,唐继尧仅在10月7日接受章太炎带来的元帅印,但不肯举行就职典礼,表示他的处境远较广州方面复杂,同时他既已接受孙先生新颁发的印信,当然也就是承认军政府的设立,何必一定要举行典礼、授印、通电、开府②?章太炎的记载说:"余至云南,蓂赓犹豫不敢受元帅印证。余谓五议员曰:'不受,诸君为无面目,宜速归。余名义亦属军府,随君等去矣。'蓂赓始礼受印证。然其文移号令,终自称滇黔靖国联军总司令,未肯称元帅也。"③由此可见,唐继尧是在章太炎等中央代表半说服、半强迫的情况下,才勉强接受元帅印证的。当时的军政府,实际上是一座空架子,是一个毫无实权的"影子政府"。"军政府类似虚设,大元帅徒负空名,两元帅就职迁延,各总长意存观望。揆诸护法本旨,得勿相悖?"④孙中山独力支撑军政府,内外遭受攻击,处境十分恶劣。他的护法主张,实际上一筹莫展。同时,军政府本身既无收入来源,仅靠海外华侨少数捐助,经济又十分困难。自部长、秘书、参军以至书记、事务员,每月均领零用钱二十元,有时还维持不下去,依靠廖仲恺多方筹款接济。如前所述,孙中山当时在上海的住宅就因此交由仲恺经手抵押过两次。莫荣新对大元帅府又处处刁难,以至发电不能用头等,不得挂账,只能用现款发四等电。孙中山派往各地的募兵委员和招到的新兵,也多为莫荣新的一伙所驱逐、逮捕或暗杀。当孙中

---

①　镜宙:《梦痕记》上册,第223页。

②　《李宗黄回忆录——奋斗人生》,《台湾新闻报》,1960年7月14日。

③　《太炎先生自定年谱》,《章太炎年谱长编》上册,第549页。

④　《张开儒致唐继尧密电》,云南档案馆藏档案,106—3—130。

山在忍无可忍,亲登军舰炮轰观音山督署时,唐继尧竟破口大骂是"胡闹已极"①。正如章太炎所说的:"孙公与荣廷恶,权日蹙,命令不能出府门。"②孙中山也自叹在粤"有同寄寓,军权吏治,失所挟持","艰难支撑一年之久,孑然无助"③。他愤怒地指出:"护法军兴,战争连年,大功未竟,此中大梗,皆由桂贼缘敌为奸有以致之。"④为了孤立陆荣廷,孙中山一度在策略上提出"护法必联唐"的口号,曾致电唐继尧说:"民国前途,希望惟在执事一人,尚冀毅力首出担当,则桂人自难立异,而他省亦可景从。苟达护法目的,文无不可退让。"⑤但唐继尧不仅拒绝同孙中山合作,而且相反,与桂系军阀加紧勾结,策划西南各省联合会,排斥孙中山。1918年5月,莫新荣在唐继尧的纵容和支持下,强行夺了张开儒的兵权,并派兵逮捕了张开儒,杀害了陆军次长崔文藻。唐继尧称赞莫此举"处理甚为适当",还要将张开儒押解回滇"依法处办"⑥。这种明目张胆的破坏,使孙中山失去了驻粤滇军的支持,完全暴露了唐继尧借护法之名,搞割据之实的军阀本质。

第四,军事上的难以作为导致战略上的失误。孙中山身为海陆军大元帅,但实际上几乎没有任何作战的指挥权。各个战场多半是各自为战,很少请示军政府,甚至根本不把孙中山放在眼里,因而有令不行,有禁不止,无法制订全国范围内的统一作战计划。无论是桂系还是滇系军阀,他们参加护法,主要是为了保存、巩固和扩大自己的地盘,实行军阀割据,故对待和战的态度完全以本集团的私利为转移,根本不顾整个护法战争的全局。例如1917年11月20日南军占领长沙,北军处于

① 《在李烈钧报告孙中山炮轰观音山致唐继尧电上的批示》,云南档案馆藏档案,106—3—128。

② 《太炎先生自定年谱》,《章太炎年谱长编》上册,第550页。

③ 《复陈赓如函》,《孙中山全集》第4卷,第537页。

④ 《复伍毓瑞函》,《孙中山全集》第5卷,第163页。

⑤ 《致唐继尧电》,《孙中山全集》第4卷,第428页。

⑥ 《唐继尧复李根源密电》,云南档案馆藏档案,106—3—1338。

前方崩溃，后援不继，直皖矛盾十分尖锐之际，孙中山坚决主张乘胜推进，攻克岳阳，进而夺取武汉，以造成逐鹿中原之势。但是，陆荣廷为首的桂系军阀认为联军占领长沙后，其主要任务是看守老家两广地盘，因而按兵不动，忙于争夺权位，鼓吹一切问题等待谈判中解决，甚至带头宣布停战。唐继尧也对孙中山采取敷衍的态度，同样按兵不动，以致失去了攻克岳阳、会师武汉、问鼎中原的大好机会。正如孙中山所指出，陆荣廷、唐继尧之流，"其所以治兵西南者，迹彼用心，只欲分中央专制全国之权，俾彼得专制于二、三行省"。章太炎也于事后评论说："原群帅所以怯于规鄂者，非兵力不任也。……徒以部落主义蔽其远略，广西（陆荣廷）不过欲得湖南，云南（唐继尧）不过欲得四川，借护法之虚名，以收蚕食鹰攫之实效，湘、蜀既得，而彼已偿初志矣。……外人徒见其宣布明申，慷慨自矜，而密电私议，实多不可告人之语。言和不过希恩泽，言战不过谋吓诈。里巷讼棍之所为，而可以欺大敌欤？要之，西南与北方者，一丘之貉而已。"[1]这里，章太炎与孙中山一样，从各个军阀在和战问题上的尔虞我诈巧取豪夺的恶劣表演中，看到了近代封建军阀的欺骗性和残暴性，从而也得出南与北"一丘之貉"的结论。这个结论是相当深刻的，很有政治眼光的。

　　孙中山发起领导的护法运动的失败证明：中国资产阶级不能领导中国革命走向胜利，西方资产阶级共和国的方案，旧民主主义的道路在半殖民地半封建的中国行不通。近代先进的中国人为寻找中华民族解放之路而不断探索、奋斗、前进。伟大的中国革命先行者孙中山，就在当时也已经觉察到"护法断断不能解决问题"[2]，必须"重新开始革命事业，以求根本改革"[3]。他斩钉截铁地指出："北京政府不能代表这个国

---

①　《太炎先生自定年谱》，《章太炎年谱长编》上册，第589—590页。

②　上海《民国日报》，1921年1月11日。

③　《在上海寰球中国学生会的演说》，《孙中山全集》第5卷，第139页。

家，广州政府（指岑春煊、陆荣廷控制下的军政府）也同样不能代表中国。"①他还说："南北新旧国会概不要他，同时把那些腐败官僚、跋扈武人、作恶政客完完全全扫干净他，免致他再出来捣乱，从新创造一个国民所有的新国家"②，并坚决表示："吾人从今日起，不可不拿定方针，开一新纪元。"③不久，这个"开一新纪元"的历史时刻终于来到了。

———————

①　孙中山：《平白的话》，《研究中山先生的史料与史学》，台北 1975 年版，第338 页。

②　《申报》，1919 年 10 月 23 日。

③　上海《民国日报》，1921 年 1 月 21 日。

第五章　段祺瑞的卖国与独裁

第一节　日皖勾结

一　日本寺内内阁的对华政策

在袁世凯统治时期,日本帝国主义虽攫取了种种侵略利益,但始终认为袁世凯是依靠英美抵制日本的,因此当袁因推行帝制而声名狼藉时,便决心"倒袁"。日本陆军参谋本部与外务省曾直接策划,以巨额金钱支持东北地区宗社党组织复辟武装,进行暴乱①,并援助南方反袁势力和革命党人②,企图搞垮袁的统治,扶植一个更便于操纵的亲日政权。

袁世凯统治覆灭后,日本"倒袁"目的已经达到,遂把注意的重点转向在华组成一个稳定的亲日政府这个目标上。1916 年 6 月 1 日副总统黎元洪继任大总统,日本政府便立刻表示支持。日本政府这时的判断是:黎元洪既是根据《临时约法》继任的,南方反袁各省不会反对,南北可以统一;以北洋派合作(主要是段祺瑞、冯国璋)为基础,吸收进步党、国民党及南方各派势力,组成亲日政府。故日本外务省在袁世凯死后的第二天即 6 月 7 日,便以急电命令驻华公使日置益向黎元洪转达如下意见:"今后相信黎氏必将首先努力协调统一国内政见分歧者,对南方的主张加以慎重考虑,相互协力,为根除全国动乱之祸根,实现国

---

① 《日本与宗社党关系》,《近代史资料》总 35 号。

② 《在山东的革命党和日本人》,北村敬直编:《梦的七十余年》,平凡社 1975 年版,第 88—104 页;岑春煊:《乐斋漫笔》。另见《岑春煊借日款之契约书》,《近代史资料》总 50 号。

内和平而尽力。当前之急务,首先任命一个不至重复执行袁世凯时代造成日中两国关系乖离之政策的新政府。黎氏亲自任命的新政府,若真正诚意努力于恢复国内秩序,并确立日中友好,帝国政府将尽可能予以直接或间接的援助。对帝国政府,尽可信赖,无论何事,均可提出商谈。"①与此同时,它又通知日本驻南京、广东、云南、上海等地领事,将日本政府的上述方针,分别转达给冯国璋、岑春煊、唐继尧、唐绍仪、张继等南北要人,要求他们支持黎元洪,与黎和衷共济,解决当前时局问题②。6月29日,黎元洪任命段祺瑞为国务总理,暂时结束了南北分裂的局面。

　　但此时日本统治集团内部,鉴于大隈内阁所执行的露骨的侵华政策遭到中国人民强烈反对,在国际上也加深了与各帝国主义国家之间的矛盾,受到国际舆论的谴责,国内各方人士也不赞成政府这种过分冒险的做法,因此多主张趁袁氏覆亡之际,修正对华政策。1916年10月,日本大隈内阁倒台,寺内正毅(1852—1919)继任总理大臣。10月9日,即寺内内阁成立的当天,日本元老松方正义拟定了一份《对华政策意见书》③。《意见书》对日本自中国辛亥革命以来的对华政策进行了回顾,特别是对大隈内阁的对华方针提出批评,强调中国作为日本对付西方所起到的屏障作用的重要性,主张"日华亲善",协力合作,对华政策要坚持与各国协调一致的方针,等等。松方的《意见书》,并不是要改变日本帝国主义传统的对华侵略的"大陆政策",而是要求改变日本军阀、政客所经常采取的那种赤裸裸的军事威胁的愚蠢做法。松方的意见得到元老山县有朋的支持。另外,日本政友会总裁原敬于11月11日会见山县有朋后,在日记中有如下一段记述:据山县说,关于对华问题,"'寺

---

　　①　日本外务省编:《日本外交文书》,大正五年,第2册,1969年版,第136页。

　　②　日本外务省编:《日本外交文书》,大正五年,第2册,1969年版,第138—139、154—155页。

　　③　德富苏峰编:《公爵松方正义传》坤卷,1935年版,第923—930页。

内必须设法改善'。余深以为然。此问题已成为国家当前突出的急务。如何确立方针,亟待研究"①。这些都反映了日本统治集团内部对大隈内阁所执行的对华政策的不满。这也是大隈内阁倒台的重要原因。

寺内正毅系山县有朋为首的长州军阀的重要人物,曾多次出任陆军大臣,在组阁前任朝鲜总督。寺内内阁的智囊人物胜田主计(任大藏大臣)、西原龟三都是他在朝鲜总督任内的心腹。

胜田主计(1869—1948)在此以前任朝鲜银行总裁,是日本"大陆政策"的鼓吹者。胜田认为第一次世界大战一旦结束,"国际间的经济战争必将十分激烈,已毋庸置疑",日本国土狭小,人口众多,资源有限,如欲参加竞争,"必须从国外输入许多原料,并将其加工制成商品进行商品贸易。若不如此,可以推想十数年后,我国国民将难以维持经济独立。是故,欲谋求我国经济独立的基础,当求诸地大物博的中国"②。"我国国民经济及执行国防计划所需的原料及一切物资,几乎完全可以从中国求得。从这方面来说,经常保持日华间经济上充分的联系,也是帝国独立方面最为迫切的事。我对中国问题最重要的考虑之点,即在于此"③。胜田出任大藏大臣后所拟定的《对华借款方针》,其指导思想就是:"对华借款避免过去那种以获取利权为主,赤裸裸地强迫中国接受的做法,先以稳妥条件提供贷款,在增进邦交的同时,采取促其主动向我提供有利权益的手段。"④这就是说,对华侵略应以经济渗透为主要手段,以取代过去那种军事讹诈、武力压迫的做法,由"强夺"变为"巧取",先诱之以利,然后谋取特权利益。

西原龟三(1873—1954)在寺内内阁并无正式职务,但在寺内内阁对华政策的制订和贯彻执行上,却是一个起着关键作用的积极的参与

---

　　①　原奎一郎编:《原敬日记》第 7 卷,乾元社 1950 年出版,第 65 页。
　　②　胜田主计:《菊分根》,铃木武雄编:《西原借款资料研究》,东京大学出版社 1978 年版,第 288 页。
　　③　胜田龙夫著:《中国借款与胜田主计》,1972 年版,第 84 页。
　　④　《西原借款资料研究》,第 168 页。

者。他早年结识日本政治活动家神鞭知常（1848—1905），后参加神鞭组织的对俄同志会。当时日本与沙俄为争夺中国东北地区，竞争十分激烈，该会主张对俄采取强硬政策。在神鞭影响下，西原受到日本军国主义扩张思想的熏陶。1904 年日俄战争爆发后，西原随神鞭来到朝鲜，游说朝鲜当局助日对俄，并提出在朝鲜应以"王道主义"发展殖民事业。西原自称是"王道主义"的信徒①，"东亚和平"的使者。1905 年神鞭死后，西原在朝鲜从事棉布商业活动，与朝鲜商界和金融界有着广泛的联系。1911 年西原通过其同乡朝鲜总督府总务长官有吉忠一的介绍，结识了当时任朝鲜总督的寺内正毅。他由于通晓朝鲜殖民事务，受到寺内的信任和赏识。1915 年，西原向寺内推荐胜田主计出任朝鲜银行总裁。于是寺内、西原、胜田之间的关系，随着他们共同在朝鲜的殖民活动而日益密切。

寺内在未组阁前曾于 1916 年 6 月派西原来华"考察"中国的政治情况。在此期间，西原就日本对华侵略政策，广泛征求日本在华各方面人员的意见。同时他了解到大隈内阁和日本陆军参谋本部，为搞垮袁世凯的统治，曾暗中派遣日本军人并网罗日本浪人在我东北地区操纵肃亲王等宗社党人，成立所谓"勤王军"进行武装暴乱，企图搞"满蒙独立"，并支持革命党人在山东的反袁军事活动。西原根据这些事实，于回国后起草了三个文件，即《满蒙的革命军、宗社党与日本军人及日本人的关系》《山东省的革命党和日本人》《山东省的革命军以及套购铜元的过去与现在》，并把这些文件誊印出来，交由后藤新平（寺内内阁任内务大臣，后又转任外务大臣）在日本贵族院广为散发。这些文件在日本政界引起极大的轰动，大隈内阁的对华政策因此而遭到各方人士的抨击，成为当时有名的所谓"秘密出版物事件"。大隈内阁的倒台和寺

---

① 西原将大隈内阁以武力威胁攫取侵略利益的对华政策称之为"霸道主义"，而称自己所主张的经济侵华的种种设想和计划为"王道主义"。

内新内阁的成立,都与西原这些活动有关①。西原与寺内的关系之密切,也由此可见。

　　西原此次中国之行,主要是为寺内上台组阁制定对华政策搜集情报的,所以在他回国后,即向寺内提出一份名曰《在目前时局下对华经济措施纲要》的文件。文件内容的重点是:一、组织对华实业投资团,确保日本在华的经济基础;二、为解决中国目前财政的紧急需要,上述对华实业投资团应提供 2000 万日元借款;三、稳定中国财政,其办法是由日本提供资金建立省立银行,而由中国政府公布法令,发行一种金本位纸币,其形状名称应与日本现行金币划一,并规定可以相互兑换。西原认为:"确保在华经济优势,其唯一途径,实为日华货币之并用流通,并辅以王道主义之贯彻实行。此举得以实现,则日本在华经济势力当可日益发展,以至百世不衰。"②他一再强调说:"目前形势已迫使我们必须拟订一个妥当准确的对华方案。就目前日中关系看来,两国之间连一个小小的经济基础都没有。恰如建筑房屋必须打好地基一样,目前首先打下一个经济基础,实为当务之急。"③

　　胜田的《对华借款方针》和西原的《对华经济措施纲要》,实际上成为日本寺内内阁对华政策的蓝本。寺内上台后,即在 1917 年 1 月 9 日内阁会议上通过了五点对华方针,表面上提出"尊重并拥护中国独立和领土完整","对中国的任何政党或派系,均保持不偏不倚的态度",但涉及日本在华侵略利益时,则露骨地提出:"在南满洲和内蒙古东部,帝国政府将按既定方针逐步扩大、增进帝国的特殊利益;在福建根据明治三十一年(1901 年)和大正四年(1915 年)两次换文精神,确保中国所承认的帝国与该地区之特殊关系,并逐步努力培植我国势力;至山东问题,应俟和平恢复后再求其最后解决。当前的问题,是设法使德国战前在

---

①　有关西原龟三的简介和活动,参见北村敬直编:《梦的七十余年》。

②　《梦的七十余年》,第 83—86 页。

③　《梦的七十余年》,第 82 页。

该省所享有的一切权利归于帝国所有。"这个对华方针还指出,除上述地区外,"帝国对中国的政策",是"努力使列强逐步承认帝国在中国的优越地位"①。

日本外务大臣本野一郎向内阁提出的《对华方针意见书》,对日本对华政策的修正,作了如下的解释:对华方针应该是根据中国局势的发展,随机应变地采取措施,以建立日本在华的优越地位,抵制英、美势力的扩张。日本对华方针首要之点,"必须采取手段使中国不陷于任何人手中",故在此意义上日本必须把"维护中国独立与领土完整作为帝国对华方针之基础"②。大藏大臣胜田主计更是赤裸裸地说:"今日几乎帝国朝野一致的议论,均认为中国决不可被瓜分,不仅为中国,盖为东亚之和平或日本之利益,亦不可使其瓜分。置中国于列强共同管理之下,对帝国亦利少弊多,应使中国在其本国主权之下达于统一。"③上述这些有关对华政策的说明,充分暴露出日本妄图乘第一次世界大战的有利时机,力求独霸中国的侵略野心。寺内内阁标榜不干涉主义,以示其所执行的是与大隈内阁截然不同的对华政策。正因为如此,它最初对皖系军阀段祺瑞的扶植和勾结还是比较隐蔽的。但当1917年7月张勋复辟失败,段祺瑞再次出任国务总理控制北京政府后,日本即抛弃了所谓不干涉中国内政的骗人幌子,公开支持皖系军阀的政权。

1917年7月20日,日本内阁通过决议,宣称:"现鉴于各国既已对中国现政府成立的合法性表示承认,并表示同情,因此,帝国政府认为,给予段政府以相当友好援助,以期中国时局的稳定,同时设法解决日中两国间的若干悬案,方为得策";同时决定给予段政府以财政援助并供给武器军需品,拒绝南方所提出的有关这类要求④。这说明日本已认

①　《日本外交年表并主要文书》上卷,第414页。
②　《日本外交年表并主要文书》上卷,第424—427页。
③　胜田主计:《菊分根》,《西原借款资料研究》,第288页。
④　《日本外交年表并主要文书》上卷,第437页。

定段祺瑞皖系军阀是其理想的侵华工具,决心全力支持段祺瑞北京政府。

寺内内阁确定援段方针后,便以各种名目给予段祺瑞政府以大量借款,支持段的武力统一政策,以便假皖系军阀之手,向长江流域及南方各省扩张其侵略势力,并迫使欧美列强承认日本"帝国在中国的优越地位"。

二　"西原借款"与日皖勾结

"西原借款"是指寺内内阁时期西原所经手的借款,但这仅是日本当时对华借款的一部分。据日本大藏省档案资料记载:在寺内内阁执政期间(1916 年 10 月 9 日—1918 年 9 月 28 日),日本与中国新签订的借款总额达 386,450,000 日元,"与寺内内阁成立前当时的对华借款总额 120,000,000 日元相比,仅仅两年之间,就增加到三倍";这其中,"对中央政府借款 279,860,000 日元,对地方政府借款 18,570,000 日元,对公司及私人借款 88,020,000 日元"[1],对中央政府的借款即占借款总额的 70% 以上。上述借款中,由西原直接经手或参与交涉签订的有八项,共 145,000,000 日元,其名目如下[2]:

借　款　项　目	借款数目	订约日期
第一次交通银行借款	5,000,000	1917 年 1 月 20 日
第二次交通银行借款	20,000,000	1917 年 9 月 28 日
有线电信借款	20,000,000	1918 年 4 月 30 日
吉会铁路借款	10,000,000	1918 年 6 月 18 日

---

[1]　1926 年 12 月大藏省理财局国库课编《日本兴业银行及其他两家银行对华借款一亿日元的经过及关于该借款三银行整理债务始末》(以下简称《债务始末》),《西原借款资料研究》,第 353—354 页。

[2]　《梦的七十余年》,第 205—206 页。

（续）

借　款　项　目	借款数目	订约日期
吉黑两省林矿借款	30,000,000	1918 年 8 月 2 日
满蒙四铁路借款	20,000,000	1918 年 9 月 28 日
山东二铁路借款	20,000,000	1918 年 9 月 28 日
参战借款	20,000,000	1918 年 9 月 28 日

除上列西原所经手者外，其他大宗借款有：善后借款三次垫款30,000,000日元、京畿水灾借款 5,000,000 日元、军械借款 32,081,548 日元等。

西原龟三往往秉承寺内和胜田的意图，不通过日本驻华公使而径自与段祺瑞北京政府直接进行交涉，谈判借款合同，并决定两国间很多重大问题，从而引起日本政府内部一部分人的不满。特别是日本驻华公使林权助曾多次致电日本外务省，反对和攻击西原的在华活动。为此，寺内致函外务大臣后藤新平说："如所周知，迄今为止，西原向中国政府当局提出的各项问题，决非西原个人向中国当局进行的交涉，其主旨都是我国政府所同意并想要实行的。"[1]由此可见，"西原借款"及其活动，集中反映并体现了寺内内阁对华的侵略方针和政策，其所经手的借款是直接为寺内侵华政策服务的。

寺内内阁能以资本输出的形式向段祺瑞北京政府提供各种名目的贷款，主要是由于第一次世界大战爆发后世界政治形势的变化，以及与此相联系的日本经济的发展。第一次世界大战前，日本对外贸易连年入超，1913 年，它的对外债权与对外债务两项相抵，是总数达 122,400万日元的负债国家[2]。与欧美列强相比，它的经济实力薄弱，无力对华

---

① 胜田龙夫著：《中国借款与胜田主计》，第 119 页。

② 《中国借款与胜田主计》，第 59 页。另见信夫清三郎主编：《日本外交史》上册，1980 年商务印书馆中译本，第 419 页。

提供大宗借款。大战爆发后，由于欧洲各参战国忙于相互厮杀，民用工业生产瘫痪，国际航运停顿，而日本则因远离欧洲战场，成为军需物资的供应地。因此，日本商品几乎未遇到竞争即进入国际市场，从而刺激了日本国内工业的发展。自1915年至1918年间，日本出口贸易急速增长，国际贸易顺差达28亿日元，一跃而成为拥有137,000万日元的债权国①。日本银行的现金储备，1918年增至158,000万日元②。这是日本寺内内阁能够对华提供大量借款的经济背景。

帝国主义各国历来是把对旧中国的借款作为在政治上、经济上控制和掠夺中国的一种重要手段。寺内内阁利用第一次世界大战给日本造成的有利时机，企图迅速而有效地控制中国的财政、金融、交通等要害部门，掠夺中国的矿产资源，变中国为日本的原料供给地及商品市场。这是它对华政策的指导思想之一。因此，它力图以大量财政资金输出的形式，加强其在华政治上、经济上的优势地位，准备战后与欧美各国在华进行激烈的争夺。但是，由于四国银行团垄断了对华政治借款的优先权利，日本横滨正金银行又是四国银行团的成员之一，日本若以政治借款的名义对华借款，势必要与英、法、俄等国协商一致，从而妨碍其自由行动。为在短时间内达到上述目的，大藏大臣胜田主计主张采取经济借款形式，以避免与欧美各国在华势力产生矛盾和对抗。因此，日本政府于1917年1月20日批准由兴业、台湾、朝鲜三家银行组成特别银行团，规定对华政治借款由"横滨正金银行主负其责"，"日本兴业银行、台湾银行及朝鲜银行共同应承中国经济借款"③。西原经手由三银行提供的总数为14,500万日元的八项借款，其中除第一次交通银行500万日元借款是三银行自己的资金，第二次交通银行借款及参战借款是用大藏省储蓄部资金外，其余五项借款均由日本议会批准，政

①　《中国借款与胜田主计》，第59页。

②　山泽逸平著：《贸易与国际收支——长期经济统计14》，1965年版，第52页。

③　日本政府关于成立特别银行团《批准书》，《西原借款资料研究》，第351页。

府保证支付本利,由三家银行发行1亿日元债券支付①,亦即以日本财政资金为后盾,由三银行出面对华借款。其名目虽标为银行、电信、铁路等经济性借款,实际上大多充作当时北京政府的军政开支,成为段祺瑞推行武力统一政策,对南方发动战争所需的军费,是名符其实的政治借款。

支持段祺瑞和皖系军阀,加强日皖之间的勾结,是寺内内阁推行其侵华政策的重要手段。西原龟三的各项借款活动,也正是围绕着这一中心展开的。西原不仅参与寺内内阁对华外交和侵略方针的制定,而且先后六次来华,代表寺内进行活动,与段祺瑞、徐树铮、靳云鹏、傅良佐、曹汝霖、陆宗舆、章宗祥等皖系军政要人和亲日派官僚关系密切,并干涉和操纵中国的内政。他是日皖之间的直接牵线人物,而"西原借款"就是日皖勾结的产物。下面是西原通过各项借款活动与皖系进行勾结的具体过程和内容。

1916年10月间,西原与胜田密议,"深悉此时中国如能特派一适当的人前来日本表示敬意,并进一步磋商改善日中关系的具体办法,实在是最适机宜的事",并表明以曹汝霖为特使最为适宜②。他们将此意透露给中国驻日公使章宗祥。章宗祥立即电告段祺瑞:"近日晤后藤(时任内务大臣),谓两国亲善,宜从经济联合入手,为疏通意见起见,最好由中国政界素有名望之人来日一游。"③以段祺瑞为首的皖系军阀,虽然控制了北京政府,但深感自己的政权还是不稳固的。他们不仅要对付南方的反对势力,还要提防北洋系内部各实力派的相互倾轧。为了巩固自己的统治,他们急需寻求帝国主义的支持。由于当时西方国家正忙于世界大战,无暇东顾,日本遂成为可以左右中国政治的帝国主义势力,北洋军阀内部的亲日派官僚政客,便竭力鼓吹亲日外交路线。

---

① 《债务始末》,《西原借款资料研究》,第358—360页。

② 《梦的七十余年》,第125页。

③ 章宗祥:《东京之三年》,《近代史资料》总38号。

这对段祺瑞来说，自然是完全可以接受的。所以，他出任北京政府国务总理后，当即将赴日的新任中国驻日公使章宗祥向他请示对日外交方针时，他即表示："中国对于各国宜取一律看待主义，彼以诚意来，我亦以诚意往。至远交近攻之策，自不适于今日，现阁方针如是，幸君善为之。"①其言外之意，显然是决心要改变袁世凯原来执行的亲英、美的外交路线。

因此，当日本示意要改善日中关系时，段祺瑞立即予以响应。段以赠予"日本大皇帝大勋章"名义，拟派曹汝霖为赴日专使。其目的，段祺瑞曾直言不讳地说，"他（曹汝霖）曾条陈中日亲善，不是空言。我们应该将中国关于农工商矿有价值的开列出来，同日本商量，何者中国自办，何者中日合办，何者让日本人办。一方面日本帮助中国，一方面日本亦获得利益，不必枝枝节节，遇事麻烦，以达中日亲善之目的。"②后因总统黎元洪及国会的反对，曹汝霖的赴日之行未能实现。

于是，寺内便于1916年12月中旬派西原龟三秘密前来北京，与段祺瑞政府直接洽谈。12月22日西原到达北京，23日就与曹汝霖、陆宗舆会谈。西原认为："此次会谈，接触到日中两国密切合作的根本问题，双方充分地交换了意见。"③随后，西原又会见了段祺瑞及中国政界各要人和在华日人，积极进行活动。为了表示日本支持段祺瑞皖系军阀的诚意，12月28日，由西原经手与曹汝霖、陆宗舆草签了第一次交通银行五百万日元借款合同。这就是"西原借款"的开端。

交通银行是前清政府邮传部于光绪三十二年（1906）作为发展它所管理的铁路、轮船、邮电事业的金融机关而成立的。1914年该行又拥有发行纸币和管理交通通信事业特别会计国库金的特权。袁世凯复辟帝制时，由该行提取了大量现金作为军政费，并滥发纸币，以致币值猛

---

① 章宗祥：《东京之三年》，《近代史资料》总38号。
② 许田著：《对德奥参战》，《近代史资料》总2号。
③ 《梦的七十余年》，第133页。

烈下跌,市民纷纷拥向银行挤兑现金。1916 年 5 月 12 日,北京政府被迫宣布暂时停止兑现。交通银行与中国银行同为中国最大的发行兑换纸币的银行,停止兑现对北京政府的财政金融影响很大。日本同意给予交通银行借款,这对于处于财政危机的北京政府,当然是一种有力的支持。

西原在华的活动,产生了预期的效果,促使段祺瑞皖系军阀加快向日本靠拢的步伐。西原回国后,段祺瑞急忙派他的亲信吴光新(段的妻弟,曾毕业于日本陆军士官学校,1914 年任陆军第二十师师长),拜访日驻华公使林权助及日本天津驻屯军司令官石光真臣等人,申述段祺瑞希望投靠日本的迫切愿望。1917 年 1 月 14 日,吴光新在与林权助密谈时说,"段曾拟认真与日本合作","关于特派曹汝霖赴日,其实际目的即就有关中日亲善的方法,与日本有关当局会谈"①。1 月 15 日吴拜会石光真臣时又说:"(段)深知中日两国的亲善为当务之急",希望日方谅解其苦衷,并予以相当帮助。石光据此向日本陆军参谋本部次长田中义一报告说:"吴一心为段谋与帝国接近,正向各方积极努力。"②日本与皖系军阀之间,一方积极引诱拉拢,一方急欲卖身投靠,经过一段时间的酝酿、试探,双方终于勾结在一起了。

1917 年 2 月至 7 月这一段时间里,如前所述,在中国政治舞台上发生了两起重大政治事件:一是由于对德参战问题而引起的所谓"府院之争",二是张勋复辟,段祺瑞组织讨逆军打败张勋,第二次出任内阁总理,重执北京政府大权。在此期间,寺内内阁为怂恿中国对德参战和支持段祺瑞,曾两次派西原龟三来华进行活动,使日皖勾结得到进一步发展。

段祺瑞再度出任国务总理后,拒绝恢复《临时约法》和被张勋解散的国会。孙中山举起"护法"的旗帜,在广州成立军政府。西南各省军

---

① 日本外务省缩微胶卷 MT79,第 4380—4382 页。
② 日本外务省缩微胶卷 MT79,第 4383—4387 页。

阀即利用孙中山的威望,以"护法"为招牌,与段祺瑞北京政府相对抗,中国政局出现南北分裂的形势。此时,日本政府决定公开支持段祺瑞北京政府。7月20日,寺内内阁通过援段的对华方针,自此以后,就以各种方式援助段祺瑞大力推行他的武力统一政策,形成日皖全面勾结。在此期间,日本以"西原借款"为中心,给予段祺瑞北京政府以各种名目的借款。除西原所经手者外,还有1917年8月28日签订的善后续借款第一次垫款1000万日元①;1918年1月6日和7月5日又签订了第二次、第三次善后续借款各1,000万日元(前后三次共3000万日元);中国以地租和盐税剩余金作为借款担保。同时日本应段祺瑞的要求,同意给予军械援助,1917年12月30日,北京政府陆军部与日本泰平公司签订1800余万日元军械借款合同,加上1918年7月31日签订的第二次2242万余日元的军械借款合同,两次共购买日本军械计有:步枪125,000支,子弹7550万粒,山炮316门,野炮228门等以及各种炮弹、武器附件、配件等②。(最后结算为32,081,548日元)1918年8月初,西原龟三又与曹汝霖商定,由日本供给2000万日元,作为编练"参战军"的经费③,此后即于9月28日正式签订参战借款。借款合同附约规定:"本借款金应交付直接主管国防军队机关所属之经理主任",按月由日本朝鲜银行委托中日合办中华汇业银行代办拨付,"每次由参战军训练处督练及军需课长会同署名盖印,始得领取"④。参战军均系日本军械装备,并由日本派出教官训练,以坂西利八郎主持其

---

①　根据1913年英、德、法、日、俄五国银行团与袁世凯北京政府签订的善后大借款合同规定:中国不得单独向五国银行团以外任何一国进行政治借款,也不得单独向五国中之一国进行政治借款。为此,日本指使段祺瑞政府于1916年9月向五国银行团申请借款1,000万英镑。时欧战正在紧张进行,英、法、俄等国无力提供这笔借款。经协商同意由日本银行团先行分期垫付。此即为垫付善后续借款的由来。

②　《日本外交文书》,大正七年,第2册上卷,第394—399页,第409—414页。

③　《梦的七十余年》,第199页。

④　章宗祥:《东京之三年》,《近代史资料》总38号,第86—91页。

事,受参战处管辖,从而使这支新编练的军队,直接由皖系军阀和日本所控制。参战军于第一次世界大战后改称边防军,共三师四混成旅。

段祺瑞皖系军阀所以能连年对南方发动战争,正是由于有着日本帝国主义这个靠山源源不断地给它输送金钱和军火武器。如果没有日本帝国主义的大力支持,皖系军阀根本无力支持这样一场旷日持久的南北战争。

北京政府财政部所经手的电信、吉黑两省林矿、吉会铁路、满蒙四铁路、山东二铁路五笔为数共 1 亿日元的借款,其开支明细账表明:其中直接用于军费开支和购买军械之款,即占借款总数的 35.3％;支付内债本利占 34％(内债系指北京政府临时挪用或借用交通银行等用作军政开支之款),实际上这笔钱也多用作军费。上述两项合计即占借款总数的 69.3％[1]。至于归陆军部、参战军训练处直接掌管的军械借款和参战借款,则全部用于内战军费开支。曾任段祺瑞北京政府财政总长的曹汝霖,在他写的《民初外交回忆录》一文中说:当时军政开支“每月约需 2000 万元,而财政部可靠之收入,每月只余关余、盐余(海关、盐税抵押外债,每月付本息所余者)、烟酒税、印花税、所得税等等,合计不足 1200 万元,尚短 800 万元,则藉借款为弥补”[2]。上述有关档案资料和当事人的记述,均说明若无日本的支持,皖系军阀是无力向南方用兵的;而日本之所以如此积极支持段祺瑞打内战,则是为了向英、美势力比较集中的长江流域南方各省扩张侵略势力,妄图利用皖系军阀的“武力统一”,来达到它独占中国的侵略目的。

段祺瑞的皖系,冯国璋的直系,是袁世凯死后北洋军阀中的两大实力派。段祺瑞控制着北京政府;冯国璋的直系则盘据长江流域的江苏、湖北、江西等省,与西南地方军阀有着一定的联系。段主张武力统一,

---

[1]　《西原借款资料研究》,第 353—354 页。

[2]　《西原借款之原委》,《近代史资料》总 38 号,第 174 页。

对西南各省用兵；冯则主张和平统一（这一主张得到英、美等国的支持）。双方明争暗斗，不时出现矛盾和摩擦。1917 年 11 月间，湖南前线直系将领通电主和，致使皖系进攻湖南的计划破产，11 月 22 日段祺瑞被迫辞职。从此在和战问题上，直皖矛盾表面化，并随着政局的发展而日趋尖锐。

在直皖两派的矛盾和斗争中，日本始终支持皖系，压制和打击直系。1918 年 2 月皖系为反对直系，准备发动政变，迫使冯国璋下野。为实行上述计划，皖系拉拢奉系张作霖，将奉军陆续调进关内。日本虽然对直系的活动和段祺瑞下台深为不满，但也不赞成皖系的政变计划，因为日本考虑北洋派发生内讧，势将引起北方政局的混乱，这对于日本侵华政策的实施极为不利，且易引起英、美的干涉。所以，正当皖系积极策划政变之际，日本外务大臣本野于 2 月 21 日致电驻华代理公使芳泽谦吉说：“本大臣于 2 月 20 日邀章公使前来，作为私人谈话，对他说：‘据各方面的情报，似有使冯总统和王总理退隐，使徐世昌与段祺瑞等掌握政权的计划。其根本目的虽系树立举国一致的中央政府，以谋求中国的统一，但北京政界将因此而更加混乱。鉴于世界政局的现状，并鉴于中国目前对外关系，相信此计划决非适当措置，而且中国政界的动摇不安定，将对实现中日提携的两国方针形成莫大障碍。希望此时在冯国璋、徐世昌、段祺瑞之间，充分疏通意见，取得同心协力，以谋求解决目前时局的办法，尚希章公使对此有所尽力。’其次，对于冯国璋，预定由青木（宣纯）中将①，对于段祺瑞，预定由坂西（利八郎）少将②，根据上述意旨予以劝告。希阁下即与二人协商，为完成此任务而采取适当措施。”③

与此同时，曹汝霖、陆宗舆通过驻日公使章宗祥邀请西原龟三尽快

---

① 青木宣纯时任总统府军事顾问。
② 坂西利八郎时任总统府军事研究员。
③ 日本外务省档案缩微胶卷 MT83，第 9106—9109 页。

来华。寺内、胜田认为西原应"立刻前往"。3月18日，西原抵北京，20日见段祺瑞，极力怂恿段再次复任国务总理，不要计较冯国璋有无诚意。西原说："当前中国的现状不容许吾人斤斤于此类问题，只要能灵活运用政权、兵力和财力，天下事何不可为？阁下既已握有兵力，只需掌握权力，倘若财力不足，本人可以设法资助。如欲为日中友好奠基，舍今日又待何时，切勿失此千载难遇之良机，毅然拟定计划，出任总理。"①日本既不希望直皖兵戎相见，又不愿自己苦心扶植的代理人失势，故而一面制止皖系军阀轻举妄动，一面向冯国璋直系施加压力，促其同意段祺瑞再次出任总理。

由于日本出面干预，直皖双方终于妥协。3月23日，冯国璋重新任命段祺瑞出任国务总理。段一上台，即于26日召集国务会议，决定再次向南方用兵，声言要在三四个月内打下广东和四川。对于段再次向南方发动战争，日本予以积极支持。4月12日，日驻华公使林权助将段祺瑞的战争计划报告给日本政府②。4月20日，外务大臣本野转达寺内的指示说：不管是对南方的"讨伐方针"，还是促进南北妥协，总之，要使中国政局迅速得以解决③。4月21日，林权助遂向外务大臣本野提出有关解决中国时局的方案，认为"目前的（中国）政局，不仅是段内阁对西南政策的危机，而且就帝国的立场来说，也是非常严重的危机"；当前段祺瑞应"进一步南征，有必要向南方施加压力"，段政府在夺回广东和肃清四川以后，"再提出南北议和较妥"。"在讨伐经费方面，如果我方不予相当援助，也显然难以成功。"林权助估计。需要"8000万元乃至1亿元的外债"始能维持下去④。西原龟三在5月31日给大藏大臣胜田的电报中，也提出据他与曹汝霖会商，"为维持现在政局"，

① 《梦的七十余年》，第182—183页。
② 《日本外交文书》，大正七年，第2册上卷，第4页。
③ 《日本外交文书》，大正七年，第2册上卷，第4—5页。
④ 《日本外交文书》，大正七年，第2册上卷，第5—7页。

本年内"至少希望达成7000万日元的借款"①。为了支持皖系军阀段祺瑞对南方的战争,日本于1918年4月30日,由西原经手以电信借款名义,给予段政府2000万日元借款。对于这笔借款,"彼此心照,不用于电信方面"②。全部拨充皖系军阀发动内战的军费。以后于6月至9月间,日本又以各种名目给予段政府如前所举的大宗借款。

此时的日皖关系,正如徐树铮所说的那样:"我北军(实际上指皖系军阀)权势消长,与日本寺内内阁利害相通。"③而林权助也认为段内阁的危机,"就帝国的立场来说,也是非常严重的危机"。显然,双方的勾结已发展到同休戚、共命运的程度了。

日本寺内内阁,一方面通过"西原借款"逐步将段祺瑞皖系军阀变为它侵华的驯服工具,另一方面具体贯彻推行所谓中日"经济合作",通过各种名目的借款,在华攫取大量的政治特权和经济利益。1918年5月22日,寺内亲笔拟定题为《借款问题及其他》的文件,"其中列记了对华交涉的各项经济案件,以及解决山东问题的重点"④。这份文件是在西原龟三和陆宗舆于1918年4月13日在北京所交换的备忘录⑤的基础上,寺内与外务大臣后藤新平、大藏大臣胜田主计共同商定后起草的。据西原记载,当陆宗舆签署备忘录时,因为"害怕被骂作卖国贼战战兢兢地签字的"⑥。寺内在这份文件中提出的借款项目有:一、以黑龙江、吉林两省金矿及森林为担保的借款;二、吉会铁路借款;三、以烟酒专卖利润为担保的借款;四、为设置国营炼铁厂的借款;五、交通银行发行与日本货币相同的金纸币;六、退还庚子赔款发展棉花栽培、繁殖绵羊、地质调查三项事业;七、延长山东有关铁路路线及解决山东问题

① 《日本外交文书》,大正七年,第2册下卷,第814—815页。
② 曹汝霖:《西原借款之原委》,《近代史资料》总38号。
③ 《徐树铮电稿》,第2页。
④ 《梦的七十余年》,第188页。
⑤ 《西原借款资料研究》,第184—185页。
⑥ 《西原借款资料研究》,第185页。

的方案等。文件所列各项，其目的是为了掠夺中国的铁矿、棉花、羊毛及其他矿产资源，变中国为日本的原料供给地及商品倾销的市场；而吉会铁路和山东铁路的修建，是为了巩固和扩大日本在华势力范围的战略地位，并企图组织由日本控制的中国铁路投资团，以排斥阻止英、美以修建铁路划分势力范围的侵华格局；发行金本位纸币，则是为了使之与日本货币联系起来，以便于控制中国的财政金融，而最突出的是企图将德国在山东的特权利益据为己有。这些都反映了日本要以大量资本输出的形式，加强它在华经济上政治上的优势和垄断地位，为战后与欧美各国在华进行激烈竞争作准备。

1918 年 5 月 29 日，西原携带着寺内的指示，第六次来到北京，与交通总长兼署财政总长曹汝霖会谈。6 月 18 日，签订吉会铁路 1000 万日元借款合同；8 月 2 日，签订吉林、黑龙江森林金矿 3000 万日元借款合同。8 月 6 日，交换了下列各项文件：一、国营制铁厂借款合同，制铁及铁矿砂供给合同及其附属文件；二、退还庚子赔款及产业开发议定书；三、关于中国铁路资本团的议定书。上列几个文件，俱作为曹汝霖、西原协定，拟成备忘录互换，言明俟征得日本政府同意后，另行缔结正式合同。同时，双方还就整理税制和改革币制等问题，具体交换了意见①。关于山东问题，段祺瑞北京政府同意日在青岛和济南驻军，中日合办胶济铁路等；而且在 9 月 24 日双方互换照会时，驻日公使章宗祥竟在复照中说："中国政府对日本上列之提议，欣然同意。"②此项照会遂成为日后日本在巴黎和会上坚持侵占山东的借口。日本提出的各项侵略要求，在短短两个多月的时间里，大部分如愿以偿。西原为此非常得意，他在日后回忆时说："到燕以来，以七十天的时间，为日中经济合作结成纽带，为东亚永久和平打下基础。前年访华时值袁世凯去世不

---

① 《梦的七十余年》，第 198 页。
② 王芸生：《六十年来中国与日本》第 7 卷，三联书店 1981 年版，第 167 页。

久,回忆当时日中关系的情况,实有隔世之感。"①

　　1918年9月28日,中日双方正式签署吉林黑龙江森林金矿、满蒙四铁路、山东济顺高徐二铁路、参战等四项借款合同。至于制铁厂一亿日元借款,则由于日本国内政治危机,寺内内阁倒台,而被搁置起来。

　　段祺瑞皖系军阀对日本所提出的种种侵略要求,有求必应。只要日本给钱,给军火武器,支持他们扩张地盘,什么国家主权、民族利益都可以拍卖。段祺瑞的卖国行为,已远远超过其前辈袁世凯。寺内正毅下台时曾自夸其侵略中国的功绩说:"本人在任期间,借与中国之款,三倍于从前之数,实际扶植日本在中国之权利,何止什倍于二十一条。"②

三　日美的争夺与勾结——《蓝辛—石井协定》

　　1917年11月2日,美国国务卿蓝辛和日本特使石井菊次郎就有关中国问题签署了《日本和美国关于中国的换文》,一般称作《蓝辛—石井协定》。在换文中,"美国政府承认日本在中国,特别在中国之与日本属地接壤的部分,有特殊利益"。日本承认美国提出的对华"门户开放"和"在华工商业机会均等的原则"③。《蓝辛—石井协定》(以下简称《协定》)是日美在第一次世界大战期间,双方在华经过激烈争夺之后暂时妥协的产物,是日美为掠夺和宰割中国所进行的一笔幕后政治交易。

　　第一次世界大战爆发后,日本乘机在华大肆扩张殖民特权。它以恪守英日同盟为名,对德宣战,囊括了德国在中国山东省的全部侵略利益和特权;一年后,又向袁世凯北京政府提出酝酿已久的"二十一条"侵略要求。由于欧洲列强各国正忙于战争,无暇东顾,故而使日本在远东成为唯一拥有实力的帝国主义国家。只有美国因参战最迟(1917年4

　　①　《梦的七十余年》,第199页。
　　②　刘彦:《最近三十年中国外交史》,太平洋书店1932年版,第116页。
　　③　《中美关系资料汇编》第1辑,世界知识出版社1957年版,第468页。

月始参战),是在远东有力量和日本对抗的大国。美国对华贸易,1913年为35,427,198海关两,至1917年即达60,960,777海关两,增长近一倍①。自1914年至1918年,欧洲列强各国对华输出普遍下降,而日美两国却迅速上升。在中国输入总额中,日本所占比例由20.7％猛增至38.9％;美国由8.8％上升至13％②。双方都力求在华加强自己的垄断地位,排斥和打击对方,结果使已有的矛盾日益尖锐。如1914年当日本对德宣战之际,美国立即于8月21日照会日本政府说:"若在中国内地发生骚乱,为恢复其秩序,日本或其他诸国采取必要的措施时,希望日本政府在考虑此问题时,务必于其决定行动之前,和美国政府协商。"③1915年日本向中国提出"二十一条"并以武力胁迫袁世凯接受时,美国又于5月13日照会日本政府,声明:"美国对于中日两国政府间已经缔结或行将缔结的任何协定或约定,凡有损美国及其在华公民的条约权利,或中华民国之政治或领土完整,或通称为门户开放政策的国际对华政策,一概不能承认。"④这些均说明美国密切地注视着日本在华的一举一动,力图阻止或牵制日本帝国主义在中国取得独占的特权,以维护美国在华的侵略利益。正如列宁1916年所指出的那样:"瓜分中国才刚刚开始,日美等国争夺中国的斗争,一天比一天激烈。"⑤这一斗争,在袁世凯死后,日趋激化。

　　袁世凯为筹备帝制和发动对西南护国军的战争,大量军政费用的开支,使北京政府本已拮据的财政濒于崩溃的处境,急需外国贷款。在此期间,美国对华借款空前活跃。以1916年为例,4月7日北京政府与美国李希金逊公司签订五百万美元借款合同⑥;同年4、5月间,又以

①　杨端六编:《六十五年来中国国际贸易统计》,第118页。
②　《农商公报》,1920年第7卷,第2期。
③　《日本外交文书》,大正三年,第3册,第208页。
④　《中美关系资料汇编》,第1辑,第467页。
⑤　《列宁全集》第22卷,第252页。
⑥　徐义生:《中国近代外债史统计资料》,第126页。

整理山东、江苏境内运河为名，与美国广益公司签订 600 万美元借款合同①；5 月 17 日，交通部与美国裕中公司签订 1000 万美元借款合同②；10 月 16 日，美国芝加哥大陆商业信托储蓄银行供给北京政府 500 万美元借款，以中国烟酒公卖为抵押，按合同规定，可再续借 2500 万美元③。1916 年美国对华借款的大量增加和积极活动，显然对抱有极大侵华野心的日本是一个严重的威胁。日本利用它在华所拥有的实力地位以及与皖系军阀的密切关系，竭力抵制和破坏美国在华的活动。如日本对中美签订的 600 万美元运河借款合同，即以侵犯日本在山东的权益为借口，向北京政府提出抗议，使借款难以兑现。1916 年 12 月，美国广益公司向正在美国访问的日本兴业银行副总裁永野提议，由日美合作承担这笔借款，以换取日本的支持。日本表示同意。经过谈判，日美双方于 1917 年 3 月 9 日正式签订合作契约，规定运河借款（包括以后的续借款）由两国分别承担④。又如美国芝加哥大陆商业信托储蓄银行与北京政府签订借款合同后，日本即向中国提出：如停止与美国的借款交涉，它将立刻给予 1000 万日元借款⑤，结果使中美借款合同中所规定的"续借美金 2500 万元"的计划为日本所破坏。日美两国在华相互排斥相互竞争之激烈程度，由此可见一斑。1917 年上半年日美两国围绕中国参战问题的矛盾和斗争，更是双方在华激烈争夺的一种反映。由于日本勾结皖系军阀段祺瑞，将亲美势力驱逐出北京政府，美国遭到失败。1917 年 4 月，美国宣布对德参战卷入欧洲大战，一时无力在华与日本继续对抗，因此谋求与日本达成暂时妥协的办法。这就是《蓝辛—石井协定》产生的历史背景。

---

①　徐义生：《中国近代外债史统计资料》，第 128 页。
②　徐义生：《中国近代外债史统计资料》，第 132 页。
③　徐义生：《中国近代外债史统计资料》，第 152 页。
④　《日本加入运河借款问题始末》，《西原借款资料研究》，第 88—90 页。
⑤　《一九一九年中国参加巴黎和会代表团说帖》，《太平洋会议之参考资料》，第 134 页。

　　1917年5月12日，美国国务卿蓝辛向日本驻美大使佐藤爱麿表示，希望日本派遣特使来美，就当时的国际形势及远东问题进行会商①。日本为了缓和双方的关系，也想就中国问题与美国达成某些谅解，故对美国提议表示赞同。5月22日，日本内阁议决派遣特使赴美谈判，随即于6月13日派前外务大臣石井菊次郎为特使，随员中包括有海军中将竹下勇、陆军中将须贺野、外务省秘书永井松三等人②。按日本政府的指示，双方将就关于日本人在美国的地位问题和协调日美两国在中国的行动问题进行商讨。6月15日，日驻美大使根据日本外务省的指示，要求美国政府就1915年美国国务卿布赖安承认日本对中国有着特殊密切关系的声明③，以适当方式重新加以确认，以便消除日本人民对美国在华活动所产生的疑虑④。日本的意图，显然是试探美国现政府对1915年布赖安声明的态度。7月6日，蓝辛在复照中指出：布赖安声明虽承认日本在与中国毗连地区有着特殊的密切关系，但绝不意味着美国同意日本对中国有"至高无上"的权力来扩充其在华的政治影响⑤。从日美之间的这些来往照会，可以看出谈判前双方各自的主张，以及日本希望美国承认它在中国享有特殊的侵略地位的迫切要求。

　　8月23日石井抵达华盛顿，9月6日与美国国务卿蓝辛开始进行谈判。双方谈判的重点，很快转到中国问题上。蓝辛提议日、美就废除在中国的势力范围和保全中国领土完整以及机会均等诸问题发表宣言，企图借此排除日本在中国的独占优势。石井原打算以同意废除势

---

　　①　《日本外交文书》，大正六年，第3册，第708页。

　　②　《日本外交文书》，大正六年，第3册，第731页。

　　③　1915年3月13日美国国务卿布赖安在其致日本的一份照会中曾说："美国有理由反对日本有关对山东、南满、蒙古东部的要求，不过美国坦白承认：领土的接近产生日本同这些地区的特殊关系。"见《美国对外关系文件》。

　　④　《日本外交文书》，大正六年，第3册，第729—730、732页。

　　⑤　《日本外交文书》，大正六年，第3册，第739—742页。另见《美国对外关系文件》。

力范围作为代价,以换取美国承认日本在中国的特殊地位。他认为如果各国也仿此废除势力范围,日本就可凭借地理邻近和大战期间发展起来的经济力量,使在华的经济竞争处于有利的地位①。石井将这一方案请示日本政府。日本政府因在上年7月与俄国签订了互相确认两国在中国东三省和内蒙古地区的势力范围的第四次密约,因此不赞成石井的方案,并指示石井说:放弃势力范围,影响甚大,所以不要涉及这个问题,而要致力于"不拘形式如何","只谋求其承认我之特殊地位"②。美日双方经过往返磋商,最后于1917年11月2日完成换文,并分别于11月6日、7日在华盛顿、东京同时公布。日本政界普遍把这一协定的签署看作是日本外交的一大胜利③。美国也宣称这一协定"获得的主要成果是:两国政府关于对中国政策的指导原则,达成了相互间的谅解"④,并极力向中国宣传说:"这不仅对门户开放政策是一个重新的肯定,而且加进了不干涉中国主权与领土完整的原则。这个原则,如果一般地予以施行,正是威尔逊总统所公开宣布的永久国际和平的精髓。"⑤但当蓝辛将换文内容通知美国驻华公使芮恩施时,芮恩施一语道破地说:"照会声明美国承认日本在华的特殊利益……这一行动会深刻影响他们(指中国)的利益,而且一看就是美国对华政策的一个转变。"⑥英国驻日公使格林评论说,他"担心'特殊利益'这一词,将会引起日后麻烦"⑦。两个帝国主义强盗,背着中国,以中国的领土主权作为相互交易的筹码,任意宰割,相互承认在华侵略的所谓"原则",还说什么这个"原则"是"国际和平的精髓",这真是十足的强盗逻辑。

---

①　石井菊次郎著:《外交余录》,1930年版,第138—139页。

②　《日本外交文书》,大正六年,第3册,第773页。

③　1917年11月16日美驻日大使莫里士致蓝辛电,《美国对外关系文件》。

④　蓝辛致驻日大使莫里士电(1917年11月5日),《美国对外关系文件》。

⑤　蓝辛致芮恩施电(1917年11月5日),《美国对外关系文件》。

⑥　芮恩施致蓝辛电(1917年11月4日),《美国对外关系文件》。

⑦　莫里士致蓝辛电(1917年11月16日),《美国对外关系文件》。

　　《协定》一经公布，中国舆论为之哗然，众口同声地谴责日、美帝国主义对中国领土主权这一可耻的侵略行为。北京政府被迫于11月8日、12日分别向日、美两国政府提出照会，声明："中国仍保持向来之主义，中国政府不因他国文书互认有所拘束。"①但这种做做样子的表态，对日、美帝国主义者来说，根本起不到任何效用，更何况段祺瑞皖系军阀控制下的北京政府，本来就是俯首听命于日本帝国主义的一个卖国政府。然而《协定》本身，却是一篇难得的反面教材，使中国人民更加深刻地认识到帝国主义者在中国是多么的横行霸道，为所欲为！

　　《协定》既然是美国因参加第一次世界大战，无力在华与日本继续进行对抗情况下的妥协产物，因此，随着大战的结束，美国卷土重来，日、美两国遂以更加激烈的争夺，取代了战时的妥协。1920年新四国银行团的成立，1921年华盛顿会议的召开，都是美国联合英、法，抑制日本在华扩张，并迫使日本让步的几着棋。双方在华的矛盾和斗争日益加深。1922年2月，日本修改"帝国国防方针"，已把美国列为第一个假想敌国②。1923年4月14日，日美换文废除了《蓝辛—石井协定》。

四　中日军事协定的签订

　　1917年俄国爆发十月革命，诞生了世界上的第一个苏维埃国家。沙皇俄国势力的瓦解，使世界列强之间的力量对比发生了变化。日本帝国主义的注意力立刻转向中国东三省北部和俄国的西伯利亚地区。俄国势力的极大削弱，无疑是日本扩大势力范围，推行其"大陆政策"的大好时机。因此，它迅速地作出了侵略性的反应。1917年6月，日本外务省委托满铁理事川上俊彦开始对俄国进行了四个月的考察。11

---

　　①　《日本外交文书》，大正六年，第3册，第833页；中国驻美公使致美国务卿照会(1917年11月12日)，《美国对外关系文件》。

　　②　日本国际政治学会编：《走向太平洋战争的道路》第1卷，第32页。

月中旬,川上向外务大臣本野一郎提出一件《俄国视查报告书》,在结语中建议:如果俄国苏维埃政府单独对德讲和,日本"至少要占领满洲北部及直至贝加尔湖沿岸的俄国远东领土"①。1918 年 1 月 29 日,日本参谋本部和陆军省联合成立军事共同委员会,由参谋次长田中义一主持,负责研究出兵西伯利亚的各种方案及出兵的准备工作。

为配合这一侵略计划,日本必须取得出兵进驻中国东三省北部的合法依据。为此,缔结中日军事协定成为这一时期日本侵华政策中极为重要的一环。正如日本外务省在《日中同盟缔结之意义》文件中所说的:"帝国外交之中枢为对华政策,对华政策之要谛,其归结点即是日中在政治上及经济上的紧密联盟。……若以同盟的形式明白确立日中两国间的关系,帝国将根据盟约所规定的权利或义务,无须顾忌列国及中国产生的疑虑,得以公开的推行我之对华政策。……根据日中同盟,帝国将取得绝大利益,即在军事上以协同作战为理由,可在中国领土内之必要方面,自由出动帝国的军队,而且在军事上当然以相互支援之名义,参与编练中国军队;尤为重要的是有利于我控制掌握军火制造的原料。在政治上,基于同盟关系,积极参与其内政,以便于从各方面扶植帝国的政治势力。在经济上,以同盟协作之名,开发其丰富的资源,努力开拓市场,以利于帝国经济的发展。"②在这份内部文件中,日本帝国主义者对缔结所谓中日军事协定的侵略目的,说得再清楚不过了。它是企图利用中日结盟的关系,将中国在政治上、军事上、经济上完全置于日本的控制之下。这是日本帝国主义在华多年孜孜以求的侵略目标,现在却利用所谓防止德奥势力经由西伯利亚东侵为借口"给予实现日中军事协同问题,以绝好的机会"③。

---

①　《日本外交文书》,大正六年,第 1 册,第 594 页。

②　小幡酉吉传记刊行会编刊:《小幡酉吉》,1957 年版,第 207 页。

③　日本参谋本部编:《日支协同防敌军事协定颠末概要》,转引自《东洋文化研究纪要》第 26 册载关宽治《1918 年日中军事协定成立史序论》一文。

　　1917年11月14日,段祺瑞的亲信靳云鹏、曲同丰前往日本参观日本陆军特别大演习,日本陆军参谋本部参谋总长上原勇作、参谋次长田中义一和西原龟三,乘机相继向靳、曲极力渲染俄国爆发革命后德军有侵入东方的危险,暗示有必要加强中日军事合作,以防止德国势力的东侵①。日本参谋本部密令时任北京政府军事研究员的坂西利八郎(当时正陪同靳、曲等在日参观军事演习)向中国军政各界要人进行游说,以促成协定的缔结。1918年2月1日,田中义一致电坂西利八郎,指示他采取措施,立即诱使冯国璋、王士珍(时任国务总理)同意并主动向日本提出中日建立军事同盟事,以免"万一由我方建议而冯、王不同意时,极有损我国的体面",并要坂西与段祺瑞接洽②。次日,坂西复电报告说:"本职已和参战督办段祺瑞、陆军总长段芝贵正在制定大体计划",并建议由田中本人非正式向中国驻日公使章宗祥提出,由章向北京政府报告③。2月5日,田中向章宗祥提出:鉴于德国势力东渐,"从军事上着想,两国国防实非迅谋共同行动不可"。章立即报告北京政府④。

　　国务总理王士珍就此事征询段祺瑞的意见,段立即表示:"日本政府关于此问题好意热心的表示欲与我合作,我亦宜以热诚相待,与其达成完满之协定"⑤。段又向外交总长陆徵祥说:"此问题紧急,不可有片刻耽搁,此事系外交总长专管事项,望阁下迅速主持其事,热切希望尽全力促其成功。"⑥与此同时,日本军事顾问青木宣纯及坂西利八郎连

　　① 关宽治:《1918年日中军事协定成立史序论》,《东洋文化研究所纪要》第26册,第186、195页。
　　② 《日本外交文书》,大正七年,第2册上卷,第268—269页。
　　③ 《日本外交文书》,大正七年,第2册上卷,第268—269页。
　　④ 《六十年来中国与日本》第10卷,第241—242页。
　　⑤ 《日本外交文书》,大正七年,第2册上卷,第267页。
　　⑥ 《日本外交文书》,大正七年,第2册上卷,第270页。

续对冯国璋、王士珍进行工作,强使他们承认中日军事协定的重要性①。日本频繁地活动于外,段祺瑞皖系军阀积极响应配合于内,冯国璋迫于内外的压力,终于接受了日本提出的军事合作的建议。2月22日,北京政府电示驻日公使章宗祥:"近日馆迭派员探询对于俄边紧急情形,中国是否愿与日本提携,共同干涉;青木中将并谒见主座。经面告以华境内事,中国自行处理,华境外事,宜可与日本共同处理。该中将要请先向日政府用正式声明,然后由两国陆军当局规定办法。……复经国务会议公决,与日本协商进行。"②冯国璋确定的这一中日军事合作,仅限于中国国境之外,中国境内防务则由中国军队自己承担的方针,很明显是针对日本企图侵占北满而提出的,当然不合日本侵略者的胃口。故在章宗祥与日本外务大臣本野洽谈时,本野表示:两国军事共同行动,没有必要分境内境外,"现事机实已迫切,尤望中国勿事游移"③。2月26日,田中义一又向章宗祥提出两项办法:"一、先由两国外交当局结共同行动之协约,其余军事布置由两国军事当局再商;二、先由军事当局商定军事布置,外交当局但予认可,俟时机再订。"④这两项办法显然是想绕开直系的反对,直接与皖系军阀交涉,以便顺利签署军事协定。在此期间,直皖矛盾激化,皖系勾结奉系军阀张作霖将奉军调入山海关内,迫近京畿,拟发动军事政变,驱冯下台。在此日皖勾结步步紧逼的形势下,冯国璋被迫妥协让步,将中日军事协定具体交涉事,交由参战督办段祺瑞主持。3月2日,北京政府同意按田中的第二项办法,"由两国军事当局各委专员共同规划"⑤。同日,段任命其亲信靳云鹏为中国方面协商中日军事协定的委员长。这样,有关与日本商订军事协定的交涉,完全为段祺瑞所控制。日本通过皖系军阀的积极配

---

① 《日本外交文书》,大正七年,第2册上卷,第271页。
② 《六十年来中国与日本》第7卷,第242页。
③ 《六十年来中国与日本》第7卷,第243页。
④ 《六十年来中国与日本》第7卷,第244页。
⑤ 《六十年来中国与日本》第7卷,第245页。

合,终于把所谓中日军事合作的侵略计划纳入它们所希望的预定轨道。

　　段祺瑞一接手总理参战事务全权,即对日本表示,不论境内境外,均可提供一切方便。他对坂西利八郎说:"请放心吧! 我所担负的互相协作的军事行动,一经开始,事实上不至使日军有任何不便。例如贵国军队对西伯利亚作战而使用北满,乃理之当然,在外交上无任何障碍。"①段祺瑞这种甘为奴仆的媚态,深得日本主子的欢心和信赖。坂西在其致田中的电报中说:"(参战处)负责人段祺瑞的意图既然如此,相信在实行中日同盟上不至有何障碍。"②3月23日,段祺瑞重新出任国务总理。他一上任,首先处理的问题,就是中日军事协定。3月25日,北京政府驻日公使章宗祥致函日本外务大臣本野一郎,按照日方所定的调子,提出:"因敌国实力之日见蔓延于我国境内",威胁远东和平,两国政府应就共同防敌之战略范围进行协商③。本野立即复函表示同意。此即所谓中日共同防敌换文。至此,这一出完全由日本帝国主义者自编自导的侵华丑剧,终于拉开了序幕。

　　双方换文后,"共同防敌"的具体条款细项即交由两国任命的军事委员进行协商。中国方面由靳云鹏、沈寿堃,日本方面由斋藤季次郎(日驻华公使馆武官)、吉田增次郎(日本海军少将)分别担任陆军和海军的协商委员长,并各有军事委员若干人。谈判开始,日本首先提出共同防敌协定草案。经过短时间的磋商,在日本的不断催促之下,稍加修正后,双方即于1918年5月16日签订《中日陆军共同防敌军事协定》十二条;5月19日又签订《中日海军共同防敌军事协定》九条。以后又于9月6日议定《关于中日陆军共同防敌军事协定实施上必要之详细协定》七条④。这些协定的主要内容为:在军事行动区域的中国当局,

---

① 《日本外交文书》,大正七年,第2册上卷,第273页。
② 《日本外交文书》,大正七年,第2册上卷,第273页。
③ 《六十年来中国与日本》第7卷,第251页。
④ 《六十年来中国与日本》第7卷,第253—261页。

须与日军合作,相互提供武器和军需品;中国军队参与日本在西伯利亚的军事行动,则"应入日本军司令指挥之下";中国军队及军需品经南满铁路运输者,交由日方负责,而日军须经中东路运输者,"中日应设协同机关"负责等。这些规定意味着日本可以借口防敌,任意进入中国领土领海和占用中国各项设施,而中国当局必须与"日军合作",提供一切方便条件。这就为日本帝国主义出兵侵占东三省北部及中东铁路路权,提供了合法的条约依据。

军事协定一经签订,日本立即将其策划已久的侵占中国东北的阴谋付诸实施。1918 年 8 月 2 日,日本宣布对俄出兵,13 日即往黑龙江省调兵;16 日未与中国政府协商,即单方宣布出兵北满,17 日日军陆续侵入哈尔滨、博克图、满洲里、齐齐哈尔等地,并强占满洲里驻军营房,勒令中国在满洲里的驻军"退驻后方"。黑龙江驻军急电北京政府告急称:"此次日军举动,志在乘机侵吞北满,其借口满站我兵单薄,迫令退出,已事在必行。将来沿线驻军,恐亦在排斥之列,即明不为排斥,而路权若归日人主持,交通难免受制。"[1]同时,在黑龙江各地,日军公然行使军用票,俨然如占领军。10 月 18 日,新疆督军杨增新致电北京报告说:日本调查员九人已来新疆,分赴塔城、伊犁、喀什等地进行调查,并"拟在兰州、肃州(今酒泉市)一带屯驻四师团之重兵,又酌分一、二师团集中于迪化(今乌鲁木齐)","名义上仍托为防俄防德云云"[2]。上述日军的种种侵略行径,充分说明了中日军事协定给中国带来的严重后果。日本凭借这个协定,肆意侵犯中国领土主权;即使按协定规定应由两国共同商定的重大事项,日本亦可任意单独行动。当英美等国询问北京政府,日本出兵北满是否事先征得中国同意时,日本竟蛮横无理地胁迫

---

① 1918 年 8 月 22 日黑省代督军张焕相电,引自台北中研院近代史研究所编:《中俄关系史料——西伯利亚出兵》,第 277 页。

② 《中俄关系史料——新疆边防》,第 127—128 页。

中方出面"澄清",声明双方事先已有所协商云云①。中日军事协定中所谓的双方"互相尊重其平等"的漂亮辞令,完全是欺骗世人的谎言,军事协定实质上为日本侵略中国打开了方便之门。皖系军阀这种赤裸裸的卖国罪行,激起了全国人民的反对。

中日军事协定的谈判和签订,根据日本的要求,双方是在绝对保密的情况下进行的,但在交涉过程中,其部分内幕仍不时为中外报纸所探知。3月22日《京津泰晤士报》以《日本的对华劝告》为题透露了中日共同防敌换文的内容②;4月17日北京《晨钟报》以及在此前后的上海中外报纸又揭载了有关中日正在秘密谈判军事协定的消息。这些新闻报道引起人们的注意。4月23日,上海三十七商民团体联合致电北京政府,反对中日军事密约。4月27日,广东护法军政府伍廷芳、陆荣廷、唐继尧等联合致电冯国璋,质问是否有中日密约事,并声称"若果有此事,应请严行拒绝;若确无之,则请明白宣布,以祛群疑"③。消息传到日本后,各省留日学生于5月4日、5日先后分别召开大会,坚决反对中日密约。后又由各省各校留学生代表召开联合大会,组成"大中华民国救国团",号召集体分批回国请愿,同时散发《警告大中华民国留日学生全体文》,揭露日本借口联合防敌,欲吞并中国的侵略野心,呼吁留日学生即刻回国,组织团体,拒绝密约,为救亡图存竭尽全力④。各省留日学生纷纷响应,结伴回国,进行活动。据日方统计,当时留日的百分之九十五以上的学生,均参加了罢课抗议的斗争;响应号召回国者约有一千二百余人⑤。留日学生回国后,在国内特别是在北京、天津、上

①　《次长会晤日本林权助公使问答节略》,《中俄关系史料——西伯利亚出兵》,第301—302页。

②　《日本外交文书》,大正七年,第2册上卷,第293页。

③　《民国日报》,1918年5月7日。

④　《日本外交文书》,大正七年,第2册上卷,第329—332页。

⑤　据日本官方统计:1918年5月中国在东京的留日学生共计2783人。《日本外交文书》,大正七年,第2册上卷,第360、362页。

海起到了有力的宣传鼓动作用,全国各地反对签订中日军事协定的抗议活动日益高涨。5月18日,全国商界联合会通电反对中日密约①。5月19日北京《大中华日报》将中日军事协定全文刊出;20日,北京各报纷纷转载。同日,北京大学全体学生紧急集会,声讨北京政府亲日卖国。21日,北京大学、北京高等师范学校、工业专门学校、法政专门学校等学生二千余人,齐集总统府请愿,要求废除中日军事协定②。22日,天津千余学生到直隶省公署请愿,要求在中日军事协定上"勿盖印"③。上海、福州等地学生也起而响应,请愿要求废除军事协定④。皖系军阀的卖国行径,遭到全国各界的同声声讨。

中国人民反对日皖勾结的爱国正义斗争,使日本侵略者、段祺瑞等惶恐不安。日本担心协定谈判若迁延时日,将愈加遭到中国国内和国际舆论的谴责,于己不利。5月3日,田中义一走访驻日公使章宗祥,表示:"在协定签订之前,不能指望日本方面提供贷款和武器。"⑤由于日本不断施加压力,段祺瑞北京政府不仅加速协定的谈判和签订,并为迅速使协定合法生效,与日本议定以双方换文形式代替批准手续,协定自交换之日起立即生效。5月29日,双方在北京完成交换手续,5月30日同时公布《共同防敌换文》(即3月25日双方之换文),但对协定内容却秘而不宣。

段祺瑞自恃外有日本帝国主义作为后台,内有皖系各省大小军阀的实力支持,不顾全国人民的反对,悍然签订了丧权辱国的中日军事协定。他自以为得计,但实际上是搬起石头砸自己的脚。这一卖国行径不仅在全国人民面前彻底暴露了皖系一伙卖国贼的嘴脸,从反面教育了人民,同时也进一步加剧了直皖之间的矛盾。

---

① 《民国日报》,1918年5月23日。
② 《民国日报》,1918年5月24日。
③ 《民国日报》,1918年5月25、27日。
④ 《民国日报》,1918年6月1日。
⑤ 臼井胜美:《日本和中国——大正时代》,原书房1972年版,第134页。

第二节　安福国会的召开

安福国会来源于安福俱乐部。在叙述安福国会之前，首先要交代清楚安福俱乐部是一个什么样的组织以及它是怎样形成的。

一　安福俱乐部的形成

安福俱乐部，简称安福部，通称为安福系，是一群拥戴段祺瑞的皖系军阀政客为了操纵国会选举，掌握政局，与直系冯国璋相抗衡而成立的一个政治团体。

张勋复辟失败后，段祺瑞以所谓"再造共和"之功出任国务总理，成立新政府，国内政局面临的最迫切问题就是国会和总统问题。段祺瑞以前次对德宣战案，国会与之为难，与国会的嫌隙已深，不愿见其复活。以梁启超为首领的研究系当时参加了内阁，成为段内阁的重要支柱。研究系阁员因国会中本系人数过少，不能伸张其主张，也不愿恢复国会。1917 年 7 月 17 日，即段内阁成立的那天，梁启超、汤化龙等向段献策，主张召集临时参议院以改造国会。他们认为，中华民国既经一度复辟推倒，即已蜕化死去，现在复生的中华民国，系由段祺瑞一手另造，非复从前之中华民国，因此国会断无恢复之理；何况国会不好，首先是因《国会组织法》不完善，倘不先组织一过渡机关，将《国会组织法》修改，仍用旧法选举新国会，必将蹈旧国会的覆辙①。梁启超还指出：第一，"各督既以全力打破国会而使之解散，今忽恢复，政治上将生莫大之反动"；第二，"纵使对于各督军可以疏通，使勿反对，但彼等必问国会恢复而后是否果能速定宪法，是否可以一改从前之态度，则无论何人，不

---

①　南海胤子：《安福祸国记》上篇，神州国光社 1920 年版，第 3 页。

敢为之担保"①。因此,他们谬引民国元年同盟会在南京召集临时参议院作为过渡性的立法机关的成例,提议成立临时参议院,修改《国会组织法》与参众两院议员选举法,然后根据这些新法召集新国会。对研究系这一改组国会的主张,段祺瑞和冯国璋都表示赞成。

7月24日,由梁启超起草,北京政府国务院致各省征求召集临时参议院改组国会的电报说:"国体新复,政府初成,国会已经解散,宪法尚未成立……则组织立法机关,实为最急之务。"电报认为恢复旧国会之说,事实上必不可行,因为明令解散之后,断无重新召集之理。且自经解散,国会之威信全失,"威信既失,精神不存,假令恢复,徒滋纷藉"。至于改选一说也不可取,因为选举程序繁重万分,调查宣布,非一时所能完成,加以初选复选需要时日,则国会成立,为期遥远。而且国会人数过多,权限不明,规制未善,不仅目前困难,亦非长久之计。电报认为最好的办法是实行改组,减少国会人数,提高议员资格,"则所选必为良材,而议事庶遵轨道"。但要改组国会,必须先修改国会组织法,尤其是必须先有提议改组并制定法律的合法机关。这个合法机关,就是约法上规定的参议院。电文说:"夫国会之职权,乃由约法上之参议院递嬗而来,有参议院行使立法职权,即无异于国会之存在,是与约法精神,共和本旨,皆不违悖;且人数无多,选派由地方自定,依据约法可以迅速成立,救时之图,计无逾于此者。""至于国会组织法,乃约法上参议院所制定,既有制定之权,异以修改之任,于法为宜,于理为顺,则改组之主张,亦必先召集约法上之参议院,乃能贯彻也。"②

电报发出后,隶属于北洋的各省督军都复电表示赞成。广东、广西、四川、云南、贵州西南五省,则主张恢复国会,反对召集临时参议院。如前所述,孙中山发动了护法战争,从此形成南北对立的局面。

---

① 《北京特别通信》,《申报》,1917年7月25日。

② 《关于召集参议院问题政府之电文》,《晨钟报》,1917年7月29日;《申报》,7月30日;《东方杂志》第14卷第9号。

9月29日，北京政府发布成立临时参议院命令。令文指出："国会组织法暨两院议员选举法，民国元年系经参议院议决，咨由袁前大总统公布。历年以来，累经政变，多因立法未善所致，现在亟应修改。"①命令要求各省及蒙、藏、青海各长官选派参议员，于一个月内到京组织临时参议院，以修改《国会组织法》与参众两院《议员选举法》，同时并令内务部按照民国元年筹备成立国会事务局的办法，迅速筹办预备选举。11月10日，临时参议院在北京开会，冯国璋和段祺瑞都出席会议并致词。11月14日，参议院进行选举，出席人数一百零二人，王揖唐（1877—1948，安徽合肥人）被选为议长，那彦图被选为副议长，由王印川任秘书长。

临时参议院成立后，便积极着手修改《国会组织法》和两院《议员选举法》。1918年2月17日，冯国璋以代理大总统名义将修正的《国会组织法》和《参议员选举法》、《众议员选举法》公布。新的修正法与旧法有两点较大的不同：一为减少了两院议员名额。当时研究系以为从前国会人多口杂，议案不易成立，主张减少人数。梁启超说："中国地广人众，每议员一人代表公民四十余万，安能代表真正民意？而在议会则嫌其多，人杂言庞，此其所以捣乱也。不如裁减其数，政府可省縻养之费，议会易收统一之效。"②因此，参议院议员名额由原来的二百七十四人，减为一百六十八人，其中一百三十八人由各省选出，其余三十人由中央选出。众议员以每百万人口选出一人，由原来的五百九十六人，减为四百零六人。二为提高选举人资格。原法规定参议院议员由各省省议会选出，新法改由省区地方选举会选出，采复选制。初选以县为单位，规定必须具有高等专门学校以上毕业、有相当资格、任事满三年，或曾任荐任以上官吏满三年、简任满二年，或拥有不动产五万元以上，或年纳税百元以上者，始得为初选当选人，参加复选。其由中央选举会产生

---

① 《晨钟报》，1917年9月30日。

② 南海胤子：《安福祸国记》上篇，第14页。

者,规定须曾有国立大学或外国大学本科毕业以上,任事满三年,或退职大总统、副总统、国务员及曾任特任官满一年以上,或经营农工商年纳直接税一千元以上,或有一百万元以上之财产者。众议员初选选举人资格,亦较民元选举法规定为高。提高选举人资格,在于将选举人人数限制在狭小的范围内,以便于操纵。

《修正国会组织法》等条例公布的第二天,即2月18日,北京政府即命令内务部筹办国会选举事宜。此时,一些皖系军阀、官僚、政客,认为政治上竞争角逐的时刻已到,机不可失。他们为了争取在国会中拥有多数席位,以便操纵国会选举,把政敌冯国璋赶下台,选举自己的领袖段祺瑞或能为己派所用的人来当总统,并进一步把持政坛,控制局势,于是组织了安福俱乐部。

早在1917年8月间,属于皖系的政客王揖唐、曾毓隽等人,就经常在宣武门内的安福胡同梁式堂的住宅(简称梁宅)聚会。当时不过是一个寻常俱乐部性质,请宴召妓,皆用安福胡同梁宅名义,不用安福俱乐部名义,与交通系之韩家潭梁宅同一性质,同一规模,并没有引起人们的特别注意。随着临时参议院的成立和国会选举筹备事宜的进行,皖系及倾向皖系的官僚政客往来于安福胡同梁宅的越来越多,谈论的中心议题自然也是国会选举问题。1918年3月7日晚,王揖唐、王印川、郑万瞻、光云锦、刘恩格、黄云鹏、田应璜、曾毓隽、康士铎、乌泽声、汪立元、于宝轩、克希克图、熊正琦、吴文瀚、解树强、江绍杰等人在梁宅开会,成立了安福俱乐部,并决定3月8日为正式成立日。因梁宅在安福胡同,故取名安福。用俱乐部的名义而不用政党名义,是因为袁世凯解散国民党后,政党为政府所忌,洪宪帝制时的筹安会又为国人诟骂,故不敢明目张胆地以政党相标榜。一次,在讨论名称时,徐树铮说:"政党二字,为世诟病,吾侪宜避去之始可。"王揖唐说:"然则称之为俱乐部可乎?此固无政党之名,而有政党之实也。"徐树铮表示赞同。但议论很久,仍不得一适当之名称,郑万瞻、光云锦提议说:"今余侪集会之地为安福胡同,盍不即名之为安福俱乐部乎?口采既吉,名称亦宜,余愿同人亦既安且福也。"①大家表示赞成。

关于安福俱乐部的成立,次年3月8日王揖唐在该部成立周年纪念会上曾作了如下的记述:"自前年段合肥马厂誓师扑灭复辟后,恢复共和,中华民国死而复生,共和国家斯不可以无国会,又鉴旧选举法、组织法之不良,于是根据约法召集参议院修正两法,本部同人彼时在参议院者,对于两法有所商榷而为一种结合,在安福胡同始觅房屋,因委托梁式堂筹办一切。开始之初,假定梁宅以为收发函件之标帜,又经徐又铮君极力赞成,遂告成立。此为本部筚路蓝缕之起点也。去年三月七日晚,本部开会,经郑万瞻等提议正名为安福俱乐部,虽因地而定名,实有安国福民之宗旨也。于是安福俱乐部自去年三月八日起成立。"②

安福俱乐部后来因参加人数增加,安福胡同梁宅房舍容纳不下,遂在太平湖清醇亲王府旧邸设立分部,故有时也叫太平湖俱乐部。但因其本部仍在安福胡同,且安福一词已成惯用语,又为俱乐部的发祥地,所以一般仍称为安福俱乐部。安福俱乐部世称安福系,因为它是一个派系。

安福俱乐部成立后,其组织逐渐扩充,下设有干事部、评议会、政务研究会。干事部由王揖唐任主任,下分文牍、交际、会计、庶务、游艺五课,其中以交际、会计两课为核心,分别由曾毓隽、王郅隆任常任干事(后两人均厕名于安福系十大祸首之列)。课下复设股。评议会会长为田应璜,吴文瀚、王印川为副会长。政务研究会会长为李盛铎,副会长为秦望澜、克希克图。安福俱乐部的组织,具有一个国家全部官制的雏形。其政务研究会会长相当于国务总理,各股股长、副股长则相当于各部总次长。研究会制度则较国务会议尤为完密,凡有关重大议案,须经该会议决,才能作为安福俱乐部的定议;经定议之后,凡安福部议员,应在国会参众两院内一致主张。

---

① 鸿隐生:《安福秘史》,上海宏文图书馆1920年版,第1页。

② 《安福俱乐部纪念志盛》,《公言报》,1919年3月9日。

安福系作为一个政党,它没有具体的宗旨和党纲,也没有提出什么主义和政策相标榜,完全是一群皖系军阀、官僚、政客为了谋取本派系和个人私利的政治集合体。一次,徐树铮曾向他一个亲信吐露他成立安福俱乐部的目的说:"余之设此部也,实欲置总统于余之肘腋之下,置总理于余夹袋之中,将国中之大权,尽举而有之。天下督军从我者留,叛我者黜,惟余之马首是瞻,余斯愿足耳。"某亲信问:"此言诚壮,然能决部中人必为公用乎?"徐说:"余持金钱以驱策之,不患彼辈不为我用。且彼辈所希望者富贵耳,利禄耳,余将使之尽满其欲,又何为不余是从耶?"①

安福系除北京中央成立组织处外,各省不设一支部;除议员外,不招收一党员。王揖唐本为旧统一党头目之一,但没有旧统一党党员加入安福部。

安福系的首领为徐树铮、王揖唐,徐为段祺瑞的门生,最得段的信任。因此,安福系隶属于皖系,是皖系政治上的中坚和核心力量。但安福系并不等于皖系,皖系不尽为安福,如段祺瑞本人就不是安福部中人。靳云鹏也是段的门生,其受段的宠信不亚于徐树铮,同属于皖系,但与徐不睦,两人暗中争斗激烈,后来甚至站在直系一边,同倒安福系。

安福俱乐部成立后,国外依靠日本帝国主义的支持,国内凭借皖系的军事实力,盗卖国权,大借外债,操纵国会,把持政权,阻挠和议,祸国殃民,在中国政治舞台上横行了两年零四个月,其罪行罄竹难书,为全国人民所深恶痛绝。

二　安福国会的召开

安福俱乐部成立后,即全力投入了国会的选举。

国会,亦称议会,是西方资产阶级民主的产物及其政权组织最主要

---

① 　鸿隐生:《安福秘史》,第3页。

的构成部分,是资本主义国家民主制度的象征。

在中国,一切民主主义者都把国会看得十分重要。但对于想实行封建独裁专制统治的军阀来说,它却是一种束缚和绊脚石,因此军阀都不喜欢国会。如前所述,袁世凯准备做皇帝时,曾经将国会解散过一次,后来张勋复辟,国会又遭到第二次解散。军阀有时也需要保留一下国会,不急于去扼杀它,并不是对它有何好感,而是想利用它来达到自身的政治目的。一旦他们的欲望得到满足,他们就会把国会当作赘瘤,予以抛弃。袁世凯"剿灭"了南方的二次革命后,为了利用国会选举他为总统,以便合法地进行统治,并没有立即解散国会,但当他一登上总统座位时,很快便把国会一脚踢开。

段祺瑞自然也是不喜欢国会的。国会重新开会后不久,在一些督军的策动和皖系军阀的喉舌《公言报》的鼓吹下,解散国会的论调,就一度甚嚣尘上。张勋复辟失败后,段祺瑞和段派军阀不仅不愿让国会复活来同自己作对,即使新成立一个国会,他们也担心不听自己使唤,难以驾驭。因此,临时参议院成立后,他们本想干脆不通过国会,而由临时参议院这样原本是过渡性质的立法机关来代行国会职权,因为临时参议院成员人数很少,又是经指派产生的,易于操纵,并且可以免去召集新国会或恢复旧国会等的许多麻烦。在这个问题上,段派主战派的领袖倪嗣冲、徐树铮主张最力。倪、徐名义上以时间紧迫(总统任期1918年10月届满),通过全国选举,成立新国会,再由新国会选举总统,已经来不及做借口,实际上是因为由临时参议院来代办,可以保证能让冯国璋下台,由段祺瑞来当总统。同时倪嗣冲自己也有想当副总统的意图。段祺瑞起初对这点也是默许的。但是,当时不仅南方坚决反对,认为这样做"则南北绝无调和之余地"[①],以冯国璋为首的直系和钱能训、梁士诒及段派内部的重要分子靳云鹏(已开始和徐树铮有矛盾)等,也都不赞成。4月下旬,段祺瑞南下到汉口召开会议,除了研究

---

① 《西南反对临时参议院代行国会职权》,《晨钟报》,1918年1月18日。

对南战争的军事问题外,国会问题也是一个重要议题,列席者有曹锟、张怀芝、徐树铮、王占元、赵倜、叶恭绰及各省代表。段征求大家关于以临时参议院代行国会职权,选举总统的意见。曹锟(曹此时尚介乎直皖两派之间)当即起来表示反对,认为:"总统选举,固极紧迫,然选举机关不可不依法律所定,以示慎重元首(指冯国璋)之意,并以减反对者之口实。至所谓法律上之选举机关,自以赶行召集新国会为当。现在新国会既在办理选举,自无须临时参议院代行职权。"[①]与会者没有不同意曹锟意见的人。段祺瑞鉴于这样赤裸裸的违法毁法行为会遭到全国包括皖系内部一些人的反对,才决定不以临时参议院代行国会职权,而加速进行新国会的选举。

任何事物都有它的二重性。段祺瑞虽然不喜欢国会,但又不能完全不要国会。这除了为上述形势所迫的原因之外,还在于:第一,如前所述,他所控制的北京政府非法向日本进行了大量的借款,这些借款都是政治性的,多数以国家税收为担保,但又没有一项是经国会批准的,他需要征求国会的同意,召集新国会予以追认。当时有的外国人也看出了这一点,说:"夫新国会之选举,其根本主义非欲藉此以促北京与广州之调和也。其意不过欲使目下所视为不甚合法或全不合法之某种事业变为合法而已。如向日本接洽之各种借款,政府中人多与有关系,必使其立于无可驳斥之地位。而就目下言之,则无一曾经国会之通过者。夫纯粹之实业借款,固无须国会批准,而今之借款,则大多数实业其名而已。就其实际言之,悉供政治上之用,而多数以国家税入为担保,即此一端,已不得不征求国会之同意。今新国会之召集,盖即所以追认此种种借款者也。"[②]第二,既然国会是民主制度的象征,一个民主共和国家就不能没有国会。有一个国会的存在,让它形同虚设,也比没有要好,因为它可以欺骗迷惑群众,对于实行军事封建独裁统治,多少可以

①　《段总理在汉议会内容》,《晨钟报》,1918年4月30日;《申报》,1918年5月3日。
②　《外人之新国会观》,《晨钟报》,1918年9月1日。

起到一些掩饰作用。何况在当时的情况下，国会的利与害，就看由谁来掌握国会大权。如果国会的成员多数是对立党派的人，由敌对势力掌握，于段派当然不利；如果国会中己派的人占了多数，成了自己的囊中物，就会变不利为有利，国会就能变成个人独裁或一派一系专制的御用工具。他们可以通过国会自身的权力，有效地控制内阁，并使一切非法行为披上合法的外衣。因此，对段祺瑞和皖系军阀来说，关键问题并不是要不要国会的问题，而是如何采取有效的措施来掌握即将新成立的国会，首先是如何能使己派和支持己派的人在国会中占有多数的问题。

3月6日，北京政府发布了第二届参议院议员和众议院议员选举日期的命令，规定参议院议员选举于6月20日举行，众议院议员选举初选于5月20日举行，复选于6月10日举行。两天后，安福俱乐部正式成立。3月23日，段祺瑞再次登台组织内阁。4月26日，曹锟、张怀芝、倪嗣冲联名通电请迅速召集新国会。5月4日，北京政府国务院通电否认以临时参议院代行国会的一切职权。在段祺瑞的支持下，徐树铮、王揖唐等为了使安福系或倾向于安福系的人多多当选，使己派人在国会中占有多数席位，制造一个为皖系军阀统治效忠尽力的国会，进行了紧张的活动。

安福俱乐部成立后，想包办国会选举，苦于经费短缺，于是乞怜于"财神"梁士诒。梁曾经为袁世凯复辟帝制筹措经费，袁死后被列为帝制祸首，受到通缉。他此时正想借段祺瑞、徐树铮的帮助，"重振交通系之势力，为卷土重来之计"，因此慨然允诺，给予安福俱乐部三百万元巨款的援助①。徐树铮将这笔钱交王揖唐，包揽选举。其时，徐正与奉系军阀首领张作霖勾结，出任奉军副司令，先后又挪用奉军军饷二百余万元交王揖唐支配使用。

安福俱乐部有段祺瑞的支持，又有金钱作后盾，于是派员分赴各省

---

① 鸿隐生：《安福秘史》，第4页。

活动,演出了一场舆论称之为"买票与官宪干涉"并用的选举丑剧①。

　　这场包办选举的策划者和幕后指挥者是徐树铮。从下面几封密电中,可以清楚看出,为了使自己的同党多多入选,徐树铮是如何在其后台老板段祺瑞的支持下,密谋策划,亲自拟定候选人名单,并发号施令,指使其亲信和党羽倾力包揽选举的。

　　5月27日,徐树铮在岳州途次给山西督军阎锡山的密电中说:"新奉国会为国家根本,晋省选事得我兄大力包举,凡在同人,极深倾佩。兹更有进者,人才以坚定不摇为上,而举总统、任总理、制宪法、议法案、选议长荦荦诸大政,尤须与我辈一本公义专谋利国之主旨步骤合一。顷者复选期迫,往来京津,互叩菊、芝两老(即徐世昌、段祺瑞)意见,选才一节,金主严加披拣,谓此时多一分考察,即异日减一分枝节。诚以目下党派纷歧,诡谋繁衍,一有不慎,将来院内情形,即非院外人所可推测云云。昨由揖唐议长与子琼、芬圃(即田应璜、李庆芳)诸君仔细切商,务求一劳永逸之计,一俟诸君审议有定,即行专电奉察。吾兄与国休戚,谅已成竹在胸。"②

　　6月1日,徐过郑州时致电皖系各督军说:"飞急。密。亲译。顷接一堂(即王揖唐)沁电:'接王仲苂(即王善荃,时任福建政务厅长)由闽来电:两院选举,闽、漳、建三道均有把握。昨忽有人自京来称,中央不甚赞成,闻之惊讶。除仍照旧进行外,祈速确示遵办。敝处复电文曰:奸人希图破坏,幸赖高明洞烛,祈始终坚持,无论何人造此浮言,严予拒绝云云。邦本安危,在此一举。选期迅迫,少纵即逝,拟请迅电同志各省,杜遏奸谋'等语。此次选政,所系甚大,若辈诡谲多端,造谣煽惑,自无所不用其极。闽中既发现此事,难保不分途秘进,极盼坚持促办,俾奸人无所施其伎俩,庶选政可早日告成。除电复一堂外,特以密

　　①　《京闻零拾》,《申报》,1918年7月1日。
　　②　《徐树铮电稿》,中华书局1962年版,第181页。

闻,祈赐鉴察。"①

6月6日,徐返回北京后,致电陕西南郑镇守使管金聚说:"此次选事,关系国本,稍有不慎,立踣覆辙。吾兄关怀大局,谅在洞鉴。陕省选举,闻已依法进行,请【诸】赖维持,无任企佩。惟闻汉南方面,颇有阻碍选政之人,近在贵治,故芝揆(指段祺瑞)谕即转达吾兄严切注意,会商张道尹协力援助,俾可多得贤材,则裨益大局,良非浅鲜。用特奉达,尚祈照察。"②

6月7日,徐又密电阎锡山,进一步具体提出了参众两院议员候选人名单,请他大力支持,使这些人得以当选:"此次选举,顷由一堂、誉甫(即叶恭绰)诸兄,约同田君子琼、李君芬圃公同商酌,就贵省人才,各举所知,备兄参考:'参',拟田应璜、贾耕、祁景颐或曾纪纲、陈钰或刘懋赏、解荣辂或张瑞,候补拟梁万春、张友桐、冯司真、樊振声、兰承荣。'众',拟冀宁道属:李庆芳、祁景颐、郭象升、吴淞、冀贡泉、常赞春或李友莲、裴宝棠,候补王学伊、林孚、赵丙燮、任应春。雁门道属:耿臻显、狄麟仁、邢殿元、蓝钧、刘械或梁济,候补马晋、庞士俊、穆郇、陈毓沂、兰承荣。河东道属:郭德修、高时臻、杨柏荣、李道在或庞全震、刘培泽或张集义,候补许喆、郭沛、仇元踌、张承绪、王禄勋。各员乡望素孚,宗旨纯正,特请鉴定,惠予揄扬。如蒙鼎力扶持,幸得入彀,于国于晋,两俱裨益也。"③

同日,徐在致陕西督军陈树藩的密电中说:"顷闻此次选举,某党系竞进甚烈,芝揆极注念。前属一堂议长于卅日两电某党之赵世钰等姓名及中央妥拟乡望素孚之崔云松等姓名分别奉达,力为抉择,兄处必已坚卓进行。顷谒揆座,又以选期已迫,稍纵即逝,特更嘱弟敦嘱,务望植兰刈艾,以期永奠邦基。一、某党暴徒赵世钰、李述膺、杨铭源、冠【寇】

---

① 《徐树铮电稿》,第195页。
② 《徐树铮电稿》,第203页。
③ 《徐树铮电稿》,第205页。

遐、尚镇圭、焦冰、马骧、李含芳、焦易堂、刘治洲、于右任、茹欲立、郭希仁、李元鼎、张炽章、李异、田中玉、薛其昌、南岳峻、雷溥等，千万严切防闲，勿令有一选。一、崔云松、谭湛、张蔚森、王觐墀、宋伯鲁、段大信、何毓璋、钟允谐、高杞、罗仁博、张树森、白建勋等十二员，宗旨纯正，若得入选，利国匪细，极盼揄扬，俾获一当。查陕省参、众员额共十九名，此十二名外，尚余七名，兄更就地取材，必益稳惬。为国征贤，共趋正轨，跂幸无似。至一堂前电有高增融一名，复查与某党甚洽，又朱家训留沪未归，亦恐与他系结合，应请查酌。又闻研究中人近在陕勾结老派，大肆煽惑，确与雪（雪亚，刘镇华字）有勾连，乞相机防制。"①

　　上列致陈树藩电文中所称"某党"，指的是国民党。此时南方因护法问题已与北方决裂，形成对峙局面，段祺瑞、徐树铮视国民党为敌党，要求"植兰刈艾"，不要让国民党人赵世钰、李述膺（均为第一届国会参议院议员）等当选，而按他们所拟订的已派名单进行选举。他们不仅排除国民党"暴徒"，而且还提出"相机防制"曾经是自己同盟者和友党的研究系分子渗入。

　　如前所述，以梁启超为首领的研究系，在张勋复辟失败后，曾经支持段祺瑞组阁，梁等也参加了内阁，并献策召集临时参议院，修改《国会组织法》和两院议员选举法，以改造国会。1917年11月下旬，段祺瑞因对川湘的战争失败而被迫辞职，梁等以连带关系也一同退出了内阁。此时，段派军阀和交通系紧密勾结，研究系从此下野失势。1918年3月，段祺瑞重新组阁时，研究系被排除在外。段派为了不让研究系在将来的新国会中同自己作对，因此他们要求严防研究系参与国会选举。7月17日，徐树铮致湖北督军署参谋长何佩瑢的电报说得十分露骨："顷闻研究拟加入数人，该党野心不死，万不可引狼入室，至坏全局，祈严加注意，勿为所惑是要。"②这充分暴露了安福系企图霸占国会的阴谋野

　　①　《徐树铮电稿》，第205—206页。
　　②　《徐树铮电稿》，第277页。

心。研究系的前身进步党曾投靠袁世凯，企图依靠袁的支持来制服国民党，发展自己的力量，但不久即被袁世凯抛弃。现在研究系想投靠段祺瑞来扩充党势，排斥异己，结果又落得了同样的下场。

　　原来在临时参议院议定国会议员选举法时，研究系与安福系最大的意见分歧，即是研究系主张参议员应照旧选举法规定，由省议会选出，而安福系则主张须改由各地方团体选出。两者都是从自己的派别利害出发考虑的。研究系因它在各省省议会尚有相当基础，且议会究竟与其他团体不同，不易为政府所操纵，由省议会选出，于己派有利。而安福系则认为，由地方各团体选出，容易把持，能保证自己的人入选。但研究系在临时参议院中席位极少，他们的主张无法通过，因此梁启超等变更计划，不以之作为提案，仅由一二议员发表一意见书，以唤起各方之注意①。选举法上的主张分歧，体现了两派的利害冲突，促使两派间的隔阂和矛盾加深，因而在选举中，安福俱乐部对研究系分子也极力排斥。

　　中央和地方参议员、众议院议员的选举，是从5月下旬开始进行的。在选举中，安福系通过中央派员和地方长官干预，威胁利诱，软硬兼施，违法作弊，其丑闻层出不穷。

　　中央选举会选举参议员，6月20日第一部（有学识者）投票选举时，事先安福系用金钱贿买选票，每张约定200元，山西大学派投票团五十五人晋京，临时忽要求每票增加至400元，并须加付来京川资。另有某大学亦作同样的要求。王揖唐等经多方奔走交涉，最后仍不得不同意。投票时，选举人按安福系"预先印就的投票次序名单"投票，上印有"阅后即毁"的字样②。张玉昆以8000元收买林建伦所有之二十票，

---

　　①　刘以芬：《民国政史拾遗》，台湾文海出版社1954年版，第19页。按刘为福建人，第一届国会参议员，属研究系，新国会选举又被选为众议员。

　　②　《咄咄贿买选举票之大秘密》，《晨钟报》，1918年6月21日。

被安福部以 2 万元高价夺去。张与林交涉,林贪安福重金,与张废约①。6 月 21 日投票选举时,上午到会者二百余人,不足《参议院议员选举法》第七条规定"选举非有选举人总数三分之二以上之到会不得投票"的法定人数,即行开始投票选举,"随到随投,随投随去"。安福系指派负责监督投票的人并任意延长时间,直至下午 6 时,仍不满法定人数。当场有人指出此种投票实属违法,应立即停止,另行依法办理,监督人不允。更有甚者,监督人竟于 22 日继续举行投票,与先一天之投票人合并计算,以勉强凑足法定人数②。张玉昆、何竣业等向京师高等审判厅起诉,揭露中央选举会选举的种种违法舞弊情形。因当时司法总长朱深是安福系的党魁之一,北京司法界的要人又均与徐树铮有关系,朱乃"密令高检厅以政治手腕办理"③。张、何等的起诉虽经开庭审理,但均被驳回而败诉。

京兆地区众议员选举时,安福系党魁康士铎和成员张汇泉,与京兆选举事务所所长曹偁串通勾结,通过伪造选民册,大大增加选民的办法,使自己在复选中当选。大兴县京城京营众议院议员选民原调查为三万人,后竟增至六万一千余人;宛平县京城京营众议院议员选民原调查为二万四千余人,后增至六万五千余人;涿县原为一万余人,后增至二万二千余人。三县选民事项调查者,均为康士铎。安次县选民调查由张汇泉主持,亦由原来的二万三千人增至三万一千人。康士铎、张汇泉买通曹偁,"援引不论财产、直接税各项资格,凡为伊等党援者,皆列名册籍,甚至并无其人,虚名捏造"④。按省议会选举选民资格,在年纳直接税二元以上者为合格,众议院选举选民资格在年纳直接税四元以上者为合格。大兴县省议会选民只四万七千余人,而众议院选民则高

---

① 南海胤子:《安福祸国记》上篇,第 31 页。

② 《中央选举会之风潮》,《晨钟报》,1918 年 6 月 23 日。

③ 《专电》,《申报》,1918 年 7 月 6 日。

④ 《京兆之选举诉讼》,《晨钟报》,1918 年 6 月 20 日。

达六万一千余人，反而超过省议会选民一万四千余人；宛平县省议会选民只三万三千余人，众议院选民竟超过省议会选民三万二千余人。这就是说，年纳直接税四元以上者，反大大超过年纳直接税2元以上者，事理悖逆如此，不是作假舞弊，又是从何而来？

湖北众议员选举完全为安福系所包办。选举前，王揖唐拨巨款交安福系重要骨干、临时参议院秘书长王印川南下，专驻汉口，主持贿选。每张票价400元至800元不等，江汉道甚至高达1000元。江汉道众议员复选在武昌城司门口省长公署举行。6月18日投票之前，安福俱乐部即在省公署对面汉口春酒馆设立一交易所，陈列现银，"凡缴纳（选民）证书一张，即可取得成千累百之代价（该俱乐部买得证书，另雇人投票）"①。但是，不论安福系如何高价贿买，还有属于研究系及守正不阿之初选人一百七八十不能全行收买。于是主持人便采取违法手段，"以期一网打尽，并宣言某系（指研究系）团结力无论如何巩固，决不使伊等有一人当选"②。6月18日下午4时，投票完毕后，依照选举法规定，应即日开票。但安福系非法将开票之日期延至次日，并将票匦收入省长公署内。初选人多人要求即行开票，均被拒绝。旋经初选人当场自行调查及临场监察之报告，均确认是日投票结果，研究系的阮毓崧、熊树荣、倪鸿钧、刘绍炎等各有四五十票，都有希望当选。但票匦当晚被打开，选票被涂改掉换，结果第二日上午开票时，阮等四人各只二十余票，降至候补之列。而安福系候补者之胡柏年、王彭、汤用彬等四人，则由二十余票提升获选。

湖南众议员选举，为安福系分子吴剑丰所包办。投入票匦的选票，同样被打开涂污。研究系杨度用每张票五百元的高价，收买了选票四五十张，不料开匦后，废票约占三十张，杨度二字被改写成"杨皮"、"杨

---

①　《请看湖北选举之黑幕》，《晨钟报》，1918年7月23日。
②　《请看湖北选举之黑幕》，《晨钟报》，1918年7月23日。

之度"、"洋豆"、"羊豆"等,致有效票仅十九张而未能得选①。安福系与研究系选举参议员的竞争亦很激烈,结果湖南应产生参议员五人,悉数被安福系收买。

江苏为冯国璋和直系地盘,该省军民长官属于直系而非皖系,而且研究系在省议会中占有相当势力,因此安福系与研究系的斗争最为激烈。众议院选举结果,淮扬道安福系占三名,研究系占一名;沪海道安福系二名,研究系一名;苏常道安福系四名,研究系二名;徐海道安福系三名,研究系二名;金陵道安福系二名,研究系一名,两相比较,安福系仍占优胜。参议院选举,研究系为挽回败局,特派其健将蓝公武亲临指挥。安福系亦特派段书云携带巨款南下,两不相下。一时票价涨至每张300元。后来两派互不相让,进行斗争,以致酿成选民捣毁票匦之闹剧②。

陕西选举,全由督军陈树藩一人指派,不许旁人过问。关中道有一名众议员非陈所派,亦被选出,陈闻知大怒,选举参议员时,遂极力从严,只许投指定的王樾、武树善等人的票。选举当日,"军人监场,一一干涉"③,结果,王樾等均被选出。投票选举候补人时,有三人未按指定名单而别选他人,陈树藩查出后,下令逮捕,"三人几遭杀身之祸"④。8月1日,陈将选举结果电告徐树铮。8月3日,徐复电表示嘉勉说:"东敬悉。选员得人,为国称庆。诸赖荩筹,佩仰无任。"⑤

类似上述黑幕,其他各地选举均有。安福系通过金钱收买和权势干预,在全国参众两院选举中获得了很大胜利。对此,徐树铮不免喜形

---

① 《湘省之国会议员与舆论界》,《申报》,1918年7月26日。另参见南海胤子:《安福祸国记》上篇,第31页。上述名字错写的票,亦说是湘人鄙弃他故意写错的。

② 南海胤子:《安福祸国记》上篇,第28页。

③ 《议员大贴报单之佳话》,《晨钟报》,1918年8月6日。

④ 《议员大贴报单之佳话》,《晨钟报》,1918年8月6日。

⑤ 《徐树铮电稿》,第261页。

于色。6月29日，他在致各省督军的密电中说："各省区参、众选举已揭晓者，其成绩以奉、皖、黑、晋、热、察、中央各部及蒙、藏为全胜，吉、豫十之九，京、绥五分四，鲁、苏四分三，直、赣、浙三分二。以上选员得人，为国称庆，吾兄闻之当亦为之快慰也。其延期省份，俟得续报，再行奉闻。"①7月底，选举全部揭晓，除广东、广西、四川、云南、贵州护法五省及川边一特区抵制选举外，总计共选出参议员一百四十七名（按总额为一百六十八名，西南五省一特区二十一名未选出），众议员三百二十五名（总额为四百零六名，西南五省一特区八十一名未选出）。两院合得四百七十二名，其中属于安福系的议员总数为三百八十四名②，占百分之八十强，成为国会的唯一支配者。研究系只得二十余名，遭到惨败。

7月12日，北京政府发布命令，要求所有当选的参众两院议员在8月1日以前齐集京师，定期开会，以便正式成立新的国会。随又指派曾毓隽为参议院会议筹备处处长，王印川为众议院筹备处处长，积极着手筹备两院开会事宜。

8月12日上午10时，新国会在象坊桥众议院开会，到参议员一百零六人，众议员三百五十八人，超过两院议员之半数（开议的法定人数）。会议由筹备国会事务局局长于宝轩登台报告召集国会之由来，并由年长的参议员李兆珍任临时主席。主席就席宣读开会词后，冯国璋和段祺瑞相继致祝词，新国会就于这一天宣告正式成立。由于新国会成立，临时参议院改选国会的政治使命业已完成，无继续存在的必要，同日下午也开会宣告解散。

安福俱乐部为了收买议员，供其驱使，8月18日在太平湖中华大学旧址召开欢迎所属两院议员大会，由王揖唐在会上宣布，政府对于安

---

① 《徐树铮电稿》，第253页。

② 按此总数包括以梁士诒为首的旧交通系议员约五十余名，旧交通系不久即与安福系分裂，另组一侨园俱乐部，故纯粹安福系议员只有三百三十余名，仍占议员总数的百分之七十强。

福系议员实行永远津贴,每人每月现洋支票三百元,票面上印有"任重致远"四字①。是日,安福"议员到者颇多,皆欣欣有喜色"②。安福议员"贪饵入彀,其状如鱼",王揖唐贩卖议员,所以当时人们"以鱼行老板称之"③。

新国会成立后,需要选举产生两院议长。安福俱乐部的成立及国会选举,实赖交通系梁士诒的赞助,参议院议长一席,安福俱乐部早在6月间的一次秘密会议上,就已拟定由梁来担任。安福部这样做,一方面是为了笼络敷衍交通系,另一方面也是借此使梁不至于成为将来国务总理一席的竞争者④。梁士诒虽曾支持安福系,但完全是为了自身派别的目的。他并不赞成段派的武力政策,而主张用和平方法解决同西南的纠纷;加上在推举总统和副总统问题上的分歧(详后)以及在选举中彼此的争夺,两派间的矛盾加深,开始出现分裂,梁因此表示不愿出任参议院议长。7月初,梁士诒为斡旋南北纠纷,同时为其女儿主办婚事,南下到香港。8月初,段祺瑞、徐树铮托徐世昌电劝梁担任参议院议长,梁即复电坚辞,并有"议员亦不就"之语⑤。因梁士诒不愿就,安福系拟推朱启钤或周自齐(均为旧交通系首领)以代梁。徐树铮于8月14日致国务院秘书长方枢的电报中说:"燕(燕孙,梁士诒字)既如此,参长何如即举桂(桂莘,朱启钤字),祈转商揖兄。"⑥但朱、周已有与梁在政治上采取一致行动的密约,均不肯就。段祺瑞、徐树铮、王揖唐无奈,只好接连电促梁士诒,早日回京共商大计⑦。参议院多数议员决

① 《专电》,《申报》,1918年8月21日。
② 《安福部欢迎议员》,《晨钟报》,1918年8月19日。
③ 南海胤子:《安福祸国记》中篇,第155页。
④ 《王揖唐之双窟》,《晨钟报》,1918年6月22日。
⑤ 《两院之议长问题》,《晨钟报》,1918年8月4日。
⑥ 《徐树铮电稿》,第310页。
⑦ 《三水梁燕孙先生年谱》上,第425页。

定不等梁同意,举出再说①。

8月22日,参议院开会选举议长,出席参议员一百二十三人。梁士诒是日抵京,当即赶赴会场参加。投票结果,梁以一百一十九票当选议长,朱启钤以一百一十四票当选为副议长。

王揖唐为安福系首领,众议院议长一席将由他担任,早在议员未选出之前即为人所共知。20日,众议院开会选举议长,出席议员二百七十八人,王揖唐以二百六十二票当选。副议长安福系原定为王印川,但与他争夺最力者为刘恩格。刘为奉籍议员,有张作霖撑腰,故双方相持不下。张坚持须由刘膺此席,声称:"国会用我奉军军费二百余万,乃这些事竟要与我较量,我定有相当办法。"②安福系闻言大起恐慌,决定改提刘恩格,聘王印川为秘书长。6月21日,王揖唐在安福胡同本部大办筵席,宴请议员二百余人,自中午12时至晚10时,分省分班,轮流招待,竭力为刘疏通,说:"王月波(印川)为顾全团结计,业已退让,现改就秘书长,望同人体谅王君之意,一致举刘,勿令团体分裂。"③除少数人仍不赞成让步外,多数碍于情面,表示首肯。是日,徐树铮致电奉天督署秘书长袁金铠说:"鲤门(刘恩格)副席煞费经营,揖唐八面奔走,至昨日始有定局,特先奉达,以释注念。"④22日,众议院开会补选副议长,议员出席者二百六十七人,刘恩格得一百七十六票,以多数当选。

这一届成立的国会,人们称之为新国会,而把第一届国会称为旧国会。由于新国会是由安福系一手策划包办产生的,并占有绝对多数议席,因此人们又把它叫做安福国会。研究系伙同皖系军阀把国会强迫改造了,却又被安福系所盘据,研究系自身也被排挤掉。安福系以俱乐部为巢穴,以新国会为护符,一系一会,狼狈相依,把国会这样一个国家

---

① 《副议长亦成难决问题》,《晨钟报》,1918年8月12日。

② 《副议长之逐鹿观》,《晨钟报》,1918年8月22日;鸿隐生:《安福祕史》,第17页。

③ 鸿隐生:《安福祕史》,第17页。

④ 《徐树铮电稿》,第316页。

最高立法机关,变成其一党一系把持的工具。安福国会是西方议会政治的变种,背离了民主共和的原则。这也说明,适合于西方资本主义政治、经济和历史情况的议会制度,在封建生产方式和封建思想占统治地位、军阀官僚专制的中国,是根本行不通的。

三　徐世昌当选大总统

新国会成立,两院正副议长选出后,需要解决的首要问题,就是组织总统选举会,选举总统。皖系成立国会的第一个直接目的,就是选举自己的领袖或是能为自己所用的人来当总统,以达到合法倒冯,制服直系。

按照 1913 年 10 月 4 日公布的《大总统选举法》规定:"大总统任期五年。……任满前三个月,国会议员自行集会,组织总统选举会,行次任大总统选举。"①袁世凯是 1913 年 10 月 10 日就任大总统的。袁死后,黎元洪继任。黎去职后,由冯国璋代理。按照规定,冯国璋的任职,到 1918 年 10 月 9 日就满了法定期限,10 月 10 日应为本届大总统任期开始之日。当时距总统任期仅一个多月,因此依法应由国会议员从速组织总统选举会,举行次任总统的选举。

当时能作为总统候选人的,有冯国璋、段祺瑞、徐世昌三人。究竟谁来担任较为合适,并能为各方面所接受,这是包括直皖在内的各派政治势力所关注的一个问题。直皖之间就这个问题暗中进行激烈的争斗。

冯国璋是现任代理大总统,继任总统在法理上没有什么不合;他又是直系领袖,并得到研究系等一部分政治势力的支持。由于他不同意段祺瑞的武力政策,主张用和平的办法解决同南方的争端,背地里同西南军阀声息相通,保持联系,因此,他还得到西南的同情和支持。西南

---

①　《中国大事记》,《东方杂志》第 10 卷第 5 号,1913 年 11 月 1 日。

曾表示，如果北方不选举冯为总统，南方的非常国会可以举他为总统。但是冯国璋在北方政界的势力不大，在国会中的力量十分微弱，只有江苏和直隶一部分议员支持他。冯虽身为代理大总统，但一切实权都掌握在内阁总理段祺瑞的手里，早已是一个被排挤遭冷落的人。1918年初，他曾异常懊丧地对人说："总统一席，有人不愿我久据，我自己亦实在处不下去，只求有人接替，便可早日脱离。好在我之私宅已在外边租妥，继任之人随时可以请进府来居住。现在我已无事可办，不过作一个看守印信之人而已。"①而且，段祺瑞、徐树铮组织安福俱乐部和安福国会的第一个直接政治目的，就是把他这个劲敌赶下台，他已被段派视为"在所必去"的人物②。因此，冯国璋不得不一再表示不愿当选总统，希望另举德高望重的贤才。他说："下次总统选举无论时局如何变迁，余决不再作冯妇，俟正式国会成立，当喻以此意声明。"③"余已决不愿下届总统之当选，且余乃承认新国会而不承认旧国会者。如西南于策略上举我为总统，则西南亦必同时举出副总统，我不往就，听彼副总统自代职权可也。至新国会之举总统，如为东海（徐世昌），我竭力赞成，万一而及于余，亦惟有不就而请副总统代理。余已在河间构置住屋，退职以后，不住在京，亦不在天津，将归河间故乡，耕种自活。"④8月12日新国会开幕后，他立即通电各省军民长官，表明自己告退之决心："今距就职代理之日已逾一年，而求所谓统一平和，乃如梦幻泡影之杳无把握。……惟是自知之明，自责之切，速避高位以待能者而已。今者摄职之期业将届满，国会开议即在目前，所冀国会议员各本良心上之主张，公举一德望兼备，足以复统一而造平和者，以副约法精神之所在，则国本以固，隐患以消。"⑤

---

① 《内阁问题与总统》，《申报》，1918年3月21日。
② 《西报之段总理引退通电评》，《晨钟报》，1918年9月6日。
③ 《冯河间与选举》，《晨钟报》，1918年5月10日。
④ 《冯河间归田之准备》，《晨钟报》，1918年7月12日。
⑤ 《冯总统宣明态度》，《晨钟报》，1918年8月14日。

　　段祺瑞对膺任大总统一席,也不是不感兴趣的,他掌握有中央政权,并且有日本帝国主义后台的支持和援助。在国会中,安福系议员又占了多数。因此,他很可以运用金钱和权势,引诱和强迫新国会选他为总统,如同袁世凯迫使第一届国会选举袁为总统一样。事实上,在1918年初,徐树铮初次出关联结奉系首领张作霖出兵,以压制冯国璋时,即有将来总统推段,副总统推张,徐本人或王揖唐出组内阁的默契①。段派中也颇有一部分人替段奔走活动,拥戴他为总统,以"发展雄图"②。他们举段所持的理由是:"我们费尽全力,办成新国会,就应选举我们的首领当大总统,而且想要搞政治,就得亲自去搞,不能假手他人。"③

　　但是,段祺瑞也遇到了很大的麻烦,有不可克服的困难。一方面是因为段的武力政策在国内十分不得人心,他被看成是祸国殃民的魁首,形象已很不光彩,不仅西南视之若仇雠,誓死反对他,北方政界如以梁士诒为首的旧交通系,以梁启超为首的研究系,从本派系的利益和同西南的关系考虑,也不同意他当选总统。就连段派内部也有些人持有异议,认为"北洋派已经分为直皖两系,现在直系首领冯国璋以副总统代理大总统职务,假如举段而不举冯,势必迫使直皖两系之分裂愈形恶化"④。因为直皖之间的斗争日趋激烈,如果冯国璋下野而让段祺瑞上台,直系绝对不会答应,只会加深直皖之间的分裂,导致整个北洋的解体。何况冯国璋的同意下野,是以段祺瑞的下台为先决条件的,这不仅意味着段祺瑞不能当总统,而且连现任内阁总理的职务也必须辞去。这种斗争形势,也影响并加深了皖系内部的意见分歧。其中一部分人从缓和北洋内部矛盾,稳定政局着眼,也主张另提一接近皖系,能为皖

　　①　鸿隐生:《安福秘史》,第11—12页。
　　②　《天津会议与总统问题》,《晨钟报》,1918年6月15日。
　　③　刘振生:《安福系的形成及其内幕》,《文史资料选辑》第26辑。
　　④　刘振生:《安福系的形成及其内幕》,《文史资料选辑》第26辑。

系所用的人。因此，由段祺瑞出任总统，也为情势所不容。段只好知难而退，表示"自身绝无希望，非但不希冀总统问题同彼发生关系，倘选举进行能顺利，不生波折，则国家主持有人，彼并愿抛弃现有之政治上地位"①。当然，前提条件是冯国璋必须从总统位置撤下来。

直皖斗争和南北纠纷使冯国璋和段祺瑞不得不同时退出，这样，总统的候补者就只有徐世昌一人了。

徐世昌为北洋派元老，有丰富的官场政治经验。其为人八面玲珑，善观风向，长于玩弄权术。他在直皖对立和南北斗争中，以"调和者"自居，两面讨好，不为左右袒；对段派不即不离，对直系则暗示亲近，对西南则表示有和平妥协的愿望。皖系以段祺瑞无法选任总统，徐世昌为文人，没有兵柄，易于操纵，便决定改提徐，想让他作一名有名无实的傀儡，诸事"反有益于进行，而便于倒冯"②。6月12日，徐树铮给王怀庆的电报说："时局多艰，非东海莫克负荷，尤非我辈共矢公忠，莫为捍卫。"③冯国璋以段祺瑞不当总统，于自己的北洋首领地位无损，也表示同意由徐世昌任总统，认为要度过目前政治上之难关，"而谋大局统一，非东海登台不可"④。前面提到他希望"公举一德望兼备，足以复统一而造平和者"，指的就是徐世昌。直皖之间的斗争，需要有一个第三者缓冲人物出来，借以维持北方政局，徐世昌正是这样一个适当和权宜的人物，因而受到两方的拥戴，可以说是坐收渔人之利。此外，交通系大多数与徐世昌皆有渊源，梁士诒曾向安福系提出过他就参议院议长的条件之一，就是由徐世昌任总统⑤。研究系讨论会一派原本属徐，研究会一派议员因冯国璋在选举中完全失败，也倾向徐。这样，徐世昌便受到北方各政派的一致支持。

① 《段合肥与总统问题》，《晨钟报》，1918年7月23日。
② 《冯段对于非法总统之手段》，《民国日报》，1918年7月10日。
③ 《徐树铮电稿》，第213页。
④ 《冯段下野之各方情势》，《申报》，1918年9月3日。
⑤ 《梁士诒就议长之条件》，《晨钟报》，1918年8月26日。

　　7月底,北洋各督军在天津开会时,已决定推徐世昌为总统。8月2日,冯国璋的亲信从天津打电话告诉冯说:"津议一致推徐,决请钧座息肩。"①徐世昌本人认为,"今为武人专政时期,无容纳文治派和平议论之余地。"他希望直皖"两派相安无事,自行约定择一为总统",他"当与以善意之援助";但又表示:他"非绝对不再出山。惟此种形势之下登台,必至自毁,故不欲上此大当"②。这就是说,只要直皖两方互相让点步,形势有所缓和,他还是愿意出来干的。一荣俱荣,徐世昌如果担任总统,他手下的人自然也会从中得到好处,因此他们为徐的当选大力进行活动。

　　正当新国会成立,总统选举迫不可待的时候,形势突然发生了重大变化。8月间,吴佩孚等前敌将领连接发出通电,要求罢战主和,并同南军达成了停战协定。吴佩孚还表示强烈反对新国会选举总统。8月7日他致江苏督军李纯的电报中说:"民国精神,全在法律,立法不善,必召大乱。国会者,立法之最高机关也。此次新国会选举,政府以金钱大施运动,排除异己,援引同类,因之被选议员,半皆恶劣。此等国会,不但难望良好结果,且必以立法机关受行政之指挥而等赘瘤。极其流弊,卒以政府不受法律约束,伪造民意,实行专制,酿成全国叛离、外人瓜分之祸。缘此推之,亡国之兆已萌,若再以武力平内乱,是惟恐亡之不速也。"③8月21日,他又通电指出:"溯自我国因法律问题引起内争,全国纷纭,长此以往,分崩之祸,即在目前。国利安在?民福奚存?……选举问题,虽非师长等所敢言,然新旧国会分立,南北既无统一精神,焉有真正民意? 若当此兵戈未息之时,骤行选举典礼,不但于法理不合,且恐促民国分裂,此尤为我经略使(曹锟)与长江三督

　　①　《天津会议之一结束》,《申报》,1918年8月5日。
　　②　《徐东海与总统问题》,《晨钟报》,1918年7月6日。
　　③　《吴佩孚致江苏李督军电》,《申报》,1918年8月21日。另见《晨钟报》,8月23日。

帅及各省军民长官所急应注意者也。"①

接着，长江三督李纯、王占元、陈光远亦实行新的结合，发出先决时局，然后选举总统的通电。三督之间常有代表往返，商议促进南北妥协事宜。西南对吴佩孚的通电，也予以积极响应。谭浩明、谭延闿8月23日致吴的电报说："马日通电诵悉，大义凛然，同深赞服。依法解决，笃爱和平，本西南宗旨。顷已转达武鸣（陆荣廷）、西林（岑春煊）一致主张，以副盛意。"②吴佩孚的举动，暗中得到曹锟和冯国璋的默许和支持，因此实际上是直系向皖系发动的一次新的挑战，其意图是推倒主战的段祺瑞内阁，挽救冯国璋的失败。

主战派认为，吴佩孚和长江三督的建议是冯国璋的阴谋，一致表示反对。8月24日，奉天督军张作霖、河南督军赵倜、陕西督军陈树藩、黑龙江督军鲍贵卿、吉林督军孟恩远，由张作霖领衔联名通电，要求速举总统，以安政局，并另有内容大致相同的电报分致参众两院③。25日，倪嗣冲响应张作霖等五督的通电，表示要"竭尽绵力，为公后盾"④。28日，张作霖又致电北京政府，提出吴佩孚发表主和电，必有主谋之人，应请查明，从严惩治⑤。显然其矛头是指向冯国璋的。

这样，关于总统选举问题，就出现了两种相反的意见：一种主张先决时局，后选总统；一种主张先选总统，后决时局。争执的背后，仍然是直皖、冯段之间的斗争。皖系以国会为武器，以速选总统倒冯；直系则以前敌军官作先锋，以缓举总统谋和倒段。当时舆论指出："所谓先决时局云者，质言之，则先倒段内阁耳。所谓先举总统云者，质言之，则先

①　《吴佩孚等主张和平之马电》，《申报》，1918年8月25日。另见《晨钟报》，1918年8月25日。

②　《南方赞成吴电之两电原文》，《晨钟报》，1918年9月1日。

③　《选举总统之形势》，《晨钟报》，1918年8月27日。另见《申报》，1918年8月29日。

④　《主战主和之宁讯》，《申报》，1918年8月29日。

⑤　《外电》，《申报》，1918年8月29日。

倒冯总统耳。一方以国会之多数党为武器，以张、倪等主战之电及五督请速举总统之电为声援，一方以前敌将卒停战请和为武器，以曹锟与长江三督沉默为声援，旗鼓相当，日逼日紧。京津之间密布愁云，一经道破，总统问题，时局问题，冯段两派之问题；南北问题，和战问题，北方内讧之问题也。"①

在直皖两派关于选举总统问题上的对立中，梁士诒又同段派站在一起了，认为先决局势，缓举总统，"为目下形势所不许"，主张先选总统，后决时局②。研究系则赞成缓举之说。

段派唯恐迁延时日，夜长梦多，时局将进一步发生剧变。为了抵制直系阻挠总统选举的图谋，便决定加速组织总统选举会。8月27日，安福系议员盘据的众议院开会，由议员王伊文提出，并有程克、徐世一等六十人连署的《两院从速会合定期组织总统选举会行次任大总统选举案》，认为"本届国会业于八月十二日行开会式，两院议长均经举定，计距大总统任满仅一月余日，不惟依法应由国会议员从速组织总统选举会，行次任大总统之选举，且目前内政、外交之紧迫，在事实上亦有次任大总统产出之必要"。因此，提案主张由众议院会同参议院从速定期组织总统选举会，选举次任大总统③。众议院表决，以多数通过。少数派研究系议员黄群等要求先决时局、缓举总统的提案被否决。会议决定咨行参议院，限七日内开两院会合会议，决定选举总统日期。

8月29日，参议院开会讨论众议院移付的《速选总统案》和参议员吕调元、张玉庚等提出的《迅速组织总统选举会案》，以多数票通过，决定于8月31日开参众两院联合会，商定选举日期。8月30日，安福俱乐部开会，决定9月4日为选举日期，并举定发言人，在两院联合会提

①　飘萍：《北京特别通信》，《申报》，1918年9月1日。

②　《政局转变之经过》，《申报》，1918年8月27日。另见《申报》，8月30日《专电》。

③　《速举总统之提案》，《晨钟报》，1918年8月27日。

出主张速选的理由。8月31日,参众两院联合开会讨论选举日期,结果决定9月4日进行总统选举。

由于此前徐世昌一直未正式明确表示他选出后是否愿意出任总统,有些议员还有点不放心。因此,9月1日,参议院议长梁士诒和众议院议长王揖唐特往东四五条胡同徐宅敦劝。徐世昌说:"诸君何苦推我衰朽之人登台?"梁、王说:"相国(按徐1914年曾出任袁世凯的国务卿,故人称为"相国")之外,无人能解决时局,时局不解决,无以一致对外,相国忍见亡国之惨乎?"徐于是回答说:"诸君以国家为前提,责我以大义,我亦无法。但是诸君举我,是希望我将一切事件办好,究竟我出山之后办得好不好,我亦无把握。"①显然,徐已经默认就职了。

8月31日和9月1日,研究系接连开会讨论选举总统问题,到会五十余人。梁善济、籍忠寅报告了他们拜见徐世昌时徐派吴笈孙同他们谈话的情形。梁、籍曾向吴提出三个问题:一、徐被选后是否肯就职?二、徐对于时局是否主张和平统一? 三、如主张和平统一,有无具体办法? 吴答说:"(一)东海本不愿出,某即为劝东海不出之一人。但届时东海如果被选,其势亦不能不为大局所牺牲。(二)东海被选后,一时尚不能表示对于时局之态度,但要以和平统一为最后之目的。(三)现在尚说不到解决时局之具体办法,但东海终以事实问题当先解决,而其他涉及理论问题者从缓。"②接着黄群又报告他和籍忠寅等应梁士诒之约会谈的情况。黄等问梁:徐是否肯就职? 梁答:"必肯就。苟于被选之后即将当选证书送去,则选举总统问题即可完全解决。"问:"东海对于时局之意见如何?"答:"主张和平。"问:"当选后,是否即可发表?"答:"即可发表。"问:"合肥对于东海主张,其态度如何?"答:"不必虑,东海当选,则合肥必下野,不日当有表示。"问:"主战各督对东海主张是否可

①　《徐东海之态度》,《晨钟报》,1918年9月4日。
②　《宪法研究会与正副总统问题》,《晨钟报》,1918年9月2日。另见《申报》,1918年9月4日。

以让步?"答:"当可让步。"问:"前敌将领已表示缓选总统,今日遽行选出,能不发生障碍否?"答:"东海主和,前敌将领亦主和,当然无问题。"黄群因此向研究系同人提出:"(一)数年来吾国始终为武人总统,东海非武人;(二)东海入民国来,尚未入政治之旋涡;(三)东海主张与本会相同,本会为大局起见,于东海之为总统则赞成,而于速选则怀疑,盖恐速选之结果反有障碍也。"①会议讨论后表决,一致通过徐世昌为总统候补者,但因对速选表示怀疑,未做出决定。9月3日,研究系又开会,鉴于参众两院议员绝大多数赞成9月4日举行总统选举会,大势所趋,表示愿意抛弃其对速选怀疑的意见,决议:"推定徐世昌为大总统候补者,本会会员四日一致投票。"②

为了使速选总统得以顺利实现,段祺瑞表示决定与冯国璋同时下野,于8月31日发表愿意辞职的通电:"良以统一不成,和平直成虚愿,而国纲所在,断不容弃统一以就和平,理既甚明,事非得已。惜祺瑞襄赞无方,未能早纾国难,上负大总统知人之哲。今幸国会告成,已议决组织大总统选举会,实为我国第一次改选大典。元首改任之时,即政局重新之会。祺瑞自应及时引退,遂我初服。"③

在正式选举的前一天,即9月3日,安福俱乐部还在太平湖分部搞了一次总统选举预演——"总统预选会"。是日到会者三百八十四人,用记名投票方式,共得三百八十三票(一人弃权),一致举徐世昌为总统④。

9月4日,总统选举会在象坊桥众议院正式举行。是日绒线胡同、宣武门大街一带,军警林立,戒备森严,居民商铺奉命悬挂国旗。众议院门首树彩架,中嵌黄色"总统选举会"五字。安福俱乐部特备汽车十

---

① 《宪法研究会与正副总统问题》,《晨钟报》,1918年9月2日。
② 《宪法研究会之重要议决》,《晨钟报》,1918年9月4日。
③ 《合肥表示辞职之通电原文》,《晨钟报》,1918年9月2日。
④ 《安福部之总统预选会》,《晨钟报》,1918年9月4日。

辆往来于会场和各招待所之间,接送该部议员到会投票,由议员李庆芳专司稽查任务。上午 10 时,参议院议长梁士诒宣布开会,梁因患感冒,改由众议院议长王揖唐任大会主席。宣布参议员出席者一百三十一人,众议员出席者三百零五人,共四百三十六人,超过了《大总统选举法》规定的须有选举人总数三分之二以上出席的法定人数。接着举行投票,结果徐世昌得四百二十五票(另段祺瑞得五票,王士珍、张謇、王揖唐各一票,废票三张,冯国璋未得一票),当选中华民国第二任大总统。全场一致鼓掌欢呼。安福系苦心经营了半年多的国会和总统选举,获得了全胜。在参观席上的徐树铮,亦"面有喜色"①。

会后,徐树铮按捺不住自己的兴奋心情,立即两次通电告知各省督军,并为这次选举粉饰吹嘘,说:"本日选举,天气晴和,人心静穆,议场秩序雍容,投票整肃,不崇朝而国本以定。院外警备,比之常会,不过于照例警察外,多悬彩旗,以昭盛典。外人参观者,院内外均同声赞美,且谓既无武力作用,又无金钱关系,在历史上殊不多见云云。闻东海尚拟具电辞让,以表谦德。议员已当场决议,责成两议长代表全体恳切劝驾,勿容推让。"②

徐世昌当选总统后,9 月 5 日,按照官场惯例,发表一篇揖让文章,"以示谦德",实则并非真想退避。曹锟、张作霖、倪嗣冲等各省长官纷纷致电恭贺他荣膺大总统,并同声挽劝,其中以张作霖的捧场最为起劲。9 月 8 日,他在分致徐世昌和国务院及参众两院的电报中说:"我大总统当代耆英,群伦冠冕,山斗望重,中外咸钦,正宜膺众选,正大位,得时则驾,解民倒悬,以庆天而顺人,则时局虽危,未必不能挽回气运。所谓天生李诚晟【存勖】,以为社稷,斯人不出,如苍生何。若夫谦抑为怀,遽尔引退,此皆山林隐逸硁硁自守者所为,窃为大总统不取也。"③

---

① 《徐东海当选总统之情况》,《申报》,1918 年 9 月 7 日。
② 《徐树铮电稿》,第 333 页。
③ 《张督促东海就职》,《晨钟报》,1918 年 9 月 14 日。

废帝溥仪和逊清遗臣们，从维护皇室利益出发，也敦劝徐勿辞总统职。据徐世昌 1918 年 9 月 15 日（八月十一日）日记记载："前此醇王偕世中堂来劝勿辞总统之选举后，又自来敦劝担任被选，世中堂复来劝勉。本拟具折请旨，是否准其担任，世中堂以为不必具折，代为面奏。今日见醇王，又再三劝就任，而可维持皇室也。"①又 9 月 17 日（八月十三日）日记："昨日世中堂代为面奏请旨，皇上准其就总统之职，并令速就任。四位主位亦云：'均甚盼其得总统，可以维持皇室。'"②一个民国总统在他走马上任之前，竟然要请被推倒的皇上来核准，这个总统的价值也就可想而知了。

只有吴佩孚和西南公开表示不承认徐世昌的总统地位，不同意他上任。9 月 13 日，吴佩孚致电徐世昌，并另有一电致各当道，主张另行改选总统。他在致徐的电文中，力陈徐不可就任大总统的理由说："我国既称共和，纯以法律为根本，法律不完，邦基不固。此世界所共认。国会为国家立法最高机关，国会议员为国民完全代表，而选举总统又为国家非常重典，故总统选举必须出于真正民意，斯全国拥护，乃见真诚。我国旧国会分子固属不良，而新国会之议员，不但由金钱运动而来，且西南五省均未经选送，似此卑劣不完之国会，安能为全国民意代表？……我公若曲从除却西南五省之劝电，勉为就职，则民国分裂，乃由公始。天下后世，将谓公何？且分则必争，斯和局永无希望矣。"电文还指出："若我公趁此未就职之前，毅然为和平表示，出任调人首领，并敦促冯代总统颁布罢战明令，先解决时局，以谋统一，德莫厚焉，功莫大焉。对于国会议员，通国另行改选，以期完美，届时国会有良好议员，重选总统，自然舍公莫属。则西南既不以非法借口，中央亦得免违法訾议；将士既无暴露之虞，人民亦无涂炭之苦。尔时我公虽欲不就厥职，窃恐欢

---

①　徐世昌：《弢养斋日记》第 43 册，未刊件。
②　徐世昌：《弢养斋日记》第 43 册，未刊件。

呼万岁,拥戴一尊者,同声相应矣。"①

西南从"法统"观念出发,只承认冯国璋的代理大总统地位,不承认徐世昌为大总统,认为对徐本人并无成见,只因他为新国会所选出,因为要反对非法机关,所以也要反对它所选出的人选。9月6日,冯国璋曾致电广州军政府岑春煊、陆荣廷等人,为徐世昌疏通,请他们赞成徐为第二任大总统②。9月14日,岑春煊等复冯电说:"公电谓全国人民皆厌乱望治,诚然诚然。煊等恸国权之失,伤民困之增,想望和平,不敢独后。但以非法国会强行大选,使解决时局之道益形困难,是否合厌乱望治者之心理,或为应付厌乱望治者之适当方法,请还诉之人民。煊等军府备员,对于北京大选,早有布告,谓所重在法,于人无所容心。东海宿望高年,人所共晓,惟为非法机关所自出,则煊等不敢赞一词。年来北京政治浊乱,法纪荡然,我公代职,原属依法,所愿以依法始,以依法终。"③

9月16日,岑春煊、伍廷芳等致电徐世昌,劝他勿就总统职:"自国会被非法解散,约法精神横遭斲丧,既无以杜奸人觊觎之心,更无以平国民义愤之气。护法军兴,志任荡乱,北庭怙恶,视若寇仇,诪张为幻,与日俱增。以为民国不可无国会,而竟以私意构成之,总统不可无继人,而可以非法选举之。自公被选,国人深慨北庭无悔祸之诚,更无以测公意所在。使公能毅然表示于众曰:'非法之选不能就也,助乱之举不可从也。'如此,国人必高公义,即仇视国会者,或感公一言而知所变计,戢乱止暴,国人敢忘其功!惜乎公虽辞职,而非法国会之选举,竟无一词以正之也。窃虑公未细察,受奸人蛊惑,不能坚持不就职之旨,此后国事益难收拾,天下后世将谓公何如?"④

———————

①　《请看吴佩孚之通电》,《晨钟报》,1918年9月16日;《时报》,1918年9月18日;《申报》,1918年9月18日。

②　《冯总统推戴徐东海》,《晨钟报》,1918年9月7日。

③　《西南复冯河间麻电之辞令》,《申报》,1918年9月22日。

④　《岑伍劝东海勿就总统电》,《申报》,1918年9月23日。

后徐世昌上任，曾设法促成南北议和，谋求南北和平统一，但安福国会和他本身的地位涉及到一个法统问题，就成了南北妥协和解的难题和一大障碍。

显然，吴佩孚和西南反对徐世昌就任总统，矛盾并不是指向徐本人，而是指向主战的段内阁和由段派所操纵的非法国会。

紧接吴佩孚9月13日致电徐世昌之后，曹锟因其当副总统的欲望未能得到满足，加上其部属等前线将领坚决主和，亦于9月14日致电京沪各报馆，也打着"救国救民"的旗号，在其洋洋洒洒千余言的电文中，一反其以前主战的态度，痛责国内阋墙之斗和武人权利之争。他说："民国七稔，祸变侵寻，政潮之湍激未平，地域之争衡愈烈。始则一方相怨，继而同室相仇，俶扰纠纷，于斯为烈，穷其流极，虽圣哲无以善其后。……今日阋墙之祸，殆如狭路之逢，一言以蔽之，曰权利竞争而已。果使具有国家之观念，何暇争权利之攘夺。国步频危，民生已蹙，颠连之状，呼吁之声，设竟充耳不闻，熟视无睹，嚣嚣然惟个人权利是图。内讧方殷，外侮将至，循此以往，立召危亡，覆巢之下，岂有完卵。"他要求全国同胞，"不分畛域，事事协助，推诚相与，誓诚共见。惟大厦将倾，尤须众木撑持。切望当世明达，急起而共挽之"①。曹锟虽不如吴佩孚态度鲜明，但这是他第一次正式表示反战主和立场。前此不久，他因受北京政府指责，还屡电申斥吴佩孚，现在却不顾一切，与吴唱一个调子了。同日，曹锟还有一电致徐世昌，同时分电国务院、参众两院各当道，声称："地方之于中央，腹心所托，干城所寄。既担拥护之诚，为大局策万全，非为一方徇私意；为亿兆谋幸福，非为一人谋禄位。"②这更是明显向段内阁的挑战，对主战派的有力打击。曹锟电报发表后，吴

①《曹锟最近之通电》，《晨钟报》，1918年9月16日。另见《申报》，1918年9月16日。据《晨钟报》9月17日刊载的一条题为《曹经略使寒电之由来》的消息透露，此电发表之先，曹锟曾派员晋京与徐世昌商量过，因此电为专对段祺瑞而发，徐曾传谕"措词务须和婉，俾留回旋余地"。

②《曹仲珊又一寒电》，《申报》，1918年9月20日。

佩孚、李奎元等于 20 日通电表示响应，要求早息内争，促成和局，并提出请曹锟主持一切，"请长江各督仍任调人，公推东海先生为调人领袖，则和局之成，易于反掌"①。

在总统选举以前，段祺瑞曾有"乞退"的表示，而在徐世昌当选总统后，他反而渺无声息。原来，段本人并无下野之心。8 月 31 日，他发表愿意辞职声明，在属稿时曾对他的一个亲信说："不能无此语，亦并不重此语。"②可知其辞职云云，不过是为了敷衍舆论，应付时局而已。段左右的人如徐树铮等，亦想竭力维持段内阁不变。徐世昌又当然表示挽留，不能劝退，故相传有一时决不更动内阁之说。但此时段祺瑞由于为军事和财政问题所困，已处于绝境，实非下台不可，而曹锟、吴佩孚的电报，又具有明显的"逼宫倒阁"性质，"实对于段阁恋栈下一针砭"③。9 月 15 日，段祺瑞看到曹锟的电报后，顿时"仓皇失措"，当夜即召集各要人在府学胡同私邸开紧急会议。会上，靳云鹏同徐树铮展开激烈争论，认为"非速退无以自全"④。结果，段祺瑞决定下野，随即与徐世昌商量继任内阁人选问题。段的下野，为徐世昌上任和冯国璋的下台，铺平了道路。

由于除吴佩孚和西南方面反对徐世昌上任外，包括曹锟和长江三督的北方各督，都一致催请徐就职，同时段派也盼冯国璋速即下台，徐既不能违反段派的意愿，并指望因冯下而段亦下，故决定于 10 月 10 日就职。

9 月 16 日，梁士诒和王揖唐到徐宅行授受新大总统当选证书礼，徐受证时致答词说："世昌不敏，承全国重托，两院公推，义无可辞，引为己任。此后厉行宪政，发扬国光，敢竭寸长，冀符舆望。"⑤

① 《吴佩孚又有通电》，《晨钟报》，1918 年 9 月 23 日。

② 《徐东海今后之两大问题》，《申报》，1918 年 9 月 14 日。

③ 《段阁不能维持之一原因》，《晨钟报》，1918 年 9 月 19 日。

④ 《专电》，《申报》，1918 年 9 月 17 日。

⑤ 《总统证书授受式》，《晨钟报》，1918 年 9 月 17 日。

　　10月9日,段祺瑞正式向徐世昌递交辞呈。10月10日,徐世昌在怀仁堂正式就任大总统职,同时与冯国璋行交替礼。他在就职宣言中表示:"愿以诚心谋统一之进行,以毅力达和平之主旨。果使阋墙知悟,休养可期,民国前途,庶几有豸。"①同日,徐发表上任后的第一号命令,免去段祺瑞的国务总理职务,由钱能训代理。这样,就最终实现了冯国璋和段祺瑞同时下野、徐世昌上台的局面。段祺瑞递交辞呈那天,还发表了一个退职通电,表示以后专任参战督办,以贯彻参战宗旨,对于国内战争无权过问②。冯国璋则声称要"返我林泉",回河间老家休养,"绝无希望出山之意"③。

　　在这场斗争中,冯国璋和段祺瑞表面上看去似乎打了一个平手,实际上是段占了上风。段祺瑞虽然不当总理,但他任参战督办,掌握了几师参战军(后改为国防军、边防军),有很大兵权。同时他掌握着安福国会,并在内阁中安插自己的党羽,占据重要阁职,实际上仍然对内阁起控制作用,北京政府仍然印着"皖系"的标记,而冯国璋则真正失去了政治地位和权柄。此时直系的一个后起之秀吴佩孚正在引人注目地崛起,积极争取发言权和对政治生活的干预。直皖之间的冲突,并未因冯、段的同时下野而平息,而且相反,只是刚刚揭开了序幕,斗争正在方兴未艾地进行着,直到1920年两派以兵戎相见,通过战争来解决问题。

四　围绕选举副总统问题上的斗争

　　西方实行总统制的国家,除了总统外,还设有副总统一人,以便总统缺位时由副总统继任,总统因故不能执行职务时由副总统代理。按照1913年10月4日袁世凯政府时宪法会议公布的《大总统选举法》第

---

　　①　《专电》,《申报》,1918年10月11日。

　　②　《内阁问题之一段落》,《申报》,1918年10月13日。

　　③　《冯河间痛心内争之通电》,《申报》,1918年10月9日。

七条"副总统之选举,依选举大总统之规定,与大总统之选举同时行之"
的规定①,徐世昌当选总统之后,还有一个副总统问题有待解决。

副总统在法律上并不占很重要的地位,但民国以来历届政府惯例,
使副总统无形中成了第二任大总统的有力候补者,特别是这个席位的
选举又与当时的南北和战问题密切相关,因此,副总统人选问题也很为
人们关注。如果说,总统选举,意见还比较容易趋于一致,进行得还算
顺利的话,那么副总统选举,情况就复杂得多,分歧和困难要大得多。
围绕着副总统的产生问题,直皖以及其他各个派系之间勾心斗角,进行
了激烈的斗争。

当时副总统候补者除冯国璋、段祺瑞外,还有曹锟、张作霖、倪嗣冲
也跃跃欲试。为了谋求同南方的妥协和平,梁士诒等还主张将此席让
给广州军政府的岑春煊。

1918年二三月间,徐树铮等曾同张作霖接洽,答应举他为副总统,
以换取他出兵关内压迫冯国璋,支持段祺瑞再次出来组阁。张作霖自
然为之心动,因此对徐有求必应,成为主战的段内阁的最积极的支持者
之一,"遂以此身投入段派与西南各省及冯总统战争之旋涡"②。

5月底6月初,曹锟因对徐树铮的专横跋扈不满,同时吴佩孚在攻
克长沙、衡阳后即按兵不动,主张与南方言和;加上此时国会选举开始,
总统及副总统人选有待确定,他便以养病为名,从长沙返回天津。支持
曹锟的张怀芝,也将他设在汉口的援粤司令部撤退,径行北上。曹锟对
副总统一席,也是有意染指的。他擅自从战争前线撤下来,倾向主和,
就是对段祺瑞、徐树铮的一种要挟。当时报纸披露说:曹张"二人北返
动机起于曹欲得副总统,张欲得总理,在汉口时已经决定。惟欲得之,

---

①　《宪法会议宣布大总统选举法》,《东方杂志》第10卷第5号,1913年11月1
日。

②　《自误误人之徐树铮》,《晨钟报》,1918年8月18日。

不可不要挟当局,欲要挟当局,不可不有一种表示,此曹氏主和之所由来"①。

　　曹锟抵津后,徐树铮亦追踪而至,极力劝他继续主战。徐又以副总统为饵,引诱曹锟上钩,答应只要他南下继续主战,将来此席即可给他。6月12、13日,曹锟、徐树铮、张怀芝、龙济光等在天津开会,就南征和国会选举问题交换意见。就在这时,徐树铮在天津诱杀了直系主和派的领袖人物之一陆建章。6月15日,张怀芝晋京,向冯国璋、段祺瑞报告了天津会议情况。17日,张在刑部街陈宅开会,提出曹锟当副总统最为适宜②。段祺瑞对徐树铮举曹锟为副总统以争取他主战南下的主意表示完全赞同。冯国璋也不反对。徐树铮当即派人赴奉天向张作霖疏通。6月17日,徐给曹锟之弟曹锐的密电中说:"三哥(指曹锟)事,芝挺极所赞助,即属弟转知各同人分头进行。奉省本有接洽,弟暂无须前往,已托邻葛(杨宇霆)兄夜车遄返。知念特闻。三哥勋誉在人耳目,谅易得当也。"③6月20日,北京政府即发表了委任曹锟为四川、广东、湖南、江西四省经略使的命令,这是段祺瑞稳住曹锟,提高他的身价,以便将来举他为副总统的策略和预定步骤。

　　但是,曹锟回津后,南方派人士也频繁出入曹邸,竭力拉拢他④。主和派的梁士诒、张绍曾、周自齐、张耀曾等人,乘机向曹锟进言,晓以"未来之利害"⑤,劝他不要上当。因此,曹锟在津"优游坐镇,沉机养望"⑥,"不但不南下,反与长江督军秘密运动,调停南北"⑦。倪嗣冲、李厚基、杨善德等相继发电到津,催促曹锟起节南下,甚至一日数电,

---

①　《曹张互相表里》,《民国日报》,1918年7月12日。
②　大隐居士:《政闻纪要》,《一九一九年南北议和资料》,第437页。
③　《徐树铮电稿》,第224页。
④　《最近之时局》,《晨钟报》,1918年6月11日。
⑤　《天津会议与时局》,《晨钟报》,1918年6月12日。
⑥　《曹锟之行期》,《晨钟报》,1918年7月9日。
⑦　《曹锟态度与时局》,《晨钟报》,1918年7月15日。

"措词紧迫异常",曹一概搁置不理。徐树铮在津多方敦促,并曾婉托某要人向曹锟催问行期,曹回答说:"徐副司令何日起节,余定附骥尾。"①7月下旬,北京又派员前往天津恳劝,曹复电说:"病躯屡承慰问,感激奚如,本应早日成行,藉纾南顾之忧。但现虽逐渐减轻,而精神一时实难复元,医云须静养为宜。"②曹锟打定主意,在副总统确有把握并拿到手以前,他绝不南下,"轻离根据地,致失其操纵之能力"③。

　　7月28日,张作霖由奉天到达天津,倪嗣冲也于此时到津。7月31日,曹锟、张作霖、徐树铮、倪嗣冲、王揖唐、张怀芝、鲍贵卿等在天津曹家花园开会,除讨论军事,请曹锟南下,继续对南作战外,还决定举徐世昌为总统。副总统问题,曹锟、张作霖表面上为了避嫌,互相推让,其实心里都是"当仁不让"。原来张作霖到津后,确知段派又将副总统席给了曹锟,大不高兴,认为自己威名及其对段内阁之功绩不在曹下,宣称要将南下奉军"移回京津,以践原议,并履行某要人(指段祺瑞)亲笔函之成约"④。曹锟鉴于张作霖插了进来,也言不由衷地表示不受人推戴,"至南下与否,并不以此席之得失为衡"⑤。徐树铮很尴尬,打电话报告段祺瑞,段即电倪嗣冲,请他从中斡旋。倪在张曹之间"往返婉劝",并提出副总统一席留待"征南有功者"⑥,实际上仍然是以副总统作为征南之交换条件,张作霖才没有提出异议。后来有人提出请段祺瑞出任副总统,除徐树铮未表示意见外,大家都表示赞成。但段本人对这一没有实权的职务,丝毫不感兴趣,不愿意担任⑦。段派最顽固的主

　　①　《曹使南下尚无确期》,《晨钟报》,1918年7月19日。
　　②　《曹使一时决难南下》,《晨钟报》,1918年7月29日。
　　③　《曹使之行期》,《晨钟报》,1918年7月9日。
　　④　《天津会议之过去谈》,《晨钟报》,1918年8月9日。
　　⑤　《天津会议之过去谈》,《晨钟报》,1918年8月9日。
　　⑥　《倪嗣冲到后之天津会议》,《晨钟报》,1918年8月2日。
　　⑦　《副总统问题之解决难》,《晨钟报》,1918年8月6日。

战分子倪嗣冲也想当副总统,并用金钱进行活动①,但他的资望相距甚远,只不过是他的一厢情愿,没有多少人理会他。因此,这次天津督军会议没有就副总统问题取得一致意见。

　　按照1913年10月6日选举袁世凯为总统之次日(7日)选举黎元洪为副总统之成例,徐世昌当选总统之次日,即9月5日,应行副总统之选举。因此,8月底9月初,北方各政派及国会参众两院,就副总统选举问题进行了紧急的磋商。

　　奉系想举张作霖为副总统。9月3日,奉军张作相有一电致刘恩格,大意是说:副总统人物如有预定之时,务希电知奉天,以免将来有所可否②。弦外之音,可知张作霖的意旨所在。因此,国会中刘恩格一派主张选张。但安福系议员前因张作霖强迫选举刘恩格为众议院副议长,恶感很深,绝对不赞成③。安福系拟举段,"以抵制徐世昌之和平政策"④。因段祺瑞不愿当选,多数又主张选举曹锟为副总统,但需曹锟南下督战作为交换条件。梁士诒的旧交通系和梁启超的研究系又表示反对,他们主张仍选冯国璋为副总统。安福系同冯处于反对地位,自然也不赞成。冯表示不愿意得副座,最好举西南方面人士以息内争,梁士诒建议举岑春煊,长江各督也表示赞成。但段派决不能同意将副总统让给自己的敌人。各派意见分歧,互不让步,无法统一起来。因此,多数人主张副总统选举暂行从缓,等总统选举后,待各方面徐徐疏通,意见比较趋于一致后,再行选举。

　　由于8月31日两院联合会已作出9月4日选举总统、5日选举副总统的决定,故9月5日仍开了副总统选举会。是日到会参议院议员仅二十九人,众议院议员五十九人,离法定人数相差很远,选举会不得

---

①　《大选举竞争之一》,《申报》,1918年6月8日。

②　《新国会缓举副座之原因》,《申报》,1918年9月7日。

③　《副总统仍是问题》,《晨钟报》,1918年8月26日。

④　《西报之时局观》,《晨钟报》,1918年9月19日。

不中止。接着开谈话会,决定6日开两院议员联合谈话会。

9月6日,开两院会,出席者三百余人,会上议论纷纭,莫衷一是。主张共分三派:第一派认为,依照民国二年成例,以选举总统之翌日选举副总统,5日为选举副座之期,既不足法定人数,则按日顺延,直至举出为止。第二派认为,鉴于各派对副总统人选问题意见不一致,势不能如期选举,与其徒事迁延,不如先事疏通,然后定期决选,既无背乎法律,也有当于情势,因而主张缓选。第三派认为,南北纷扰,大局不定,主张从全国着眼,留副座一席,为南北妥洽时留伸缩之余地,或虚位以待和平有功者①。讨论结果,多数主张缓选。最后决定于相当时期选出,大概期限以10月10日总统就任之前为准。

张作霖看到副总统无希望,于是要求设东三省巡阅使,并由他来担任。9月初,段派致电张左右,探询张对副总统一席的意向,嗣得复电说:"雨帅无一定要此之意,惟前日所谈之事,政府若能从速发表,雨帅亦颇满意。"②因此,9月7日,北京政府发表了特派张作霖为东三省巡阅使的命令。这是段派疏通张作霖的一种做法。冯国璋、段祺瑞都宣称不就副总统,张作霖又表示愿意退出,这样只剩下了曹锟。曹锟因对安福系迫他先行南下作为交换副总统的筹码不满,同时受前线主和将领的影响,于9月中旬发表通电,表示厌弃主战政策,倾向主和。此时,段派由于其主战政策和国会选举受到吴佩孚和西南的不断抨击和严正挑战,惟恐曹锟也倒向主和派一边,导致局面不可收拾,于是一致决定选举曹锟为副总统,并从速举行选举会,希图以此稳定曹锟,并进而和缓吴佩孚,团结北方,挽救时局,继续进行对南战争。

9月30日,国会参众两院开会讨论选举副总统日期问题,决议10月5日开两院联合会协定正式选举日期。10月5日,两院联合会决定9日开副总统选举会。

---

① 《选举副总统之时期》,《晨钟报》,1918年9月7日。
② 《东三省巡阅使将发表》,《晨钟报》,1918年9月7日。

　　10月初,两院议长梁士诒、王揖唐向段祺瑞报告副总统选举问题,段向他们表示:"予闻两院诸君颇欲举予为副总统者,在议员诸君此种意思实属厚爱,但予最初对于副总统一席,已迭次表示绝无希冀意思。总统之选举为国会之大权,他人毫无干涉余地。惟予个人意思亦无妨向议长声明,冀得转达议员,以备讨论此问题之一助。予对于大局,始终主战,贯彻到底。本年亲统大兵南行,平荆襄,下长岳,使既失之湖南得恢复者,实曹使一人之力,厥功甚伟,未可磨灭。议员诸君倘能注重国家奖劝有功之意,推曹经略使以此席,则实为至当。希将此意代为转达,则厚爱于予者,或不至有以此席相强也。"①随后又致函梁、王说:"曹使督战湘中,功绩昭著,维持大局,不为异说所挠,若当选副座,必能翊赞元首,尊重法律,裨益国家。"②

　　但是,梁士诒和以他为首的旧交通系反对选曹锟为副总统,研究系也不赞同,决定如10月9日进行选举,他们的议员一致不出席。一些主张选冯国璋的江苏籍议员,也表示要进行抵制。梁士诒恨徐树铮专横跋扈,旧交通系此时组织了一个侨园俱乐部,已经与安福俱乐部完全决裂。他们不同意举曹锟,一方面固然是认为曹的功业一无足取,对他任副座,许多人不以为然;另一方面更重要的,是他们从南北之间的关系和全国和平统一考虑,实际上是反对段祺瑞、徐树铮的一种方策。因梁主张与西南携手言和,副座一席留待西南较为有利;如果曹锟被选为副总统,他就会督师南下作战,这意味着段派主战政策的胜利,无异堵死同南方的和平通道。梁士诒当时致北洋各督军的信中,列举了他不同意选举曹锟为副总统的三点理由:

　　　　夫主张速选者,本谓选出曹使,则北洋系固结可期。士诒忝厕北洋有年,北洋系之固结,迩年来竭力经营,未尝稍懈。然士诒爱北洋系,而尤爱国家;且爱国家,即所以爱北洋系也。夫主张速选,

---

　　①　《曹锟将为新国会副座》,《申报》,1918 年 10 月 6 日。

　　②　《专电》,《申报》,1918 年 10 月 11 日。

以固结北洋系者,惟知北洋系,而不知因此足令国家分裂。曷言乎国家分裂?今日大总统已下令劝和,全国士商,多求罢战,是和平统一已为全国心理所同趋,苟无意外之阻力发生,则和平统一,当可告成。今若速选曹使为副座,则全国士商不免大起猜疑,将谓中央又复主战,而西南人士必以为故表对敌之意,是使已熟之和平,终于无果。此足令国家分裂之理由一也。西南对于主座之个人,本是同钦共仰,惟对于主座之选举,犹以违法相攻,今若选曹使为副座,则彼等必合个人与选举而并攻之,其终也必至危及主座,若是则政局愈纷,去和平统一愈远矣。此足令国家分裂之理由二也。副座未选之前,则西南犹怀或归己得之望,此望未绝,则和平统一之机尚存;若一旦选出,则此望遂绝,而彼等必自行选举,若是则南北分立之局以成,而和平统一终于无望。此足令国家分裂之理由三也。有此三理由,故士诒终始主张缓举为有益于时局也。①

当时舆论剖析说:"对南问题又于副座有绝大关系,万一北方同时将正副两总统全行选出,则南方必更气愤,执法律问题以进与北方相角,而统一之势,必多一层障碍。"②研究系及无所属议员的想法,适与旧交通系的观点相吻合③。还有,自袁世凯帝制失败后,旧交通系为武人势力所压迫,以曹汝霖、陆宗舆为首的新交通系渐渐崛起,霸占了交通地盘,梁士诒心滋不满,如果国会选出曹锟,则武人势力如虎附翼,己派势力更无从发展。梁派为自身利害计,也不得不倾全力予以打破。梁士诒为了消除曹锟的嫌隙,不使因选举副总统问题对自己衔恨在心,事先曾告诉曹锟,说他反对速选,并不是反对曹本人,而是为了促成南北和议。

梁士诒是个诡计多端的人,连徐树铮都自认不是他的对手。此前

---

① 《三水梁燕孙先生年谱》上,第 432 页。
② 《无期延期之副座选举》,《申报》,1918 年 9 月 8 日。
③ 《北京特别通信》,《申报》,1918 年 10 月 16 日。

不久(9月间),梁士诒还耍了一个花招,他改变主意,反而运动段祺瑞为副总统。他这样做,是为了使举曹锟之成议不得不变,以便惹起曹的反对,使段内阁早日塌台。

　　不同意曹锟为副总统的,还有一部分主战的安福派议员。他们所持的理由是:"曹氏虽口称服从中央,而实则盘据保定不肯进战,实非良善军人,决不举彼。"①

　　除了上述国会中一部分议员持否定态度外,直系长江三督基于想同西南和平妥协,以保存和发展己派势力的相同理由,也主张缓选副总统,反对曹锟当选。10月初,苏督李纯托人捎信给徐世昌说:"徐总统如赞成和议,则副总统不妨缓举,留此一席以为议和之一种条件。"②10月8日,由李纯领衔,长江三督又致电北京政府,强烈表示:"若必欲强行推举曹氏,则长江督军当连袂而不承认副座。事若至此,则大势所趋,至不得已之时,竟逼于独立而否认徐氏之总统,亦在所不惜。"③

　　是否选举曹锟为副总统之争,变成了主和派和主战派的斗争,它是南北斗争和直皖斗争的一种表现。

　　按《总统选举法》规定,副总统选举和总统选举一样,须有选举人总数三分之二以上出席,得票满投票人数四分之三者,始为当选。照当时情况,只要有一百名议员不赞成曹锟,选举就不够法定人数,副总统就选不成。梁士诒的旧交通系一派议员有五十余人,并能影响一部分人,研究系(包括宪法讨论会)议员有五十二人,梁之赞成与否,具有决定作用。"副总统会之能否成立,以梁士诒及其部下之向背决之。"④因此,安福系竭力拉拢疏通梁派,梁则虚与委蛇。

　　10月9日上午,在象坊桥众议院举行副总统选举会。出席众议员

　　①　《新国会之副座潮》,《申报》,1918年10月17日。
　　②　《新国会之副座难关》,《申报》,1918年10月16日。
　　③　《长江三督反对非法副座》,《民国日报》,1918年10月13日。
　　④　《外电》,《申报》,1918年10月5日。

二百四十六人,参议员九十二人,合计三百三十八人,不足法定人数四十余人①。梁士诒建议缓选,但安福系反对延期,辩论结果,决定下午继续开会。下午续会时,仍不足法定人数,安福系用汽车和电话到处请议员出席,"无有应者",致选举会流产,决议16日再开选举会。是日缺席议员,旧交通系及研究系实占其大半。会上安福系议员痛斥梁士诒故令议员缺席,借以阻挠副座产生,并大骂不出席议员"丧心病狂,别具肺腑"②。

　　会后,安福系与梁派各坚持自己的主张,暗中进行了剧烈的斗争。王揖唐遣人向各议员威逼利诱选举曹锟,宣称:"不然,国会将遭解散。"③安福系在其所办报纸上大肆攻击梁士诒"昧良负义",指名直书,不复遮掩。梁毫不退让,他劝安福系中止选举副总统,说:"勉强必无良果,否则惟有辞议长。"④梁派《民福报》痛诋安福系《新民报》,揭其隐丑,两派势成水火。旧交通系等反对派的国会议员,为抵制16日选举会,纷纷离开北京前往天津,16日到津人数达一百三十四人⑤。议员在天津组织了一个"和平促进会",与安福系抗衡。安福系派代表八人前往天津斡旋,邀请议员返京,答应每人送五百元,但求出席选举会,均遭拒绝⑥。

　　10月16日上午10时开选举会,不足法定人数,主席梁士诒两次宣告延长时间。至11时20分,出席参议员八十二人,众议员一百八十九人,共二百七十一人,与法定人数相差达一百一十余人,较之9日选举会到会人数尚少六十余人。选举会再次流产,会议宣告副总统选举

---

① 《外电》,《申报》,1918年10月10日。按参众两院议员总数为五百七十四人,三分之二的法定人数应为三百八十三人。

② 《新国会选举副座不成》,《申报》,1918年10月13日。

③ 《专电》,《申报》,1918年10月17日。

④ 《专电》,《申报》,1918年10月13日。

⑤ 《专电》,《申报》,1918年10月21日。

⑥ 刘以芬:《民国政史拾遗》,第22页。

延会,实际上是无限期延期,后来终未能选出。

副总统选举的失败,标志着段祺瑞主战政策的彻底破产。随着当时国际形势的变化,和全国人民对和平要求的增长,和平的声浪压倒了段派的主战叫嚣。这样,便把南北议和问题提到议事日程上来了。

第六章　南北议和

第一节　南北议和的时代背景

一　列强侵略中国的新形势

1918年下半年,欧洲第一次世界大战进入了最后的阶段。战争的主要发动者德国帝国主义,不仅在经济上陷入了困境,而且军事上的失败已成定局。是年9月下旬,在协约国联军的攻击下,德国兴登堡防线全面崩溃,德军在西线遭到了完全失败。10月间,奥匈帝国军队在意大利战场也遭惨败。战争给德、奥匈等国的人民带来极其沉重的负担,人民生活困苦异常。经济上的崩溃和军事上的失败,加上俄国十月革命的影响,激起了这些国家人民的反战和革命情绪的高涨。

11月初,德国爆发了资产阶级民主革命,德皇威廉二世退位,德国君主专制制度被推翻,建立了资产阶级议会制共和国,在革命斗争中产生了德国共产党。10月,匈牙利也爆发了革命,成立了国民议会,随后建立了民主共和国。匈牙利被奥地利统治压迫了几个世纪之后,终于获得了解放,成为独立国家。奥匈帝国内部的革命,导致了哈布斯堡王朝的彻底覆灭。11月12日,奥地利共和国宣告成立。奥匈帝国于11月3日在帕多瓦投降,和意大利签订了停战协定。在此之前不久(九十月间),属于同盟国集团的保加利亚和土耳其也已向协约国投降,签订了停战协定。

由于土、保、奥、匈投降,退出了战争,德国陷入了空前孤立的局面。西线战线的溃败和国内革命运动的汹涌澎湃,使德国政府认识到再也无力进行战争,唯一的出路是签订停战协定。11 月 11 日清晨 5 时,协约国联军总司令福煦上将,和德国政府派出的以外交大臣埃尔兹贝尔格为首的代表团,在法国东北部贡比涅森林的雷通车站签署了停战协定,11 时宣布停战。根据协定的条款,德军在十五天内从法国、比利时、卢森堡、阿尔萨斯—洛林及莱茵河左岸撤退完毕,同时还必须全部撤出土耳其、罗马尼亚、奥匈帝国以及非洲殖民地。这样,第一次世界大战便以德奥集团的覆灭而告终。

第一次世界大战结束,欧洲各国人民从长达四年之久的残酷战争中解脱出来,世界呈现一派和平景象。参战获胜的美、英、法等帝国主义国家,摆脱了战争之后,着手准备召开世界和平会议,处理战争的善后问题,同时开始把眼光从战争军事转向政治外交方面,谋划如何向外发展自己的势力。国际局势的这一重大变化,对中国政局有着直接的影响。

第一次世界大战期间,由于西方列强忙于在战场上厮杀,无暇东顾,暂时放松了对中国的侵略。东方后起的帝国主义国家日本,因没有卷入欧洲的战争,同时凭借着邻近中国的便利条件,大肆对中国进行侵略扩张,企图排挤英、法、德、俄等国的在华势力,把整个中国变为它的独占殖民地,并进而在远东建立霸权统治。

帝国主义对中国的侵夺,既有协调一致的时候,也有相互矛盾抗争的时候。当它们在华的利益得到均衡发展时,它们之间的关系可以是协调的。当"机会均等"、"利益均沾"的原则遭到破坏,它们中一方的利益受到损害时,就会出现矛盾和斗争。日本在中国的扩张和势力的膨胀,和它支持段祺瑞武力统一中国助长中国内乱的政策,损害了美国及与其有伙伴关系的英法在华的利益,因此引起英美等国的关注。"英美协会因中国滥借外债,危及财政,并因南北抗争既久,外国各受损失甚巨。……寺内之援段滥借,招致在华英美人之猜视"①。1918 年 7 月

①　《东京通信》,《申报》,1918 年 10 月 25 日。

初,美国政府为了打破日本对中国借款的垄断,向日、英、法三国提议联合组织对华国际银行团(即新银行团),实行统一对华借款,并且规定两条原则:一、绝对不借给中国用于国内战争之借款;二、日本对中国之借款,如有用于国内军事之危险者,当促使其绝对停止交付①。

美、英、法特别是美国不赞同日本单方面支持皖系军阀,造成中国的分裂局面。在西方列强看来,一个包括各种军事政治力量组成的对列强各国平等开放的和平统一的中国,比一个单纯效忠听命于日本的皖系军阀专权、南北对峙的中国,无论从政治上经济上来说,对他们都较为有利。因此,欧洲大战结束前后,美、英、法等国通过各种方式表示,希望中国停止内战,实现和平统一,同时通过外交途径对日本施加影响,促使日本同他们采取一致的对华政策。

9月9日,英国驻华公使朱尔典访晤外交总长陆徵祥,表示希望南北实现和平,以免危及中国的国际地位。朱尔典说:"贵国近来情形愈趋愈下,南北问题若不早日解决,长此以往,必有分裂灭亡之惨。现时前敌将士均不愿战,人人皆知。身外人观之,实无十分必战之理由。中央政府屡借外债,举凡国家所有可以抵押者均已抵押殆尽。此款尽充军费,而未收丝毫实效,万非长久之计。西南声称彼等实愿和平了结,因中央政府向无诚意。此说真假不可得而知,惟伍君廷芳曾向本国驻奥领事声明数次,托其向本公使转探中央政府口意,大约实有调停之余地。"陆徵祥说:"南北战争,全民涂炭,诚有如贵公使所言有分裂灭亡之惨。中央政府岂不愿和平解决?无如西南极坚持,如请恢复旧国会一层,此万难办到。"朱尔典说:"总而言之,此事若不早日解决,贵国将来地位实有不堪设想者。贵总长亦知两月以前英美驻华各界要人曾立一会,对于中国现状曾有决议,请本公使转达本国政府设法劝告中国等情。该会要人类皆久居中国,深知中国内情,且与彼等私人亦有利益关系,均以为贵国内部如不即日平静,国家万无存在之理,此事贵国政府

---

① 《外人劝告息争之传说》,《申报》,1918年10月20日。

不可不注意也。"①

9月下旬，美国政府委托中国驻美公使顾维钧转达美国欢迎徐世昌当选第二任总统，希望他迅速解决国内时局问题②。同时美国将威尔逊总统希望世界早日恢复和平之宣言送达中国外交部。10月10日，徐世昌就任总统时，威尔逊又向他发了贺电，规劝中国停止内争，实现统一："本大总统之所馨香祷祝者，不仅以中、美两国素敦睦谊，而实因值此文明变化最关紧要之时，中国因内乱而分析，若不早息争端，殊难协同友邦一致达维持正义之目的。今贵大总统就任之日，正贵国各派首领以爱国为怀，牺牲一切，息争之时，更宜和衷共济，力谋国民幸福，统一南北，而于各国际公会中亦占其应有之地位也。"③驻华外交使团在祝贺徐世昌当选的颂辞中，也希望中国和平统一："尤切望大总统极力谋猷之事，必有南北早日统一之成功，俾中华人民全享衽席炽盛之幸福。"④与此同时，在京的协约国各公使几次开会，就解决中国内争问题交换意见。10月17日，总统府顾问美国人韦洛贝（W. W. Willough-by）向徐世昌提出了一份关于南北调和妥协的意见书。第二天，新从美国回任、携带有威尔逊总统希望停止南北战争意见的美国驻华公使芮恩施，晋谒徐世昌，提出非正式之劝告，说和平"为美国全体之希望，但此事究属中国内政，如为外人所左右，殊多不便"。徐答称："余现正依和平之方针有所设施，但恐今日公然表和，反使南方有过大之要求，故宁暗中谋和之进行，谨谢贵国之好意。"⑤也就在此时，中国驻英公使施肇基、驻法公使胡惟德亦有详电回国，报告欧战即将结束及中国所面临的形势。胡惟德在报告中还提出警告说："我国国内如不统一，将不得列席欧战议和之会。""列强近已一转其外交之眼光注意于远东之现

① 叶恭绰：《一九一九年南北和议之经过及其内幕》，《文史资料选辑》第26辑。
② 《专电》，《申报》，1918年9月27日。
③ 《美总统望中国息争之表示》，《申报》，1918年10月19日。
④ 《冯徐交替与时局》，《申报》，1918年10月13日。
⑤ 《外电》，《申报》，1918年10月20日。

状与夫中日之关系,请政府慎重注意。"①10 月底 11 月初,顾维钧又接连电告北京政府说:"美国国务卿转述美总统愿以实力助华息争,免失国际地位。"②"美政府对于我国内乱异常关心,务乞将最近所定办法电示。"③

在欧战结束、西方列强开始将目光转向中国的同时,东方日本也发生了对中国政局有不可忽视的影响的变化。

如前所述,日本原来是由寺内内阁执政的。寺内"深信段氏一派在中国必将永握实权"④,采取了积极扶植皖系军阀的方针,对段祺瑞政府提供了大量金钱和武器的援助。日本援段政策,助长了段派的主战决心,成为中国内乱纷争的一个外部根源。9 月 21 日,日本国内发生了政治危机,寺内内阁全体辞职。寺内下台后,9 月 26 日原敬受命组阁,28 日原敬内阁正式成立,外务大臣由内田康哉担任。原敬(1856—1921)曾任日本《每日新闻》社社长,加入伊藤所组织的政友会,后任干事长。明治三十三年(1900)西园寺第一任内阁时任内务大臣,四十四年西园寺第二任内阁任内务大臣兼铁道院总裁,山本内阁时任内务大臣兼大礼使长官,赐大臣礼遇,大正三年(1914)4 月任政友会总裁。日本虽然是一个资本主义国家,但具有强烈的军事封建性,内阁更迭,虽名为出自"大命",实则取决于少数军阀元老。自有政党以来,从未有直接组织内阁者。原敬为政党领袖,又无爵位,出面组阁,开创政党政治的局面,被看作是"日本民政发达之特征"⑤。政友会对前寺内内阁,"夙以是是非非主义为消极的援助"⑥。原敬列席于外交调查会,对寺

---

① 《欧战变化与中国时局关系》,《申报》,1918 年 10 月 19 日。
② 《专电》,《申报》,1918 年 11 月 1 日。
③ 《和平之声》,《申报》,1918 年 11 月 7 日。
④ 《各通信社电》,《申报》,1919 年 3 月 2 日。
⑤ 《东京通信》,《申报》,1918 年 10 月 3 日。
⑥ 《东京通信》,《申报》,1918 年 10 月 1 日。

内之外交政策,"尝加以限制"①。1918 年 1 月 20 日,以原敬为首的政友会,和宪政会、国民会共同发表宣言,指责政府对华外交干涉中国内政,助长内乱,招致人民怨恨。

原敬内阁成立后,当然要继续实行侵略中国的方针。它所宣称的"尊重中国主权"、"谋中国全国国民之利福",不过是掩饰日本侵华政策的一种外交辞令和宣传标榜。但是,原敬面对国内外形势的变化,不能不考虑改变侵略的手法。当时卷土重来的西方列强,要求打破日本一方独霸中国的局面;同时,前任寺内内阁支持皖系军阀的政策,引起了中国人民的强烈不满和反对,如1918 年 5 月全国爆发的反对中日军事协定的浪潮。日本国内舆论对其侵华政策也甚不以为然。大阪《朝日新闻》发表一篇题为《对华绝对和平主义》的社论说:"当兹世界悉醒其帝国主义外交之迷梦之今日,我日本亦应剖明我日本外交方针之本来面目,以一扫国际间之误会,固无论矣;而吾人于此机会更进一步,则对外应宣明和平主义的精神,对内应破除从来动辄即招各国误会之因之军阀外交是也。至于中国问题,须力唱绝对平和主义,以为我外交之一新时期。夫绝对平和主义云者,亦无他,即所谓放弃特殊地位是也,真意味之门户开放是也,表里一致之机会均等是也;要言之,即绝对的废弃侵略的帝国主义的外交方针是也。"②这篇文章,说什么要废弃帝国主义侵略的外交方针虽然是假的,但它反对寺内的对华方针却是真的。原敬根据舆论的要求,表示"希望中国鉴于世界形势之急转,应速息内争,以为战后之筹备"③。他在外交策略上相应作了某些较大的改变,采取了与英美等国协调一致的对华侵略方针。

10 月中旬,日本内田外相对原敬内阁的对华方针作了非正式声明,其要点有:一、决不采秘密之政策,如利用西原龟三等与中国政府缔

---

① 《东京通信》,《申报》,1918 年 10 月 1 日。

② 转录自《日本之对华特殊地位放弃论》,《晨报》,1919 年 1 月 16 日。

③ 《日本对我内争之态度》,《申报》,1918 年 10 月 23 日。

结借款条约等；二、决不采仅以日本之利益为本位之方针；三、对于中国南北两派绝不偏倚，放弃从前援助北方之手段，而以公明正大为宗旨；四、图南北两派即中国全国民之福利①。为了和上述外交政策相适应，原敬内阁大藏省和日本的银行团，即兴业、朝鲜、台湾三家银行理事开会，重新研究了对华借款方针，决定：一、暂行停止借款；二、对于寺内内阁已成立借款之善后处理，其政治借款因有碍于中国之统一，应即停止；"经济借款中有性质上不确实、于该事业之收益上无偿还元利之希望者，或并无经营事业之意思，而其目的在通融为别种用途者，一律停止。"②原敬还任命小幡酉吉为新任驻华公使。小幡在前寺内内阁时，因反对西原龟三的对外借款，曾与前大藏大臣胜田发生冲突。他被任命为驻华公使后，日本记者询问他的对华意见，他表示："日本当与列国行动一致"，"希望中国统一"③。

　　显然，原敬内阁的对华策略方针，与前寺内内阁有很大的不同。

　　日本外交政策上的这一转变，使得它同英、美、法等国家的政策趋于一致，在对华问题上有了共同的语言，能够采取协调一致的行动。10月间，美国政府指示其驻日大使协同英、法、意各国驻日大使，与日本外交当局磋商，共同对中国进行调停劝告，实现南北停战，和平统一。商妥后，由各大使将其结果电告本国政府，经承认后，再转电北京各国公使，作劝告之准备。

　　英、美、法、日、意五国驻华公使经过几度商议，取得一致意见后，于12月2日一同晋谒徐世昌，当面呈递劝告觉书，说明劝告之理由，并表示："欧战已终，世界各国希望和平甚切，对于贵国亦盼能早日统一全局，以协助世界人民和平思想之新建设。倘贵国乱局不及早解决，则万

---

①　《东京通信》，《申报》，1918年10月25日。另见《申报》，1918年10月20日《外电》。

②　《东京通信》，《申报》，1918年11月13日。

③　《新日使之对华意见》，《申报》，1918年11月27日。

无可以为世界和平新建设尽力之日。吾协商各国今与贵国感情独厚之故，极望贵国为世界各国切望和平方面着想，务从速研究解决办法。"①其觉书原文如下：

中国南北乖离之内讧，计已两经寒暑，日英美法义各国政府常引以为深忧。此不祥纷争，非独危及中国自身之康宁，损及诸外国之利益，且延而动摇一般之人心，致予敌国以可乘之隙。际此次战争最大难题，中国之与联合国协力业受莫大阻害，今幸危机渐过，各国诚希望平和及正义实现于各国民间。当此企图以实现平和及正义为目的之全世界组织成立之时，而中国内讧不息，此伟大事业必加一层之困难。日英美法义联盟政府既悉中华共和国大总统所执妥协内讧之措置，深望偿此莫大之希望。同时南方各首领之态度，亦示有同样稳健解决纷争之意，实无任欣幸之至。是以前记五国政府深愿北京政府及南方各首领勿以个人感情用事，勿拘法规枝节，凡有障害于树立平和之一切举措，亟须力避，以便速为无隔意之协议。更以顾念理法大则与中国民福之感情为基础，以举中国国内平和统一之实为要。对于妥协成就手段案出之兆候，特以同情与期待以欢迎之，并更言明于兹：日英美法义各国政府，欲图解决南北双方致招乖离之各项难题，故极力特表深厚之同情。且五国政府并无何等干涉之企图，更无指示何等特殊条件以左右之之意。是等妥协条件，纯欲由中国人士自行协定。五国政府为妥协统一之实现计，南北双方凡有热望，自当力为声援。此不过深望中国国民得以参与现在各国所企图之世界改造之伟业，以发扬其国威而已。②

同日，五国驻广州领事亦向军政府提出劝告，帖文内容大致相同，

---

① 《五国劝告南北调和》，《晨报》，1918 年 12 月 3 日。

② 《五国劝告南北调和》，《晨报》，1918 年 12 月 3 日。参见《时报》，1918 年 12 月 3 日；《民国日报》，1918 年 12 月 4 日。

不过事先声明,提出劝告并非承认军政府,或为一独立之交战团体。

西方列强东返,和日本外交策略上的转变,是1919年初南北议和的外部条件。

二　国内和平呼声的高涨与和平期成会等团体的出现

和国际环境改变的同时,国内政治局势也有明显的变化,这就是反对南北战争,要求实现国内和平统一呼声的高涨。

自从孙中山倡导护法运动后,在北方军阀中一直存在着主战和主和的两派:以段祺瑞为首的皖系军阀主战,以冯国璋为首的直系军阀主和。1917年冬和1918年春,曾一度有南北议和的酝酿。直系长江三督李纯、王占元、陈光远发表通电,主张撤兵议和,并愿出任调停。岑春煊与之相呼应,亦倡言和平。随后,冯国璋以代理大总统名义发布了停战布告,责成南北两军各守原防,停止敌对行动。一时和平空气很浓厚。但是,当时主战派占优势,直系的和平主张很快被压下去。到了1918年下半年,和战的形势有了根本的改变。主和派的和平声势,挫败了段祺瑞的武力政策,压倒了主战派对战争的鼓吹。

全国的和平运动,是从吴佩孚等通电罢战主和开始的。

如前所述,4月23日,吴佩孚率领直军占领了湖南衡阳后,即不再前进。6月15日,吴佩孚与南军成立了停战协定,从此湘南无战事。8月间,吴佩孚接连发表通电,对段祺瑞的武力政策进行了猛烈的抨击。他说:南北战争,导致"兵连祸结,大乱经年,在此时期,耗款数千万,糜烂十余省,有用之军队,破碎无余,精良之器械,损失殆尽。至若同种残杀,生灵涂炭,尤足令人寒心"。"中央误听宵小奸谋,坚持武力,得陇望蜀,援粤攻川,直视西南为敌国,竟以和议为逆谋"[①]。他认为西南各省

---

① 《请看吴佩孚之主和电》,《晨钟报》,1918年8月23日。

同是中国土地和中国人民,不能以法律之争而视为不共戴天之仇。他虽分属军人,自当爱国,而武力统一是一种亡国政策,他罢战言和,不是抗命,是"为延国脉"。吴佩孚还请求当时在台上的冯国璋,"根据约法之精神,实行悲悯之宏愿,颁布通国一体罢战之明令,俾南北双方军队留有余地,以备将来一致对外"。他并希望曹锟和长江三督及各省区长官,"仰体元首苦衷,俯念生灵涂炭,群出赞助,协谋宁息大局"①。

吴佩孚的和平主张,虽遭到主战派的一致攻击,张作霖甚至提出剥夺他的职权,从严惩处,但他毫不动摇,坚持要同南方停战讲和,声称:"张作霖及此外各主战派虽来电声言,'讨伐西南系吾辈之天职,无论遭何种之障碍,决不因此而中止'云云,但余仍尽力于主和运动,决计撤退湘南防务而北还,以贯彻余之初志。"②吴佩孚的行动,得到直系长江三督的支持,冯国璋和曹锟暗中也予以默认。

直系的主和运动,得到舆论界的同情和支持。京报著名记者邵飘萍在一篇通信中说:"论其比较的是非,段内阁之失政如此,全国国民之痛苦如彼,主张和平休战,解决时局,吾人不问其心理如何,不能不赞成之。"③

南北战争的两军战线,西北起汉中,经巴东、衡山、大庾岭,东南以至潮汕,蜿蜒二千余里。但北军的主力是在湘南的吴佩孚第三师和三个混成旅,湖南战线一直是南北战争的主要战场。吴佩孚在北洋军人中,是属于"打硬仗,扎死寨"的,他的退出战争,湘南前线实现停战,与南方握手言和,是对段祺瑞的武力政策一个极其沉重的打击。加上主战派是全恃日本政府为后援的,日本改变援段政策,给段祺瑞财政上也增加了极大困难。从此,无论段祺瑞、徐树铮、张作霖、倪嗣冲这些顽固

---

　　①　《前敌将领之两大主张》,《晨钟报》,1918年8月25日。另见《申报》,1918年8月25日。

　　②　《专电》,《申报》,1918年9月3日。

　　③　《北京特别通信》,《申报》,1918年9月1日。

的主战派如何坚持要同南方作战,但和平的帷幕已经拉开,战争实际上是不可能再继续进行下去了。

南北间的战争,所消耗的都是国家的财力,受害者只是人民。战争给国家和人民带来了深重的灾难。人民痛恨皖系军阀对南用兵,渴望早日实现和平。和吴佩孚倡言和平的同时,国内商、学界和政界的一些人士,对和平的要求日益高涨。尤其是第一次世界大战结束时,受世界和平局势的影响,加上徐世昌当选总统后主张调停南北纠纷,不赞成继续对南用兵,在这种政治气氛下,全国形成了较广泛的和平运动。

早在4月底,全国商会联合会在天津开会,就提出要求南北停战息争,随后派代表四人晋京谒冯国璋,陈诉商民痛苦现状,哀求立即实现和平。6月3日,各省省议会又在南京开会,代表各省人民恳求北京政府和西南早息争端,以纾民困。代表们发表的一项宣言说:“为今之计,亟宜双方罢兵,回复统一,为全国商民留一线生机,为国家前途留一分元气。”①

10月初,张謇发表关于时局通电,痛陈南北战争的祸害,殷切要求实现和平。他说:“同胞相杀,战祸绵延,商业凋零,生灵涂炭,凡有血气,谁不渴望和平。加以边境出兵,武力虚糜于内地,既失主观之重,徒为与国所轻。侧闻朝野上下,无南无北,皆知乱不可怙,祸不可极。推原恶感所循环,诚未见一方之独是。揆度坚持之现状,已驯至两败俱伤,而实受其伤者在民,实受其败者在国。……事至今日,尚安有意气可争,智术可用? 哀我小民,命悬于南北当局之手,地处局外,势不能左右取重其间。但野老之愚,惟知和平两字为圣神,亦愿诸公根除虚悁一切之门面。与其忘远虑而重近忧,不如推诚心而布公道,明示双方悔觉,有如辛亥唐、伍二公在沪会议前事,直接解决种种滞碍。”②蔡元培

① 《各省省议会代表之宣言》,《申报》,1918年6月10日。
② 《张季直主和通电》,《民国日报》,1918年10月6日。同见《申报》,1918年10月6日。

受世界大战英美法协约国战胜德国军国主义的影响,于11月15日在天安门对民众演说大会上,发表了《黑暗与光明的消长》的演说,借德国失败事实预示穷兵黩武、坚持武力统一中国的段派军阀的末路,期望中国有一个和平和光明的未来。他说:"世界的大势,已到这个程度,我们不能逃在这个世界以外,自然随大势而趋了。我希望国内持强权论的,崇拜武断主义的,好弄阴谋、执着偏见、想用一派势力统治全国的,都快快抛弃了这种黑暗主义,向光明方面去呵!"①张謇和蔡元培是当时全国负有重望的人物,他们的言论,集中反映了全国人民痛恨战争、热烈要求和平的呼声,同时又对正在开始兴起的和平运动给以积极的影响。

前面提到,10月中旬,曾因副总统选举问题,梁士诒的旧交通系与安福系决裂,旧交通系和研究系以及一部分无所属议员百余人,为了反对段祺瑞的主战政策,谋求与南方议和,抵制安福国会选举曹锟为副总统,离京到了天津。梁士诒、周自齐、朱启钤等在天津发起组织了和平促进会,准备邀请梁启超、熊希龄、张謇、蔡元培、王宠惠等一些南北名流参加,以促进和平的实现。拟议研究的问题有:一、以怎样的形式谋求双方之妥协,或开全国国民会议,或开南北代表会议;二、会议地点以何处为宜;三、会议召开之后,将协议哪些问题,一俟议决后,即向南北两政府提出建议②。和天津和平促进会成立的同时,北京一些名人也纷纷起来探讨和平问题。仅10月22日这一天,就有三处和平讨论会,即蔡元培和全国商会联合会会长兼直隶省议会会长边守靖等,在民国大学开会"讨论和平之预备";谷钟秀、文群等在江西会馆"讨论和平之进行";由一些满蒙要人组成的五族联合会在雍和宫讨论"和平解决之方法"③。舆论欢称:"京津间风靡一时之和平声"④;"主战之北京,忽

---

①　《北京大学日刊》,1918年11月27日。

②　《京津间之和平声浪》,《申报》,1918年10月25日。

③　《北平和平声浪之一斑》,《申报》,1918年10月26日。

④　《申报》,1918年10月24日第3版。

而和平声浪高起万丈"①。

　　梁士诒、朱启钤和周自齐都是旧交通系的领袖,梁、朱又是安福国会参议院正副议长,由他们出头露面发起并领导和平运动,和平有被政派利用之嫌疑。而当时人们憎恶政党政派,旧交通系在社会上的声名又不好,因而不愿同它搅在一起,舆论也"不赞成一派一系之运动,希望在野者共举以图其成"②。于是,10月23日,由熊希龄、蔡元培、张謇等人发起组织了"和平期成会"。梁士诒此时也恍然大悟,意识到自己居于议长地位,不便出面倡导,便赞成用和平期成会名称,将和平促进会取消,旧交通系以个人资格加入和平期成会(仅周自齐、汪有龄等数人加入),梁士诒和朱启钤均未参加。

　　熊希龄、张謇、蔡元培等于10月23日发表"漾"电说:

　　　　慨自国内构衅,忽已年余,强为畛域之分,酿成南北之局,驯至百政不修,土匪遍地,三军暴露,万姓流离,长此相持,何以立国?希龄等夙夜焦思,以为内争一日不息,即国本一日不定,险象环生,无有终极。况欧战将终,国际势迫,若仍兄弟阋墙,何能折冲御侮?且不自谋和解,难逃世界责难。是以人心厌乱,举国从同,各抱忧危,苦难宣达。希龄等外察大势,内观舆情,瞻顾前后,义难缄默,拟组织一和平期成会,为同情之呼吁,促大局之和平。凡赞成本会宗旨者,切望同声相应,协力进行。盖和局早成一日,即乱机减少一分;群力增加一分,即国本早定一日。忧时君子,当题斯言。谨布腹心,伫候明教。再本会宗旨,不分党派,亦非政团,平和告成,本会即行解散,决无他种作用,谨并声明。③

熊希龄还向记者声明,和平期成会:一、不带政派臭味;二、以运动和平

　　① 《北京特别通信》,《申报》,1918年11月4日。
　　② 《和平会发起之经过》,《申报》,1918年10月29日。
　　③ 《熊希龄等拟组和平期成会电》,《民国日报》,1918年10月26日;《申报》,1918年10月26日。

为范围，和平恢复后，会即撤废；三、绝对不为野心家所利用①。

　　和熊希龄、张謇、蔡元培同时列名发起和平期成会的，还有王宠惠、庄蕴宽、孙宝琦、周自齐、张一麐、王家襄、谷钟秀、丁世峄、徐佛苏、文群、汪有龄、王克敏、王祖同、梁善济、籍忠寅、李肇甫、王芝祥、汪贻书、王人文、林绍斐、由宗龙，共二十四人。这些人除无党派名流外，包括了国民党或政学会、旧交通系、研究系、直系，但都以个人资格参加，并不代表党派。和平期成会具有比较广泛的代表性。开始酝酿时，黎元洪和冯国璋认为该会与他们的求和本旨相同，表示愿意列名发起。熊希龄和蔡元培等以黎元洪虽已下野，但与政治问题多少有些关联，请他另外通电赞成；对于冯国璋则因和战问题与段派的隔阂已深，又系刚刚下野，担心引起主战派的反感，也未同意他列名。

　　和平期成会的通电发表后，博得了各方面人士的热烈反响，不仅主和派和其他希望和平的人士给予充分同情和支持，就连一些平日的主战派也在一旁打边鼓，表示"喝采"。

　　第一个发电表示赞成的是冯国璋。10 月 24 日，他在复和平期成会的电文中说："诸君创办此会，导舆论政治上之正轨，而一反隳突叫嚣之所为，各本热心，辅以毅力，振发聋聩，促进和平。岂惟大局实利赖之，国璋一年以来所有志未逮者，亦得因诸君之继起而告厥成功。祷祈以求，诸维努力。倘有相需之处，必竭绵薄以从。"②多数督军也都先后复电表示祝贺赞同。曹锟说："诸公爱国爱群，同深钦仰。锟忝膺重任，愧无匡济之方，伫听宏谋，冀遂观成之愿。"③

　　值得注意的是，有名的主战派督军倪嗣冲也复电赞同和平，说："漾电敬悉，毅力热诚，至深钦佩。国家不幸，同室操戈，现在欧战将终，势

---

　　① 《和平期成会之自白》，《民国日报》，1918 年 10 月 27 日；《申报》，1918 年 10 月 27 日。

　　② 《北京运动和平之两会》，《申报》，1918 年 11 月 1 日。

　　③ 《运动和平之新消息》，《时报》，1918 年 11 月 3 日。另见《申报》，11 月 3 日。

益岌岌,非急筹统一,无以御外侮而救危亡。嗣冲虽愚,然区区爱国之诚,正与诸公不谋而合。苟能和平统一,尤所祷祝以求,对于贵会宗旨极表同意。"①这些话虽然不是倪的由衷之言,但却足以说明和平为人心所向,大势所趋,是不可逆转的。还有一向与安福系沆瀣一气,为段派军阀积极筹措战费的新交通系首领、财政总长曹汝霖,因中央财政竭蹶,而各师索饷纷纷,无法应付,也响应和平期成会"漾"电,赞成和平②。

　　西南的反应是:和平是他们所赞同的,但必须服从护法的目的。10月31日,军政府复电和平期成会说:"得悉通电,极表敬佩。惟念民国七稔,政变迭乘,无一次非调和了局,然不旋踵而变化即起,无他,苟且偷安,图一时之结束而已。故愈调和而愈纠纷,前事俱在,思之痛心。然则欲求和平,必为依法之和平,而非违法之和平;又必为永久之和平,而非暂时之和平,谅诸公有同情也。护法之举,惟在匡救时变,回复真正共和政治之常轨,苟能以和平而达护法之目的,乃吾人年余以来日夜求之惟恐弗得者,尚望诸公本救国之热忱,求根本之解决,尽国民之职责,提携从事,敢不拜嘉。"③旧国会电文的措词和态度则更强硬一些,提出:"欲使长治久安之策,当以护法戡乱为先。若释奸慝之重诛,置国宪于不问,则是扬汤止沸,公理法律,长屈服于强权之下。国人血气犹存,良知未泯,恐未能默尔息也。来电谓内争一日不息,则国本一日不安,窃谓国本一日不安,则内争一日不息。公等明达,当知根本之所在。要之,和平固吾人所渴望,而必衷于法律,期以永久,苟安雷同,所不敢蹈。"④

　　10月28日,和平期成会的发起者在北京绒线胡同八十八号徐佛

---

①　《运动和平之新消息》,《时报》,1918年11月3日。另见《申报》,1918年11月3日;《北京特别通信》,《申报》,1918年11月1日。

②　《北京特别通信》,《申报》,1918年11月1日。

③　《军政府又一表示对和意见电》,《申报》,1918年11月9日。

④　《旧国会坚持法律》,《申报》,1918年11月13日。

苏寓所开筹备进行会,讨论会章,严定入会条件,决定在各省一律设立和平期成会,还决议向徐世昌提出建议案,主张南北两方面在对等的基础上,由双方各派代表开妥协会,并立即起草文件,由熊希龄等七人面呈徐世昌①。30日又开谈话会,决议纲领十条:一、以发抒民意,促成和平为宗旨;二,进行方法:1.随时以文字或演说,宣达国民渴望和平之心理;2.随时以函电或派专员对各方当局为同等之劝告;三、本会不提出和平条件,但会员得以个人名义发表意见;四、凡中华民国男子年满二十五岁以上赞成本会宗旨,经本会会友介绍,得为本会会员;五、本会公推会长一人,干事若干人,主持本会事务;六、本会由各地会员分地筹设,在某地即名某地和平期成会。各地和平期成会,应各派代表一二人在某地合设全国和平期成会联合会;七、和平期成会专图各会之交通联络,并主持第二项事务之进行;八、各会经费各由发起人分担,不得向一般人募集;九、本会议事及办事规则另定;十、本会至和局成立之日即解散②。

11月3日,和平期成会在北京虎坊桥湖广会馆开成立会,到熊希龄、蔡元培、梁士诒、王克敏、张一麐、林绍斐、孙宝琦、谷钟秀、汪有龄等共三百多人,熊希龄当选为会长,蔡元培为副会长。次日,和平期成会代表熊希龄、边守靖、安迪生、陈宝泉、谷钟秀、汪有龄、张一麐七人进谒徐世昌,陈述关于实现南北和平妥协之意见。徐表示愿意主和,并接受代表们提出的和平意见。

和平期成会成立后,呼吁和平,不遗余力,并通过各种途径,联络南北两方,对促成和议的召开,发生了不小的影响。

继北京和平期成会成立后,上海、天津、南京、长沙、武汉、广州、江苏、湖北、江西等省市,也都成立了和平期成会,并于次年(1919)3月2日在南京召开了全国和平期成会联合会(3月6日会址由南京移至上

① 《专电》,《申报》,1918年10月30日。

② 《北京之和平声》,《申报》,1918年11月3日。

海），选举熊希龄为会长，梁士诒、张一麐为副会长。

北京和平期成会成立后不久，12 月 18 日，由京津商学各界发起组织的有各省省议会、商会、教育会代表参加的全国和平联合会，在北京京师总商会召开了成立大会，到二十余省区代表四十余人，会员二百余人，由蔡元培任主席。全国和平联合会发表宣言说："本会由全国法定团体组织而成，为真正民意机关，故对于南北和平会议，应实行共和国民应尽之义务。遇有双方冲突之点，及与大多数利害关系之处，实行发表国民真正意见，以立于第三者仲裁地位。"①蔡元培声称：该会"以代表真正民意，要求于此次和平会议定永久和平之计划，取武人政客所妄夺巧偷之国权而举以还之于国民为宗旨"②。全国和平联合会比和平期成会联合会具有更广泛的代表性和群众基础。

此外，在北京还成立了和平统一会和五族和平合进会。和平统一会由赵炳麟任主席，有会员二百余人，其后台是徐世昌和钱能训。五族和平合进会的成员为满蒙王公、回藏教首和汉族要人，共百余人。它在一则通电中指出："不先统一内部，国际地位焉存？法律政治问题，皆可以从长计议。五族组国，祸福共之。惧受栋榱之压，用垂涕泣之忠。"③

全国除极少数皖系主战派以外的各阶层人士要求实现南北和平，反对战争情绪的高涨，是南北议和的内部条件。

第二节　南北和会的召开及其破裂

一　南北和会的酝酿和准备

上述国际和国内形势的变化，对于停止南北战争，促进国内和平，

---

①　《全国和平联合会宣言》，《晨报》，1918 年 12 月 22 日；《民国日报》，1918 年 12 月 25 日。

②　《和平联合会之成立会》，《民国日报》，1918 年 12 月 15 日。

③　《专电》，《申报》，1918 年 10 月 30 日。

创造了极为有利的条件,但要真正实现和平,还需南北双方作出让步和努力。南北战争中,皖系军阀是北京中央政权的统治者,又是战争的主要一方,北方对和平的态度如何,是南北和议能否顺利召开及其成败的关键。

徐世昌是不同意继续进行战争,主张南北和解的。还在他当选总统之前,冯国璋和朱启钤等就有意请他出来促进和平统一。他曾说:"朱桂老来对我说希望和平之意,我极赞成,但我为在野之人,政府方针如何,不便干预。"他还表示,如果段祺瑞与冯国璋两人"意见完全一致,我必乐为赞助统一之业"①。10 月 10 日,徐在就职宣言中提出:"今我国民心目中之所注意,佥曰南北统一,求统一之方法,宜尊重和平。……窃愿以诚心谋统一之进行,以毅力达和平之主旨。"②当段祺瑞辞职时,他委令钱能训代理,随后又正式任命他为国务总理。钱能训于清末在徐世昌任东三省总督时,曾在徐手下任参赞,被人们看成是徐的"夹袋中人物"和心腹。钱也是主张和平,反对战争的,任命他出来组阁,显然是徐世昌为求得南北议和作准备的。

徐世昌虽有谋和的愿望,但他就职后,对于如何解决时局问题并未明白表示,宣言书中希望和平,也是"含混其辞,直令人无从捉摸"③。这固属老于官场的一种圆滑手段,其实在他心中也并无一定把握。徐为北洋界元老,但他属于文治派,没有实力,虽由钱能训组阁,北京政府的真正实权仍然掌握在段派军阀和安福系手中。徐世昌需要以北洋派为后援,他出来首先是为了协调和缓直皖之间的矛盾,维护北洋的统一和团结。"无东海则北洋派分裂,无北洋派则东海失据。"④因此,人们认为,他首先需要考虑的是统一北洋派,至少是不要使北洋内部的矛盾

① 《晨钟报》,1918 年 6 月 11 日。
② 《专电》,《申报》,1918 年 10 月 11 日。
③ 《北京特别通信》,《申报》,1918 年 10 月 23 日。
④ 《徐东海今后之两大问题》,《申报》,1918 年 9 月 14 日。

加剧，"至于解决南北问题犹在其后"。"牺牲北洋之统一而与南方握手，为东海所不为"①。何况他是被主战的段派军阀和安福系推戴出来的，在和平问题上，他需要观察形势，小心谨慎从事，不能完全违背段祺瑞、徐树铮的意愿，走得太快太远，以致损害皖系军阀统治的根本利益，"转与自身不利"②。他还认为，南北统一固以和平为主，但必须保全政府之威严，故打算不先由政府出面，而托在野名流疏通双方意思，俟有把握，能得双方同意后，再作具体的妥协③，并且以为，如果"以北方名义先行表示，则必惹起西南无穷要求"④。这种状况，多少决定了后来南北议和的结局。

10月下旬，由于副总统选举失败，和平促进会与和平期成会等团体的出现，南北名流纷纷出来谋和，京津间的和平空气骤然浓厚起来，主和派的声势明显地占了优势。徐世昌默察时局，知道各方面均有厌战之心，又得梁士诒为他暗中策划，胆子才大起来，下了主和的决心。梁士诒为徐解决时局献策：一、副总统让南方选出；二、内阁由北方组织；三、恢复旧约法，新旧国会同时解散，再根据旧约法所定选举法选举总统，组织正式国会⑤。这样可以使北方选出的新国会不负违法的名义，从而免得新国会选出的总统因株连关系而为非法之总统⑥。徐世昌对此主意颇加赞赏，便以促进和平之责委托梁士诒⑦。徐、梁因此互相结合，"成为不可分离之局"，"梁得徐而胆益壮，徐得梁而志益坚"⑧。

① 《徐东海今后之两大问题》，《申报》，1918年9月14日。
② 《北京特别通信》，《申报》，1918年10月23日。
③ 《专电》，《申报》，1918年10月25日。
④ 《徐东海与新时局》，《申报》，1918年9月19日。
⑤ 《今后南北妥协问题之观察》，《申报》，1918年10月21日。参见《申报》，1918年10月22日、23。
⑥ 《今后南北妥协问题之观察》，《申报》，1918年10月21日。参见《申报》，1918年10月22日、23。
⑦ 《三水梁燕孙先生年谱》上，第439页。
⑧ 《北京特别通信》，《申报》，1918年10月23日。

10月23日，钱能训致电西南，声称"欧战现将结束，行及东亚问题，苟内政长此纠纷，大局何堪设想？"提出"先就事实设法解纷，而法律问题俟之公议"，作为和议的步骤①。这是第二次南北战争发生以后，北京政府第一次直接向西南去电并表示和平的姿态。

10月24日，徐世昌又下了一道和平命令。令文说："夫以欧西战祸，扰攘累年，所对敌者视若同仇，所争持者攸关公义，一经息争弭乱，遂若众口同声。况吾国二十余省同隶于统治之权，虽西南数省政见偶有异同，而休戚相关，奚能自外？既无南北之判，安有畛域之分？试数上年以来，几经战伐，罹锋镝者，孰非胞与？縻饷械者，皆我脂膏。无补时艰，转伤国脉，则何不释小嫌而共匡大计，蠲私忿而励公诚，俾国本系于苞桑，生民免于涂炭。平情衡虑，得失昭然。……本大总统不惮哓音瘏口，以着重和平之主旨告我国民，固渴望我东亚一隅与世界同其乐利。"②

钱能训的和平通电和徐世昌的和平命令，是徐上任后谋和采取的第一个实际步骤。

为了促使南北接触议和，徐世昌一面多方与段派疏通，争取他们的同意；另一面派出特使赵炳麟到广西，与岑春煊、陆荣廷接洽，谋求和平。赵随后复电说：岑、陆"皆甚倾向和平，政学会运动和平尤为奋进"③。10月30日，岑春煊等致电北京政府，主张南北两方各派同数代表，开对等会议。徐世昌原拟请著名的主和派领袖人物之一李纯出任调人，全权代表北方，与西南商洽办理和平妥协有关事宜，而不采南北两方会议的形式，后因西南方面认为这样做无法促进和平，坚持需双方派出代表召开和平会议而作罢。

与此同时，梁士诒也派林绍斐和亲家吴伯珩到广西与陆荣廷联系。

---

① 《钱内阁之主和通电》，《申报》，1918年10月26日。
② 《命令》，《申报》，1918年10月27日。
③ 《专电》，《申报》，1918年10月30日。

和平期成会也派出代表,分赴广西、广东、云南等地,向西南各实力派陈述和平意见。蔡元培和熊希龄还派王铁崖持函到广州会见孙中山,征询他对和平的意见,恳请他"大力匡勷,随时指导,俾和平目的克期可以达到"①。蔡元培还在致孙中山的另一封信中阐述了他对和平的看法。12月4日,孙中山复信指出:"国民所蕲望之平和,为依法之平和,为得法律保障之平和"②;认为和平必须实行法治,尊重国会。

　　徐世昌和平命令发表后,南北主和领袖和人士都请求政府下停战令,因为停战是和平解决时局的先决条件。和平期成会成立后,首先也以速开南北对等会议为请。徐世昌和钱能训虽然放弃了前此中央与地方不能对等的主张,表示赞同召开对等会议,并经11月初的内阁会议通过,但要开对等会议,必须先停战,要停战又必须以停战命令作为北京政府表示的保证。而停战命令不是徐世昌一人所能决定的,他需要征求北洋各督军的同意。

　　11月上旬,徐世昌召集各督军来京会商。他先以国际国内形势和实现和平的必要性,逐日向各督灌输疏通,然后,15、16日,徐在公府集灵囿四照堂召开督军会议,与会者有曹锟、张作霖、倪嗣冲、孟恩远、赵倜、王占元、陈光远、阎锡山、卢永祥、蔡成勋等及全体国务员,参战督办段祺瑞亦出席。会议讨论停战议和、外交等五案。段祺瑞声称"和战均总统之命令是听"③,但表示不同意牺牲新国会和召开南北对等会议。张作霖也持相同意见。其他各督表示,如果"南方无过苛刻条件,愿服从总统方针"④,同意发表停战令。以前几次天津督军会议,均是研究军事问题,只有这次讨论和平问题,这标志着时局开始由战争向和平的转折。16日,徐世昌发表了停战令。全文引述欧洲战事业已停止,国

---

①　孙常炜编:《蔡元培全集》,台湾商务印书馆1977年版,第1114页。
②　高平叔编:《蔡元培全集》第3卷,中华书局1984年版,第221页。
③　《北京特别通信》,《申报》,1918年11月24日。
④　《专电》,《申报》,1918年11月17日。

内人民渴望和平,应即实行停战议和;要求"所有前方在事各军队,务当即日罢战,一律退兵。其各处地方治安,责成该管区军民长官派队接防,妥筹布置"①。这是徐世昌谋和采取的第二个实际重大步骤。《字林西报》评论称:"近来南北间趋向和平,各事中当以此为最著。"②

北京政府停战令公布的同一天,和平期成会熊希龄、蔡元培致电广东军政府,希望南方"同声相应,使国民知此后永永弭兵,止戈为武,德莫大焉"③。

广东军政府为响应北京政府停战令,也于 11 月 22 日通令前敌休战,与北方依法和平解决。令文指出:"自从南北开战以来,全国陷于穷乏,国力疲惫,元气损伤。军政府兴护法之师,原为保全国本起见,业已再四声明,依据法律之和平及永久之和平,此志永远不变。苟和平而能贯彻护法之主张,何忍重烦国民。北方既已发表停战令,军政府本爱和平,更何乐而必欲用武力之事乎? 兹特通令前敌各军着固守现在防地,静待后命。北方而可以言和,自当依正当方法从事解决也。"④

北京政府的和平方针,遭到安福系的抵制和反对,主和派和主战派仍在暗中进行激烈斗争。在徐世昌发表停战令的前后,安福俱乐部又掀起了一股政潮。由于钱能训接任内阁总理后,竭力主和,和平的声浪日渐增高,和平团体纷纷出现,从前段内阁的政策被一脚踢翻,使一些主战派人物也不得不虚与委蛇,发抒和平议论。同时,因南北议和,北方还有解散新国会的传言。安福系因此对钱能训恨入骨髓,大有誓不两立之势。

安福系先是威吓,说新国会将不通过钱内阁,并且重新提出选举曹锟为副总统,以此作为对钱阁同意案的交换条件,随后又扬言要提出对

---

①　《专电》,《申报》,1918 年 11 月 18 日。
②　转引自《南北议和之外评》,《申报》,1918 年 11 月 20 日。
③　《专电》,《申报》,1918 年 11 月 19 日。
④　《中国特约电》,《申报》,1918 年 11 月 25 日。

钱阁的弹劾案。11月24日，北洋督军为了巩固北洋团体，在北京组织"戊午同袍社"，选举曹锟为社长（后改为"参战同志社"，拥段祺瑞为社长）。这显然是与安福系选举副总统的谋划相配合的。11月27日，徐世昌与段祺瑞会见时，段说："钱内阁对南方表示退让，实属毁我北洋派之体面。"徐为钱辩护说："钱氏之意，大致与余之意见相同。从大局上打算，忍一时之苦痛，以期将来集大权于中央，并不违背阁下统一之希望。"①段虽然没有再说什么，但仍露不满之色。安福俱乐部于是决定立即对钱阁提出弹劾案。当晚，钱能训去见徐世昌，提出辞职。徐安慰他说："若汝果辞职，则余亦将辞总统之地位，以后收拾时局，一任诸段祺瑞。"②11月30日，张作霖、倪嗣冲和曹锟又要求徐世昌让段祺瑞再次出来组阁，张作霖还为曹锟任副总统向梁士诒进行游说③。安福系则提出副总统如能照该派的主张速行选出，则不仅对钱阁的弹劾案可以取消，而且同意案也予以包办④。因此，一时又出现主战派重新抬头、段内阁即将复活的迹象。

形势逆转刚刚露头，立即引起驻京外交使团的关注和干预。如前面所说，12月2日英、美、法、日、意五国公使联合劝告北京政府和南方速谋和平统一的觉书，正是在这种情况下提出的。五国劝告提出后，徐世昌利用这个有利时机，立即于次日（12月3日）在公府召开会议，段祺瑞和曹锟、张作霖、倪嗣冲等各督军及全体国务员均出席。徐介绍了五国劝告内容后，声称："欧战既终，外交纷来沓至，我国实不能不亟谋统一，以求振兴国是而资对外。"⑤段祺瑞此时看到洋人出来说话表态，形势对自己不利，立即起来表示："予本主战之一人。予之主战，实为统一国家起见。今既情移势变，为谋对外起见，予亦绝无坚持从前政策之

①　《中国各电》，《申报》，1918年11月29日。
②　《中国各电》，《申报》，1918年11月29日。
③　《副总统问题复活》，《晨报》，1918年12月2日。
④　《副总统问题复活》，《晨报》，1918年12月2日。
⑤　《昨日之公府大会议》，《晨报》，1918年12月4日。

理。深望大众嗣后务应本总统政策以行,借谋国家长治久安之计。"倪嗣冲也说:"关于军事各问题,前此业经定有办法,自当遵照办理。至选举副座及内阁改组两问题,系政府与国会之事,非吾等职责所关,吾等大家理宜依元首之谕而行。"①其余各督都表示赞同。徐世昌最后说:"余本不愿出山,只以时局无法收拾,国家陷于危险,故不得已而徇众人之请,任兹艰巨。乃余就职以后第一事如组织内阁问题,即似有人不甚曲谅苦衷,迁延未决。若事事皆然,余何能负此重任?"②发言时声色颇厉。会议决定允许同西南开对等和平会议,副座问题暂搁置,内阁同意案即行提出。这次会议正式决定了和平方针,是北方由主战最后转向和平的一次关键性会议。

会后,段祺瑞立即召集王揖唐、曲同丰及安福系六人在府学胡同私邸开会,声称他对徐总统的和平政策,前经宣言决不反对,现在协商国公使团又提出劝告,"更宜辅助元首,力维大局"③。他要求王揖唐等对所有足以阻碍和局的问题,不要再事争执。王等唯唯,不得不表示同意。12月9日,王揖唐召集安福系国会议员开会,主张通过钱能训内阁。12月14日,众议院开会通过钱内阁案。参议院也于18日通过。在通过之前,安福部与徐世昌、钱能训订有下面四项口头契约,作为同意案的交换条件:"一,欧战告终,和议开始,吾国为国际团体员之一,应以国民总意共谋对外,故永久和平必须兼顾统一。政府能本此义以与西南有责任者妥协时局,实为吾人所赞同;二,现在元首依法就任,不惟国内所赏戴,且为列邦所钦崇,国本所关,岂容置议? 故对元首应绝对维持其地位;三,现行国会组织法及选举法,因旧法两院性质混同,员冗议滞,为世诟病,经临时参议院修正,认为适当,非宪法制定有所变更,不得加以修正或废止;四,宪法为全国根本大法,不宜有所偏执,亦不容

<hr>

① 《昨日之公府大会议》,《晨报》,1918年12月4日。
② 《劝告后之公府大会议》,《申报》,1918年12月7日。
③ 《段邸之会议及晚宴》,《晨报》,1918年12月4日。

有所垄断。故对于重重问题,学理国情,均应斟酌地方意见,并须容纳,以达改良约法之目的。"①这四条,特别是后面三条,后来成为南北和议中,安福系压钱能训向其屈服的一种把柄。

主战派破坏和平的计谋未能得逞,一阵风波很快平息,时局继续朝着和平的方向发展。

12月11日,北京政府阁议通过参加南北和平会议的名单,随即发表了委任令。代表姓名及其所代表的党派和方面如下:

朱启钤(总代表,代表徐世昌)

吴鼎昌(代表安福系)

方　枢(代表段祺瑞和安福系)

汪有龄(代表旧交通系梁士诒)

施　恩(代表直系李纯)

刘恩格(代表奉系张作霖)

王克敏(代表直系冯国璋)

李国珍(代表研究系)

江绍杰(代表安福系)

徐佛苏(代表研究系)

在拟定名单时,安福系因其首领王揖唐未获选,大发牢骚,向徐世昌提出必须将他补进去。徐因不满意王的所为,表示朱启钤已答应担任首席代表,不便更改;如果派王为普通代表,则又与王的众议院议长地位不相称。安福系无可奈何,又推荐普通代表多人如王印川、郑万瞻等,徐世昌无法应付,只好让安福系最初所推荐的江绍杰加入②。研究系以李国珍非其嫡系,要求改为籍忠寅。和平期成会则极力反对刘恩格为代表。徐世昌均不同意更动。

随后,12月16日,南方也决定委派西南七总裁之一、前不久从日

① 《安福部之议员会》,《晨报》,1918年12月10日。

② 《北京特别通信》,《申报》,1918年12月14日。

本回国的唐绍仪为总代表。

继对等会议问题解决之后,在当时南北开始对话接触过程中,还出现了南北会议地点问题、名称问题以及陕西剿匪问题的争论。

关于会议地点问题,北京政府主张在南京开会,南方则要求在上海。11月30日,西南七总裁致电徐世昌说:"执事既令所部停战,本军政府亦令前敌将士止攻,惟彼此未实行接近,和平谈判,玩日废时,殊属无谓。煊等特开诚心,表示真正和平之希望,认上海租界为适中之中立地点,宜仿辛亥前例,双方各派相等人数之代表,委以全权,克日开议。一切法律政治问题,不难据理而谈,依法解决。"①12月5日,徐世昌复电表示,他对会议有关问题一无成见,办法由国务院另电答复②。

同日,钱能训在致七总裁的复电中声称:会议代表人数,论省区版籍,不能无多少之分,但为迅速解决纠纷,可以不拘成见,由双方各派同等代表十人,临时推定主席,公共协议。至会议地点,原定南京本属适中之地点,认为京沪同属国土,何有中立之可言。且会议商决内政,不宜在国家行政区域之外,所举辛亥前例,当时因国事问题而有两种国体,今则双方一体,论对内则同系国人,协商国政,固无畛域之分;论对外则国际交涉,只有一个政府,更不可以辛亥时期进行类比③。后西南方面唐绍仪又提出"南京为驻兵地点,万难适应"④,"舍上海租界外,实无安全领土之可言"⑤。12月17日,钱能训复唐电中说:"若以安全而论,则南京秩序安宁,未必不如沪上,且李督凤重和平,众所共喻,必能妥为维护,负保安之全责,似可毋庸过虑,务请立照前议就宁定期开

---

① 《国内和平之三大要电》,《晨报》,1918年12月7日。
② 《国内和平之三大要电》,《晨报》,1918年12月7日。
③ 《钱总理致七总裁电原文》,《晨报》,1918年12月8日;《申报》,1918年12月9日;《时报》,1918年12月3日。
④ 《国内和平进行中之唐绍仪》,《晨报》,1918年12月16日。
⑤ 《钱总理与唐绍仪往还要电》,《晨报》,1918年12月21日。

议。"①因西南方坚持会议地点须在上海,北京政府最后不得不让步,放弃在南京开会的主张。

关于会议名称问题,北京政府为了避免对等之名,开始提出善后会议名称而不用和平会议,曾托李纯转告西南。西南认为"善后"二字含有对待土匪的语气,表示反对。12月中旬,唐绍仪致电钱能训要求以会议地点作为会议名称,称上海会议,其所举理由是:"吾国向例,肃清土匪始有善后问题,今以对等会议而有善后名称,是直以土匪视西南耳,西南宁甘受此善誉?"②钱能训12月17日复电表示:"中央于会议名称本无成见。善后二字,亦系普通名称,初非义有专属。且会议既由双方组织,岂有南方独蒙恶名之理。惟尊意既拟以会议之地点为会议之名称,当可照办。"③这个问题很快就解决了。

关于陕西问题,比上面两个问题要复杂得多,解决也很费周折,曾一度使后来召开的议和会议中断,并且最终成为导致和议破裂的因素之一。

1918年1月下旬,陕西陆军第三团胡景翼所部在三原举兵讨陈树藩,宣告独立,成立靖国军。8月8日,于右任、张钫被靖国军将领胡景翼、曹世英、郭坚、卢占魁、高峻、樊钟秀等推举为总副司令,占领了三原、兴平、盩厔、郿县等地区,并加入了护法军,迫使陈树藩退出渭南。

陕西属关中地区,在地理占有重要位置,它是我国北方到西南的通道,也是北方的屏障。因此,段派军阀决不能容忍让南军占领。北京政府因为段派所挟制,在颁布停战令时,曾规定陕西和福建为"匪"乱区域,不在停战范围以内,并且派张锡元、许兰洲重兵攻陕,李厚基攻闽。陕西、福建两省有土匪活动滋扰,固然是事实,但是,把于右任所辖的一

---

① 《公电》,《申报》,1918年12月20日。
② 《钱总理与唐绍仪往还要电》,《晨报》,1918年12月21日。
③ 《钱总理与唐绍仪往还要电》,《晨报》,1918年12月21日。另见《申报》,1918年12月30日。

部分靖国军也看做匪军，把民军所占领的地盘一律视为土匪区域，派兵进行清剿，显然是段派军阀打击和削弱南军的一个阴谋。因此，这个问题引起西南方面的强烈不满和反对，认为这是北方没有和平诚意的表现。

11月29日，岑春煊致电钱能训说："李厚基猛攻不已，明明在尊处下令停战后，是否李厚基原不奉命令？……张锡元逼西安，晋军进宜川，张联陞入白河，陇军攻凤宝，许兰洲入关，四面攻陕，是否陕不在停战之列？请明白电示。"①12月9日，广东军政府开政务会议，议决有关和议事项共十二条，其中关于陕、闽问题的有：陕西南北各军应各守现驻地点，北方不得藉口讨伐土匪，阴行攻击南军；陕西、福建问题为和平问题之先决条件；北京政府如不将陕、闽两境确实停战，则认北方政府无和平之诚意②。西南方面认为：北方强以陕西、福建两省民军占领的地域为剿匪区域而出兵进攻，其居心是要先除民党，使北方占得有利之地位，然后议和。此种心理，实与历来段之宗旨无异。故除非先由北方完全停止闽陕方面之军事行动，则和议不能实行。如北方再不改变现有计划，南方则唯有固结团体，再事进行战争③。还声称，陕西原为护法省份之一，果有和平诚意，则南北两军，应指定驻兵地点，万一各辖区内有土匪滋扰，则应责成各自肃清，不应进攻南方民军所占领的地区④。

但是，北京政府坚持陕闽两省为匪祸地区，力主清剿。12月16日钱能训致电岑春煊："陕省免划匪域，则揆诸人民心理及友邦言论，固有万难办到者。此节仍赖吾公悉力疏通，勿使剿匪计划有所牵碍。"⑤同日，他还致电西南七总裁，认为"陕省匪患经年，如卢占魁、樊老二（即樊钟秀）、郭坚等积年巨匪，肆行抢掠，人所共知，近且屡陷城邑，警报迭

① 《西南诘问北军不停战》，《申报》，1918年12月8日。
② 《南方各总裁致电总统内容》，《晨报》，1918年12月15日。
③ 《各通信社电》，《申报》，1918年12月18日。
④ 《陕闽问题障碍和局》，《申报》，1918年12月18日。
⑤ 《关于国内和平之两要电》，《晨报》，1918年12月20日。

告。故由中央派许、张各军驰往协剿。至闽省匪氛遍地，双方驻兵之处
均有土匪，无可讳言。……如因渴望和平之故而纵匪不办，是坐视两省
糜烂而不恤；如因剿匪之故而和平忽生障碍，谓为表面言和，阴行作战，
群公设身处地，何以处之？……倘终不见谅于群公，亦惟有听诸国民及
友邦之公论。所谓迁延时日，益陷闽陕两省于不可收拾者，咎将
谁归？"①

　　由于闽陕问题特别是陕西问题，南北双方各执己见，成为和平前途
的一大障碍。12 月 17 日，熊希龄、蔡元培为了促成和议的早开，和平
的早日实现，代表和平期成会特致信北方议和总代表朱启钤，主张双方
划界停战，希望朱从中斡旋。信中说：

　　　　陕闽问题，内容复杂，而陕尤特甚。昨国务院电复南中，认陕
　　闽为剿匪区域，在当局虽自具苦心，而内容问题，实非如是单简。
　　陕乱经年，兵匪糅杂，人民疾苦，地方糜烂，诚如院电所云。惟查该
　　靖国军本部曾经南方承认，其总副司令于右任、张钫曾受南方任
　　命，现既南北停战而独对陕闽用兵，则南方所争，似亦不能全置之
　　不顾。闽事纠纷，稍逊于陕，然协商解决，要亦宜速。伏念中国今
　　日，处不得不和之势，有外人干涉之危，无论南北均宜觉悟大势，先
　　决根本。会议早开一日，则危机减少一分，对局部问题，总宜舍弃
　　成见，顾全大局。敝会斟酌各方情形，以为剿匪安民，为大局善后
　　要政，而划界停战，则目前待决之亟务。拟恳我公毅力主持，商请
　　政府暂令停战，一面电商南中，会同派员至两省监视划界，暂维现
　　状。其靖国军区域中之土匪，即责成该总司令负责剿办，静候解
　　决。如是既便大局和议之进行，且无碍地方善后之计划。为大局
　　计，似莫逾此。②

────────────

　　① 《专电》，《申报》，1918 年 12 月 18 日。
　　② 《熊蔡对于闽陕问题之主张》，《晨报》，1918 年 12 月 19 日；《申报》，1918 年
12 月 22 日。

信中所提陕西问题与和局的关系是中肯的,其解决办法也是从实际出发,切实可行的,后来事实上为双方议和代表所采纳。

朱启钤对熊、蔡的意见表示赞同,但当熊希龄本着上述主张去见钱能训,劝政府对陕闽两省让步,曲从西南时,钱答称:福建问题好办,只要南军不进攻,即可划线互守。"陕中遍地皆匪,中外咸知,若认此为护法军,未免贻外人笑。且纵匪不办,问心难安。请转西南谅政府苦衷,勿过坚持。"①随后,蔡元培、熊希龄又致信钱能训为于右任说项。钱复信说:"于既非土匪,应令先行离陕。"②

南方原来在对待和议上意见就有分歧。孙中山和旧国会内的一部分人坚持护法,主张除非北方能完全满足南方的护法要求,不同意与北方议和。诚然,孙中山是真护法,他要求维护民主共和原则,并力求实现这个原则来改造中国,但他这个主张在当时是脱离实际的,很难行得通。他在南方又是属于少数派,没有实力。岑春煊、陆荣廷和政学会温和派(军政府包括在内)赞成护法,是为了自身及本派系的私利。他们鉴于国际国内形势,和平为大势所趋,加上南军将士也不愿再战,因此赞成同北方有条件地实行议和。他们属于多数,又是实力派。在南方与北方关于陕西、福建问题争论展开以后,南方内部的分歧,也开始加大并表面化。

北方议和代表派出以后,已于12月29日离京南下,1919年1月2日抵达南京。而南方则因陕闽问题与北方僵持,代表迟迟未能派出。人们殷切希望南方也即速派出代表,以便和议早开。1月7日,和平期成会熊希龄、蔡元培致西南各总裁电说:"南北双方及各和平团体所愿促进和平者,其意无非为欧洲和会将开,我国不能不速谋统一,以冀国际上得列席发言之地位。今若失此千载一时之机,将使吾国吾民永无

---

① 《各通信社电》,《申报》,1918年12月19日。

② 《闽陕问题两方似接近一步》,《晨报》,1918年12月24日;《申报》,1918年12月27日。

出死入生之日。时会迫促,宁忍因循? 及今不图,万悔莫及。……现幸北方代表已抵南京,同人抱其促进和平之夙愿,冀效奔走之微劳,亦于四日到宁。顾以南方代表诸君姓名尚未宣布,何时到会亦未得知……务乞电促军政府即将各代表姓名电布,并促即日首途,克期集会,俾和议早开一日,国家人民即早安一日。"①这些意见在当时是有代表性的。这样,舆论转而对南方不利,无形中给南方以一种压力。

1918 年 12 月中旬,西南内部两派因陕闽纠纷在派遣代表问题上展开了争论,岑春煊及政学会一派主张代表不妨先遣,等陕闽问题解决后再行开议,或是等开议后再来解决这些问题。旧国会林森、吴景濂、孙洪伊、张伯烈等表示反对。12 月 19 日,旧国会开会议决两条:一、非至北京政府将陕、闽、湘、鄂军队概行撤退,一律停战,军政府不得派代表;二、军政府应向外交团声明北京政府藉口讨伐土匪,派兵赴陕、闽、湘、鄂各省以阻挠和议进行之罪状②。12 月 30 日,军政府招待参众两院议长,协议陕闽问题和派遣代表问题,因旧国会方面坚持反对意见,未获结果。

1919 年 1 月初,岑春煊发表对时局的谈话,就速派代表问题提出七条理由:一、北方代表已经南下,并要求南方派遣代表,如不答应,则内外将误解南方无和平诚意,殊属不利;二、目下外国报纸均说陕、闽问题应让诸议和会议解决,时间迁延之罪在南方;三、国民厌乱已达极点,如各省省议会、总商会等要求解决时局,以去商业上之障害而恢复秩序,若放任不管,则民心将去南而附北;四、军政府以护法各省之军民为基础,今陆荣廷及其他各省军队均希望速派代表,唐绍仪总代表亦主张速派,军政府现如与之意见相左,将陷于困难境地;五、开对等会议以外,所谓不派总代表和其他代表等,均属毫无意味,且如此停滞,不特不能解决陕、闽问题,如兵端再启,则对于陕、闽、湘、鄂各省殊为不利;六、

① 《和平期成会致西南电》,《申报》,1919 年 1 月 10 日。
② 《闽陕问题中之西南态度》,《晨报》,1918 年 12 月 22 日。

北方对于陕、闽军队称作土匪,南方称为南军一层,亦决非仅恃电报所能解决,如辛亥革命时袁世凯认陕西军民为土匪,嗣后在会议上经民军代表抗议,终归屈服。前例俱在,彰彰可考;七、北方既已派遣代表,南方如不派遣代表,则议和不成功之罪将转嫁于南方,如藉口继续进军,不容易解释各国之误会①。

1月6日,军政府召开政务会议,邀请参众两院议长林森、吴景濂出席,对于选派代表问题虽再力谋疏通,而旧国会方面仍不肯变更其主张。军政府遂决定采取断然措施,不经国会同意径行选派代表。1月9日,军政府以七总裁名义将所派定的十名代表及总代表正式电告北京政府。其名单如下:

唐绍仪(总代表)

章士钊(代表岑春煊,政学会)

胡汉民(代表孙中山,国民党)

李曰垓(代表云南唐继尧,随后改为缪嘉寿)

曾　彦(代表广西陆荣廷,政学会)

郭椿森(代表广西莫荣新,政学会)

刘光烈(代表四川)

王伯群(代表贵州)

李述膺(代表陕西,政学会)

彭允彝(代表湖南,政学会)

饶鸣銮(代表福建及海军)

随后,由于以下几种原因,旧国会也表示不再坚持自己的主张,同意军政府派遣的代表:一、唐绍仪曾电告旧国会,说代表派出于议和无大影响,宜速派遣军政府所希望之代表,因之国会、军政府之间的意见得以疏通;二、北方关于议和地点已经让步;三、军政府同意付与唐绍仪

---

① 《军政府与旧国会之两歧》,《晨报》,1919年1月7日。参见《申报》,1918年1月10日。

以议和全权,各代表不过有局部之发言权;四、陕闽问题未解决以前不开会议①。

南方代表派定后,由于政学会有五名议和代表,占有很大比例,因此旧国会议决代表条例共五条,交军政府实行:第一条,和平会议之代表,由护法政府(1月11日,旧国会开两院联席会议,决议军政府改名为护法政府)选拔总代表一名、代表十名,但总代表之选定须得国会同意。第二条,总代表代表护法政府,握办理和平会议事项之全权。第三条,代表受总代表之指挥(后改为代表赞助总代表),处理议和事项,但代表有违反护法之主张,总代表得停止其代表资格,由护法政府改派他人。第四条,和平条件之决定,须得国会同意。第五条,本条例至和平会议终了之日即行废止。② 这些条例的规定,显然是对代表的权力起一些约束作用,以保证能按旧国会的旨意行事。

1月中下旬,南方代表先后赴南京(后到上海),等待和议的召开。

关于陕西、福建两省问题,李纯根据南北双方以及和平期成会等团体的意见,经过多方斡旋,往返磋商,于1月中旬提出五条,并征得南北当局同意,作为双方商定的解决办法,于2月7日通电全国。五条办法是:

一、闽、陕、鄂西双方一律实行停战。

二、援闽援陕军队即停前进,担任后方剿匪任务,嗣后不再增援。

三、闽、鄂西、陕南由双方将领直接商定停战区域办法,签字后各呈报备案。

四、陕西内部由双方公推德望夙著者前往监视,以杜纠纷。

五、划定区域,各担任剿匪卫民,毋相侵越,反是者国人共弃之③。

2月13日,北京政府以上述停战办法五条电令陕西督军陈树藩遵

①　《南方代表决定之由来》,《晨报》,1919年1月18日。
②　《旧国会果将为和平之梗矣》,《晨报》,1919年1月20日。
③　《专电》,《申报》,1919年2月8日。参见《晨报》,1919年1月30日。

照执行。

　　唐绍仪推荐张瑞玑为双方派往陕西办理划界事宜的大员。张为旧国会山西众议员，曾在陕任职多年，情况比较了解，北京政府亦表示同意。

　　这样，陕闽问题达成了初步的协议，其他有争论的问题也得到了解决，一些准备工作大体上已经就绪，和议就要召开了。会议地址选定在上海仁记路黄浦滩口前德国总会。北方代表住在哈同花园，南方代表住在愚园路九十号。

　　双方还未涉及关系重大、南北根本对立的有关国会、宪法等法律问题，只是就某些局部和会议枝节问题交换意见，各自就表现出强硬的立场，僵持了两个多月，预示着和议凶多吉少，前途不妙。

二　南北和会的召开和中断

　　1919年2月20日，南北和会在上海前德国总会开幕，双方代表均出席。唐绍仪和朱启钤两总代表在会上各自发表了宣言。南方代表对于法律问题及陕西问题略有表示，北方代表亦说及西南五省取消独立和陕闽南军纵匪骚扰问题，决定次日正式开议。

　　2月21日，和会正式开会。首先讨论陕西问题。唐绍仪发言说："去年十一月十六日徐东海所发表之停战命令，所有军事省份均包括在内，然北方竟将陕西、福建两省划出停战范围，指为土匪，屡次进兵攻击。后以福建一方北军武力稍弱，且离北京较远，不如在陕北军武力充足，且距离较近，故以全力攻击陕西。旋经南方力争，陕民反对，江苏李督出面调停，于是乃有五条办法之调处。按五条办法实根据去年十一月十六日之命令而来，未尝非解决陕事之一办法。乃南北一面磋商解决办法，而北军仍陆续暗中进行，则虽有办法亦等于无办法。"[1]他要求

---

　　①　《一九一九年南北议和资料》，第146页。

徐世昌命令许兰洲退回原驻地,并撤换陈树藩,以解决陕民困苦。

朱启钤发言说:"陕西党派甚为纷杂,剿办土匪,已非一日。当时并无明了之护法军,而土匪遍地,该省长官告急请兵,故闽、陕不在停战区域范围之内。旋因军政府屡次抗议,往返商讨,有直接电致中央者,有由李督转达者,电文具在,此事实在派遣代表之前,甚有因此不派代表之传说。嗣后李督从中调停,提出五条办法。自提出后,又复往返磋商,在此期内,两方军队或不免有冲突之事。现在李督提出五条,中央政府及军政府业已同意,而五条中之公推监视员一条,商明由代表开议后实行。至停战一层,中央政府已于十三日通电,其电文已转达唐总代表。现在监视员张瑞玑已来,应相接洽,令其速赴陕西,遵照五条办法实行,监视划界事宜,以纾民困。"①关于撤换陈树藩问题,朱表示不同意,认为"此时尚在两军对峙之时,当求息争之法。若先更调军事长官,转恐另起波折"。他还说:"今日讨论五条办法,自是正当,倘及其他,急剧辩论,转失感情。"②

因为上年11月16日停战命令公布后,至2月13日五条办法宣布,北军在陕西继续发动进攻,占领了南军一些地盘,唐绍仪根据这一情况提出,实施五条办法应按11月16日命令为标准。朱启钤则坚持要根据2月13日五条公布后以电文达到之日为标准,不然又将引起纠纷,并声称自此以后如再有战事,他当负责。争论未得结果。最后商定请张瑞玑迅速赴陕与双方将领接洽,实行五条办法。张瑞玑于先一天由广东抵上海,21日分别走访唐绍仪和朱启钤,商讨赴陕事宜。

2月22日,和平会议继续讨论陕西问题。双方代表商定按照停战划界五条办法,由和平会议两方代表会请张瑞玑赴陕逐一实施,俟得张报告后,再作定夺。接着讨论军事外交问题,实即国防军(参战军)的取消与停支参战借款问题。因国防军及参战借款问题关系对日外交,故

---

① 《一九一九年南北议和资料》,第146页。

② 《一九一九年南北议和资料》,第150、151页。

双方协议,以军事外交为议题,谋求根本解决办法。

国防军原名参战军,是段祺瑞为了扩充自己的军事势力,以便消灭异己,实现武力统一中国,假借"参战"、"国防"之名而建立的一支武装力量。参战军于1918年7、8月间开始筹备成立,计划编成三师四混成旅;同年12月,因欧战结束,无战可参而改名国防军。

与参战军的成立有密切关系的是参战借款的签订。1918年9月28日,中国驻日公使章宗祥与日本帝国朝鲜银行总裁美浓签订了一笔二千万日元的借款,供段祺瑞编练参战军之用。其借款合同原文如下:

中华民国及日本帝国,依据两国陆军协同防敌军事协定之宗旨,中华民国政府(以下略称为甲)为充编练得为完全协同动作之国防军队及参战所需各经费,特与日本帝国朝鲜银行所代表之日本帝国朝鲜银行股份公司、日本兴业银行及股份公司、台湾银行共三银行(以下略称为乙)订立借款合同如左:

第一条:日本借款金额为日币二千万元,以中华民国政府国库证券交乙承受。

第二条:前条国库证券之发行,其期限一年,按年行息七厘,以贴现之方法发行之。外加佣费一厘,由该国库证券之金额内扣除。期满之日,得由当事者双方协定,照上列所定同一条件换给发行。

第三条:甲受领本借款金额时,应存于乙。乙对此存款按年付息七厘。

第四条:前条存款甲有提用必要时,乙应依另行协定之手续交付于指定之受取人。

第五条:本借款所需之国库证券制造费、印花税及其他杂费归乙负担。

第六条:甲将来如有与本借款同一目的更欲借款时,应先向乙协议。①

---

① 《申报》,1919年3月18日、4月10日。按此系北京政府外交部公布的文件。

参战借款合同签订后，共已支付给中国政府三百万日元，尚存一千七百万日元。欧战结束后，参战已不成为理由，参战军应予裁撤，参战借款应予取消或停支。但因段签订参战借款、编练参战军的目的是想扩充兵力作为消灭异己之用，故仍继续向日支领借款，将参战军改名国防军（参战督办处相应地改为国防军督办处），继续进行扩充编练，并且按照《中日共同防敌军事协定》的规定，聘请了一些日本军官。国防军和参战借款问题，为当时中外人士所关注的一大问题，尤其为南方所忌，是南北和平会议能否成功的一大关键。

在和议预备阶段，南方就有电致北京政府，对继续扩充编练国防军、支取参战借款表示抗议，要求取消参战借款，首先是取消国防军。2月初，南方一个重要人物在上海就此问题向记者发表谈话时指出："（一）裁兵之议，现已蔚然成为国论，此时即不能一时尽数裁去，而分期裁撤，必须实行，国家始有生机。乃国防军现方从事召募，是裁兵之善议尚未行，而增兵之恶例已开始。各省若相率效尤，何以善其后。（二）全国陆军，无不为国防之用，今忽于全国陆军之外，另创一国防军之名，是限定某人某派所募之兵，始得称为国防，外此一切陆军皆不得谓为国防，顾名思义，实不可通。（三）袁世凯时代，设置统率办事处及编练模范团，皆轶出陆军行政之范围，彼时段祺瑞曾力持反对之议。今国防军亦模范团之类。（四）国防军督办处为参战处之改称，参战处又基于中日军事协定，故国防军督办处中有外人十数人执重要职务，目之者已不禁骇诧。现德国亦既降服，无战可参，军事协约当然在解除之列。而因一派人保存国防处之故不肯裁撤，是予外人以操纵吾国军事之机会。以上四端，皆国防军万不能存在之理由。不惟南代表所视为要案，想北代表亦必表同情。"①

因为国防军的成立，与参战借款有密切关系，而参战借款的签订，又来源于中日军事协定，要取消国防军，必须先取消国防军赖以存在的

---

① 《南北和议之昨讯》，《申报》，1919 年 2 月 9 日。

参战借款;而要取消参战借款,又必须先取消中日军事协定。《申报》当时发表的一篇评论指出:"自有中日军事协定,而后有参战处借款之约。有参战处借款之约,而后国防军乃得成立。此三者,其事有相联者也。今欲取消国防军,必以取消参战借款之约为先决问题。欲取消参战借款之约,尤必以取消军事协定为先决问题。此三者,其势又相因者也。盖中日军事协定而能废者,则由军事协定而生之参战借款,自然根本废除。参战借款既废除,则国防军自无力存在,而取消不取消,自不成问题矣。是故不谋解决于根本,而仅仅以国防军之存废为争,已末矣。若不能废,而更仅仅劝以军权移转于他人,不末之又末哉?"①

所以,在2月22日南北和平会议上,唐绍仪在提出裁撤国防军的建议时,要求停止支取参战借款,公布中日军事协定。他说:"目下关于裁缩军队、整理财政,以为急须进行。姑无论国防军与日本有种种秘密关系,固当裁撤。即无上列各种关系,然此际扩充军队实与此次和平会议之本旨违反,与友邦忠告之善意违反,与全国人民希望之心理违反。况国防军原于中日军事协约发生者,近北京有令使赴欧特使将中日密约随时宣布。既可宣布于外人,自可宣布于全国,毋使切肤之国民,茫然不知本国国权丧失何等程度。此事应由双方代表迅电北京政府,要求将中日军事协约及一切附件宣布于国民,使全国国民得以研究救亡之法。"②朱启钤对唐绍仪的提议表示赞同。

是日,唐绍仪致电徐世昌,就北京政府准备支取参战借款余额提出质问,说:"本日路透电载北京国务院通告日本使署,愿接受参战借款余额一千七百万元。查欧战已停,参战不成理由,前已有电抗议。况现时和议已开,若再提取外款,是否欲和议进行,抑欲横生障碍? 请即核夺。"③

---

① 《杂评·国防军》,《申报》,1919年2月19日。
② 《一九一九年南北议和资料》,第157页。
③ 《和平会议纪事(三)》,《申报》,1919年2月23日。

这一天会议商定,以后会议,星期一、三、五为正式会,二、四、六为茶话会,均上午 9 时开会。

2 月 24 日,开第三次正式会议。首先由朱启钤说明北京政府复电内容:一、中日军事协定日内可以抄寄和平会议阅读,并声明该约并无附件;二、参战军和参战借款来源于欧洲战争,欧战虽停,但和议尚未签字,各国军队亦未完全撤回,参战军纯系对外性质,此时未便解除;参战借款现尚在条约效力拘束中,不能中途变更①。唐绍仪对于北京政府拒绝南方代表所提解除参战军的要求大为不满,复电提出抗议,指出:"欧洲既无战事,则参战机关不能存在";中日军事协定事项,应交付和平会议解决,因为国民已将讨论国家大计之权,付托于本会②。他要求朱启钤再去电声明。

接着,唐绍仪提出,2 月 15 日于右任从陕西来信,陈树藩所部旅长仍在进攻,南军所占领之乾县、盩厔被困,要求北方代表履行诺言,对陕西战事负完全责任,万一和议因此破裂,南方不负责。当时北京政府正发行民国八年公债 5600 万元,并已提交新国会讨论,唐绍仪认为此等有关人民负担之巨款,不应由北京政府擅行募集;国会问题尚未议及,竟提交新国会,是对和议绝无诚意的表现,他要求北方代表去电阻止。关于陕西事,朱启钤答应再致电政府,请严令前方将领遵照五条办理。关于公债问题,他认为假如政府因有事实上之必要,亦应先将计划告知代表,表示要向政府陈述一切。

南方国会与军政府对北方在陕西进攻和在国防军问题上所持的立场,迅速作出了反应。2 月 23 日,国会参众两院就陕西问题特开联合会议,议决三条,请军政府实行:一、陕西北军如不完全撤退,即行中止

---

① 《一九一九年南北议和资料》,第 158、161 页;《和平会议纪事(四)》,《申报》,1919 年 2 月 25 日。

② 《一九一九年南北议和资料》,第 163 页;《和平会议纪事(四)》,《申报》,1919 年 2 月 25 日。

和议,并召还代表;二、请军政府即开紧急会议,以准备军事上之进行方法;三、通电中外,宣布北方破坏和平之罪①。军政府亦连日开会,七总裁随即联名致电徐世昌及各督军,指出:"北京政府输送军器于陕西,仍取攻击态度,是对于和平会议无异于南辕北辙,此不可解者一。内外舆论俱希望裁兵,今藉国防之名,而为军队之扩张,此不可解者二。如陕西不停战,国防军不取消,则议和破裂之罪,北方应负担之。"②

2月25日,开第四次正式会议,讨论陕西问题。唐绍仪发言说:据于右任函告,13日、14日、15日、16日、17日,每日均在战斗。盩厔之靖国军因无力抵抗,已退至郿县。"陕西虽系一部分事,然南方军政府认为先决问题;只因为大局起见,故委曲求全,11月16日以后、2月13日以前之事,姑不苛求,暂按五条办法商榷。今并此五条尚未实行,如何解决? 当初本席要求撤换陈树藩,原是一种根本解决方法。今既若此,非即将陈树藩撤换,北京命令必不能行,陕战亦无解决之法,惟有极力要求即将陈树藩撤去。如此事不解决,和议必不能进行,我等固难负此责任,恐贵代表等亦不能负此责任。"③他声明,在撤换陈树藩的命令未下以前,南方代表每天到会只询问是否已撤换陈树藩,此外不讨论别项问题。

朱启钤发言说:"陈树藩之不洽舆情,本席亦非为之辩护。即北京政府对于更换军事长官,亦非不可能之事。不过,此事重在息争,不可激起反动。贵代表连日所得于右任信,系属一方之报告,似亦不能据为定案。本席所接政府之电,谓已严饬停战,而双方将领奉到之后,情形如何,尚不可知。或者须候张君瑞玑到后,方有划界互守办法。昨日本席又有电致政府,措词尤为恳切。俟此次复电到后,情形如何,再行酌

---

①　《和议中之陕西问题》,《晨报》,1919年2月27日。

②　《和议中之陕西问题》,《晨报》,1919年2月27日。

③　《一九一九年南北议和资料》,第168—169页。参见《和平会议纪事(五)》,《申报》,1919年2月27日。

定办法。"①

唐绍仪接着指出："陈树藩在陕，全陕人民固欲去之为快，即北京政府亦不以此人为然。今以袒护一人之故，与全陕人民心理违反，障碍和议，困苦人民，殊为不值。且本席主张撤陈，盖深知其不遵守北方政府命令，特为陕民代达痛苦之要求，绝非与陈个人有何种关系及为靖国军谋地盘也。"唐绍仪认为，陕事为大局一部分最要紧之事；陕事不决，其他关系重大之各事，只有暂不进行，"惟有通电中外，布告吾等为陕民疾苦起见，专候陕事解决，然后进行而已"②。

朱启钤认为：从前因政治之纠纷而启争端，在后因国民之催促而开和议。和会一方面在解除纷争，一方面在筹议建设，似未可因陕事遂至停顿。唐绍仪说："停战公例，万国所同。今因陕西不停战，我南方自当主张公理。在公理未白之前，不能讨论他事。此等主张，理由极充分，无论中外不能加以责备。如谓主张错误，我南方完全负责。此刻除每天到会静候撤陈树藩之外，余事均暂不议。"③

至此，会议陷于僵局。后由两方总代表商定本日正式会改为谈话会。谈话时，南方代表提出三事：一、先停战，后划界；二、不必等张瑞玑到陕始实行停战；三、须于右任有电正式证明战事已停，三事办妥，方能继续开议他案。朱启钤答应电北京照办④。

2月28日，开第五次会议。朱启钤报告《中日军事协定》全文已由北京寄到，计《中日协定文书》一件，《海军共同防敌协定条文》一件，《陆军共同防敌协定条文》一件，《解释欧战终了文书》一件，共四件，此外别无附件。并声明，寄交欧洲和会专使者亦只此四件。唐绍仪提出，现据北京政府声明，宜由本会双方代表郑重向中外宣言，除上列四件外，如

---

① 《一九一九年南北议和资料》，第 169 页。
② 《一九一九年南北议和资料》，第 169 页。
③ 《一九一九年南北议和资料》，第 170—171 页。
④ 《国内和议竟因陕事停顿矣》，《晨报》，1919 年 2 月 28 日。

别有私定关于《中日军事协定》之附件,全国人民不能承认,将来不能发生效力。至对于该协约如何办理,暂时不能讨论。

接着,唐绍仪询问北京对于陕事有无解决办法之复电。朱答称,此刻尚未接到。唐说:自2月13日五条停战办法宣布后,每日均接有于右任报告陕军攻击详情函件。昨日又接19日由陕来函,报告连日战事剧增,北军各部移其东路向相桥、交口、红崖头、兴市、关山等处攻击,与三原相距仅数十里,三原亦恐难坚守。"是非北京政府威令不行,即系无议和诚意,实属不顾议和前途,不恤陕民呼吁,与世界和平宗旨大相违反。"①唐问朱启钤:"贵总代表所谓负完全责任,究竟如何担负之法?"他说:"两方总代表本有'全权代表'字样,当然有全权解决之权,不必与北京往返文电后,方能发生效力。若听北京命令,必无办法。除非(一)决裂和议;(二)贵代表向北京声明,陕战不停,即不能再负代表之责;(三)双方代表一致向本国人民及外交团声明北京处理陕西之不当。舍此以外,恐别无办法。"②

朱启钤答称:关于陕事,经多次切实电京,请以严厉办法防止陕西军队进攻,如政府无确实办法,必当以去就力争。"至向外交团声明一层,以为尚须考虑,未便同意。"③

唐绍仪最后声明,从本日起,四十八小时内,北京如无满意答复,南方代表当单独向中外宣布和议停顿,并申述其理由④。

当日会后,朱启钤即将会议情况电呈北京政府,并以"材轻任重,(和议)无法进行,请另简贤,以免陨越"为词,全体代表列衔提出辞职⑤。

北京政府认为,国务院2月13日电报究竟到陕西前线否,尚不清

①　《和平会议纪事(六)》,《申报》,1919年3月1日。

②　《一九一九年南北议和资料》,第182页。

③　《和平会议纪事(六)》,《申报》,1919年3月1日。

④　《和平会议纪事(六)》,《申报》,1919年3月1日。

⑤　《和议停顿后时局益险恶》,《晨报》,1919年3月2日。

楚,南方代表遂以于右任的来信为据,说北京对和议无诚意,未免过于
苛刻;同时还认为朱启钤对国务院致偏远之陕西省电报,从发电之日
起,即对于南方誓言停战,也是错误的。关于陈树藩问题,北京政府指
出:"于右任与陈树藩交恶,两不相容。于右任对陈树藩不能有好话,犹
陈树藩对于右任不能有好话也。今凭于右任之言撤陈,不足以昭公允。
两方既公推张瑞玑,自应静待张氏到陕查明再定,此时唯一办法在催张
氏速行。"①北京声称:"尚有无数重大问题须待依次协议之和平会议,
竟因此等一地方之问题而致停顿,实属遗憾。"②

朱启钤为了挽救和局,曾向北京政府提出三项要求:第一,由陈树
藩电告于右任,由于通电上海,证明陕战已停;第二,在划界未定以前,
暂缓剿匪;第三,由徐世昌明令实行停战。3月1日,钱能训在复朱启
钤电中指出:第二、第三项可以照办,惟第一项很难办到。"陈、于本有
宿怨,未必能互通款曲"③;"陈固不能与于接洽,于亦岂肯为陈证
明"④,只能由陕西公共团体及闻望凤著之绅耆,电述停战实情以为保
证。但事情较繁重,非限期所可能办到。钱表示,今后如果陕西再有战
事发生,当由他负责。他还说:唐绍仪声称四十八小时如无满意答复,
即向外交团声明停止和议,"此系外交界最后宣战之名词,同属国内,何
必如此,此间无法承认"⑤。

随后,北京政府于3月3日发表了由徐世昌签署的陕西前线停战
的明令。3月4日,国务院又发一训电致前线各将领,令停止剿匪。

3月2日上午,唐绍仪会见朱启钤后,得知北京对所提要求迄无复
电答复,南方代表团因已超过四十八小时的期限,遂于下午3时全体齐
集愚园路寓所开紧急会议,议决将和议停顿原因通告中外。当即拟就

① 《和议停顿与陕西问题》,《晨报》,1919年3月1日。
② 《各通信社电》,《申报》,1919年3月2日。
③ 《一九一九年南北议和资料》,第184页。
④ 《一九一九年南北议和资料》,第185页。
⑤ 《国务院致朱代表电》,《晨报》,1919年3月8日。

《致北京外交团电》和《对各省宣言》两文发表。《对各省宣言》主要内容有三点：一、陕西问题，不独不停战，反而继续进攻；二、国防军问题，不独难望停募裁撤，反而利用国防之名，行增兵之实；三、中日密约问题，北京政府仅寄正文而无附件。其画龙点睛之语为："盖所议者和也，和战不能并立。今一面言和，一面主战，此非北京政府谋和之无诚意，即其威信之不能行。有一于此，和必无幸。"①

　　这样，和议开幕不到十天，正式会议不过五次，就因陕西停战与国防军停募两件事横生梗阻而宣告停顿，致使其他一些带根本性问题如国会、宪法等，均未及讨论。

　　事情很清楚，和议停顿的责任主要在北方。如果简单说北京政府没有和平诚意，那当然不完全符合事实，因为如上所述，徐世昌和钱能训都还是希望和议成功，实现南北的和平统一的。问题的症结，就在于段派从中作梗，徐、钱的威令不能行，在一些重大问题上，北京政府并不能独立地作出决断。

　　陕西问题，北京政府先后以徐世昌和国务院的名义，连续下了几道停战命令，但陈树藩等北军将领拒不听命。其所以如此，就因为他们暗中得到段祺瑞的支持。在和议开始以后，北京段派军阀还不断将军火武器运往陕西，供进攻南军之用。因此，陈树藩才有恃无恐，不遵令停火。《字林西报》有一篇文章指出："北军司令之违背总统命令，破坏和会约言，决非出于自主，自必由北京有势之员暗中授意所致。"②关于南方提出撤换陈树藩问题，徐世昌对陈原无好感，为了和平，撤换他也是可以同意的。他曾说："和平会议如主张撤销，则我当将他撤销。"③但陈树藩是段派的一名重要藩将，段祺瑞不同意，他是不可能作出这样的

　　　① 《和平会议停顿矣》，《申报》，1919年3月3日；《民国日报》，1919年3月3日。
　　　② 《关于陕西问题之外讯》，《申报》，1919年3月9日。
　　　③ 《一九一九年南北议和资料》，第151页。

决定的。而段是决不肯屈从南方，按照他们的旨意随意将自己的重臣予以撤换的。因此，徐世昌和钱能训都奈何陈不得。3月4日，北京政府要求陈树藩等遵照五条办法实现停火停剿的命令发表后，朱启钤和张瑞玑都认为太轻，太不严厉，表示不满意。钱能训则表示"无法严厉"①。熊希龄因陕事致和议中断，以和平期成会会长名义致电徐世昌，主张撤换陈树藩。徐复电说："撤换陈督，现尚难办，希商之唐绍仪让步，暂时勿提。"②

国防军和参战借款问题也是如此。一切军阀都是爱兵如命，他们都懂得"有军则有权"的道理。段祺瑞把参战军（国防军）视为命根子，他几次辞内阁总理，但是始终抓住军权不放，从不愿意卸去参战督办、国防督办的职务。因此，要取消或停募国防军，或者将国防军移归陆军部管辖，段祺瑞是绝不会答应的。这实际上是给北京政府出了一道难题。参战借款原是段内阁主持办的，现在留待钱内阁来处理，也有他的为难之处。徐世昌对借外债来打内战，作为进攻陕西的张本，并不赞成③。但是要取消参战借款原约，不但日本未必应允，要偿付已交付之三百余万元，就当时中国财政状况来说，也不容易办到。而参战借款如一旦取消或是停支，国防军就无法生存了。因此，北京政府只能维持国防军和参战借款的存在，无法满足南方的要求。为了消除国人特别是南方的担心和外国人的怀疑，只好一再声明，它绝不会用于内争。其实这是一种自欺欺人之谈。

北京政府的这种处境，当时了解内情的人都知道。3月2日，唐绍仪将和议中断情形电告吴佩孚，吴复电说："陕省停战及国防军停募两条，中央延迟多日，迄未正式答复，并非言和无诚意，系因某党派从中作

---

① 《各通信社电》，《申报》，1919年3月6日。

② 《和议仍无进步》，《晨报》，1919年3月13日。

③ 《一九一九年南北议和资料》，第149页。

梗。东海受困,威信不行,故致停滞。亟应共谋良策,破除障碍,以维和局。"①这里所说的某党派,就是指的段派。其实,唐绍仪自己也明白这一点。在谈判中,他曾对朱启钤说:"陕军究竟为谁管辖,其直辖于国务院,抑直辖于其他政府?""现在北京政出多门,如最近借入外债一千七百万,余知实非东海本意,尚有一政府操纵于其间。"②

　　段派军阀和安福系政客,本来就不愿意同南方讲和,只是为内外形势所迫,才不得不作出让步;但是要损害自己一派系的根本利益,并让南方占据上风,成为谈判桌上的获胜者,是他们所绝不答应的。徐世昌、钱能训和段祺瑞虽有矛盾和不同,但又有利害一致的地方,也不会牺牲北方去迁就南方。因为如果那样做,他们本身的地位就会立刻动摇;因而只能以段祺瑞所能容许的某些妥协让步去同南方进行讨价还价。和议是这样开始的,也将这样收束。

三　南北和会的恢复及其破裂

　　北京政府电令陈树藩等切实遵令停战后,陈于3月5日复电国务院表示,他和前敌将领一体遵照执行③。但南方代表完全不相信陈的表态是出自真意。

　　陕西问题成为南北和议的一大障碍。南北双方以及一切关心和局的人们,都期待张瑞玑早日赴陕,执行停战划界任务,解决善后问题。张瑞玑从2月26日由上海晋京后,和政府有关人士多次磋商赴陕事宜,等待陕西停战和陈树藩、于右任赞同欢迎他入陕划界的来电,直到3月12日始离京赴陕。行前,张对人说,他入陕是勉为其难的。"余此时为情势所迫,不能不去。其实,陕西事情非常困难,该省南北两军颇

---

①　《和议停顿中之消息(七)》,《申报》,1919年3月9日。
②　《一九一九年南北议和资料》,第149页。
③　《和议停顿中之陕西问题》,《晨报》,1919年3月7日。

极复杂。陈树藩不能代表北军,于右任亦不能代表南军,将来划界问题必甚棘手。"①他还表示,他赴陕不受任何一方约束,"与南北两方政府均不发生直接关系,将来所有划界情况,只报告于沪上和会"②。

3月18日,张瑞玑到达潼关,20日抵渭南,先后电和会报告:红崖头、相桥、兴市、交口一带,张锡元旅长与靖国军岳维峻、曹世瑛均经奉令停战,现正与两方会商各后退四五里,以免冲突③。3月22日,张瑞玑到达西安,23日又发来一电,报告双方均已停战,并痛陈陕西人民历经兵匪之祸的惨状。电文说:"养日抵西安。陕省双方军队刻俱停战,前蒲城小有冲突,今已平息。……统计南北主客驻陕军约十三万,八省之兵,合数省之匪,星罗棋布于关内一隅,纵卸甲坐食,秦已不堪。瑞玑入关,所经市阓,比户墟落断烟,闻西路尤甚。陕南已收括无遗,陕北则糜烂殆尽。父老相见,捂手失声,咸谓兵火之惨,十倍回乱。但愿自今以后,再勿多生伟人英雄,使愚民得稍稍安集,于愿已足,若欲恢复元气,非三十年后未易言也。其言甚怆,闻之恻然。"④他告和会说,拟定一二日内亲赴兴平、三原各战线,与许兰洲、于右任各军接洽会商停战划界事宜,务求两免冲突,暂息民喘,并说:"和议既开,则是非曲直,听之南北公判。陕人受祸较烈,故陕人希望和平之心,较他省尤为迫切,此电入览,八百万呼吁之声,隐隐纸上矣。"

3月下旬,因和议中断已二十余日,国内各方面人士迫切要求继续开议。上海五十三个商业公团联合会于3月19日召开紧急会议,并致电南北政府及两方代表,请求在七日内开议,"以定人心,而维大局"⑤。全国和平联合会、和平期成会联合会等团体也通电要求恢复和议。同

①　《张瑞玑本日出发》,《晨报》,1919年3月12日;《申报》,1919年3月15日。
②　《张瑞玑之行止》,《晨报》,1919年3月1日。
③　《专电》,《申报》,1919年3月22日;《晨报》,1919年3月22日。
④　《和议停顿中之消息(二十五)》,《申报》,1919年3月26日;《晨报》,1919年3月26日。
⑤　《商业公团联合会呼吁之函电》,《申报》,1919年3月22日。

时,美、英、法等国驻华公使又几次开会,准备提出第二次劝告。英国公使朱尔典并将此事非正式地通知了外交部①。张瑞玑抵陕后拍发的电报,证明陕战已停,给恢复和议提供了可能。因此,北京政府和其总代表朱启钤一再催南方总代表唐绍仪继续和议。3月27日,朱启钤往访唐绍仪,说迭接张瑞玑来电,证明陕西战事已停,希望能于31日(星期一)开会,以慰全国人民之望。唐绍仪以陕事真相尚未明了,前向政府提出之各项要求迄未答复,亦无相当办法,此时难以开议;表示须俟张到三原后,于右任来电证明陕战已停始能作准,然后才可提及开议问题②。

4月1日,北京政府致电朱启钤,指出:张瑞玑几次来电,均系亲自拍发,现又由三原来电,告以已发密电致唐绍仪,望即敦促开议③。是日,张瑞玑从三原返回西安,又致电南北两政府及议和代表,报告陕西停战情况,说:“与陈督商,乾县战线均退后五里,关山军退至关道及下邽,兴市军退至荆西北各村堡。晨,晋督及郃阳县公民电报高峻侵扰郃阳一事,已由于右任飞饬高峻速勒部下谨守原防矣。三原密电亦通。”④4月2日,北京政府再次电劝朱启钤、唐绍仪:“倘再停顿,于国际和会必生碍障,中央准实践前言,完全负责。”⑤

4月1日,直系长江三督李纯、王占元、陈光远和吴佩孚联名致电朱启钤、唐绍仪及全体代表,要求速开和议。电文说:“自中央颁布严令一律停战,陈督军固已通电声明遵令实行。虽于右任尚无证明文电,而划界员张君瑞玑行抵陕省,陕已一律停战,有张君迭电可证。是则陕省方面解决有期,自非传闻异辞。……当此时机危迫,一发千钧,潮流所趋,实为公理,人心所向,咸在和平。众欲未可拂逆,武力断难存在。故

①　《公使团将提劝告与抗议》,《申报》,1919年3月24日。
②　《和议略有转机》,《晨报》,1919年3月28日、29日。
③　《各通信社电》,《申报》,1919年4月2日。
④　《和议停顿中之消息(三十二)》,《申报》,1919年4月3日。
⑤　《各通信社电》,《申报》,1919年4月3日。

非迅速开议,无以慰中外之望;非慎循轨辙,无以救国家之亡。"李纯等提出三点希望:一、即日继续开议;二、双方议题以一次提出为一定范围;三、提出议题,以合乎今日时势及事实所必要而确能办到者为标准,"总期早日解决,免致徒托空言"①。军事实力派的主张,较商民呼吁强而有力,何况长江三督和吴佩孚与南方的关系密切,他们出来说话,显然是起作用的。

4月4日下午,南方代表齐集老靶子路唐绍仪寓所开紧急会议,根据张瑞玑几次来电,陕西已经停战划界,讨论是否应行开议问题。会上分为两派:一派认为三原于右任、张钫均无来电证实已停战,且于右任来信说3月28日尚未停战,今专恃西安来电,不能为凭,不主张开议。另一派则认为,陈树藩不能撤换,陕西终在其权威之下。三原电报前既阻隔不通,今电线杆修好,陈仍多方阻止,不能使用,北京命令又不能行。张瑞玑已由三原到西安,张自三原来电已经不能,想于右任自三原发电恐亦无望。国人不明此中真相,仅凭单纯判断,出于哀痛心情,迫切希望开议,吾辈不得不特别谅解,尤其不可拂逆民意,致令误会。据目前情势观察,惟有顺从舆论,继续开会。北方代表已声明,陕西问题尽可在会上解决,倘以后仍如从前纠纷不已,则曲在彼而不在我,国人自有公论。且长江三督来电要求速开和议,并主张另派大员查办,辨明以前是非,保障以后避免冲突,此亦可以认为解决陕事之切实方法②。讨论结果,多数赞成开议,商定4月7日(星期一)继续开会。

4月7日上午9时,南北代表在德国总会开谈话会,停顿了一个多月的和议又得到恢复。是日第一项议题为陕西问题。因先一天张瑞玑又有两电到上海,一是致和议各代表及全国和平期成会、和平联合会,电文说:"陕战已停,屡经电闻。前者右任所争,在乾县围兵退驻地点之远近,本非争战与不战也。今则郭坚指乾县为渠旧部,请许兰洲赴乾收

①　《和议停顿中之消息(三十二)》,《申报》,1919年4月3日。
②　《和议停顿中之消息(三十四)》,《申报》,1919年4月5日。

抚,是乾县又为许有矣。其余各处,更无战事可言。事实昭然,非可饰言。"①另一密电指出:"江电敬悉。三原电已通,查询电局,由粤沪致右任电已照转,而右任迄未去电,想不久亦有电去也。战事确已停止。"②故会议讨论陕西问题时,没有发生争执。南方代表希望实行长江三督的主张,另派大员赴陕西查办,辨明以前的是非,保障以后避免冲突。

接着讨论其他议题,唐绍仪提出:一、取消中日军事协定;二、裁撤国防军机关及所属兵士;三、参战借款不得提用;四、和平会议未终了以前,双方不得借入外债及发行公债;五、陕西问题;六、湖南问题共六项问题,并逐一诘问朱启钤如何办法。朱答称:关于军事密约,北京政府本拟宣布,因和议停顿,以致延搁;参战借款因日本已交付政府存汇业银行,本可自由提用,已屡电阻止,迄无效果;八年公债不仅南方反对,北方亦有人不赞成,亦已迭电劝阻。其他如国防军停募等问题,均应确实商量解决方法③。最后协议开会方式,双方决定,各种议案一次性提出,并议决限两星期完结。

和议恢复时,南北两方部分代表如章士钊、郭椿森、汪有龄、王克敏、徐佛苏、吴鼎昌等,以和议往往容纳会外人意见,各代表实际上处在群众包围之中,不能自由发表意见,主张开"扃门会议"(即秘密会议),不公开会议内容,以免受各方之干扰,但遭到南方多数代表和舆论的反对。结果,双方相约负责保守秘密,不开关门会议。

4月9日,开正式会议,首先由双方总代表将具体议案提出。唐绍仪除承前续议问题六项外,另提出议题十三项:一、国会完全自由行使职权;二、实行军民分治,确定地方制度;三、废督裁兵,划分军区,厘定军制,实行征兵制,开通全国道路及修浚河道,以安插兵士;四、补充西南各省各军及海军军费、军实;五、善后借款,南北共同办理;六、输入外

① 《和议续开前一日之消息》,《申报》,1919年4月7日。
② 《和议续开之第一日》,《申报》,1919年4月8日。
③ 《和议续开之第一日》,《申报》,1919年4月8日。

资,发展各种实业;七、军政府一切命令认为有效;八、指定的款,实行强迫国民教育,及鼓励社会教育;九、整理财政,免除厘金;十、贩卖人口,贩卖烟土、吗啡,栽种罂粟及一切赌博,严行禁绝;十一、惩办祸首;十二、各省治安善后问题;十三、整顿海军问题。朱启钤提出的有:第一,军事问题:甲、拟留军队之编制问题。乙、额外军队之收束问题;一、裁减标准与其方法;二、安插方法;三、裁减费用。丙、军需独立问题。第二,政治问题:甲、军民分治。乙、厘定地方制度:一、省之改革;二、道之改革;三、裁减中央各署冗员,增设地方佐治官吏;四、扩充全国教育;五、推行全国警察。丙、地方自治:一、县自治;二、省自治;三、振兴自治事务办法。丁、发展国民经济:一、兴筑国道;二、改革币制;三、废除恶税;四、革除条约及习惯之束缚。戊、善后借款问题:一、借款额数;二、借款用途①。可以看出,北方代表所提出的议题,完全是属于具体事实问题,琐碎而不着边际,避开了南方代表提出的法律、军事等重大问题。

在讨论中,双方就一些有重大分歧的问题阐述了各自的立场。唐绍仪指出,他所提议案中,第一条国会完全自由行使职权问题是根本问题。“盖既为民国,自不能无国会。此条无论如何,决不能放弃。”第十一条惩办祸首问题,“追原祸始,一年以来,国家何以陷于危险,人民何以受此痛苦,责有攸归,孰尸其咎,想全国人民亦不肯放任不问也。虽本会不能遂作执行机关,然本会此时不能不申明公理”。朱启钤说:“国会问题,本为此次南北争持之起点,若各抱一种学说,各持一方意见,极端主张,必无结果。现为消弭国内之纷争起见,不应有极端的主张,方有解决。”至于惩办祸首属于对人问题,朱认为和会讨论极不相宜,亦不在职权范围以内,不应议及,要求唐绍仪撤销。唐说:今日南北之所以形成对抗局面,追本溯源,是从解散国会开始的。“国家根本在此,战争原因在此,若此等重大问题可以不议,则南北代表所议者何事? 盖未有重于此者。”他还表示不同意朱提出的和议不能讨论祸首问题的说法。

————————

① 《一九一九年南北议和资料》,第 224 页。

朱启钤坚持不主张将祸首问题列入议题,国会自由行使职权问题即使列入议题,也应改称"国会问题"。他说:"此次南北争持,皆由于此一国之内,不幸而有两种国会。试问去某一国会留某一国会,是否本会所能主张?只可协商双方对于国会之意见。"①唐绍仪表示同意改为"国会问题"列入议题。惩办祸首问题,按照会议规则第三条"议题由双方总代表协定",即有一方不承认,不能成为议题的原则,唐也赞成不将它列入议案。最后会议改为谈话会,由唐、朱两总代表逐项讨论双方提出的议题,合并为六大纲,即:第一国会,第二财政,第三军事,第四政治,第五善后,第六承前续议案。

因为国会问题是和平会议最为棘手的问题,双方商定作为最后议案。但因其他议案已陆续分别审查,意见不难趋于一致,国会问题很快就要提到议事日程上来。因此,和议恢复后,朱启钤即在努力寻求一条根本解决的途径,并在秘密中与唐绍仪接洽。4月初,朱启钤派吴鼎昌回京,与北京政府商讨国会等问题。4月9日,朱致吴的密电中说:"国会问题,现已接洽,定为最后商议之案,除根本解决外,几无别法可想。然少川心中最近抱何主张,尚难捉摸。中央各方既赞成我辈主张,不惜点缀,请兄与府院预商办法,俾临时应手。"②4月16日,又密电吴说:"军事案就我范围,他事不难归束。法律密与唐交换意见,另电紫公(钱能训)请趁兄未行时,密为计划。此等事此间无人可以参预。电文在寓自拟,如有不明了语,想兄可以意会,代为解释。少川屡以执事不回为问,其意可知。就目前接洽而论,作用在先定办法,不必急需实质。安福部状况如何,盼示一二。"③

关心和平的人士,曾就解决国会问题想出种种方案,但均未得多数赞同。当时比较有力的主张有两种:一为民国六年6月13日解散时之

①　《一九一九年南北议和资料》,第225—227页。

②　《一九一九年南北议和资料》,第231页。

③　《一九一九年南北议和资料》,第237页。

国会重行集会于南京，组织宪法会议，将二读会通过之宪法继续完成，并组织总统选举会选举总统；俟总统选出，宪法公布，南北两国会同时消灭，再根据宪法规定的国会组织法与两院议员选举法，选举新国会。在广东的旧国会议员与军政府多数赞成这一主张。另一主张为民国六年之宪法会议继续开会于南京，将从前二读会通过之宪法案继续完成，追认徐世昌为总统，新旧两国会同时解散，再根据宪法选举新国会。北方各派包括直系、旧交通系、研究系、己未俱乐部①（安福俱乐部除外）及未赴广州的旧国会议员，多表示赞同。岑春煊、陆荣廷也倾向此说。两说彼此不同之处在于：赞成第二说的，认为总统既已选出，则元首地位业已确定，当然不成问题。赞成第一说的，认为总统系由北方新国会产生，手续合法与否，姑且不论，而新国会既无西南五省代表，终属一方之国会。国家元首不能由一方国会选出，故必须再选一次，方为圆满。但两说也有两点趋于一致的地方，就是：一、以宪法解决国会问题；二、承认从前二读通过之宪法案为有效。

　　北京政府在和议恢复前后，就把注意力集中在国会问题上，并倾向于上述第二种主张。4月8日，吴鼎昌致朱启钤的密电中说："国会问题，日昨讨论最久，府院甚以根本解决之法为然。纵有牺牲，亦属值得。"②同日另电中说："府院均以整理二读会条文宣布，为根本解决之法，极表赞同，主座谓，即牺牲金钱亦无不可。"③吴主张在同南方谈判国会问题时，要软硬兼施，态度要强硬一些，"力往决裂一方面做去，再以金钱为饵"，以使唐绍仪就范，并暗示政府已买通陆荣廷。"陆要

---

① 己未俱乐部为北方一个小政派，成立于1919年初，表面上主持人为内务次长于宝轩，实际党魁为徐世昌、钱能训。它赞成解散新国会，并对重新选举新国会已做有准备，但以不妨碍徐世昌的总统地位为条件。见《申报》，1919年4月16日《北京通信》。
② 《一九一九年南北议和资料》，第229页。
③ 《一九一九年南北议和资料》，第230页。

1,500,000元,先给500,000,中央已允汇往"①。9日,吴又连发电致朱启钤:"本日在院与揆席详细讨论法律问题,决定采根本解决之法,不必迁就两会,致遗后患。"②"法律问题,决不迁就两会。议宪之说,已详□(疑为"庚")电,府院意照此决定。"③这里所谓"不迁就两会","根本解决",以及上述朱启钤电文中提出的"根本解决",就是要继续完成从前之二读宪法条文,将新旧国会同时解散,不迁就任何一方。4月18日,钱能训在给朱启钤的密电中说得更明白:"法律问题,顷与达铨(吴鼎昌)熟商,渠尚有一种计划,拟将两国会宪法起草分子约计各七十人左右,召集完成二读旧案,并修正选举组织各法,在代表无议宪之嫌,而法律有下台之地,用意不无可采。达铨归时,当可详陈。鄙意此事最好仍用简捷办法,一了百了。……欲照法律会议办法,则事前必有先决问题。一则新、旧两国会须同时闭会,以俟解决。一则须认为统一已成,元首业经全国承认,西南一律取消独立。果如是,则法律问题虽暂时解决,尚不致发生意外之变化。"④南北双方代表多数也倾向赞成这一种方案。

安福国会是安福系议员的安身立命之所,是其生死攸关的问题,也是段派军阀统治的一个重要职能机构,是不容任何人碰它一下的。关于上海和会讨论国会问题以及南京制宪、重选或追认总统、新旧国会同时解散之说一传到北京,立即遭到段派和安福系的坚决反对和猛烈攻击。4月12日晚,段派在段祺瑞寓所开秘密会议,由安福系报告,说明上海和会对于国会问题,双方多数代表赞成先恢复民国六年宪法会议,在南京开三读会,将宪法完成,克期公布,一切问题不解自决;此主张一经提出,必当通过,形势非常危急,宜速筹挽救办法。经与会者讨论很

① 《一九一九年南北议和资料》,第230页。
② 《一九一九年南北议和资料》,第231页。
③ 《一九一九年南北议和资料》,第231页。
④ 《一九一九年南北议和资料》,第243页。

久,决定一致反对,如无效时,将派员赴巴黎和会控诉,求列强公开裁决,并运动日本先行出面干涉①。

安福系议员因去年12月通过钱能训内阁时,曾与徐世昌和钱能训订有口头契约,对南方议和不越出安福部四大主张范围,现在听说和局将成,形势大变,违反前诺,非常激愤,纷纷谒钱诘责,并语侵徐世昌,斥为"卖友"。4月12日晚,安福部召开紧急会议,有人在会上提出,上海和议所提国会议案,完全是大政方针,而不是和平条件;朱启钤已与南方联成一气,想瓜分政权,目前对付方法,只有将朱的总代表职务撤销。会议主持人认为事关重大,应从长计议。最后决定,一面飞电因丁忧回徐州的徐树铮速示决策,一面密电陆徵祥在巴黎和会上,在所有与日本争持的案件上即行让步,以争取日本的支持;同时还做出了以下几点决议:一、依照上次决议之宣言,认为大总统地位不能因和议而动摇;二、国会非依宪法不能改组,南京制宪之说及两国会同时取消、按旧法重新召集国会之议,系动摇元首地位,违反北方二十省之民意,皆绝对不能赞成;三、和平会议中,如有人因企图瓜分政权之故,为不公正之主张,其所议决者概不承认;四、国会问题,若赞成南方一偏之主张,使中央及北方各省军民及政府冒违法之名,概不承认②。

4月13日上午,安福系召开大会,议决两项:一、推两院议长会见钱能训总理,叩询所派总代表等是否能不违背他赞成的安福系四大主张,及最近和议情形与政府之方针;二、两院开会时,请全体国务员出席,依法质问③。下午,参议院议长李盛铎④、众议院议长王揖唐去见徐世昌,陈述安福系开会决议,反对上海和会所提的南京制宪、追认或重选总统、修正国会组织法等主张,希望得到徐的支持。徐世昌不满于

---

① 《专电》,《申报》,1919年4月14日。
② 《专电》,《申报》,1919年4月14日。
③ 《专电》,《申报》,1919年4月14日。
④ 1918年12月,梁士诒因同安福系政见不同,与之决裂,辞参议院议长职务,由李盛铎继任。李为安福系重要骨干。

安福系的专横跋扈,知道它所谓"维护大总统地位",不过是拉大旗作虎皮,包住自己,吓唬别人,把他抬出来作为挡箭牌,实际上是想维护他们一派的私利。因此,他并不买安福系的账,回答说:"余无成见,但既予代表全权,未便有所表示。"①李、王以徐答复不得要领,声明两院下次开会,要求全体国务员出席质问。徐沉默不语,未表示赞成与否。

与此同时,段祺瑞致电张作霖,请他速赴天津,倪嗣冲亦将赶至。他们又准备在天津开督军会议,并由段亲自任主席,动员督军出面对上海和议进行干涉。后因曹锟不赞成在天津开会,张等才中止入京,改派代表来京请示,并主张改在奉天开会。

一连几天,安福系拼力活动,历访各当道要人,谋求贯彻其保存新国会的主张,"再呈现其盛旺之状态"②。安福系对国会之主张,据该系一个重要人物所谈,就是依现行国会组织法、选举法,从西南五省选出议员,以完全新国会,然后由新国会制定宪法。如果这个办法不行,则由新国会修正约法,而以国民会议为制定宪法之机关,另行制定国民会议组织法;除上列两办法外,无论依旧约法召集新国会,或恢复旧宪法会议等,都绝对不赞成③。这就是说,安福国会是万万不可动摇的。

4月14日,王揖唐、李盛铎会见钱能训,陈述安福系对时局主张,并询问政府对于国会的意见。钱表示三点:"第一,国会为选举大总统及通过内阁之机关,故国会、总统、内阁三者有相连之关系,根本问题,万难摇动;第二,新旧并废,用旧法召集新国会之说,政府亦不赞成,诚以修改两法,召集国会,政府已依法宣布命令。若云解散新国会,如何解散? 又应如何下命令? 要用旧选举法,有种种困难,故难施行;第三,南京制宪之说,原非政府之政见,乃王家襄(原为旧国会参议院议长)君

① 《专电》,《申报》,1919 年 4 月 14 日。
② 《各通信社电》,《申报》,1919 年 4 月 16 日。
③ 《各通信社电》,《申报》,1919 年 4 月 16 日。

等之主张,政府已由朱总代表表示否认之意旨。"①

　　钱能训在安福系的猛烈攻势和强大压力下,显然有些胆怯,开始后退,不敢坚持前此解散新国会的主张。同日,他在给朱启钤的电报中说:"南中近日盛传南京制宪之说,无论旧会开幕后行使职权难于限制,即就制宪而论,新会完全撇开,势必激起反动。日来新会亦开议讨论,并质诘政府。故南京制宪之说,中央已难赞同。……能否由两代表将宪法草案及选举组织法核定后,仍交两国会通过公布。但得新会公布,则法律上手续已可自圆其说,旧会布否,不妨听之。"②

　　4月17日,安福系在太平湖开会,议决:一、联名致电朱启钤,声明总代表性质为两院通过的国务总理委任,等于行政委员,法律问题无权解决;二、对全体国务员质问,宜取和平态度③。当即由安福系议员王郅隆等三百三十余人致电朱启钤并通电全国,指出:朱总代表"系受国务院委任,其权限不能出乎行政范围。国会系国家立法机关,断非行政委任人员所能议及。倘若越权擅议,则紊乱国宪,摇动国本,必有尸其责者"④。

　　4月18日,众议院开质询会,钱能训率国务员出席。钱发言要点有三:一、不使北方政府陷于违法之地位;二、维持新国会;三、不赞成以旧约法召集新国会及在南京开旧国会⑤。安福系议员刘映奎发言说:"代表受政府委任,系一种行政委员,议及法律,即为违法,请问政府从前委任时,曾否授以此权?"钱不同意安福系认为代表无权议及法律的说法,但他对这个问题未正面回答,只是说:"南方如提恢复旧会,北方不能不加以讨论;北方如提保存新会,则南方亦不能不加以讨论。"议员吴文瀚问:"政府是否承认新国会无磋商之余地?"钱答:"政府承认新国

────────────

① 《安福派国会问题之波浪》,《申报》,1919年4月20日。
② 《一九一九年南北议和资料》,第236页。
③ 《专电》,《申报》,1919年4月19日。
④ 《公电》,《申报》,1919年4月20日。
⑤ 《各通信社电》,《申报》,1919年4月20日。

会无磋商余地。"①安福系议员表示满意,请钱退席。

　　安福系所谓议和代表无权讨论法律问题,完全是一种强词夺理的狡辩,其目的是为上海和平会议设置障碍,阻挠和破坏和议的进行。因为正是由于法律上的见解不同,才出现南北对立纷争的局面,解决这个问题,实现南北的和平统一,不是任何一方单独所能决定的,而只能通过双方平等协商的方式,求得一个比较公平合理大体能为双方接受的妥协方案。和平会议的主旨之一也即在此。当时《申报》曾刊载北方政界某要人的谈话说:"和会之设立,不独国会问题可以解决,即总统问题亦应由其解决也。盖政变以还,南北两方对于行政首长及立法机关,因法律上见解之不同,遂发生两重之组织,彼此对峙,不能立于国家统一权之下,乃有南北分立之现象。而此种问题又非一方政府所能解决,故始有南北对等和议之举。是和平会议正惟解决此种问题之纠纷而设,欲使不统一之政象而期于统一也。倘一方固执己见,不稍变通,即不啻抹杀相手方之人格与意思,又何所谓对等议和哉? 至于北方代表虽经国务院委任,则对于疑难案件固不妨电京随时商洽。谓竟无权解决,则委任代表,所司何事耶? 况外交内政危迫至此,倘不从国家根本着想,徒逞一二人之私心,致妨碍统一,阻挠和平,殊为舆论所不容。"②

　　安福系议员联名通电发表后,朱启钤于 21 日电京询问:"安福派假参众两院名义阻止和议席上提议国会问题一事,总统是否赞成,请即刻详复,否则贻误和局,不能负责。"③钱能训认为此事于和议前途关系重大,随即一面致信众议院,予以解释澄清,一面通电全国加以辩明,说:"此次上海会议,本为解决国内纷争问题,法律问题亦其一端。所派代表负有解决时局之责,对于此项问题,自不能存而不论。"④同时,他还

　　① 《北京通信》,《申报》,1919 年 4 月 22 日。

　　② 《和议正式续开之第十一日》,《申报》,1919 年 4 月 20 日;《和议中之国会问题》,《晨报》,1919 年 4 月 22 日。

　　③ 《京华短简》,《申报》,1919 年 4 月 24 日。

　　④ 《政府声明和会法律权责》,《申报》,1919 年 4 月 25 日。

复电朱启钤:"新议员联名筱电,由政团名义拍出,不足以代表政府,故政府对该电不负何等责任"①

安福系的阻挠和破坏,给刚刚恢复的上海和平会议又蒙上了一层厚厚的阴影。

在安福国会对北京政府及其议和代表施加政治压力的同时,南方旧国会中的一部分人,也表示了强硬的态度,坚持国会必须完全自由行使职权,非法的新国会必须解散,丝毫不能让步,以维护法主旨。

原来唐绍仪在和平会议上提出国会完全自由行使职权后,看到北方很难接受,舆论也并不积极支持,担心和议难以进行,曾拟同南方代表协商变通办法,谋求一个互相妥协的方案。4月13日,朱启钤致吴鼎昌的密电中透露说:"昨日少川表示,国会问题应由各代表互相接洽。……少川见我方对于国会问题屡屡表示决绝态度,故恢复民国六年国会之主张,亦知其难。又知国会在广州开会,人数日益寥寥,补选制宪,决办不到,故对于国会一事,益觉束手无策。此后会议国会问题时,究竟如何情形,现实不能预定。微观其隐,希冀之心甚切,而又不敢放胆做去。"②4月19日,朱又电钱能训说:"唐少川对国会拟有变通办法,与我中央所定者,似觉相近。"③

但唐绍仪对如此重大问题,自己一人不能做主,需要请示军政府。4月17日,他电呈军政府:"连日会议情形,经已电告。计军事、财政、自治各案,彼此当无大出入,易取一致。惟法律案第一日提出以国会完全行使自由职权问题,北方代表即抗议,改为国会问题。默察彼方情形,恐不能同意于我之主张,而此案为彼此争持之要点,内外注目。万一正式讨论及此,意见牴牾,强硬到底,恐使和议不能进行;而放弃主张,则重违护法之本旨。究竟应如何对付,关系最大,请由军政府确定

---

①　《专电》,《申报》,1919年4月23日。

②　《一九一九年南北议和资料》,第234页。

③　《专电》,《申报》,1919年4月21日。

方针,拟示办法。专候速复,俾有执持。"①

　　4月18日,广东国会参议院议长林森、众议院议长吴景濂和副议长褚辅成发表通电,指出:"和议续开,国会问题已经唐总代表提出国会完全自由行使职权。窃以今兹之役,既以毁法启其端,当以复法为其钥。国会完全自由行使职权,实为和议中之根本问题,若不待完满解决,则其他问题纵能如我要求,亦不过敷衍苟且,决非长治久安之计。我辈既以护法为职志,对于法律问题,非一致主张,坚持到底,诚恐稍纵即逝,致违初衷。事机急迫,立盼卓裁。"②接着军政府于4月21日又复电唐绍仪:"铣电奉悉。国会问题,关系护法主旨,务恳依照前所决定议和大纲,毅力坚持,以维法治,是所切盼。"③后来国会又电告南方代表团:"拥护国会执行职务之绝对自由,实为诸代表应尽之唯一责任。如法律问题不能满意解决,则议和全案将归无效";并警告代表不要做牺牲国会的想法④。

　　南方坚持护法,自然是无可非议的。但他们在国会问题上的主张,事实上也很难行得通。因为:

　　第一,北方新国会虽是不合法、不完全的,但毕竟是一种现实的存在。这个国会选举了总统徐世昌,尽管南方认为不合法,但他是由北方各政派所共同推戴的,并为各国政府所承认,南方也有一部分人表示拥护他。因此,完全不顾这一客观存在,要求存其一,废其一,单单要求将新国会解散,而让旧国会来完全自由行使职权,是通不过的。既然是通过谈判来消除纷争,求得和平统一,而不是征服了对方迫令其投降,就只能双方都从实际出发,作出妥协让步,不能一厢情愿地要求完全按照自己的意见办事。当时并不赞同安福系死硬主张的北方代表吴鼎昌

　　① 《国内和局最近形势》。《晨报》,1919年4月20日;《和议正式续开之第十九日》,《申报》,1919年4月28日。
　　② 《广东参众两院议长之通电》,《申报》,1919年4月26日。
　　③ 《和议正式续开之第十九日》,《申报》,1919年4月28日。
　　④ 《专电》,《申报》,1919年4月29日。

说:"新旧国会议员各有其主张,其主张之属绝对的者,在各议员原为正当。然双方果欲贯彻绝对的主张,则除非南方攻取北方,北方侵略广东,而后能如意之所欲为。和平会议原为不能如此彻底的解决而设,则双方应有互让之精神,以行其协议之必要。"①陈独秀还在和议开始时就指出:要使和议能有成就,先决条件就是双方都要有所让步:北方不要固执"中央威信观念",南方不要固执"单纯的绝对的护法观念"。他说:"想想除了法律问题以外,有无关系国家存亡的政治问题比护法更加紧要? 又再想想现在既不能达'武力解决'的目的,那'政治解决'的方法,是否应当采用? ……况且世界上一切的争端,到了双方都承认议和,便双方都到了半降服的运命,双方都默认了有让步的条件。若是双方都执要完全贯彻自己的主张,还是要武力解决,这和平会议便没有成立的理由。"②

　　第二,恢复旧国会,让它来完全自由行使职权,不仅段派万难同意,北方其他各政派也不会赞成,而且一般舆论对旧国会也漠然视之。他们认为旧国会成立时间已久,分子又复杂,有的议员并不怎么真正考虑国家人民的利益,并且早已将民主共和原则抛到了九霄云外(众议院议长吴景濂本人就是一个投机政客),不能代表今日真正之民意。同时舆论还认为民国元年制定的《临时约法》,"有不适宜于今日之中国者"③。1918年12月27日,蔡元培、王宠惠、陈启修等二十人联名发表宣言,发起国民制宪倡导会,就是一个例证。就连广东军政府内,也有人对恢复旧国会不太热心。军政府在1918年5月就已将孙中山排斥去职,而为西南军阀所把持。西南军阀虽然打着护法的旗帜,但他们所真正关心的,是如何巩固和发展自己的地盘问题。岑春煊认为北方对于恢复旧国会绝难同意,如南方坚持到底,则和议势必决裂,而西南各省均有

①　《吴鼎昌之国会谈》,《晨报》,1919年4月26日。

②　陈独秀:《我的国内和平意见》,《每周评论》第7号,1919年2月2日。

③　蔡元培等:《国民制宪倡导会宣言书》,《晨报》,1918年12月28日。

厌战之心,故表示可以让步①。上述唐绍仪的思想,也多少反映了岑春煊的思想。陆荣廷始终就不曾以恢复旧国会为主旨。他自国会解散以后,在对北方的通电中,只说国会不可不召集,而并无应复旧之说。相反,他主张对旧国会进行改组。梁启超就曾以陆的态度作为他反对恢复国会,主张召集临时参议院以改组国会的凭借之一。岑、陆两人早已同徐世昌、钱能训暗通声气,寻求妥协。他们公开宣言表态,不能不打护法的旗帜,而背地里的主张和活动,却是另一回事。唐继尧开始主张不可牺牲旧国会,后因鉴于形势,也无绝对保存旧国会的意思②。这些西南军阀首领们,都对旧国会中的强硬分子表示不满。

　　第三,让旧国会完全自由行使职权,如何行使法?旧国会自身几乎四分五裂,在广州的国会议员人数不过半数左右,其中有相当一部分(约有一百五十余人)是国会南迁后由候补议员递升的。内部又各自为派,有丙辰俱乐部及孙洪伊派(进步党之激进派)一大派,政学会、民友社及研究系之南下派一大派。党争未尝一日止息,意见很不一致。那些新递补的议员,甚至不赞成恢复民国六年被解散的国会,而提出要求保存现在的广东国会;因为如果复旧,他们所得的正式议员资格就要丧失了。广东国会前以补选众议院副议长褚辅成,就因意见不同,几经难产,最后始达成协议。后来开两院联合会,又因故大起冲突,一片混乱③。按照民国元年8月公布的《中华民国国会组织法》和民国二年10月公布的《大总统选举法》规定,制定宪法和选举总统,都需有议员总数的三分之二以上出席,并有出席议员四分之三以上投票赞成,始能认可通过。要凑足这个法定人数,是完全不可能的。所谓国会制宪行宪,选举总统,自由行使职权云云,就不免是一种纸上空谈,无法实现。

　　所以,单纯就事实而论,无论存新废旧,或是废新存旧,都是各走极

　　①　《国会问题之西南观》,《申报》,1919年4月29日。
　　②　《国会问题之西南观》,《申报》,1919年4月29日。
　　③　《纪旧国会之党派》,《时报》,1918年10月24日。

端,绝难行得通。当时南北多数不存党派成见的人认为,比较可行的办法,是新旧两国会共同制宪,两会同时解散,依宪法另行召集新国会。"法律问题,新旧议员各有建议,多主张就两会折衷合开会制宪,无绝对保存说"①。"国会问题,各派主张不同,以两会共同制宪,依宪法另召新会说最有力"②。但这一说不能为新旧国会两方所接受。

南北都认为国会问题是双方一个最根本的问题,也是和议中最重要的问题;这个问题不解决,其他问题讨论审查即使有结果,也是等于零。但因"两方都重在党派的权利"③,和"彼此地盘之争"④,而没有从国家和人民的根本利益着眼,在这个问题上各固执一端,距离太远,无法接近。南北和议两方代表中,由于分别代表各自派系,也是意见纷立,不能统一。4月28日,双方代表开会讨论国会问题,争执不休,没有结果,和议实际上又趋于停顿,成为僵局了。

鉴于法律问题上的根本对立,加上南方所提停募八年公债、取消参战军、罢免张敬尧、陈树藩等要求,北方均未应允,唐绍仪认为和议成功无望,即使能达成协议,也难以厘定与实行,旷日持久,徒耗时间与精力。同时他受到了旧国会中以孙洪伊为代表的一派的攻击,不堪忍受。于是,他不得不准备和议的破裂了,这也是他自己准备借此下台,谋取脱身之计。

5月初,因巴黎和会中国外交失败,北京爆发了学生五四爱国运动。段派的卖国外交,受到学生及全国舆论的猛烈攻击,民心激愤,使他们处境十分不利。唐绍仪抓住这个有利时机,就有关法律问题及国家应办之事,列为八条,于5月10日送交朱启钤。12日,南北代表各自开会讨论八条。5月13日,和会开第八次正式会议,唐绍仪将八条

① 《申报》,1919年4月22日。

② 《申报》,1919年4月24日。

③ 陈独秀:《两个和会都无用》,《每周评论》第20号,1919年5月4日。

④ 张一麐:《直皖秘史》,第5页。

在会上宣读，并逐条加以申述如下：

第一条，"对于欧洲和会所拟山东问题条件，表示不承认"。理由是外交问题，国家应以一种宣言或明令或公文的方式，向世界各国为坚决正当的表示，不徒电止专使签字而已。如无此等不承认之表示，此后即无办法。

第二条，"中日一切密约，宣布无效，并严惩当日订立密约关系之人，以谢国人"。理由是中日一切密约辱国丧权，未经正式国会同意，如按约法，当然不能成立。订约者引入特殊势力，以便私图，贻祸国家，至今为梗。非取消密约，惩办订约有关系之人，不足以谢国人。

第三条，"立即裁废参战军、国防军、边防军"。理由是参战军、国防军皆由中日军事协约发生，倚赖一种特殊势力，为患无穷，应即一律裁撤。

第四条，"恶迹昭著，不洽民情之督军、省长，即予撤换"。理由是此等害民长官当道，应不俟和会呼吁，早予罢斥。

第五条，"由和会宣布前黎总统六年6月13日解散国会命令无效"。理由是约法无解散国会明文，不依据法律之命令，是为违法。违法命令，当然无效。况黎之解散，系被逼所致，当时黎已通电自认违法。至以步军统领代理总理副署命令之江朝宗，亦通电自认违法。违法命令，当然取消。且年来中国外交失败，皆由国会解散而来。凡年来丧权辱国之事，无一非于国会解散后次第成立。国人痛定思痛，愈知国会恢复为救亡最急最要之图。

第六条，"设政务会议，由和平会议推出全国负重望者组织之。议和条件之履行，由其监督；统一内阁之组织，由其同意"。理由是国会未开会，正式内阁无由产生，故设此为临时机关，至内阁成立之日撤销。

第七条，"其他议定及付审查或另行提议各案，分别整理决定"。理由是此乃结束各案当然之事。

以上七项，北方如一一同意履行，南方本互让精神，为承认统一，表示订立。

第八条，"由和平会议承认徐世昌为临时大总统，至国会选举正式总统之日为止"。理由是此为谋互让与统一起见，始有此最大牺牲。但须郑重声明：第八项与第一至第七项有连带关系，互为因果；如第一至第七项不能办到，则第八项无效①。

唐绍仪表示，上述之八项条件，为南方的最后让步。

显然，这八项强硬条件，是北方所不能接受的。讨论结果，南方代表以北方代表不能容纳其主张，尤其是第五项认为绝对无磋商余地，于是本诸责任问题，向军政府提出总辞职。

当日，唐绍仪总代表及各分代表联衔致电军政府说："本日即开正式会议，将八条详细说明，并表示此为最后让步。朱总代表声明，第五条由和会宣布黎令无效，北方万难照办；此项不易，他项终无可议；并言南方如此主张，北方惟有请西南五省补选议员，加入新国会云云。法律问题，两方意见太远。其他政治改革诸条，证以会中状况及北京政情，厘定与实行，终无希望。陕西乾县至今尚未停战，四月初间，尚有大批军火输入。如张敬尧、陈树藩且几于撤换无方。仪等智尽能索，愧恨交并。自以才力不胜此任，谨即申述愚情，恳将仪等总代表及分代表各职一律开去。"②

接着，朱启钤等北方全体代表，也于 5 月 14 日向北京政府提出辞职。

5 月 14 日，徐世昌在总统府召开特别会议，讨论上海和平会议问题，钱能训及各部总长、段祺瑞及参众两院议长均出席，决议拒绝南方代表所提出的八项条件③。5 月 15 日，钱能训连发两电给朱启钤，准许北方代表辞职，即日返京，并驳斥了南方代表提出的各条。电文指

---

① 《和议又将决裂》，《申报》，1919 年 5 月 14 日。参见《一九一九年南北议和资料》，第 260—261 页。

② 《和议再停后之第一日》，《申报》，1919 年 5 月 15 日。

③ 《申报》，1919 年 5 月 16 日。

出:"以上各端,此间公同筹议,均认为毫无理由,必应坚拒。南代表既以和平为重,乃以此等不可能之事实列为条件,其侈语和平,非出诚意,无可讳言。务希切实驳拒,要求将所提条件即日撤回。倘仍胶执前见,则是彼方于和平问题已无磋商余地,我代表等应克期回京,另筹解决。"①

艰难而曲折的和议,在人们的期待和失望中,最后终于破裂了。

---

① 《北代表撤回之经过》,《申报》,1919 年 5 月 19 日。

第七章　五四运动

第一节　新的思想启蒙运动

自北洋军阀政权建立后,中国在政治上进入了一个黑暗的历史时期,但是在思想文化方面,却出现了一个绚丽多彩、群星灿烂、百家争鸣的局面,这就是新的思想启蒙运动——五四新文化运动。

五四新文化运动的前期,以反封建的文化革命为主要内容,而后期则导致了马克思主义在中国的广泛传播,这个运动的发生和发展,在近代中国历史上写下了辉煌的一页。

一　新文化运动的基本内容

人们习惯把五四新文化运动称作启蒙运动,并把它和西方的启蒙运动相比拟。的确,两者的本质是一致的,它们都是批判封建文化,为发展资本主义开辟道路。然而在形式上却相反,西方的启蒙运动是欧洲资产阶级革命之前的思想准备,而中国近代的新文化运动却是中国资产阶级革命失败之后的思想补课。

前期新文化运动是一场彻底反封建的资产阶级思想运动。这个运动的发生,是基于对辛亥革命失败的反思。当时,以孙中山为代表的革命党人大多从政治上思考这一问题,而新文化运动的领袖们,却从另一个角度提出了自己的见解。他们认为:辛亥革命失败的根源,在于国民头脑中缺乏民主共和意识,指出:"中国革命是以种族思想争来的,不是以共和思想争来的;所以皇帝虽退位,而人人脑中的皇帝尚未退位。"①因此,"要巩固共和,非先将国民脑子里所有反对共和的旧思想,一一洗刷干净不可"②。"共和立宪而不出于多数国民之自觉与自动皆伪共和也,伪立宪也,政治之装饰品也,与欧美各国之共和立宪绝非一物"③。通过共和思想来赢得共和国体,这就是新文化运动的出发点。中国的资产阶级思想运动,走了一段同西方前辈们相反的路程,这个迟到的思想运动,决定了下面这个历史特点:它一面在为资本主义的发展开辟道路,一面又为马克思主义的传播扫清障碍。

新文化运动的基本内容有三个:提倡民主和科学;反对封建礼教;文学革命。这三个基本内容和西方的启蒙运动相比较,反映出东西方资产阶级革命的共同追求,也反映出东西方历史文化的具体差异。

新文化运动的发动,以《青年杂志》的创办为标志,这个杂志的主编是陈独秀。陈独秀(1879—1942),安徽怀宁(今安庆市)人,1896年中秀才,翌年赴南京参加江南乡试,未中,但自此开始接受康、梁的影响。1901年留学日本,因参加革命活动,1903年被日本政府遣送回国。1904年,陈在芜湖办了一个《安徽俗话报》,以后他又和柏文蔚等人组织了"岳王会",该会是辛亥革命时期安徽地区重要的革命组织。辛亥革命后,陈出任安徽都督府秘书长。二次革命失败后,到上海帮助同乡汪孟邹筹办亚东图书馆。1914年夏,应章士钊之邀到日本,帮助章编《甲寅》杂志。1915年6月回到上海,同年9月创办了《青年杂志》。1916年9月,从第2卷第1号起,改名为《新青年》。

在《青年杂志》第1卷第1号上,陈独秀发表了具有发刊词性质的《敬告青年》一文,举起了民主和科学两面大旗。当时,民主称作"人权"。陈独秀指出:"自人权平等之说兴,奴隶之名,非血气所能忍受。

---

①　高一涵:《非君师主义》,《新青年》第5卷第6号。

②　陈独秀:《旧思想与国体问题》,《新青年》第3卷第3号。

③　陈独秀:《吾人最后之觉悟》,《青年杂志》第1卷第6号。

世称近世欧洲历史,为'解放历史'。破坏君权,求政治之解放也;否认教权,求宗教之解放也;均产说兴,求经济之解放也;女子参政运动,求男权之解放也。解放云者,脱离夫奴隶之羁绊,以完其自主自由之人格之谓也。"陈独秀这段话,概括地阐明了新文化运动的基本目的,即求得政治、经济、信仰、妇女的解放,总之,要同欧洲一样,在中国全面完成一番"解放历史"。"天赋人权",是东西方资产阶级革命共同的基本口号。关于科学,陈独秀指出:科学的重要性不在人权说之下,"举凡一事之兴,一物之细,罔不诉之科学法则,以定其得失从违;其效将使人间之思想云谓,一遵理性,而迷信斩焉,而无知妄作之风息焉。"强调用科学的尺度衡量世间一切事物,崇尚理性,反对迷信和愚昧。陈独秀高声疾呼道:"国人而欲脱离蒙昧时代,羞为浅化之民也。则急起直追,当以科学与人权并重。"民主和科学,当时也称作"德先生"(Democracy)和"赛先生"(Science)。这两面旗帜,是新文化运动的主要旗帜。

新文化运动的另一位领袖是李大钊。李大钊生于1889年10月,河北乐亭人,1907年入天津北洋法政专门学校,1913年毕业。是年冬,由汤化龙资助赴日留学,入早稻田大学政治本科。1916年归国,8月,应汤化龙等人邀请,在北京创办了研究系机关报《晨钟》报,并担任编辑主任。9月,因政见不合,李脱离该报。在留日期间,李开始从事反袁革命活动,并和《新青年》建立联系。在日写成《青春》一文寄陈独秀,发表在《新青年》第2卷第1号上。

李大钊积极参加了新文化运动,撰文强烈抨击封建专制,尖锐指出:"民与君不两立,自由与专制不并存,是故君主生则国民死,专制活则自由亡。"①此外,他还写了很多文章,宣传政治民主和思想自由。

在中国,封建专制的理论基础是孔孟之道,封建文化是封建秩序的维护者。因此,反对封建主义,就必须反对纲常名教。陈独秀曾深刻地指出,封建伦理与共和制度是不相容的,拥护共和国体就必须反对封建

① 《民彝与政治》,《李大钊文集》上,人民出版社1984年版,第175页。

伦理。他说："吾人果欲于政治上采用共和立宪制,复欲于伦理上保守纲常阶级制,以收新旧调和之效,自家冲撞,此绝对不可能之事。盖共和立宪制,以独立、平等、自由为原则,与纲常阶级制为绝对不可相容之物,存其一必废其一。"①在这里,陈独秀精辟地阐述了这样一个道理,即建立资产阶级共和国,也就必须建立相应的文化思想,新国体与旧文化绝对不能调和。辛亥革命忽视了这个问题,重视前者,轻视后者,陈独秀作为辛亥革命的参加者,通过失败后痛苦的反思,认识到了这个问题,并把这个认识称作是"吾人最后之觉悟"。

基于上述认识,新文化运动向封建伦理发动了猛烈的批判,指出:"儒者三纲之说,为一切道德、政治之大原。君为臣纲,则民于君为附属品,而无独立自主之人格矣;父为子纲,则子于父为附属品,而无独立自主之人格矣;夫为妻纲,则妻于夫为附属品,而无独立自主之人格矣。率天下之男女,为臣、为子、为妻,而不见有一独立自主之人者,三纲之说为之也。缘此而生金科玉律之道德名词,曰忠、曰孝、曰节,皆非推己及人之主人道德,而为以己属人之奴隶道德也。人间百行,皆以自我为中心,此而丧失,他何足言。"②忠、孝、节的封建秩序,和天赋人权所提倡的人格自主是根本对立的。

新文化运动对孔子学说表现出毫不妥协的批判精神,表示:"提倡孔教必掊共和","信仰共和必排孔教"。陈独秀、李大钊、鲁迅、吴虞等,都写出了一批战斗性很强的文章抨击儒学。在鲁迅的笔下,封建礼教被斥为"吃人"。吴虞也写道:"我们不是为君主而生的!不是为圣贤而生的!也不是为纲常礼教而生的!……我们如今应该明白了!吃人的就是讲礼教的!讲礼教的就是吃人的呀!"③同时,他们还撰文抨击康有为要求定孔教为国教的谬论,陈独秀坚定地表示:"对于与此新社会、

---

① 《吾人最后之觉悟》,《青年杂志》第1卷第6号。
② 陈独秀:《一九一六年》,《青年杂志》第1卷第5号。
③ 《吃人与礼教》,《新青年》第6卷第6号。

新国家、新信仰不可相容之孔教，不可不有彻底之觉悟，猛勇之决心，否则不塞不流，不止不行。"①这些"离经叛道"的呐喊，把反对封建的政治制度和反对封建的伦理道德结合起来，形成了一场彻底反封建的批判运动。

新文化运动的另一个主要内容是文学革命。这个运动的首倡者，是年轻的留美学生胡适和《新青年》的主编陈独秀。胡适，安徽绩溪人，1891年生于上海，是第二批庚子赔款留美学生。1910年至1917年，先后入康奈尔大学和哥伦比亚大学，在哥大时师从杜威学习哲学。1917年7月归国，由蔡元培聘为北京大学教授。1919年2月，出版了《中国哲学史大纲》（上卷）一书，这是运用西方资产阶级思想方法研究中国哲学史的一部名著，在当时的进步青年中产生过启迪心智、开扩思想的作用。

1916年10月，胡适在美国致函陈独秀，倡议改革文体，并提议从八个方面着手改革，而后将这些意见写成《文学改良刍议》一文，发表在1917年1月的《新青年》第2卷第5号上，这八个问题是："一曰，须言之有物；二曰，不摹仿古人；三曰，须讲求文法；四曰，不作无病之呻吟；五曰，务去烂调套语；六曰，不用典；七曰，不讲对仗；八曰，不避俗字俗语。"胡适这个意见，立即得到陈独秀的支持，并把它提到"文学革命"的高度。陈独秀随即写了《文学革命论》一文，以他特有的勇猛的性格和笔法，宣布："余甘冒全国学究之敌，高张'文学革命军'大旗，以为吾友之声援。旗上大书特书吾革命军三大主义：曰，推倒雕琢的、阿谀的贵族文学，建设平易的、抒情的国民文学；曰，推倒陈腐的、铺张的古典文学，建设新鲜的、立诚的写实文学；曰，推倒迂晦的、艰涩的山林文学，建设明了的、通俗的社会文学。"②胡适的倡议主要是讨论新文学的形式，陈独秀的三大主义则触及到了新文学的内容。这两篇文章的发表标志着新文化运动的战斗队伍中，又增添了一支生气勃勃的"文学革命军"。

---

① 《宪法与孔教》，《新青年》第2卷第3号。
② 《新青年》第2卷第6号。

　　文学革命的主要敌人，是当时被钱玄同斥之为"桐城谬种"、"选学妖孽"的旧文学。对此，陈独秀曾以无所畏惧的气概宣称："有不顾迂儒之毁誉，明目张胆以与十八妖魔宣战者乎？予愿拖四十二生的大炮为之前驱！"①又说："改良中国文学，当以白话文为正宗之说，其是非甚明，必不容反对者有讨论之余地，必以吾辈所主张者为绝对之是，而不容他人匡正也。"②陈独秀这种坚定的态度和不妥协的战斗精神，对文学革命起到很大的推动作用。若干年后，胡适对此仍给予高度评价。白话文是新文化运动取得的最显著最普遍的成果。1920年，教育部决定，中小学开始使用白话文的语文教材。

　　第一个把新文学的形式和内容完美地结合起来的是鲁迅。鲁迅生于1881年9月，浙江绍兴人，原名周树人。1898年5月，入南京江南水师学堂，开始接受《天演论》的影响。1902年留学东京弘文学院，1904年转入仙台医学专门学校，以后开始了文学活动。1909年归国，在杭州任教。民国成立后，应蔡元培之邀，到南京教育部任职，后随教育部迁至北京。1918年5月，他在《新青年》上发表了我国现代文学史上著名的抨击封建制度的白话小说《狂人日记》。鲁迅的文学作品，是新文化运动的重要成果。

　　文学革命的实质，是民主的文学反对封建的文学。胡适没有触及这个问题，陈独秀也没有深入地展开论述这个问题。因此，最初关于文学革命的争论，大多集中在语言的技巧和风格上，如胡适所说的"国语的文学，文学的国语"③。1918年12月，周作人发表了《人的文学》一文④，从而把新文学理论提高了一大步。他强调：新文学应当提倡人的文学，反对非人的文学。"人的文学"的理论基础是人道主义，而这一点

---

①　《文学革命论》，《新青年》第2卷第6号。

②　《通信》，《新青年》第3卷第3号。

③　《建设的文学革命论》，《新青年》第4卷第4号。

④　《新青年》第5卷第6号。

恰恰是民主文学和封建文学的本质区别。

把文学革命概括起来看,胡适首倡白话文,陈独秀高张文学革命大旗,鲁迅率先把新文学的形式和内容完美地结合起来,周作人则具体而深入地阐述了新文学理论。同时,钱玄同、刘半农等在批判旧文学,提倡新文学,特别是宣传白话文方面,也有所建树。他们在新文化运动中的功绩,都是应该肯定的。

新文化运动既是文化运动,也是政治运动。最初,陈独秀曾表示不干预时政,不久,随着洪宪帝制的发生,这一运动的政治色彩也随之浓厚起来。陈独秀指出:"吾人既未能置身政治潮流以外,则开宗明义之第一章,即为决择政体良否问题。"又指出:"吾国欲图世界的生存,必弃数千年相传之官僚的、专制的个人政治,而易以自由的、自治的国民政治也。"①公开宣称要参预"抉择政体",要把个人政治改变为"国民政治",这就公开宣布了新文化运动的政治目的。

实际上,新文化运动的基本活动,都是围绕其政治目的而展开的。陈独秀说:"欲建设西洋式之新国家,组织西洋式之新社会,以求适合今世之生存,则根本问题,不可不首先输入西洋式国家之基础,所谓平等人权之新信仰。"②这表明,他们所提倡的新思想,目的都在于"输入西洋式国家之基础"。文学革命同样如此:"今欲革新政治,势不得不革新盘据于运用此政治者精神界之文学。"③可见文学革命也被纳入了"革新政治"的范围。

新文化运动的领袖们深知,建立西洋式国家,必须使国民参预政治,打破少数政党垄断政治的局面。他们指出:"吾国之维新也,复古也,共和也,帝政也,皆政府党与在野党之所主张抗斗,而国民若观对岸之火,熟视而无所容心,其结果也,不过党派之胜负,于国民根本之进

①　《吾人最后之觉悟》,《青年杂志》第 1 卷第 6 号。
②　《宪法与孔教》,《新青年》第 2 卷第 3 号。
③　陈独秀:《文学革命论》,《新青年》第 2 卷第 6 号。

步,必无与焉。"因此,强调国民必须参政,"使吾国党派运动进而为国民运动"①,力图把党派政治改变为国民政治。的确,新文化运动唤醒了一代进步青年,在它的旗帜下,集聚了一支中国最进步的政治力量。当然,这个"国民运动"实际上是以进步知识分子为主体的,还不是真正的国民运动。然而这个进步的政治力量的出现,对当时的政治、思想、文化等方面都产生了深刻的影响。

新文化运动的领袖们本身都是非常激进的,他们不承认任何传统的权威和因袭的教条,礼教、自然观、社会、国家制度,乃至汉字、中医、京剧等传统文化,都遭到无情的批判。"理性"成为衡量一切的尺度,正如陈独秀所说:对于一切问题,都要"诉之主观之理性",否则,"虽祖宗之所遗留,圣贤之所垂教,政府之所提倡,社会之所崇尚,皆一文不值也"②。这个勇猛的、也是简单而绝对的批判运动,极大地解放了人们的思想,虽然不可避免地具有一些形式主义的偏向,但它为马克思主义在中国的传播,为行将到来的五四爱国运动和新民主主义革命,创造了很好的条件。

二　百家争鸣和新旧思潮的激战

新文化运动是在百家争鸣的形式下进行的,反过来,百家争鸣的局面又极大地丰富和发展了新文化运动。百家争鸣的典型场所是北京大学,其倡导者是北大校长蔡元培。

蔡元培于1917年1月初就任北大校长。针对中国文化思想界"好同恶异"的劣根性,蔡元培提出了著名的"兼容并包"的办学方针。他认为:"大学者,'囊括大典、网罗众家'之学府也。《礼记·中庸》曰'万物并育而不相害,道并行而不相悖',足以形容之。各国大学,哲学之唯心

---

① 陈独秀:《一九一六年》,《青年杂志》第1卷第5号。
② 《敬告青年》,《青年杂志》第1卷第1号。

论与唯物论,文学、美术之理想派与写实派,计学之干涉论与放任论,伦理学之动机论与功利论,宇宙论之乐天观与厌世观,常樊然并峙于其中,此思想自由之通则,而大学之所以为大也。"①这个思想自由的办学方针,实际上是对封建的思想专制的否定。

根据"网罗众家"的原则,蔡元培就职不到十天,就聘请了陈独秀为文科学长,《新青年》编辑部也随之由上海迁至北京。蔡元培又聘李大钊任北大图书馆主任,胡适为文科教授兼文科研究所哲学门主任,钱玄同为文科教授兼国文门研究所教员,刘半农、周作人为文科教授。鲁迅此时仍在教育部任职,但和北大进步教授保持着密切联系。这些人士都是《新青年》的主要编撰者,以他们为核心,形成了新文化运动的强大阵营。《新青年》也是在这个时候,扩大了它的政治影响。

同时,蔡元培还留聘、新聘了一批学术造诣深厚而思想保守的教授,如辜鸿铭、刘师培、黄侃、崔适等,以他们为核心,形成了北大的保守派营垒。

蔡元培的兼容并包思想,得到陈独秀的充分肯定。陈在致友人的一封信中写道:"'蔡老先生欲兼收并蓄,宗旨错了',这话我却不以为然。北京大学教员中,像崔怀庆【瑾】(崔适字怀瑾)、辜汤生(辜鸿铭)、刘申叔(刘师培)、黄季刚(黄侃)四位先生,思想虽说旧一点,但是他们都有专门学问,和那班冒充古文家、剧评家的人,不可同日而语。蔡先生对于新旧各派兼收并蓄,很有主义,很有分寸,是尊重讲学自由,是尊重新旧一切正当学术讨论的自由,并不是毫无分寸,将那不正当的猥亵小说,捧角戏评,和荒唐鬼怪的扶乩剑侠,毫无学识的丹田术数,都包含在内。"对于汉代董仲舒罢黜百家的做法,陈独秀表示反对,认为:"像董仲舒那样的专制办法,大背讲学自由的神圣,实在是文明进化的大障

---

① 《〈北京大学月刊〉发刊词》(1918 年 11 月),《蔡元培全集》第 3 卷,中华书局1984 年版,第 211 页。

碍。蔡先生兼收并蓄主义,大约也是不以这种办法为然。"①

　　陈独秀这封信,提出了学术争鸣的重要意见。自董仲舒向汉武帝建议罢黜百家、独尊儒术以来,中国在意识形态领域,逐步形成万马皆喑的专制局面,直至五四时期才真正撞击了这种封建专制,再度呈现百家争鸣的自由学风。陈独秀反对董仲舒那种强行压制某一学派的做法,主张"无论新旧都有讨论的自由"。同时,陈独秀也指出,蔡元培的兼收并蓄是"很有分寸"的,并不包括扶乩剑侠、丹田术数等在内。这种既有自由,又有分寸的方针,是正确开展学术争鸣的典范。可以认为,提倡民主自由的思想争论,也是新文化运动对封建的专制学风的批判。

　　值得称道的是,某些新旧学者,尽管在政治上、思想上、学术上尖锐对立,但并未因此产生个人恩怨。陈独秀赞成辜、刘、黄、崔都有讲学自由,同样,当陈独秀后来在五四运动中被捕后,刘师培也领衔率北大及各界人士约四十人联名致函京师警察厅,要求保释陈独秀。

　　在兼容并包的思想原则指导下,北大学术空气十分浓厚,学生思想十分活跃,各类社团纷纷成立,著名的有新潮杂志社、国民杂志社、平民讲演团、新闻研究会、静坐社、雄辩会等等。各类刊物也很多,著名的有《新潮》、《国民》等,属于保守势力方面的则有《国故》等。民主自由的学风,一扫沉闷、颓废的旧习气,这时的北大,人才辈出,群星灿烂,大批青年正在觉醒,努力探索着救国真理。

　　随着新文化运动的发展,在中国文化思想界爆发了一场新、旧思潮大激战。总的来看,在新文化运动前期,旧势力对它的攻击还不很激烈,所以,《新青年》还要用"双簧戏"②的办法,来引起新旧思潮的争论。然而到1918年底至1919年初,情况就不同了,封建卫道士们纷纷出来

---

　　①　《关于陈独秀的一封信》,《近代史研究》1986年第3期。
　　②　1918年3月,《新青年》导演了一场著名的双簧戏,钱玄同化名"王敬轩",在《新青年》发表通信,以封建文人的口气抨击新文化运动,同时发表刘半农作的一篇近万言的文章,逐一驳斥了"王敬轩"的论点。

抨击新文化运动,大骂它是"叛亲灭伦","禽兽自语","功利倡而廉耻丧,科学尊而礼义亡"。这场漫骂的高潮,是林琴南(林纾)写的一篇名为《荆生》的文言小说,发表在1919年2月17日的上海《新申报》上。小说塑造了一个名叫荆生的"伟丈夫",另有三位新文化运动的拥护者田其美(指陈独秀)、金心异(指钱玄同)、狄莫(指胡适)。荆生对三人怒斥道:"中国四千余年,以伦纪立国,汝何为坏之?⋯⋯尔乃敢以禽兽之言,乱吾清听!"最后,田、金、狄三人被"伟丈夫"赶走。小说实际上是旧势力对新文化运动的仇视情绪的发泄。

在保守势力的进攻面前,新文化运动也展开了猛烈的反击。1919年1月,陈独秀在《新青年》发表《本志罪案之答辩书》,回答了旧势力的挑战。他指出:"要拥护那德先生,便不得不反对孔教、礼法、贞节、旧伦理、旧政治;要拥护那赛先生,便不得不反对旧艺术,旧宗教;要拥护德先生又要拥护赛先生,便不得不反对国粹和旧文学。"他坚定地表示:"若因为拥护这两位先生,一切政府的迫害,社会的攻击笑骂,就是断头流血,都不推辞。"①《荆生》小说发表后,李大钊在《晨报》发表《新旧思潮之激战》一文,他正告林琴南等人道:"总是隐在人家的背后,想抱着那位'伟丈夫'的大腿,拿强暴的势力压倒你们所反对的人,替你们出出气,或是作篇鬼话妄想的小说快快口,造段谣言宽宽心,那真是极无聊的举动。须知中国今日如果有真正觉醒的青年,断不怕你们那伟丈夫的摧残;你们的伟丈夫,也断不能摧残这些青年的精神。"②

通过这场激战,新文化运动得到更大的发展,并且开始把反对封建文化与反对军阀统治的政治斗争结合起来。不过,怎样才能推翻军阀的统治? 中国的出路在哪里? 这些仍旧是人们探索中的问题。

---

① 《新青年》第6卷第1号。
② 《李大钊文集》上,第661、662页。

三　马克思主义传入中国

　　马克思主义自诞生后,就以其真理的力量传播于全世界。中国人接受马克思主义,经过了一个漫长而曲折的过程。

　　1871年普法战争爆发后,中国人王韬随即将有关报道编成《普法战纪》一书,其中用诋毁和偏见的言词,介绍了巴黎公社及其斗争。

　　还在上个世纪,马克思的名字就出现在中文报刊上。1899年,由广学会主办的《万国公报》第121期上,登载了一篇题为《大同学》的文章,其中这样写道:"其以百工领袖著名者,英人马克思也。马克思之言曰:纠股办事之人,其权笼罩五洲,实过于君相之范围一国。吾侪若不早为之所,任其蔓延日广,诚恐遍地球之财币,必将尽入其手。"该文作者是英国人颉德,译者是英国传教士李提摩太。

　　中国人最早谈到马克思的是梁启超。1902年,梁在《新民丛报》发表《进化论革命者颉德之学说》一文,文中附带提到马克思:"麦喀士(马克思),日尔曼人,社会主义之泰斗也。"又说:"今之德国,有最占势力之二大思想,一曰麦喀士之社会主义,二曰尼志埃(尼采)之个人主义。麦喀士谓:今日社会之弊,在多数之弱者为少数之强者所压伏。"[1]二十世纪初,由于新刊物增多,不少文章开始谈论马克思。此外,还翻译出版了一批日本学者的社会主义著作。

　　这段时期,某些资产阶级革命家也开始谈论马克思及社会主义。1905年初,孙中山在欧洲曾专程访问第二国际书记处,要求加入第二国际,并表示:"中国社会主义者要采用欧洲的生产方式,使用机器,但要避免其种种弊端。"[2]同年,朱执信撰文介绍了马克思、恩格斯生平,

---

　　[1]　《新民丛报》第18号,1902年10月。
　　[2]　《访问国际社会党执行局的谈话报道》,《孙中山全集》第1卷,第273页。

并介绍了《共产党宣言》的要点,以及《资本论》中的剩余价值学说①。朱执信的介绍并不准确,而且目的在于防止社会革命,但这却是中国人第一次较多地介绍马克思、恩格斯生平及其学说。

1911 年,江亢虎组建了一个中国社会党,标榜"社会主义",鼓吹遗产归公、地税归公等。1912 年 10 月 14 至 16 日,孙中山应邀到中国社会党本部,连续三日发表关于社会主义的专题演说,听众上千。孙中山认为:"社会主义,为人人心中应有之理想,故孕育于数千年以前,然无专门之名词为之表示。""其后德国社会学者马克斯,以三十年之心力,成一社会学名著,曰《资本》者。于资本之来历、性质、流弊、结果,均详述无遗。于是社会主义别开生面,二三十年来,学者渐多。"他又指出:"社会主义者,人道之福音也,主张平等、博爱,即人道主义之根本也。"②这就是孙中山当时对社会主义的认识。

马克思主义本来是无产阶级革命的理论武器,社会主义本来是无产阶级争取建立的社会制度,然而在二十世纪初期的中国,资产阶级和小资产阶级革命家,却成了它的介绍者。

中国的资产阶级革命家们,所从事的是资产阶级的思想运动,但帝国主义时代所暴露出来的资本主义的种种弊病,使他们一面在为资本主义的发展开辟道路,一面又对它的某些方面采取批判态度,孙中山就是典型。问题不在于当时的中国人对马克思主义和社会主义的理解如何,重要的是,人们已经开始懂得,马克思主义是世界主要思潮之一。中国革命必须反对帝国主义和封建主义,旧有的资产阶级的思想武器不能承担起这一任务了,因此,中国人不得不转而求助于马克思主义。

马克思主义在中国的广泛传播,是在第一次世界大战和十月革命之后,并在五四爱国运动以后逐步形成为强大的社会思潮。这个思潮的形成,改变了新文化运动的方向,使之发生了质的变化。

---

① 《德意志社会革命家小传》,《民报》第 2、3 号。
② 《孙先生之社会主义讲演录》,《民立报》,1912 年 10 月 15、18 日。

　　第一次世界大战爆发后，人们增加了对西方资本主义制度的怀疑，开始寻找新的出路。李大钊在一篇文章中向青年们号召道："我很盼望我们新青年打起精神，于政治、社会、文学、思想种种方面开辟一条新径路。"①然而这新的径路是什么？人们还不清楚。就在这时，十月革命爆发了，发生在邻国的无产阶级革命的胜利，把一个崭新的社会现实地摆到了中国革命者面前。鲁迅后来说："先前，旧社会的腐败，我是觉得了的，我希望着新的社会的起来，但不知道'新的'该是什么；而且也不知道'新的'起来以后，是否一定就好。待到十月革命后，我才知道这新的创造者是无产阶级，但因为资本主义各国的反宣传，对于十月革命还有些冷淡，并且怀疑。"②但是，随着时间的推移，欢迎和歌颂十月革命的人便逐渐多起来了。1918年7月，李大钊发表了第一篇歌颂十月革命的文章《法俄革命之比较观》。他指出：俄国革命与法国革命的性质是不同的，是"不可同日而语"的伟大革命，"俄罗斯之革命是二十世纪初期之革命，是立于社会主义上之革命。"他强调："吾人对于俄罗斯今日之事变，惟有翘首以迎其世界新文明之曙光，倾耳以迎其建于自由、人道上之新俄罗斯之消息，而求所以适应此世界的新潮流。勿徒以其目前一时之乱象遂遽为之抱悲观也。"③

　　随后，李大钊又发表了《庶民的胜利》、《布尔什维主义的胜利》等演说和文章。在举国上下均认为第一次世界大战是公理战胜强权的时候，李大钊初步运用马克思主义观点分析了这场战争。他认为："这回战争的真因，乃在资本主义的发展；国家的界限以内，不能涵容他的生产力"，"所以资本家的政府想靠着大战，把国家界限打破，拿自己的国家做中心，建一世界的大帝国。"他指出：布尔什维克看到了这一点，反对"资本家政府的战争"，主张"合世界无产庶民对于世界资本家的战

---

① 《新的！旧的！》，《李大钊文集》上，第539、540页。
② 《答国际文学社问》，《鲁迅全集》，人民文学出版社1981年版，第6卷第18页。
③ 《李大钊文集》上，第573、575页。

争"，布尔什维克的目的是："把资本家独占利益的生产制度打破"，使"一切产业都归在那产业里作工的人所有"。他热烈地欢呼道："由今以后，到处所见的，都是 Bolshevism 战胜的旗；到处所闻的，都是 Bolshevism 的凯歌的声。人道的警钟响了！自由的曙光现了！试看将来的环球，必是赤旗的世界！"①当然，这段时间李大钊对马克思主义的理解还是较为粗浅的，但他已明确表示拥护十月革命，因此，李大钊成为我国最早的具有初步共产主义思想的知识分子。

　　总的来看，在五四运动以前，中国人对马克思主义的接触和了解还是很有限的，相当多的人对帝国主义还抱有幻想，特别对巴黎和会抱有很大的幻想，然而问题是，不彻底抛弃对帝国主义的幻想，就不可能接受马克思主义。随着巴黎和会的召开以及中国外交的失败，进步知识分子对帝国主义的幻想也就随之而破灭。

第二节　巴黎和会与山东问题

一　协约国胜利在中国的反响

　　北洋政府自 1917 年 8 月 14 日宣布对德奥宣战后，因旧国会已于6 月解散，而安福国会又未成立，因此对德奥宣战案一直未经国会正式通过。1918 年 10 月，德国向协约国方面提出停战请求，战争的结束已指日可待。10 月 27 日，徐世昌匆忙向众议院提出《对德、奥宣战咨请同意案》。11 月 2 日，代理国务总理钱能训亲至众议院对该案作了说明，众议院在经过简短辩论后，随即以二百四十四票赞成，全体通过该案②。11 月 5 日，参议院以一百零四票赞成，一致通过该案③。六天

---

① 《李大钊文集》上，第 594、599、600、603 页。
② 《众议院速记录》，第二届第一期常会，1918 年 11 月 2 日。
③ 《参议院公报》，1918 年 11 月 5 日。

后,即11月11日,德国与协约国方面签署了停战协定,持续五十一个月又两周的第一次世界大战,以协约国的胜利而告结束。

欧战告终,国内南北战争趋于停顿;欧洲将举行巴黎和会,上海将召集南北和会;威尔逊的十四条宣言,徐世昌的罢战退兵命令,这一切似乎给中国和世界带来了一片光明,人们对于战后时局充满着乐观估计。

威尔逊在1918年1月发表了著名的十四条宣言,对战后的国际关系准则提出了一系列新的规定,包括国与国之间不得订立任何秘密协定,外交活动必须公开,并倡议设立国际联盟,以维护各国的政治独立和领土完整。在同年9月的一次演讲中,威尔逊又说:"此次战争,非国际政客之战,系人民之战。将来议和,应以无偏倚之公道为原则。"他为战后议和提出五条大纲,第一条便是"各国人民权利平等,待遇毫无轩轾"①。

威尔逊的上述言论,引起中国各阶层人士的热烈反响,钱能训在众议院演说指出:"我国所主张,即以美国威大总统所主张为主张,亦即以世界人类共同之主张为主张。此次战后外交情形迥异曩昔,凡损人利己之外交一定失败,且凡阴谋诡密之外交,亦无良好之结果。"②威尔逊的言论,甚至中国思想界最先进的人士也为之迷惑,陈独秀就公开称其为世界上第一个好人。总之,人们都庆幸着中国能够跻身于"战胜国"的行列,随着战争结束,举国上下掀起了一阵不小的庆贺战胜的热潮。

徐世昌在11月16日的命令中声称:"我协商国士兵人民,不惮躬冒艰险,卒以公理敌强权而获此最后之胜利。吾国力排众难,加入战团,与兹盛举,是堪欣幸。"③钱能训在众议院的演讲中也颇为欣慰地说:"此次欧战,中国幸能随同最讲公道、最爱和平各友邦,以与专尚武

---

① 《秘笈录存》,中国社会科学出版社1984年版,第29、30页。
② 《众议院速记录》,1918年11月2日。
③ 《政府公报》,1918年11月17日。

力、凭凌弱小之国角斗,是为我中国最有荣幸之事。"①11 月 20 日,参、众两院议长梁士诒、王揖唐,分别致电美、英、法、意、日等国国会,祝贺胜利。国务院于 23 日发出通告:"本月二十八日,庆祝欧战完全胜利,所有各机关应放假一日。"②28 日,北洋政府在紫禁城太和殿前举行盛大阅兵式,美、英、法、意、日等国士兵参加受阅,中国士兵以段祺瑞为总指挥。同时,内务部发出训令,要求各类宗教团体均于 12 月 1 日按各自教规举行祈祷仪式。训令说:"欧战告终,各协约国教堂皆行祈祷之礼,吾国对德宣战,与各协约国立于同一地位,各省区宗教团体届期亦应一律举行祈祷。"③从始至终宣而不战的北洋政府,厚颜地分享着"战胜国"的喜悦。

同样,各界人士也普遍认为,欧战结束是公理战胜强权,兴奋的人们将象征耻辱的克林德碑,改名为"公理战胜",由东单迁移至中央公园(今中山公园)。北京大学在天安门搭台演讲数日,蔡元培校长发表了题为《黑暗与光明的消长》的演说。他说:"现在世界大战争的结果,协约国占了胜利,定要把国际间一切不平等的黑暗主义都消灭了,别用光明主义来代他。"蔡元培的理论依据是,战争的爆发,是由弱肉强食的生物进化论思想所导致,而今后取而代之的是互助论的进化思想。他说:"生物进化,恃互助不恃强权。此次大战,德国是强权论代表。协商国互助协商,抵抗德国,是互助论的代表。德国失败了,协商国胜利了,此后人人都信仰互助论,排斥强权论了。"④这在当时是一种极普遍的思想。

在一片欢呼声中,当年力主参战的段祺瑞似乎成了一位英雄,以他为首的皖系势力再一次嚣张起来。1919 年 1 月 18 日,众议院有人提

①　《众议院速记录》,第二届第一期常会,1918 年 11 月 2 日。

②　《政府公报》,1918 年 11 月 23 日。

③　北洋政府内务部礼俗司档案。

④　《北京大学日刊》,1918 年 11 月 27 日。

出《请以七月三日为马厂首义再造共和纪念日案》，提案人声言："马厂誓师，推倒复辟，实可为三次恢复共和之纪念日。如无此日，试问中华民国何能存在于今日？……十月十日武昌起义之期，十二月二十五日云南倡义之期，均已定为纪念日，马厂誓师，关系尤为重大，岂可即不定为纪念日乎？"湖南籍议员罗正纬反对，认为民国纪念日不宜过多。有人反驳道："段前总理马厂誓师，再造共和，与黎前总统武昌起义事迹相同……当然应定为纪念日。"又有人说："至此次复辟事起，首都陷落，若不有段前总理马厂誓师，国体几将变更，是其关系之重大，无异于武昌起义、云南倡义之事。"①当日，众议院以多数票赞成通过该案。2月7日，徐世昌发布命令："国会议决，以七月三日马厂首义再造共和之日，为民国纪念日，兹公布之。"②这样，便出现了三个民国纪念日并存的现象。

在欢庆胜利的同时，即将召开的巴黎和会自然成为各界关注的中心。人们既然把中国摆到了战胜国的地位上，当然就指望享有战胜国的权利，指望以战胜国的身份，在巴黎和会上一举改变八十年来受屈辱的历史，改变半殖民地的国际地位。司法部曾急电各省，征求收回领事裁判权的意见，国会中也有人提出收回山东权利的议案。各界人士纷纷围绕巴黎和会献计献策，甚至连参预张勋复辟的康有为也抑制不住内心的激动，给出席巴黎和会的陆徵祥写了一封长函，提出中国应争取废除庚子赔款，收回胶州湾等租借地，废除二十一条，改订关税，收回治外法权，等等。

此外，被排挤下台的梁启超等研究系政客，则决定亲赴巴黎，协助中国代表团。在宪法研究会为他举行的钱行会上，梁启超表明此行的目的在于："欧战和议关系于吾国利害者至巨，由国民分子的义务而言，

---

① 以上均见《众议院速记录》，第二届第一期常会。
② 《政府公报》，1919 年 2 月 8 日。

则凡有利于吾国而为鄙人力之所能逮者,必当竭诚有所贡献。"①1918年12月28日,梁启超一行由上海登舟赴欧,同行者有张君劢、蒋方震、丁文江等。行前,他们"着实将从前迷梦的政治活动忏悔一番,相约以后决然舍弃"②。然而不久在巴黎,他们又一次卷入到政治漩涡中。

二　中国参加巴黎和会的准备

为处理巴黎和会所带来的日益繁重的外交事务,1918年12月18日,徐世昌在中南海总统府内设立了一个外交委员会,其主要任务是,为总统和政府提供有关巴黎和会的政策、方针、措施等咨询及建议,并处理某些外交事务。该委员会设在中南海集灵囿,其成员均为政界知名人士,计有汪大燮、熊希龄、林长民、张国淦、周树模、周自齐、朱启钤、沈瑞麟、靳云鹏、陆宗舆、王宠惠、高而谦、陈箓、张志潭、孙宝琦,后又加派了王揖唐、刘式训、许士熊三人。汪大燮任委员长,林长民任事务主任,事务员有叶景莘、梁敬錞等四人。以上人员多为挂名,主持日常工作的是汪、林二人。不难看出,这实际上是一个为研究系所掌握的机构。

徐世昌在外交委员会成立时发表演说,认为:巴黎和会的召开,"将确定国际间将来之一切局面,解除国际间一切易生危险之要点,是国际间将开一新纪元"。"吾国国民深幸有此次之参战,不能不希望于此次和议之结果。……诸君子研究有素,阅历较深,务希各竭心力,为我增益"③。

在当时,人们最感兴趣的莫过于威尔逊关于成立国际联盟的倡议,而且舆论界对国际联盟有一种奇特的理解。近代大同学说倡导者康有

---

① 《宪法研究会之梁任公饯别会》,《晨报》,1918年12月21日。

② 《梁启超年谱长编》,第874页。

③ 《总统在外交委员会之演说》,《晨报》,1918年12月20日。

为,立即将国际联盟和世界大同联系起来,认为国际联盟的成立,是世界大同的到来。为响应威尔逊这一建议,1919年2月9日,北京成立了一个"国际联盟同志会",梁启超任理事长,汪大燮为代理理事长,理事有熊希龄、王宠惠、蔡元培、李盛铎、王揖唐等,林长民为总务干事,胡适等任干事。显然,这又是一个以研究系分子为主体的团体。该会在发起宣言中声称:"中国之政治思想,夙以大同为至善,大同者天下一家,即国际联盟圆满之境也。中国民族好和平、恶战争,盖涵濡于数千年圣哲教训之所致,尤与国际联盟之精神相符也。"①人们喋喋不休地论证着国际联盟的设想渊源于大同学说,无非是要证明,中国古代圣哲是世界文明和人类进化的先知,其实这恰恰表明中国上层人士对于帝国主义政治的无知。

为了在对外方针上取得较自由的发言权,2月16日,张謇等人又发起成立了"国民外交协会",由张謇、熊希龄、王宠惠、林长民等七人任理事。该会在成立宣言中指出:"中国向无外交政策,亦无所谓国民外交作用,每度交涉发生,政府临事仓皇,不知如何应付……吾人追源祸始,误于政府之无外交政策者半,误于国民不解国民外交作用者亦半。……同人不敏,爰设斯会,一方表示公正民意,一方力为政府后援。"②该协会日后在五四运动中是一个十分活跃的政团。

上面几个官方和非官方机构,都是针对巴黎和会的召开而设立的,又均由研究系控制。随着欧战结束,在内政上失意的研究系,却立即在外交上活跃起来,他们将围绕外交问题而展开自己的政治活动。

外交总长陆徵祥是中国出席巴黎和会的首席代表。1918年12月1日,陆徵祥偕其夫人乘火车启程离京,外交部暂由次长陈箓负责。陆徵祥的行程是,从东北经朝鲜至日本,再由美国赴法。由于当时巴黎和会还在筹备中,列强对于各国全权代表的名额尚未确定,因此中国代表

① 《国际联盟同志会缘起》,《晨报》,1919年2月7日。

② 《国民外交协会成立会纪事》,《晨报》,1919年2月17日。

的名单也未公布,但国务会议已内定由陆徵祥、驻法公使胡惟德、驻英公使施肇基、驻美公使顾维钧、驻比利时公使魏宸组(此时尚未任命)五人为中国全权委员,当时一般称作"专使"。

陆徵祥行前,徐世昌曾召集会议讨论方针。段祺瑞发言,认为此次参战,宣布过迟,不应多提要求。除收回德奥租界,取消其在中国的权益外,拟提议撤销庚子条约驻兵一条,以及修订海关税则;至于青岛问题,日本一再声言交还中国,谅不至食言。当时政府的态度是"随机应付,没有确定"①。后来由外交委员会拟出一个方案,包括破除势力范围,统一管理铁路;取消领事裁判权;关税自主;撤退外国军队;停付庚子赔款。该方案后由国务院电致中国代表团。由此可见,政府在讨论和拟订方案时,山东问题并不占重要地位,当时还没有意识到它的严重性。

12月9日,陆徵祥在驻日公使章宗祥陪同下,在东京拜会了日本外相内田。会谈中,"内田颇主张两国步调一致……至青岛问题,内田谓日政府将来必照前定交还中国之精神进行,惟照法律手续,形式上须俟日本向德取得后,再行交还中国"②。对此,陆徵祥没有明确表态。日方提出青岛交还手续问题,其实质是企图继续保持其在山东的势力范围;强调"步调一致",其实质是防止英美插手中国问题而由日本来包办,并约束中国方面的行动。总之,这次会谈一开始就给山东问题的解决投下了阴影。陆徵祥一行,于12月10日离日赴美。

顾维钧于1918年12月10日抵达巴黎。顾维钧,字少川,1912年获美国哥伦比亚大学哲学博士学位,当年归国,任袁世凯和外交部秘书。1915年出使华盛顿,任驻美公使。在欧战期间,他密切关注着远东国际关系的演变,他曾在一份致政府的密电中指出,日本已构成对中国的最大威胁,英、法已没有力量顾及其远东利益,"英、法等国遇有中

---

① 《曹汝霖一生之回忆》,第146页。

② 章宗祥:《东京之三年》,《近代史资料》总38号,第62、63页。

国事,往往先商日本,势若默认日本为东亚霸主"。他环顾中国的国际环境,认为:"英之于西藏,俄之于蒙古,日之于山东,葡之于澳门,均属未了问题。……而美对我无阴谋,待我以至诚,我正可赖美为助。"因此他力主中国应追随美国参战,"若我助美入战,美国谊当还助,且有余力顾我防患未然"。他预料,美国"战后于国际上势力必更见扩充",因此,"我助彼作战,将来国交上获益实属不浅"①。显然,还在战争期间,顾维钧已确立了战后"赖美为助"的基本思想,他此次奉命出使巴黎,正是抱着这一基本思想前往参加和会的。

驻英公使施肇基晚顾维钧一日抵巴黎。施肇基,字植之,毕业于美国康奈尔大学,回国后曾任湖广总督张之洞的洋务文案。民国成立后,曾任唐绍仪内阁的交通总长,1914年出使伦敦,任驻英公使。

王正廷于1919年初到达巴黎。王正廷,字儒堂,早年毕业于美国耶鲁大学。辛亥后,曾任南京临时参议院副议长,民国二年任第一届国会参议院副议长。张勋复辟解散国会后,他南下广州参加护法运动,时任广东非常国会参议院副议长。世界大战结束前后,他奉广东军政府之命前往美国办理外交事务,在陆徵祥逗留美国期间,为向国际社会体现国内南北一致,陆和王私下接洽后,王被陆接纳为中国代表,并由王取代驻法公使胡惟德的代表职位。

魏宸组于1919年1月5日被任命为驻比利时公使。他于清末留学法国,民国成立后,曾任南京临时政府外交次长,后任唐绍仪内阁秘书长。他较早参预战后议和的准备工作,且擅长起草各类电文,因此陆徵祥选择他作为中国代表。

中国代表团其他主要成员有驻法公使胡惟德,驻丹麦公使颜惠庆,驻意大利公使王广圻,以及参事严鹤龄等,代表团秘书长是驻法使馆参赞岳昭燏。以上成员只限于参加代表团内部讨论。从代表团的整个组

---

① 均见顾维钧1917年4月9日致政府密电,《近代史资料》总38号,第184、185页。

成阵容看,确是集中了清末民初以来一代外交人才,他们大多与欧美方面有着程度不等的历史关系,显然"亲日派"不占优势。

在巴黎和会召开前后,国内各界知名人士纷纷云集巴黎,他们当中有国民党方面的汪精卫、张静江、徐谦等;研究系方面的梁启超、蒋方震、张君劢、丁文江等;还有旧交通系首领叶恭绰等,叶因不满于中日山东换文,愤而辞职,出游巴黎,经中国代表团聘为顾问①。他们都是来窥探和会进展情况的,都企图对参加和会的中国代表施加各自的政治影响,不论他们的派系与政见如何不同,但有一点相同,即他们都是皖系的政敌。

对于巴黎和会这样重大的国际外交活动,广东军政府是不甘心于被排斥在外的,必须争取参加和会,以向国际社会体现它的存在,争取列强对它的合法地位的承认。

1918年12月中旬,军政府主席总裁岑春煊致电南北和会主要斡旋者李纯,建议巴黎和会"由南北会同遣派代表,即为适当。例如北派若干人,南亦派若干人。此双方合派人员,北方一律正式任命发表。同时,南方亦一律正式任命发表"。他认为:"鄙意此项办法,原为求形式上统一之唯一良法,仍乞我公加电促成。"②岑春煊提议南北政府分别任命代表,是要表明军政府的独立性,表示北方无权单方面任命代表。

为了造成一种南北和解的气氛,为即将召开的上海南北和会铺平道路,北洋政府决定接纳南方人士参加中国代表团,此时,陆徵祥已在美国和王正廷进行接洽。但是,由南北政府双方任命代表的建议,北京方面是不能接受的,因为这样一来,无疑向世界表明,北洋政府不是中国唯一合法政府。李纯也致电政府表示:"岑电调停之策,拟双方正式任命,殊属不妥。"③然而就在函电交驰之际,军政府单方面任命了它的

---

① 《叶遐庵年谱》,第68页。
② 《一九一九年南北议和资料》,第74页。
③ 《一九一九年南北议和资料》,第75页。

五位代表,他们是:大使伍廷芳、孙中山,特使王正廷、伍朝枢、王宠惠[①]。军政府这一举动,不过是一种政治姿态,孙中山致函谢持表示不能担任该职,他说:"南方派遣特使,未得国际承认,断然不能代表发言。且文亦不能受北方伪政府所委任,此事当然无从进行。若明知其不能代表、不能发言,而贸然前往,亦甚无谓。"[②]此外,伍廷芳年事已高,本不便远赴巴黎,而北方的王宠惠当然也不会接受南方这一任命。但伍朝枢乐意受命,他于1919年3月抵法,他的到来及其身份问题,在中国代表团内部引起一场风波。

伍朝枢最初提议由北洋政府加派他为全权代表,理由是葡萄牙与中国地位相同,而全权代表却有六名。但北洋政府拒绝了这一要求。尔后伍朝枢又提议,在原有的五名代表中抽换一人,由他顶替,但再次遭到拒绝。最后,为敷衍南方,北洋政府任命伍朝枢参加代表团内部讨论,但为伍拒绝。这样,伍朝枢实际上始终未能参加代表团,南方代表仍为王正廷一人。

三　巴黎和会开幕与山东问题的提出

举世瞩目的巴黎和会,于1919年1月18日在巴黎法国外交部大厅举行开幕式,陆徵祥和王正廷代表中国出席。会议选举法国总理克列孟梭为大会主席(当时中国方面多称为会长或议长),美国国务卿蓝辛、英国首相劳合—乔治、意大利首相奥兰多、日本公爵西园寺公望四人为副主席。和会最高机构由美、英、法、意、日五大国各派二名代表组成,称作十人会议或五国会议。他们是:美国的威尔逊和蓝辛,英国的劳合—乔治和外交大臣贝尔福,法国的克列孟梭和外长毕勋,意大利的奥兰多和外交大臣索尼诺,日本的牧野伸显男爵和新田子爵。

---

① 《革命文献》第49辑,第259页。
② 《孙中山全集》第5卷,第18页。

　　会议规定美、英、法、意、日五国各为五名代表,巴西等国三名,中国二名,而古巴等国则仅一名。由于中国内定的五名代表均已到达巴黎,不便安排两名,因此陆徵祥仍旧将五名代表上报和会,但每次会议仅由其中两名出席。其他弱小国家大多也采取这一办法。中国代表排列顺序是:陆、王、施、顾、魏。

　　在中国代表中,较早注视并深入研究过山东问题的,是那位名气不大、资历甚浅的青年外交官顾维钧。还在战争期间,顾就在驻美使馆内设立了一个由他主持的研究小组,着重研究战后废除各种不平等条约和收回山东主权等问题①。1919年1月23日,中国代表团召开第三次会议,陆徵祥简要报告了中日山东换文的情况。他说:顺济和高徐两条铁路案,"系去年经阁议议决向日本借款建筑,于九月间签定预备合同。其内容我国政府准日本发行公债,先由日本银行垫款二千万元。当有交换条件,日本允将山东军队调回(现在移驻青岛),民政署撤废,警察归中国自办",等等。在这里,陆徵祥讲得很清楚,政府是以顺济和高徐两条铁路的路权作为日本部分撤军的"交换条件"。铁路合同既然是作为"交换条件"而提出,那么也就不是一项孤立的经济合同,而含有强烈的政治色彩。也就是说,北洋政府默认了日本势力以另一种形式存在于山东,否则日本决不会自行撤兵的。显然,铁路合同和日本撤军这两项于1918年9月24日同一天签订和商订的文件是有着直接关系的。而曹汝霖等人后来在为自己辩护时,均回避了这两项文件之间的联系这一关键问题,孤立地谈论两项协定。

　　在陆徵祥发言后,顾维钧当即发言说:山东问题、铁路问题以及中日间许多条约,"均由欧战发生,仅属战期内之暂行办法……现在和会已开,一切由欧战发生之问题,正须求永久之解决,我国山东问题,亦可公诸大会议决"②。顾维钧的发言,实际上是否认了中日政府关于山东

①　《顾维钧回忆录》第1分册,中华书局1983年版,第162—164页。
②　以上均见《我国讲和专使团会议记录》,第三次会议。

的各项换文,统统称之为"仅属战期内之暂行办法",因此必须在巴黎和会上重新提出、重新解决这一系列问题。

和会开幕之初,五强国在如何分配德国殖民地问题上发生激烈争执,在1月27日上午的十人会议上,临时改议日本代表提出的继承德国在中国山东的权益要求,美国代表表示应听取中国方面的说明,于是会议决定中国代表当日下午出席十人会议。

这天中午,中国代表们同往常一样,在顾维钧房间内共进工作午餐,只是陆徵祥称病卧床没有参加。1时许,顾维钧忽然接到美国远东司长密告,下午3时中国代表将出席十人会议说明山东问题。据顾维钧回忆,"这消息对每个就餐的人来说,都不啻是一个晴天霹雳"①。这是中国代表第一次出席十人会议,时间紧迫,责任重大,由于陆徵祥称病卧床,已不能赴会,根据代表席次顺序,顾维钧提议王、施二人出席,施则推顾,王又推顾发言,最后决定,王、顾出席,而由顾代表中国发言。

当王、顾二人赶到会场时,十人会议成员均已就座。日本代表牧野伸显首先发言,提出:"胶州租借地、铁路及其他德国在山东所享有之各种权利","要求德国以无条件之手续让与日本"②。而对于山东"交还中国一层,一字不提"③。由于事情来得突然,中国方面尚不及准备。顾维钧接着发言说:"此项问题关系中国利益甚大,深望联邦各国俟中国方面之意见表示后,再行审查定议。"④于是十人会议决定,翌日再度听取中国代表发言。

势态骤变,中国代表团陷入了困境。陆徵祥途经日本时,内田外相提出的是山东由德国交日本,再由日本交还中国。就在数日之前,内田于1月21日在日本众议院演讲外交问题时还说:"即如胶州湾租借地,

---

① 《顾维钧回记录》第1分册,第183页。

② 《我国讲和专使团会议记录》,第四次会议附录。

③ 陆徵祥1月27日致政府密电。见《六十年来中国与日本》第7卷,三联书店1981年版,第263页。

④ 《我国讲和专使团会议记录》,第四次会议附录。

帝国政府从德国获得自由处分权时，自当遵行大正四年五月二十五日关于山东中日条约关系交换公文条项，将该租借地还付中国。"①而现在，日本代表发言却是"交还中国一层，一字不提"。

27日晚，陆徵祥与顾维钧约请美国远东司长密商对策，美方极为注意胶济铁路问题，一再询问中日间有无秘密协定，陆徵祥只得承认。美方表示惋惜，说："二十一条之签字，为强力所迫，世界共知。至胶济铁路之成议，出于中国自愿，势难更改。"②表示美方无力协助。

28日，王、顾二人再度出席十人会议。山东问题的突然提出与辩论，是中日两国间一场遭遇战，顾维钧在没有充分时间作准备的情况下，果断地采取了一项对策，即撇开中日间一切密约的束缚，而从山东的历史、文化等方面阐述中国对于山东的不容争辩的主权，从而冲破密约的束缚，争取列强的同情。他沉着镇定，不亢不卑，侃侃陈词："三千六百万之山东人民，有史以来，为中国民族，用中国语言，信奉中国宗教。""胶州为中国北部之门户，亦为沿岸直达国都之最捷径路也……于国防上中国亦断然不容他国之争执也。以文化言之，山东为孔、孟降生，中国文化发祥之圣地。以经济言之……人口既已稠密，竞存已属不易，其不容他国之侵入殖民，固无讨论之余地。是以如就本会承认之民族领土完整原则言之，胶州交还中国，为中国当有之要求权利。"他感谢日本驱逐了德国在山东的势力，但又指出：不能以"割让中国人民天赋之权利为报酬"。最后，顾维钧坚定地表示："本全权绝对主张，大会应斟酌胶州租借地及其他权利之处置，尊重中国政治独立、领土完整之根本权利。"接着，牧野发言，以"日本占领胶州湾后，迄至今日，事实上已为领属"为理由，企图让各国承认青岛已为日本"领属"的既成事实。牧野又说：中日两国"已有交换胶州湾交还之约，并关于铁路亦有成约，此等之公文，对于四国间亦认为有注意之价值也"。他是在向其他四强示

①　《日本对华外交之宣言》，《晨报》，1919年1月23日。

②　《六十年来中国与日本》第7卷，第264页。

意,中日政府对于山东问题已有协定,不必插手这一问题。然而威尔逊却抓住这一点不放,他紧接着说:"日本代表将前项公文于会议时有无提出之意向?"意思是要求公布中日密约,因为他的十四条宣言,第一条就是反对签订密约。为此,牧野答称:"日本政府对于此事,决不至于反对,惟须待请训。"顾维钧深知,要借助欧美力量破除密约,首先必须公布密约,他当即不失时机地表示:"中国政府极愿提出。"于是,会议主席克列孟梭决定:"中日两国务须将交还青岛之条件向大会声明。"这时,牧野改变昨日只字不提将山东交还中国的态度,转而表示:日本愿将山东交还中国,但须先由德国交日本,再由日本交还中国。顾维钧针锋相对,立即表示对牧野这一姿态"尤为喜悦","但归还手续,我中国愿取直接办法,盖此事为一步所能达,自较分为二步为直捷"。他着重指出:"中国对德宣战之文,业已显然声明中德间一切约章,全数因宣战地位而消灭。约章既如是而消灭,则中国本为领土之主,德国在山东所享胶州租借地暨他项权利,于法律上已经早归中国矣。"顾维钧最后强调:德国没有将山东"转交他国之权"①。辩论至此结束。

顾维钧的发言,立即引起热烈反响,美国方面威尔逊与蓝辛,英国方面劳合—乔治与贝尔福,相继走上前去,与顾维钧握手道贺,克列孟梭也声言道贺,意大利的奥兰多后来向陆徵祥表示,对顾维钧的发言"极赞美"。据顾维钧回忆,事后他还收到过徐世昌、钱能训及外交部的贺电。辩论获得成功。

顾维钧的发言,起到了以下四个作用:第一,迫使日本代表在交还山东问题上,由"一字不提"到表示愿意交还,只是在交还手续上继续纠缠。第二,迫使中日政府不得不考虑公布各项密约。第三,为中国争取收回山东主权奠定了法理依据。以后,中国代表团提出的山东问题说帖,以及国内的广大舆论,大都以这一发言的基本精神为指导。第四,

---

① 以上所述1月28日的辩论,均见《六十年来中国与日本》第7卷,第264—267页。

最重要的是,这场辩论使山东问题顿时成为中国方面最严重的问题,引起举国关注。山东问题成为中日两国斗争的焦点,中国在出席和会之初所准备的其他议案,现在统统让位于本不占重要地位的山东问题。

顾维钧这次发言,是中国代表在整个巴黎和会期间最重要的发言,一度赢得西方列强的同情,暂时扭转了中国方面的被动局面。他的发言叙述清晰,论证有力,措词得体,内容涉及山东的历史、现状、国防、地理、交通、经济、文化、宗教、俗尚等方面,表现出他的才干和胆略。顾氏本人也因之一举成名,成为民国一代著名外交家。这一发言,在当时的历史条件下积极维护了民族利益,在近代中国外交史上,也是少有的一次机智勇敢的表现。

顾维钧的发言,使日本政府大出所料,立即指示驻华公使小幡向中国外交部提出交涉。1月31日,小幡要求拜访外交部次长陈箓,因当日为中国旧历除夕,外交部放假,陈箓未见。后因小幡多次催问,陈箓只得于2月2日会见了小幡。

小幡首先说:"顾氏在会议席上并未与日本代表接洽,遽告各国新闻记者谓:关于山东之各项问题,中日两方面所订之秘密文件,无论何时可以发表。……顾氏此举是漠视日本之体面,且违反外交之惯例,兹奉本国政府之训令,嘱唤起贵国政府之注意,一面并请以此意电知贵国代表。"陈箓答称:"大总统注重两国邦交,已嘱外交部电令该代表等勿得过于激烈。今贵使既来提及此事,本国政府当更注意。"但小幡仍不罢休,继续对顾维钧进行指责说:"今顾氏并未得日本方面之同意,竟向新闻记者言明可以发表,日本政府殊不愉快。"陈箓以"本国政府亦未训令两代表(指顾、王)等言及此事"作了解释,小幡转而说:顾维钧指责二十一条为强迫签订,"抑知民国七年九月二十四日,中日约定关于合办胶济铁路及该铁路之延长,何尝非出中国之自由意思?……乃顾氏欲假外国之势力以抑压日本,殊予日本以不快之感。"显然,日方已看出顾维钧此举是企图以欧美势力破除中日密约,因此,小幡对陈箓表示:"总之,中国代表欲假借外国之势力以抑压日本,无论日本能否受此抑压,而中国代表所恃之英国势力,已不可靠。"①所谓英国方面不可靠,是暗示英日双方已有密约,英国不会支持中国。

小幡与陈箓会谈一事,并未就此了结,而是立即引起舆论界强烈反响,特别是英美在华舆论机关纷纷报道此事,并且大肆渲染,抨击日本。社会上且谣传小幡曾要求撤换顾、王二人。在国内外舆论抨击下,日方为避免事态扩大,请求中国外交部将会谈情况公之于众。为此,外交部于2月9日发表正式声明,否认撤换顾、王二人,并表示:"各国代表在巴黎会议席上顾本国之利益,为正确之主张,为今日国家独立自存应有之义,他国绝无干涉之理。"②

这时,公布中日密约问题,成为中外舆论和各界人士关注的中心。2月5日,和平期成会主席熊希龄密电唐绍仪,提议:"弟拟请双方各代表,目前将内政□□(暂缓)商议,以此次外交为第一问题,赶开临时紧急会议,联电政府,速照陆使(指陆徵祥)等所请,概将密约宣布。"③同日,唐绍仪致电徐世昌,要求:"中日一切秘密条约得由我国全权代表随时提出,诉之万国公论。"④2月8日,上海的南北和会尚未开幕,南北两位总代表即联名致电巴黎王、顾二人说:"闻在和会力争主权,至理名言,举国嘉许。……国土存亡,关系甚大,除电致东海一致主张外,望勿稍瞻徇,以竟全功,四万万国民自能为君等后盾也。"⑤

在各方面催促下,政府同意公布密约。2月23日,钱能训致电朱启钤:"欧会主张国际公开,我政府亦决将各项密约提出大会,此项军事协定条件业经电达陆使,属其相机提出。"⑥随后,政府陆续向南北和会提交了山东换文以及各项军事协定等密约。后来又经徐世昌和外交部

① 《六十年来中国与日本》第7卷,第268、269页。
② 《外交当局对于中日问题之声明》,《晨报》,1919年2月10日。
③ 《一九一九年南北议和资料》,第129页。
④ 《唐绍仪发电稿》,《近代史资料》总51号,第124页。
⑤ 《唐绍仪发电稿》,《近代史资料》总51号,第158页。
⑥ 《一九一九年南北议和资料》,第159页。

批准,自 3 月 14 日起,向全国公布中日密约。是日,外交部将各项密约的印刷品交付各报馆陆续公布。

公布中日密约,无疑是对皖系势力的一次政治打击。这样,皖系势力和徐世昌、钱能训政府的冲突势必日益加剧。

自 1 月 28 日十人会议上辩论之后,中国代表团着手起草了山东问题说帖,并将中日密约附于说帖之后,准备一并提交和会。说帖由顾维钧执笔起草,2 月 11 日,代表团第十四次会议讨论了初稿,在 13 日的第十六次会议上,代表团通过了说帖,同时决定先将说帖及密约分送美国、日本等国。

中国代表团之所以急于提出说帖,一个重要原因是,中国倚为靠山的威尔逊将于 2 月中旬暂时离法返美,因此必须赶在威尔逊离法之前提出说帖,以争取美国的支持。于是,中国代表团在说帖正式提交大会之前,"将说帖等件先密交美总统一份,据美国看法,谓为理由充分,措词得体,语气和平,颇为满意"①。

但是,当中国方面按照惯例将准备提交和会的密约送往日方时,却遇到麻烦。2 月 15 日上午,中方参事严鹤龄奉命前往日本代表团送交密约,日方由驻意大利大使伊集院、驻英大使珍田先后接见。日方问:这些文件"贵处系定今日送会,抑明日送会?"严答"不知"。因密约已译成英文,日方提出,要将英文密约和日文原件校对后,再答复中方,并说:"中日两国前有约定,凡交会文件,必由两国全权委员先行接洽。"严答"不知"。日方说:"阁下不知,陆总长必知。"②意思也就是说,必须由日方答复并同意后,中方才能提交和会。

严鹤龄回来报告后,在当天中午召开的中国代表团第十八次会议上,针对日方一再提出中日双方遇事先予接洽一事,顾维钧向陆徵祥问道:"究竟政府有无与日本约定之事?""前月英、法报上,载有总长过日

<hr />

① 朱启钤存稿,这是总统府秘书长吴笈孙致朱启钤的密电。

② 《我国讲和专使团会议记录》,第十八次会议。

本时,曾与日本政府接洽,对于和会之事,中日两国一致进行。"对此,陆徵祥否认道:"过日本时,与彼政府往来,全属礼节上之周旋,并无何种接洽。"顾维钧接着说:密约"当初送日本之意,本不过为手续上之圆到,并不待其答复。……所谓接洽二字,亦有界限,将文件送彼阅看,即可谓之接洽,不得谓接洽二字须得其同意也"①。最后,陆徵祥决定:将山东问题说帖及中日密约,当日下午5点由代表团秘书长岳昭燏送交和会。

　　然而就在当日下午,日本代表牧野伸显派其秘书官吉田茂②来到中国代表团,先由严鹤龄会见。吉田茂重申:"两国订立密约,如有一方欲宣示第三人,当得他方同意",企图阻拦中方提交密约。随后,顾维钧出面会见吉田茂,吉田茂说:"当日贵全权向五国会议陈述山东问题,若能于未陈述之前,向牧野男爵预为接洽,岂不甚佳?"责问顾维钧为何不"预为接洽"。而顾维钧则接过预先接洽这一话题,机智地反问道:"当时牧野男爵向五国会议提出山东问题,余等极不知悉,待临时会议电话通知赴会,始知牧野男爵已将此问题提出矣……阁下所谓接洽,即使欲接洽,何从接洽起?"③言外之意是,日方口口声声说两国遇事先予接洽,而牧野在提出对山东的要求之前,为何不与中国方面接洽? 吉田茂无言以对。这样,中国关于山东问题的说帖及有关中日密约终于冲破日方的阻拦,于当日提交和会。

　　该说帖全称是《中国要求胶澳租借地胶济铁路暨德国所有他项关于山东省权利之直接归还说帖》,并附各项密约、条约、外交文书十九件。这是中国向巴黎和会提出的最重要的一项文件。说帖再次强调德国在山东的各项权益应直接归还中国。同时,为了赢得西方列强特别是美国的同情与支持,说帖特意将山东问题和西方各国在华利益联系起来,提出在山东"维持门户开放主义以普益各国"①的基本方针,企图以此打破日本独霸山东的局面。"以夷制夷"的外交政策,是旧中国这个有着多种外国势力并存的半殖民地的外交特征,这一政策在某种情况下,也能够解决某个具体问题,如清末的"三国干涉还辽"即是如此。但是,这一政策的产生与实施,毕竟是无权掌握国家命运的表现,因此,这一政策的成功与失败,完全取决于列强间的斗争与妥协。现在,中国在山东问题上又一次采用了这一政策,山东的命运将如何呢?

中国代表团于2月15日提出山东问题说帖之后,又陆续向和会提出了三个主要说帖。3月8日,提出对德、奥要求条件,其中对德提出九项要求,第一项即表示:"中国政府愿助长国际贸易,并推行各国在山东及中国他处工商业机会均等之原则,立意于收回胶州租借地之后,立即开放青岛及山东省内他处合宜地方,俾外人贸易居住。"②可见该文件仍旧采取将各国势力引入山东的办法来排除日本势力。此外,还提出了归还德国在天津、汉口等地租界的要求,等等。

4月15日,代表团提出废除1915年中日协定说帖,指出:"二十一条"的签订是日本强加于中国的,因此,"论其性质,应视为一种单方面之条约。"由于巴黎和会原则上只讨论战争期间的问题,为使和会有充分根据研究这一问题,说帖强调说:"此条约之全部,自直接发生于战争,研究此案,自当为和会职权内之事。且和会亦有修订其条文之资格也。"说帖还指出:1917年2、3月间日本和英、法相继签订密约,承认日本继承德国在山东的权利,意、俄两国也承认这一点。但这些均发生在中国宣战之前,而中国宣战之后的情况,"自与协约国允诺日本之时绝对改变,所处地位亦完全不同。有此理由,则英、法、意三国更无所用其联合赞许日本关于中国事务之要求,而其种种诺言,自当视为破毁

---

①　金问泗编:《顾维钧外交文牍选存》,第25页。

②　《对德奥提出之要求条件》,北洋政府内务部档案。

矣"①。这就是说,中国认为英日等密约,应随着中国对德宣战而作废。

在此之后,中国代表团还向巴黎和会提出了一项重要文件:《中国希望条件》。该文件的实质,是希望改变中国近代以来的半殖民地的国际地位。文件在绪言中指出:"中国代表爰提出说帖,胪列诸问题,冀依主权国所不可少之土地完整、政治独立、经济自由诸原则而加以纠正,庶障碍消除,而发展得遂其自由,幸甚。"不难看出,该文件希望摆脱帝国主义的束缚,使中国能够独立地自由地发展。文件提出七项希望:放弃各国在华势力范围;撤退外国军队和巡警;裁撤外国邮局及有线、无线电报机关;撤销领事裁判权;归还租借地;归还租界;关税自由。然而提出这七项希望的根据是什么呢?是威尔逊的十四条宣言,是对战后建立"新世界"的幻想。正如文件在结论中所说:中国方面知道所提希望条件,并非发生于战争期间,"然和平会议之目的,固不仅与敌国订立和约而已,亦将建设新世界,而以公道平等、尊敬主权为基础"②。这就是中国方面提出希望条件的全部依据。但是,不是自己去挣脱锁链,而是指望系链者帮助取下锁链,其结果只能是彻底的失败。

5月14日,巴黎和会主席、法国总理克列孟梭复函陆徵祥,对于中国废除"二十一条"和希望条件两项说帖答复如下:"本议长兹代表联盟共事领袖、各国最上会议声明:再联盟共事领袖、各国最上会议,充量承认此项问题之重要,但不能认为在和平会议权限以内"③,拒绝予以讨论。

四　山东问题的交涉和失败

3月中旬,威尔逊返回巴黎。这时,五强国之间的利害冲突日益激烈,巴黎和会的帝国主义性质日渐暴露。在这种情况下,各弱小国家的

---

① 《秘笈录存》,第196页。

② 北洋政府司法部档案。

③ 北洋政府司法部档案。

民族利益,统统成为列强斗争中的交易品而从属于列强的政治需要。中国的山东问题,于是也成了一个小小的砝码,被强迫放到了列强间权衡利益的天平上。

陆徵祥预感到情况不妙,他在致北京政府的密电中忧心忡忡地说:"各界人物对华议论观察之轻慢,种种情况,江河日下。关于我国山东问题,除某国(指美国)善意维持外,各国要人对我态度虽无不表示同情,然每以种种事实之关系,口吻多欲吐而仍茹。"陆徵祥从种种迹象中看出一个道理:"总之,强权利己之见,决非公理正义所能摇。"①他能够看到这一点,表明中国代表开始从"公理战胜强权"的神话中慢慢地清醒起来。

4月8日,陆徵祥会晤了意大利首相奥兰多,再次说明,"中国欲直接交还收回胶澳,并非含有拒绝日本,屏诸门外之意,不过愿于收回后实行开放门户主义,使欧美各国共享其益,不为日本一国独占。"②他仍企图以维护欧美各国在山东的利益为招牌,争取强权支持中国的立场。然而用利益均沾来实施"以夷制夷"的方针,在巴黎和会上却难以奏效,因为列强间有更大的利益要交换,比较起来,山东问题是次要的。在1917年2月订立的英日密约中,英国承认日本继承山东以及赤道以北各群岛的德国权利,而日本则回报以支持英国对赤道以南的德属岛屿的要求。正因为如此,小幡才得意地对陈箓说:中国代表想假借外国势力以抑压日本,但中国代表所恃之英国势力并不可靠。

4月16日,五国会议讨论山东问题,中国代表被排斥在外,未能参加。美国国务卿蓝辛提出一个新方案,内容是德国在中国的权益先由巴黎和会暂时接管,俟山东开作商埠后,再归还中国。日本代表牧野起而抗议,认为山东问题中日政府已有协定,应由日本转交中国。对此,英、法、意三国代表均沉默不语,蓝辛方案未能通过。17日,在对德和

①　《秘笈录存》,第117页。

②　《六十年来中国与日本》第7卷,第289页。

约起草会议上,美国方面转而提议将山东问题由巴黎和会暂管改为由五强国处置,又遭日本反对。美方声称:"中国问题与世界有关,美国原无单独处置之意,亦不能任他一国独为处置。"结果,该方案经提交五国外长会议,将该条通过①。这样,山东问题初步定为暂由五大国共管,但日本代表仍表示反对。显然,美国先后提出由和会及五国暂管山东,都是旨在反对日本独霸山东,这是一个典型的利益均沾的方案。考虑到直接归还山东事实上已难以办到,北京政府复电陆徵祥,同意在山东必须交还中国的前提下,暂由五国共管。

　　但就在此时,意大利提出的对阜姆的领土要求为各大国拒绝,于是意大利首相宣布退出巴黎和会。意大利这一举动给巴黎和会造成一次小小的危机,同时却给日本带来良机,日本在山东问题上的态度立即强硬起来,并向和会施加压力,声称如不答应其要求,将随意大利之后退出和会。在这种情况下,威尔逊只得重新权衡利弊,为使和会免遭破产,决定牺牲中国,满足日本要求。向为中国倚为靠山的威尔逊突然改变立场,意味着世界列强将采取一致立场对付中国,中国将单独承受东西方帝国主义联合的压力,这无疑使山东问题陷入了更加困难、复杂、严峻的境地。

　　4月22日,陆徵祥、顾维钧应邀出席五国会议,这是继1月27日、28日之后,中国代表第三次也是最后一次出席最高会议。这时,日本提出在对德和约草约中,将山东问题单列一条,目的是要把山东问题从有关中国的条款中分列出来,使之不从属于中国问题范围。威尔逊首先发言,他一改同情中国的论调,认为:"中国、日本既有一九一五年五月之条约换文于前,又有一九一八年九月之续约于后,而英法等国亦与日本协定条件,有维持其继续德国在山东权利之义务。此次战争,本为维持条约之神圣。"威尔逊在十四条宣言中,头一条即反对密约,现在却

---

　　①　陆徵祥4月18日致北京政府的密电,见《六十年来中国与日本》第7卷,第305页。

提出"维护条约之神圣",而他要维护的这些"神圣"条约,大多是密约。顾维钧起而解释说:1915年条约为强迫所订,1918年条约是根据前约而来。这个解释显然缺乏说服力。威尔逊反问道:"一九一八年九月,当时协约军势甚张,停战在即,日本决不能再强迫中国,何以又欣然同意与之订约?"①顾维钧只得含糊其词,因为他无法说出段祺瑞政府为借二千万日金而与日本"欣然"订约的实情。英国首相接着发言,他提出两个解决山东问题的方案,一是按中日条约办理,二是按对德和约规定,由德国移交日本,要求中国从中选择一项。顾维钧表示反对。自这次会议后,山东问题的交涉急转直下。

4月24日,意大利首相离法返国。列强为使和会免遭破产,急于达成协议,以尽快完成对德和约的起草工作,互相作了一些让步,同时进一步排斥各弱小国利益,一切均由三国会议裁决(意大利退出和会后,五国会议改为英、美、法三国会议)。

4月29日,三国会议在讨论山东问题时,美国方面做了最后一次努力。因为日本方面多次口头表示将来把山东交还中国,因此蓝辛提出应以文字声明作为保证。日本代表珍田发言说:"欲得文据,是明明对于日本为无信用。"蓝辛说:"确系不敢相信。"珍田说:"此与日本国家体面有关。"蓝辛说:"国际予一文据亦寻常事,何与体面有关?"最后,珍田仍坚持不允而止②。自意大利首相退会后,日本方面有恃无恐,得寸进尺,而美国则是步步退让,拆除了它的全部防线。

4月30日,三国会议对山东问题做出最后裁决,决定在对德和约中,将山东问题从中国问题中单列出来,成为一个单独的问题。山东问

---

① 《六十年来中国与日本》第7卷,第306页。

② 《秘笈录存》,第136、137页。

题共有三项条款,即有名的第一五六、第一五七、第一五八条①,规定德国在山东的一切权益均让与日本。由于日本代表的反对,三条款中没有写上日本须将山东交还中国的字样。至此,中国在山东问题上的交涉完全失败。

自山东问题交涉发生后,中国始而提出直接归还,继而退为五国共管;美国则最初提议和会接管,次而提出五国处置,最后仅要求日本以文字声明将来交还山东。但是,所有的妥协方案均为日本拒绝,山东问题完全按照日本的意愿而做出最终裁决。

4月30日会议结束后,中国代表团当日即探听到会议消息,并立即报告北京政府。但和会方面秘而不宣,没有将关于山东问题的决定立即公布。

5月1日,英国外交大臣贝尔福召见施肇基、顾维钧,通告三国会议对山东问题的决定。贝尔福说:"查山东问题,议决办法大致不外两

---

① 三条款全文如下:

第一五六条:德国将按照1898年3月6日与中国所订条约,及关于山东省之其他条件所获得之一切权利、所有权名义及特权,其中关于胶州领土、铁路、矿产及海底电线为尤要,放弃以与日本。

所有在青岛至济南铁路之德国权利,其中包含支路、连同无论何种附属财产、车站、工场、铁路设备及车辆、矿产、开矿所用之设备及材料,并一切附属之权利及特权,均为日本获得并继续为其所有。

自青岛至上海及自青岛至烟台之德国国有海底电线,连同一切附属之权利、特权及所有权,亦为日本获得,并继续为其所有,各项负担概行免除。

第一五七条:在胶州领土内之德国国有动产及不动产,并关于该领土德国因直接或间接负担费用,实施工程或改良而得以要求之一切权利,均为日本获得,并继续为其所有,各项负担概行免除。

第一五八条:德国应将关于胶州领土内之民政、军政、财政、司法或其他各项档案、登记册、地图、地契及各种文件,无论存放何处,自本条约实行起三个月内移交日本。

在同样期间内,德国应将关于以上两条内所指各项权利,所有权名义或特权之一切条约、协议或契约通告日本。

以上均见《国际条约集》(1917—1923),世界知识出版社1961年版,第137页。

端,政治权交还中国,经济权给予日本,谅中国必可满意。"①将经济权和政治权分别而论,是不能成立的,美国驻华公使芮恩施曾对此评论道,这实际上是一种没有政治控制名义的政治控制。

是日,中国代表团向三国会议提出强烈抗议:"查德人在山东权利,原于一八九七年之侵暴行为,今如是决定,是以暴易暴。日本在满蒙势力已极重大,若再益以山东半岛,则北京咽喉之渤海湾完全为日本所扼,而政治中心之首都,悉为日本势力所包围矣。""三国会议欲维持和会不生破裂,竟以中国为殉,是中国运命反因参加联合国之故而为联合国之利益交换品。此种不信不义之处置,实属万难缄默。"②

5月3日,陆、王、施、顾、魏五位全权代表联名致电北京政府请求辞职,指出:"总之,和会仍凭战力,公理莫敌强权。祥等力竭智穷,负国辱命,谨合呈大总统,请即开去全权。"③国务院随即复电一律挽留。

经过长时间激烈的讨价还价,对德和约草约总算起草完毕,列强决定5月7日将草约交付德国代表,而仅仅于前一日,即5月6日才正式公布于五强国之外的其他协约国成员。5月6日,陆徵祥与王正廷出席协约国大会,在看到对德和约全部文本后,陆徵祥当即发言抗议:"中国代表团对于三国会议所拟关于胶州及山东问题之办法,不得不表示其深切之失望之情。""现中国代表团业已向三国会议提有正式之抗议,反对其所拟之办法,深望得以修正。倘竟不能如愿,则自今以往,本代表团对于上述条款,实有不能不保留之义务。"④会议主席克列孟梭同意将这一发言载入会议记录。至此,中国代表正式提出对山东条款的保留意见。

5月7日,对德和约草约交付德国代表,并允许德国方面于十五日

① 《陆专使等参与欧和会报告》。
② 《三水梁燕孙先生年谱》下册,第39、40页。
③ 《秘笈录存》,第146页。
④ 《秘笈录存》,第152页。

内可要求和会对草约作出解释。对此,陆徵祥致电政府说:"查此次和会办法,种种情形,实堪愤懑。……且对于敌国尚有十五天限期,准其质疑问难,而对五国外之各国,定稿以前秘不肯以示人,定稿后并无时期可以讨论,其对我情形,实为可慨。"①这正是帝国主义强权政治的充分暴露。

对德和约草约向各国公布后,中国在山东问题上的交涉以失败而告一阶段。山东交与日本的条款已难以改变,但中国代表并不甘心就此签字,于是提出一个新方案,即和约可以签字,但必须加入中国对山东问题不能承认的保留意见,即"保留签字"。此后,中国代表团围绕"保留签字"这一方案,展开了困难的、长时间的交涉。

中国代表们所没有料到的是,由于山东问题的交涉失败,导致国内爆发了一场规模空前的爱国运动——五四运动。

第三节　五四爱国运动

一　各界对山东问题的关注

当时身居巴黎的梁启超,对于山东交涉的种种内情自然是了解的,他一面在巴黎撰文向国际舆论呼吁,同时将各种情况迅速通报国内。3月9日,梁启超在巴黎发表文章,指出:"胶州湾德国夺自中国,当然须直接交还中国,日本不能借口牺牲有所要求。试问英、美助法夺回土地,曾要求报偿耶?"②3月11日,梁启超又致电国内的汪大燮、林长民,指出山东问题的症结所在,他说:"查自日本占据胶州铁路数年以来,中国纯取抗议方针,以不承认日本承继德国权利为根本。去年九

---

① 《秘笈录存》,第 204 页。
② 《梁任公在巴黎时报之言论》,《晨报》,1919 年 3 月 30 日。

月,德军垂败,政府究何用意乃于此时对日换文订约以自缚?"①这就明确地将矛头指向了皖系军阀。

与此同时,国民外交协会等团体联名致电中国代表,表示:"我等已再电和会,要求青岛等一切权利直接交还,及取消一九一五年中日条约,一九一八年关于山东铁道各密约,请公等尽力主持。倘公等不能尽此职,请勿返国。"②梁启超与国民外交协会之间,函电交驰,内外呼应,颇为引人注目。

随着山东交涉的步步失败,国内各群众团体纷纷发表通电或召开集会,向巴黎和会表示抗议。同时,随着外交失败原因的披露,人们立即将矛头指向签订各项中日密约的皖系政府及曹汝霖、陆宗舆、章宗祥诸人。章宗祥于4月间回国时,中国留日学生曾赶到东京车站,"大叫卖国贼,把上面写了'卖国贼'、'矿山铁道尽断送外人'、'祸国'的白旗,雪片似地向车中掷去"③。上海的几个群众团体通过一项决议,指出:"段祺瑞、曹汝霖、徐树铮、陆宗舆、靳云鹏等种种卖国行为,日益加厉,为全国所不容,应请决议惩办,以除祸根。"④4月20日,山东群众十万人在济南举行大规模集会,大会在致中国代表团的通电中表示:"现闻我国军阀及二三奸人阴谋卖国,示意退让,东人闻之,异常愤激……誓死抗争,义不反顾。"⑤上述情况表明,各界群众正在自觉地紧张地动员起来。

在朝野各界人士中,研究系显得最为活跃,最为敏感。他们充分利用其官方和民间的双重身份以及手中的舆论工具《晨报》,与巴黎的梁启超等人一道,不断报道山东交涉的种种最新动态。

4月30日,国民外交协会接到梁启超24日来电报告:"对德国事,

---

① 《梁任公之重要来电》,《晨报》,1919年3月22日。
② 《国民外交协会之来往电》,《晨报》,1919年3月25日。
③ 《每周评论》第18号。
④ 《七团体和平决议》,《民国日报》,1919年4月18日。
⑤ 《上陆顾王三专使电》,《晨报》,1919年4月27日。

闻将以青岛直接交还,因日使力争,结果英、法为所动。吾若认此,不啻加绳自缚,请警告政府及国民,严责各全权万勿署名,以示决心。"①梁氏此电有两个意思,一是督促国民外交协会将山东问题已经失败的最新消息公之于众,二是公开呼吁拒签对德和约。林长民接电后,立即起草了一篇题为《外交警报敬告国民》的文章,由外交委员会事务员梁敬镎交晨报馆发表。5 月 2 日,《晨报》在头条位置以"代论"的形式,用大号字体登载了林长民署名的这篇文章。林长民在文中大声疾呼:"胶州亡矣,山东亡矣,国不国矣!""更闻日本力争之理由无他,但执一九一五年之二十一条条约,及一九一八年之胶济换文,及诸铁路草约为口实。""国亡无日,愿合四万万民众誓死图之!"②林长民此文不长,但文字具有很强的煽动性,以他特有的身份,透露山东问题确实失败的消息,进而指出失败的原因为中日各项条约,呼吁四万万同胞起而抗争。该文发表后,向各界敲响了警钟,立即引起北京朝野人士极大关注。

5 月 2 日下午,众议院在王揖唐主持下召开会议。安福干将光云锦发言说:"青岛问题各报登载有五国共同管理之说,宜电致和平会议时,加入直接交还中国字样,方保无虞。"③王揖唐随即将这一动议付诸表决,多数赞成通过。

5 月 3 日下午,国民外交协会做出几条决定:5 月 7 日国耻纪念日,在中央公园开国民大会,如巴黎和会不能同意我国的主张,即请政府撤回专使。当夜,北京大学校园内一片沸腾,在法科礼堂聚集着千余名学生及外校学生代表,共同商讨行动方案。会议气氛异常激昂,有一学生当众咬破中指,血书"还我青岛"四字。会议最后决定:5 月 4 日齐集天安门,举行学界大示威。《每周评论》后来评论道:"三日的一天,北京市民——政界、商人、学生,还有少数的军人——集了许多会,其中最重要

① 《山东竟如是断送耶》,《晨报》,1919 年 5 月 2 日。
② 《晨报》,1919 年 5 月 2 日。
③ 《昨日之众议院》,《公言报》,1919 年 5 月 3 日。

的,一个是国民外交会,一个是学界大会。前一个会议,决请政府在外
交上取最强硬的态度……更于国耻纪念日在中央公园开个国民大会。
后一个会议,决于次日(四日)专门以上各学校全体学生游街示威,因为
等不及五月七日了。"①这两个会议,一个以上层政界人士为主体,一个
以青年学生为主体,这两部分力量都准备对山东问题公开采取行动,一
页激动人心的历史篇章就要揭开了。

二　五四爱国运动爆发和各方面的评论

5月4日,因章宗祥刚刚回国,这天中午,徐世昌在中南海总统府
内设宴款待,作陪的有钱能训、曹汝霖、陆宗舆。就在他们举杯投箸之
间,五四运动爆发了。

1时许,北京十余所学校的三千多爱国学生,齐集天安门,他们手
执书有"还我青岛"、"保我主权"、"诛卖国贼曹汝霖、章宗祥、陆宗舆"等
等标语。最为引人注目的是一面大白旗上写着的一副对联:"卖国求
荣,早知曹瞒遗种碑无字;倾心媚外,不期章惇余孽死有头。"②

爱国青年在天安门聚会的消息,立即报告到正在与曹、陆、章等人
欢宴的徐世昌那里,徐世昌随即下令京师警察厅总监吴炳湘妥速解决,
不许游行。席散后,陆宗舆先行离去,大约在2时半左右,曹汝霖偕章
宗祥一同乘车来到赵家楼曹汝霖住宅。这时,警察厅估计到学生将来
曹宅示威,派了三四十名警察前来保护,但警察队长对曹汝霖说:上头
命令,文明对待。

学生们在天安门举行集会后,决定到东交民巷向各国驻华使馆请
愿。据《每周评论》记载,学生们来到东交民巷后,"先是打电话给美、

---

① 《山东问题》,《每周评论》第21号,1919年5月11日。
② 曹瞒指曹操,历史上认为是奸臣,这里是指曹汝霖。章惇,《宋史》将其列入
《奸臣传》,这里是指章宗祥。

英、法三国使署，他们都说很欢迎的，到西口的时节，美国兵营的军官也放行了，并且还要让我们从美兵营和美使馆的里〈面〉经过。只有巡捕房坚不让走。大家只好在美使署前连呼'大美国万岁！''威大总统万岁！''中华民国万岁！''世界永久和平万岁！'四声。"①因当天是星期日，美国公使芮恩施到门头沟旅行，学生们推举段锡朋、罗家伦、许德珩、狄福鼎四人为代表，向美国使馆递交了一份说帖，内容是："吾人闻和平会议传来消息，关于吾中国与日本，国际之处置有甚悖和平正义者。……吾国与贵国抱同一主义而战，故不得不望贵国之援助。……请求贵公使转达此意于贵国政府，于和平会议予吾中国以同情之援助。"②随后，学生们退出东交民巷，向曹汝霖住宅进发。

当游行队伍来到赵家楼胡同时，曹宅大门紧闭。据曹汝霖回忆：这时，"我于仓猝间避入一小房（箱子间），仲和（章宗祥字）由仆引到地下锅炉房（此房小而黑）。……我在里面，听了砰然一大声，知道大门已撞倒了，学生蜂涌而入，只听得找曹某打他，他到哪里去了。"学生们到处寻找曹汝霖，曹躲在箱子间内甚至可以听到学生与其妾苏佩秋的谈话。曹汝霖接着回忆说："我想即将破门到小屋来，岂知他们一齐乱嚷，都从窗口跳出去了，这真是奇迹。"③未找到曹汝霖，愤怒的人群便放起一把火，章宗祥见事不妙，立即从锅炉房中跑出，被学生发现，将他痛打一顿。随后，警察总监吴炳湘率大批人马赶到，逮捕了三十二名学生。

五四运动的爆发，是在民族危机日益加重的情况下，中国各阶层人民大众奋起发动的一场伟大爱国运动的开端。陈独秀在五四当天发表《两个和会都无用》的短文，集中代表了人民群众的政治觉醒。他在文中指出："上海的和会，两方都重在党派的权利，什么裁兵废督，不过说

①　《山东问题》，《每周评论》第21号，1919年5月11日。
②　《学生团上美公使说帖》，《晨报》，1919年5月6日。
③　《曹汝霖一生之回忆》，第153页。据京师地方检察厅5月5日的调查报告，曹汝霖当时躲在浴室。另据该检察厅对曹宅佣工的调查，章宗祥当时躲在地窖。

说好听做做面子,实际上他们哪里办得了。巴黎的和会,各国都重在本国的权利,什么公理,什么永久和平,什么威尔逊总统十四条宣言,都成了一文不值的空话。……这两个分赃会议,与世界永久和平人类真正幸福,隔得不止十万八千里,非全世界的人民都站起来直接解决不可。"①他提醒人们这两个会议实质都是"分赃",不能指望这两个会议给人民带来幸福与和平,必须抛弃对帝国主义和南北军阀的幻想,依靠人民自己的力量,自己起来担负救国责任。五四运动正是人民群众自己站起来向帝国主义和反动军阀展开的示威行动。这是中华民族的一次历史性的觉醒。

五四运动爆发后,立即引起各方面强烈反响,纷纷撰文、通电,对内外时局发表评论,重新认识欧战后的世界与中国。

5月9日,《申报》发表主笔陈冷血所写题为《图穷而匕首见》的时评,其中说:"欧洲和会之始,所谓公理之战胜也,所谓密约之废弃也,所谓弱小国之权利也,所谓永久和平之同盟也,今和会之草约已宣示矣,其结果如何? 所谓中国之主张者,今犹有丝毫存在者耶? 由此可知,求助于人者,终不能有成,自作其孽者,终不能幸免。……若不能自谋、自助而欲望诸人,则终归于空想而已。呜呼,国人其自奋。"②严峻的现实使人们意识到不能依靠帝国主义解决问题,"求助于人者,终不能成",而必须"自谋""自助"。这个论点,同巴黎和会召开前的舆论相比,确是一个很大的进步。

国民外交协会原定5月7日在中央公园召开国耻纪念会,因五四运动刚发生,政府深恐再度引起动乱,下令禁止召开。国民外交协会当天就发表了一篇措词激烈的长篇宣言:"青岛何地也? 山东何地也? 此邹鲁之名邦也,此孔孟之圣迹也。以我国之耶路撒冷,为数千年民族信仰之中心,文明吐露之源泉;……无端而有德国之豪夺于前,有日本之

---

① 《每周评论》第20号。
② 《图穷而匕首见》,《申报》,1919年5月9日。

巧取于后,侵犯我文化之发祥地,弥天大辱,九世深仇,凡有血气,谁能忍此!"同时,宣言将矛头直指签署山东换文的皖系军阀:"因此换文曾借日本金圆二千万,此则应由当局者设法清还,与我国家何与,与我国民全体又何与也?"最后,宣言责问西方列强说:"公等既日以正义人道标榜于众,今乃许野心之国犹为侵略之举动,然则巴黎之和平会议,直无正义可言耳。威尔逊之种种宣言,直当视同取消耳。……若仍以野蛮之举动,而偏悬文明之招牌,竟容受此横暴侵凌之所为,则殊有损文明国家之声价,正义和会之威严,使人觉所谓正义云者,人道云者,其实际不过尔尔,则人类对于大同之理想,将绝望于今后之世界。"①该宣言从列强对山东问题的处置中,看出"大同"理想的破灭,看出巴黎和会"直无正义可言",应该说,这反映出中国某些上层人士也在一定意义上有所觉醒。

具有初步共产主义思想的知识分子,在这一时期发表的许多言论,是中华民族政治觉醒的集中体现。《每周评论》特辟山东问题专栏,李大钊在该栏撰文指出:"威尔逊君! 你不是反对秘密外交吗? 为什么他们解决山东问题,还是根据某年月日的伦敦密约,还是根据某年月日的某某军阀间的秘密协定? ……你自己的主张计划如今全是大炮空声,全是昙花幻梦了。我实为你惭愧! 我实为你悲伤!"②威尔逊的十四条宣言,曾经是最动听的言论,现在,他以自己的行动揭穿了自己的谎言。《新青年》主编陈独秀更怒斥道:"呵! 现在还是强盗世界! 现在还是公理不敌强权时代!"③在他们的推动下,"五四"火种广泛而深入地燃烧起来。

综上所述,巴黎和会对山东问题的处置,深刻地教训了中国各阶层人士,从陆徵祥到陈独秀,都从不同的认识角度,程度不等地否定了"公

---

①　《国民外交协会宣言》,《晨报》,1919 年 5 月 7 日。

②　《秘密外交与强盗世界》,《每周评论》第 22 号。

③　《为山东问题敬告各方面》,《每周评论》第 22 号。

理战胜强权"的神话。

五四运动首先是一个爱国运动,爱国主义在近代中国具有最广泛的政治基础,爱国运动往往能够赢得最广泛的各阶层人士的同情和支持。

曾经发动并领导过著名的"公车上书"的康有为,于5月6日迅速表态支持学生。他指出:"曹汝霖、章宗祥等力行卖国,以自刈其人民,断绝其国命久矣。举国愤怒,咸欲食其肉而寝其皮。""幸今学生发扬义愤,奉行天讨,以正曹汝霖、章宗祥之罪。举国遄闻,莫不欢呼快心,诚自宋太学生陈东、欧阳澈以来希有之盛举也。试问四万万人对于学生此举,有不称快者乎?"他接着说:"在今政府或上承从前专制之旧,或以学生擅殴大僚为应有之罪,而忘今之为民国,政府只有奉行民意,而不得专擅也。"对于学生此举,康有为高度评价道:"自有民国,八年以来,未见真民意、真民权,有之,自学生此举始耳。"最后,他呼吁:"吾全国人宜唤醒以救被捕之学生,而日请诛卖国贼。政府宜亟释放被捕学生,而诛卖国贼。"①康有为把五四运动看作是北宋末年太学生伏阙上书要求抗金的爱国行动的继续,或者看作是"公车上书"的继续,这说明他对五四运动的实质是不理解的。康有为尽管在政治上已堕落为保皇党人,但仍旧执著地保持着青年时代"公车上书"时那样的救国热忱,这在他晚年的历史上,还是值得称道的一页。

与广大进步舆论相反,皖系势力则充分调动其舆论机关,对五四运动大肆攻击。5月5日,安福系机关报《公言报》发表一篇题为《昨日北京各校学生之大捣乱》的评论文章,公开为曹、章二人辩护,并哀叹道:"吾人骤闻是种消息,几疑法兰西革命史所记载恐怖时代一般乱民之暴动,及路透电所报告布尔札维克党人在俄国各地之骚扰,又发见于吾华

---

① 《公言报》,1919年5月13日。1126年,金兵初围汴京,宋钦宗罢免李纲,对金求和。太学生陈东等伏阙上书,痛斥投降派,要求复用李纲。高宗即位后,李纲再度被罢,陈东与进士欧阳澈再次上书,文词激昂,结果被杀。

首都,为之太息不已。"文章还指出:"当兹社会主义思想输入,民情易于激动之际,一任血气未定之青年为此无意识之纷扰,教育当局实不能不负相当之责任也。呜呼!曹、章所受之损害固为无妄之灾,而世道人心之变,已有涓涓不塞将成江河之势。吾书至此,不觉悲从中来也。"①

《公言报》这篇评论,反映出统治当局对于五四运动具有一种特殊的敏感。他们所哀叹的,并不只是曹、章二人的焚屋被殴之祸,而是社会主义思想的传入,导致"世道人心之变,已有涓涓不塞将成江河之势"。他们凭着统治者所特有的政治嗅觉,察觉到这次事件非同寻常,而是"布尔札维克党人在俄国各地之骚扰,又发见于吾华首都"。

此外,梁漱溟在《国民公报》上撰文说:"我愿意学生事件付法庭办理,愿意检厅去提起公诉,审厅去审理判罪,学生去遵判服罪。"他的理由是:"在道理上讲,打伤人是现行犯,是无可讳的。纵然曹、章罪大恶极,在罪名未成立时,他仍有他的自由。我们纵然是爱国急公的行为,也不能侵犯他,加暴行于他。纵然是国民公众的举动,也不能横行,不管不顾。绝不能说我们所作的都对,就犯法也可以使得。"②梁漱溟的论点,试图脱离五四运动爆发的政治背景,孤立地从法纪的角度看待这一事件,实质上站到了人民运动的对立面,说出了反动当局不便说、不敢说的话。这篇文章当时就遭到进步舆论的猛烈抨击,是理所当然的。

三 五四爱国运动引起的政治波澜

在5月4日被捕的三十二名学生,因各方面出面保释,于5月7日上午全部释放。这时,教育界成为反动势力攻击的主要对象。在各种压力下,北京大学校长蔡元培于5月9日晨不辞而别,离京出走。蔡元培临走前留下一个启事:"我倦矣!'杀君马者道旁儿。''民亦劳止,汔

---

① 《公言报》,1919年5月5日。
② 转引自《每周评论》第22号。

可小休'。我欲小休矣！北京大学校长之职,已正式辞去;其他向有关系之各学校、各集会,自五月九日起,一切脱离关系。特此声明,惟知我者谅之。"①

同时,教育总长傅增湘也提出辞职,经徐世昌于5月15日下令批准任命教育部次长袁希涛暂行代理部务②。傅增湘辞职后,教育总长一职,政府提出由众议院副议长田应璜继任。5月16日,安福俱乐部召开全体大会,王揖唐发言说:教育总长继任人选,"大总统及钱总理亲对鄙人谈及,拟以田君应璜担任。鄙人询及田君之意思,初不肯就,后以为既是本部党员,应听同人之公决。好在此举非本部所要求,乃大总统之意思"③。经过一番讨论之后,决定听任政府处置。也就是说,田应璜准备走马上任,安福系企图染指教育大权了。

但是,田应璜将出任教育总长的消息传出后,立即遭到各界人士强烈反对。5月17、18两日,北京中等以上学生联合会连续召集会议,决定向政府提出挽留蔡元培、傅增湘等要求,如不获准,则于19日举行总罢课。19日,总罢课开始了,学联发表了罢课宣言和《上大总统书》,要求拒签对德和约,惩办曹、陆、章,同时指出:"教育总长傅公,大学校长蔡公,学问道德,中外推重,近来教育界有发皇振励之气,皆分二公之赐。而傅公则无端免职,蔡公则被迫远引,以致各校校长联翩辞职。日内复盛传政府将以品卑学陋之田应璜继傅公之后,似此摧残教育,国家之元气可伤。"④张謇也通电谴责说:"报载将有安福派继长教育之说。安福何派？派有何人？江海野人,无暇闻此。惟闻前此出钱收买议员,即此派人;则扫荡国人之廉耻者,此派人也;煽播政争之酷毒者,亦此派人也。若以此派人主持教育,岂将夷全国于牛马襟裾之列乎,抑将熏学

① 《北京大学日刊》,1919年5月10日。
② 《政府公报》,1919年5月16日。
③ 《昨日安福俱乐部之议员会》,《公言报》,1919年5月17日。
④ 《北京学生联合会全体学生上大总统书》,《晨报》,1919年5月20日。

子以犬豕盲躁之臊也。"①慑于舆论，政府只得悄悄撤销这一任命。袁希涛在5月21日致黄炎培的一道密电中称："今日政府已声明撤回田教长之同意案。"②

蔡元培出走后，北京各校学生及校长纷纷督促政府挽留，同时，各校校长也纷纷提出辞职。在这种情况下，尽管安福系大肆攻击蔡元培，但徐世昌、钱能训仍决定挽蔡。5月12日，袁希涛密电沈恩孚："九日，大学蔡校长辞职，径行出京。直辖各校长亦遂辞职。各校员生，纷起请留。……涛昨见首揆，顷谒元首，均嘱部速留蔡。"③13日，袁希涛再电沈恩孚道："北京直辖各校长继续辞职者，因留蔡未有结果，均尚未允回校任事。各校学生代表每日开会。现状如此，深以多延时日，无法维持为虑。"④

显然，蔡元培的去留，在北京教育界造成极大影响。为尽快平息这一风潮，徐世昌于14日发布命令挽留蔡元培，命令说："该校长殚心教育，任职有年，值兹整饬学风，妥筹善后，该校长职责所在，亟待认真釐理，挽济艰难，所请解职之处，着毋庸议。"⑤该令发表后，袁希涛于15日致电黄炎培说："政府留蔡指令已发表，直辖各校长亦多允仍任职。蔡公已否过沪？倘对于挽留一节遽仍表示决绝，则风潮难息。"⑥可见北京教育界风潮，与蔡元培的去留有着一定的直接的关系。

北京学生的爱国行动发生后，立即得到各地青年的响应，纷纷成立学生联合会、救国十人团等团体，举行罢课，抵制日货，上街演讲，组织游行。天津、上海、武汉、长沙、济南等地的爱国运动都十分活跃，强烈要求北洋政府惩办卖国贼，拒签对德和约。

---

①　《张謇最近之主张》，《晨报》，1919年5月27日。
②　《五四爱国运动档案资料》，中国社会科学出版社1980年版，第237页。
③　《五四爱国运动档案资料》，第235页。
④　《五四爱国运动档案资料》，第235页。
⑤　《政府公报》，1919年5月15日。
⑥　《五四爱国运动档案资料》，第236页。

这时,北京、上海学联决定筹备成立全国学联,以便统一领导全国的学生运动,并派遣代表前往各地联络。6月16日,来自北京、上海、天津、武汉、南京、河南等地的数十名学联代表,在上海召开会议,成立了"中华民国学生联合会",北京代表段锡朋当选为会长,上海代表何葆仁为副会长,学联会址设在上海。全国学联的成立,是五四运动中的一件大事,爱国学生第一次有了自己的全国性组织,极大地增强了全国青年的团结。

在五四运动爆发的第二天,曹汝霖立即提出辞职。他在呈文中首先对学生的举动大肆诬蔑,随后对签订"二十一条"和铁路借款两问题作了辩解。关于铁路借款一事,他蓄意将责任推给徐世昌。他说:"至于济顺、高徐各路借款,汝霖比时兼长财政,适逢我大总统就职之初,政费军储,罗掘罄尽……而欧美各国战事方酣,无力接济。汝霖仰屋旁皇,点金乏术,因与日本资本家商订济顺等路借款预备合同。"接着,他又对铁路合同的性质解释如下:"此项合同内亦并无承认日本继承德国权利之文。果系承认日本继承德国权利,则此项铁路本属德国权利之内,何须另行垫款始能允此路权?"他认为,山东问题的失败,原因完全在英、法维持日本继承德国权利的密约,"汝霖决难分过"①。

5月10日,曹汝霖又通电申辩:"中国铁路,除京绥一线外,均系借款修造,管理权自我操。该项合同(指顺济、高徐铁路合同),亦与现在已成借款各路合同性质相同,并无承认日本继承德国权利之文。"他进而又说:"近年财政困难,借款为国家不能免之事实,而外交借款久为众矢所归,汝霖所自信者,历来经手借款,均无丝毫回扣……不特先例所无,窃恐后来借款未必有此优点。"为此,他申辩道:"名誉为第二生命","惟是他人嫁祸,重诬卖国,实难忍受"。最后他表示:"至青年学生不明事实,不辨是非,血气未定,受人煽惑,轶越常轨,其行为虽触犯国法,其心迹亦自可悯。所望嗣后主持教育者,补偏救弊,尽心启牖,不至以学

①　《政府公报》,1919年5月11日。

生为党派私人供政争之用……则汝霖今日虽因误会而牺牲身家，章公使因误会而几濒于死，对于青年诸生，尤为厚望于将来也。"①曹汝霖把学生运动认作是党派"政争"所引起，他所说的党派是指研究系。曹在其晚年所写的回忆录中，仍然坚持认为五四学潮是研究系挑动起来的。

5月9日，币制局总裁陆宗舆提出辞职，在辞呈中解释了签订"二十一条"的经过，认为在当时的情况下，能够撤销第五号条件，既保持了和平，又"俾我国权得以保全"；反之，"但若使臣只知意气而战祸顿开，抑或听其要求而国权尽丧……则今日和会有无列席之资格已属疑问"。接着，他同曹汝霖一样，将攻击矛头直指研究系。他说："至于币制总裁任内，惟阪谷顾问一案关系日人。但阪谷系汪大燮上年赴日为专使时所面请，而又为梁启超财政总长任内所约订。……论以亲日资格，汪、梁为优，而陆、曹媚日头衔，日人方面或恐未愿容许也。"②尔后，陆宗舆又在另一辞呈中辩白说："况自通海数十年来，凡当外交之冲者，几悉为众矢之的。其间经历不得已之情形，非至时过境迁，事实渐著，则功罪无由而分。"他同样认为，五四学潮是"党争"的结果，说什么"始则由党争以引重外力，终则因外力以颠覆国家。以名爱国，实为祸国，以此救亡，实为速亡，朝鲜覆辙，痛史具在。"③

章宗祥于6月初提出辞职，并在后来撰写的《东京之三年》书稿中为自己作了辩护。他同样指出，济顺、高徐铁路借款的原因在徐世昌，其借款背景是："徐东海选任总统，南北罢兵，非巨款无以善后"，因此提出了这一铁路借款。中国当局原先考虑到，这两条铁路已于民国三年与德国订立了借款条约，日本占领青岛后，政府深恐日本有继承德国权利的意思，因此始终不与日本交涉。自中国对德宣战后，中德间一切条约均废除，这两条铁路与德国已无关系，因而才与日本商谈两铁路借款

① 《曹汝霖氏声明受害被诬之通电》，《公言报》，1919年5月11日。
② 《六十年来中国与日本》第7卷，第329页。
③ 《六十年来中国与日本》第7卷，第330页。

问题。他认为，"在中国方面不过昔日借自德国者，今日借自日本，从新订立合同"，"与承继德人权利无涉"①。

章宗祥对山东换文的辩解是，胶济铁路原为德国控制，现在与日本订约，由中日合办，"则中德旧案尽行撤开，完全为中国允许日本合办之新事业，与承继德人权利绝对不同。""综观换文全体，在欧战未停之时，中国当局为补救临时及预防将来起见，与日本协定实为有利国家之事。"对于威尔逊在巴黎和会上质问"欣然同意"一语，章宗祥反驳道："在威尔逊之作此言，不过自卸其责，断章取义，初无价值。"②

综上所述，曹、陆、章三人均对自己的所作所为竭力辩解，但是，山东换文并不是孤立的协定，而是作为顺济、高徐铁路借款合同的交换条件提出来的。这一点，在中国代表团向巴黎和会提交的山东问题说帖中讲得很清楚："一九一八年九月与日本订立草合同，借款筑路二道，此二路者，即一自胶济线至徐州连接津浦、沪宁铁路，一连接京汉铁路者也。日本政府以此合同之故，乃于同月二十四日换文中，允将胶济沿路日军除济南留一支队外，余均撤回青岛，并裁撤山东省内之日本民政各署。"③陆徵祥在中国代表团第三次会议上也明确指出，这两项协定是"交换条件"。而曹、章的辩护均回避了这一点，而是孤立地解释两项协定。曹汝霖在其晚年的回忆中还申辩道：山东换文的核心是解决日本部分撤军问题，所以中国方面才有"欣然同意"一语，认为"欣然同意"这句话是普通辞令，"所谓同意，明明指日外相来文之三项（指撤军等问题）。……哪知后来巴黎和会竟引为攻击之借口，以为承认山东权益，岂非奇谈，真是风马牛不相及也"④。

然而问题就在于，日本是以铁路借款换取部分撤军的，既然是交换

---

①　章宗祥：《东京之三年》，《近代史资料》总 38 号，第 79—81 页。

②　章宗祥：《东京之三年》，《近代史资料》总 38 号，第 52、53 页。

③　金问泗编：《顾维钧外交文牍选存》，第 23 页。

④　《曹汝霖一生之回忆》，第 146 页。

条件,中国方面就必须付出代价。也就是说,中国政府是以两条与山东主权密切相关的铁路路权,换取日本部分撤军,并借得二千万日金,其实质就是,承认日本势力以另一种形式存在于山东。中国方面的解释是,两项协定均签自中国对德宣战之后,与日本继承德国权益无关。而日本的解释则是,胶济铁路与顺济、高徐铁路借款,原均属德国权益,而现在则均由日本接替,这就是承认日本继承德国权益。巴黎和会基于帝国主义的种种考虑,支持了日本的论点,因而中国关于山东问题的交涉,遭到彻底失败。

鉴于曹、陆、章参预签订的各项中日条约,均与政府有着直接关系,特别是铁路借款更是与徐世昌上台有着直接关系,同时局势的发展还没有严重到舍车保帅的程度,5月8日,徐世昌下令慰留曹汝霖:"该总长从政有年,体国公诚,为本大总统所深识。流言诋毁,致酿事端,驯至毁屋殴人,扰害秩序。该总长因公受累,实疚于怀。……务以国家为重,照常供职,共济艰难,所请应毋庸议。"[1] 5月14日,徐世昌又发布命令挽留陆宗舆说:"其于二十一条案件,与前外交次长曹汝霖协力挽救,所全尤大。……该总裁等相从办事有年,勋勤夙著,未可以流言附会,致掩前劳。……所请免职之处,着毋庸议。"[2]但是,徐世昌的命令,终究无法挽救曹、陆、章的下场。

五四运动爆发后,安福系与各方面的矛盾也随之激化,《每周评论》在一篇评论文章中写道:"亲日主战派因为他们的爪牙受了委屈,便迁怒到林长民、蔡元培、吴炳湘三人身上。他们的机关报说这回北京市民的公愤,全是外交协会林长民等煽动起来的。他们恨吴炳湘,是说他袒护学生,要政府把吴炳湘付惩戒……他们恨蔡元培,是把所有学界的举动,都归到北京大学。"[3]

---

① 《政府公报》,1919年5月10日。
② 《政府公报》,1919年5月15日。
③ 《每周评论》第21号,1919年5月11日。

京师警察厅总监吴炳湘,是皖系骨干人物之一,但在学生问题上,他反对采取强硬手段。五四当天,他曾制止段芝贵出兵镇压,后又迅速释放被捕学生,为此他也遭到斥责。5月6日,徐世昌发布一道指责警察厅的命令说,5月4日,"方事之始,曾传令京师警察厅,调派警队,妥为防护。乃未能即时制止,以致酿纵火伤人情事。迨经警察总监吴炳湘亲往指挥,始行逮捕解散。该总监事前调度失宜,殊属疏误。所派出之警察人员,防范无方,有负职守。着即由该总监查取职名,呈候惩戒。"①

对于吴炳湘及警察厅的指责,不过是表面文章,因为对其"调度失宜,殊属疏误",不能不有所表示。然而安福系对研究系的抨击便不同了,几乎达到歇斯底里的程度。

研究系与皖系的矛盾由来已久,1918年9月,研究系机关报《晨钟报》因透露段祺瑞向日本借款一事遭到封闭。同年12月,改名《晨报》继续发行。《晨报》在12月1日的《发刊词》中愤然表示:"军阀干政,计吏卖国,持权者专恣宰割,而不顾民生民意……此诸病者有一不除,国家亡矣。"总之,他们将抓住一切有利时机,对皖系实行政治报复,而巴黎和会与五四运动,为他们提供了这一机会。

从现象上看,研究系在五四运动中的确是极为活跃的,据《每周评论》报道:五四发生后,"国民外交协会里,无日不开会,无会不激昂"②。所以皖系也始终认为五四运动是研究系煽动起来的,是两系"党争"造成的。

自五四运动爆发后,安福国会准备提出一系列攻击研究系的弹劾案,对研究系的抨击达到了顶点。安福干将光云锦等人曾拟提出一个《请惩办妨害外交无责任之官僚政客建议案》,内称:"查自欧洲议和以来,大总统为慎重外交起见,于公府特设外交委员会,以为咨询机

---

① 《政府公报》,1919年5月7日。
② 《每周评论》第21号,1919年5月11日。

关……乃汪大燮、林长民等擅用职权，径电欧使，借破除势力范围之名，不惜将全国铁路置于各国共同管理之下。铁路为国家之命脉，汪大燮等宁不知之？乃不惜倒行逆施，倡此亡国之谬说，虽其计划未成，然彼等卖国营利之心，固已昭然若揭矣。又如梁启超者，自命名流，实同妖孽，趁欧洲和会之际，为自身活动之谋，领政府巨金，冒称以个人之资格为议和委员之后盾。梁启超自到巴黎之后，谬托政府委任，遇事干涉，并受外人贿使，不惜卖国求荣。……又煤油督办熊希龄，与汪大燮、林长民、梁启超等勾通把持，狼狈为奸，其罪尤不可逭。今国事败坏至于今日，可谓极矣。此种卖国求荣之辈，若不严加惩办，则何以彰国法而正人心？应请政府将上列诸人严行查办。"①这份弹劾案，字里行间杀气腾腾，把安福系对研究系的愤恨发泄无遗。

同时，还有人准备提出《裁撤公府外交委员会建议案》，抨击该会委员滥用职权，遇事干涉，贻误外交，"今青岛失败之警报已见告矣，国民愤激同深，不可遏止。该委员会对于政府之外交方针毫无建白，惟以少数人之私利是图，坐视外交失败至于此极，其罪可胜言哉。应由本院决议，咨请大总统即日裁撤外交委员会"②。实际上，不待这份弹劾案提出，汪大燮、林长民自知情况不妙，于5月3日自行解散了外交委员会③。

同时，钱能训内阁和中国代表团也成为安福系攻击对象。有人企图对钱能训和陆徵祥等提出弹劾案，指责政府任命赴法全权委员未经国会通过，钱能训"违法失职，辱国丧权"，还谩骂"陆徵祥庸碌无能，依庇外国妇人以自重④；顾维钧少年轻躁，略善英语；王正廷卑污龌龊，才可传教。政府不察，乃以此辈为专使"，斥责政府"昏庸错乱，轻举妄动，

①　《公言报》，1919年5月10日。熊希龄1914年曾任煤油督办。

②　《公言报》，1919年5月10日。

③　叶景莘：《巴黎和会期间我国拒签和约运动的见闻》，《文史资料选辑》第2辑。

④　陆徵祥夫人为比利时人。

竟演成今日之失败"①。反映出安福系和钱能训内阁的尖锐对立。

但是,罗正纬等少数有正义感的议员,也准备提出《弹劾交通总长曹汝霖案》,指出:曹汝霖在辞呈中"仅言个人之私,横加学生之罪,无一词片语怜其冒难救国之情。只知有身家,不知有民,不知有国。""该总长辞呈内,备述借款有功,以为国家筹借外款事项,非我莫属。是欲借外人之势力挟制政府,盘据要津,情词毕露。""拟请政府立即免职,并从严查办,以张国纪,而顺舆情。"②

上述种种情况表明,五四运动的爆发,促使统治阶级内部固有的矛盾也随之尖锐化、公开化,互相指斥"卖国""失职",均欲置政敌于死地,其谩骂和愤恨的程度,几乎超过了对青年学生的攻击。统治阶层内部的这种公开化的分裂状态,造成他们无法形成统一的力量来镇压群众运动,并且极大地制约着政府当局在内政和外交上的种种决策。

四　北京政府应付山东问题的初步方针

五四运动是在民族矛盾、阶级矛盾、各派系矛盾日益尖锐的情况下发生的,因此,北京政府对于山东问题的考虑与处理也颇感棘手,未敢轻作决定。

自袁世凯死后,中国政治的一大特点是,中央政府权威甚小,各地区、各派系实力人物握有很大权力,因此政府在做出一项重大决策之前,往往先征求各方意见,以取得实力派的支持,山东问题也是如此。

5月12日,政府邀请参、众两院议员在中南海怀仁堂开茶话会,商讨对德和约签字问题。众议院秘书长王印川发言说:"在印川个人之意,与其签字而断送青岛,不如不签字之断送,他日尚可设法,故绝对主

---

① 《公言报》,1919年5月10日。
② 《公言报》,1919年5月11日。

张不能签字。"①这次茶话会,政府仍未拿定主意。13日,政府再次邀集两院议员商讨,议员们再次主张拒签和约。当日,国务院密电各省督军、省长:青岛问题,"此事国人甚为注重,既未达最初目的,乃并无交还中国之规定,吾国断难承认。但若竟不签字,则于协商(指协约国)及国际联盟种种关系亦不无影响。故签字与否,颇难决定。本日招集两院议员开谈话会,金以权衡利害,断难签字为词,并谓未经签字,尚可谋事后之补救,否则铸成定案,即前此由日交还之宣言,亦恐因此摇动。讨论结果,众论一致。现拟以此问题正式提交国会,一面电嘱陆使暂缓签字。事关外交重要问题,务希卓见所及,迅赐教益,不胜祷致"②。该电反映出政府在这一问题上的矛盾状态,一方面对巴黎和会的决定表示愤慨,"断难承认",另一方面又担心拒约将危及与列强的关系,因此政府方面"颇难决定"。但安福国会则不同,而是"众论一致"地反对签约。安福国会之所以"众论一致"地反对签约,一个明显的原因是,南北和会期间,徐世昌、钱能训企图解散安福国会以达成与南方的妥协,因此国会与政府的矛盾相当尖锐,所以在一系列重大问题上,国会都采取了不与政府合作的态度。于是,国务院一面致电各省实力派继续征求意见,同时准备将山东问题"正式提交国会",也就是将这一棘手问题推给国会去处置。

　　该电发出后,国务院陆续收到各方面回电。15日,察哈尔都统田中玉复电说:"阮电敬悉,极佩卢怀。窃谓青岛问题,关系国家之存亡甚重。又当此群情激昂之际,倘遽签字,国内或有沸腾之虞。若因此演出别项交涉,则办理将更棘手。故权衡轻重,似以暂不签字,徐图事后补救之说为较善。"③湖南督军张敬尧复电说:"日本所谓继承权利,系衔接德国租约而言,殊不知租约已完全失效,继承之说根本上不能成立。

①　《公言报》,1919年5月13日。
②　《五四爱国运动档案资料》,第320、321页。
③　《五四爱国运动档案资料》,第322页。

……务祈钧座始终俯采民意,毅力坚持,无论外交如何变幻,不达收回目的,决不可迁就签字,自行断送。"①

田、张二人均为皖系将领,那么直系态度又怎样呢? 16 日,江西督军陈光远致电国务院:"吾国为参战团一分子,并非征服降国可比,青岛为吾领土,关系国家主权,岂能不容我代表主张,和会遂自由处置? 是不能施之于敌者,竟施之于我。……得失直关国家存亡,自当誓死力争,不能丝毫让步。如果抗议无效,惟有严拒签字。"②15 日,湖北督军王占元致电政府:"请速致电欧会陆、王两专使,对于日本要求单独解决青岛领土问题,誓勿签字。"③

与此同时,安福俱乐部于 16 日召开全体大会,王揖唐发言说:"欧会如此主张,未免藐视公理,袒护强权,无论如何不能签字。"④

北京政府一方面考虑到广大人民群众和各派人士均反对签约,同时又考虑到完全拒约将不能参加国际联盟,担心被排斥于国际社会之外,并且还将失去一些有利条件,因此接受了中国代表团的"保留签字"的建议。5 月 20 日,北京政府正式向国会提出山东问题咨文,表明政府方针:"现由专使等在会提出抗议,如果无可转圜,政府熟权利害,决定对于此项草约,大体应行签字,惟山东问题应声明另行保留,以为挽救地步。已电饬陆专使遵照此旨提出声明。"⑤

按例,对外条约应由政府签署之后再送国会审批,而钱能训政府这次却破例地先将山东问题咨文送交国会议决,其用意显然是要让国会来承担这一问题的责任。这时,上海的南北和会已经破裂,徐世昌、钱能训企图取消安福国会以达成与南方妥协的计划已经暴露,因此,国会与政府的矛盾更加尖锐起来,钱能训内阁已成为安福国会的眼中钉,不

①　《张督军复国务院电》,长沙《大公报》,1919 年 5 月 18 日。

②　《陈光远力争青岛电》,《申报》,1919 年 5 月 27 日。

③　《王占元来电内容》,《晨报》,1919 年 5 月 16 日。

④　《昨日安福俱乐部之议员会》,《公言报》,1919 年 5 月 17 日。

⑤　《晨报》,1919 年 5 月 21 日。

可能得到国会方面的合作。

5月26日，众议院在讨论政府送交的山东问题咨文时，只是表示赞成政府提出的"保留签字"方案，但以该咨文并非条约，难以开议为由，拒绝列入议案，随即将该咨文退还政府，迫使钱能训内阁去独自承担这一棘手问题的全部责任。

五　五月下旬政局恶化

五四运动发生后，其范围逐渐由北京扩向全国，由学界扩大到各界，由下层扩大到部分上层，由自发性行动发展为有组织的行动。特别是南北和会破裂后，安福系分子猖獗一时，一再公开指责政府的内外政策，不断向徐世昌、钱能训施加压力。在这种情况下，北京政府决定调整对内政策。此外，在对外政策上，北京政府在对德和约是否签字问题上，一直犹豫不决。尽管举国舆论均反对签约，但是北京政府在帝国主义与人民大众之间作了一番权衡后，决定服从帝国主义的意志。这样，在5月下旬，北京政府做出了两项决定，一是公开主张对德和约应签字；二是严厉镇压学生运动。为此，政府采取了一系列强硬措施，在下令停止南北议和，单方面撤回北方代表的同时，还加强了对舆论界的控制。

5月23日，北京《益世报》被封闭，原因是该报曾转载一份山东第五师官兵反对出卖山东的通电，而山东督军兼第五师师长张树元否认该师曾发此电，于是该报被封，总编辑潘智远等人并被逮捕。尽管研究系律师刘崇佑为他们作了长篇辩护，但他们仍以妨害治安罪、侮辱官吏罪等罪名被判处有期徒刑一年。该报总发行人李雪舫等，也被判处有期徒刑两个月。

23日晚，京师警察厅开始派专人对研究系机关报《晨报》实行新闻检查。

21日，徐世昌下令，任命王怀庆任步军统领，替换了镇压学生运动不力的李长泰。

这时，日本官方也改变了五四运动爆发以来相对沉默的态度。5月21日，日使小幡向中国外交部提出一份抗议照会，其中指责道："外交委员会委员，干事长林长民君，五月二日，晨报、国民公报等特揭署名之警告，文内有：今果至此，则胶州亡矣，山东亡矣，国不国矣，愿合我四万万众誓死图之等语，似有故意煽动之嫌。此事与五月四日北京大学生酿成纵火伤人暴动之事，本公使之深以为遗憾者。"①

5月25日，北京日本人所办的《顺天时报》公布了小幡照会。同日，林长民向徐世昌提出辞职。辞呈中说：他撰文"激励国民，奋于图存，天经地义，不自知其非也"。"务乞大总统准予开去外交委员，暨事务主任兼差，俾得束身司败，以全邦交"②。林长民的辞职书，不如说是抗议书，不少报刊予以转载，并就此发表评论，赢得了广泛的同情。

同日，徐世昌对学生运动下达一道措词强硬的命令，禁止集会、游行、演说、散布传单，否则就要实行镇压。令文说："着责成京外该管文武长官剀切晓谕，严密稽察，如再有前项事情，务当悉力制止。其不服制止者，应即依法逮办，以遏乱萌。"③

在这期间，北京政府做出的最重要的决定是，主张对德和约应当签字。政府的考虑是，签字是有害的，而不签字也是有害的，两相比较后，认为签字的危害轻一些，于是决定签字。驻法公使胡惟德等人也力主签字。

5月24日，国务院致电各省，通告政府签约的决定，同时再度征求各地意见，意思是希望支持政府的决定。电称："经熟思审处，第一步自应力主保留，以俟后图；如果保留实难办到，只能签字。当经征询两院议长（李盛铎、王揖唐）及前段总理意见，亦属相同。因时期促迫，已于

① 《五四爱国运动档案资料》，第201、202页。
② 《晨报》，1919年5月27日。
③ 《政府公报》，1919年5月26日。

昨日电复陆专使照行。"①同日，为配合政府这一决定，段祺瑞亲自出马，致电各省军政高级官员，力主签约。他说："欧洲和约事，当局最后主张，业经电达。青岛问题，顾、王两使争执直接交还，国家有力，未尝不是……以英日现在之国力，我欲一笔抹煞得乎？""欧约如不签字，国际联盟不能加入，所得有利条件一切放弃"。他还攻击爱国学生运动是"借爱国以祸国也"，要求各地维持治安，"赞襄政府"②。这是段祺瑞自五四运动爆发以来头一次公开表态。他公开宣传失败主义论调，甘认我国无力直接收回青岛，无力与英、日对抗，因而只能俯首签约。

以上两电发出后，一时间泛起一股浊浪。5月25日，安徽督军倪嗣冲复电响应政府决定，他首先重复段祺瑞的论调，认为我国国力弱，因而无法直接收回青岛，最后表示："今但以青岛之故拒绝签字，若将来争执无效，或反将其他有利益之条件同归消灭，则失败更甚于今日，而挽救亦绝无希望，固不如断之于先之为愈也。"③倪嗣冲的电报，把失败主义理论发挥到了一个高峰，他们看问题的出发点，不是怎样去争取成功，而总是考虑如果失败怎么办。

但是，这段时间大多数实力人物要么不表态，继续沉默，要么含糊其词，模棱两可。河南督军赵倜就是一个典型。他于5月26日复电段祺瑞表示："倜一介武夫，智识短浅，事关国际，唯一听政府之主持。"④

北京政府在5月下旬对内采取的一系列强硬措施，造成全国的政治气氛更加紧张。但是，人民群众的爱国斗争仍然在向前发展，运动的广泛性达到了空前规模。另一方面，统治阶级内部也矛盾重重，有时甚至达到相当尖锐的程度，例如，直系、研究系同皖系的矛盾，在相当程度

① 《公言报》，1919年6月8日。李盛铎、王揖唐私下是赞成签约的，但在公开场所又表示反对。政府这一密电声称，签约的决定得到两院议长的同意，然而李、王二人后来均公开予以否认。私下一套，公开一套，这是政客惯用的手段。

② 《公言报》，1919年5月28日。

③ 《公言报》，1919年6月2日。

④ 《五四爱国运动档案资料》，第323页。

上超过了他们同人民群众的矛盾,因此,统治阶级难以形成统一的力量来镇压群众运动。局势的发展究竟有利于何方,决定于下一阶段各派政治力量的消长。

六 六三运动和罢免曹、陆、章

6月3日,北京各校学生继续上街演讲,警方根据徐世昌5月25日命令,逮捕了一百七十余人,均监禁在北大法科。但是,爱国青年没有被武装镇压吓倒,6月4日,他们仍旧上街演说。这一天,警方出动马队冲撞学生,并逮捕七百余人。因北大法科校舍已收容不下,警方便将马神庙理科校舍也用作临时监狱。同时,警方在法科校舍外东、西两侧搭起二十多个供军警驻扎的帐篷,将法科校舍紧紧围住,如临大敌。

军警连续两日的大逮捕,没有使爱国学生畏缩。5日,他们再度冲破阻挠,勇敢地走上街头,分路演讲。北京中等以上学校联合会向全国各界发出宣言,坚决要求罢免曹、陆、章,指出国贼不除,挽救外交则无希望。在学生们的不懈斗争下,北京政府为避免事态更加激化,于同日释放了被捕的近千名学生,并撤走了包围北大的军警。然而北洋政府的这一暴行,早已激怒了工人阶级和民族资产阶级,于是上海爆发了伟大的六三运动。

五四运动发生后,上海学生随即行动起来。当6月3、4两日北京军警大规模逮捕学生的消息传到上海后,上海学生纷纷罢课,以示声援,并分头动员工界罢工,商界罢市。5日,上海的部分工厂、商店举行罢工、罢市。这样,加上学生的罢课,开创了史无前例的"三罢"斗争,声援6月3日大批被捕的北京学生。所以人们把上海的这次斗争和由它掀起的全国斗争称作六三运动。六三运动把五四运动发展到了最高峰。

5日这天,上海的许多商店门前贴着"不诛卖国贼不开市"、"要求政府夺回青岛"等标语,其中也有劝告群众"切勿暴动"的。在一家书局门前贴有一副对联:"罢课救亡,罢市救亡,我两界挺身先起;民心不死,民国不死,愿大家努力进行。"三罢斗争表明,各界群众的救亡运动正在融为一体,人民的力量得到空前的增强。

6月5日以后,上海参加罢工的,计有纺织、机器、印刷、电车、汽车、码头、轮船、烟厂等行业的工人。6月10日,沪宁铁路工人也开始罢工,从而把罢工运动推向高潮,使沪宁线处于瘫痪状态。六三运动最突出的特点表现为,中国无产阶级出于政治要求而自觉地举行政治罢工,标志着中国无产阶级已经开始独立地登上政治舞台。这在近代中国革命史上具有极为深远的历史意义。工人阶级在运动中的表现引起各界人士的重视,不久,"劳工神圣"成了风行一时的口号。

对于上海的六三运动,安福系的机关报《公言报》发表评论说:"北京学生酿成风潮后,上海方面继以罢市风潮,此二风潮表现后,已将此次骚动全系借对外问题以实行对内之内幕,次第暴露。吾人对于学生、商界之真爱国者,固只有馨香膜拜,而对于黑幕中之唆动人物,与夫一切过激自扰之举动,则良心上实不能赞成,且亦不能效研究派报纸之一味火上浇油。"①安福系总是站在派系立场上,用派系眼光看待一切,因而也把一切事件看成了派系斗争的产物。他们既把五四运动认作研究系所为,现在又把六三运动归之于研究系的"唆动"。

与《公言报》相反,研究系的《晨报》对于六三运动,特别是工人运动,给予了高度评价。该报以《破天荒之工人总同盟罢工》为题,发表特约通讯,指出:"工界罢工实为我国破天荒之事件,又为工人参与政治问题之嚆矢,足见我国工界业已觉醒,且有相当团结力,此诚最近所最可注意、最可特笔之事实也。"②当大多数报刊,甚至包括一些进步报刊,尚未对上海的工人行动的历史意义做出评价时,研究系已经看到,中国无产阶级已经觉醒,工人阶级参与政治已经开始,并认为这是"最可注

---

① 《公言报》,1919年6月9日。

② 《晨报》,1919年6月12日。

意"的事件,可见研究系的政治眼光是相当敏锐的。

　　在上海燃起的"三罢"斗争烈火,迅速烧遍各地,特别是天津、汉口等大城市,"三罢"斗争均形成相当规模。各地许多商会组织了不少大规模的罢市活动,如天津总商会于6月10日举行全市罢市,使得京、津当局极为恐慌。商界运动除了政治要求外,其一大特点是提倡国货,抵制日货,与学界的联系也比较密切。强大的六三运动,压倒了北洋政府与皖系的嚣张气焰,一举扭转5月下旬以来的不利局面,迫使当局不得不再度考虑调整其内政方针,以平息事态。同时,由于群众运动的声势再度高涨,统治阶级内部矛盾也随之更加复杂化、尖锐化。

　　六三运动发生后,各地局势发生了激剧变化,群众运动风起云涌,势不可挡。在这种情况下,北京政府,特别是各地直接面对群众运动的军政官员,感觉继续维护曹、陆、章已经得不偿失,部分地方军阀在镇压群众运动的同时,又向当局进言,要求罢免曹、陆、章,以平息事态。

　　身处"三罢"斗争中心的淞沪护军使卢永祥和沪海道尹沈宝昌,于6月8日联名致电徐世昌等人:"现在罢市业经三日,并闻内地如南京、宁波等处,亦有罢市之说,星星之火,可以燎原,失此不图,将成大乱。……永祥等伏查上海为东南第一商埠,全国视线所集,内地商埠无不视上海为转移。现上海学界既坚以曹、陆、章三人去职为开市条件,商界亦曾有电请求,民心向背,即时局安危,亦不敢壅于上闻。可否查照上海总商会前电所呈,准将三人一并免职,明令宣示,以表示政府委曲求全,力顾大局之意。"①

　　在全国一片诛讨声中,曹、陆、章也是如坐针毡,自知不能恋栈下去了。6月4日,章宗祥向徐世昌提出辞职,自称"一月以来,伤势虽渐平愈,旧恙日形增剧。伏思驻日使职殷繁,断非屡病之躯所能胜任,惟有恳乞钧座俯念下情,准予免去驻日本全权公使本职,俾得侍奉老父,退

_____

　　① 《护军使、道尹请免曹、陆、章电》,《申报》,1919年6月10日。

居田间。"①6月9日,陆宗舆也再次提出辞职。5月20日左右,曹汝霖曾再次辞职,北京政府仍表示"所请辞职之处,仍毋庸议",同意给假二十日。6月9日,曹汝霖假期已满,当日《公言报》披露一条消息:"交通总长曹汝霖氏给假二十日现将届满,闻已拟就辞呈,决意引退。政府方面亦有照准消息云。"②显然,这是《公言报》有意放出风声,为曹、陆、章下台作舆论准备。

鉴于局势日益严重,北京政府最终决定"舍车保帅"。6月10日,徐世昌发布如下数道命令:"交通总长曹汝霖呈请辞职,曹汝霖准免本职。""驻日本国特命全权公使章宗祥,因病呈请辞职,章宗祥准免本职。""币制局总裁陆宗舆,因病一再呈请辞职,陆宗舆准免本职。"③罢免曹、陆、章,是五四运动取得的头一个直接的胜利。

徐世昌的三道免职令,均说曹、陆、章呈请辞职,但曹汝霖在其回忆中却否认此事。他说:徐世昌"不等我们上呈辞职,竟下辞职照准之令矣"。他认为,徐上台后,一直企图"抑制合肥势力",上海的南北议和就是这个意图。"适发生学潮,攻击我们,即利用此机以剪除合肥羽翼……不先设法令我辞职,竟下辞职照准之令"④。但是曹汝霖这段回忆不尽符合事实。如前所述,五四运动发生后,他们三人先后提出辞职,但政府均予挽留。情况大约是这样的:在政府挽留他们之后,由于局势激剧发展,十分紧迫,于是徐世昌不待曹汝霖再度辞职,即下令辞职照准。此外,陆宗舆于9日辞职时,已当即获准。因此,三人下台的情况并非完全相同。

曹、陆、章免职令下达后,段祺瑞即怒气冲冲到团城对曹汝霖说:"没有辞职,而捏造辞职照准之令,命令亦造谎言,天下尚有公论是非

---

① 《六十年来中国与日本》第7卷,第331页。该辞呈未署日期,据《公言报》6月5日消息,系6月4日提出的。

② 《曹汝霖再辞与政府》,《公言报》,1919年6月9日。

③ 《政府公报》,1919年6月11日。

④ 《曹汝霖一生之回忆》,第156页。

吗!"段大骂徐世昌,说曹汝霖等"为他冒大不韪,借成日债,这种举动,真所谓过河拆桥,以后还有何人肯跟他出力? 他对我作难竟累及你们,良心何在,岂有此理!"①说罢即悻悻而去。平日极少作诗的段祺瑞,后来曾写下五言长诗一首赠曹汝霖,以掩饰自己,其中有句曰:"不佞持正义,十稔朝政里。立意张四维,一往直如矢。"②此外,他还为曹汝霖作了种种辩护。

曹汝霖从此退出政界,自号觉盦,据说是取古人年至五十而知四十九年之非的意思,不过从他年近九旬写下的回忆录来看,他仍然不知自己一生之非。

第四节　继续动荡的政局

一　北京政府的政治危机

北京政府罢黜曹、陆、章,不是孤立的事件,必然引起政治上的连锁反应,从而导致北洋政权内部发生了一次不小的政治危机。

徐世昌是在巴黎和会与南北和会即将开幕时登台的,当时他也曾一度踌躇满志,企图借助两个和会推行其内外政策,以此奠定其统治基础,然而半年来,两个和会相继失败,使他陷入内外交困之中。

6月11日,即罢免曹、陆、章的次日,徐世昌向国会参、众两院提出辞职,其主要原因就是两个和会牵涉到的内外政策问题。他在辞职咨文中说:关于对德和约,"原拟全约签字,惟提出关于胶澳各条声明保留,此项原属不得已之办法。但体察现情,保留一层,已难办到。……内审国情,外观大势,惟有重视英、美、法各国之意见,毅然全约签字,以维持我国际之地位。……惟是国内舆论,坚拒签字,如出一辙……欲以

---

① 《曹汝霖一生之回忆》,第156页。
② 《曹汝霖一生之回忆》,陈孝威序。

民意为从违，而熟筹利害，又不忍坐视国步之颠踬。此对外言之不能不引咎者一也。"关于上海的南北和会，他说："乃沪议中辍，群情失望，在南方徒言接近，而未有完全解决之方；在中央欲进和平，而终乏积极进行之效。……此就对内言之不能不引咎者一也。"①

与此同时，内阁总理钱能训也提出辞职。

徐世昌选择这个时候辞职，以及辞职咨文中反复谈论的两个基本问题，都是经过周密考虑的。其实，他并不准备"引咎"，在他的 6 月 11 日日记中，对辞职这样重大的事只字未提。他深知在当时的情况下，总统一职非己莫属，是没有别人可以替代的。因此，他的辞职必然引起各界人士纷纷挽留，他企图通过挽留来换取各界对其内外政策的支持。徐在辞职咨文中清楚表明，他是因其内外政策无法推行而辞职的，因此，挽留他也就必须支持其内外政策，从而一举扭转被动的局面。以退为进，后发制人，是徐世昌惯用的权术韬略。

果然，徐世昌辞职立即引起震动。尽管安福系对徐极为不满，但如徐倒台，势必导致更大的政治危机，因此，当徐世昌的辞职咨文送到国会后，当天便由参、众两院议长李盛铎、王揖唐亲自登门退还，李、王二人并联名发表通电："查现行约法，行政之组织，系责任内阁制，一切外交、内政，由国务院负其责任，大总统无引咎辞职之规定。且来文未经国务总理副署，在法律上不生效力。当由盛铎、揖唐即日躬赍缴还，吁请大总统照常任职。"②是日，段祺瑞也亲至徐宅挽留，接踵而来的便是全国性的挽徐浪潮。

各地挽徐电甚多，基本内容不外三条，一是挽徐，二是表明对德和约签字的态度，三是表明对再开南北和会的态度。其中一、三两条均不难表态，关键是第二条。在挽徐通电中，支持对德和约签字的有安徽督军倪嗣冲，山东督军张树元，黑龙江督军鲍贵卿、福建督军李厚基、山西

---

① 《晨报》，1919 年 6 月 12 日。

② 《晨报》，1919 年 6 月 12 日。

督军阎锡山、四川督军刘存厚、甘肃督军张广建、淞沪护军使卢永祥。一度反对签约的江西督军陈光远、察哈尔都统田中玉，又转而支持签约。他们的基本态度是："今保留一层，既万难办到，则两害取轻，不得已签字，亦无不可。"一时间，"两害取轻"、"全约签字"的叫喊甚嚣尘上。前一阶段出现过的"如出一辙"的拒约呼声，发生了明显的变化。

但是，情况并非完全如此。不少实力人物的通电，或仅言挽徐，不谈其余；或含糊其词，模棱两可。奉系张作霖、豫督赵倜、湘督张敬尧、浙督杨善德等，在他们的通电中除对徐恭维一番"负亿兆付托之重"不能去职外，其余皆敷衍搪塞之语。

当不少人郑重其事地通电挽徐时，安福系早已识破徐世昌的意图。就在徐世昌提出辞职咨文的第二天，《公言报》发表安福系"某君"的谈话。"某君"以讥讽的口吻说：在当前的局势下，"想大总统亦不忍拂衣而去，以负天下苍生。此种咨文表示，只可当一种发牢骚之文字观也。"①

在各方面挽留下，徐世昌当然懂得适可而止，于是乘势收兵，再不言"引咎"了。

然而徐世昌可以挽留，钱能训则不能挽留。参、众两院议长早已讲明：现在为责任内阁制，一切问题由内阁负责。因此，钱能训的倒台就是不可避免的了。6月13日，徐世昌下令："国务总理兼内务总长钱能训，迭呈辞职，情词恳挚，钱能训准免本职。此令。"②但是钱能训去职，并未使局势稳定下来，在继任总理人选问题上，安福俱乐部与徐世昌的斗争几乎白热化。随着继任总理一再难产，徐世昌由辞职而换取的"两害取轻"的微弱支持，又顿时化为泡影。他所换得的，是山东请愿团进京，和吴佩孚的一系列强硬通电。

当钱能训提出辞呈时，全体内阁成员均照例提出辞职。由于事情

① 《安福系某君关于政局之谈话》，《公言报》，1919年6月12日。
② 《政府公报》，1919年6月14日。

发生突然，难以立即组成新内阁，徐世昌仅同意钱能训一人辞职，其余阁员一律暂时留任。徐世昌决定先组成一个临时性内阁，同时尽快决定继任总理人选。然而在当时那种局面下，没有人愿意出任代总理一职。为此，徐世昌决定，按现任内阁成员的席次顺序，由排列在前者出任代总理。北洋时期内阁成员的席次排列，首为外交总长，但陆徵祥远在法国；次为内务总长，而该职为钱能训兼任，已连同总理一并辞去；再次为财政总长，于是时任财政总长的龚心湛被指定为代总理。

龚心湛是无可奈何而主持这个看守内阁的，就职当天，他立即通电各省表示："比者斡揆（钱能训字斡臣）坚辞引退，心湛迫于主座重委，辞不获已，于本日到院暂任维持，声明十日为期，务希公推贤能继任揆席，斡旋大局，是所至跂。"①

按照规定，国务总理人选应由总统提名，再经国会通过。为此，身为总统的徐世昌和盘据国会的安福俱乐部，都在考虑他们认为适当的人选。

徐世昌清末任东三省总督时，幕下有两位颇为倚重的心腹，一位是奉天右参赞、后任顺天府尹的钱能训，一位是奉天左参赞、后任黑龙江巡抚的周树模，两人形同徐世昌的左右臂。钱能训既下台，徐便有意由周树模接替钱任总理，以便于继续操纵国务院。

安福系的考虑是，徐世昌上台后处处和安福系作对，因此钱能训下台后，他们决不容忍再由徐世昌的人继任，决意由皖系人物出任总理，以控制政府。安福系考虑的总理人选是当时任农商总长的田文烈。田久在袁世凯幕下任职，为老北洋系军人，清末曾任陆军部副大臣，民国后曾任河南都督。

但是，田文烈坚决不肯出任总理，同时龚心湛代职十日已满，急于求去，为尽快结束内阁危机，徐世昌决定将周树模、田文烈两人选公开提出，正式征求安福俱乐部意见。6月28日，安福俱乐部召开全体议

①　《龚兼总理就职后之通电》，《公言报》，1919年6月17日。

员大会,徐树铮也出席坐镇,并对周、田二人作了介绍。接着王揖唐宣布进行辩论,安福干将克希克图发言说:"南北议和,北则北洋派为政治中心,南即滇、桂两派是也。内阁总理为解决时局之中坚,自以与北洋派关系较深者为适。田君为北洋名宿,故鄙人赞成田君。"①对此,附和者甚多。最后,王揖唐宣布进行表决,表决结果,赞成周树模的仅两人,其余全部赞成田文烈。周树模为安福俱乐部否决,实际上等于非正式地被国会否决。

然而事情并未就此了结,田文烈仍坚不肯上台组阁,于是又有人秉承徐世昌之意,再度游说周树模组阁。但是,安福系决心与徐、周对抗到底。因当时盛传徐世昌执意提名周树模,《公言报》于 7 月 8 日发表某议员谈话,声称:"或曰总统已拟定周树模,或曰国务院已准备咨文提出,吾人则极为疑虑,以为大总统既征求意见于先,多数既赞成田而反对周也,何以大总统必欲提出吾等已经表决少数之人,强求同意?要知当议员者,当日之我万不能与昨日之我挑战,既经表决,当然服从党议,头可断,志不可夺。……如强迫横来,则吾人牺牲地位,在所不辞矣。"②这番谈话,俨然要同徐世昌决战到底。结果,周树模最终未能获得提名。在双方僵持不下的情况下,继任总理问题,长时间未能解决。

问题不在于继任总理问题解决与否,而在于龚心湛这个看守内阁是个权威甚小、地位十分软弱的过渡性政府,对任何重大问题均无力做出决定。在龚心湛主持下,北洋政府在对德和约签字问题上,演出了一幕幕荒诞的笑剧。

二　英美在华势力对山东问题的态度

关于巴黎和会对山东问题的处置,英美在华势力同各自政府之间

---

① 《昨日安福部之议员大会》,《公言报》,1919 年 6 月 29 日。

② 《安福部某议员对于内阁问题之谈话》,《公言报》,1919 年 7 月 8 日。

持有不同政见,其代表人物是美国驻华公使芮恩施。

　　芮恩施于1913年出使中国,在历时六年的驻华公使任内,竭力维持"机会均等"、"利益均沾"、"门户开放"的美国对华政策。在整个世界大战期间,芮恩施焦虑地注视着日本在华势力的膨胀,一再提请美国政府应高度重视这一问题。他始终鼓励美国加强对华投资并提供贷款,以便让中国从对日本的依赖中摆脱出来,但成效甚微。

　　战争结束后,芮恩施在一份备忘录中这样写道:日本"利用大战和协约国自顾不暇情况,使中国落入与它缔结秘密军事同盟的圈套"。他明确指出:"只有拒绝承认日本过去四年来在中国秘密操纵的种种结果,特别是日本在山东建立的政治势力和特权地位,才能避免这样一个结果:要末使中国成为一个军事独裁国家的附庸……要末引起列强在华因建立势力范围和地方特权而不可避免地进行军事斗争。"①同中国广大舆论一样,芮恩施也认为,随着中国对德宣战,日本无权继承德国在山东的权益。

　　在巴黎和会前期,英、法、美、意驻华公使曾一致采取行动,抵制日本继续单方面向中国贷款,单方面向中国提供军火,以防止中国进一步倒向日本。正当欧美在华势力为抵制日本而积极活动时,巴黎和会对山东问题处置的消息传来了,芮恩施十分懊丧,他认为:"这个决议使人们丧失了对国际联盟的一切信任,因为它把这样一种丑恶行为做为它的重大决策。"②他还认为,威尔逊和毫斯上校对日本退出巴黎和会的担心是毫无根据的,毫斯上校错误估计了这一点。

　　当五四运动爆发后,日本竭力想把这一运动说成是排外行动,与义和团相提并论,企图怂恿英、美共同镇压运动。当芮恩施得知上海公共租界工部局准备对六三运动采取严厉措施时,立即指示美国驻上海总领事不要介入,让日本单独去承受运动的打击。因为他看出:"这个运

---

　　①　芮恩施:《一个美国外交官使华记》,第257、258页。
　　②　芮恩施:《一个美国外交官使华记》,第275页。

动是单只反对日本的,幸而与我们无关,也没有排外的意思。"

芮恩施甚至对五四运动作出这样的评价:"从巴黎和会决议的祸害中,产生了一种令人鼓舞的中国人民的民族觉醒,使他们为了共同的思想和共同的行动而紧密地结合在一起。"[1]他对于五四运动基本上是同情的,认为:"对学生们正在为祖国的自由和复兴而奋斗的目的和理想,没有一个人会不表示同情。我对此也寄于深切的同情。"[2]芮恩施作为帝国主义侵华势力的代表之一,他所认识到的中国人民的民族觉醒,基本上是对日本帝国主义而言的,与中国人民真正的民族觉醒是有区别的。但是,他能够看到中华民族正在觉醒,并寄予同情,因此也不失为一位资产阶级有识之士。

6月6日,北京英美侨民协会召开会议,芮恩施和英使朱尔典均出席。会议最后通过一项关于山东问题的决议,指出:巴黎和会关于山东问题的决定,必将造成严重后果,"这些情况所造成的罪恶的后果不但破坏了民族自决的原则,而且也否定了门户开放政策和机会均等的原则,如果中国的近邻日本现在代替了德国(其政治和经济活动中心在地球的另一边),那么这种罪恶的后果还将会大大地加重。因此,我们北京英美侨民协会的全体会员决定向英美政府建议,主张凡参加巴黎和会的国家应该拟订和贯彻一项不会危及中国的安全和世界和平的公正的解决办法"[3]。这个决议,可以说集中代表了英美在华势力对山东问题的意见。直到8月22日,天津英国商会还致电英国外交部,反对日本继承德国在山东的权益。

芮恩施由于在对华政策上与美国政府的意见分歧日益加深,6月7日,他向威尔逊提出辞职,并在辞呈中提醒美国政府,如不改变对华政策,"美国将要不可避免地丧失在中国一百四十年来工作的成果"。

---

① 芮恩施:《一个美国外交官使华记》,第 285 页。
② 芮恩施:《一个美国外交官使华记》,第 287 页。
③ 芮恩施:《一个美国外交官使华记》,第 286 页。

从总体上看,欧美方面在整个五四运动期间,基本采取旁观的态度,即如芮恩施所说,"既不要鼓励也不要反对这个运动"。在山东问题上,英美在华势力与各自政府在巴黎和会上的态度有着明显的意见分歧。

三　一个独特的军阀——吴佩孚

直系和皖系的矛盾早已存在,在护法战争和新国会选举中,两系公开发生冲突,南北议和破裂以后,其矛盾又进一步激化。五四运动的爆发,无疑为直系提供了一次打击政敌、捞取政治资本的时机。

直系的主体"长江三督",在五四运动中的表现是复杂的。一方面,他们是皖系的对立面,不满皖系的内外政策,力主南北议和;另一方面,他们又是群众运动的对立面,参预镇压群众运动。特别是湖北督军王占元,曾制造"六一"大惨案,军警刺伤示威学生多人①。因此,在护法战争中因主和罢战而名噪一时的"长江三督",这时被戴季陶斥为"长江三毒"。总之,他们并未因与皖系的对立而站到人民群众一边。

六三运动爆发后,李纯的幕僚白坚武力劝李"应时而起",借助运动的波澜,促成直系崛起,然而李纯却没有这种胆略。7月初,全国学联代表许德珩等到南京要求会见李纯,他称病不见,将学联代表拒之门外。但是,直系诸将领中,却有一位才略和胆识颇为与众不同的将领吴佩孚,他应时而起,介入了五四运动。

吴佩孚基本上是在南北议和破裂之后才开始介入五四运动的。作为一个手握重兵、驻戍南北交战前沿的北洋高级将领,吴佩孚的言行确

---

①　5月31日,武汉学联决定6月1日举行总罢课,声援北京、上海的总罢课。王占元立即宣布全城戒严,阻止学生上街游行。6月1日,各校学生不顾警方阻拦,冲出校门,军警用刺刀、枪柄对学生大打出手,数十名学士被刺伤和逮捕,这就是震动全国的六一惨案。

有不少独特之处。

6月9日,在三罢斗争的高潮中,当各地大肆镇压群众运动之际,吴佩孚向徐世昌拍发了一份电报,公开站到爱国学生一边,表示支持。他说:"大好河山,任人宰割,稍有人心,谁无义愤。彼莘莘学子,激于爱国热忱而奔走呼号,前仆后继,以草击钟,以卵投石……其心可悯,其志可嘉,其情更有可原。"要求释放学生,收回青岛①。他还含蓄地批评了徐世昌5月25日逮捕学生的命令,指出大狱之兴,定招大乱。

罢免曹、陆、章之后,五四运动的直接目标集中为拒签对德和约。如前所述,在徐世昌提出辞职咨文后,"两害取轻"、"毅然签字"的叫嚣声时有所闻,当时各派军阀的基本状况是:皖系主签,奉系旁观,直系动摇,敢于公开站出来反对签约的几乎没有。就在这种情况下,吴佩孚接连发出一系列措词强烈的反对签约的通电,打破了北洋军界相对沉寂的局面。

6月15日,吴佩孚致电南方将领,建议驻湘南北将领联名通电反对签约,这便是轰动一时的"删电"。吴佩孚说:"顷接京电,惊悉青岛问题有主持签字噩耗,五衷摧裂,誓难承认。"徐世昌等主张签字的一个重要原因,是害怕拒约会危及与西方列强的关系,对此,吴佩孚驳斥道:"如谓不签字则失英、法、美诸国之感情,亦未闻有牺牲本国绝大之权利,而博友邦一时之欢心者。"他还驳斥了两害取轻的论点,最后以极为尖锐的措词痛斥日本侵华野心,再次表示军人的卫国之责,不惜对日背城一战。他说:"某等眷怀祖国,义愤填胸,痛禹甸之沉沦,悯华胄之奴隶。圣贤桑梓,染成异族腥膻,齐鲁封疆,遍来淫娃木屐。虽虺蛇已具吞象之野心,而南北尚知同仇以敌忾。与其一日纵敌,不若铤而走险;与其强制签字,贻羞万国,毋宁悉索敝赋,背城借一。军人卫国,责无旁贷,共作后盾,愿效前驱。"②该电后又略作修改,于7月1日以谭浩明、

---

① 《五四爱国运动档案资料》,第351、352页。
② 《吴佩孚反对签字要电》,长沙《大公报》,1919年7月2日。

谭延闿、赵恒惕、冯玉祥等南北六十一将领的名义联名发表。

吴佩孚"删电"对日本侵略者的抨击,反映出他这个封建军阀强烈的民族意识,既赢得对内主张南北和解的各界人士的赞扬,又赢得对外主张拒签德约的广大群众的支持。抓住对内主和、对外抗争这两个时局核心问题大做文章,敢言他人之不敢言,敢为他人所不敢为,这就是吴佩孚不同于其他军阀之处。

不仅如此,当李纯将全国学联代表许德珩等拒之门外后,吴佩孚却在衡州会见了湖南学生联合会会长彭璜,"盛称此次全国学生之举动",同时表示愿作"学生保障"。

当包括南方桂系在内的各派军阀对五四运动或镇压或诋毁或回避的时候,吴佩孚却能够明确对学生运动表示同情和支持,特别是在山东问题上,坚决主张抵抗日本,拒签对德和约,他的这种态度赢得各界的广泛称赞,并且博得了"爱国将军"的美名,从而一举奠定日后发迹的政治基础。

四　西南方面对五四爱国运动的意图及镇压

西南方面最初是全力支持五四运动的。运动发生后,广东非常国会参、众两院议长林森、吴景濂率全体议员通电谴责北京政府,表示:"卖国贼曹汝霖、章宗祥、陆宗舆等,甘为外人鹰犬,密与日本勾结,外而阻挠赴欧代表之要求撤销中日密约及交还青岛,内则企图破坏上海和议,以遂卖国阴谋。罪状昭著,天人共愤。京津学生怵于国亡之惨,目击贼党横行,奋不顾身,义气勃发,焚灭曹宅,痛击章獠,有史以来,无此痛快。"①参、众两院于 5 月 9 日召开两院联合会议,一致议决,要求北京政府释放被捕学生,维持各校现状,惩办曹、陆、章。

广东军政府也致电徐世昌要求释放被捕学生,指出:"青年学子,以

―――――――――

① 《广东参众两院通电》,长沙《大公报》,1919 年 5 月 18 日。

单纯爱国之诚,逞一时血气之勇,虽举动略逾常轨,要亦情有可原。""倘不求正本之法,但借淫威以杀一二文弱无助之学生,以此立威,威于何有?以此防民,民不畏死也。"①从表面看来,军政府似乎完全站到了人民群众一边,然而后来的事实证明,在对待群众运动的问题上,仍旧是"南与北如一丘之貉"。

在军政府七位总裁中,发电最多、态度最为活跃的是唐继尧。他曾通电要求惩办卖国贼,指出:"故使卖国诸人未能摒弃,则此后卖国之事,将续而无穷,而国内之和平,亦终无由恢复。当此国势岌岌,应请北京当局惩前毖后,将卖国诸人严行惩办,以谢天下。"②他并且通电要求拒签对德和约,认为青岛交与日本,"此不独山东问题,实国家存亡之关系。现唐总代表(唐绍仪)已通电巴黎陆专使等,请其力争,勿予签字,尤冀我国上下一致坚持,为议和专使之后盾"③。总的来看,在罢免曹、陆、章和拒签对德和约两个问题上,西南方面和全国广大进步舆论是一致的。

但是,西南方面对五四运动的支持,是抱有自身的政治目的的,简言之,就是借助群众打击北京政府。5月18日,孙洪伊致电曹锐、卢永祥、王占元、吴光新、陈光远、吴佩孚、张敬尧、阎锡山等三十多名北洋高级将领,煽动他们和徐世昌、段祺瑞决裂。他说:"夫大义可以灭亲,岂私交即可废公。……徐、段并非中国皇帝,公等并非徐、段臣子,乃甘举公众托命之国家,徇彼一二人之私图而不悔。……请速脱离卖国党羁绊,宣布徐世昌、段祺瑞及其徒党徐树铮、靳云鹏、曹汝霖、章宗祥、陆宗舆诸贼人之罪状,兴师致讨,先除内奸,然后合力对外。"④

5月16日,唐绍仪在上海会见群众代表时,首先高度评价学生运

① 《请释讨贼学生之要电》,《民国日报》,1919年5月18日。
② 《一九一九年南北议和资料》,第336、337页。
③ 《五四爱国运动资料》,《近代史资料》总24号,第220页。
④ 《孙洪伊请北洋诸将讨贼救亡电》,《民国日报》,1919年5月19日。

动。他说:"此次北京学生怒潮,实为吾国政治史上放一异彩……所可惜者,学生所揭橥之卖国诸人,仅仅指为曹、陆、章等,不知曹等犹为附从,真正祸首,则固另有人在。"①

军政府作为北京政府的敌对政权,它的一切言行必然围绕其政治目的而展开。军政府的中心任务是护法,护法的核心问题是国会;而当时人们所最关心的政治问题,是山东问题、外交问题;把外交问题和国会问题联系起来,从而使外交问题服务于护法的政治目的,这是西南方面在五四运动中表现出的一个十分突出的特点。

5月15日,唐绍仪通电全国,公布他在南北和会第八次会议上提出的八项条件。关于第五条国会问题,他强调指出:"且年来中国外交失败,皆由国会解散而来。如民国二年袁世凯解散国会,而中日密约以成,二十一条款以定。六年黎元洪解散国会,而中日密约陆续缔结,可知恢复国会为救亡最急要之图。且今后所恃以取消一切不平等契约之一线希望,只有以未经正式国会通过为理由。"②5月14日,南方代表秘书处致函北方代表秘书处,同样强调了这一点。

六三运动爆发后,五四运动的中心由北京移到上海,云集上海的广东非常国会的两院议员,早已看出群众运动是一支可以利用的力量。非常国会众议员张瑞萱等立即和商界、学界进行接洽,并于6月6日密电吴景濂:"可否由议会通电劝勉全国商会并再声明:订卖国条约,由于国会解散导其由;惩办卖国贼救国,进而主张维持法律救国。"③所谓"法律"就是国会问题。

上述函电将外交失败和国会问题联系起来,无非是向全国各界表明:旧国会的解散,是一系列外交失败的根源,因此,要收回山东主权,救亡图存,也就必须支持恢复旧国会。可见,他们是力图把广大人民群

---

① 《唐少川与无锡代表之谈话》,《申报》,1919年5月17日。
② 《唐绍仪发电稿》,《近代史资料》第51号,第147、148页。
③ 《吴景濂函电存稿》,《近代史资料》第42号,第129页。

众的五四爱国运动纳入到他们的护法运动的轨道上,服务于护法的政治需要。

西南方面也是一个十分松散的政权,政府、国会、督军、政客,都是各自为政,互不相谋。对于五四运动,他们大都自行通电,发表意见,其议论也十分庞杂,难以给予统一的评价。单就军政府本身来说,态度并不十分积极。

从总体上看,西南方面对五四运动的支持,基本上以其自身政治利益为转移,因此,这种支持的局限性是很大的。他们可以怂恿、煽动北京政府统治区域的群众运动,并给予某种意义上的"高度评价"。但是,当五四烈火燃烧到他们自己的辖区时,军阀的本质便原形毕露,再也不把五四运动视为"吾国政治史上放一异彩"的美好事物了。

广州的五四运动,突出表现为抵制日货。5月下旬,广州市民一再宣传抵制日货,许多商号接受了学生的检查,不再买卖日货。当时广州有三家最大的百货公司——长堤的先施公司,西堤的大新公司,以及真光公司,这三家公司均不理会学生的劝告,继续经营日货,人称"三大亡国公司"。

5月30日,广州全市学生举行示威游行,当游行队伍来到先施公司时,群众高呼"打倒亡国公司"等口号,并冲进公司。这时大批警察赶来镇压,先施公司乘机将商店大门关上,三百名学生被困在公司内,第二天才放出,警方并逮捕了数名学生骨干。翌日,日本驻广州总领事太田喜平致函广东督军莫荣新抗议道:"风闻近日本地各学校学生,因政治问题,遂欲抵抗日货,并运动排日。事果属实,恐将来于中日邦交大有影响……兹为防备未然起见,特请贵督军预为遏止,免成事实。"①

当日,莫荣新和广东省长翟汪联名发布布告:"本月三十日晚,惠爱街及长堤等处,聚有多数匪徒,借端滋扰,实属妨害社会康宁。本督军、省长有维持治安之责任,断不容此等乱民扰乱秩序,亟应严行禁

---

① 《广东公报》,1919年6月。

止。……倘敢仍纠众肆意骚扰，定予严拿，尽法惩办，决不姑宽。"①他们把爱国学生称作"匪徒"、"乱民"，这是北京政府尚未敢说出的话。同日，翟汪在另一布告中宣称："至政治问题，应听政府解决，断不能有妨碍邦交之举动。"②这里说的"邦交"，就是军政府和日本的关系，军政府可以斥责北洋政府勾结日本卖国，但不能容忍辖区内抵制日货的爱国行为，不允许损害它和日本的"邦交"。

7月10日，广州召开国民大会，对外交失败和国内政局表示不满。会后举行游行，到军政府请愿，要求下令讨伐卖国贼，废除一切密约，并要求伍廷芳任广东省长（翟汪于6月20日辞职）。军政府未置可否。请愿群众立即前往广州总商会，请其罢市。总商会当即发出紧急通知，要求各商号于7月11日早一律罢市。14日后，工、商、学界和政府方面多次发生流血冲突，军警枪伤学生多人，并逮捕大批学生。这样，西南军阀制造了五四运动以来军政府辖区内最严重的政治事件。

7月19日，唐绍仪致电军政府政务会议及莫荣新等，要求释放被捕学生，他说："当五月初间北京学界风潮，北京政府对于所捕学生亦随即释放，不复诛求。况广东为护法政府所在之地，文明宽大更应过之，此为内外视线所集，不可不慎。敬请就于此事取宽和之态度，将所拘学生人等即予省释，无俾他人借为口实，是所切盼。"③五四运动发生之际，作为军政府总裁之一的唐绍仪，曾义正词严地发表通电或谈话，斥责北洋政府反动，他对于军政府镇压爱国学生的暴行，却无一语谴责之词，仅仅要求军政府效法北京政府释放被捕学生，"无俾他人借为口实"而已。

事实证明，孙中山关于"南与北如一丘之貉"的论断，是十分正确的。

---

① 《广东公报》，1919年6月。
② 《广东公报》，1919年6月。
③ 《唐绍仪发电稿》，《近代史资料》第51号，第150页。

第五节　拒签对德和约及其他

一　拒签对德和约

如前所述,北京政府于 5 月中旬曾决定在对德和约问题上,采取"保留签字"方针,并电令陆徵祥执行。陆徵祥等人随即就这一问题和英、美、法三国代表磋商,希望得到支持。5 月 19 日,法国外长毕勋对陆徵祥说:保留签字,"万办不到"①。25 日,威尔逊对顾维钧说:"至于约上保留办法,予亦不主张。"②22 日,王正廷与顾维钧会晤英国方面代表,英方称:"此事关系极大,和约为协商及共事各国对于敌国之约,不但无不签字之理,抑亦无保留办法。"③列强一致拒绝保留签字的理由,是因为不愿开此先例。26 日,毕勋对陆徵祥说:"中国如开保留之例,义国于飞乌满问题亦欲保留(指意大利对阜姆的领土要求)。此外,各国不满意者甚多,倘使纷纷援例办理,岂非和约将不完全乎?"④

尽管保留签字一开始就遭到列强拒绝,但中国代表团仍竭力争取。5 月 26 日,陆徵祥向北京政府报告:"现已备就公函正式致英、美、法三国,将非保留不能签字情形显明表示,以观其后。总之,无论如何,对于保留一层,必再竭力办理,至最后之时而止。"⑤这样,中国代表团于 5 月 26 日再次向和会提出保留签字的要求。

北京政府考虑到保留签字实际上难以办到,于 5 月 23 日电令陆徵祥,如不能保留,即全约签字。28 日,中国代表团召开秘密会议,讨论和约签字问题。王正廷首先发言,明确反对签约,并指出:"中国从前外

---

① 《六十年来中国与日本》第 7 卷,第 338 页。
② 《秘笈录存》,第 221 页。
③ 《秘笈录存》,第 212 页。
④ 《秘笈录存》,第 212、213 页。
⑤ 《秘笈录存》,第 213 页。

交皆主逊让,遂损失种种权利。今则让无可让,不得不改变方针,各国屡欺中国,不可再受其欺。"驻意大利公使王广圻发言主张签约,认为如果拒绝,日本若以武力威胁,无法得到其他列强的援助。他认为王正廷的发言是不负责任的,因为南方政府和此事关系不大。他说:"就今日外交情形言,签字则南方人民责备北方太弱,倘将来国际巨害发生,则北方人民亦将责备南方不审国势。"这番话是针对王正廷及其军政府讲的。某参议接着发言说,如不签字将失去许多有利条件。显然,他认为签字是有利的。顾维钧明确反对签约,他说:"日本志在侵略,不可不留意。山东形势关夫全国,较东三省利害尤巨。不签字则全国注意日本,民气一振。签字则国内将自相纷扰。"驻法公使胡惟德是代表团中主张签约的代表人物,他表示:"签字一层,苟利于国家,毅然为之,不必为个人毁誉计。"施肇基最后发言说:"此次和约,各小国均不满意,恐不能永久践行,中国亦可以不签字。"①陆徵祥和魏宸组没有明确表态。这次会议表明,在五位全权代表中,有三位明确反对签字,拒约的意见略占优势。

　　这次会议是中国代表团召开的最后一次会议,此后,在国内外严峻的局势下,代表团逐渐解体。6月初,施肇基以陪同梁启超访英为名,擅离职守,返回伦敦。其他驻欧使节也相继返回任所。身为外交总长兼代表团全权委员长的陆徵祥,在签约问题上是十分矛盾的,一方面,他不能违抗政府的签约决定,另一方面,他本人则不愿签约。他曾致电政府表示:"祥一九一五年签字在前(指签署"二十一条"),若再甘心签字,稍有肺肠,当不至此。"②为此,陆徵祥一再向政府提出辞职,但均未获准,于是他便以"旧病骤发"为由住进医院,不再主持代表团日常交涉工作。

　　6月17日,陆徵祥致电政府,声称医生意见现在不能用心,须将公

事一切放下,提出"届时祥如果不能行动,拟即派顾使在会签约"①,将签约一事推给了顾维钧。在这种极其困难的局面下,顾维钧勇敢地承担起最后的艰苦的交涉工作,顽强地继续交涉保留签字,成为中国代表团后期工作的实际主持者。

北京政府在5月24日的电报中,曾表示保留如不能办到,即全约签字,该电发表后,遭到安福国会猛烈抨击。6月9日,在李盛铎主持下,安福俱乐部召开全体议员大会,安福干将光云锦拿出一份他起草的电稿征求意见,指出:"查日前政府提交众议院请求同意之咨文(指5月20日咨文),对于青岛问题曾经郑重声明,主张暂行保留,以为异日挽救地步。……今国务院敬电所云,是青岛问题亦在签字之列,与政府提交众议院咨文全然不符,殊堪骇异。"该电稿最后表示:"上次众议院开会,对于青岛问题已有明确之表示,今后政府外交计划纵有变更,[议员]等一日在职,绝对不能承认。"②该电稿当即经表决通过,以安福俱乐部全体国会议员的名义拍发。该电发于六三运动高潮之中,钱能训内阁风雨飘摇之际,其目的之一是借此推倒钱内阁。但另一方面,该电也对日后政府在签约问题上的决定造成一定的压力。

如前所述,徐世昌曾以他的辞职换得了部分督军对其"两害取轻"的支持。但他没有料到,钱能训下台后由于安福系的对抗,继任总理迟迟不能产生,而龚心湛政府又是个十分软弱无能的看守内阁,根本无法对签约与否做出任何决定,正如北京政府后来编撰的《巴黎会议关于胶澳交涉纪要》中所说:"政府以民意所在,既不敢轻为签字之主张,而国际地位所关,又不敢轻下不签字之断语,左右掣肘,而地位日臻困难矣。"③左右掣肘,不能做任何决定,这就是龚内阁的真实状况。

龚心湛在接见《华北明星报》外国记者时,就其代总理一职以及对

<hr>

① 《秘笈录存》,第219页。
② 《昨日安福部之特别大会》,《公言报》,1919年6月10日。
③ 《五四爱国运动档案资料》,第356页。

德和约签字问题进行了交谈,报载如下:"无如现今继任总理究属何人尚未确定,渠对于时局不得不勉为支持。……龚氏引中国俗语云:'做一日和尚撞一日钟。'正渠现今代理总理之谓也。"关于对德和约问题,龚说:"巴黎和会,英、法委员暨美大总统威尔逊氏,既担保归还胶州与中国,中政府对于和约签字问题,则决定按照协约国所建议者办理,故近日政府电饬巴黎各委员,对于和约签字问题,令其审度情形自酌办理。"①这是一个十分周到圆滑的谈话,既表示按列强的意见办理,以讨好列强,又不给中国代表任何明确指示,而令其"自酌办理",以避免承担任何责任,这便是龚心湛应付时局的基本方针。

随着对德和约签字日期的迫近,全国学联等群众团体纷纷通电要求拒签和约,安福国会也于6月25日通过一项给政府的建议案,要求拒约。6月19日,山东省议会、省商会、省学联等七团体,选派了一个八十五人的请愿团进京请愿,提出三条要求:第一,拒签对德和约;第二,废除高徐、顺济铁路合同草约;第三,惩办卖国贼。20日,请愿团由北京山东同乡会会长、军警督察长马龙标陪同,整队来到总统府。徐世昌派秘书代他对请愿团说:"我国现在系取责任内阁制,此种重大问题皆听阁议解决,余(元首自称)实毫无主张。"②不久前,徐世昌还在辞职咨文中坚持"两害取轻",现在则表示"毫无主张",将一切推给责任内阁。由于请愿团坚持要见徐世昌,徐最后答应,21日由龚心湛接见,22日再由徐接见。

21日,龚心湛在国务院接见山东请愿团。请愿团代表发言说:"东人此次所以愤激,原因实为总统辞职电中主张签字,并闻政府曾训令专使,不能保留则相机签字,是政府已有主张签字之表示。故东人特举代表等来京,请政府垂怜东人,容纳民意。"对于山东代表拒约的要求,龚

---

① 《龚代阁与西报记者谈话》,《申报》,1919年6月26日。

② 《请看山东代表之热烈行动》,《晨报》,1919年6月21日。

心湛答复道:"今日为签字之期,不知我专使已否签字。"①25 日,龚心湛在接见北京学联代表时,又以同样的言词说:"据路透电,和约于二十五日签字,我国专使签字与否,今尚未知。"②徐世昌表示"毫无主张",把一切推给责任内阁,然而这个做一日和尚撞一日钟的责任内阁则干脆答以"不知"、"未知"。徐、龚二人推诿责任敷衍舆论的技能,可谓不相伯仲。但有一点值得注意,徐、龚在这一时间,迫于人民群众的巨大压力,再未敢公开坚持"两害取轻"、"毅然签字"的主张。

23 日,徐世昌在中南海怀仁堂接见由马龙标、吴炳湘陪同前往的山东请愿团。关于对德和约问题,徐说:"政府亦系主张保留山东三条,与诸君意见相似,前已去电,令驻欧委员相机图保留方法。惟此次欧洲和议,各国意见纷歧,利害冲突,无论何国不能贯彻其主张。以美国之强,威尔逊总统执和议之牛耳,犹不免有失意之事,而况弱国外交,安得必求其有圆满结果?"③徐世昌的谈话,实际上是宣传了一番弱国无外交的失败主义理论。问题的实质,现在已经不是"保留签字",而是保留不能办到时,是签字还是拒约,但徐世昌回避了这一点。

在各方面的压力下,北京政府的态度最后有所松动。27 日,国务院对山东请愿团的要求做出一项批示,其中说:"所有各代表等陈请不能保留即拒绝签字等情,昨亦电达专使遵照在案。国家领土主权,断难丝毫放弃,政府与国民主张初无二致,无论如何必将胶澳设法收回,此则夙具决心,可为国人正告者也。"④

当日,山东请愿团、北京学联、京师总商会、陕西学联等七八个群众团体约四五百人,集体到总统府请愿,提出三项要求:一、不保留山东条款,和约决不签字;二、废除高徐、顺济两铁路草案;三、立即恢复南北议

---

① 《山东代表谒见总理情形》,《晨报》,1919 年 6 月 22 日。
② 《北京学生联合会代表见总理详情》,《晨报》,1919 年 6 月 27 日。
③ 《鲁请愿团谒见总统详情》,《晨报》,1919 年 6 月 24 日。
④ 《政府对鲁代表呈文之批词》,《晨报》,1919 年 6 月 28 日。

和;并表示,如无切实答复,誓死不离开总统府之门。徐世昌答应第二天接见,四五百人竟在新华门露宿一夜。

28 日,徐世昌在怀仁堂接见群众代表十人,其中陕西学联代表屈武原受陕西学联委派,赴上海参加全国学联成立大会,后因经费不足,辗转来到北京。十位代表向徐世昌重申三项要求,徐一一做了答复。关于第一项,徐说:"不能保留山东则拒绝签字问题,政府已电令陆使切实保留山东,否则勿签字。"①这时屈武"突出发言,言较激烈,言毕即长跪痛哭,以首触地有声"②。屈武此举,一时传为美谈,当时的舆论界称之为"颈血溅总统之举"。

国务院的批示和徐世昌的谈话表明,北京政府曾于 6 月 26 日电令中国代表团,如不能保留,即拒绝签字。但是,这一电令是没有任何实际意义的,因为当时向巴黎发电需数日才能收到,此时发电为时已晚。北京政府选择这个时候发电是经过周密考虑的,既发出该电,可以敷衍国内舆论;又不让中国代表团及时收到,可以避免承担拒约的责任。由于政府早已电令陆徵祥"自酌办理",因此,签字与拒约的决策者,已不是北京政府,而是中国代表团了。

如前所述,中国代表团的后期工作,实际上由顾维钧主持。顾维钧事后回忆说:"对巴黎中国代表团来说,直到 6 月 28 日前夕,北京政府一直在扮演什么角色是耐人寻味的。"顾维钧还说:"6 月 24 日以后,北京外交部接连电告代表团:国内局势紧张,人民要求拒约,政府压力极大,签字一事请陆总长自行决定。这自然把中国代表团团长置于极为严峻的困境。"③

6 月 24 日,顾维钧会晤了巴黎和会秘书长吕达斯达,声明:"兹遵

---

① 《昨日各界代表请愿详情》,《晨报》,1919 年 6 月 29 日。

② 《公言报》,1919 年 6 月 29 日。数日后,由北京学联贷款,屈武等离京赴沪,参加了全国学联的工作。

③ 《顾维钧回忆录》第 1 分册,第 206 页。

政府训令,愿于德约签字时,将关于山东条款声明保留。"当日下午,吕达斯达约见顾维钧,告知:"贵国所愿将山东条件保留一层,已达会长,据云势不能行,只有签字或不签字之办法。"顾维钧立即又提出另一方案:"譬如不在约内注明,而另筹一正式手续,于开会数分钟前,备函通知会长声明保留。"但该建议又遭拒绝。25 日,吕达斯达再次约见顾维钧,他说:"会长嘱告贵使,保留一层实不能行。"顾维钧问道:"会长之言,是否专指欲在约中保留者而言?"秘书长答:"系指各种保留。"①

26 日,顾维钧又前往会晤法国外长毕勋,再次表示:"此次和会解决山东问题,我侪认为不公道。……中国委员并非不愿签字,惟对于山东几款必须保留。"毕勋说:"贵使所云山东问题解决之不公道,亦可如此说,惟约内保留一层,殊多未便。"顾维钧坚持道:"如果山东问题不能保留,欲中国全权签字,十分为难。"这时,毕勋提议:"贵使如在约外有所声明,并无不可。"顾维钧于是表示,中国方面可以勉强同意将保留意见作为附属文件,载于对德和约正文之后。但毕勋蛮横拒绝道:"附于约后,仍为条约之一部分,亦万难办到。本外部愿闻中国代表究竟是否签字。"鉴于约内各种保留方案均遭拒绝,顾维钧只得再度让步。但他仍然强烈地提出:"鉴于国内民意,不能不设法保留。……如果约内保留万做不到,则约外保留非办不可。"②约外保留,即顾维钧前日提出的在对德和约签字之前,由中国代表向和会提交一份正式公文,声明保留山东条款。对此,毕勋表示报告列强首脑后再予答复。

27 日下午,顾维钧再次前往会晤毕勋,毕勋说:"昨嘱转达备函交会一层,兹会长嘱告中国,当在签约后酌备一函交会。"也就是仅允许中国代表在签订对德和约之后,提交一份保留山东问题的公文。顾维钧问为何不能在签约之前提交? 毕勋答:"会长言,未签之前,不能允许有提出保留之事。"这样,约外保留方案实际上也遭到拒绝。顾维钧对此

---

①　《秘笈录存》,第 219—221 页。

②　《秘笈录存》,第 221、222 页。

表示遗憾,并向毕勋暗示中国可能拒绝签约。他说:"中国为顾重和会全局,已一再让步至于极点,会中尚不能承认,深为可惜。准此情形,恐中国委员团未能签约。"①

中国代表团的一再交涉,并未引起列强的重视。据顾维钧回忆,当时和会方面,"普遍产生一种印象:即北京政府已经训令签字,只不过某些中国代表依然在坚持要使中国在和会上得到更好的待遇而已"②。因此列强根本不把中国代表的抗议放在眼中。列强全然不知,昏庸无能的北京政府,已将签约的决定权完全推给了中国代表团。

自巴黎和会开幕以来,中国在山东问题上先后提出多种方案,计有直接归还;先由五大国共管,而后交还;在条约内注明保留意见;将保留意见作为附录载于条约之后;签约之前发表一保留意见的正式文件,然而所有的让步方案均遭拒绝。

27日晚,在对德和约签字前的最后时刻,顾维钧拟定了最后一个让步至于极点的妥协方案,以争取签约。考虑到列强一再拒绝任何保留方案,该方案避开保留二字,仅提议在和约签字之前,由中国代表发表一个口头声明,声明签约之后,不得妨碍将来重新提议山东问题。该声明全文如下:"今日在签订对德媾和条约之前,中华民国全权代表因该约第一五六、一五七及一五八款竟使日本继承在山东之德国权利,不使中国恢复其领土主权,实不公道,兹特以其政府之名义声明:彼等之签字于条约,并不妨碍将来于适当之时机,提请重议山东问题。因对中国不公道之结果,将妨碍远东永久和平之利益也。"③陆徵祥当即批准了这一声明。

6月28日,巴黎和会经过半年多的争吵,这一天将在凡尔赛宫举行对德和约签字仪式。是日晨,驻法公使胡惟德将中国这一声明带至

---

① 《秘笈录存》,第222、223页。
② 《顾维钧回忆录》第1分册,第206页。
③ 《六十年来中国与日本》第7卷,第352页。

和会磋商,结果是:"候至午间,该会秘书长以函稿送还,仍完全拒绝。"这样,拒约就是不可避免的了。中国代表团随即"公同决定,不往签字"①。

当日,陆徵祥、王正廷、顾维钧、魏宸组(施肇基早已离法)联名致电政府,报告拒约情况,指出:"此事我国节节退让。最初主张注入约内,不允;改附约后,又不允;改在约外,又不允;改为仅用声明,不用保留字样,又不允;不得已,改为临时分函声明不能因签字而有妨将来之提请重议云云。岂知直【至】今午时完全被拒。……不料大会专横至此,竟不稍顾我国家纤微体面,曷胜愤慨! 弱国交涉,始争终让,几成惯例。此次若再隐忍签字,我国前途将更无外交之可言。……不得已,当时不往签字。"由于拒约的决定并非政府的指示,因此,中国代表团"当即备函通知会长,声明保存我政府对于德约最后决定之权等语,姑留余地"②。最后,四位全权代表以"奉职无状"为由,请政府罢免职务,"交付惩戒"。

然而在 28 日下午,对德和约签字结束之后,中国代表团收到北京政府来电,"这一电报实际上是指令代表拒绝签字"。这个时候才来电报,顾维钧感到"实可惊异"③。顾维钧回忆道:"我们代表团内的某些人也在揣测,或许北京政府并不想由自己来决定。北京很可能是在得知最后会议已经召开之后才发出电谕的。"④这个推测,是完全符合实际情况的。

《秘笈录存》的编辑者曾在一段按语中注明:5 月下旬,"是时中央政府及国内要人讨论一致,并向外交团各方面考询结果,议决签字,并通电全国。……遂致学界发生激烈运动,演成全国罢学、罢市风潮。国

---

① 《陆专使等参与欧和会报告》。
② 《秘笈录存》,第 223 页。
③ 《顾维钧回忆录》第 1 分册,第 209 页。
④ 《顾维钧回忆录》第 1 分册,第 210 页。

务总理钱能训引咎辞职。继任代阁以迫于群众,遂电令专使仍非保留不签字,而专使团已于六月二十八日在巴黎拒绝签字矣"①。该按语反映出钱、龚内阁在签约问题上态度的变化,证明政府电令确在中国代表拒绝之后才到巴黎。同时表明,人民群众的英勇斗争,是促使北京政府改变签约决定的根本原因。

拒签对德和约在近代中国外交史上是一个重要的里程碑,其重要意义在于,它标志中国外交开始冲破近代以来"始争终让"的惯例,开创了一个敢于抗争的先例,这一先例对以后的中国外交产生了明显的积极的影响。

二 对奥和约的签订

对德和约的全称为《协约及参战各国对德和约》,也称凡尔赛和约,共分十五部,四百四十条。中国问题列在第四部第二编,共七条,其中规定德国放弃在天津、汉口的租界,归还庚子年间掠夺的古代天文仪器等。山东问题列为第四部第八编,共三条,规定德国在山东的铁路、矿产等等经济权益让与日本。

由于中国拒签对德和约,从法理上讲,中德战争状态便未终止。6月28日,陆徵祥致电北京政府,提议:"德约我国既未签字,中德战事状态,法律上可认为继续有效。拟请迅咨国会,建议宣布中德战事状态告终。通过后即用大总统明令发表,愈速愈妙。"②北京政府接电后答复说:"至所拟咨由国会建议,宣告中德战争状态告终,俟通过后明令发表一节,片面宣布,究竟有无效力?抑或外交有此先例?所有对德国种种关系,将来如何结束?统望速筹详复。再奥约必须签字,务即照办。"③

---

① 《秘笈录存》,第215页。
② 《秘笈录存》,第224、225页。
③ 《东方杂志》第16卷第8号,第222页。

该电反映出北京政府在拒约后茫然不知所措的状态。

尽管帝国主义出卖了中国的民族利益,徐世昌仍分别致电英、美等国,对德约签字表示"最恳切之贺忱"。直至 7 月 10 日,徐世昌才发布一道命令,正式公布拒签对德和约一事。该命令以徐世昌特有的含糊其词的腔调表示:接到陆徵祥拒约电后,"披览之余,良深慨愧","旷览友邦之大势,返省我国之内情,言之痛心,至为危惧。推究此项问题之由来,诚非一朝一夕之故,亦非今日决定签字与不签字即可做为终结。"①

根据陆徵祥的建议,徐世昌于 7 月 23 日向众议院提交了一份《对德恢复和平案》咨文,指出:"此次德约未经签字,系因约内关于山东三款未能赞同,其余各款,我国与协约各国始终一致承认。现在协约各国对德战争状态既已告终,中国为协约国之一,对德所处地位当然相同。查各国对德状态和好日期,系以六月二十八日为始,兹拟宣告:自六月二十八日起,中德战事状态终止。"②8 月 1 日,众议院以二百二十七票赞成,通过该案。8 月 2 日,参议院以九十九票赞成,通过该案。9 月 15 日,徐世昌发布布告,正式宣布:"兹经提交国会议决,应即宣告我中华民国对于德国战事状态一律终止。"③

在此之前,广东军政府于 7 月 16 日通告对德国恢复和平,表示:"今因我专使提出保留山东问题无效,未签字于和约,此系我国保全主权万不获已之举,对于协约各国,实非常抱歉。而对于德国恢复和平之意,则亦与协约各国相同。"④未签和约竟然要向协约国表示"非常抱歉",似乎是我国对不起协约国,军政府对帝国主义的态度由此可见一斑。然后,经广东非常国会议决,10 月 25 日,军政府宣布终止对德战

---

① 《政府公报》,1919 年 7 月 11 日。

② 《公言报》,1919 年 7 月 27 日。

③ 《政府公报》,1919 年 9 月 16 日。

④ 《东方杂志》第 16 卷第 8 号。

争状态："兹经提交国会议决,对德战争状态应即宣告终止。"①

遵照北京政府训令,9 月 10 日,陆徵祥和王正廷在圣日尔曼宫签订了《协约及参战各国对奥地利和约》,又称《圣日尔曼条约》。该条约共十四部,三百八十一条;中国问题列在第四部第四编,共五条,规定奥地利放弃在中国的各项权益。该条约于 1920 年 5 月 26 日、29 日,先后经国会众、参两院通过,徐世昌于 6 月 18 日下令批准。

1919 年 9 月 18 日,徐世昌发布命令："对德战争状态终止,业于九月十五日布告在案。兹据专使陆徵祥电称:奥约已于九月十日经我国签字等语。是对德、奥战争状态,业已完全解除。"②这样,中国自 1917年 8 月 14 日宣布对德、奥宣战以来,历时两年多的战争状态全部终止。

由于战争状态宣布终止,北京政府在对德、奥宣战后设立的督办参战事务处已不能继续存在。由于该机构并非简单地督办参战事务,实际上已成为皖系军事力量的核心机构,因此也无法将其简单地裁撤。7月 20 日,徐世昌命令:"现在欧战告竣,所有督办参战事务处应即裁撤。惟沿边一带,地方不靖,时虞激党滋扰,绥疆固圉,极关重要。着即改设督办边防事务处,特置大员,居中策应。"同时,徐世昌下令特任段祺瑞督办边防事务③。这样,督办参战事务处便改头换面,原封不动地保留下来,继续作为皖系势力的核心。

由于中国拒签对德和约,中断两年多的中德外交关系一时未能恢复。到 1921 年 5 月 20 日,德国政府代表卜尔熙在北京发表正式声明:"允认取消在华之领事裁判权。"同日,根据这一声明,中国外交总长颜惠庆和卜尔熙签署了《中德条约》。条约规定:"两国人民于生命以及财产方面,均在所在地法庭管辖之下。""关税税则等事件,完全由该国之

①　《中华民国史事纪要》(初稿),1919 年 1 月—12 月,第 323 页。

②　《政府公报》,1919 年 9 月 19 日。

③　《政府公报》,1919 年 7 月 21 日。

内部法令规定。"①从此中德外交关系宣告恢复。这是近代以来,中国与帝国主义国家签署的第一个形式上平等的条约。

三 几段尾声

五四运动结束后,一度作为运动中心的北京大学,逐渐恢复正常秩序。9月12日,蔡元培回到北京。20日,北大师生三千余人为蔡元培返任开了一个隆重的欢迎会。首先由学生代表致欢迎词说:"当此秋光宜人之际,吾人得会集一堂,重睹我校长慈蔼之容涌现于讲座之前,实抱无量之欢情与莫大之感兴。""五四以来,为国家争外交,为国民争人格,备历诸人间辛苦、亡国先味。有受逮捕而入监狱者,有被罗织而受审问者,有蒙殴击而丧生命者⋯⋯四月之间殆无日匪困苦悲剧之生活。生等并非以此哀诉于先生、于国人而自馁也⋯⋯自经历此四月困苦悲剧之生活,对于本身而得有许多之觉悟,对于人世而得有许多之了解。"最后,学生代表以深厚的感情对蔡元培说:"回忆反里之日,人争走相问曰:'蔡校长返校乎?'生等叹大学前途,每悲不能答。今先生返校矣,大学新纪元作矣,生等新生命诞矣,生等于此有无穷之欢乐,无限之兴奋。敬祝先生健康! 大学万岁! 中华民国万岁!"接着,蔡元培致答词说:"四月不见,今日相聚,殊觉愉快。但我想自我出京以后,诸君数月以来,所处境遇日在困苦艰难之中,而我乃卧病乡里,甚为抱歉。吾以为诸君甚恨我,而不愿与我再见,不料叠被催促,勉强北来,今日复得闻此最恳切的谈话,非常惭愧。"②

21日,北京各校教员举行欢迎蔡元培的茶话会,蔡元培在会上致答词说:"我从五月九日出京以后,这几个月之中,学界发生种种艰难困

---

① 北京大学法律系国际法教研室编:《中外旧约章汇编》第3册,第167、168、169页。

② 《北大欢迎蔡校长之盛况》,《晨报》,1919年9月21日。

苦的事,都是诸位先生身当其冲,我没有帮着一点忙。今天反受诸位先生的欢迎,真是惭愧得很。"他接着说:"这回学生举动对不对且不论,但因此可以证明,学生很有自动的精神。我们应该维持他们这种很好的自动精神,我们更应该自勉。"①尽管蔡元培因学生之举也遭到当局的指责和打击,尽管他并不完全赞同学生们的行动,但他仍旧保持着他那可贵的开明的教育指导思想,爱惜保护学生的积极主动精神。

五四爱国运动虽然告一段落,但是,爱国救亡的火种在中国青年中一经燃起,就再也不会熄灭,中国青年运动一经发生,就再也不会中断。不久,青年运动又转向了对鲁案和闽案的抗议声援活动。此后,在中国漫长的新民主主义革命中,青年运动始终是一支十分活跃的政治力量,并且始终保持着爱国救亡的基本精神。

五四运动从某种意义上讲,也是一次全民族的觉醒。巴黎和会惊醒了许多上层政治家,公理战胜强权的神话被彻底摒弃,人们开始重新认识世界和中国。梁启超在赴欧之前,对巴黎和会抱有极大的希望,曾预言人类将进入一个互助进化的新纪元。随着中国外交的失败,他在英国写了一篇《外交失败之原因及今后国民之觉悟》的文章,他说:"当知国际间有强权无公理之原则,虽今日尚依然适用,所谓正义人道不过强权者之一种口头禅,弱国而欲托庇于正义人道之下,万无是处。……当此吁天不应,呼地不闻之际,苍茫四顾,一军皆墨,忽然憬觉环境之种种幻想,一无足依赖,所可依赖者,惟我自身耳。"②这个认识,也在一定程度上否定了帝国主义是世界救世主的幻想。

康有为曾把国际联盟的成立认作世界大同的到来,并为能亲眼见到这一天而"欢喜距跃"。但到1919年7月,他致函日本友人犬养木堂,请其将他归还山东的要求转达日本政府,同时对战后的国际关系做了重新认识。他说:"诸国未平等,国际同盟惟强者马首是瞻,必不能即

---

① 《晨报》,1919年9月22日。
② 《梁启超诗文选》,广东人民出版社1983年版,第305页。

见大同之盛。"①尽管他仍旧保留着不少的糊涂观念,尽管他仍旧瞩望着世界大同的到来,但他毕竟意识到,世界大同"不能即见"。

国民党人一方面仍对帝国主义抱有幻想,主要是对威尔逊还有幻想,另一方面也对巴黎和会表示愤慨。《星期评论》于7月6日发表评论文章,指出:"在德国停战那一天,凡是世界上参与战事和中立各国,没有不庆祝公理战胜的。""大会(指巴黎和会)是什么东西?事实上就是强国的会议。所以这欧洲的讲和会议,所标榜的'自由''正义''人道''民族自决',都是虚伪的宣示,那些强国政治家的根本观念,仍旧不外'强权即正义'。这样看来,靠'国际联盟'来改造世界,竟【只】能做一种空想。"②

以上言论表明,巴黎和会之后,各界人士都在程度不等地反省,尽管他们不可能像具有初步共产主义思想的知识分子那样彻底抛弃对帝国主义的幻想,但能够否定公理战胜强权的神话,这也是一定意义上的觉醒。

美国驻华公使芮恩施于6月7日提出辞职后,便准备离华。8月18日,芮恩施接到电报,威尔逊批准其辞职。随着芮恩施即将离任,北京各界人士为他举行了一系列的饯行宴会和欢送会。9月6日,国民外交协会等六团体为芮恩施饯行,芮恩施作了长篇讲话,后由胡适译成中文发表。他说:"今年中国发生了一种国民舆论的大警觉,即以这事本身而论,已是一大进步。""这一次有许多少年学生很出力做事,帮助舆论的发展。他们的爱国心使人对于中国前途很可乐观。""这一次中国民意的大觉悟,总括看来,可以使我们断定中国将来的重要国事必须要先得国民的意见,必须要合于国民的需要。……一个政府若没有国民的公意与帮助作一个基础,决不能做一个强有力的政府。"③这篇讲

---

①　《南海康先生年谱续编》,蒋贵麟编:《康南海先生遗著汇刊》第22卷。

②　《拒绝签字》,《星期评论》第5号,1919年7月6日。

③　《美使芮恩施君的临别赠言》,《晨报》,1919年9月14日。

话,再次体现出芮恩施这位资产阶级外交官的比较开明的政治见解。

行前,芮恩施还特地约请北京学联代表前往谈话。9 月 9 日,张国焘、傅斯年等五人应约来到美国使馆,芮恩施对他们谈道:"此番学生运动发生后,我实敬佩,中国当此时会,自必有此类之提醒作用。"张国焘代表学联向芮恩施递交了一份《北京学生联合会送别美使书》,表达了对芮恩施的惜别之情,其中说:"敝国现当内忧外患交乘纷逼之秋,将欲藉重于先生之明教者,视前尤为恳切。则先生此次离华归国,实令吾人懊丧之情靡有止际。"①

最后,徐世昌于 9 月 8 日设午宴为芮恩施饯行,徐说:"中国人都希望您做他们的朋友和指导者,我希望您的行动和影响会延续好几十年。"②上述种种临别赠言表明,芮恩施所坚持的门户开放、机会均等的美国对华政策,由于直接针对着当时中国最凶恶的敌人日本帝国主义,因此芮恩施也给中国各界留下了良好的印象。

9 月 13 日,芮恩施接受北京政府的聘请,担任政府顾问,并签订了顾问合同,随即到总统府向徐世昌辞行,二人做了长时间交谈。当晚,芮恩施乘火车离京返国,后于 1923 年去世。

陆徵祥自 1918 年 12 月出使欧洲,历时一年。1919 年 12 月 11 日,陆偕夫人由马赛登轮归国,王正廷、魏宸组等同行。然后王正廷返回广东,陆、魏等人于 1920 年 1 月 22 日抵达上海。当轮船驶入吴淞口后,数千群众沿岸举着标语欢迎,上书"欢迎不签字代表"等等。船靠黄浦码头后,江苏省教育会的黄炎培等,代表各团体登轮拜访了陆徵祥。当晚,陆乘火车北上返京。24 日晚,陆徵祥回到北京,前往迎接的有美、法、比等国外交官员,日本使馆没有派人前去。各群众团体万余人聚集车站表示欢迎,手执"欢迎不签字之陆专使"等标语,并高呼"尊重民意"、"公开外交"等等口号。人民群众将陆徵祥视为拒约的英雄,但

---

① 《美公使与学生代表之谈话》,《晨报》,1919 年 9 月 11 日。
② 芮恩施:《一个美国外交官使华记》,第 294 页。

是他却有自知之明，一言不发，匆忙离去。

　　鉴于国内外严峻的形势，特别是拒约后国际局势难以预料，2 月 13 日，陆徵祥提出辞职呈文，声称："病难骤痊，恳准开缺。"陆徵祥使欧一年，几乎也辞职一年，这回总算如愿。这位民国以来曾十度出任外交总长，两度出任国务总理（其中一次为国务卿）的外交元老，自此基本脱离仕途。1927 年，陆徵祥进入比利时布鲁日本笃会圣安德修道院，1949 年 1 月 15 日病逝于布鲁日。

四　山东问题的继续

　　中国拒签对德和约后，得到西方舆论广泛同情，特别是得到美国国会的同情。美国各界舆论对威尔逊在山东问题上向日本让步极为不满。7 月，北京政府顾问美国人福开森致电政府，报告美国舆论情况。因为当时盛传中国将补签和约，他建议说："据美国人之感想，以威总统对于山东问题让步于日本，以期日本加入国际联盟，实属铸成大错。现在群情忿慨，甚为反对。欲图补救，惟有中国绝对拒绝签字之一法而已，若拒绝签字，则较诸保留为尤善，且有助于中国之国际地位甚大也。"①

　　美国政府虽签订了对德和约，但必须经美国国会通过才能生效，然而该条约遭到国会特别是共和党议员的猛烈抨击，其中重要一点就是山东问题。一位参议员表示："中国加入欧战，系因美国劝告，并允在和平大会上维持中国权利。今以山东畀日，无异卖友。故宜将德约内关系山东一款删除。"②7 月 15 日，美国参议院在辩论对德和约时，又有一议员发言说："日本曾以秘密运动得英、法、意、俄四国之保证，允于战后和会将德人在山东所享之一切利益转移于日本。……日本此种预备

---

①　《秘笈录存》，第 226 页。
②　《秘笈录存》，第 226 页。

媾和之举动,行同贿赂,实属不顾名誉。"①

由于受到国会和各界舆论的压力,美国国务卿蓝辛于 7 月提出一个调停山东问题的八条措施,其中规定:"山东省内日本无主权","日本归还胶澳租权,并除铁路外,凡租借地内日本获得之权利、物权及特权,均向中国放弃之。"②为此,美国方面于 7 月 25 日会晤了日本牧野男爵,"告以美上议院反对德约内山东条款,甚为激烈,如日本不允照蓝辛外部所提八款重具宣言,恐全约将为美议院拒不批准。"③

这时,日本方面多次催促中国和日本直接交涉山东问题,芮恩施建议北京政府不予理睬,因为直接交涉无异承认日本在山东的主权。他建议:"美民以为山东事宜,中国政府现以完全不问为上策。在中国承诺德约以前,日本仅能要索,而不能谓在山东已得有何等权利。"④

与此同时,国内舆论也强烈反对中日直接交涉山东,反对补签对德和约。9 月 5 日,吴佩孚发表通电,指出:"前据鲁省会皓电称,有中日直接交涉补签德约消息。当即电询中央,据养日院电文曰:'吴师长鉴:马电悉。德约现无补签之事,鲁电失实,希释疑虑。院养'等语。师长以'现无'二字语涉含混,复电请示,其文曰:北京国务院龚代总理钧鉴:养电敬悉。德约现无补签之事,已据情答复鲁会……惟细味原电'现'之一字,似有含蓄未尽之余意……可否由钧院将'现无'二字易为'决不补签'一语,宣示全国,而定人心。"⑤

此外,广东军政府六总裁也于 9 月 5 日以"歌"电致龚心湛:"据谭湘督延闿等沁电,略谓:顷闻北方将与日人直接交涉补签德约,人心愤激。……前次拒绝签字,深合人民公意,且得友邦同情,今若补签,将何以自解于天下?"9 月 9 日,龚心湛复电说:"歌电悉。德约并无补签之

①　《秘笈录存》,第 230 页。
②　《秘笈录存》,第 237 页。
③　《秘笈录存》,第 239 页。
④　《秘笈录存》,第 280 页。
⑤　北洋政府内务部档案。

事,湘电系出传讹。"①

在国内外人士的建议和反对下,北京政府没有补签对德和约。同时,由于对德和约未能确立美国在战后的世界霸主地位,该条约最后未能得到美国参议院通过,实际上为美国国会否决。

中国拒签对德和约,给予一向藐视中国的日本帝国主义一次教训。日代表牧野伸显由欧返日途经上海时,曾在船上对上海日侨谈道:"世人不察,以为在巴黎之中国委员,为血气所驱使,为功名所激发,致有此等行动。而余观察则不如是。余深信此种感情早已浸润于中国一般国民,酝酿已数年之久,有触即发,巴黎和会不过其表现之机会耳。""此次中国委员既非激于意气,出于偏爱,而为代表国民全体之活动,则留意中日根本关系而欲图永久亲善者,又乌可漠然视之乎?我国或因中国问题而陷入意外之难境,未可知也。"②显然,牧野已意识到,中国代表在巴黎和会之举,并非个人行动,而是中国国民酝酿已久的民族主义意识的爆发;日本如不认识这一点,可能因中国问题而陷入困境。这种见解不失为有先见之明。

为应付美国参议院和中国的反日情绪,8月2日,日本外相内田发表山东问题正式声明,要求将德国在胶州湾租借地"无赔偿、无条件引渡之于日本,同时信守一九一五年与中国所结之誓约(指"二十一条"),宜将该租借地全部还附中国,俟议和条约批准之处,即当从速实行",实际上是重申日本代表在巴黎和会的要求,即德国租借地先交付日本,再由日本交还中国;所不同的是,以往对此只作口头声明,现在则改为正式声明。内田还表示:"中、日两国商议胶州湾还附之协定成立之后,所有现在该租借地及胶济铁路日本之守备军队,当即全部撤去。"③这实际上是在诱使中国直接交涉山东问题。

---

① 北洋政府内务部档案。

② 《牧野之中日关系谈》,《晨报》,1919年9月13日。

③ 《秘笈录存》,第240页。

内田声明发表后,美国方面曾征询顾维钧意见,中国是否可以补签对德和约。顾维钧认为,内田声明措词空泛,缺乏明确保证。对于内田提出信守 1915 年条约,交还胶澳租借地的许诺,顾维钧深刻指出:"日本似欲以承认二十一款之条约为交换条件,果尔,中国更难与议。"①8 月 14 日,顾维钧致电北京政府,建议:"就目下情形,在我仍以暂不补签为宜。"②

由于对德和约为中国政府和美国国会所拒绝,这样,山东问题便成为中日两国间和世界列强间一个悬而未决的严重的政治问题,这就为在 1921—1922 年召开的以解决远东问题为主要内容的华盛顿会议上,重新提出、重新解决山东问题,准备了条件。

第六节　"五四"前后的孙中山

一　孙中山及国民党人对五四运动的态度

五四运动的全过程,包括"五四"与"六三"两个阶段,而国民党人在这两个阶段有着鲜明的两种不同的态度。

五四运动发生后,5 月 7 日,《民国日报》发表叶楚伧署名的社论,标题是《五月七日之神》。他指出:"在万钧压力下,做出惊天地泣鬼神的事业来,这是五月七日之神,这是中国的恩人,这是山东问题濒危中救命的丹方,这是留得一分两分良心的国民的模范,所以我应该代表国民,向北京学界,伸一百二十分的谢忱,并且誓与被捕的学生同生共死。"③5 月 7 日是国耻纪念日,叶楚伧把北京学生称作救亡雪耻的"五月七日之神",这个评价是很高的。

---

① 《秘笈录存》,第 243 页。
② 《秘笈录存》,第 245 页。
③ 《民国日报》,1919 年 5 月 7 日。

5月8日,张继、戴季陶等在上海举行记者招待会,向日本各通讯社、各报社驻上海的新闻界人士发表《告日本国民书》,对日本在巴黎和会上对山东的要求表示愤慨,指出:"最近欧洲讲和会议开始以来,中国国民因日本坚持其侵略山东之主张,于是对日本之恶感更达沸点。苟日本政府及人民对中国之政策与心理不根本更易,则两国国家与国民将无并存之余地。"由于国民党人大多与日本各方面有着长久的历史关系,张继等人最后表示:"予等因个人与日本国民间之友谊,谨以至诚恳真率之言,为日本国民告,深望贤明之日本国民以自由、平等、互助之精神,自根本上改造其政治组织,罢除其传统的政策,以与世界民主的文明潮流俱进。爱和平、重德义,为中国数千年之德性,他日必能弃旧恶,以与日本国民相友善也。"①

就像许多西南护法人士那样,国民党人也总是不失时机地尽可能地把五四救国运动和他们的护法运动联系起来。南北和议破裂后,叶楚伦随即发表题为《和议争点之第五条》的社论,集中对唐绍仪提出的八条件中的第五条即国会问题作了阐述。他说:"卖国之贼,与依法召集之国会,势不两立者也。有国会则贼虽欲卖国,国会得扼其吭,使不吞吐国脉。""自国会非法解散以来,卖国之贼,大行其志,送路、送矿、送主权、送土地之事,不绝发生。国民含一泡眼泪,见其脔割出卖于人而无可如何。呜呼! 假令有国会在,诚何至于此。"②

如果说国民党人对于五四学生运动还能够给予一般性的支持,那么当六三运动发生后,他们对待工人运动的态度就不同了。

6月9日,《民国日报》发表题为《罢工问题的商榷》的社论,对于工人运动一开始就表示出一种"商榷"的保留态度。社论说:"工人的生计,是很窘的,今天罢工,明天没有饭吃,这是一件很重要的问题。"又说:"我们自家办的工厂、工场,如确有振兴国货挽留利益的功效,非但

---

① 《张继、何天炯、戴传贤告日本国民书》,《民国日报》,1919 年 5 月 9 日。

② 《和议争点之第五条》,《民国日报》,1919 年 5 月 16 日。

不应该罢工,并且还要加工……因为能多出产许多国货,即所以抵制许多日货。"还说:"中国的工人还没有良好的组织,如大家罢了工,那缺乏智识的,不免有妨害秩序的举动,这是最可忧虑的。"①

在国民党人眼中,无产阶级仅仅是"很穷"的受苦的一群,对于工人来讲,最大的问题是吃饭,救国并非他们的职责。这就是中国资产阶级对中国无产阶级的基本估价,表现出一种传统的根深蒂固的阶级偏见。他们所担心的是,罢工会影响他们所代表的中国资产阶级的自身利益,要求多产国货以抵制日货,总是拿自己的利益去要求工人阶级服从。对于知识分子的学生运动,他们赞之为"中国的恩人"、"国民的模范",而对于"缺乏智识"的工人爱国行动,则只是表示"忧虑"。

五四运动期间,孙中山也曾对学生问题和山东问题发表意见。7月中旬,当广东军政府大批逮捕学生时,孙中山曾致电军政府要求释放学生。他说:"闻警厅因国民大会拘捕工、学界代表,将加以殊刑。……我粤为护法政府所在之地,岂宜有此等举动?"②另外,在对德和约签字前夕,孙中山发表了一份关于山东问题答日本记者的书信,谴责日本对山东的权利要求。他指出:"夫中国尚未隶属于日本也,而日本政府竟已对中国擅行其决否之权,而且以行此权而得列强酬偿矣,此非卖中国之行为而何?"他最后表示:"是日本今日之承继德国山东权利者,即为他年承继德国败亡之先兆而已。东邻志士,其果有同文同种之谊,宜促日本政府早日猛省。"③同时,孙中山还提出了山东应归还中国的种种理由。

上海的工人运动发生后,孙中山于6月中旬和戴季陶做了一次谈话,这次谈话是专门讨论劳工问题的。戴说:"那些工人本身,多数是不曾受过教育,几十人中找不出一个识字的来,所以他们阶级的自觉,是

① 《民国日报》,1919 年 6 月 9 日。

② 《致广东军政府电》,《孙中山全集》第 5 卷,第 84 页。

③ 《答日本〈朝日新闻〉记者问》,《孙中山全集》第 5 卷,第 73、74 页。

一点也没有的。"戴季陶在谈到六五罢工斗争时说:"当时上海有知识的人,差不多没有一个人不焦心,大家想法子劝告工界的人,不要罢工。为什么呢? 就是因为这许多无组织、无教育、无训练,又没有准备的罢工,不但是一个极大的危险,而且对工人本身也是不利的。但就这次的现象看来,工人直接参加政治社会运动的事,已经开了幕,如果有知识、有学问的人不来研究这个问题,就思想上、知识上来领导他们,将来渐渐的趋向到不合理、不合时的一方面去,实在是危险的。"以上就是戴季陶对中国工人阶级的基本估价。但他从六五罢工中敏锐地觉察到,工人阶级直接参预政治活动的时刻已经到来。为此,他向孙中山建议,应加强对工人的指导和领导,否则是很"危险"的。孙中山接着问:"你是想要直接去指导他们呢? 还是站在研究的批评的地位,做社会思想上的指导工夫呢?"戴答是后者。孙说:"你这个意思很好。我们改革中国的主义,是三民主义,三民主义的精神,就是要建设一个极和平、极自由、极平等的国家。……我们要晓得,群众的知识是很低的,要教训群众,指导群众,或者是教训指导知识很低的人。"①

中国无产阶级一向是资产阶级政治上的追随者,他们之间的政治关系,从来是指导和被指导、教训和被教训的关系。但是,随着六三运动的爆发,中国无产阶级开始摆脱对资产阶级的追随地位而独立地登上政治舞台,他们之间的关系,正在发生历史性的转变。国民党人似乎意识到了这一点,因此,他们提出要加强对工人的指导,以防止无产者脱离对他们的政治追随。

总之,国民党人对于工人运动的态度,既不同于一般舆论的同情,也不同于一般舆论的抨击。这种态度不是一般意义上的褒或贬,而是中国无产阶级以磅礴的气势登上政治舞台的历史性时刻,中国资产阶级表现出来的一种特有的思想状态。这当中,包括几分惊讶,几分茫然,几分同情,当然也包括几分恐惧,几分敌视。

①　以上谈话均见《星期评论》第3号。

毛泽东曾正确地指出:"国民党没有在五四运动中起领导作用,它是站在旁边的。"[1]事实正是如此。这表明,在新、旧民主革命开始发生转折的历史关头,国民党人也开始从革命运动的领导者的地位上跌落下来。他们的历史地位,正在为无产阶级及其先进分子——具有初步共产主义思想的知识分子所取代。

二 中华革命党的改组和中国国民党的建立

在五四运动前后这段时间,孙中山以主要精力从事于党的组织建设和思想建设,这就是把中华革命党改组为中国国民党,并为其制订新的政治指导纲领,即著名的《建国方略》。

护国战争结束后,中华革命党本部由日本东京迁至上海环龙路四十四号。这时,黎元洪继任总统,表示遵行《临时约法》,并恢复了国会。因此,孙中山在取消中华革命军的同时,也取消了中华革命党。1916年7月25日,中华革命党本部向各分、支部发出通告:"奉总理孙先生谕:本党成立,实继癸丑革命而起,其重要目的,在推翻专制,重造民国。迨袁贼自毙,黎大总统依法就职,因令各省党军停止进行。今约法规复,国会定期召集,破坏既终,建设方始,革命名义已不复存,即一切党务亦应停止。将来如何改组,有何办法,应征求海内外各支、分部之意见。"[2]这篇通告,实际上宣告了中华革命党的结束。

考虑到国民党在国会中占有多数席位,同时由于中华革命党在国内影响甚小,于是孙中山准备恢复国民党名称,以便增强在国会的地位,同时也便于扩充党务。1916年10月13日,孙中山致函全国各同志,表示:"日前在京议员及各埠同志,每有规复国民党之议,而国会议

---

① 毛泽东:《如何研究中共党史》,《中共党史革命史论集》,中共中央党校出版社1982年版,第5、6页。

② 《中华革命党本部通告》,《民国日报》,1916年7月28日。

员隶国民党籍者尚居多数"，"现弟为党务之扩张计，应徇众议，为复党之准备"。①

但是，孙中山对于简单地重组国民党并不热心，不仅不参预组建，而且曾表示不愿加入。1917年1月27日，孙中山在致友人信中写道："关于改党之组织，弟并非不赞成……然弟以自身不欲入政界，故虽甚赞成组织政党，而决不加入。所有办党之事，悉以委之唐少川君。唐少川君本拟将旧国民党重行收集，立一新大政党。"②可见孙中山最初曾将重组国民党的工作委托唐绍仪办理，而唐的基本方针是恢复旧国民党。

在重建国民党的方针上，孙中山和唐绍仪不同，他赞成恢复国民党名称，但不赞成简单地恢复旧国民党，更不赞成放弃中华革命党的基本原则。1916年10月25日，孙中山致信郭标，指出："今日巩固共和，端赖吾党，故百【凡】凡【百】事业，须从整顿党务入手。承询组党办法，现方编订党纲及重订规程，所有党纲未寄到以前，请以国民党名义招人入党，其手续则参酌中华革命党各章程办理，而不用中华革命党之名耳。"③

1916年岁末，改组工作在迅速进展。12月10日，孙中山致函中华革命党海外各支、分部，说："各埠屡有函来问，满任职员应否改选？查本党改组在即，若重新逐一选举，反形烦琐。"④不久，中华革命党总务部在1917年第二号通讯中指出："恢复国民党名称……已经拟定章程，俟商诸各同志，征求各方面同意，再为发表。"⑤数月后，1917年3月30日，中华革命党正式向党员发出通告，准备改用中国国民党的名称。但是，不久由于张勋复辟和护法战争等事件发生，中华革命党改组一事不

---

① 《致全国各同志函》，《孙中山全集》第3卷，第377页。
② 《复宋元恺函》，《孙中山全集》第4卷，第6页。
③ 《复郭标函》，《孙中山全集》第3卷，第382页。
④ 《通告中华革命党海外各支分部函》，《孙中山全集》第3卷，第401页。
⑤ 《革命文献》第49辑，第5页。

得不暂告停顿。

尽管中华革命党没有正式改组，但孙中山已开始用国民党的名义任命干部。另外，缅甸支部在 1919 年 3 月的一份通告的附则中写道："本支部自去年由中华革命党改组为中国国民党，惟历接上海本部来件，印章俱用中华国民党，故本支部亦当从之，以昭划一。"然而新加坡支部 1918 年 5 月所发一份函件，则仍用"中华革命党新加坡支部"名称①。可见这段时期名称的使用比较混乱，中华国民党和中华革命党两种名称曾同时并用。

1918 年 6 月，孙中山因护法战争失败，回到上海。如果说中华革命党在护国战争中起到过一定作用，那么，在护法战争中，由于孙中山几乎完全依靠滇、桂军阀，国民党基本上没有发挥作用。护法战争的失败给予孙中山一次深刻的教训，他开始认识到"南与北如一丘之貉"，不能依靠他们建立资产阶级共和国，必须依靠革命党。他决心著书立说，整顿党务，在组织上和思想上增强党的建设，重振国民革命。于是，改组国民党的问题，再度提到议事日程上。

1918 年 8 月 30 日，孙中山发表《通告海外革命党人书》，他感慨地说："伏念文行年五十有二，奔走国事者垂三十年，无非欲奠定邦家，使臻强富；此心此志，为公为私，当为吾党所共喻。近虽屡遭挫败而得百折不挠者，此非尽文一手一足之烈，纯恃吾党诸君子竭力相维。"从不断的失败中，孙中山看到只有一些国民党人能够追随他奋斗，深感只有国民党能够肩负起救国重任。他说："故文深信吾党实系于中国之存亡。使吾党弛而不张，则中国或几乎息。"基于这一认识，孙中山向海外同志表示："归沪而后，益感救亡之策，必先事吾党之扩张，故亟重订党章，以促党务之发达。"②

为发展党务，孙中山改变了中华革命党只对海外招收党员的做法，

①　邹鲁：《中国国民党史稿》第一编，第 412 页。
②　《通告海外革命党人书》，《孙中山全集》第 4 卷，第 499、500 页。

开始在国内公开组织并吸收党员。许崇智等率粤军援闽后,有人致函孙中山请示可否在闽建立党部,1919 年 8 月 23 日,孙中山批复道:"自本党本部成立以来,只对于海外招徕新党员,对于内地尚未举行,以不在吾人范围也。……以后凡在吾人势〈力〉所到之地,皆当仿行就是。"①

孙中山是在世界历史和中国历史正在发生深刻变化的环境下从事国民党的改组工作的。俄国十月革命爆发后第三天,《民国日报》以《突如其来之俄国大政变》为题,引用西方通讯社消息,迅速报道了十月革命消息。1918 年 1 月 1 日,《民国日报》发表孙洪伊署名的元旦社论,写道:"爱自由、爱平和之俄国国民,其对于罗马诺夫皇家之革命,与吾国辛亥义师同一意义也。然新政府(指俄国资产阶级临时政府)之组织甫成,而外患内忧益加强度,里昂失陷,彼得城之危险更急,新政府颠覆,全国重陷于无政府之状态,其乱今未艾也。是吾国民自辛亥以来所经验之恐怖、悲哀、不安、愤激诸苦,俄国国民亦又经验之。"②可见中国资产阶级对于俄国二月革命的理解是比较准确的,认为和中国的辛亥革命意义相同,但对于十月革命的认识则比较模糊,竟然把俄国资产阶级临时政府的垮台和中国资产阶级在辛亥之后的一系列失败做简单的类比。

但时隔不久,孙中山对俄国革命逐渐有所认识,1918 年夏,他曾致电苏维埃政府,说:"中国革命党对贵国革命党所进行的艰苦斗争,表示十分钦佩,并愿中俄两党团结共同斗争。"③该电虽未找到原件,但确曾拍发,据《民国十五年以前之蒋介石先生》一书载:"总理电祝苏俄布尔塞维克党革命成功。其时欧美各国,皆仇视苏俄甚,得此一电,列宁大

①　《批赖□函》,《孙中山全集》第 5 卷,第 100、101 页。

②　《吾人对于民国七年之希望》,《民国日报》,1918 年 1 月 1 日。

③　《致列宁和苏维埃政府电》,《孙中山全集》第 4 卷,第 500 页。

为感动,乃乐与本党携手。"①邹鲁在《中国国民党史稿》一书中也记载了此事。孙中山当时对俄国革命的理解究竟如何,目前尚缺乏材料,但该电至少表明,孙中山已将俄国布尔什维克党引为革命同志。

由于孙中山专心致力于党务和著述,因此对时事政治没有给予应有的关注。1918 年 10 月 3 日,他在一封复函中说:"文返沪以来,专理党务,对于时政,暂处静默,以避纷扰。"②1919 年 8 月 28 日,他又在一份复函中写道:"文近时观察国事,认为欲图根本救治,非使国民群怀觉悟不可。故近仍闭户著书,冀以学说唤醒社会。政象纷纭,未暇问也。"③正因为孙中山采取闭户著书、专理党务而对时局暂守静默的态度,因此他没有能够给予五四运动以更多的关注和支持。

但是,五四运动不论文化运动,或是爱国运动,都曾给予孙中山以很大影响。

首先是新文化运动的影响。1919 年 6 月 18 日,孙中山在《复蔡冰若函》中说:"文著书之意,本在纠正国民思想上之谬误,使之有所觉悟,急起直追,共匡国难,所注目之处,正在现正【在】而不在将来也。试观此数月来全国学生之奋起,何莫非新思想鼓荡陶熔之功? 故文以为灌输学识,表示吾党根本之主张于全国,使国民有普遍之觉悟,异日时机既熟,一致奋起,除旧布新,此即吾党主义之大成功也。"④不久,他在《致海外国民党同志函》中又说:"自北京大学学生发生五四运动以来,一般爱国青年,无不以革新思想,为将来革新事业之预备,于是蓬蓬勃勃,抒发言论。国内各界舆论,一致同倡。各种新出版物,为热心青年所举办者,纷纷应时而出。扬葩吐艳,各极其致,社会遂蒙绝大之影响。虽以顽劣之伪政府,犹且不敢撄其锋。此种新文化运动,在我国今日,

---

① 毛思诚编:《民国十五年以前之蒋介石先生》第六编"韬养时期"。
② 《复阮伦函》,《孙中山全集》第 4 卷,第 505 页。
③ 《复廖凤书函》,《孙中山全集》第 5 卷,第 103 页。
④ 《复蔡冰若函》,《孙中山全集》第 5 卷,第 66 页。

诚思想界空前之大变动。推其原始,不过由于出版界之一二觉悟者从事提倡,遂至舆论放大异彩,学潮弥漫全国,人皆激发天良,誓死为爱国之运动。倘能继长增高,其将来收效之伟大且久远者,可无疑也。吾党欲收革命之成功,必有赖于思想之变化,兵法'攻心',语曰'革心',皆此之故。故此种新文化运动,实为最有价值之事。"①

正是在新文化运动的影响下,孙中山不仅加紧了自己的著述、研究工作,而且积极指导他的战友办理《建设》、《星期评论》等刊物。

其次就是爱国运动的影响。1919 年 10 月 18 日,孙中山在上海寰球中国学生会的演说中说:"试观今次学生运动,不过因被激而兴,而于此甚短之期间,收绝伦之巨果,可知结合者即强也。"②正是爱国运动的影响,促进了孙中山关于组建中国国民党的工作。

经过长时间筹备,1919 年 10 月 10 日,在武昌起义八周年纪念日,国民党发出通告,正式改名为中国国民党,规定:"从前所有中华革命党总章及各支部通则,一律废止;所有印章图记,一律照本规约所定,改用中国国民党名义,以昭统一。"③国民党之前再加上"中国"二字,为的是在名称上区别于民初的旧国民党,而且其性质也和旧国民党不同。旧国民党由五党团合并而成,而中国国民党则直接由中华革命党改组而来。新党章第四条规定:"凡中华革命党党员,皆得为本党党员,以中华革命党证书,领取本党证书。"这就在组织上保证了中华革命党的基本精神得以延续。

10 月 13 日,原中华革命党本部事务主任居正呈请任命中国国民党各部主任,孙中山以总理身份当即批令委居正为总务主任,谢持为党务主任,廖仲恺为财政主任④。

---

① 《致海外国民党同志函》,《孙中山全集》第 5 卷,第 209、210 页。
② 《在上海寰球中国学生会的演说》,《孙中山全集》第 5 卷,第 140 页。
③ 《中华民国史事纪要》(初稿),1919 年 7 月—12 月,第 215 页。
④ 《批居正呈文》,《孙中山全集》第 5 卷,第 136 页。

　　与此同时,还公布了中国国民党章程。第一条规定:"本党以巩固共和,实行三民主义为宗旨。"三民主义中的民族主义,曾经以排满为主要目标,因此辛亥以后,革命党人在民族问题上的认识一度模糊起来,中华革命党党章干脆取消了民族主义,从而放弃了反对中华民族最主要的敌人帝国主义的纲领。这次重新恢复三民主义,表明孙中山及国民党人在民族问题上的认识有了新的提高。1920年11月4日,孙中山在中国国民党本部发表演说,指出:"有人说:'清室推翻以后,民族主义可以不要。'这话实在错了。即如我们所住的租界,外国人就要把治外法权来压制中国人,这还是前清造的恶因。现在清室虽不能压制我们,但各国还是要压制的,所以我们还要积极的抵制。""所以我们还是三民主义缺一不可。这是确定不能改易的。"①孙中山对民族主义所作的这一解释,表明他开始认识到帝国主义是民族问题的基本问题,表明中国国民党党章是在对帝国主义做出新的认识的基础上恢复三民主义的。这是一个进步。

　　为了更广泛地吸收党员,中国国民党放弃了中华革命党的秘密组织形式,转为公开。同时,新党章放宽了入党条件,规定凡赞成党的宗旨,经党员两人介绍,交纳党费十元者即可入党;放弃了中华革命党所规定的入党须按指模,并宣誓服从孙中山个人等带有封建性的苛刻条件。应该说这也是一个进步,使国民党更加具备现代政党的面貌。"五四"以后,国民党"大量吸收青年入党"②。

　　尽管中国国民党在10月10日的通告中要求即日停止使用中华革命党名称,但两日后,孙中山在给福建方面的一封复函中指示道:"又闻拟重新结合党人,以发展党势,切实进行,此诚今日切要之图。惟国民党分子太为复杂,非仍用中华革命党名义不能统一号令,发扬革命原始

　　①　《在上海中国国民党本部会议的演说》,《孙中山全集》第5卷,第394页。
　　②　《邹鲁全集》第3卷,台北三民书局1976年版,第303页。

之精神。"①可见中国国民党成立之始,由于影响有限,仍要以中华革命党名义区分从前的旧国民党,党的名称并未立即统一。

孙中山改组中华革命党的根本目的,也就是他的建党思想的根本点,即是要把国民党在组织上、政治上、思想上全面建成一个有战斗力的政党,以肩负起建立资产阶级共和国的重任。1920 年 5 月 16 日,孙中山在中国国民党本部阐述党的责任问题。他说:"现在的中华民国只有一块假招牌,以后应再有一番大革命,才能够做成一个真中华民国。但是我以为无论何时,革命军起了,革命党总万不可消。""真中华民国由何发生? 就是要以革命党为根本。""九年以来,我们得了许多经验,许多教训。以后我们要把三民主义的精神,同【传】他到全国,完全靠在这党的作用上面,我们同志非拿全副精神来办他不可。"②在这里,孙中山号召国民党人再进行"一番大革命",以建立一个真中华民国,并且要把三民主义的精神传向全国。

孙中山一生重视党的建设,在每个历史阶段,除了进行组织整顿外,都制订了相应的思想、政治指导原则。同盟会时期,他制订了《同盟会革命方略》;中华革命党时期,他制订了《中华革命党革命方略》;现在,为组建中国国民党,他精心撰写了《孙文学说》和《实业计划》两篇著作,后与《民权初步》合并,这就是著名的《建国方略》。可以说,《建国方略》是孙中山为中国国民党制订的指导思想和基本原则。

面对革命的不断失败,孙中山认为革命党人应首先解决思想认识问题。为此,他撰写了《孙文学说》,又称《心理建设》,提出了"知难行易"这一著名命题。这不仅反映了孙中山的认识论和宇宙观,更重要的是,它是直接服务于资产阶级民主革命实践的,具有很强的实际指导性。它是孙中山在护法战争失败后,为清算党内消极思想,为推行其建国方略,再建资产阶级共和国而提出的理论基础。因此,孙中山将

---

① 《复宋渊源函》,《孙中山全集》第 5 卷,第 136 页。
② 《在上海中国国民党本部的演说》,《孙中山全集》第 5 卷,第 262、263 页。

"心理建设"放在《建国方略》之首,作为"物质建设"和"社会建设"的先导。

孙中山所说的"知"和"行"都不是抽象的。"知"实际上是指三民主义、五权宪法,"行"即实行革命之意。孙中山提出了许多重要思想,而中心思想是强调"行"。他反复告诫革命党人,"知之则必能行之,知之则更易行之"。他自信地宣称:"古人说'知易行难',我的学说是'知难行易'。从前中国百事都腐败的原因,是由于思想错了,自我的学说发明以后,中国人的思想便要大改革。拿我的学说去做事,无论什么事都可以做得到的。"

《孙文学说》在中国哲学史上有着重要的地位。孙中山是第一个为解决自身的革命实践而自觉研讨知行关系的革命家。《孙文学说》是马克思主义认识论传入中国之前,中国哲学史上最先进的认识论思想。

如果说《孙文学说》主要是解决革命实践的认识问题,那么,《实业计划》则为资产阶级共和国的建设事业勾画出了具体而宏伟的蓝图。《实业计划》的撰写表明,孙中山是把资产阶级革命和资本主义工业化建设两个问题紧密联系起来的。他的设想是,通过资产阶级革命而建立资产阶级政权,尔后开展大规模经济建设。孙中山并不以夺取政权为满足,而是要建立起完整的资本主义经济制度,实现资本主义现代化。

《实业计划》全面提出了在中国实现工农业现代化的设想,按照这个设想,中国将进行铁路、港口、水陆运输、电力、石油、矿业、钢铁、建筑、机械、纺织、粮食加工等等大规模工业建设,同时兴建水利,移民垦荒,改良种籽,广泛造林,实现农业现代化。孙中山还提出了开放门户、吸引外资、培养建设人才等重要思想,反对闭关自守的小生产思想,这也是符合世界经济发展潮流和中国的实际需要的。

此外,还有不少具体建设方案,至今仍有一定的现实意义。然而总的来看,《实业计划》在当时的条件下却只能是一种不切实际的幻想。例如,在当时就不可能在平等互利的原则下利用外资。这些宏伟的设想,只有在独立的中华人民共和国建立之后,才能逐步变为现实。

如前所述,孙中山这次组建中国国民党的根本目的,是要把它建成为一个富有战斗力的政党,使之担负起资产阶级旧民主主义革命的重任。但是,这次改组并未能实现孙中山的上述意图,相反,国民党的历史局限性却愈来愈大了。除了种种具体原因外,根本原因在于,中国的历史潮流并没有按照孙中山所指示的方向发展。五四运动以后,人民革命的主流,正如早期共产主义者所期望的那样,开始走向另一条救国之路——俄国人的路。《孙文学说》和《实业计划》的发表,没有代表中国历史发展的方向,因而也不可能将广大革命人民吸引到国民党的周围。实际上,自新文化运动发生之后,尤其是马克思主义得到广泛传播之后,孙中山的学说便逐渐失去了在思想界的吸引力。

1920年11月,粤军驱逐桂系,孙中山回到广东,开始组织第二次护法战争,重新踏上和军阀争地盘,利用一方反对另一方的旧路。历史证明,这条路是走不通的,因为从五四运动以后,中国历史已经改变方向,开始踏上了新民主主义革命的征程。

第七节　新文化运动的发展

如前所述,新文化运动以五四运动为界标,分为两个阶段。“五四”前是启蒙运动的性质;“五四”后,这一性质虽仍然存在,但是,它已增加了新的因素,即马克思主义在中国的传播。

综合当时中国思想界的情况来看,李大钊是中国最早的马克思主义者。如果说他在1918年的几篇论俄国十月革命的文章,还只是传播了马克思主义的若干观点的话,那么,他在1919年5月发表的《我的马克思主义观》就是开始系统地宣传马克思主义的标志了。李大钊这时已由具有初步共产主义思想的知识分子发展为马克思主义者。

《我的马克思主义观》发表在《新青年》第6卷第5号,即由李大钊主编的"马克思研究号"①。这是一篇两万多字的长文,曾连载两期。
文章对马克思主义的三个组成部分——唯物史观、政治经济学和科学
社会主义,都有所阐明,并指出这三个部分,"都有不可分割的关系,而
阶级竞争恰如一条金线,把这三大原理从根本上联络起来。"

从"马克思研究号"出版以后,《新青年》曾连续发表介绍马克思主
义、社会主义革命以及中国工人状况的文章。

著名的国民社出版的《国民》杂志,在"五四"前并没有发表过专门
研究和介绍马克思主义的文章,但在"五四"后,这类文章增多了。例如
第2卷第1号(1919年11月)登载有《马克思和恩格斯共产党宣言》
(第一章)和《鲍尔锡维克主义底研究》的译文;第2卷第2、第3号连载
有《马克思的历史的唯物主义》的译文;第2卷第4号载有《苏维埃俄国
底经济组织》、《苏维埃俄国底新农制度》等。

除《新青年》、《国民》外,许多报纸的副刊也从不同的角度大量登载
介绍和研究马克思主义的文章。

《晨报》副刊是在1919年2月7日在李大钊的帮助下实现改组的。
改组的第一天,就登载了李的论文:《战后之世界潮流——有血的社会
革命和无血的社会革命》。论文指出:"在这回世界大战的烈焰中间,突
然由俄国冲出了一派滚滚的潮流……这种社会革命的潮流,虽然发轫
于德、俄,蔓延于中欧,将来必至弥漫于世界。"

1919年5月1日,《晨报》副刊出版了"劳动节纪念"专号。这是中
国报纸纪念"五一"国际劳动节的开始。李大钊在这个专号上发表了
《五一节杂感》,预祝马克思主义在中国的胜利。他说:"听说俄京莫斯
科的去年今日,格外热闹,格外欢喜。因为那日正是马克思的纪念碑除
幕的日子。我们中国今年今日注意这纪念日的还少,可是明年以后的
今日,或者有些不同了,或者大不同了。"

---

① 第6卷第5号刊首标明1919年5月,由于出版拖期,实际出版日期晚于5
月(在9月),但有些文章的写成却早于5月。

在马克思诞生一百零一周年纪念日(1919 年 5 月 5 日)的时候,李大钊不但在《新青年》上编了一个"马克思研究号",而且也帮助《晨报》副刊开辟了一个"马克思研究"专栏。从 5 月 5 日到 11 月 11 日,在六个月的时间里,这个专栏共发了五篇论著,其中包括马克思的《劳动与资本》、考茨基的《马克思资本论释义》、河上肇的《马克思唯物史观》等。

除专栏外,《晨报》副刊还用一定篇幅发表了一些革命领袖(马克思、列宁、李卜克内西等)的传记和介绍国际共产主义运动的文章。1919 年 8 月 7 日至 11 日,副刊以《新共产党宣言》为题发表了《第三国际第一次代表大会的宣言》。

新文化运动在"五四"后有一个猛烈的发展,宣传新文化的刊物在一个不太长的时间内(1919 年内)达数百种之多。在这些新刊物中,不断出现关于十月革命、社会主义、工人运动等方面的言论。

和马克思主义在中国开始传播的同时,实用主义也在中国流传开来。由于杜威亲自来华宣讲[①]和胡适的鼓吹,实用主义成为一种很时髦的思潮,不仅被引进到学术领域,也被引进到政治领域。

胡适为了阻止马克思主义在中国的传播,于 1919 年 7 月在《每周评论》第 31 号提出了他的政论导言——《多研究些问题,少谈些主义!》,其中以教训的口吻说道:"请你们多多研究这个问题如何解决,那个问题如何解决,不要高谈这种主义如何新奇,那种主义如何奥妙。"文中说的"这种主义"、"那种主义",主要是指的马克思主义。

胡适的挑战引起了李大钊的反击。李在《每周评论》第 35 号(8 月17 日出版)上发表《再论问题与主义》一文,指出"问题"和"主义"有不可分离的关系,解决"问题"离不开"主义","必须有一个根本解决,才有把一个一个的具体问题都解决了的希望。"他公开申明:"我是喜欢谈谈布尔什维主义的",并认为:"布尔什维主义的流行,实在是世界文化上

---

① 杜威于 1919 年 4 月 30 日到上海,在中国逗留两年零两个月,到过十一个省。《杜威五大讲演》,在他未离开中国以前,就已出了十版。

的一大变动。我们应该研究他，介绍他，把他的实象，昭布在人类社会，不可一味听信人家为他们造的谣言，就拿凶暴残忍的话抹煞他们的一切。"

在"五四"当年（1919），研究和介绍马克思主义的，还有一些国民党人，如胡汉民、戴季陶等。但是，他们都是三民主义者。他们认为中国社会可以避免阶级斗争，中国革命可以举民主革命和社会革命"毕其功于一役"。因此，他们虽研究和介绍了一些马克思学说，却只是徘徊在门口而未登堂入室。而当中国共产主义运动兴起时，他们不仅却步不前，而且站到它的反面去了。

在"五四"当年，真正研究和接受马克思主义的，只是李大钊等少数几个人，在青年学生中则几乎没有①。

不可否认，由于十月革命的影响，社会主义在当时已成了时髦的名词。在1919年出现的不少刊物上，差不多每期都有一篇或数篇专门介绍和宣传社会主义的文章。但什么是社会主义，多数青年学生都还没有科学的了解，也没有一定的标准。当时除科学社会主义外，以下各种学说都是被当作社会主义流派介绍到中国的：施蒂纳、蒲鲁东、巴枯宁、克鲁泡特金的各种无政府主义；武者小路实笃的新村主义；欧文等人的合作主义；托尔斯泰的泛劳动主义；基尔特社会主义；伯恩斯坦、考茨基的议会主义；等等。

学说流派，五花八门，使初出茅庐的青年学生眼花缭乱，莫知所向。这种情况，正如瞿秋白所说，"社会主义的讨论，常常引起我们无限的兴味。然而究竟如俄国十九世纪四十年代的青年思想似的，模糊影响，隔着纱窗看晓雾，社会主义流派，社会主义意义都是纷乱，不十分清晰的。

---

① 根据目前查到的资料，只有当时在南京河海工程学校学习的十九岁的张闻天在1919年8月19日—21日出版的《南京学生联合会日刊》上发表的《社会问题》一文，用马克思的唯物史观观察人类历史的发展和中国社会问题。文章的最后，还介绍了《共产党宣言》第二章的"十条纲领"。这是在十月革命后继《每周评论》第16号（1919年4月6日）之后第二次公开介绍《宣言》的十条纲领。

正如久壅的水闸,一旦开放,旁流杂出,虽是喷沫鸣溅,究不曾定出流的方向。其时一般的社会思想大半都是如此。"[1]

在各种新思潮中,对青年学生影响最大的是互助论、工读主义、泛劳动主义、新村主义等。少年中国学会执行部主任王光祈,把以上各种思潮加以综合提炼而创造了一种"中国式……主义"[2]。这种主义,我们可以名之为中国的空想社会主义。

王光祈最初的设想,是想仿照日本的新村,在北京郊区建设"菜园",企图通过一种美妙的没有剥削的菜园子生活来达到改造中国的目的。

但是,知识分子既无土地,也不熟悉农村生活,"菜园"的空想无法实现。王光祈不得不把这种"新生活"移植到城市中来。1919 年 12 月 4 日,王光祈在北京《晨报》上发表《城市中的新生活》一文,并把这种城市"新生活"的小组织定名为工读互助团。这个倡议,受到思想、教育界的广泛支持,列名为募款发起人的有李大钊、蔡元培、陈独秀、胡适、周作人等。

这样,在中国先进的青年知识分子中,于 1920 年上半年,就出现了一场工读互助运动。北京的互助团建立有四个组,此外,武昌、上海、南京、天津、广州、扬州等也先后成立或筹备成立工读互助团。

工读互助团实行公有制,"打破私产制度,实行共产"。它的理想社会是:人人做工,人人读书,各尽所能,各取所需。人们称工读互助团是"新社会的胎儿","用工读互助团去改造社会,改造社会的结果,就是一个顶大的工读互助团——工读互助的社会"[3]。

---

[1]　《饿乡纪程》,《瞿秋白文集》第 1 集,人民文学出版社 1953 年版,第 23—24 页。

[2]　王光祈说:"这种主张如果没有适当的词,就叫他为中国式……主义。"见《王光祈致君左》,《少年中国学会会员报告》第 4 期。

[3]　存统:《工读互助团底实验和教训》,《星期评论·劳动纪念号》第 7 张,1920 年 5 月 1 日。

　　工读互助团的理想是很美好的,但却是脱离实际、脱离群众的。一群血气方刚的激进青年,脱离家庭,脱离婚姻,脱离学校,都躲进工读互助团这个美妙的"世外桃源"过着共产生活,这能够行得通吗?

　　实践是检验真理的唯一标准。凡是不科学的理论或措施,不论它是怎样用激情,即使是带有群众性的激情伴随着;不论它是怎样地受到鼓吹和赞扬,甚至是由衷的歌颂,都不可能逃避失败的命运。工读互助团运动由于它的空想,仅仅几个月就暴露出经济危机、人心涣散种种不可克服的矛盾,并导致它的失败。中间,这种激情表现的最高昂、步子迈得最猛的,它矛盾也就暴露得最早、最严重,失败的也就最早。北京互助团第一组就是这样。第一组解散后,第二组也跟着解散。大概第三、四组还继续了几个月,但没有多久,也就销声匿迹了。至于其他各地的工读互助团,到1920年下半年也都进入尾声,有的则还在筹备期间便无下文了。

　　从1920年下半年开始,中国思想界,特别是先进的青年知识分子,形成了一种对科学社会主义的追求,即学习和传播马克思主义的热潮,从而形成了一批马克思主义的拥护者,并以他们为桥梁,使马克思主义开始同中国工人运动相结合。

　　所以在这样的时间形成这样的一种热潮,其因素是:

　　一、空想社会主义在中国的破产,教育了人们必须追求科学。

　　二、俄国十月社会主义革命——无产阶级专政实践的胜利。俄国在1917年建立了无产阶级专政,但这个政权还受到国际帝国主义干涉和国内反革命势力武装叛乱的困扰,那时还不能说这个政权是巩固的,因此中国人所听到的俄国革命的消息也是纷乱的。1919年下半年,盘踞在远东的高尔察克军被消灭,局势稳定下来了。到1920年,无产阶级专政的政权已经在全俄巩固了。这就使中国人民不仅产生了希望,也看到了榜样。

　　三、和上面一个因素相联系的情况是:苏维埃俄国在1919年7月25日就正式对中国发布了关于废除不平等条约的宣言——《告中国人民和南北政府宣言》,但由于俄国当时被封锁,这个宣言直到 1920 年 3 月才传到中国。这给了中国人民以很大鼓舞。三四月间,全国三十一个社会团体,都发出了热情洋溢的谢电。

四、由于中国工人阶级在六三运动中的表现和所起的作用,各界人民对工人阶级非常重视,"劳工神圣"成了风行一时的口号。工人阶级的阶级意识也在日益加强。1920 年 5 月 1 日,中国工人和学生比较广泛地纪念"五一"劳动节,上海和北京的纪念规模都是相当大的。这是中国人民第一次隆重地纪念"五一"劳动节。《新青年》出版了"劳动节纪念号",李大钊发表了《"五一"运动史》,陈独秀发表了《劳动者底觉悟》、《上海厚生纱厂湖南女工问题》。蔡元培、孙中山都为该号题了字。蔡元培的题字是"劳工神圣",孙中山的题字是"天下为公"。除名人题字外,还约了十三位工人题字。该号还发表了各国劳工运动情况的介绍及国内北京、天津、南京、唐山、山西、江苏、长沙、芜湖、无锡等地工人劳动状况的调查。许多调查报告是由具有初步共产主义思想的知识分子写成的。这反映了知识分子和工人阶级已经开始结合,因为知识分子如果不深入工人群众,这些调查报告是写不出来的。

五、一些马克思主义经典著作(如《共产党宣言》等),包括列宁的一些著作,在这时也开始流行。

六、中国五四运动的发生和发展,引起了以列宁为首的共产国际(1919 年 3 月成立)的重视,因此在中俄交通已经打开的时候(1920),便急速派代表到中国了解情况并帮助中国共产主义运动的开展。

基于以上各种因素,这样,到 1920 年下半年,在新文化运动著名领导人陈独秀及李大钊等的发起下,上海、北京等地便出现了一些共产主义组织,为 1921 年中国共产党的正式成立做了准备。

第八章　直皖战争

第一节　直皖矛盾的激化

　　1920年7月爆发的直皖战争,是北洋军阀统治集团内部发生的第一次大规模武装冲突。战争结果,皖系军阀失败,直系军阀联合奉系军阀取得胜利,导致了皖系军阀操纵控制的北京政府倒台,罪恶昭彰、为全国人民所深恶痛绝的安福系被解散,直系和奉系掌握了北京政权,对当时的政治格局和各派军阀势力的消长影响甚大。

　　战争是政治的继续,是同一定的阶级和军事政治集团的利益相联系的。直皖战争是直系和皖系这两派军阀势力争夺权势与地盘的矛盾和斗争进一步激化的结果。

一　吴佩孚的撤防北归和西南军阀
"联直制皖"的策略

　　如前所述,袁世凯死后,北洋军阀逐渐分化为直系和皖系两派。皖系继承袁世凯的衣钵,坚持"武力统一"中国的政策,主张用军事讨伐手段削平因护法问题而崛起的西南军事割据。直系在以北洋为中心来统一全国,继续他们的军阀统治这个根本问题上,与皖系没有分歧,但反对对西南用兵,主张用和平谈判的方式维护西南军阀的地位和地盘,以换取他们对北洋政府的承认,并且时与西南军阀暗通款曲,达成默契。直皖两派的矛盾和斗争,当时表现为冯国璋与段祺瑞之间的明争暗斗,在一定意义上说,又是南北之间斗争的一种反映。

1919 年 12 月冯国璋死后，曹锟、吴佩孚继起成为直系领袖，直皖之间的矛盾并未和缓，斗争并没有止息，反而进一步扩大了，激化了。皖系以冯国璋既死，直系失去了中心，北洋首领只有段祺瑞一人，于是提出"重振北洋系问题"，"亟图北洋系之统一，以期发展今后北方之新局面"①，实现其武力统一中国的野心，然而却遭到直系的抵制和反对。直系方面，特别是吴佩孚这个直系的"后起之秀"和急先锋，利用五四运动后广大学生和人民群众向皖系军阀统治冲击的有利时机，对段祺瑞控制的亲日卖国政府进行了猛烈的抨击。吴佩孚自湖南前线撤防北归，更是直皖矛盾进一步激化的突出表现，是两派军阀势力从政治角逐走向军事冲突的一个重要步骤，"实为直皖战争的起点"②。

吴佩孚由于直皖之间的矛盾，自从 1918 年 4 月占领衡阳后，即按兵不动，与南军划界而守，成立停战协定，并且公开发出"罢战主和"的通电，反对段祺瑞的"武力统一"政策，已如前述。

1919 年 5 月南北和议破裂后，吴佩孚以"前方经济困穷，官兵苦不堪言"为由，屡次致电曹锟转请中央俯准撤防，北京政府不予理睬。此后，吴为了做好撤防准备，防备撤防时皖军的袭击，便加强了同西南的联系和结合，把此前同西南军阀形成的同盟关系发展成正式的军事同盟，并用条约形式确定下来。

8 月下旬，由吴佩孚起草，正式提出了一份《救国同盟军草约》（军事密约），通过湘军总司令谭延闿转致西南各派军阀首领，征求意见。《草约》共一千余字，分为四个部分，全文如下。

第一条总纲　本约为平息内争，力谋统一，合力对外起见，并非有党见性质。

第二条宗旨　军人以卫国保民为天职，无论何时，国内战〔政〕争不得牵动武力，惟须弭患无形，以尽保民之责务，并须保全现在

---

①　《神州日报》，1920 年 1 月 12 日。

②　瀼江浊物：《直皖战争始末记》，《近代史资料》1962 年第 2 期。

之主权,兼收回已失之主权,为卫国之主旨。

第三条条目　(甲)对内主旨。查近世以来,国内政争牵动武力,其咎不在政客善于鼓动,而实在军人程度过于卑劣。自草约定后,如再有此等情事发生,凡在约军人均应起而理喻之,排除之,决不为政党所利用。如有未在约军人盲从者,亦应理喻之,或划除之。其办法手续如左:(一)维持现状。现在和局混沌,无论如何困难,须协力促成之。(二)和局成功。如扫除内奸,废弃密约,选举良善国会,组织不党内阁等条件,均取一致之态度;至必要时,得干预而纠正之。(三)和局破裂。如再起兵端,本团体攻守同盟,若有害甲,则乙援之;害乙,则甲援之。任至何地,彼此援助,不得坐视。(四)和平善后。即目前和成,而内奸余孽未清,则和平仍不能永保;对于非法机关巧立名目,凡未经正式国会通过,而私图扩张军阀势力,为将来和平障碍者,均取一致之反对,必达取消之目的。

(乙)对外主旨。(一)现在对外之意见。无论对于任何一国,有与吾国抵牾而侵占我国领土,妨害我国权利者,应合力争执,一体响应,以作外交之后盾,而促外人之猛省。(二)将来对外之实力。如至外交决裂,应付乏术,凡我军人均应同仇敌忾,以洗国耻,而为东亚吐气。除由与外人接近之军队出其全力对待外,凡同盟各军,应各出全力接济援助,以期最后之胜利,而博军人之荣誉。

(丙)附件。(一)凡属同盟军遇有危迫时,接近者应有实力之援助,不接近者亦应有函电之响应,或转托他军之援助。(二)如同盟军有意见时,得联合同志调解之,不得自起冲突。(三)如有扩张私人权利,破坏大局,或私通奸人,局部分裂者,应由同盟军摈诸团体之外,或驱逐之。(四)凡属南北将领,对内对外心理相同者,皆可联结同盟。惟必须主持和平,宗旨正大,而无权利思想,经本约同盟人认可者,方可列盟,不得以地区限制之。(五)以上各条,由同盟人署名盖章后,永久发生效力。

第四条结论　(一)此项盟约,因中央政府不良,元首大权旁落,深恐群奸盘据,延宕和局,实行其困毙南北征人之计,故不可稍事迁延,以期组织将来良好政府,安内攘外。(二)自签约之日起,如一月内和局仍无解决之望,或和议敷衍完结,及取消非法机关诸目的未能达到,应先由同盟军预定办法暨进行手续,另订副约,秘密签字,以期一致行动,贯彻始终。(三)上列对内对外各条,团结一致,好恶同之。有渝此盟,神明殛之。①

《草约》的矛头指向皖系的卖国外交和"武力统一"政策,是十分明显的。

谭延闿在转达吴佩孚提出的《草约》时说,"吴愤于段氏专横,欲结西南,以期促进和平,协谋国是,情意恳切。"②他对《草约》各条所示主旨,自然完全予以支持。滇系军阀首领唐继尧也表示赞同,认为《草约》所提条件,与西南所持者基本相同,惟嫌涉及的范围较狭,希望予以扩大。随后,唐继尧派代表韩凤楼(五峰)至衡州(今衡阳),与吴佩孚洽商。10月中旬,吴佩孚又派其心腹石陶钧(醉六)作为全权代表至昆明和桂林,分别与唐继尧和陆荣廷进一步密谈③。11月下旬,谭延闿的代表钟才宏、唐继尧的代表韩凤楼、陆荣廷的代表朱兆熊及粤军代表等,齐集衡州,在《救国同盟军草约》的修改稿上签了字,后来川军代表也在这个密约上签了字。

与签约的同时,吴佩孚还与西南各代表在衡州举行了秘密军事会议,讨论了参加军事同盟条约各方下一步的共同行动和步骤,决定:第一步,由谭延闿主稿,联衔致电国务总理靳云鹏敦促南北议和;第二步,由军政府通电主和;第三步,由吴佩孚致电靳云鹏,要求停止内讧,恢复

---

① 《救国同盟军草约》全文见 1919 年 11 月 27 日《民国日报》,1919 年 11 月 30 日《大公报》。另见《吴佩孚正传》初编,中央国史编辑社 1920 年 10 月第 3 版,第 27—30 页。

② 转引自《南与北一丘之貉——读新发现的吴佩孚的军事秘约》,《光明日报》,1964 年 3 月 12 日。

③ 《吴佩孚代表抵滇》,《时报》,1919 年 11 月 14 日;《吴佩孚代表由桂回衡》,《大公报》,1919 年 11 月 30 日。

上海和议,实现国内和平;第四步,为防备皖军的进攻,由西南各方"密饬各前线为相当之准备";然后第五步,由吴佩孚率军由湖南前线撤防①。

　　救国军事同盟密约的签约和衡州会议,把原来直军和南军互相对峙的局面正式变成为同盟关系,并且进入付诸行动阶段。这对直系和西南均具有重要意义,对吴佩孚的决心北撤,起了很大的推动作用。

　　衡州会议后,西南首领唐继尧、谭延闿、林葆怿、刘显世、谭浩明、熊克武、莫荣新七人,即按照会议的步骤,于12月14日致电靳云鹏。唐等由于找到了直系这个强有力的同盟者而有恃无恐,致靳电以强硬措词诘问说:"前屡得来电,一则曰渴望和平,再则曰欲求精神上之融洽,而为日既久,未闻有具体办法,且进行种种借款,此渴望和平者所不当如是。究竟执事主张何在,用意云何,是否无从措手,徒托空言,抑或别有他图,故意延宕?况夫做事当机立断,和战一言可决,军人信义所关,必须以诚相见。"②接着,军政府也于12月19日致电诘责靳云鹏。吴佩孚为履行第三步,于12月中旬派代表穆文善、赵中元晋京,赴府院向徐世昌和靳云鹏陈述对于谋和的种种意见,以及驻湘直军困苦情形和撤防问题③。1920年1月2日,吴佩孚又致电靳云鹏,请他"急求国内统一,促成和议",并说:"南北同胞也,强邻仇敌也。同胞之争,无妨相让,仇敌之侮,万难屈从。"④与此同时,吴佩孚还再次致电曹锟,恳求他"俯念兵艰,准予撤防北归",并"转请中央迅赐救济,明令撤防"⑤。吴佩孚的举动,得到曹锟暗中的支持。曹锟在向北京政府转呈吴佩孚要求撤防的电文中说:"该师旅长及各官兵等,自湘事发生,苦战千余里,担任防

　①　中国第二历史档案馆编:《直皖战争》,江苏人民出版社1980年版,第2—3页。
　②　《谭延闿主稿致靳盐电》,天津《大公报》,1919年12月18日。
　③　《吴佩孚代表昨谒总统》,《晨报》,1919年12月19日。
　④　《直皖战争》,第2页。
　⑤　《神州日报》,1920年1月26日。

务,已经两载。战死者既作泉下之游魂,而生存者尤为异乡之饿莩。"①
言下之意,吴佩孚所部处境值得同情,撤防要求合乎情理,应予核准。

在军事和政治的斗争中,任何一个军事和政治集团,为了保存和壮大自己,孤立并有效地打击敌人,克敌制胜,都需要争取同盟者,那怕是暂时的同盟者。为了促进北洋内部的分化,以利自身的发展,西南利用直皖矛盾,把同吴佩孚的同盟关系进一步扩大为同整个直系的联盟,制定了"联直制皖"的策略。直系则除了同西南结盟外,还提出北结奉系军阀张作霖,并与中央的徐世昌和靳云鹏通气,建立反皖的"三角同盟"。

1920 年 1 月 24 日,桂系军阀元老、军政府主席总裁岑春煊在给唐继尧的密电中,把联直制皖的策略思想说得最为明确:"河间(冯国璋)新逝,直系骤失中心,段派乘时一面吸收,一面排退。直系恐被压迫,若不自振奋斗,势难自保,现似有此觉悟。直系失势,西南更危。双方处境相同,非彼此彻底联络,无以自存。"②岑春煊表示要对吴佩孚撤防加意联络,促其实现,并提出进一步托吴佩孚联络曹锟、李纯及张作霖,以谋共同解决时局的办法。岑春煊将上述联直制皖旨意电告南方驻上海议和代表章士钊,要他迅速进行活动。章随即将西南意见转达江苏都督李纯。李听后,十分欣喜,表示:"苟和非计,徒使安福假借统一名义大借外债,又借政权排斥异己。非有切实之保障,和后仍无益于国。"③李纯提出请岑春煊与唐继尧、陆荣廷连结西南诸帅为一团体,他则连结张作霖、曹锟、王占元、陈光远、吴佩孚为一团体,由两团体互商解决时局办法,并且认为必须实行直系与西南及在中央的靳云鹏、徐世昌的"三角同盟,缺一不可"④。李纯的意见,与西南联直制皖的主张完全合拍,双方决定一致协同行动。后来事实表明,在倒皖的斗争中,这些商

---

① 《神州日报》,1920 年 1 月 26 日。
② 《岑春煊致唐继尧密电》(1920 年 1 月 14 日),《直皖战争》,第 5 页。
③ 《岑春煊密电》(1920 年 1 月 19 日),《直皖战争》,第 4 页。
④ 《直皖战争》,第 5 页。

订的计划都付诸实行了。

1月下旬,吴佩孚派秘书余道南到广东,与西南军阀进一步磋商撤防具体办法。吴请款六十万元作为撤防费,军政府慨然应允,决定先付给三十万(毫洋),当即由国会议员钟才宏解交与吴,其余三十万留待直军开拔时付清。吴则与之约定,直军开拔时,衡州由湘军填防;撤防时,如遇皖军开衅或直军中途受阻,由同盟军各方恪守协约,极力援助①。为了诓骗段派,争取撤防的顺利实现,吴佩孚在给北京政府及湖南督军张敬尧的电文中,均一再声称,撤防后由张敬尧的部队接防,他愿竭力负责促进南北两方调停,订立条约,湘南防务不致有虞。

北京政府在段祺瑞的授意下,对吴佩孚接连不断的撤防恳求一直不予批准,命令他不许自由行动。段祺瑞、徐树铮反对吴佩孚撤防,原因是清楚的:边防军要摆在北方用以自卫,没有足够的兵力接替前方防务;另外,他们需要吴佩孚这支骁勇善战的部队同南军作战,没有吴佩孚,段的武力统一中国的野心就不能实现。同时他们还担心,吴军北归,将会顺道直取长沙;到北方后,又构成对自己的威胁。但吴佩孚并不理会来自北京的不准命令,他有曹锟和直系长江三督的幕后支持,又找到了西南这个同盟者,表示撤防"志决议定,断无变更"②。

2月间,在段祺瑞策划下,河南易督问题发生,同时安福系又在北京策划倒靳阁运动(均详后),于直系不利,这样就促使吴佩孚不得不加速率部北撤。从2月底开始,吴佩孚派人将包括自己眷属在内的直军官佐七百余人、家眷约三千人护送北归,并发布撤防布告,禁止士兵随意请假③,以示北撤决心。曹锟的态度也强硬起来,接连六次致电北京政府,要求准许直军撤防④。3月21日,北京政府再次致电曹锟,要他

①　《直皖战争》,第7—8页。
②　《直皖战争》,第15页。
③　《吴佩孚遣眷回籍》,《晨报》,1920年3月14日。
④　《曹吴坚请撤防》,《晨报》,1920年3月14日。

飞电制止吴军开拔。曹锟复电说："现该军军官眷属等业已北上,归志已决,无法挽回,务请速发欠饷及开拔费,并电湘督拨队接防,迫切待命。"①3月26日,吴佩孚拍发的最后一个要求撤防电报指出:"我军远戍湘南,瓜期两届,所有必须回防之苦衷,迭经电陈,无事赘述。既经罢战议和,南北同属一家,并非外患仇雠,何须重兵防守。……若谓撤防太速,隳其前功,则三载换防,不可谓速,阋墙煮豆,何敢言功。"②

段祺瑞看到阻止无效,直军撤防势在必行,被迫只好同意撤防。5月18日,吴佩孚接到曹锟转来的允准撤防命令后,即于20日通电撤防北返,开始行动。

5月21日,张敬尧派所部暂编第二师师长吴新田到衡州,会商防务交代事宜。吴佩孚与吴新田及谭延闿的代表萧弼臣在衡州签订了六条协定,规定各守防区,互相不得侵犯。吴佩孚随即率所部第三师及王承斌、阎相文、萧耀南三混成旅于5月25日一齐撤出了湘南防地,全体乘船至株洲,再水陆兼程,以期迅速行军。沿途军士们唱着吴佩孚用《满江红》词牌写的军歌《登蓬莱阁歌》:"北望满洲,渤海中、风浪大作。想当年、吉江辽沈,人民安乐。长白山前设藩篱,黑龙江畔列城郭。到而今,倭寇任纵横,风云恶。　甲午役,土地削。甲辰役,主权堕。江山如故,夷族错落。何日奉命提锐旅,一战恢复旧山河。却归来,永作蓬山游,念弥陀。"③

吴佩孚率部由湘江顺流而下,27日经过长沙,29日到岳州,均未停靠,31日抵达汉口。直军到汉口后,由鄂督王占元接济军费六十万元,吴向全军发饷三个月以振士气。吴佩孚一到汉口,即声称:"顺国人之公意,本正义之主张,撤防湘南,集中武汉,以清除奸慝,促进和平,力争

---

①　《吴佩孚撤防消息种种》,《晨报》,1920年3月22日。

②　《吴师仍求撤防》,《晨报》,1920年4月3日。另见《吴佩孚书牍全篇》,1926年版,第139页。

③　陶菊隐:《吴佩孚将军传》,中华书局1940年版,第30页。

外交,以维国体,一俟军队运输告终,即日挥戈北指。"①这无异是对段祺瑞的宣战书。在武汉休息数日后,吴佩孚率部于 6 月 5 日乘车离开汉口,7 日清晨到达郑州。吴将第三师全部驻扎在郑州,王承斌的第一混成旅驻许昌,阎相文的第二混成旅驻驻马店,萧耀南的第三混成旅驻顺德、磁州,骑兵团驻黄河桥,步兵八团驻新乡县。

　　吴佩孚撤防之先,段祺瑞认为这等于是放虎归山,因此与徐树铮等密议决定,一面密电张敬尧迎头截击,一面电令驻在荆州城内的长江上游警备司令吴光新迅速率师东下集中岳州,准备将吴佩孚部队消灭于洞庭湖中。长江上游暂编第一混成旅旅长赵云龙、北洋第二十师师长范国璋、第二混成旅旅长刘海门等部已先赶驻岳州,其余驻沙市、宜昌、宜都等地的第二、第三、第四等旅亦分途开拔,长江上游第二旅旅长刘文明则奉派为前敌军事参赞,驰往长沙与张敬尧联系夹击吴军事宜。湖北都督王占元据报吴光新所部纷纷东开,认为是袭击武汉,急调所部北洋第二师和第十八师宋大霈、湖北第二旅寇英杰、第三旅卢金山,第二十一混成旅孙传芳等部队,沿长江两岸布防堵击。吴光新军第二旅三、四两团渡襄河(即汉水)时,被襄阳镇守使署所属部队迎击,死伤甚多,溃退沙市,第三、四两旅在途中亦被堵不能前进,退驻宜都、宜昌等地。吴佩孚率领全军经过长沙时,张敬尧在长沙城内外及岳麓山布防,但因兵力单薄,不敢冒险截击。吴佩孚的船队到洞庭湖时,吴光新未能赶到岳州,在岳州布防的赵云龙等部皖军,无人敢负代为指挥之责,未向直军开火。因此,吴佩孚率部顺利闯过了两道险关,安全抵达武汉。

　　吴佩孚在撤离衡州前一天,与张敬尧和谭延闿代表三方签订的南北两方维持原有停战界线互不侵犯的协约,完全是迷惑张敬尧的官样文章。原来,吴佩孚早已秘密与西南达成撤防后由湘军接防,吴军退一步,湘军进一步的协议。因此,吴佩孚一走,湘军就立即行动起来,步步紧跟,抢先接防。5 月 21 日,湘军就将祁阳防地占领。25 日,侵夺耒

---

① 《吴佩孚战史》,1922 年版,第 39 页。

阳。6月7日,进占衡山,并由湘潭、湘乡直逼省垣。张敬尧所部驻湘军队虽有七万人之多,但军纪腐败不堪,毫无抵抗能力,不战自溃。6月11日晚,张敬尧从长沙逃往岳州。次日,湘军赵恒惕进占省城。26日,岳州亦为湘军占领。从此,湖南完全为湘军所有。湖南人民在张敬尧的暴虐统治下,度过了两年零三个月的苦难岁月,对张的暴戾恨之入骨。长达十个月之久的驱张运动,最终实现了。6月13日,北京政府以"节节退缩,置原划防区于不顾,又复擅离省垣"为词,褫去张敬尧湖南督军兼省长各职,暂行留任①。29日,又明令查办。张敬尧的第七师残部退往湖北后,由王占元接管改编。

吴佩孚撤防,直军主力北上,湖南由原来皖系占据的地盘转归直系的盟军所有,不仅加深了直皖之间的对抗,意味着战争迫近了,而且这一变化,从军事形势和力量对比上来说,显然是有利于直系而不利于皖系的。这对后来战争结局有着不可忽视的影响。

二　河南易督和八省同盟的建立

与吴佩孚积极准备撤防的同时,发生了河南易督问题。它与直军撤防有密切关系,是直皖战争前两派斗争的一个重要问题。

河南地处中原,居南北要冲,有京汉路纵贯其间,在军事上地理上占有重要地位。河南督军兼省长赵倜(1871—1933),字周人,河南汝阳人,北洋武备学堂毕业,清末隶属于毅军,官至总兵。民国成立后,曾任河南护军使,因镇压白朗起义有功,1914年被袁世凯封为宏威将军,督理河南军务。袁死后,任河南督军兼省长。赵倜虽属北洋派,但不是安福系人,对直皖两系采取中立态度,对于段派控制的北京政府的命令也不愿积极执行。段祺瑞、徐树铮衔恨在心,早有去赵之意。

_____

① 《中央对于湘事之命令》,《晨报》,1920年6月14日;《政府公报》,1920年6月14日。

还在 1919 年七八月间，段派为了排斥直系，就密谋策划河南易督。因吴佩孚谋任湖南督军，其最初计划，即拟以湘督给吴，将张敬尧调豫，赵倜则调热河。此节做到后，再设法进一步谋去直督曹锟、鄂督王占元、赣督陈光远、苏督李纯，使南北要区，密布心腹，以力制西南，宰割天下①。但因赵倜反对张敬尧，易督问题未得解决。稍后不久（11 月），又提出以吴光新督豫。

吴光新（1886—1939），安徽合肥人，为段祺瑞的妻弟，皖系军人中的主要人物之一，他早就想谋得一个督军的位置，占有地盘。1917 年 8 月 6 日，段政府于任命傅良佐督湘的同时，派吴光新为长江上游总司令兼四川查办使，让他率兵两混成旅由岳州入川。段原想以川军为驱逐滇、黔军的先锋，而用北洋军队在后面监视，然后以吴光新督川。不久，段祺瑞对湘用兵失败，傅良佐从长沙逃走。熊克武的川军也乘吴光新不备，把到达重庆的北军包围缴械。吴趁船逃走，重庆为熊克武所占领。段对川省方面的计划归于失败，吴的川督也就随之落空。

1919 年 11 月间，靳云鹏组阁，吴光新为裁兵事回京见靳。靳为了想取得安福系对其组阁的支持，便向吴表示愿以陆军总长让出，请他担任。吴说他"志愿不在中央，如外地一省督军之任，尚可尽力"，并指明想当河南督军。靳未表示同意，说："赵倜有兵三万余人，恐难收束。"吴答称他自己"有部下一万余人，可以全行携带前往。至豫军各将领，犹可以设法疏通"②。吴一面向靳表白心意，一面即极力与段祺瑞、徐树铮商议谋取豫督。赵倜闻讯后，大起恐慌，即派其弟赵杰晋京运动。赵杰到京后，花了二十万元贿赂段祺瑞及其部下，段始答应暂不更动，但以裁兵为交换条件，故河南督军署于一月以内即全力从事裁兵。

不料裁兵刚刚就绪，尚未编定，段祺瑞又提出撤换赵倜。2 月 13 日，皖派一些重要人物在段宅开会，决定任命吴光新为河南督军，安福

① 《直皖战争》，第 77—78 页。
② 《吴光新觊觎豫督》，《民国日报》，1919 年 12 月 4 日。

国会众议院秘书长王印川为河南省长。随后,吴光新以平定河南匪患为名,率兵到信阳,大有走马上任之势。吴还密谋与南阳镇守使吴庆桐等河南内部的反赵军采取联合行动。与此同时,徐树铮南下到济南,与边防军第二师师长马良密议,决定如赵倜反抗,则由马良带兵入河南,援吴攻赵。随后徐又到蚌埠,与皖督倪嗣冲会商,牵制苏督李纯,为吴光新后盾。段祺瑞之所以重视河南地盘,迫不及待地想易督,是因为当时吴佩孚在衡州正积极准备撤防,河南是直军撤防北返必由之路,由吴光新接替赵倜任河南督军,就能成功地阻止北返直军通过;同时可以打破曹锟与长江三督的联络,使之首尾不能相接。

易督消息传出以后,河南人心浮动,赵倜部下大哗,群以段祺瑞无信,要与之决一雌雄。河南省议会等团体纷纷发表通电,反对易督,要求吴光新部队撤出河南。赵倜怒不可遏地说:"二十万元只买得裁兵二字!"[1]他不甘心被逐,当即一面以河南第一混成旅旅长成慎为第一路司令,豫东镇守使兼毅军统领宝德全为第二路司令,宏威军司令赵杰为第三路司令,分驻各处要隘,准备抵抗皖军进攻;一面派其亲信王杰到广东与西南联系,寻求援助,表示倾向西南,一致反皖。2月14日,赵倜给岑春煊的密电说:"时局纠纷,已达极点,非速解决,难救危亡。靳阁现正竭力图豫,计在统一北方,破坏长江,然后进取西南,贯彻主战初衷。刻北方军人多已解体,宜速拒绝和议,联合各省,以定时局。敝省商定,均愿执鞭,强随诸君后,机不可失,祈即图之。"[2]王杰从广东返回河南后给岑春煊的电报中,进一步指明河南易督与西南的利害关系:"现在吴光新督豫之说,声浪日高,果成事实,则长江必危;长江危,则西南亦难支持。务恳速定大计,一面电商宁督设法阻止,阴电各军一致进行。"[3]

---

① 《段派吴光新兵逼赵倜》,《民国日报》,1920年2月23日。
② 《直皖战争》,第70页。
③ 《直皖战争》,第72页。

　　段祺瑞提出河南易督，以吴代赵，是想切断吴佩孚的归路，破坏直系的兵势连锁。他这一着关系到直系的兴亡盛衰，当时舆论就指出："豫省为直皖两系生死存亡之关键，为两系必争之点，无论如何，不肯轻易放手。"①因此，除了赵倜进行抵制和反抗外，直系各省督军也一致表示反对。曹锟、李纯、王占元、陈光远都发电阻止。2月下旬曹锟给靳云鹏的电报说，"去赵用吴，北洋解体，万不可办。"②吴佩孚更是怒火中烧，对段派进行了较前更加猛烈的抨击。2月23日，他在一则通电中严词诘质说："夫疆吏非一家之私产，政权非一系之营业。""安福跳梁，政纲解纽，穷凶极恶，罄竹难书，稍有血气，咸不欲共戴一天。而乃长恶不悛，鬼蜮百出，值兹全国蜩螗之秋，潜为位置私人之计，只知扩张党势，不顾牵动大局，如果一意孤行，势必酿成大乱。……吴光新既为长江上游总司令，何又得陇望蜀！似此野心勃勃，不夺不餍，万取千取，法纪荡然，排除异己，人人自危。政府比年来举措设施，无一不违反民意。全国所痛绝者则保障之，全国所赞许者则排击之，顺我者昌，逆我者亡。举满清所不敢为、项城所不肯为，而政府悍然为之，曾亦思武力威权较满清、项城为何如？全国之大，能否尽为一家所盘据？疆吏之多，能否尽为一党所居奇？兆民之众，能否尽为一人所鞭笞？"③他要求徐世昌和靳云鹏"勿为安福所利用，立饬吴光新军队仍回原防，以弭战祸，并宣示决不轻易赵督"。

　　为了防止段派的阴谋实现，吴佩孚派代表赴河南与赵倜接洽，商议共同对付皖系办法，同时加速撤防的进程，决心以实力援赵。吴还与西南互通声气，希望采取一致态度。2月23日和24日，吴佩孚连续给岑春煊发出密电说："中央决定以吴督豫，虽各方反对，悍然不顾，即牵动大局，亦所不惜，发表命令，即在目前。除由敝处通电全国力争，并派专

　　①　《直皖两系大激战》，《民国日报》，1920年3月2日。
　　②　《北京通信》，《申报》，1920年3月2日。
　　③　《吴佩孚为赵倜抱不平》，《晨报》，1920年3月6日。

员赴豫与赵接洽应付外,并希我公密电转达豫督,嘱其抗拒勿交,皖军立即撤防,以实力援助,决不令其蹈吉、鲁两督之故辙也。"他要求岑"联合西南各军全体,警告中央,以破阴谋而杜后患"①。吴佩孚还介绍赵倜参加了救国同盟军,与西南联为一体②。

　　河南易督如果成功,不惟予直系以沉重打击,而且显然对西南也是不利的。西南军阀从保存地盘和向外扩张的切身利害考虑,自然是支持赵倜和直系反对皖系,不同意易督的,况且他们还同吴佩孚签有同盟密约的关系。西南渴望乱中取胜,从北洋内部直皖两派的厮杀中坐收渔人之利,发展自己的力量。2月27日,岑春煊致西南军阀首领陆荣廷、谭浩明、唐继尧、刘显世、熊克武、谭延闿的密电中,把这一意图说得最为明白:"段派阴谋夺豫,藉以控制长江,情势已逼。子玉(吴佩孚)义愤慷慨,既决以实力援助,若能回军武汉,而中原发生剧变,则北部内乱,适予西南以绝好发展之机。此时应请速谋团结内部,预筹战备,迎机速起,以求最后之胜利。"③滇军驻夔州(今重庆奉节县)总司令、襄郧镇守使黎天才认为战端发生,滇军"乘势东下,窥取荆、宜,互相策应,诚属千载一时之机"④。蓝天蔚则说:"吴佩孚撤防不专为湘,亦含有救赵之意。此事与西南作战计划,颇有关系。……前方机会虽好,而施、夔无能战之兵,若能于赵、顾两军中,分一东下捣武汉,直意中事。且武汉谋响应者甚多,一经连络,胜券可操也。"⑤

　　奉系军阀首领张作霖也在2月下旬致电徐世昌,以赵倜部下群怀义愤,准备抵抗,北洋因地位争持,牵动大局,将追悔莫及,主张暂不更易豫督⑥。如前所述,张作霖原本是依附段祺瑞,在直皖两系关于和战

①　《直皖战争》,第71页。
②　《直皖战争》,第78页。
③　《岑春煊密电》,《直皖战争》,第71页。
④　《黎天才密电》,《直皖战争》,第12页。
⑤　《蓝天蔚密电》,《直皖战争》,第77页。
⑥　《张作霖主张暂不更易豫督函》,《直皖战争》,第73页。

问题的争执中是支持段的武力统一中国政策的。1918年2月间,徐树铮怂恿拉拢奉军在秦皇岛劫械,引奉军入关,胁迫冯国璋对南方护法军作战。随后,张作霖在军粮城设立关内奉军总司令部,以徐树铮为奉军副司令,代行总司令职务,并帮助段祺瑞、徐树铮组织安福国会。但不久,徐树铮未经张作霖之同意,随意调遣奉军,并以奉军副司令名义在天津擅杀直军将领陆建章,嗣后又挪用奉军军饷数百万元,张因之对徐产生恶感。同年9月,他解除了徐的奉军副司令职,撤回奉军总司令部,从此张、徐分离。五四运动后,张作霖看到段祺瑞的卖国外交和武力统一政策完全失去了人心,而徐树铮任西北筹边使兼西北边防军司令,经营外蒙,又有碍奉系势力的扩张,构成对自己的威胁。同时直系利用张作霖同徐树铮之间的矛盾,采取了"联奉制皖"的策略,吴佩孚曾派人对张作霖说,徐树铮谋夺关外利权,劝张勿为徐所利用,以致不利于己[1]。由于以上种种原因,张遂转而倾向直系方面,从而在河南易督问题上,与直系持相同的态度。

　　1920年2月26日,北京政府国务院在安福系的操纵挟持下,通过吴光新任河南都督,王印川任省长。会后,靳云鹏即将两议案送徐世昌盖印发表。徐不同意更动河南督军,只在任命王印川为河南省长的命令上签了字。徐之所以不肯撤换赵倜,是因为一方面他早就不满意安福系的专横,不甘心做段祺瑞的政治傀儡;另一方面徐和赵倜素有往来,关系比较密切,且赵之所部豫军,属于姜桂题的旧淮军,对徐素表忠诚,故人早视河南为徐的势力范围。加上曹锟当时有密电致徐,说先前湖南战后,段祺瑞即以湘督给了张敬尧,致使湖南风潮至今未息,今又为其亲戚谋地盘,使秩序完好之河南濒于战争危险,宁能服天下之心。如吴、赵果有争执,则他将助赵[2]。徐世昌害怕河南发生战乱,便坚不肯易督,曾对人说:"即不说我是总统,而我以河南巨绅之资格,亦决不

---

①　《吴佩孚正传》附录,第3页。

②　鸿隐生:《安福秘史》,第57页。

能任河南地方发生扰乱,故罢赵用吴,激起反动,我决不为。"[1]

由于赵倜的坚决抗拒,曹锟、张作霖、长江三省以及吴佩孚的声援,加之徐世昌也不同意易督,段派在这种不利的形势下,被迫让步,表示暂时可以不撤换赵倜,但必须立即将移动的豫军一律撤回原防。3月初,曹锟致电北京政府替赵倜的军事调动辩解,提出将吴光新的部队撤离河南境内,作为豫军回防的先决条件。电文说:"豫省此次震动,实因吴军抵境所致,如吴军能即日开离豫省,则豫军亦即日各回原防。"[2]随后又补发一电:"吴光新之奉调到豫,原为剿办土匪,现豫省并无匪迹,则吴军自应迅为撤去,以免发生误会。"[3]赵倜也致电北京政府,声称河南并无匪患发生,"境内弭平,堪纾廑念"[4]。"豫军回防原无不可,但必俟吴光新军队退出豫境之后,方能遵令办理"[5]。

安福系易督阴谋未能得逞,于心不甘。3月下旬,赵倜因南阳镇守使吴庆桐有叛迹,拒绝让他回任,其时又有驻郑州第八旅旅长靳云鹗(靳云鹏之弟)所部在荥泽县发生兵变。安福系以吴庆桐系中央命官,不得由本省大吏任意进退,今赵拒绝其回任,是大损中央威信,兵变一事,更说明赵无统治能力,再次向靳云鹏提出将赵倜撤换,并拟由安福国会对赵提出弹劾。靳云鹏因与徐树铮的关系早已形同水火(详后),而同赵倜感情颇好,在易督问题上,表面上采取骑墙态度,实际上是支持赵的。因此不同意撤换赵倜[6]。

河南问题发生后,使1919年秋冬间形成的直奉同盟日趋成熟。原来直督曹锟、苏督李纯、赣督陈光远、鄂督王占元、奉督张作霖、吉督鲍贵卿、黑督孟恩远七省同盟关系,得到进一步加强,现在又加上豫督赵

---

①　鸿隐生:《安福秘史》,第57页。

②　《河南易督风潮将平静》,《晨报》,1920年3月6日。

③　《河南事件与吴佩孚撤防》,《晨报》,1920年3月11日。

④　《河南事件尚难乐观》,《晨报》,1920年3月10日。

⑤　《豫军暂难回防》,《晨报》,1920年3月8日。

⑥　《段氏出京后之阁潮》,《申报》,1920年4月4日。

偬,形成以直系为核心的反对皖系的八省同盟。

4月8日,曹锟在保定发起阵亡将士追悼会,各省区均派代表参加。次日,八省同盟代表,加上吴佩孚的代表共九人,在另一地点开了秘密会议,商讨对付皖系的方策。由于安福系罪恶昭彰,声名狼藉,成为全国人民众矢之的,所以八省在反皖特别是反对安福系的立场上基本取得一致。但参加八省同盟各方的见解不尽相同,因此会议只决定铲除安福系,而避开了段祺瑞这个皖系头目,认为搞垮了安福系,段便不攻自倒。会议当场通过三条:一、拥护靳内阁,但不反对段祺瑞;二、前线各省防军一律撤回,但须保证南军不进攻;三、宣布安福系罪状,通电政府,请求解散①。

段派为了破坏八省同盟,3月间曾策划进行选举副总统活动,并内定选举曹锟。他们以为举曹则其余七省必将以为曹与段祺瑞订有密约,由于暂时利益关系结合起来的八省同盟,必因之解体。曹锟在安福国会成立时曾受过一次骗,吃了苦头,这次当然不会轻易再上当了,他拒绝了这种诱骗。参加八省同盟的军阀也指使本籍国会议员不得出席副总统选举会。两次会议均因不够法定人数而流产,因而段派的计谋无法实现。

中止河南易督,是直皖斗争中直系的一大胜利。因八省同盟的建立,直系的声势更增大了,皖系处在直奉南北夹击之中,直皖两派间的斗争因之也更尖锐化了。

三　安福系的倒阁运动和靳内阁去留之争

河南易督问题发生后,不仅加强了直系和奉系及西南的同盟关系,开始实现李纯在1920年初提出的"借张胡(指张作霖)倾安福",

---

① 《专电》,《申报》,1920年4月11日、12日;《吴佩孚正传》二编,第26页。

"直系与西南提携，协谋倒段"的策略主张①，而且为了利用徐世昌、靳云鹏在中央的地位来抵制安福系，他们把这种同盟关系正式扩大到徐、靳，形成直奉、西南及徐、靳反安福系的"三角同盟"。针对当时安福系发动的倒阁运动，八省同盟作出了拥护靳内阁、解散安福系的决定。围绕靳阁去留问题，展开了反对安福系的激烈斗争，加速了直皖两派的决裂。

靳云鹏（1877—1951），字翼青，山东邹县人，北洋武备学堂毕业（学堂监督为段祺瑞），后任清军十九镇总参议，驻守云南。1911年蔡锷在云南发动起义，靳在昆明五华山战败，化装逃走。到北方后，由段祺瑞引荐，袁世凯任命他为北洋军第五师师长，署理山东都督。袁死后，复受段祺瑞重用，1918年任参战督办公署参谋长。他忠实执行段的武力统一政策，被段倚为左右手，与徐树铮、曲同丰、傅良佐同称为段手下的"四大金刚"。即在此时，徐树铮因与靳争权争宠而矛盾日趋尖锐。徐处处揽权，又年壮气盛，仗势凌人，往往故意使靳难堪，靳曾多次负气请假，表示消极对抗。徐是段的嫡系门生，政治关系比较简单，唯一的靠山是段，加上他会玩弄手腕，善于出谋划策，而深得段的宠信，人称为段的"小扇子军师"。靳与段虽然也很接近，且有师生关系，但他和冯国璋是同学同事，同曹锟是把兄弟，又与张作霖是儿女亲家，往来都较密切。因此，段对他不能毫无戒心，对徐的信任就逐渐超过他。靳因之对徐衔恨在心，两人关系更加恶化。

1919年6月13日钱能训内阁总理辞职后，由龚心湛兼代。9月5日，龚又为安福系所迫去职。龚辞职时，徐世昌的夹袋中原有一个周树模作内阁总理的继任人选，但亲日的安福系认为周是英美派人物，反对他组阁。于是由徐世昌提议并征得段祺瑞的同意，由靳云鹏（时任陆军总长）兼代国务总理。靳云鹏组阁时，曹锟、张作霖为了能在中央多找到一个共同对付安福系的同盟者，都对他表示支持。9月22日，曹锟、

---

① 《直皖战争》，第5、8页。

张作霖联名致电徐世昌,略谓:"国政端在内阁负责,龚代阁久萌退志,继任之人,甚难其选,暂行代理。现闻有靳云鹏总长兼代之说,大总统潜移默化,想已得选。靳总长心地光明,操行稳健,以靳代龚,众望允孚。如龚代总理必欲退职,即请以靳总长组阁。"[①]连一向同北京政府作对的吴佩孚,也表示赞同靳出任内阁总理。徐树铮曾推出皖系安徽督军倪嗣冲等通电反对靳云鹏组阁,但阻挠无效。11月5日,靳云鹏被正式任命为国务总理,旋即为参众两院通过。

靳云鹏上台后,想摆脱段祺瑞的控制而独树一帜,使自己成为各派的中心,以左右政局。他力主与南方议和,反对对南用兵,表示"中央主张所在,惟以和平统一为归"[②]。这一点与直系的主张完全一致。安福系拉他入伙,使其为该党的政治目的效力,他拒绝参加,说:"余系军人,万不能公然加入政党。"[③]关于阁员人选,安福系为了便于操纵内阁,提出以己派人物吴炳湘、李思浩、姚震、朱深、曾毓隽分任内务、财政、司法、交通各部总长及国务院秘书长,靳云鹏起初表示接受。及至国会通过靳组阁案时,靳改提田文烈为内务总长,周自齐为财政总长,张志潭为农商总长,夏寿康为教育总长。靳以为周自齐为旧交通系梁士诒的人(旧交通系1918年底即已与安福系处于对立),由周长财政,可得旧交通系经济上的援助,为中央垫拨军政各项费用。张志潭本任陆军次长,为靳的忠实助手,平日也与徐树铮不睦,靳畀以农商总长,是想利用欧美资本发展国家财源,摆脱金融上的困境,同时拉他以与安福系相抗衡。夏寿康为湖北人,与黎元洪为旧识,关系较深。靳拟请黎出任调停南北和议,由夏任教育总长,便是为了联合黎元洪。

靳阁人选提出以后,11月7日和9日,曹锟、张作霖先后致电靳云鹏表示赞同。张在电文中说,"我公出膺艰巨,定能利国福民。承示各

---

① 南海胤子:《安福祸国记》上编,第56页。
② 《靳云鹏的三通官电》,《民国日报》,1920年1月7日。
③ 《组阁停顿中之安福部》,长沙《大公报》,1919年11月21日。

部总长,贤才硕彦,独出冠时,为国得人,共图匡济,逖听之下,极表赞同。"①安福系则感到上了靳云鹏的当,认为"此项组阁与本系势力之消长至有关系,不可忽视"②,因而拚力反对。尤其是财政总长一席,提出非己派之李思浩担任不可,因为安福系每月十四万元党费要由财政部支付,他们视财政部为命根子,决不肯轻易让给他人。11 月 16 日,傅良佐去公府见徐世昌征求意见,徐不肯迁就安福系,表示不愿更动财长③。靳云鹏引曹锟、张作霖为助,也表示宁可不干,决不更动④。安福系无可奈何,不得不稍事收敛。但 19 日徐树铮从库伦(徐于 10 月下旬去库伦)打来一电,内有"若有人主张危及国会,某将声罪致讨"的话⑤。在京的安福系分子得到徐的指示,态度复转为强硬,有人主张提出周自齐借款卖国案,以窘政府⑥。曾毓隽则多次游说段祺瑞,请他出面迫靳改变主张。11 月 22 日,段召靳入见说:"财长一席,安福方面绝对不赞同周自齐,为之奈何。余意此时不妨依彼等之请,改提李思浩试办财政,如果实在不能支持下去,再换周自齐,亦不为晚。"⑦

靳云鹏虽然想摆脱段祺瑞的羁绊,但毕竟不敢公然违抗恩师的旨意,不得不屈服。于是,财政总长改提李思浩(后以周自齐任币制局总裁)。对此,安福系自然喜形于色。11 月 25 日,曾毓隽给上海王揖唐的电报说:"阁员已定赞侯(李思浩,字赞侯)长财,吾党完全胜利,未始非合肥主持之力,本星期内可以完全通过两院,知念特闻。"⑧11 月 28日和 12 月 3 日,众议院和参议院先后开会通过各部总长同意案,靳云鹏

---

① 《张作霖之文章》,《时报》,1919 年 11 月 14 日。
② 《靳云鹏组阁之波折》,《申报》,1919 年 11 月 9 日。
③ 《阁员问题有决定说》,《申报》,1919 年 11 月 23 日。
④ 《安福派仍在反对阁员案》,《申报》,1919 年 11 月 21 日。
⑤ 《阁员问题有决定说》,《申报》,1919 年 11 月 23 日。
⑥ 《阁员问题有决定说》,《申报》,1919 年 11 月 23 日。
⑦ 《阁员提出与安福成功》,长沙《大公报》,1919 年 11 月 28 日;《靳云鹏屈服于安福》,《民国日报》,1920 年 11 月 26 日。
⑧ 《靳云鹏屈服于安福》,《民国日报》,1919 年 11 月 26 日。

提出的教育总长夏寿康、农商总长张志潭又被否决。靳与安福系斗争的第一个回合失败了，预示着靳内阁的前途不妙。当时有舆论指出说："李思浩一上台，靳阁的命运决定了，靳得一内阁，不能损安福部的毫末，安福部得一财政总长，却是窘靳而有余。"①

12月3日，北京政府正式任命靳内阁阁员：外交总长陆徵祥（陈篆暂代），内务田文烈，财政李思浩，陆军靳云鹏兼，海军萨镇冰，司法朱深，交通曾毓隽，农商田文烈兼，教育总长仍由次长傅岳棻代理。安福系对农教两部派员兼代大不满意，连日开会，企图压迫靳云鹏将两部人选更换，以己派之人充任，同时要几个部的次长。其中李思浩提出与他共事多年关系比较密切的财政部秘书钱锦荪为次长，靳云鹏没有答应。12月初，靳未经李思浩的副署，下令委自己的同乡和好友潘复（馨航）为财政次长，作为自己在财部的耳目，以便对李思浩起一些监视作用。李即愤而辞职，表示抗议，安福系予以全力支持，坚持不令潘复到任，并暗中策划倒阁运动。对此，靳云鹏大发牢骚说："以正式总理不能用一次长，处处受某派牵制，此等总理，有何趣味。"②由于安福系的逼迫，靳又不得不退让，潘复请假告退，由钱锦荪任次长，靳与安福系第二个回合的较量又失败了。以后，靳阁便因安福系处处牵制要挟，"一步不能发展，一人不能任用，一事不能顺手办理"③。

1920年初，河南易督问题发生，靳云鹏对安福系所提撤换赵倜代之以吴光新的计划，采取消极抵制态度，未予支持。加上当时日本向中国提出就山东问题进行直接交涉，安福系为了想获得日本借款，暗中与日本勾结，阴谋出卖主权，满足日本的要求。靳云鹏在全国各阶层人民的强烈反对下（八省同盟督军和吴佩孚也通电反对与日本直接交涉山东问题），表示不同意直接交涉，声称："中国既在和议席上拒绝签字，早

---

① 《时评·李思浩酣睡靳侧》，《民国日报》，1919月11月25日。
② 《安福派逼走靳云鹏》，《民国日报》，1919年12月26日。
③ 《安福派逼走靳云鹏》，《民国日报》，1919年12月26日。

知日本方面必有此举。惟既拒签于前,在理势二方面说,均无今日反接受直接谈判之理。"①他还向山东代表说:"余宗祖坟墓均在山东,余之爱山东,决不后于国人。总之山东一案,本人在阁一日,必不至草草从事,余对此案,已抱定'尊重民意,保持主权'八字。"②因此,安福系决定发动倒阁运动。

1月间,由于安福系的刁难和作对,即有靳阁不稳之说。2月26日,因徐世昌不同意在罢免赵倜、任命吴光新为河南督军的命令上签字,安福系把罪过归咎于靳云鹏的暗中作梗,乘机向段祺瑞进谗说:"靳对公之至戚尚怀排斥,何能保其不叛公而去。"③因此,当晚靳云鹏去见段祺瑞时,段斥责靳说:"你如此无用,如何能配做总理。"④27日,靳即向徐世昌请假,并于29日以"病迫才拙"为辞提出辞呈。徐世昌对靳辞职表示殷切挽留,当即派秘书吴笈孙将原呈退回。吴向靳转达徐的话说,"同是为国家做事,不必过于坚持"。靳说:"总统好意,固极感激,但某方面有意为难,如不改就妥洽,实难再任国事。"⑤徐还派人请段祺瑞出面挽劝,段也表示希望靳勿辞职。靳在徐劝挽之下,便打消辞意,于3月3日销假视事。但安福系把靳云鹏看成是直系在中央政府的代言人,必欲倒之而后快,于是便以"和议无期,而国会开会后诸端待理"⑥为表面理由,电促上海王揖唐"即日回京",实际上是要他来主持倒阁运动。

3月4日,靳云鹏一早到院,整理积压案件,预备提交国务会议。开会时,安福系阁员李思浩、曾毓隽、朱深等临时逃席,出席者仅田文

① 《靳总理对于山东案之谈话》,《晨报》,1920年1月25日。
② 《靳总理否认直接交涉说》,《晨报》,1920年3月20日。
③ 《北京通信》,《申报》,1920年3月7日。
④ 《北京通信》,《申报》,1920年3月2日。
⑤ 《靳云鹏已销假视事》,《民国日报》,1920年3月6日。另见《晨报》,1920年3月4日。
⑥ 《安福部催王揖唐归京》,《晨报》,1920年3月4日。

烈、萨镇冰及傅岳棻三人。靳多次用电话催促，并派田文烈赴各处劝说，均无效果，直至下午2时，仍只三人，致国务会议终于未能开成。对此，靳云鹏很气愤。徐世昌也认为安福系这样做"殊欠堂皇"①，表示不满。在徐看来，维持靳内阁，可以收到府院一致之效，在对付安福系专横方面，靳云鹏可以是自己的一大帮手。因此，3月4日，徐世昌派吴笈孙向安福系斡旋疏通，提出："时局孔艰，内阁不宜摇动，务须相与维持，免酿政潮。"②安福系便提出三条要求：一、更易河南督军；二、山东问题必须按该党方针办理；三、委派该党之人充任外交（总长陆徵祥因外交问题棘手于2月初提出辞职）、农商、教育三部总长；如不满足这些要求，就决不与靳并立。对于这些条件，徐世昌自然不会同意。靳云鹏以阁员中安福系已有李思浩、曾毓隽、朱深三人，如果外交、教育、农商三总长再为其把持，将来阁务更难办理，也表示决不答应，誓将以去就相争③。其他两项，也因八省同盟督军和全国人民反对，靳表示不能同意。

为了倒阁，3月9日李思浩、曾毓隽、朱深三人向徐世昌提出辞职，不出席阁议，声称："靳总理为人过于执拗，共事实难，不如另找合手替代"④，想以此相要挟，迫靳下台。11日，安福系开会决定对外交、农商、教育三部提人问题坚不退让。安福系之所以如此，不仅是想进一步操纵阁务，其目的还在于：外交部一得手，即可实行其对日直接交涉；掌握了农商、教育两部，便能联络各省总商会、劝学所，可为下次选举提供方便条件，且便于取缔学潮。徐一面对曾毓隽等辞职表示慰留，将辞呈退还，一面劝他们体谅靳的苦衷，勿以意气用事⑤；而对于安福系提出

---

① 《倒阁声中之靳云鹏》，《民国日报》，1920年3月8日；《晨报》，1920年3月6日。

② 《总理销假与阁员请假》，《晨报》，1920年3月5日；《安靳争哄又一幕》，《民国日报》，1920年3月7日。

③ 《安福倒靳风潮面面观》，《民国日报》，1920年3月13日。

④ 《安福倒靳风潮面面观》，《民国日报》，1920年3月13日。

⑤ 《安福倒靳风潮面面观》，《民国日报》，1920年3月13日。

的要求,则置之不理。靳云鹏由于内有徐世昌支持,外得曹锟、张作霖等的援助,对于安福系的倒阁,也采取了比较强硬的态度,表示"阁员如必辞职,则先以各该部次长暂代部务,再作计议"①;并说:"他们如同我干不来,只有任凭他去他的,我干我的,我不肯自己塌台,难道说他能把我拆台么?"②曾、李、朱看到硬干不行,同时又担心徐世昌另委代理人员,失去了自己固有的职位,于是采取暗中拆台的办法,在靳阁施政方面设置种种障碍。

在这次倒阁运动中,出面站在前台活动的,是李思浩、曾毓隽、朱深三人,而在背后兴风作浪的则是徐树铮。安福系每次阴谋策划会议,均由徐树铮暗中主持。看风使舵的李、曾、朱等人,惟徐马首是瞻。3月28日,由于徐、靳间的斗争激烈,段避居团河,闭门谢客,表示"不管闲事"。就在此时,徐树铮捏造了一封北洋系同人联合署名致靳云鹏的书信,对靳进行恫吓,信中说:"自公莅席总揆以来,吾党谓公必有一番振作,以为北洋系光荣。乃近来举止颠倒,长外藩嚣张之气,生宵小觊觎之心,中央威信,丧失殆尽。以合肥提携,我公方有今日,而我公反令合肥出走,公清夜自思,何以对合肥? 何以对吾党? 仆等亦无他言,请公作良心上之裁判。"③此信辞锋所指,咄咄逼人,不啻一纸逼靳下台的通牒。31日,靳得此信后,即刻驱车前往公府谒见徐世昌,将书信呈徐阅览,并提出辞职。徐阅毕后将书信交还靳,说:"见怪不怪,其怪自败,理他作什么? ……倘若足下干不了,难道我又干得了吗? 总而言之一句话,足下是不能走的。如万一他们逼迫,我们俩可以同时辞职。"④经徐世昌慰留,靳又打消辞意。

如前所述,靳云鹏组阁,是得到曹锟、张作霖赞助的。靳上台后,没

---

①　《靳阁风潮又紧迫》,《晨报》,1920 年 3 月 10 日。

②　《起落无定之内阁》,《晨报》,1920 年 3 月 15 日。

③　《最近阁潮之黑幕》,《民国日报》,1920 年 4 月 6 日。

④　《最近阁潮之黑幕》,《民国日报》,1920 年 4 月 6 日。

有按照安福系的旨意行事,在内政、外交上采取比较独立的立场,而且与直系的主张比较一致,因此直系和奉系对靳阁给予全力支持,坚决反对安福系掀起的倒阁运动。靳云鹏和徐树铮安福系之间的斗争,一变而为直皖之间的斗争,并使这一斗争进一步尖锐化。

靳云鹏提出辞职后,2 月 28 日,曹锟致电劝他"勉力为国,万勿遽萌退志",并通电各省拥护靳内阁①。直系长江三督李纯、王占元、陈光远和河南督军赵倜也都要求维持靳内阁。3 月 1 日,张作霖致靳的电文中说得很恳切:"吾弟综握政衡,全国视线所集,岂宜于一发千钧之际遽萌退志,牵动根本。……务祈以国家为重,早日销假视事,藉副全体上下一致期望之殷,大局前途,实利赖之。"②3 月 15 日,张作霖还致书段祺瑞,责备段纵容安福系干涉政权,植党营私,希望他以后"勿纳宵小之言为盛德之累"③。所谓"宵小",就是指的徐树铮。

八省同盟的建立和做出拥护靳内阁、解散安福系的决议,加强了反皖力量的结合,不仅使徐世昌反对安福系倒阁采取了比较坚定的态度,而且使段祺瑞不得不对安福系有所约束,对靳云鹏表示支持。4 月 1 日,当靳云鹏持上述徐树铮捏造的北洋系同人的信件去见段祺瑞,诉说自己难以维持阁务时,段对他说:"你做总理以来,舆论很好,东海(徐世昌)和各省督军对你都很融洽,此是难得之事,何故必要辞职。"④他还表示自己并不与闻徐树铮等的主张,要靳不必多心。

4 月间,阁潮一度平息,北京政局表面上显得比较平静稳定。但安福系倒阁计谋并未放弃,活动并没有中止。5 月初,靳云鹏为财政、外交所迫,再次提出辞职,决心不再干下去。

---

①　《靳内阁又将动摇矣》,《晨报》,1920 年 2 月 29 日。

②　《靳总理昨已销假视事》,《晨报》,1920 年 3 月 4 日。另见《民国日报》,1920 年 3 月 6 日。

③　《安福系倒靳风潮始末记》,《民国日报》,1920 年 3 月 24 日。

④　《最近阁潮之黑幕》,《民国日报》,1920 年 4 月 6 日。

　　原来自李思浩、曾毓隽、朱深取消辞职，出席阁议后，安福系改变策略，决定以不筹款困靳。5 月份北京政府所需政费六百余万元无着，财政部所存现洋仅十五万元，各方请款之电报如雪片飞来，还有的派专人到财政部坐索。财政部长李思浩一概不管，要求索款者径直向靳索取，并请靳自行筹款，这实际上是变相的赶他下台。靳因此如坐针毡，有说不出的苦痛。4 月 26 日，日本政府又送来关于山东问题直接交涉的第二次通牒，催促中国政府迅速答复，措词强硬，语带恐吓。靳云鹏受全国舆论的影响，主张以明令通电全国不直接交涉，安福系不赞成。靳主张答复日本通牒须直截了当地写明不直接交涉，不留丝毫余地，而安福系则要求含糊其词，留有直接交涉之余地。外交次长陈箓（自 2 月份陆徵祥辞职后，即望坐升总长，倾向安福系，得到日本的支持）所起草给日本的回文，措词含混，与靳意有很大出入。靳云鹏和徐世昌阅后发还外交部，令陈箓大加修改。陈箓大为不满，5 月 6 日阁议即借病不出席，由外交部参事刘崇杰代述修改稿，仍与靳的主张有距离。而李思浩、曾毓隽、朱深为维持党议，留有机会与日本直接交涉，在会上支持外交部的意见，与靳展开争论，并对靳旁敲侧击，致会议无结果而散。至此，靳云鹏再也不能忍受，当晚召国务院秘书郭则沄起草辞呈，8 日正式送呈徐世昌。徐一再慰留无效，于 5 月 14 日签发三道命令：一、靳云鹏准假十日；二、由萨镇冰兼代国务总理；三、罗开榜代理陆军部部务①。由于靳云鹏坚辞而不肯销假，以后徐又连续几次给假。

　　是否让靳云鹏辞职，靳下台后由谁来继任，是徐世昌所面临的一个最棘手的问题，也是当时各派政治势力尤其是直皖两派共同关注的中心，斗争的焦点。徐世昌是挽留靳的，但是他深知靳久为安福系所窘，表示体谅靳的苦衷，万一不可留时，即属意周树模组阁。安福系开始也赞成周组阁，但提出外交、农商、教育三部总长必须由己派的人担任，还须奉行该派的方针大计，作为交换条件。其实，安福系并非真正拥戴周

①　《内阁问题之小段落》，《晨报》，1920 年 5 月 15 日。

树模,不过是想藉周以倒靳,靳阁倒后周阁亦不令产生,其时内阁当然落在自己手里。徐世昌窥破了这一点,因此他只给靳云鹏一再批假而不准他辞职,也不急于提周,只有等周组阁能保证在国会通过后,才正式提周,并准靳辞职。周树模是个老官僚,有比较丰富的政治经验,他知道安福系的阴谋权术,当然不会轻易上当,也不愿拜倒在安福系门下充当傀儡。有人问他关于组阁的事,他说:"吾若于安福系条件下组阁,是绝不可能之事也。况徐总统亦并无劝我组阁的话。"①他还向人表示:"为维持现状计,不如留靳,为组织内阁计,则不如拥段,故无硬拉余出山之必要。"②

安福系见此计不成,于是又表示反对周组阁,主张由萨镇冰组织过渡内阁。安福系像一股祸水,谁都怕同它沾边,萨闻讯后声称:"如以组阁相强,即当襆被出京。"③萨镇冰深知徐树铮、李思浩、曾毓隽等奸险刁恶,难与共事。当徐世昌开始要他代理总理时,他就声明不能长期代理,并不负财政责任。靳云鹏续假十日快满期时,徐鉴于一再代理,于名义上不甚相宜,提出以改代为署的办法和萨商量,他坚决回绝,表示如果改署,就将一走了之④。

5月下旬,吴佩孚从湖南撤兵,南军步步紧跟,从张敬尧手中夺去了湖南大部分地方,安福系又几次召开秘密会议,提出请段祺瑞上台,组织"强有力之政府,以靖国内战争"⑤。段祺瑞未尝不想重新粉墨登场,无奈这太不是时候了,由他出来取代靳云鹏,于己不利,也行不通,所以不愿冒此风险。

靳云鹏提出辞职时,曾派秘书到保定与曹锟联系,并和张作霖的驻

①　《靳倒后之内阁问题》,《民国日报》,1920年5月18日。

②　《新阁仍难确定》,《晨报》,1920年5月22日。

③　《变化莫测之内阁问题》,《晨报》,1920年5月27日。

④　《靳总理将再给假》,《晨报》,1920年6月1日。

⑤　《内阁问题尚无眉目》,《晨报》,1920年6月4日。

京代表打招呼,说明自己去志已决,要求他们切勿挽留①。但曹锟、张作霖认为安福系逼靳下台,是对自己和民意的挑战,在这个问题上决不能示弱。自靳辞职后,曹、张和长江三督等各反皖督军,掀起了拥护靳内阁,反对安福系的高潮,在短短的二十天内,便先后发表了数十份通电,并且开始行动起来。

　　5月9日,曹锟致电徐世昌,陈述靳阁不宜更动的三大理由:"(一)西南各省首领与靳之联络,颇有进步,倘内阁突然改组,则前功尽弃;(二)和议正在进行之际,倘内阁更动,未免受根本上之影响;(三)若因一党之意见即更换阁揆,将来恐无人敢膺揆席。"②同日,曹锟还致电靳云鹏,请靳"勿为浮言所动,俾保阁基",表示如果安福系再行逼迫,他必有办法对付③。5月10日、11日,反皖各省督军代表在天津开会,重申前此做出的拥护靳内阁、解散安福系的决议,并提出各军一律撤防,用某种方法扫除一切时局之障碍④。后来又有人提议,这次留靳,"非文电所能为力,必由事实上着手"⑤。张作霖一方面派其子持密函送呈段祺瑞,规劝他维持靳阁,"勿轻信金壬,致失信于天下人"⑥,一方面电请徐世昌"对于中央阁潮,务速行决然手段办理",勿再"瞻徇情面,敷衍时局"⑦。6月13日,吴佩孚在郑州发表一个通电,谴责安福系"毒痡四海,腥闻于天";说安福当道,国难难平,卖国党不除,不能长治久安,提出"召集国民大会,以真正民意公决"时局问题,"庶可无偏无党,永绝后

　　①　《专电一》,《申报》,1920年5月12日;《北京阁潮之混沌》,《民国日报》,1920年5月15日。

　　②　《曹锟电留靳云鹏》,《民国日报》1920年5月12日。

　　③　《曹锟拥护靳阁》,《晨报》,1920年5月10日。另见《曹锟电留靳云鹏》,《民国日报》,1920年5月12日。

　　④　《靳总理辞呈将批准》,《晨报》,1920年5月12日。

　　⑤　《内阁问题之前途》,《晨报》,1920年6月6日。

　　⑥　《靳云鹏辞职消息续报》,《民国日报》,1920年5月14日。

　　⑦　《拥段声中之政局》,《晨报》,1920年5月26日。

患"①。为了推倒安福系，吴佩孚准备实行兵谏，将部队撤回河南后，布置在京汉铁路沿线上待命。张作霖也准备调遣奉军第二十七师第五十三旅入关，6月10日驻独流镇的奉军四营经过天津开往廊坊。6月15日，吴佩孚偕所部第二、三混成旅旅长阎相文、萧耀南及曹锳到保定，参加曹锟的军事会议，张作霖、李纯也派代表前往参加。16日，曹锟电请辞去川粤湘赣四省经略使。17日，徐树铮从库伦返回北京应付时局（徐于4月9日离京赴库）。直皖之间准备诉诸武力了。

　　赞成维护靳内阁的，除八省同盟外，还有绥远、察哈尔、热河、新疆等省的军民长官，留靳声浪占了压倒优势，但安福系仍坚持倒阁。靳云鹏怕卷入两派的漩涡中，坚不肯复任，从5月初到6月中旬一个多月时间内，连续四上辞呈。被拟定为组阁的那些人，也都知难而退，北京政局陷入严重的内阁危机之中。直皖两派剑拔弩张，战争一触即发。平日笃信黄老之学，主张清静无为的徐世昌，也感到左右为难，惶惶然不可终日了。为了想找到一条摆脱时局危机、避免战争的途径，他电召张作霖、曹锟、李纯来京一起会商。

四　张作霖的调停及其失败

　　6月7日、14日、18日，徐世昌连发三电，邀张作霖、曹锟、李纯等来京磋商挽救时局办法。6月19日，张作霖以"调人"的姿态应召抵京。北京全体军、警、政长官均往车站迎接。安福系希望张作霖保持一个真正调解者的立场，不要完全倒向直系一边，对他的来京，欢迎极其热烈，但张作霖对安福系的热烈表示却反应冷淡。他舍安福系特意为他设置的奉天会馆不住，而住在化石桥奉军司令部。这时，李纯称病不能长途跋涉，派参谋长何恩溥为代表前来。曹锟也未前来参加，派代表王某赴京，向张作霖说："此次某方面（指安福系）把持政权，未可以理

---

　　①　《吴佩孚提倡国民大会》，《晨报》，1920年6月22日；《申报》，1920年6月20日。

喻,即锟来京,亦无办法。况三军忿激,急需绥抚,故暂留保定,以促某方面之省悟。"①

20日、21日,张作霖两次晋谒徐世昌,陈述本人并代陈直系各督军对内阁的意见,认为责任内阁必须各阁员和衷共济,如果同床异梦,则政务难免纠纷,历观以前阁潮,均是如此。因此,他提出"以留靳为唯一解决办法",同时补提外交、农商、教育三总长,并撤换李思浩、曾毓隽、朱深三总长②。徐世昌表示赞同,并请他去劝挽靳云鹏。张随即去棉花胡同靳宅,劝靳销假,不可再持成见,"致使渔人得利";并说:"总统对执事之诚恳,亦当稍答知遇。"③"余奉命劝君销假,君若不销,吾不能复命。"④靳云鹏仍以病辞,没有答应。

21日,张作霖去团河会见段祺瑞,提出挽靳复职,劝段不要庇护徐树铮等人,以免发生"意外之事变",损害自身"半世之名望"⑤。段表示他无意反对徐世昌,不想组阁,也不想当副总统,暗示可以副总统给张⑥。关于靳阁问题,段说:已敦劝靳数次,无奈他执意不干,"今当再派人切实请其销假"⑦。

和张作霖与各方面进行斡旋留靳活动的同时,安福系则在太平湖开会议决,无论如何决不承认靳复职,仍拟提周树模组阁,以抵制各方面留靳⑧。

---

① 《政潮激荡中之张作霖》,《民国日报》,1920年6月27日。
② 《抵京第二、三日之张作霖》,《晨报》,1920年6月22日;《申报》,1920年6月24日。
③ 《张胡之政潮调和法》,《民国日报》,1920年6月23日。
④ 《政潮激荡中之张作霖》,《民国日报》,1920年6月27日。
⑤ 《到京第四日之张作霖》,《晨报》,1920年6月23日;《申报》,1920年6月23日。
⑥ 《专电一》,《申报》,1920年6月26日。
⑦ 《紧要新闻——张作霖抵京与内阁》,《中央报》,1920年6月23日。
⑧ 《靳内阁之起倒》,《晨报》,1920年6月23日,《张作霖抵京与内阁》,《中央报》,1920年6月23日。

　　6月22日下午,张作霖偕同其部属王乃斌、张景惠以及苏、鄂、赣、豫、绥、察、新疆等省代表,乘车前往保定与曹锟磋商。当晚,张作霖、曹锟、吴佩孚及各省代表开会讨论解决时局方案。吴佩孚发言语词强硬,他说:"国事如斯,佩孚身为军人,食国之禄,保国之责,义所难辞。部下士兵,虽不敢谓久经训练节制之师,但亦颇知大义",如果安福系"不顾国家,徒以破坏大局为事,佩孚虽能容忍,诚恐部下义忿,亦难压抑。"①他主张:第一、解散安福系;第二、免除徐树铮之筹边使,卸去其兵权;第三、将上海和议之总代表王揖唐及北京财政、交通、司法三总长均予免职②。各省代表亦相继发言,讨论结果,决定办法五条:一、靳云鹏复职;二、内阁局部改组,撤换安福系三总长,补提外交、农商、教育三总长;三、撤换王揖唐议和总代表,取消上海和议,由中央与西南直接谈判;四、解散安福系;五、解除徐树铮之兵权,撤销筹边使官制,边防军改编后归陆军部直辖。张作霖对前三条表示赞同,后两条未置可否。他以此次来京系负调停之责,不愿趋于极端,为了避免纠纷扩大,不使徐世昌为难,决定回京后相机行事;如果前三条能顺利解决,则其余或者暂可不提,等靳云鹏销假复职后再从长计议③。

　　6月23日晚,张作霖返京,次日将保定会议情况向徐世昌报告。徐表示可以酌量采纳,但需逐渐办理,万不能操之过急。徐电复曹锟说:"中央自有办法,少安毋躁。"④接着张作霖一连几天同各方面进行磋商,他认为靳的能否复任,主要关键在于内阁局部改组、安福系三总长出阁是否能成为事实,当即托参谋总长张怀芝把这个意见转达段祺瑞,并亲自去团河劝段动员三总长下野以为转圜。段没有同意,他表示

　　① 《张曹吴会晤与政局》,《晨报》,1920年6月24日,《曹张晤面后之政局》,《民国日报》,1920年6月26日。

　　② 《吴佩孚正传》二编,第28页。

　　③ 《张作霖由保回京之政局》,《晨报》,1920年6月25日;《吴佩孚正传》二编,第28页。

　　④ 《周阁决定之经过与将来》,《申报》,1920年7月2日。

希望各方面不要坚持成见,提出以恢复原状为调解办法,即阁揆仍由靳云鹏复任,而安福三总长也不下野①,至少也须保留财政、交通两席。安福系死抱住财政、交通不放,是因为两部关系安福系的党费命脉,尤其是交通部包含铁路、航船、邮电、航空四路收入,是安福系的金库和最大财源。曾毓隽曾说:"有交通部,够安福吃十年饭。"②不仅如此,安福系和政府的账目混在一起,通过两部侵吞了大量公款,仅交通部一部就有二千余万元不能报销的账目。

张作霖去劝靳即日销假,说:"公一日不销假,我即一日不回奉。"③靳仍不肯答应,以为因自己的缘故,使三总长同时去职,于友谊和面子上均过不去,但若三部不改组,则以后办事仍很棘手,徒拥总理虚名;同时,他感到处在直皖两派的激烈斗争中,左右为难,不好应付,还不如荐贤自代为好。因此,他极力推荐周树模组阁,自己答应继续担任陆军总长,全力协助周内阁。他说:"余非置大总统、诸帅之意于不顾,余销假后,余之政策仍不能行使。余为合肥门下,几无人不知,苟销假后,对于应付时局之处,其有不便于合肥方面者,人将谓我忘恩;其有不便于各督方面者,人将谓我究竟是合肥的人。此种难题,实属无法解决。余之欲贡献于总统者,拟请政府另提周少朴(周树模)组织内阁,既可将前内阁之罪恶作一结束,又可将前内阁引起之政治葛藤一刀斩断,俾新内阁努力于建设之一途,而政潮于以平静,所谓不了了之,此则国与民皆蒙其利。"④

张作霖回京后,各省代表仍留在保定磋商时局,等待北京消息,各督军始终坚持强硬态度。25 日至 27 日,保定方面连续致电张作霖及徐世昌,要求对内阁及时局问题从速解决,至少亦必须先办妥一两件,

①　《三总长出阁消息》,《晨报》,1920 年 6 月 28 日。

②　《北京通讯》,《申报》,1920 年 6 月 29 日。

③　《张作霖斡旋中之内阁》,《晨报》,1920 年 6 月 26 日。

④　《内阁问题解决之别报》,《申报》,1920 年 7 月 1 日;《张作霖与政潮之昨闻》,《时报》,1920 年 7 月 1 日。

以安军心，除靳阁复职，撤免安福系三总长外，还必须裁撤徐树铮的筹边使，边防军归陆军部管辖[①]。与此同时，保定还发表了《直军致边防军西北军书》，指出："安福系跳梁跋扈，殆甚于阉宦貂珰，而指挥安福祸国者，惟徐树铮一人，我昂藏七尺男儿，讵甘心供其驱使耶？""此次直军撤防，原为扫除殃民祸国之安福系及倡乱卖国之徐树铮，对于先进泰斗，同气友军，毫无挟带恶感及并峙对敌行为。"还说，"全国本属一家，焉有南北之界？北洋原系一体，何有皖直之分？"[②]直军所采取的仍然是历史上"清君侧"的做法，只提反对安福系和徐树铮，而表示不对"先进泰斗"段祺瑞采取敌对行为。这样做，一方面是由于内部有分歧，张作霖不主张反段，另一方面显然也是为了分化皖系的军事力量。

　　6月25日，张作霖赴团河见段，正式提出免除徐树铮职务的问题（事先征得徐世昌的同意）。段含糊其词，表面答应让步，实际上是不同意。他说："安福之坏，我已知之，我非安福，君亦知之。偌大政党，难保无不良分子，无可讳言。""徐树铮得罪人，我亦知之，我对于国家，始终以直道，绝无权利之私，现在惟望徐总统收拾时局。"[③]后又对人说："徐有功蒙古，为取消（蒙古）独立之经手者，不应遽夺其职。"[④]

　　由于靳云鹏坚决不干，并力荐周树模组阁，28日张作霖同段祺瑞达成一妥协方案，并得到徐世昌的认可，即：解散旧阁，改组新阁，靳云鹏不再复任，安福系三总长下野，双方各得其半；由周树模组织新阁，除财政、交通、司法三总长脱离阁席外，其余如内务、海军两部不动，外交、农商、教育三部补提，靳辞职后仍任陆军总长[⑤]。关于徐树铮免职，边防军、西北军归部直辖问题，段祺瑞和安福系同意做一种"掩耳盗铃式之让步"，即边防军西北军归段祺瑞节制，徐树铮的筹边使保留，名义上

①　《北京通信》，《申报》，1920年6月29日。
②　《时事新报》，1920年7月2日；《申报》，1920年7月2日。
③　《内阁问题解决之别报》，《申报》，1920年7月1日。
④　《北京通信》，《申报》，1920年7月3日。
⑤　《内阁变复任为改组之倾向》，《晨报》，1920年6月29日。

虽有变更,实际上仍然照旧。当日,张作霖将靳云鹏坚不肯复职和上述调停情况电告保定方面。保定电复张作霖并转徐世昌,对于阁揆问题,其措词为"悉凭元首主张",未表示可否,但仍坚持取消筹边使官制,解除徐树铮兵权,罢免李、曾、朱三总长及其他条件①。电文还举例说:"民国六年,段合肥联合各军,向黎黄陂兵谏,今日各军向合肥兵谏,均是为国,毫无私意。"②与此同时,安福系成员百余人则于 6 月 29 日在太平湖俱乐部开临时大会,讨论对付办法,提出周树模如组阁,他们在新内阁中无论如何须保留财、交两部,以维持现有势力,最后通过不保留两部,即不通过周阁的决议③。

6 月 30 日,张作霖赴团河将保定回电报告段祺瑞,段拒绝保定所提条件,态度异常坚决,说:"调停政局,乃极好之事,惟吴佩孚以一师长干预政事,要挟条件,此风一开,则中央威信扫地。"④张作霖立即当面向段表示谢绝再做调人,即日出京,并于当晚即去徐世昌处辞行。时徐已就寝,未接见,但传谕请张务必不可出京。后由于徐坚决挽留,同时段祺瑞和安福系担心张走后,局势发展对自己不利,亦托人劝挽,表示"诸事尚有磋商之余地"⑤,张始答应留下。但声明东三省防务紧张,不可久居京城,只能以五日为期,如届时再不能解决,就将卸责不管。

7 月 1 日,安福系又开会,决定请段祺瑞组阁及惩办吴佩孚两事,作为抵制直系进攻之计。他们认为:直系各督既只反对段祺瑞左右之人,对段本人并无意见,自应由段组阁;吴佩孚以一师长干犯国政,亦应

---

① 《孕育中之周新内阁》,《晨报》,1920 年 6 月 30 日;《政局最近之变化》,《爱国白话报》,1920 年 7 月 5 日。

② 《内阁已实行改组》,《申报》,1920 年 7 月 5 日。

③ 《孕育中之周新内阁》,《晨报》,1920 年 6 月 30 日;《北京通讯》,《申报》,1920 年 7 月 3 日。

④ 《紧要新闻》,《爱国白话报》,1920 年 7 月 3 日;《北京政局之最近曲折》,《申报》,1920 年 7 月 4 日。

⑤ 《张作霖之去留与时间》,《晨报》,1920 年 7 月 2 日。

惩办。这两条如能做到,则徐树铮可以解职,安福系愿意解散,三总长亦愿意辞职①。会后一二日间,安福系对段组阁事便大力进行。

就在此时,徐世昌抢先了一步。7月2日,北京政府发表了批准靳云鹏辞职的命令,同时将徐世昌总统关于由周树模组阁的咨文送至众议院,咨文内容仅提出国务总理一人,并无阁员名单。徐世昌这一着,是同张作霖商量后做出的,一方面是破坏安福系拥段组阁的阴谋,另一方面是为下一步免徐树铮职做准备:先免靳,后免徐,可以减轻安福系的反对。安福系的计谋落了空,自然大不满意。7月3日,徐树铮去见徐世昌,质问为何不疏通各方即提周树模组阁,是谁的主张? 徐世昌回答说:"主提周,合肥也,汝若有疑,可询合肥。"②徐树铮无言可对而退。

徐世昌决定由周树模组阁时,周声明并非出于自愿。曾毓隽去见他,请他宣布施政方针,并提出:"新阁成立,须本党阁员有(财交)两部蝉联,国会方面方能担任通过。"周当即回答说:"本人现尚无意出山,说不到宣布施政方针,即使宣布,亦当公诸国人,不能私向个人宣布,亦不能私向一党宣布。至国会通过不通过,与予本身毫无关系,请不必代为费心。"③他还对人说,"现在内阁之地位,实一牺牲人之地位,我固知之,惟以总统交情所关,果非牺牲我不可者,我亦何能坚拒。"④他提出组阁三项要求:一、阁员不受任何方面之干涉;二、各项行政不受各方面之束缚;三、关于军事、外交与财政各方面,亦不得把持⑤。明白人一听都知道,这些都是针对安福系干政乱纪而说的。安福系碰到了一个比靳云鹏还强硬得多的对手,感到十分沮丧。他们知道周树模其人不好

---

　　① 《紧要新闻》,《爱国白话报》,1920年7月3日;《内阁已实行改组》,《申报》,1920年7月5日。

　　② 《北京通信》,《申报》,1920年7月7日。

　　③ 《周内阁复有周折》,《晨报》,1920年7月1日。

　　④ 《靳退周进之内阁》,《晨报》,1920年7月2日;《北京政局之最近曲折》,《申报》,1920年7月4日。

　　⑤ 《内阁实行改组》,《晨报》,1920年7月3日;《申报》,1920年7月5日。

对付,因此国会方面主张通过他组阁的人寥寥无几。而且由于议员出京的也很多,不够法定人数,众议院并没有就政府咨文提付表决。

显然,内阁危机并未得到解决,也丝毫没有满足直系的要求。对周树模组阁,保定方面也不甚赞同,认为他无力解决当前时局问题。吴佩孚曾说:"周树模官场经验,纸片文章,吾人固甚佩服,若当太平无事之时,以为伴食宰相,固甚称职。但当此风雨飘摇之局,而欲责周戡乱致治,吾知其难矣。"①

其实,保定方面所真正关心的,并不是内阁问题,而是解散安福系、罢免徐树铮的问题。在吴佩孚看来,只有解散安福系,除掉徐树铮这个罪魁祸首,时局问题才能得到解决。他实行兵谏的主要目的也在此。北京免靳令下后,曹锟、吴佩孚当即有电到京,指出:西北军不移归陆军部节制,祸根尚在,"归段统率,与归徐统率一也"②,坚持要求褫夺徐树铮的兵权。

7月3日,保定方面又发表曹锟致张作霖并转徐世昌的电报,要求罢免徐树铮一切职务。电文说:"安福奸党,倒行逆施,天人共愤,迭经中央申明法纪,迄未奉准。今闻彼党益无忌惮,竟欲拥段组阁,贯彻亡国主义,是皆徐树铮等之鬼蜮伎俩。三军将士,倏闻之下,义愤填膺,甚有直向神京歼此丑类之势。幸请大总统刚断,先行罢免徐树铮各职为入手办法,以平众怒,否则锟实无法排解,惟有不负维系之责。"③张作霖是反对徐树铮的,夺去徐的兵权,对他扩张势力,向内蒙与热河发展有利。他在调停开始时没有急于提出这问题,主要是由于策略方面的考虑。因此,他同一天(7月3日)和曹锟、李纯联名通电声讨徐树铮,宣布徐"祸国殃民"、"卖国媚外"、"把持政权"、"破坏统一"、"以下弒

①　《孕育中的周新内阁》,《晨报》,1920年6月30日;《周阁决定之经过与将来》,《申报》,1920年7月2日。

②　《北京通信》,《申报》,1920年7月9日。

③　《曹锟请罢免徐树铮电》,《时事新报》,1920年7月11日;《申报》,1920年7月11日。

上"、"以奴欺主"六大罪状,声称:"为国除奸,义无反顾。谨厉戎行,引领待发,扫清君侧,奠我神京。"①

　　在保定咄咄逼人的形势和张作霖、曹锟、吴佩孚里应外合的配合下,7月4日,徐世昌在公府召集特别会议,参陆处主要成员均与会。讨论结果决定:西北军用陆军部令改归部辖,西北边防司令部撤销;徐树铮开去筹边使,改任将军,遗缺令李垣护理。散会后,随即由公府拟就三道命令,发交阁员副署,同时颁发:一、特任徐树铮为远威将军;二、徐树铮现经任为远威将军,应即开去西北筹边使,留京供职,西北筹边使着李垣暂行代理;三、西北边防总司令一缺着即裁撤,其所辖军队由陆军部接收办理②。

　　徐树铮免职令发表后,安福系愤愤不平,要求徐世昌对"干政兵谏,紊乱国宪"的吴佩孚依法进行惩办,以维纲纪③。徐树铮认为徐世昌此举,并非是针对他一人的,而是助直排皖,一则巩固其元首地位,一则削夺段祺瑞兵权,于是往诉于段说:"树铮之滥借巨款,编练重兵,甘为天下之不韪,无非为督办计耳。今总统惑于金壬,免去树铮之职,是欲排去皖系也。排皖系,即所以排督办。树铮一身不足惜,其如督办一身之威名扫地何?"④言毕痛哭不已。事实上,段祺瑞同徐树铮是穿连裆裤的,是一而二,二而一,密不可分。当时人们把徐看成是段的灵魂,段是徐的影子。经徐树铮这样一激,段祺瑞压不住心头的怒火,气冲冲地站起来说:"吾与东海有数十年之交好,故于改选之时,愿与河间同时下野,而以元首之位让之。何意彼年老昏聩,竟出此非法之举动。彼既不念前情,老夫亦顾不得面子,今日誓不与之甘休。"⑤

---

　　①　《曹张李宣布徐树铮罪状》,《时事新报》,1920年7月4日;瀨江浊物:《直皖战争始末记》,《近代史资料》,1962年第2期。

　　②　《大总统令》,《晨报》,1920年7月5日;《政府公报》,1920年7月5日。

　　③　《紧要新闻》,《爱国白话报》,1920年7月3日。

　　④　强国居士:《徐树铮秘史》,第25页。

　　⑤　强国居士:《徐树铮秘史》,第25页。

由于段祺瑞和安福系坚持要求惩办吴佩孚,7月5日,段并以边防督办名义命令边防军紧急动员,积极准备对直战争,张作霖以劝阻无效,调停失败,便于7日深夜离京返奉。苏、鄂、赣、绥等省代表亦随即出京。

直皖之间的矛盾已发展成为尖锐的对抗,不可能用调停的办法来解决了。政治斗争无法解决时,必须让位于军事斗争,也就是只能兵戎相见,在战场上决一雌雄了。

第二节　直皖战争的爆发

一　直皖战争前夕双方的备战活动

张作霖走后,段祺瑞于7月8日清晨由团河入京,上午即召集近畿各军重要长官及国务员、参谋总长、卫戍司令、步军统领、警察总监等百余人,在将军府开军事会议。段即席讲话说:"国家以纲纪为重,纲纪不振,则国不存。吴佩孚受贿通敌,无故撤防,以至湖南失败,涂炭生灵。撤防后又在保定兴风作浪,逆迹昭彰。曹锟竟敢以兵力要挟元首,胁迫中央,为种种破坏法律之主张,且要求下令免徐使之职。徐使此次收回外蒙,厥功甚伟,并未用中央之款项而收回数万里之疆宇,曹吴等则要求元首罢免徐使,法纪荡然,是非不明。鄙人为维持国家纲纪及维持元首威信起见,不得不兴师讨逆。现拟呈请大总统将曹锟、吴佩孚、曹锳(曹锟弟,时任蓟榆镇守使兼第四混成旅旅长)褫夺官勋,交祺瑞拿办。现已入军事范围,如有不听命令者,当按军法办理。"[1]段讲完后,曾毓隽即站起来发言,宣称:"现时我等惟当知有督办,不当复问政府,督办此言,当一致赞成。"[2]与会者自无不同意见,当即通过,并缮具呈请徐

---

① 《紧要新闻》,《爱国白话报》,1920年7月10日。
② 濒江浊物:《直皖战争始末记》,《近代史资料》1962年第2期。

世昌将曹锟褫职留任、吴佩孚褫职拿办、曹锳褫职的呈文,由段祺瑞签名,各军官副署,交代理内阁总理萨镇冰转呈徐世昌。呈文略称:"本上将军创建民国,至再至三。参战一役,费尽苦心,我国国际地位始获超迁,此后正当整饬纪纲,益巩国基,何能听彼鼠辈任意败坏法律,牵惹外交,希图摇动邦本。用谨揭明罪状,上请大总统迅发明令,褫夺曹锟、吴佩孚、曹锳等三人官职,交祺瑞拿办,余众概不株连。……兵队现经整备,备齐即发。"①会上段祺瑞任命段芝贵为京师戒严总司令,吴炳湘为副司令,自任讨吴军总指挥,徐树铮为总参谋长。同一天,段祺瑞发表了声讨直系的通电,内容与呈文基本相同。

当天下午,上述呈文送至总统府后,徐世昌即召开全体阁员特别会议讨论。徐起初表示不同意惩办曹吴,希望和平解决。经曾毓隽等再三陈说,徐始答应免吴佩孚一人职。曾等仍坚持要求同时罢免曹锟,徐说:"盖印固易事,但因是使时局益纷扰,人民受战争苦,将谁负责?"曾答称:"总统止顾盖印,一切自有合肥负责。"并且威胁说:"苟总统不盖印者,恐时局益难解决,总统且贻后悔。"②徐世昌仍不肯盖印,会后派袁乃宽至团河谒段祺瑞,征询缓和办法。段根本不把徐放在眼里,表示:"非将曹锟免职,吴佩孚惩办,曹锳交法庭,不能缓和。"③并要挟说:"总统免曹吴职与否,彼亦自有权衡,我不便干与,亦不必干与。纵彼不下令,我岂遂不能免曹吴而拿办之耶?"④段随即派重兵包围公府,对徐进行胁迫,并由边防军传出消息说,如免曹吴令候至晚间8时不下,则皖军将于次日(9日)上午在琉璃河首先开火。徐世昌无可奈何,只得同意将内阁呈送惩办曹吴之命令誊印发表,但声明自己不承担意外之

　　①　《段祺瑞请拿办曹吴呈文》,《申报》,1920年7月11日;《褫曹吴军职之命令》,《时事新报》,1920年7月11日;《直皖战争》,第95页。

　　②　《直皖战争始末记》,《近代史资料》1962年第2期。

　　③　《政潮危急之昨闻》,《时报》,1920年7月11日。

　　④　《直皖战争始末记》,《近代史资料》1962年第2期。

责任①。令文如下："前以驻湘直军疲师久戍,屡次吁请换防,当经电饬撤回直省,以示体恤。乃该军行抵豫境,逗留多日,并自行散驻各处,实属异常荒谬。吴佩孚统辖军队,具有责成,似此措置乖方,殊难辞咎,着即开去第三师师长署职,并褫夺陆军中将原官暨所得勋位、勋章,交陆军部依法惩办;其第三师原系中央直辖军队,应由部接收,切实整顿。曹锟督率无方,应褫职留任,以观后效。"②

围绕徐树铮和曹锟、吴佩孚免职问题而展开激烈斗争的同时,直皖双方都料知战争将不可避免,彼此都在积极进行备战活动。7月初,徐树铮连续召集所属旅团长开会,讨论对付吴佩孚办法,决定:一、持镇静态度,以避其锋;二、暂取守势,以待动静,三、密令驻洛阳西北军两旅牵制吴军;四、密电吴光新调部队到信阳遥为声势,并令其坚辞湘督,任南军扰鄂侵赣,以分其势;五、遇事请示段祺瑞,以资服从而免遗恨③。陆宗舆从中日汇业银行拿出现款二百万元,曾毓隽将交通部所存储之中交钞票一百万元,充作战费,给边防军每师开拨费十五万元。5日,边防军发出紧急动员令后,即向各军发足军饷与枪弹。6日,曲同丰所部边防军第一师向长辛店开拨。8日,段祺瑞在将军府开完军事会议后,即返回团河,在私邸召集近畿各师长开会讨论出兵计划,决定派出五师,以曲同丰的边防军第一师为第一线,刘询所部陆军第十五师为第二线,陈文运的边防军第三师为第三线,李进才的陆军第十三师为第四线,魏宗瀚的陆军第九师为第五线④。随后又划定作战区域,以京奉线一带为东路,以固安一带为中路,以琉璃河至高碑店一带为西路。9日,边防军第三师开赴廊坊,第九师、第十三师、第十五师向卢沟桥、长辛店、良乡、窦店、房山、琉璃河一带进发,由于锦统带的南苑飞机队亦

①　《段督办之将军府大会议》,《晨报》,1920年7月9日。
②　《大总统令》,《晨报》,1920年7月10日;《直皖战争》,第97页。
③　《直皖战争》,第91—92页。
④　张一麐:《直皖秘史》,上海世界书局1920年版,第26页。

处于待命状态。消息传出后,京中大起恐慌,京钞暴落,军政要人眷属纷纷迁徙出京,避往天津使馆区,一如当年段祺瑞讨伐张勋时的情景。

　　直系方面,驻河南吴佩孚军也开始向北开拔,其前锋已达高碑店。留驻郑州部队,严密监视驻洛阳西北军一、四两旅的行动。曹锟的军队亦由保定开赴高碑店。

　　自惩办曹吴命令发表后,保定方面军心愤激,一意主战。9日上午,曹锟在天津举行誓师典礼,派吴佩孚为前敌总司令,所部名为讨逆军,设大本营于天津,司令部于高碑店。吴佩孚兼西路总指挥,曹锳为东路总指挥,另派第一混成旅旅长王承斌驻郑州为后路总指挥。

　　直皖双方一方面进行军事调动,积极备战;另一方面制造舆论,扬己之长,暴人之短,进行反对对方的战争宣传,都力图证明自己是师出有名的,以求得到社会的同情和支持。

　　7月12日,吴佩孚、曹锳、王承斌、赵玉珂、潘矩楹、阎相文、萧耀南等率全体将士发出通电,实际上是对皖系的宣战书。通电一反前此不久曹锟、张作霖等为力求避免"以下犯上"的恶名而承袭"清君侧"的传统手法,露骨地指斥自我标榜"创建民国,至再至三"的段祺瑞暴戾恣睢,与徐树铮狼狈为奸,共同作恶。电文写道:"段氏祺瑞,秉性凶残,专擅恣睢,阴贼险狠。……援引小徐(徐树铮),朋比为奸,购械吞款,庇恶乱法。视总统为赘旒,视国疆为敝屣,视民意为刍狗,视约法为弁髦。以国军为一己之爪牙,以疆吏为一家之私产,以他人之从违为黜陟,以一己之喜怒为祸福。漠视民瘼,轻启兵端,嗜杀以争,残民以逞。……尤可恨者,专横暴戾,性与人殊。用徐卖国筹边,则曰为国进贤;引贼扰乱内蒙,则曰为国启土。森林路矿,则抵押净尽;民膏国帑,则斲丧无余。利用参战以供内争,对外则宣而不战,对内则战而不宣。""为俯顺舆情计,为保存国民人格计,为培养国家命脉计,不得不整饬戎行,诉诸武力,歼厥渠魁,取彼凶残,攘除奸凶,以纾国难。"①7月13日,吴佩孚

---

　　① 《公电·吴佩孚等又一通电》,《申报》,1920 年 7 月 17 日。另见《时事新报》,1920 年 7 月 19 日。

又发表出师讨贼通电，痛斥段祺瑞为卖国的汉奸，略称："自古中国，严中外之防，罪莫大于卖国，丑莫重于媚外。穷凶极恶，汉奸为极。段祺瑞再秉国政，认仇作父。始则盗卖国权，大借日款，以残同胞。继则假托参战，广练日军，以资敌国。终则导异国之人，用异国之钱，运异国之械，膏吾民之血，绝神黄之裔，实敌国之忠臣，民国之汉奸也。……佩孚等束发受书，尝闻大义，治军而还，以身许国，誓不与张邦昌、石敬瑭、刘豫、吴三桂之徒共戴一天。贼生则我死，我生则贼死。宁饮弹而瞑目，不为外奴以后亡。……今日之战，为讨贼救国而战，为中国民族而战，其幸不辱命，则佩孚等解甲归田，勉告无罪于同胞；其战而死，为国人争人格，死亦有荣无憾。"[1]

张作霖离京后，在天津附近之军粮城下车，表面上仍宣称"局外中立"，实际上和直系一致采取反皖立场。7月8日，他在天津省公署召开了一个紧急会议，讨论对皖战争问题，曹锟、吴佩孚及八省同盟均有代表参加。曹锟当时对于是否能战胜段祺瑞有些担忧，态度游移，认为战争一开，直隶首当其冲，如不能获全胜，徐世昌将"受段之要挟，乘风转船，加以叛乱的罪名，则直省危矣"[2]。吴佩孚起来发言说："共和国家，以法律为根据，违犯法律，即是叛乱国家，此等名词，非他人所能妄加也。段派种种行动，皆越法律轨道以外，我等起与相抗，何叛之有？"接着他分析当时直皖双方的形势和力量对比，指出："就实际上论，段派所恃者仅边防军，该军成军以来，未经战阵，经验缺乏，且闻所用军官多系学生，颇有思想，决不肯效忠奸党，与同胞为难，一临战地，溃散立见。"吴佩孚还认为，仅他自己所部军队，就足当段祺瑞全部之众而有余，即万一战而不胜，我军扼守京汉路线，联合西南，以直省为前敌，河南为中坚，湘粤为后盾，徐图进取，更有张巡阅使控制东北，则段派直如瓮中之鳖，又何虑哉！"[3]这一席讲话，使曹锟疑虑冰释，张作霖及其他

---

① 《吴佩孚等之涕泣陈辞电》，《时事新报》，1920 年 7 月 16 日；《公电》，《申报》，1920 年 7 月 16 日。

② 《补纪吴佩孚决战之言》，《申报》，1920 年 7 月 23 日。

③ 《补纪吴佩孚决战之言》，《申报》，1920 年 7 月 23 日。

与会代表也都表示赞同，直系倒皖的战争，于是就这样决定了。

张作霖回到奉天后，即决心加入曹锟、吴佩孚倒皖战争的行列。7月11日，他召集吉林督军鲍贵卿、黑龙江督军孙烈臣、奉军总司令张景惠及吴俊升、张海峰两师长在奉天省公署开会，决定由二十七、二十八师各出兵一旅入关，保护京奉路，以卫队旅之一部协同二十八师留奉部队，保护关外京奉路，并随即下动员令。二十八师抽编之一旅，已于先一天（即10日）入关，作为前锋部队，二十七师一旅于12日出发①。

同一天，曹锟致电张作霖，希望在对皖战争中得到他军事上的支持，并和他们联衔发表讨皖通电。张作霖即日复电表示赞同，说："现在弟处已备二十七八两师步队，兼以马队两旅，当能足用。二十八师先行进关，马队作为后盾。此次出师，由弟亲自带往，现在赶急调集之中，二十八师车到即可全数出发。日前奉军入关者，与贵处军队合计，约有七八万人，如有战事，尽可先行支持。叙五（张景惠）兄即速往前方，与三哥（指曹锟）面商一切，率领第一师并鲍旅许部筹画进行。愚见以兵力论，我众彼寡，以公理论，我直彼曲，绝无不胜之理。彼此骨肉至交，当此危急存亡关头，断不能不极力相助，请释廑念。至联衔通电，事已至此，即请拍发为要。刻下战事节节得力，足见天道至公，持强权者终难得善果也。"②

7月12日，曹锟、张作霖、王占元、李纯、陈光远、赵倜等，即联名发表讨皖通电，谴责段祺瑞专横谬妄，"实为全国之公敌"，表示："对此衅起萧墙，无术挽救，迫不得已，惟有秣马厉兵，共申义愤，解元首之坐困，拯大局于濒危，扫彼妖氛，以靖国难。"③是日，张作霖还致段祺瑞一电，说他返奉后，拿获胡匪八人，皆持定国军委任状，阴谋破坏东三省秩序，并愤慨地说，"此事公或不知，然群小如此，殊堪痛恨。作霖誓率关外劲旅，入清君侧。"④7月13日，张作霖又向全国发出通电，声称："作霖奉

①　《奉军入关前之计划》，《申报》，1920年7月22日。
②　《张作霖要电补录》，长沙《大公报》，1920年7月26日。
③　《曹张王李等通电》，《时事新报》，1920年7月14日。
④　《专电二》，《申报》，1920年7月17日。

大总统令入都……哓音痦口，出为调停。原期暂息争端，借以稍纾国难，无如我则垂涕而道，人则充耳弗闻。……乃甫抵奉垣，即闻京师、保定之间，将欲发生战事，而由京到津避难者已络绎于途，大有琐尾流离之象。……作霖为戴我元首，卫我商民，保我路线，援救我军旅，实逼处此，坐视不能，义愤填膺，忍无可忍。用是派兵入关，扶危定乱。其与我一致者，甚愿引为同袍，其敢于抗我者，即当视为公敌。"①

段祺瑞也于7月13日发表讨伐曹锟、吴佩孚的传檄通电，指斥曹、吴等"目无政府，兵胁元首，围困京畿，别有阴谋。……罪恶确凿，诚属死有余辜"，他义难坐视，要亲自统率定国军，"护卫京师，分路进剿，以安政府而保邦交，锄奸凶而定国是。奸魁释从，罪止曹锟、吴佩孚、曹锳等三人，其余概不株连"②。段祺瑞的通电表面上也冠冕堂皇，其势汹汹，实则色厉内荏，自知理亏。当他知道张作霖已完全倒向曹锟、吴佩孚一边，派奉军入关，并且听说皖军有厌战心理，前线直皖两军小有接触，皖军士兵即时有逃亡，眼看战争前景不妙，于是又转而向曹吴乞求和平。他敦请徐世昌于14日下了一道停战令，要求"所有各路军队均应恪遵命令，一律退驻原防，戮力同心，共维大局"③。但是，为时已经太晚了，战争已成骑虎之势，欲罢不能。停战令的墨迹未干，战争就爆发了。

二　战争经过

直皖战争是7月14日晚开始的。开战之前，直皖双方的军事力量对比大致如下，

皖系兵力：段祺瑞的定国军在近畿的军队有五师（并不足额）一混

---

①　《公电》，《申报》，1920年7月16日；《张胡派兵入关之措词》，《民国日报》，1920年7月16日。

②　《段祺瑞声讨曹吴檄文》，《时事新报》，1920年7月17日，《申报》，1920年7月17日。

③　《命令》，《申报》，1920年7月18日。

成旅,即边防军第一师曲同丰所部一万一千人,边防军第三师陈文运所部一万一千人,陆军第九师魏宗瀚所部八千人(另宋焕章率一混成团驻守在海参崴),第十三师李进才所部八千人(另有两团,一团在公府当卫队,一团在河南彰德为袁世凯看坟),第十五师刘询所部八千人(另吴长植一旅于1918年赴山东剿匪未回),西北军第二混成旅宋子扬所部八千人,边防军训练处学生队约三千人,共约五万七千人。外省属于皖系的军队有:在山东的边防军第二师马良所部一万一千人和陆军第五师一万余人,在洛阳的西北军第一混成旅宋邦翰部和第四混成旅张亚威部各八千人,驻库伦的西北军第三混成旅褚其祥部八千人,安徽督军倪嗣冲所部安武军及新安武军(张勋旧部定武军改隶)约四万人,浙江督军卢永祥所率之第四、第十两师(一部分驻杭州,一部分驻上海)约二万余人,福建督军李厚基所部二三万人,陕西督军陈树藩所部二三万人,在湖北的吴光新所部四个步兵旅和两个混成旅,实额约二万人,共约十七八万人。

　　直系兵力:曹锟、吴佩孚在保定附近和天津的讨逆军,有吴佩孚第三师一万一千人和第二、第三混成旅一万六千人(另第一混成旅驻郑州),一个补充旅约六千人,曹锟卫队三千人,直隶警备二十六营约一万三千人,曹锳第四混成旅八千人,共约五万七千人。外省军队属于直系的有驻山东德州商德全第五混成旅约八千人,李纯、陈光远、王占元、赵倜所部士卒总数约十一二万人。站在直系一边的还有张作霖的三师军队三四万人,另外察哈尔都统王廷桢率领的第十六师和绥远都统蔡成勋所部一师共约二万余人,亦倾向直系。

　　综观上述双方兵力,从数量上来说,无论是近畿还是外省,都不相上下。

　　双方兵力部署:西路在京汉铁路沿线(京保段)。皖军由段芝贵任指挥,有边防军第一师全部、边防军第三师第五混成旅、陆军第十五师全部、第九师两营、第十三师辎重营,在涿州、固安、涞水以北布阵。主力边防军第一师集中在涿州、琉璃河、良乡一线;左为边防军第三师,驻固安之后;右为陆军第十五师,跨门头沟支路列阵于第一师之后;第十三师沿京奉路向东布置,用以策应边防军第三师。

西路直军以吴佩孚为总指挥,有第三师及第二、三两混成旅,在易县、涞水、涿州、固安以南一线。吴佩孚为防皖军两翼包抄,以精兵第三师第六旅当左翼,第三混成旅及第三补充旅当右翼,而以第一补充旅当正面。以保定第一补充旅、曹锟卫队及新从天津开至保定的六营为后援。西路是皖军的主攻方向,双方的主力部队都集中在这路。

东路在京奉铁路沿线(京津段),皖军总指挥为徐树铮,有宋子扬之西北军第二混成旅、边防军第三师两个团及第九师一部,列阵于落垡、廊坊一带。直军总指挥为蓟榆镇守使兼第四混成旅旅长曹锳,有第四混成旅、李殿荣的第二补充旅及直隶守备队二十营,驻守杨村,与皖军对阵。

皖军的作战计划是,西路以主力部队沿京汉铁路南下,第一个夺取的目标是保定,然后继续往南,在湖北的吴光新则率部沿京汉路北进,在洛阳的西北军两旅由西向东进攻,以这三支部队围歼直系主力,会师中原。东路沿京奉铁路线向东进攻,第一个夺取的目标是天津,然后继续沿津浦路南下,在济南的边防军第二师则沿津浦路由南往北进攻,与东路皖军会合。直军采取的相应对策是:西路以主力部队坚守住京汉路,阻击皖军南下,湖北由王占元的部队监视并拖住吴光新,驻守郑州、信阳一带的直军和豫军阻吴军北犯。洛阳方面,以观音堂(洛阳西面)的奉军和郑州的直军合围洛阳的西北军。东路由商德全的第三混成旅占领德州,与奉军配合,同徐海镇守使张文生的部队合攻马良。

西路段芝贵的指挥部设在琉璃河附近铁路的一列火车上。车前悬一木牌,上书"总司令处"四个大字,办事人员有百余人之多。车中除军用品外,尚有烟枪、烟盘十四副,嗬呟水数百打,麻雀牌七副,厨师二十余人。吴佩孚则轻骑简装,在固安以南约三十里的牛驼镇坐镇指挥。他抱着"擒贼必先擒王"的宗旨,计划亲率第三师的第五旅,出奇兵直捣团河(距固安约五十里),捉拿段祺瑞。7月13日晚,吴以便衣手枪队占据固安、涿州两处,将电报通信交通机关控制起来,旋即派大兵赴团河擒段。不意这一军事行动被一电话分机的电话员泄漏给了段祺瑞。

段闻讯后，一面飞调救兵，一面向京城逃走，等救兵到时，吴军仅离团河十余里。吴佩孚见擒段之计不成，而固安、涿州已在掌握之中，于是实行分兵三路的战略，坚守中路固安，以涿州、高碑店为西路，廊坊、杨村为东路，迎战皖军。

西路战争情况：

7月14日下午3时，段祺瑞颁发总攻击令。皖军首先在西路向直军发动进攻。晚8时，涿州、琉璃河的边防军第一师第一团马队及第十三师第一营步兵，向直军第三师第十二团第二营开始总攻击，接连不断地以大炮向直军营地猛轰。直军初以皖军来势甚猛，略事退让。边防军前进，刚要夺取第一道防线，直军突然反攻，边防军抗御不及，退回原线。11时，边防军又往攻直军的右翼第三营，直军第二营由边防军右翼抄袭，两路夹攻，边防军败退回琉璃河原阵地，死伤数十人，失踪营长一人；直军亦伤亡数十人。

15日晨6时开始，边防军第三师及陆军第十五师，由俞垡镇至码头镇西列成一字线，向固安及宫村镇附近的直军进攻。直军极力抵御，战至数小时之久，双方阵地均无变动。后皖军连陷直军外围防线数处后，再图前进，皆被击回，致遭受重大损失，声威顿挫。直军乘势进逼，皖军大溃，内有某营只剩数十人，直军亦伤亡不少。随后皖军再次发动进攻，涿州、固安两处均发生激战。边防军第一师前锋部队及陆军第十五师，在大炮的掩护下，占领涿州及松林店，将直军压退至松林店以南五十里的高碑店。中路皖军则以第十三师攻固安，直军由吴佩孚在城内指挥，极力抵抗，皖军猛攻，始终未下。

16日夜大雨，雷电交作，皖军所有榴弹炮、开花炮均失去效用。吴佩孚调二军分由松林店、三家店向皖军第十五师、第一师之后包抄袭击，切断其归路。正面由刚从河南赶到的奉军第一师第一旅邹芬所部加入作战，直军士气大振。皖军腹背受敌，大败，纷纷弃械逃走。十五师有两团人被围困，投降直军。边防军第一师开炮袭击直军，炮弹误落十五师阵地，士兵死伤不少。十五师官兵大愤，亦开炮还击，因不满段芝贵逼令作战，并向段的司令部开炮轰击泄愤。官兵纷纷往琉璃河方

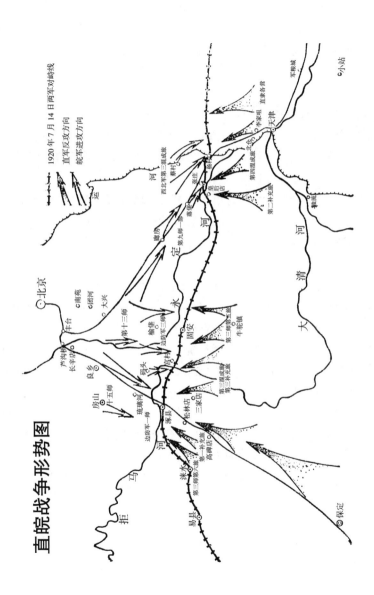

向逃跑,夺取列车,逃回北京。边防军第一师亦向后退,军官虽用机关枪在后押阵,亦不能制止。直军乘势克服松林店、三家店及涿州等城镇。十五师从琉璃河溃退时,适值河水暴涨,士兵溺毙不少。师长刘询涉水渡河时,携带现款七千元,全部落入河中。刘幸抓得船桨一副,凫至对岸,为士兵救起,已不省人事。十五师第二十九旅旅长张国溶、三十旅旅长齐宝善备函派执事官送往吴佩孚军中,略称该师"原与直军一致,因在积威下有不得已苦衷,愿以全师来归"①。吴佩孚当即要齐宝善亲赴松林店面定办法,达成停战协定,十五师遂全部归顺直军。18日,张、齐两旅长又在前线发表罢战通电,指责"段氏不道,容奸卖国",宣布十五师全体官佐目兵"不受乱命停战"②。

16日,吴军右翼萧耀南的第三混成旅和彭寿莘的第三补充旅,由固安向北进攻,将边防军的第三师击散,师长陈文运受伤逃走,第十三师一营投降直军,其余溃逃。皖军退至码头镇,直军占领南庄、长安城等地。

17日晨,直军与边防军第一师大战于涿州北面。由于十五师降直,第一师已成孤军,全被包围。经过鏖战,直军大获胜利,边防军第一旅旅长范尚品阵亡,第二旅旅长程长发潜逃,其团、营、连长及士兵伤亡很多。师长曲同丰见全军战斗力已完全丧失,树起白旗,派副官吴敬珉和法国传教士李司铎向吴佩孚乞和。吴当即答称:"和战非我能做主,停战则可,但须缴械。"③旋曲亲向吴佩孚投降。吴拒而不见,曲被押送保定。边防军第一师粮秣、子弹、重炮等一切军用物资,尽归直军所有。18日,曲到保定光园晋谒曹锟时,解下军刀,双手捧向曹说:"鄙人等今愿在贵使麾下投降。"并宣誓他们在俘虏期间,对于直军宗旨决不敢有所违背。曹锟当即接下军刀回答说:"本使兹承受执事之投降,阁下等

---

① 《专电一》,《申报》,1920年7月20日。

② 《高碑店第十五师通电》,《时事新报》,1920年7月21日;《公电》,《申报》,1920年7月21日。

③ 《时事新报》,1920年7月20日。

勇敢可钦。"①仍将军刀还给曲佩带，并允许曲等"享受军事惯例优待俘虏之自由"。19日，曲同丰在保定发表通电，敦劝边防军全体与曹锟一致共讨徐树铮。电文说："此次战争之起，本为驱逐徐树铮及安福部，名义正大，全国共表同情。同丰率队南来，宁不知此。顾以段督办严令驱迫，不得不为一时之服从。及至交战以后，思及此次出师，似为徐树铮及安福部所利用，遂决计停战，俾国贼无所依恃，以延祸端。兹已将全部军械交由四省经略使接管，所有官兵亦极蒙优待。从此大愤既除，大局渐臻统一。我边防军同袍当各晓斯义，立与经略使取一致宗旨，誓驱奸凶，共申天讨。除电知外，拟再派一二军官面往接洽，以期倾陈鄙悃，尚祈鉴察。"②同一天，曲还致电指责段祺瑞"纵恶养奸，数年于兹，以致国事日非，大局破裂，丛尤聚怨"，希望他幡然悔悟，将徐树铮、曾毓隽、王揖唐等人"速请大总统令交法庭依律研讯，以治其殃民祸国之罪"③。边防军第一师为皖军主力，曲同丰又是段祺瑞最识拔的弟子，宠遇不亚于徐树铮，而今倒戈相向，遂使皖军全军溃散，不可收拾。

17日，西路皖军三个师全为直军所败，涿州北面完全为直军占领，总指挥段芝贵知大势已去，当晚由琉璃河搭车回京。行至中途，被直军追赶，弹如雨下，车厢内卫兵死伤数十人，段俯伏于车内，才得幸免。车开到良乡附近，枪声未息。段不得已，单身搭摇车逃回北京，形状狼狈不堪。他前往谒见段祺瑞时，跪伏地下，痛哭不已，表示无再战能力，请求段祺瑞转呈总统徐世昌下令停战。

18日，直军第三师第六旅进占琉璃河，双方炮火已停息，西路已无战事，只待办理善后。20日，直军大队抵长辛店和卢沟桥，将溃散的皖军扫清。

东路战争情况：

7月15日夜9时，皖军由徐树铮在廊坊指挥西北军第二混成旅各

① 《国内专电》，《时报》，1920年7月24日，长沙《大公报》，1920年7月30日。

② 《曲同丰也说讨贼》，《时事新报》，1920年7月25日。

③ 《曲同丰又发两要电》，《申报》，1920年7月29日。

队、陆军第九师一部、边防军第三师步兵二团,乘大雨之夜,分三路由张庄、蔡村、皇后店进攻杨村直军第四混成旅防线,而以铁路线上张庄一路为主力。每路配备六门大炮,与直军在杨村北面十里开战。皖军多不愿战,只因被上级长官逼迫,于是不问方向,任意放枪,炮队亦分三队轰击。直军士气甚壮,列阵还击,沉着应战。战至深夜2时,双方各有不少伤亡,于是更换生力军再战。16日晨,战斗更加激烈,直军略占优势,但伤亡甚多,援军由韩柳堡、北仓、宜兴埠、军粮城等地纷纷赶至。是日皖军进攻时,直军在杨村站吊桥两旁安设大炮多尊御敌。此地适与该处日本防军驻地毗连,日本军官出面抗议,要求将所有大炮即刻移走,并不准在铁路附近六里以内作战。直军抗辩无效,只好将部队撤离,退出站外,致第一道防线中央开了一道约十四里宽之缺口。皖军乘隙蜂拥前进,突入缺口。直军因左右翼不能联合,只得节节后退,退至北仓及李家咀中间,阵势才稳定。北仓距直军东路据点天津仅十八里,皖军为租界条约所扼,不敢直入天津①。

天津小站原驻有龙济光部队振武军十二营,约二千人。龙支持皖系,皖军派参谋与他联系,想和龙军东西合攻直军。曾毓隽赠款十三万三千元,作为振武军军饷,龙满口答应调部袭攻天津,并与皖军合扑保定。但龙济光将全部款项攫为己有,各不发饷,士兵怨怒,不肯发难。

当直军与皖军相持于北仓以西时,适有奉军工程兵一营驰来相助,直军士气大振,立即开始反攻。17日,张作霖发表通电,明确表示协同直军作战。电文指出:"奉省侦获由北京派来姚步瀛等十三名,亲笔供认受曾云霈(曾毓隽)等指派,并有定国军第三军委任,给予大洋十二万元,来东省招募匪徒,在山里或中东路一带扰乱东省,使奉军内顾不暇,牵制奉省兵力。且据曾云霈云:款项如有不足,即由哈尔滨绥北木植公司取用,不拘多少。该公司系曾云霈所开。并说此事详情,已与徐树铮议妥,商承段督办意旨,决定照此办理等语。"电文还说:"近见报载督办

---

① 1902年8月,八国联军交还天津时附带种种苛刻条件,其中之一条规定,中国军队不得于天津城周围二十里以内驻扎。

呈文,自称'本上将军'而文内乃痛詈吴佩孚之种种不法。夫对于大总统而称'本上将军',民国以来亦尚无此公文程式。此皆奸徒有心构乱,陷督办于不义,祸全国之人民,便逆党之阴谋,逼疆吏以兵谏者也。作霖此次出师,为民国诛锄奸党,为元首恢复自由,拯近畿数百万人民于水深火热。倘国难不解,党恶不除,誓不旋还乡里。"①16 日和 17 日,从京奉线入关奉军第二十七、二十八师两旅数千人到达天津附近。奉军因张作霖前年在秦皇岛劫夺了冯国璋从日本购运回国的一批军火,装备较好,配备有威力很大的四十生口径的大炮,机关枪也较多。奉军的参战,大大加强了东路直军实力,并给皖军心理上以很大威胁。直军与奉军并肩战斗,于 17 日重新占领杨村,直下落垡和廊坊,击毙皖军很多,剩下的逃散大半。徐树铮见战争失利,当晚踉跄逃回北京。20 日,京奉线一带皖军已逃走一空。东路战争也以皖军失败直军胜利而告终。

东西两路战争全线溃败,段祺瑞愧恨交加,有如丧家之犬。7 月 18 日,靳云鹏去见段,向他进最后忠告说:"战争已完全失败,边防军战斗力已失,若不从速设法,恐三数日内,京中粮食问题将令全军不战自溃,至兵临城下,为时已晚,追悔莫及矣。"②段表示同意,便向徐世昌请求下令停战。是日,徐世昌颁布停战令,责成各路将领迅饬前方各守防线,停止进攻,听候命令解决。

7 月 19 日,段祺瑞发表通电,自请罢免官职,解除定国军名义。电文说:"顷奉主座巧日电谕:'近日叠接外交团警告,以京师侨民林立,生命财产极关紧要,战事如再延长,危险宁堪言状。应令双方即日停战,迅饬前方各守界线,停止进攻,听候明令解决'等因,祺瑞当即分饬前方将士一律停止进攻在案。查祺瑞此次编制定国军,防护京师,盖以振纲饬纪,初非黩武穷兵。乃因德薄能鲜,措置未宜,致招外人之责言,上劳主座之厪念。抚衷内疚,良深悚惶。查当日即经陈明,设有谬误,自负其责。现在亟应沥情自劾,用解愆尤。业已呈请主座,准将督办边防事

---

①　《公电》,《申报》,1920 年 7 月 20 日。

②　《段祺瑞屈服后之北京》,《申报》,1920 年 7 月 27 日。

务、管理将军府事宜各本职,暨陆军上将本官即予罢免,并将历奉奖授之勋位、勋章一律撤销,定国军名义亦于即日解除,以谢国人,共谅寸衷。"①这个电报文过饰非,掩盖自己的罪责,不承认自己战败,而把停止战争的理由说成是出自外交团的警告和徐世昌的电谕,并且是他主动命令前方将士停止进攻的,真可谓恬不知耻。

　　直皖战争主要是在京畿一带进行,但其他地方也有牵动和连锁反应。双方都想调派在外地的军队和盟军配合和支持各自在京畿的军事行动,以保证战争的胜利。

　　湖北方面:战争爆发前不久,段祺瑞即密电在湖北的吴光新调遣驻鄂西的军队集中汉口,沿京汉路北上,以牵制吴佩孚,袭击吴军的后路。北京边防军司令部也有急电致王占元,要求他令已改编的张敬尧第七师"暂待后命"②,企图恢复张旧部,以配合吴光新的军事行动。为此,吴光新与张敬尧潜居汉口,进行密谋策划。曹锟、吴佩孚则于7月上旬派代表余道南持函分赴汉口和长沙,和王占元、谭延闿联系,要求他们出兵监视吴光新的军队,如有异动,即予以消灭,以解除直军后顾之忧③。同时吴佩孚还致电陆荣廷,恳请西南各省发表宣言助直反皖,希望桂军一致行动,并另嘱在湘桂军"听候机会随时北上"。陆荣廷复电表示湖南刚刚恢复,宜暂时休养,不可遽然加入,牵动大局,且西南距离直隶太远,行军不易,嘱吴佩孚自己"竭力猛进",西南只能在旁观察,保持中立态度④。王占元和谭延闿则从直系和自身的利害出发,对曹吴的主张积极予以支持。王占元派代表到长沙与谭延闿磋商,谭也派代表到郑州和保定,分别与赵倜、吴佩孚联系,并达成组织湘鄂赣豫四省援直联军的协议。

　　7月11日至13日,吴光新在汉口密调原驻宜昌所部赵云龙第一

<hr>

① 《段祺瑞引咎求和电》,《民国日报》,1920年7月26日;《段祺瑞自请解职之通电》,《申报》,1920年7月26日。

② 《鄂省直皖两军形势谈》,长沙《大公报》,1920年7月19日。

③ 长沙《大公报》,1920年7月12、13日。

④ 《陆荣廷与皖直之争》,《申报》,1920年7月18日。

暂编混成旅和陶云鹤第三旅到汉口,并随即开赴武胜关、信阳一带,准备与河南南阳镇守使吴庆桐的军队联合,继续北上,从后面袭击吴佩孚的直军。然而螳螂捕蝉,黄雀在后,吴光新的一切举动,早被王占元所监视,并做了相应的部署。王将鄂军一些主力部队集结于武汉附近一带,以防备吴的反叛。7月16日,吴光新在武昌直隶会馆邀宴武汉军民两界高级官员,请王占元为首座,借以"离间军队,冀图一逞"①。候至下午4时,仍不见王来,吴于是亲往省督署面迎,旋即被王占元扣留,押于督署花园内。驻扎在汉口硚口吴光新的卫队千余人,得知吴被扣后,群起骚扰劫掠,当即被包围缴械。张敬尧闻讯后,连夜仓皇逃离汉口。7月16日、17日,王占元接连发表通电,揭露吴光新的阴谋,表示他扣留吴是不得已的。

扣押吴光新的当日,王占元命令直军第十一师师长李奎元(原驻通城,12日进抵武汉)迅即于晚间开赴武胜关南北一线待命。李率部于18日抵武胜关,21日占据信阳,吴光新所部赵云龙和陶云鹤两旅被包围缴械投诚。留驻宜昌、沙市的吴部刘文明第二混成旅和张元培暂编第二旅,见形势不利,亦宣告中立。

河南方面:驻守河南洛阳的西北军宋邦翰第一混成旅和张亚威的第四混成旅,原拟配合京畿皖军的军事行动,东攻直军,后鉴于处在直奉军包围中,未敢轻举妄动。直军在京畿战场击败皖军后,7月24日,宋、张为了保存西北军实力,避免被直军改编,采取应变策略,发表通电,表示愿改隶陆军部,而战前(7月初)他们曾通电反对归陆军部节制。7月27日,吴佩孚致电宋、张,勒令其解除武装,指出:"边防西北各军,由外债组合而成,豢养为一家之爪牙,断无存在之理由。且附逆各军如长江上游各旅及第九师,尚皆缴械遣散,况贵旅为小徐手造,何能独异?大丈夫弃暗投明,何时不可为国效力,更何争此一时之去就。贵部素明大义,理应自请缴械,以释嫌疑而去污点。"②宋、张不愿归曹

<hr>

① 《王占元监视吴光新电》,长沙《大公报》,1920年7月20日。

② 《公电》,《申报》,1920年7月29日;《时报》,1920年7月29日;长沙《大公报》,1920年8月3日。

锟、吴佩孚节制,以"该旅成立之初,与奉军渊源可溯"为辞,提出愿拨归张作霖统率①。曹锟不允,派第一混成旅旅长王承斌前往接收,并由张作霖饬驻扎石家庄的奉军旅长鲍德山派员帮同办理。7月30日,西北军宋、张两旅在洛阳哗变,王承斌率部会同奉军合力围剿,变兵溃散,向西北方向逃窜。

　　山东方面:在山东与河北交界处,马良所属边防军第二师,以黄河涯(位于德州南约二十五里之津浦线上)为界,与驻守德州的直军商德全第五混成旅对峙。7月18日,马良派兵一支北上,拟夺取德州兵工厂,然后率大队北上天津,与东路皖军会师。兵到德州境内时,为商德全所赶走。商并将德州以南的津浦路铁轨拆除,以防边防军第二师北进。19日,马良亲率边防军发动总攻击,20日夺取德州。与此同时,十五师留驻山东的吴长植旅,则移防济南与德州之间的平原、禹城一带。商德全部退至河北境内桑园(今吴桥,距德州约四十五里)连镇。天津小站龙济光的振武军又蠢蠢欲动,准备前往接应援助马良。但此时皖军东西两路均已失败,大势已去,边防军第二师已成孤军,败局已定。是日,靳云鹏、姜桂题致电马良说:"直皖交战,两路边防军已退至京师附近,曲师长投诚缴械,陈师长受伤,不能动作,全部溃退,伊等自认听候处分。东路奉军大队已到,寡不敌众,人所共知。总之,此后两无战事,胜者让步,败者认罪,自无再行祸民之理。望即收兵勿进,听候办理,决无加罪于执事之理。"②21日,奉军总司令张景惠派员到龙济光军中交涉,阻止他援助马良,并要求他解除武装。龙济光拒不服从。22日,奉军与之开战,龙军溃败,全被缴械,龙济光挈眷逃走。

　　7月25日,直军商德全旅与曹锳的第四混成旅,在奉军配合下,在连镇举行反攻,马良的边防军第二师恐被包围,迅速从桑园、德州撤退至黄河涯。26日,直奉军再次会同进攻,边防军伤亡甚多,纷纷退至平原、济南一线。战事结束后,边防军第二师被遣散。

---

①　《直皖战争文牍》,《近代史资料》1962年第2期,第134页。

②　《神州日报》,1920年7月29日。

三　直胜皖败的原因

在直皖战争中,皖军投入战斗的兵力比直军多,装备也比直军好,战争爆发前,段祺瑞曾号称有"五师听其指挥"①;安福系还扬言:"若战,必七日内占保(定)、德(州),十日俘曹、吴。"②然而,曾几何时,东西两路战场只打了三、四天,皖军即众叛亲离,全军覆没,一败涂地,直军轻而易举地取得了胜利。其原因何在? 归纳起来,不外以下几点:

一、人心向背不同

军阀无义战。直皖战争是直系军阀和皖系军阀之间争夺权势和地盘的战争,双方都不是义战,因此总的说来,都得不到人民的支持。但是,只要仔细分析一下当时的形势和直皖双方提出的口号,以及舆论的态度,就不难看出,人民并不是毫无比较选择而一概加以排斥和反对的。

如前所述,自袁世凯死后,以段祺瑞为首的皖系军阀成为中央的实际统治者。几年来,皖系军阀、安福系政客及其所操纵的北京政府盗卖国权,和日本私订密约,大借日债,培植私党,穷兵黩武,涂炭生灵,阻梗和议,干尽了坏事,恶贯满盈,人民对他们深恶痛绝,大有"时日曷丧"之慨。人们的认识是受历史条件的制约的。恩格斯说过:"我们只能在我们时代的条件下进行认识,而且这些条件达到什么程度,我们便认识到什么程度。"③在当时,中国共产党还未产生,孙中山虽然坚持革命斗争,但提不出正确的革命行动纲领,不依靠人民,而是联合某一个军阀去反对另一个军阀。孙中山从广东军政府内部斗争的需要出发,企图与皖系军阀合作,进行反对直系和桂系军阀的斗争,而这恰恰与国人深恶皖系、左袒直系的想法相径庭。五四时期,人民能够依靠自己的力量

---

① 《李秀山口中之北局》,长沙《大公报》,1920 年 7 月 25 日。
② 《专电二》,《申报》,1920 年 7 月 13 日。
③ 《马克思恩格斯选集》第 3 卷,人民出版社 1972 年版,第 562 页。

来阻止北京军阀政府出卖山东的权利,但是不能根本推翻皖系军阀的统治。人民要求铲除祸国殃民的安福系的愿望,只能通过北洋军阀内部斗争来实现,通过直皖战争直胜皖败的结局来实现。诚如当时舆论分析所指出:"国民欲铲除卖国亲日之安福派也久矣。顾国民有心而无力。此出自国民之口,固当自惭,然亦实情,不必为讳。国民对于卖国亲日派虽有铲除之决心,然急切无实力,于此之际,苟有人焉,起而代为国民为之,不问其人为甲乙丙丁,但须不为外人,国民无不乐为赞成。国民之赞成其人也,绝非赞成其前此之行为与此后之期望,乃止断章取义,赞成其铲除卖国亲日者一事而已。故此次国民之赞成直系,乃止赞成其事,而非赞成其人。"①如同历史上常常有过的人民盼望清官来取代赃官的情况一样,人们希望直系胜利,皖系失败;期望吴佩孚这个当时具有爱国思想,表示"不借外债,不住租界,不勾结外人,不做督军",强烈反对安福系卖国勾当,同情学生爱国运动,主张和平统一的直系急先锋,来取代段祺瑞和徐树铮这类卖国祸民众矢之的的罪魁祸首。吴佩孚也正是顺应了这种民心,利用了群众对皖系和安福系的强烈不满,打着"锄诛卖国奸党"、"为民除害"、"召开国民会议"等旗号,来进行他的倒皖战争的。吴佩孚受五四群众爱国运动的影响,他的一些言论和行动,和群众的斗争目标基本一致,在一定的程度上反映了人民群众的要求,因而赢得了一部分人心,人民给予他从而也给予直军以某种同情和支持。可以说,人民要求推翻皖系军阀统治的意愿,是曲折地通过吴佩孚的行动反映出来的。

　　直皖战争前后,全国许多团体纷纷发表通电,声讨段祺瑞、徐树铮和安福系的罪行,支持吴佩孚的对皖战争。7月15日,上海商业公团联合会、上海各路商界联合会等一百一十四个团体致吴佩孚等的电报说:"数年来国人受安福党人祸国殃民之毒害,农工商学,无日不企望国民年出数千万膏血所养之国军,起而为民除害。前读吴子玉师长宣言,虽能如民意之所欲出,犹虑其不能见诸实行。今果誓众兴师,义声所

播,河山壮气。使不于此时扫荡妖氛,去毒务尽,贻害国家之罪,诸公亦不能自逭。试观年来对外密约,卖路卖矿,何一非出于安福党人之手。使非绝其根据,国家主权,将永受他人束缚。诸公今日既有自负为国为民之责任,慎毋于堕彼方之诡谋,为感情所牵制,除恶未尽,遽藉口于息事宁人,致重贻国民以痛苦。倘能一本民意,以义始者,亦以义终,四亿同胞,固誓为后盾。"①同一天,全国和平联合会、和平期成会给徐世昌的电文中指出:"直军驱除安福,深符民意,免徐一令,众论翕然。"要求徐世昌"洞察民心,当机立断,惩办营私祸国之安福首领徐树铮、曾毓隽等,解散安福国会,卸段氏兵柄,彰明正义,与民更始,庶几乱原杜绝,和平可待"②。顺直省议会、天津总商会声讨段祺瑞的电文,列举段祺瑞、徐树铮种种罪状,同样表示了支持吴佩孚的直军对皖战争的态度③。当时一家外国报纸的社论也指出:"北方舆论大多数表同情于吴佩孚,似愿诉诸武力,以期推翻误国已久之人物。"④战争结束后不久,杭州学生联合会写给吴佩孚的信中还说:"公此次誓师讨贼,救国热忱,歆动寰宇,凡有血气,罔不钦佩。兼旬以来,段党纷纷败溃,联军胜券可操。舆论推公,各界亦愿助公,此固廓清卖国贼之大好机会,吾国前途之一线曙光也。"⑤一个著名的新闻记者后来曾做了如下的追忆:"直皖之役,我站在火线外数千里之长沙暗中替吴(佩孚)使着劲。闻吴师胜利则喜,像我自己参加了那次战事一样。"⑥人们不仅对吴佩孚的反皖战争给以道义上的声援,而且在行动上也给予了支持。当吴佩孚在涿州及琉璃河一带与段军鏖战时,曾有数百名各界义勇队参加吴军,即其

①　《请除安福勿惑调停之两要电》,《申报》,1920 年 7 月 16 日;《时事新报》,1920 年 7 月 16 日。

②　《全国和平联合会等声讨安福系删电》,《时事新报》,1920 年 7 月 16 日;《申报》,1920 年 7 月 16 日。

③　《公电》,《民国日报》,1920 年 8 月 3 日。

④　《外人之南北局势观》,《申报》,1920 年 7 月 13 日。

⑤　《杭州学生致吴佩孚书》,《民国日报》,1920 年 8 月 1 日。

⑥　陶菊隐:《吴佩孚将军传·自序》,中华书局 1940 年版。

一例①。

　　人民对皖系军阀和安福系的痛恨,对吴佩孚倒皖战争的支持,是皖系失败、直系胜利的一个根本原因。"吴佩孚的取胜,是民众心理倾向的结果。"②吴佩孚自己也说:"此次兴师讨贼,原为民意所驱策,即战胜结果,亦全国民意战胜,非直军战胜也。"③"此次战胜逆党,谬蒙各界赞扬,实则非军队之力,全胜于民意。"④

　　二、两军士气不同

　　人心的向背,毫无疑问,会直接影响到两军的士气。直皖战争的首先发动者是皖系,但皖军是师出无名的。段祺瑞发布战争动员令后,提出讨伐曹锟、吴佩孚的罪名是"目无政府,兵胁元首,围困京畿,别有阴谋";其目的是"安政府而保邦交,锄奸凶而定国是"⑤。因此,他把出师的军队称为定国军。其实,人们心里都清楚,正是段祺瑞、徐树铮一伙是应该铲除的奸凶;"目无政府,兵胁元首"的,也恰恰是他们自己。这种宣传是很难动员士兵,鼓舞士气的。皖军的主力是边防军,边防军建立的主旨是防边御外,现在拿来对内反对直军,这就亏了理,说服不了士兵。

　　吴佩孚利用段祺瑞的这种弱点,在战争爆发前夕,先后发表了《直军致边防军西北军书》、《直军将士再忠告段军书》,指出:"我国边防军、西北军之设制,为对外御侮之嚆矢,凡属袍泽,畴不以手加额,距跃三百,边防有托,西北无忧矣。乃野心权利者,利用愚民政策,采取军阀主义,拥我数十万朔方健儿,以为同室操戈之用,不以防边,而以防内;凭藉西北,讨伐西南,直视我堂堂国军,桓桓武士,为一家之鹰犬。……北洋原系一体,何有皖直之分,国军同仇对外,又安有芥蒂之嫌?……此

　　① 《字林报之吴张龃龉说》,《民国日报》,1920年8月4日。

　　② 章廷谦:《时局善后的初步》,《晨报》,1920年8月9日。

　　③ 《吴佩孚复商业公团函》(1920年8月12日),《申报》,1920年8月17日;《民国日报》,1920年8月17日;《晨报》,1920年8月21日。

　　④ 《吴佩孚新近在汴之演说》,《晨报》,1920年8月18日。

　　⑤ 《段祺瑞声讨曹吴檄文》,《时事新报》,1920年7月17日。

后凡我军人,遐迩一体,披肝沥胆,敌忾同仇,耿耿此心,可对天日。外御其侮,内息阋墙,堂堂男儿,绝不堕其收买离间术中。我军人幡然觉悟,不为利用,而彼术穷矣。"①又说:"试思南北战争,何人作俑;卖国媚外,何人作伥;国危民病,何人作祟? 追原祸始,段为戎首,徐为祸水,而安福则助虐者也。讵以堂堂国军,桓桓武士,而甘为卖国贼作鹰犬耶? 彼军阀利用愚民政策,动辄曰'拥护中央,服从命令',试问段命徐树铮包围公府,软禁元首,为拥护中央耶,抑危迫中央耶? 贵师旅此次出师攻击直军,为元首命令耶,抑为段徐命令耶? 徐树铮夺出印信,大总统已失自由,国军处此,应助元首除段徐耶,抑助段徐逼元首耶? 稍有常识者类能辨之。元首幽囚之日,正军人救国之秋。军人坐视不救,已为有负天职;若此军起而救之,彼军则进而击之,有是理耶? 自问良知,当能自解。敝军声讨安福,为救国也。贵师旅进攻敝军,亦为救国耶?"②这种宣传,以子之矛,攻子之盾,说理透辟,颇能击中段祺瑞、徐树铮的要害,相当具有说服力。吴佩孚通过某种渠道将这些宣传品送到皖军中,在当时对瓦解皖军士气是起了作用的。

由于上述情况和原因,皖军士气低落,缺乏斗志,普遍存在厌战情绪。段祺瑞发布战争动员令后,边防军军官及士兵即纷纷提出开往何处、与何人作战的质问③,并时有离队逃跑的情事发生。皖军"军官皆有智识,决不肯冒助卖国党之罪名"④。"军官皆曾受教育者,对于无聊之内争,为个人权利而战者,早不谓然。"⑤段祺瑞在对皖军的训词中,于军官"则告以直派掌权,将并咨议差遣而不可得;于兵士则怵以我一失势,即将解散"⑥。边防军第一师誓师时,曲同丰竟无词可措,仅对兵

① 《直皖战争》,第87页;《直军致边防军西北军书》,《申报》,1920年7月2日。
② 《直军将士再忠告段军书》,《申报》,1920年7月20日。
③ 《专电》,《申报》,1920年7月7、8日。
④ 《李秀山口中之北局》,长沙(大公报),1920年7月25日。
⑤ 《北京通信》,《申报》,1920年7月20日。
⑥ 《北京通信》,《申报》,1920年7月20日。

士说:"这次战争,名义上是说不出来的,不过我们不打过去,人家就打过来。"又对长官说:"这回的打仗,是我们受过学校军事教育者,同那没有受过学校军事教育者的战争。"①理由如此站不住脚,官兵自然无心恋战,在战场上不会拚死效力。魏宗瀚第九师官兵表示"绝不助逆"。7月10日,魏向官兵进行战争动员时,大家以师出无名为词,一致反对,魏当场昏倒,不省人事②。由于师出无名,据当时的报纸报道,前线"段军部下,大半不肯作战……段军且多与吴佩孚表同情"③。"各路直皖军队,时有往返,互相嘻笑,感情甚洽,多数皖军不愿作战,以免自伤同类。"④"边防军将官多属学生出身,明白事理,声言边防军原用以对外,用以对内不肯任命。一日之间,营长、连长、排长逃走者达四五十人,即旅长团长亦有逃走者。段军军心不稳,可见一斑。"⑤因此,开战后,经不起吴佩孚的军队一击,皖军即开始溃退投降,倒戈相向。

曹锟、吴佩孚称兵反对段祺瑞、徐树铮和安福系,自然也是为了直系军阀本身的存在和谋求扩张的自私目的,从根本上来说,和人民的利益无关。但是直系当时没有掌握中央政权,没有干皖系和安福系那么多坏事,人们对它没有像对皖系那样的憎恨。而且如前所述,吴佩孚在直皖战争中,打出的是讨逆、铲除卖国奸党的堂堂正正的旗帜,这对士卒确能起到一些鼓动激励作用。吴佩孚的三师三混成旅官兵,曾远离家乡,在湘南戍防两年多,受段祺瑞的压抑,饱尝辛苦,且痛恨安福系的专横,因而在对皖战争中比较能团结一致,同仇敌忾,很少有临阵脱逃倒戈反叛的。

三、两军素质的差异

段祺瑞号称有五师兵力听其指挥,但皖军的素质很差,而且真正能听命作战的,加起来也不过两师人。"定国军之实际战斗力,不过仅有

---

①　《北京特别通信》,《申报》,1920 年 8 月 3 日。

②　《曹锟致曹锐电》,《申报》,1920 年 7 月 20 日。

③　《段军败征之外讯》,《申报》,1920 年 7 月 14 日。

④　《专电二》,《申报》,1920 年 7 月 15 日。

⑤　《昨日所闻之北方战讯》,长沙《大公报》,1920 年 7 月 17 日。

直隶军之半数。"①

皖军的主力是段祺瑞亲手缔造的边防军,特别是边防军第一师被看成是主力中的主力。但边防军建制不久,兵系新招,未经战阵,缺乏实战经验。边防军第一师上中级军官除部分来自军队者外,多是保定军校的教职员,讲战术原则还可以,一到指挥实战则心中茫然,而初级军官多数是保定军校刚毕业的学生,更没有作战经验。这样一个学生班子率领的军队,与久经战阵,曾在湖南战场上屡建战功,有着比较丰富作战经验的吴佩孚军队相较量,在素质上就差了一大截;何况他们又素来慑于吴佩孚的声威,在心理上早就很有几分内怯,所以临战一触即溃,是不可避免的。

边防军官兵和直军将士,不少"非姻即故"②,有比较密切的亲属关系。加之,边防军第一师出身于保定军校的下级军官,在校时都曾受到曹锟的礼遇。"曹锟在保,礼军官学校学生甚厚,星期休假,特于各戏园池座中为军官学生备座,而点戏之单,则数日前即送至军官学校,以是凡出自保校者,罔不德曹"③。而且,"边防军多山东人,都赞成吴子玉的主张"④。因此,他们都不愿与曹锟、吴佩孚作战。当时一个在边防军中任职、了解内情的日本军官曾断言:"如欲该军作战,除非将军官另换一班。"⑤

尤为明显的,是刘询的十五师问题。十五师是由禁卫军改编而成的,原系冯国璋的亲信部队,直系的主力,其前身是直隶第五混成旅。该混成旅1912年驻扎在天津西北韩家墅时,即由刘询统带。刘询为河间人,是冯国璋的同乡。1913年7月,冯在袁世凯指令下,组织第二军镇压二次革命时,该混成旅出力很多。是年12月,冯国璋任江苏都督,调该旅到南京,后刘询被任为淮扬镇守使。1917年8月,冯国璋入京

---

①　《段军失败之原因》,长沙《大公报》,1920年8月4日。

②　《北京通信》,《申报》,1920年7月20日。

③　《北京通信》,《申报》,1920年7月18日。

④　《北方归客之谈话》,长沙《大公报》,1920年7月13日。

⑤　《北京通信》,《申报》,1920年7月20日。

代理总统，改编禁卫军，加入第五混成旅，并以它为中坚，成立第十五师，担任公府警卫，由刘询任师长。1918 年冯国璋下台后，十五师仍由冯掌握，购械发饷均听其自由处置，不受陆军部节制。段祺瑞知道冯野心未死，忌恨他兵权在握，一再怂恿徐世昌解除冯的兵柄。徐屡与冯交涉，均未获同意。冯死后，十五师归陆军部节制。刘询为了谋取枪械银饷，不得不依附于段祺瑞，但对段并不忠心效命。十五师官兵多数是河间人，不少下级军官且系冯国璋的亲族，由于这种同直系的历史渊源和血缘关系，他们仍然倾向直系，其"内部团结之坚，无异家人父子"①。因此，十五师并不为段派所信任。段企图扼杀这支异己军队，曾积欠军饷达七个月之久，并有一部分被改编裁遣回籍。1920 年 1 月 4 日，十五师曾一度准备哗变，北京戒严，后发饷六十万元始平息。段祺瑞组织定国军时，刘询自告奋勇，表示愿赴前敌讨直，段疑信参半，将十五师作为后卫。当战斗开始前，就有刘询不稳之说。在琉璃河集中时，边防军第一师正式通知各级军官，说刘询部队恐有意外，要严加戒备，监视其行动②。7 月 16 日，十五师调往前线与直军作战，终于不战倒戈降直，最后导致了皖军在具有决定意义的西路战场的失败。

四、战略战术的优劣不同

直皖战争爆发前，南面直军扼守了京汉路，保定与河南、湖北、湖南连成一片，并且与西南桂系军阀结了盟；东面直军与奉军占领了京奉铁路，得到张作霖的支持；西北则有倾向直系的察哈尔都统王廷桢和绥远都统蔡成勋，北京实际上是处在直军四面包围之中。其他各地的皖军，也同样被直军所分割包围，后援缺乏。因此，军事形势对直系有利而对皖系不利。段祺瑞鉴于这种不利形势，加上部队士气低落，军心不稳，担心旷日持久，局面更将不利于己，因此在战略上主张主动出击，速战速决。吴佩孚则有恃无恐，采取盘马弯弓，不急进攻，以逸待劳，巧战胜

---

① 《第十五师裁汰之里面》，《民国日报》，1920 年 1 月 13 日。
② 韩世儒：《参战军与直皖战争概述》，《文史资料选辑》第 41 辑。

人的方针。"皖派之利在速,直派之利在缓。"①在战术上,皖军凭藉自己的大炮优势,用密集的军队实行正面攻击,长驱直入;吴佩孚则把自己的精兵摆在左右两翼,采取诱敌深入,避实捣虚,两翼包抄,分进合击的战术原则。事实证明,吴佩孚的战略战术比段祺瑞、段芝贵、徐树铮要高明得多,这是他克敌制胜的重要原因之一。西路和东路战场,都是直军先退后进,先败后胜。特别是西路,吴佩孚运用灵活的作战方法,不在正面与皖军硬拚,而是乘其不备,分兵两路,包围打击敌军。松林店一役,大获成功,奠定了战争胜利的基础,显示了他卓越的军事才能。

另外,作为一个优秀的军事领导者和战斗指挥者,吴佩孚的胆略与精力,也不是段芝贵、徐树铮之流所能企及的。当时一个在吴佩孚军中的目击者说:"延陵(指吴佩孚)用兵,诚有天才,临敌如无事,兼旬不暇而不疲,精力胆量,实少其比。"②段芝贵、徐树铮看到前线战事失利溃败,自己指挥失灵,即闻风丧胆,仓皇逃回北京。此外,吴佩孚不仅深明韬略,而且长于治军,他的军队纪律比较严明,因而具有较强的战斗力,这也是段军所不及的。当时的报纸报道说:"直军士气旺盛,纪律严明,外人赞叹,大胜可必。"③

五、奉军的参战

在当时北方军阀中,除了直系和皖系外,还有奉系军阀的力量比较强大,张作霖也正想乘机向关内扩张势力,因此在直皖对峙、双方力量不相上下的情况下,奉军有举足轻重之势。好像一架天平,张作霖站在哪一边,哪一边的砝码就会往下降,失去平衡。段派原来指望张作霖保持中立,以便自己和直军单独作战;直系则极力拉拢奉军作为盟军,结成反皖的联合战线。双方都意识到奉军的参战与否,会改变战场上的

---

① 《北京通信》,《申报》,1920年7月20日。

② 《张子武上谭督书》,长沙《大公报》,1920年7月27日。按张子武即张其锽,原籍广西,与谭延闿同榜中进士。辛亥革命后先后被任为南武军统领,湖南军事厅厅长。直皖战争爆发前夕,谭延闿派他前往保定作联络工作。此信1920年7月20日写于高碑店。

③ 《专电》,《时事新报》,1920年7月20日。

力量对比,直接影响到战争的前途。7 月 16 日和 17 日,在西路战场和东路战场战斗正激烈,直军处于不利的时刻,奉军大队先后分别赶到高碑店和北仓前线,协同直军作战,对振奋直军斗志,瓦解皖军士气,扭转局势,促成直胜皖败,起了不小的作用。

四　各帝国主义国家对战争双方的态度

长久以来,中国一直是帝国主义列强角逐争夺的场所。帝国主义为了维护和取得它们在华的政治特权和经济利益,都竞相培养扶植中国有利于自己的势力和代理人。在直皖战争中,它们从各自的利益出发,对战争双方采取了不同的态度。

从 1916 年 6 月到 1920 年 8 月,以段祺瑞为首的皖系军阀及其所控制的北京政府,一直是得到日本帝国主义的全面支持的。日本通过对皖系军阀的支持,在中国获得了巨大的权益;皖系军阀则通过卖国借款,从日本方面得到了大量的金钱武器,其反动统治才得以维持。段祺瑞和皖系军阀正是依靠其一系列的卖国勾当,取得日本空前的借款支持,建立并保持自己的统治地位。皖系军阀与日本侵略者的关系,徐树铮曾一语道破:"我北军权势消长,与日本寺内内阁利害相通。"[1]在皖系军阀统治时期,日本从中国获得的经济好处,还可以从下面情况中得到说明:1920 年下半年,日本海外投资的百分之九十都集中在中国。在中国的外国投资总额中,日本约占一半左右,其中在中国东北地区(日本称为"满蒙"地区)的外国投资总额中,日本占了百分之七十以上。

前已述及,寺内正毅下台后,由原敬接任日本内阁首相。此时,第一次世界大战结束,西方帝国主义势力卷土重来,反对日本对中国的独霸局面。原敬被迫采取与欧美各国协调一致的侵略方针,开始对日本的对华政策作了某些修正,但并未根本改变它对皖系军阀的支持。

---

[1]　《徐树铮电稿》,第 2 页。

日本是一个军国主义国家，一切政策均出自军阀元老之手，如寺内内阁时除派林权助为驻中国公使外，复派军国主义分子西原龟三长驻北京，一切借款的穿针引线，都经西原之手，权力远在驻华公使之上。此外还有两人，一为公使馆武官斋藤季治郎少将，一为北京政府顾问坂西利八郎少将，他们周旋于两国军阀之间，干了不少罪恶勾当。1919年春间，日本军部受内外压力，不得已召回斋藤，以避军阀外交之名，而让坂西转任段祺瑞的边防军顾问，以掩世人耳目。由此两国军阀间的联络，系于坂西一人。1920年初，坂西回国述职时，受徐世昌、靳云鹏的委托谒见日本军阀元老山县有朋，陈述北京政府殷切希望日本援助。坂西分析说："徐、靳均仰助段氏之势力。援靳与援段无异。而以靳较段可以缓和南方之攻击，援靳则北方军阀均托庇日本宇下，日本在中国之活动可以发展，对美外交亦容易就范。"①山县听后，深表赞同，立即指示原敬内阁妥筹办理。原敬受山县之命，开始改变踌躇经年未决的对华借款方针，决定支持四国银行团，自为盟主，拟定借款纲领，通知英、法，求其赞同，并怂恿美国加入，以积极援助中国北方军阀。如美国不肯加入，日本将偕同英法支持旧借款团，实行三国共同对华借款：如英法也不赞同，日本则实行单独借款。2月间，北京政府曾向英、美、法、日四国银行团要求借款五百万镑，迭次往来磋商条件，后因四国公使答复未能满意，不得不中止。旋即由日本单独借日金九百万元，利息八厘，实收九二，以国库债券为担保，期限六个月，于2月18日签约交款②。日本企图通过单独对华借款支持皖系军阀，以取得皖系同意与它就山东问题进行直接交涉，攫取中国的主权。

皖系军阀和安福系由于是日本一手扶植的，所以他们处处依赖并听命于日本帝国主义，而直系吴佩孚坚决反对日本的侵华政策和皖系盗卖国权、投靠日本的可耻行径。因此，在直皖战争中，日本从切身的利害出发，支持皖系对直系开战。尽管战争前夕，日本政府迫于国际舆

---

①　《中日军阀之新结托》，《民国日报》，1920年1月7日。

②　王芸生：《六十年来中国与日本》第8卷，第5页。

论的压力,特别是中国人民的反对,不得不装模作样地训令其驻华使馆严守"中立",不得参加一方反对另一方①,但它同皖系军阀的特殊关系,决定了它不可能对这场战争采取袖手旁观的态度。事实上它完全站在皖系一边,在不同程度上卷入了这场战争。

如前所述,段祺瑞用以对直战争的主力边防军,不仅是用日本的借款建立起来的,其军火装备也由日本供给,而且直接接受日本军官的训练。边防军的最高军事顾问是坂西少将,边防军的一些军事教官大都由日本军人充任②,这种情况一直到直皖战争爆发时均是如此。战争前夕,坂西参与了皖军对直战争计划的拟定,日本借款八百万元给段祺瑞充作战费③,还有一些在华的日本人参加段军对直作战④。为此,曹锟曾电请北京公使团注意日本暗中助段这一事实。全国学生联合会致北京公使团的电报也指出:"日人加入段军,事实昭然,此不但助长敝国内乱,抑大背国际成例,除由国民直接提出抗议外,望主持公道。"该会在致日本驻华公使小幡的电报中更加严正地指出:"贵国国民加入段军,业已证实。此举不特有背贵国严守中立之宣言,抑且贻贵国羞。倘不严加取缔,敝国国民自有正当办法,以对此等非礼无法之举。"⑤日本知道奉军参战对皖军极为不利,因此,当张作霖还未明确表示援直倒皖时,它的驻奉领事曾奉令照会张作霖,不准二十七、二十八师开入关内

---

① 《专电一》,《申报》,1920 年 7 月 13 日。

② 边防军聘请日本教官、下士、助教等计有:军需教练所教官鱼住慎一、卫生教练所教官野崎藤山郎、交通教练所教官近藤全房、教导团教官藤原胜千代、石井巳代吉、下元熊弥、仓崎清、山口卯吉、青原宇市、佐佐木丰藏、遇川弥一、佐藤重藏、小林元吉郎、福山芳藏、佐古永一、荒川武勇、猿渡竹次郎、多田骏、岩松英雄、铃木兵一郎、青岛正智、饭田由夫,此外尚有劈刺体操科助教多名。直皖战后,边防军被解散,上述这些日本教官于1920年8月下旬被解聘回国。

③ 《吴佩孚战史》,1922 年版,第 48 页;《直皖兵争之外讯》,《申报》,1920 年 7 月 12 日。

④ 战争结束后查明,在战场上被毙伤的日本人有三十人,被俘多人。见《时报》,1920 年 8 月 3 日;长沙《大公报》,1920 年 8 月 5 日;《晨报》,1920 年 8 月 7 日。

⑤ 以上两电均见《工学界反对助长内乱》,《民国日报》,1920 年 7 月 21 日。

助直①。战争进行中,东路战场 16 日直军在杨村安置大炮抵御皖军时,遭到驻防该地日军的横蛮干涉,以致被迫后撤,处于被动挨打的境地。但皖军占领杨村后,在该地架炮等一切军事设施和军事活动,日军却概不过问。两相对比,明显地表现出日本助皖反直的态度。

除了日本外,援助段祺瑞的还有意大利。7 月初,意大利私将大炮、炮弹、子弹、炸弹等军火,从山海关运往南苑,供给段军,意大利的飞行员也参加了战争活动。7 月 12 日,曹锟、吴佩孚以此举违背了国际公约中有关各国不得干涉他国内争,和各国外交使团关于中国不统一不售军火给中国的规定,特提出抗议②。意大利公使以并未同意外交使团禁运武器的规约为理由,表示拒绝接受曹吴的抗议③。

战争以皖系失败告终后,中国亲日派被打倒,日本失去了多年扶植的代理人,其在华利益直接受到危害,因而感到沮丧和担忧。东京《朝日新闻》8 月 3 日发表的社论说:"亲日派既灭亡,于日本的利害,有不能不视为重大。……无论如何,段派比之其他各派,较了解日本所与以中国的利益。何言之,因彼派系有利用日本的势力,以固其立脚地的倾向,此系事实。……其结果至失全国人的信望,单剩因与日本军阀的关系而为列国嫉视之的,终至今日陷于悲惨的败亡。……此次段派势力消灭尽净,亲日派灭亡,世人一般不免叹息,此乃吾人所了解。"④文章认为:"段派之武力中心思想,乃与中国之情势相背驰,故助段图谋中国统一之日本,乃陷于非常之过误";要求日本政府改变对华政策,纠正过去的错误。但是战争结束,日本仍然偏袒皖系军阀余孽,深恐徐树铮等一旦伏法,亲日派势力被彻底铲除,势将丧失其在华利益,因而对安福系罪魁祸首极力予以庇护。

皖系被打败后,徐树铮、曾毓隽、段芝贵、丁士源、朱深、王郅隆、梁

---

① 《中外新闻》,长沙《大公报》,1920 年 7 月 16 日。

② 《专电二》,《申报》,1920 年 7 月 15 日。

③ 《义使署辩明军械问题》,《晨报》,1920 年 7 月 13 日;《申报》,1920 年 7 月 14 日。

④ 转录自《日人拟改变对华政策》,《民国日报》,1920 年 8 月 14 日。

鸿志、姚国桢、姚震九人，为了躲避直奉和国人的惩办，先后逃入日本使馆，寻求主子的庇护(李思浩逃入华俄道胜银行内)。7 月 28 日，各国外交使团在法国公使馆开会，讨论是否收容安福系罪犯问题。美、英、法三国公使主张除妇孺外，其他一律不许在使馆居住，但是日本和意大利公使表示反对，认为是违反了人道主义①，结果决定各行其是。会后，美、英、法三国公使发出训令，告诫各该国旅京侨民应按条约规定，不许华人男子寓于使馆界内，如有私自庇护罪犯情事，限四十八小时以内勒令出境②。日本使馆则将徐树铮等人藏匿在使馆界内的护卫营中，为了避免外泄，将中国男仆全行辞退，一切事务均由日本下女伺候，并在使馆秘书厅"宴以大餐"，"款待周至"③。

　　7 月 29 日，徐世昌根据直、奉方面的要求，发表了通缉惩办徐树铮、曾毓隽等十人的命令。但是，要对他们进行惩办，就必须同北京外交使团和日本公使馆交涉，将徐等引渡归案。因此，8 月 7 日，北京政府外交部照会北京公使团领衔法国公使柏卜，要求转达各国公使将徐树铮等十人，"切实查缉引渡，以便归案讯办"④。

　　8 月 9 日，日本驻华公使小幡奉本国政府训令，复照外交部代理总长陈箓，拒不同意交出安福罪犯。复文声称徐树铮等九人，"各自投本公使馆，以求一身之保护，本公使顾及国际之道义及中国之事例(按此指张勋复辟失败后逃入荷兰使馆，使馆曾予庇护)，认为不得已而对于以上各人决定加以相当之保护，收容于公使馆护卫营内矣。本馆严重告诫，在收容所内不得干与一切政治，且全然断绝与外部之交通。本公使当通告以上事情于贵代理总长之际，深信贵国政府能十分谅解本使馆之措置全然超越政治上之趣旨，即现在各氏所受之保护，非依其隶属

---

　　① 《日本外交文书》，大正九年，第 2 册上卷，1972 年日本外务省编纂，第 191 页。另见《外交团决下逐客令》，《民国日报》，1920 年 8 月 3 日；《本报停刊中大事记》，《晨报》，1920 年 8 月 1 日。

　　② 《外交团决下逐客令》，《民国日报》，1920 年 8 月 3 日。

　　③ 《法报论日本庇护祸首》，《时报》，1920 年 8 月 13 日。

　　④ 《近代史资料》，1962 年第 2 期。

于某政派而与以特别之待遇,亦如不能因其非属他政派之故而即拒绝收容者也。"①22日,外交部又照会日本驻华公使,表示不同意9日复照中所述各节,指出我国政府正从事调查各罪犯之罪状,一俟调查完了,即将犯罪证据详细奉复转达,俾将各该犯引渡法办,并要求在此之前不让各犯逃走,或迁移他处藏匿,以期归案讯办②。27日,日使又复照外交部,再次表示拒绝引渡祸首,认为中国政府7月29日惩办徐树铮等的命令,系以政治为根据,故日使馆即视为政治犯而予以收容保护,并声称:"无论彼等将受何等刑事罪名之控诉,敝使不能承认贵总长所说将彼等引渡。"③

　　日本包庇安福系罪犯、侵犯中国主权的行径,激起了中国人民的愤慨,全国许多团体发表通电,表示强烈抗议。8月17日,上海商业公团联合会致日本驻华公使的电报说:"查徐树铮等犯侵蚀国币,戕法杀人,通匪谋乱等罪,均证据确凿,完全为刑事罪犯,绝对无政治性质,苟许容留,适蹈袒庇段党之嫌。敝国人民对此必更加一重遗憾",要求日本公使尊重中国民意,"将徐树铮等罪犯引渡惩治,以申国法而全邦交"④。北京学生会的通电指出:"日使小幡此次庇护安福祸首徐树铮等,藉口国际习惯,强词夺理,中外共愤。该祸首等穷凶极恶,杀人赃污,靡所不为,安得与国事犯比。且按诸国际公法,公使馆决不能庇护犯人,其治外法权亦仅限于保护公使与公使馆之公文两者之独立及不受侵犯而已。今小幡滥用公使不可侵犯之权利,以庇护我举国欲甘之罪人,实属破坏国际公法,侵犯吾国主权,是而可忍,孰不可忍。……除一面陈情政府速与交涉引渡外,务望各界厉行抵制日货,以为对待,促其最后之

①　《日本承认收容祸首》,《晨报》,1920年8月11日。

②　《日本外交文书》,大正九年,第2册上卷,第546页;王芸生:《六十年来中国与日本》第8卷,第17页。

③　王芸生:《六十年来中国与日本》第8卷,第17—18页。

④　《商业公团请惩罪魁之三电》,《申报》,1920年8月18日。另见《日本外交文书》,大正九年,第2册上卷,第553—554页。

觉悟。"①8月14日，中国留日学生总会代表三千余名留日学生，致电日本政府表示抗议，要求日本政府"将不适任之小幡公使撤回，从速将徐树铮罪魁等九名引渡于我国，以顾全两国邦交，以平我五亿国民之公愤"②。

11月14日，日本公使馆不顾中国人民的反对，悍然掩护安福系罪魁徐树铮从使馆逃往天津，转送至上海公共租界匿居。

段祺瑞、徐树铮倒台后，日本开始物色新的代理人，并且看中了张作霖；而张作霖也想利用日本作后台，来扩展自己的势力。当时的外报指出："外人界内，皆视张作霖为继段祺瑞而赞助日本军阀者。"③

美、英、法帝国主义国家和日本采取了不同的态度。

日本对皖系军阀的支持，阻挠了南北议和，影响中国的统一，它在中国独霸，损害了美、英、法帝国主义在华的利益。因此，英、法特别是美国反对日本的对华政策，对皖系军阀投靠日本，坚持武力统一中国，表示不满。

1919年8月，由于美国人民反对日本继承德国在中国山东的权利和凡尔赛条约中有关中国山东问题条款的规定，同情中国拒签和约运动，美国参议院对凡尔赛条约通过一项保留案："美国对德约第一五六条、一五七条、一五八条之规定，不予同意，并保留美国对中日间因此项条款所起争论之完全自由行动权。"④英、法两国对美国参议院的保留案，也表示赞同，决定采取一致态度。11月间，日本为了保持对中国满蒙地区的独占，向美国提出所谓"满蒙除外"条件，美国以其违反了门户开放和机会均等原则，坚决予以拒绝。英国和法国也同美国取一致的步调，反对日本的要求。美、英、法三国还订有中国不统一不售予军火的协约，并拒绝日本提出共同向皖系军阀及其所控制的北京政府借款

---

①　《北京学生会之公电》，《晨报》，1920年8月23日。

②　《留学界对日政府抗议文》，《晨报》，1920年8月27日；《日本外交文书》，大正九年，第2册上卷。

③　《字林西报反难日人之辞》，《民国日报》，1920年8月12日。

④　刘彦：《最近三十年中国外交史》，第132页。

的要求。前述直系特别是吴佩孚提出的一些主张，比较符合美、英等西方国家的口味，因此在直皖战争中，美英法三国在政治和道义上是支持直系的。

直皖战争前夕，美、英、法驻京公使对皖军发动对直战争即屡有不满的表示。1920 年 7 月 8 日，法国公使柏卜代表驻华公使团照会外交部，声明倘有外国侨民，因战争"致受性命或财产之损失，公使团应使中国政府担负全责"，要求中国政府"筹设一切妥协办法，以免携械军队进入京城，或使用抛掷炸弹之飞艇于京城空际之上"①。这是企图限制边防军的军事行动，是不利于皖军的。英国驻京公使还通知北京政府，要求不用英国飞机参与战争，并将英国技师撤回②。一家英国人在中国所办的报纸，从北方舆论大多数同情吴佩孚，反对段祺瑞和徐树铮亲日卖国政策，支持直军倒皖战争的理由出发，甚至认为公使团上述照会，从外国侨民的安全考虑，"固属正常"，但照会中劝止战争的话，"似为保全安福部之间接行为"，"未免有遗憾焉"③。战争爆发后，7 月 17 日，美国驻华使馆武官参赞马格德和江苏督军李纯督署顾问美国人安德森，曾一同到保定前线观战④，以表示对吴佩孚的支持。

在如何对待安福系罪犯问题上，英、美、法等西方国家同日本采取了完全不同的立场，反对日本对徐树铮等人进行庇护。如上所述，三国驻华公使曾指令本国侨民不许罪犯留居于使馆界内，并认为中国政府有权引渡罪犯归案法办。英国《泰晤士报》的文章说："此次安福党之罪犯，纯属非政治犯性质。该人之行为，实人神之所共愤，天地之所不容。……民国政府应有要求各公使将各犯等引渡，按照中国法律惩办之权。……使署界内，不得为犯罪之逋逃薮。"⑤吴佩孚对三国上述所持态

---

① 《外交团对于时局之表示》，《晨报》，1920 年 7 月 10 日；《申报》，1920 年 7 月 10 日。

② 《专电二》，《申报》，1920 年 7 月 15 日；鸿隐生：《安福秘史》，第 79 页。

③ 《外人之南北局势观》，《申报》，1920 年 7 月 13 日。

④ 《白坚武日记》稿本，第 14 册，中国社会科学院近代史研究所藏。

⑤ 转引自西塘野史：《安福部》，日新书局 1920 年版。

度表示赞许,他希望公使团协助捕拿藏匿在使馆界内的安福系祸首①。

　　战争结束后,一些英美在中国创办的报纸及其记者,对吴佩孚给予很高的评价,发出一片赞扬之声,并且对他提出的召开国民大会解决国是等主张(吴的主张详见下节)表示支持。《密勒氏评论报》指出:"吴佩孚将军为一时代之人物……公认为中国一国之英雄,与保障人格之伟大,一时人咸注目其身,而叹服其战段之神勇,中外之人,无不皆然。"②一个英国记者说:"吴佩孚将军乃中国军人中之唯一爱国者。"③另一美国记者说:"吴佩孚之主张大公无私,曹、张两使若能尊重吴将军之意见,唯吴之言是听,则时局必能彻底解决,中国之兴,亦可立待。"④8月中旬,随同美国议员团访华的美国参议院议员、前美国驻华公使芮恩施,在一份给中国政府的建议书中,认为中国只有像英美那样,实行代议制度,根绝军阀官僚政治,才能解决时局问题,因此他表示赞赏吴佩孚召开国民大会的主张。他说:"就目前中国之情势而论,苟欲解决时局,则不但在理论上应当召集国民会议,征求意见,且在事实上亦系舍此而外,别无他法。"⑤这些看法表明,美英等西方国家开始把吴佩孚看成是它们在中国推行对华政策的合意人选。

第三节　战争的善后处理

　　直皖战争结束后,全国各阶层人民和社会舆论一致要求废除安福系与外国签订的一切卖国密约,严惩皖系军阀头目和安福系祸首,解散安福系和安福国会,彻底清算安福系的罪行,并且根据中华民国共和政体主权在民的原则,主张召开国民大会,让国民有处理国家事务的机

---

①　《时报》,1920年8月3日。

②　《西报论吴佩孚》,《时报》,1920年8月21日;《西报揄扬吴佩孚》,《民国日报》,1920年8月21日。

③　《外人目中之吴佩孚》,《时报》,1920年8月10日。

④　《外人目中之吴佩孚》,《时报》,1920年8月10日。

⑤　芮恩施:《对于中国时局建议》,《晨报》,1920年8月27日。

会。人民指望吴佩孚这个积极倡导召开国民大会解决国是的风云人物，能代表民意，出来有所作为。但是，军阀战争本身决定了这场战争必然是一种妥协的结局。吴佩孚虽然表示要遵从民意行事，但他毕竟不能越出军阀的轨范；在同安福系作斗争和对皖战争中，他有着巨大的功勋，但在北洋系军人中，他还是个偏裨后辈，位卑职小，打仗是本分，说话是不能算数的，不能成为左右时局的人物。因此，战争结局是直系军阀和奉系军阀及其盟友徐世昌、靳云鹏共同分享胜利成果，也即是进行政治分赃。人民的要求不可能得到满足，实际上也没有从战争中得到任何好处。

一　直奉间的矛盾开始显露

7月19日，靳云鹏、姜桂题、傅良佐、张怀芝等六人受徐世昌的委派，并携带段祺瑞同意的一、惩办徐树铮，二、解散边防军，三、解散安福系及罢免曾毓隽、李思浩、朱深三总长，四、解散新国会（即安福国会）四项条件①赴天津与直奉方面议和。当时曹锟不在天津，张作霖也未来津，直系方面的意见，认为"六人之使命，如为总统所派，则督军受总统之调停，名分上实断不敢；如为段派居间，则段派已倒，更无所用其调停"②。显然，曹锟、吴佩孚他们觉得现在来讲调停，未免太不合时宜，另外这些条件也还嫌低，不能满足获胜者的要求。直隶省长曹锐对代表态度冷淡，告诉他们："虽家兄（指曹锟）亦无主张可以发表，须俟各省公决。"③傅良佐因替段祺瑞做说客，并随带有武装警卫一百七十余人，被曹锐扣押，其警卫全部被缴械。姜桂题等四人无结果返京，靳云鹏则单独前往奉天与张作霖磋商。

靳云鹏到奉天后，除了转陈上述议和条件外，还替他的恩师段祺瑞

---

① 《段祺瑞屈服后之北京》，《申报》，1920年7月27日。
② 《北京通信》，《申报》，1920年7月31日。
③ 《北京通信》，《申报》，1920年7月31日。

求情,希望在处理战争善后问题时,给段祺瑞留点面子,不要使他太难堪,这也是徐世昌的意见。张作霖同段祺瑞的交谊原本不恶,在他看来,段祺瑞之所以不好,不过是被徐树铮这类奸佞包围利用了,现在安福系既倒,这时出面为段转圜,必将可以赢得一部分皖系势力的支持,从而增加同直系抗衡的资本。7月21日,当张作霖接到段祺瑞19日发出的自劾乞和电报时,当即复电说:"引责各节,不忍卒读","吾公一世令名,坏于群小之手,言念及之,泪下如雨",表示"作霖当躬率三军,愿为督办扫除群小。至对于督办,决不稍有侵犯"①。靳云鹏到奉后,7月23日,张作霖马上又给段祺瑞去电安慰他说:"翼卿到奉,业已接洽。窃念此次兴戎,譬如子弟相争,无关长者,为父兄者尽可置之不问,任凭子弟自行设法了结。今日之事,无以异此。伏望我督办切勿介怀,遇事仍襄助元首,维持大局,并救济近畿一带之生灵。作霖日内到津,即当约集曹使,联络各省,筹商善后一切事宜,以资收束。溽暑逼人,尤望勉节忧劳,为国珍摄,无任盼祷。"②这两个电报清楚地表明了张作霖对段祺瑞这个祸国殃民的魁首所持的立场和态度,实际上也为尔后处理皖系军阀定了基调。

同一天,吴佩孚给北京步军统领王怀庆拍了一个电报,要求严厉处置皖系。电文说:"段氏窃柄,视元首为傀儡者三次矣。以国家为一家之私产,引狼入室,丧尽国权。为拥戴元首计,为保卫国家计,均非将奸党歼除不可。"他提出六项要求:一、解散边防军,取消边防督办官制;二、解散西北军,取消西北筹边使官制;三、安置段祺瑞于汤山,候国民公决;四、徐树铮、曾毓隽、朱深、李思浩、丁士源五人交法庭审办;五、国会停会;六、追缴安福系首领王揖唐及安福系议员证书,永褫公权③。吴请王怀庆将这六项要求汇呈大总统徐世昌核办。曹锟和李纯、陈光远、王占元等对这六条都表示赞同。因此,7月26日,这六项要求作为

① 《张作霖之两电》,《时报》,1920年7月30日。

② 《张胡致段两电之婉转》,《民国日报》,1920年7月31日;长沙《大公报》,1920年8月3日。

③ 《直奉掌握中之北政局》,《民国日报》,1920年7月28日。

保定向北京政府正式提出的处理善后问题的条件①,吴佩孚还认为:
"共和国家,民为主体,凡所设施,苟能以民意为标准,则人心自易翕服。
将来各项问题,最好召集全国国民大会以解决之,庶公论得伸,国事可
定。"②因此,他再次提出从速召集国民大会以解决国是的主张。可以
看出,在处理战争善后问题上,直系特别是吴佩孚比奉系张作霖的态度
要明朗激进得多。

　　吴佩孚的言论,立即引起张作霖的不满。7月25日,张作霖偕靳
云鹏到天津,26日就向外报记者表示,他"不与吴佩孚接洽一切,仅与
曹锟接洽",并指出:"吴不过一师长,不应干涉政治。"③这样,皖系一被
打倒,原来共同对敌的直系和奉系这两个军阀集团之间的矛盾便开始
显露,摩擦渐次发生。

　　战后直奉以及徐世昌、靳云鹏之间几个有分歧争执的问题及其协
商处理结果,略如下述。

二　内阁问题

　　7月28日,曹锟应张作霖的邀请到达天津。自皖军战败后,所有
在中央的段派势力已扫荡一空。萨镇冰因久代总理,早已感到难以维
持,徐世昌为收拾政局,也需要一个适当人物来主持中枢,于是内阁问
题被提上日程。张作霖为了把自己的势力早日引入关内,同时他希望
有一个"操行稳健"的人来主持内阁,以防止像吴佩孚这样标新立异的
人物来干政,也急于想先把内阁组织起来,因此他到天津后,即全力着
手进行此事。

　　当时,在组阁问题上,直系和奉系以及徐世昌之间意见有分歧。吴
佩孚主张先和西南实行统一,然后组阁,在正式内阁未成立时,所有一

---

①　《本报停刊中大事记》,《晨报》,1920年8月1日。

②　《吴佩孚最近之言动》,《申报》,1920年7月30日。

③　《字林报之吴张龃龉说》,《民国日报》,1920年8月4日。

切措施均归军政范围。一般舆论对吴的主张多表同情,以为如此,统一可以促成,并且可以减少许多障碍①。但张作霖坚主先行组阁。在总理人选问题上,徐世昌主张仍由周树模担任,因前述7月初直皖两方备战时,他已一度提出周阁同意案于国会。对此,曹锟和张作霖都不赞成。曹锟说:"吾辈今日之战,牺牲许多生命,是为国民争人格,并非为官僚选机会。"②张作霖说:"与其用周氏组阁,何如使翼青复职,俾各方面均易融洽。"③曹锟提出由王士珍组阁,理由是王为北洋系老前辈,素无党派,和各方面均能搞好关系,同时,王一向主张和平,出主中枢,南北统一之局可成。张作霖为了使他能控制北京政权,并谋得与包括皖系在内的各派势力妥协,则坚持要由他的儿女亲家靳云鹏任总理。由于曹锟、张作霖的反对,周树模一连四次致电徐世昌,请将其同意案撤回,表示"无论通过与否,绝对不就"④。王士珍也表示不愿出山。徐世昌和曹锟只好放弃各自的意见,同意由靳云鹏复职担任总理。徐为了迎合张作霖,还特意派员赴天津致意曹张,说:"翼青如肯担任,自是最好不过",并亲书手函致靳,促其来京组阁⑤。靳本人表示"愧对师门",当时尚不愿意复职,因张作霖极力怂恿,并保证给以支持,才同意组阁。吴佩孚本来不同意靳云鹏组阁,曾对靳说:"闻公不欲组阁,公私两途,皆为最便,佩孚实表赞同。"⑥这时他也不得不表示服从。

　　7月29日,张作霖、曹锟、靳云鹏及各省代表在天津曹家花园会商各项问题(即天津会议),吴佩孚在长辛店,没有参加,派张绍曾为全权代表出席。会议决定五项办法:一、国会自行解散,用新选举法或旧选举法另行召集第三次国会;二、内阁问题,由靳云鹏重新出来组阁,并拟定阁员名单;三、取消上海和平会议,另行组织统一会议;四、裁兵问题,

---

①　《北京通信》,《申报》,1920年8月13日。

②　《北京通信》,《申报》,1920年8月6日。

③　《北京通信》,《申报》,1920年8月6日。

④　《靳阁复活之酝酿》,《民国日报》,1920年8月5日。

⑤　《北京通信》,《申报》,1920年8月6日。

⑥　《北京通信》,《申报》,1920年8月13日。

用靳云鹏之裁兵减饷计划,略加修正,即日实行;五、财政问题,清理旧债,节减军费,实行开源节流①。

8月4日,曹锟、张作霖进京,进一步与徐世昌等面商解决时局问题。此时,奉军入关的部队已达七万人,部署在京畿一带,张作霖已成为举世侧目、左右时局的中心人物。靳云鹏因吴佩孚主张先统一,后组阁,不赞成他出来组阁,因此对组阁事表现消极,在徐世昌、张作霖的催促下,8月5日始由津返京。因此,6日,将入阁诸人,"非常忙碌,群就张(作霖)商酌,仍向靳敦劝"②。7日,由徐世昌主持在公府召开联席会议,研究解决时局问题,与会者有曹锟、张作霖、靳云鹏、张怀芝、萨镇冰、田文烈、王怀庆、吴笈孙、郭则沄等,会上一致同意由靳组阁。因国会中安福系议员已纷纷逃走,提出靳阁同意案不足法定人数,故决定由他先行署理总理。8月9日,徐世昌颁发了"特任靳云鹏署国务总理"的命令。其各部总长人选如下:外交颜惠庆,内务张志潭,财政周自齐,陆军靳云鹏,海军萨镇冰,司法董康,教育范源濂,农商王乃斌,交通叶恭绰。折腾了几个月的内阁危机,至此得到一个解决。张志潭为直系,王乃斌属奉系,靳、周、叶均倾向奉系,这个内阁的组成,反映了战后直奉特别是奉系在中央势力的增长。

三　惩办祸首问题

直皖战争结束后,从7月下旬到8月初,徐世昌在北京根据形势的需要和直奉方面的要求,采取了一些善后措施:7月22日,派王怀庆办理近畿军队收束事宜。24日,准曾毓隽、李思浩、朱深三总长免职,准段芝贵免京畿卫戍总司令职,由王怀庆代理。28日,准督办边防事务管理将军府事务段祺瑞免职,撤消督办边防事务处,其所辖边防军着陆

---

① 《天津会议述闻》,《时报》,1920年8月3日;《收拾安福部之京电》,《民国日报》,1920年7月31日。

② 《北京通信》,《申报》,1920年8月13日。

军部即日接收,分别遣散;撤消西北边防军名义,遣散西北边防军。29日,通令惩办徐树铮、曾毓隽、段芝贵、丁士源、朱深、王郅隆、梁鸿志、姚震、李思浩、姚国桢等十人(时徐等均已逃匿日本使馆),褫夺吴炳湘官位勋章,免吴光新职。8月3日,下令解散安福俱乐部。这些措施,不仅不能平息人民的义愤,满足群众的要求,而且离直系吴佩孚等的要求也有相当大的距离。

直系为了防止段祺瑞、徐树铮等伺机再起,要求彻底铲除段派势力,一是处分段祺瑞,置段于汤山,听候国民公决;一是严惩安福系祸首,其中吴佩孚态度最为坚决。7月底,吴佩孚在上徐世昌的一项条陈中说:"三年来,安福贼党之祸国殃民,实属罪大恶极,种种罪状,罄竹难书,如借外力以压迫国民,卖国产以图饱私囊;任用私人,把持要津;图逞党势,假名练军,此则略举其罪之重者,其余尚难细述。全国人民,恨之刺骨。今幸天诱其衷,群贼畏罪潜逃,虽经明令严缉,过案者尚属寥寥。此种元凶大憝,如无一日逮捕依法严惩,何以正国法而警将来。且祸首等之私产,尤应切实调查确数①,概予查追,不然,恐其携带潜遁,异日借事生端,贻害地方。总期除恶务尽,免致恢复。"②但是惩治祸首问题提出后,遭到徐世昌的多方抵制,他成为皖系和安福罪犯的最大庇护者。

吴佩孚要求首先将段祺瑞安置于汤山,以待国民公决。他曾说:"段总不宜再居京中,如恐汤山时有外人游玩,诸多不便,何妨改驻西陵,我可派一营担任保护。"③这一点曹锟表示支持,他在天津向人表

---

① 战争结束后,奉军会同警察等搜查安福系头目和骨干分子的住宅,所得动产与不动产的数目估计如下:徐树铮,动产一百余万,不动产三十余万;曾毓隽,动产三百余万,不动产三十万;丁士源,动产一百五十余万,不动产八十余万;朱深,动产五百余万,不动产无;李思浩,动产八百余万,不动产二百余万;吴炳湘,动产二百余万,不动产四百余万。所谓动产系指现金及钞票而言,不动产指股票及房屋而言。(见《北京查拿安福罪魁纪》,《申报》,1920 年 8 月 4 日)

② 《一片捕拿祸首声》,《申报》,1920 年 8 月 6 日。

③ 《北京通信》,《申报》,1920 年 8 月 8 日。

示:"段在北京城内,我们不便来,须先请他回避。"①从人民的眼光看来,如此处置段祺瑞,还实在太轻,未免便宜了他,但徐世昌、靳云鹏、张作霖都不赞成。

徐世昌顾念段祺瑞系数十年旧交,以及所谓段"三造共和,参战增高国际地位"②,"有殊勋民国,朝野属望綦殷"③,主张不为已甚;认为允其辞职,已是办到了极处,坚决不同意再做进一步处置。他提出,惩治祸首一条,须将段祺瑞撇开,无论如何不能伤其体面,宣称:"芝泉由我一人保险,如有伤之者,我愿以全家相保。"④他还表示"绝不能负祺瑞"⑤,要"以去就争"⑥。靳云鹏在奉天和天津时,也极力向张作霖、曹锟求情,说如果将来段祺瑞再有轨外举动,他可负完全责任。因此,7月27日北京内阁会议上,已决定不将段祺瑞列入该惩办的祸首名单。曹、张进京后,徐世昌又一再为段说情,并愿担保一切⑦。靳云鹏也说:"段无寸地,失败至此,已成枯木,若再逐出京华,颜面难堪,彼必死无疑。"⑧张作霖的态度,已在前述他给段祺瑞的两次电报中清楚表明,他对徐、靳为段求情表示理解和支持,是很自然的事情。这样,只剩曹锟一个人,他不好再坚持己见,于是处分段祺瑞的问题就搁置不提了。

关于惩办其他祸首问题。7月下旬,直系方面第一次所列名单为十四人,徐世昌只同意惩办五人。天津方面不同意,徐于是改为十人,还加有"此外概不株连"一语,当经天津方面力争,此语始被删去。7月29日,徐世昌惩办徐树铮等十人的命令发表后,紧接着天津方面又提出第二批十三人祸首名单,徐世昌决意不办。7月31日,北京内阁开

---

① 《北京通信》,《申报》,1920年8月8日。
② 《北京通信》,《申报》,1920年8月8日。
③ 《段祺瑞辞职之经过》,《时报》,1920年7月27日。
④ 《北京通信》,《申报》,1920年8月2日。
⑤ 《段祺瑞辞职续闻》,《时报》,1920年7月28日。
⑥ 《国内专电》,《时报》,1920年7月29日。
⑦ 《段合肥之处分问题》,《晨报》,1920年8月10日。
⑧ 《段氏不出京矣》,《晨报》,1920年8月24日。

会时,在徐世昌授意下,专门单独草拟了一纸"十人之外概不株连"的命令。天津方面得知后,颇不高兴,次日即将盖印发表时,传来话说:"北京一味做好人,而令天津唱高调,未免不情。"①"各省讨段,原为恢复总统自由,奈何纵庇罪人,自留后患。"②徐始不得不将"概不株连"令撤销,但仍将意思塞进了8月3日颁布的解散安福俱乐部的命令中,在令文最后加了"除已有令拿办诸人外,其余该部党员,苟非确有附乱证据者,概予免究"③一句话。

　　吴佩孚等提出惩办安福系罪犯,原为肃清祸根,以为安福系频年为非作歹,人民深受其害,论其罪恶,实不止已明令所通缉的十人。因此,曹张到京后的第二天(即8月6日),吴佩孚应曹锟之召到北京,研究时局问题,其中决定的第一条就是"铲除安福祸根",要求进一步惩办安福系官僚、议员及段派的嫌疑犯,开了一张共有三十余人的祸首名单④。徐世昌自然不同意。吴佩孚以此原因,加上召开国民大会、解散新国会等问题与徐世昌、张作霖的意见相左,当晚即悻悻离京返回长辛店。

　　8月7日,在徐世昌于公府召开的研究解决时局问题联席会议上,讨论惩办第二批祸首时,曹锟力主按所开名单惩处,徐世昌则要求宽大为怀,认为"此次惩罚,应以定国军祸首为范围,不应多事株连,致开互相倾轧之渐。至安福党员,多系见利盲从,须从宽大为是。"⑤讨论很久,结果议决通缉王揖唐和安福系议员方枢、光云锦、康士铎、郑万瞻、臧荫松、张宣,褫夺曲同丰、陈文运、魏宗瀚、刘询、李进才、张树元军官军职,交陆军部惩处,即日由徐世昌以大总统名义明令公布。令文重申:"其余该部党员,均查照前令免予深究。"⑥

　　① 《曹张入京前之周折》,《申报》,1920年8月7日。

　　② 《北京通信》,《申报》,1920年8月8日。

　　③ 《解散安福部之明文》,《晨报》,1920年8月4日。

　　④ 《昨日公府之联席会议》,《晨报》,1920年8月8日。

　　⑤ 《昨日之公府联席会议》,《晨报》,1920年8月8日;《七日之两大会议》,《申报》,1920年8月12日。

　　⑥ 《大总统令》,《晨报》,1920年8月8日。

　　曹汝霖、陆宗舆是段祺瑞的司库、安福健将、臭名昭著的卖国贼,人民群众恨之入骨,当时舆论认为二人之罪实不减于徐树铮、曾毓隽等人,要求严办。吴佩孚和曹锟等也力主惩治。徐世昌因与曹、陆有不可告人的政治关系①,极力加以包庇。直奉方面提出的第一批祸首名单原列有曹、陆的名字,徐世昌亲笔将他们勾去,并传语曹张说,他们已经下台,"此次乱事,二人实无参预的确据"②。第二批祸首名单仍将曹、陆列上,并附有事实,一为在西北军总司令部搜出有关曹汝霖的反直文稿,一为陆宗舆曾向中日银行垫借八百万元(现银三百万,纸币五百万)巨款给段祺瑞作战费。徐世昌不能再为二人说情,于是"以概不株连为概括的拒绝"③。因此,8月7日第二次颁发的惩办祸首令中,仍无曹、陆二人。如此巨奸大蠹居然漏网,引起人民群众和社会舆论的强烈不满。南京各界联合会、南京学生联合会等团体发表的一项通电说:"安福祸国,于今三载,卖路鬻矿,无恶不作,推厥祸首,实由曹汝霖、陆宗舆等造成。此次近畿战争,曹汝霖阳托调人之名,阴主谋逆之实。陆宗舆私挪汇业存款,接济逆军至三百余万之多。是曹陆之罪浮于毓隽,不减树铮,于理于法,皆应处以相当惩罚。乃拿祸首命令,竟未提及曹陆二人,群情愤骇,罔知所措。去岁各地不惜罢市、罢学、罢工,群起请惩,仅得免职处分。今幸联军战胜,公理昌明,若仍任彼卖国巨魁逍遥法外,既不足以服国人,亦无以解于联军。兹代表民意,请将曹陆二人并案拿办,以清乱源。"④全国和平联合会的通电指出:安福系祸国殃民的种种罪恶,可以溯源到曹汝霖、陆宗舆的卖国协约。"不有卖国协约,则参战[军]无从发生;不有参战军,则边防军无从变形;不有边防军,则安福系无从跋扈。然则曹陆等实为胚胎安福之种子,即为祸国之根源。……其罪恶之重大,不减段、徐、曹〔曾〕、李,应请一并拿办,处以极刑,庶乱

---

　　①　曹汝霖、陆宗舆过去的卖国活动,都是在徐世昌手下干的。五四运动中,徐对他们的罪行就极力予以包庇,后来被迫免了他们的职,但一直是自己的亲密顾问。

　　②　《北京通信》,《申报》,1920 年 8 月 8 日。

　　③　《北京通信》,《申报》,1920 年 8 月 8 日。

　　④　《公电》,《申报》,1920 年 8 月 4 日。另见《晨报》,1920 年 8 月 7 日。

源可遏,国事得苏也。"①

最后,徐世昌与张作霖、曹锟达成一项交换条件:由徐给曹、张以某种好处,曹、张则负责保全曹汝霖、陆宗舆的面子(详下)。

四　召开国民大会问题

天津会议讨论了吴佩孚提出的召开国民大会的主张,虽未做出正式决议,但曹锟、张作霖、靳云鹏都没有表示不同意见。因此,8月1日,吴佩孚发表关于召开国民大会、解决国是的通电。电文指出:"九年民国,变乱相寻,追原祸始,军阀与政客,阶之厉也。军阀以政客为灵魂,政客以军阀为武器,伪造民意之术日精,而国民愈无所控诉。迭次政变,委曲迁就,敷衍一时,祸不旋踵,而天下之乱亟矣。比年来安福逆党,朋比军阀,以武力造法律,以外债成国会,遂至二三竖子,颠倒众生,痛毒四海,可为痛恨。幸涿鹿一役,天诱其衷,群丑溃亡,元凶束手,正为拨乱反治之机。"他认为,为了解决历年的纠纷,拨乱反治,"发扬真正之民意,俾军阀无所施其力,政客无所取其巧,奠民国之丕基,而为一劳永逸之计",只有召开国民大会,一切重大问题,由国民公决。他拟订的国民大会大纲如下:一、名称:为国民大会。二、性质:由国民自行召集,不得用官署监督,以免官僚政客操纵把持。三、宗旨:取国民自决主义,凡统一善后及制定宪法与修正选举一切重大问题,均由国民公决,他方不得藉口破坏。四、会员:由全国各县农工商学各会选一人为初选,所举之人不必以本会为限;如无农工商会,宁阙勿滥。然后再由全省合选五分之一为复选,俟各省复选完竣,齐集上海或天津开成立会。五、监督:由省县农工商各会长互相监督,官府不得干涉。六、事务所:先由各省农工商学总会公同组织为该省事务所,办事细则由该所自订。七、经费:由各县自治经费项下开支。八、期限:以三个月成立开会,限六个月

---

① 《公电》,《民国日报》,1920 年 8 月 5 日。

将第三条所列诸项决议公布,即行闭会①。吴佩孚认为实行此八条办法,可将南北新旧国会一律取消,南北议和代表一律裁撤,一切纠纷均交国民公议解决,"既可免军阀干政、政客投机之弊,更可免权利冲突、意见争执之嫌"②。为了表示召开国民大会不是他个人哗众取宠,自作主张,他在电文末尾还特地说明,曹、张两帅在天津会议已对此表示赞同。

吴佩孚召开国民大会的主张提出来后,立即获得社会各界人士和舆论界比较热烈广泛的响应。人们认为,上述大纲尽管办法未必周全,还有值得商榷的地方,对国民大会能否开成也有疑虑,但都一致表示,它反映了群众的呼声,是民意的体现,为解决当前国是提供了一条正确办法,应予赞成。他们说:"对于民国九年以来之感想,得一个最正确之公式,此公式为何,即人心之向背是已。……吴子玉将军主张国民大会,其用意正大深远,吾辈亟应赞成。"③"这次吴子玉将军主张的国民大会组织法,颇含职业的民主主义的原理,把这个精神扩而大之,很可以开一个新纪元。"④上海成立了国民大会筹备会、国民大会策进会等团体。北京成立了国民大会促成会。北京学界蔡元培、李大钊、孟寿椿、陈启修等发起召集"临时国民大会",以"解决目前切要事件",并拟订临时国民大会提案七条:一、解散非法国会,并不承认非常国会继续存在;二、肃清祸国党孽,禁止起用复辟帝制犯;三、裁减军队,废除督军及与督军同等制;四、凡国民应享之一切自由权利禁止侵犯;五、实行地方自治,并得由各地方自行编练民团;六、公布国家会计,禁止秘密借款;七、根据民意决定外交方针,并取消一切卖国密约(七条每条均附说明,从略)⑤。这些主张在当时是颇有代表性的。

---

① 吴佩孚东(1 日)电全文见 1920 年 8 月 5 日《民国日报》和《时报》,八条大纲最先发表于《申报》,1920 年 7 月 13 日。

② 《吴佩孚对战后之主张》,《民国日报》,1920 年 8 月 5 日。

③ 张一麐:《对于国民大会之商榷》,《晨报》,1920 年 8 月 1 日。

④ 李大钊:《要自由集合的国民大会》,《晨报》,1920 年 8 月 17 日。

⑤ 《北京通信》,《申报》,1920 年 8 月 26 日。

首先起来反对吴佩孚召开国民大会主张的是张作霖。原来张作霖在天津会议上没有对此提出不同意见,是因为他以为这只不过是吴佩孚的一种空谈,说说而已,没有认真看待;现在吴居然用正式文件以个人名义通电全国,颇具号召力,于自己不利,他就不能坐视不理了。8月2日,吴佩孚应曹锟之召到天津谒见张作霖,并陈述关于召开国民大会的意见时,张即表示反对。吴退出后,张对曹锟说:"吴某通电,三哥曾否赞成,我则事前并未与知。如三哥任其所为,则我将单独通电反对。"①张作霖还指责吴佩孚"有过激气味"②。曹锟本来胸无主见,开始他同意吴佩孚的主张,现在张作霖站出来反对,他不敢助吴而与张争,只好退让,当即指令经略使署电政科通电各省各机关,并关照电报局:"第三师长吴佩孚通电召集国民大会一节,经略使已认为无效。凡各省机关若接得该电,概不可认为事实,各电报局接得该电,可以随时扣留。"③因此,吴佩孚这一通电,当时天津电报局并未发往全国,只是京、沪一些报纸事先获知电文内容,才予以披载。吴佩孚的电文被扣后,张作霖拟好的通电才予以撤销。张作霖后来一再表示反对召开国民大会。8月13日,他向日本记者发表谈话时说:"国民大会,非可为问题也。该会系吴子玉将军所主唱,然其背后,有某国人煽动操纵,吴氏不过为其傀儡耳。就中国现状观之,此事万属不可能。"④

徐世昌也是反对国民大会的。这是因为国民大会一旦召开,他的总统地位就成了问题,徐左右一些人,当时也都向他明白指出了这一点⑤。8月5日,曹锟晋京同徐世昌谈及召开国民大会时,徐当即表示不赞成说:"国民程度过浅,且此事为吴子玉一人之主张,各省未必全数赞同,究竟能否实行,尚待研究。"⑥

① 《北京通信》,《申报》,1920年8月13日。
② 《本社专电》,《民国日报》,1920年8月4日。
③ 《曹锟禁国民大会通电》,《民国日报》,8月4日。
④ 《张使与日本记者之谈话》,《晨报》,1920年8月14日。
⑤ 《北京通信》,《申报》,1920年8月13日。
⑥ 《北京通信》,《申报》,1920年8月11日。

　　但吴佩孚并不放弃自己的主张。8 月初，他连续致电北京政府，催促召开国民大会。他提出的主张是："第一，希望先将此案提出国务会议，以示正式通过，中央决无延缓之意；第二，主张以明令颁布后，凡中央地方行政手续即不能干预，俾听国民之自决；第三，以此项应由人民自定范围，当局不应加以限制。"①8 月 6 日，他入京和曹锟、张作霖讨论善后问题时，提出"先开国民大会，后议内阁问题"②。稍后（8 月 12 日），他在复上海商业公团的信中指出："前所主张国民大会，盖鉴于全国纠纷，解决无术，此疆彼界，难期统一，故愿以全国民意之主张，为解决时局之标准，办法如何，胥赖国人之研究。纵不能全国一致，即由各地国民自由集合团体，发表正大之主张，当于国家统一大有裨益。主权在民，载在我国约法，国民自决，更为世界潮流。"③

　　8 月 7 日，在徐世昌主持召开的公府联席会议讨论国民大会问题时，除曹锟未表示反对外，其余各人均持异议，以为决不可行。"故一场会议，殆不啻对于此事为否决之一手续。"④会议最后决定留待新阁成立后解决，而新阁总理靳云鹏就是国民大会的一个坚决反对者。有记者问靳，政府是否认为国民大会有必要并予以承认时，他回答说：只有在大乱之后，纪纲毁坏，法政失效，秩序破裂，没有了国家行政机关的条件下，才不得不以国民大会来补救。现在政府尚在，秩序未乱，纲纪法律虽有废弛，但未至失败毁坏的地步，政府可"从而整饬之，自有正轨可循，不当诿其责于国民"，"即不应有国民大会，故当然无从承认也"。关于吴佩孚提出政府应遵从民意的问题，他说："一般国民，但求安居乐业，而不欲闻国政之何如，此为真正之民意。民无意于国政，而谓解决国政之大会，为出于民意之自动，谓非少数之民假借名义而何？真民意初不能发抒，徒供假借名义者之利用，谅非主张者所乐为也。"⑤

----

① 《吴佩孚催决国民大会》，《晨报》，1920 年 8 月 15 日。
② 《直奉争长中之北政局》，《民国日报》，1920 年 8 月 8 日。
③ 《吴佩孚复商业公团函》，《申报》，1920 年 8 月 17 日。
④ 《北京通信》，《申报》，1920 年 8 月 13 日。
⑤ 《北京通信》，《申报》，1920 年 8 月 19 日。

这样,国民大会就成了吴佩孚的独角戏,而吴佩孚又何尝能代表民意? 因此,所谓国民大会在社会上喧腾了一阵之后,不久也就烟消云散,杳无声息了。

五　解散新国会问题

新国会为安福系所一手炮制,完全是非法产生的。现在安福系已倒,解散新国会应当是势所必至的。吴佩孚提出解散新国会的理由是:一、新国会组织之省份不健全,民意与法律二层都说不过去;二、南北统一,有新旧国会同时解散之约;三、新国会几乎完全为安福分子,安福部之罪状昭著,则新国会当然不能存在①。天津会议通过的决议案,其中之一即为解散新国会。当时一些群众团体也纷纷发表宣言通电,谴责安福国会,要求立即予以解散。但是这一问题又遭到徐世昌的抵制和反对。

徐世昌因自己的大总统是新国会所选出的,新国会一经解散,本身地位也就从根本上发生了问题。因此,他只答应解散安福俱乐部,不同意解散安福国会,藉口新国会任期已满,人又星散,可以让其自行消灭,并且认为保留它,可为以后“南北议和时索价还价之用”②,作为“取消旧国会之交换条件”③。曹锟到京时,曾向徐世昌当面提出解散新国会的要求,他说:“安福部既经总统以明令解散矣,则安福党员居绝对多数之国会,当然不能任其存在。……解散新国会与解散安福部之意,实相一致,不可偏舍者也。”④他还认为:“苟仍留此安福分子垄断之国会,则解散安福部之命令,不啻一种空谈。所谓解散者,仅去安福俱乐部五字耳,议员仍此议员,国会仍此国会,铲除安福之言,无异自欺。”⑤徐世昌

---

① 《非法国会之命运观》,《民国日报》,1920 年 8 月 12 日。

② 《北京通信》,《申报》,1920 年 8 月 9 日。

③ 《本社专电》,《民国日报》,1920 年 8 月 10 日。

④ 《北京通信》,《申报》,1920 年 8 月 11 日。

⑤ 《非法国会之命运观》,《民国日报》,1920 年 8 月 12 日。

坚决不允,表示在自己任内,不愿"为解散国会之行为而为段祺瑞之第二"①。靳云鹏是站在徐世昌一边的,声称如果徐下令解散新国会,他不反对,倘使要他"断然以解散新国会为请,彼亦有所不为"②。张作霖入京后,"对于新国会之命运问题,绝未有所表示"③,实际上他是支持徐世昌的。他认为新国会不久即将改选,如果马上解散,恐另生枝节,同时安福议员已声明与安福系无关,嗣后定能同中央保持一致。"若骤然解散,一切政令由中央命令直行,于共和政治不甚合宜"④。

8月7日,在曹锟、张作霖和徐世昌、靳云鹏等人的联席会议上,除曹锟外,多数均不主张解散新国会,并且做了"类似断不解散之议决"⑤。至此,曹锟又不得不让步,同意不解散新国会,以免徐世昌为难,增加时局的纷扰。8月19日,安福国会议长李盛铎、刘恩格代表参众两院议员,假江西会馆宴请曹锟、张作霖,并召名伶演剧,表示感谢曹、张主张不解散国会之恩。20日,两院全体议员又公宴一次。对国会议员这种丑恶表演,当时的舆论评述说:"国会议员至招伶设宴以谢曹张两使之不解散,可谓极尽国会之丑态者矣。以如此人格而尚得谓之议员,以如此议员而尚得称之为国会,宁知世间尚有羞耻事耶?"⑥

当国内一些群众团体要求解散新国会时,还提出一个与之有连带关系的问题,即徐世昌的大总统地位问题。人们认为,安福国会是非法的,由安福国会产生的总统自然也是非法的,现在解散安福系和安福国会,也应该连徐世昌的总统一并取消;还指出,徐世昌与段祺瑞是一丘之貉,依靠他来惩办段党,如同缘木求鱼,是完全不可能的。7月下旬,全国各界联合会致电吴佩孚说:"国人既厌恶安福党人,誓不承认由安福党人一手制造之非法国会与由非法国会产生之非法总统。公等既以

① 《非法国会之命运观》,《民国日报》,1920年8月12日。

② 《非法国会之命运观》,《民国日报》,1920年8月12日。

③ 《北京通信》,《申报》,1920年8月13日。

④ 《张使对于国会之意见》,《晨报》,1920年8月10日。

⑤ 《北京通信》,《申报》,1920年8月13日。

⑥ 《时评·丑态》,《申报》,1920年8月20日。

讨贼为职志,则讨段之后,应速起而讨徐。非法国会不能听其存在,非法总统万不能再尊为元首。一举而廓请之,庶能就平民政治之轨道,乃不失国人之望。"电文揭露了徐世昌在任袁世凯的国务卿和后来任总统时的种种罪行,然后说:"此等元恶,戴为元首,实污我中华民国国民全体,抑且有危国本之虞。"①杭州学生联合会致信吴佩孚指出:"徐(世昌)段(祺瑞)厥罪惟均,讨段自不应免徐。徐系安福产儿,解散安福国会,戴徐尤无根据。切望徐惩办段党,是恳卖国贼惩其共犯也。拥徐讨段是为卖国之甲党利用以讨乙党也。事理俱不可通,徒为国人所不满耳。"②但这个问题只有吴佩孚表示赞同和支持。

吴佩孚对徐世昌原无好感,在他心目中,徐不过是一个思想陈旧腐朽、毫无原则的昏庸老朽,完全不配担任民国总统的角色,曾在电文中直称徐为"东海先生"、"五朝元老",而不称之为大总统。直皖战争刚结束时,吴即对人说:"如果战争结束,仍是东海总统,予惟有解甲归田而已。"③7月28日,有记者问吴:"战事既定,是否拥徐世昌为总统?"他回答说:"徐乃四肢不全之总统,此问题俟国民大会解决。如国民乐举之续为总统,彼方为完全总统,此时只合算临时总统。"问:"然则吴师长之宗旨,与张作霖对外报记者所说拥护徐总统之言相差矣?"答:"非也。吾人宗旨亦拥护总统,惟拥护全国所承认之总统。今徐未经西南承认,只为半面总统耳。"④吴佩孚提出召开国民大会,其目的之一,就是要通过国民大会这种组织形式来解散安福国会,取消徐世昌的总统地位。

8月初,徐世昌派代表至长辛店,向吴佩孚征询有关时局的意见,吴未予礼遇,曾向代表宣称,他对召开国民大会、惩治祸首、解散国会等主张决不让步,并且重申:总统选举手续非法,"应由一人民代表之国会重选之,定其去留"⑤。8月6日,吴进京时,拒不往谒徐世昌。徐指责

① 《责望曹吴速起讨徐》,《民国日报》,1920年8月2日。
② 《杭州学生致吴佩孚书》,《民国日报》,1920年8月1日。
③ 《非法总统之位置问题》,《民国日报》,1920年7月25日。
④ 《专电二》,《申报》,1920年8月1日。
⑤ 《西报论中国政局》,《时报》,1920年8月11日。

吴太骄傲,也根本没有把这个后生小子、偏裨牙将放在眼里。

　　张作霖是拥护徐世昌的。原先安福国会拥戴徐为总统时,他就极力表示赞成。在他看来,徐虽为安福系所选出,但后来受安福系排挤,对安福系的专横也是不满的,并且是直奉方面在反安福系斗争中争取的一个同盟者,现在斗争取得胜利,反而把他撵下台,未免不近人情;让徐留在总统的位置上,对于保护一切旧习惯旧制度,共同压制吴佩孚这样的“危险分子”,也是有好处的。因此,他决不肯让徐世昌的总统地位有所动摇。曹锟是一个无思想、无主见的人,对徐的总统问题所持的态度是“无可无不可”①。最后,当然又是张作霖的意见占了上风,吴佩孚被迫放弃了自己的要求。8月15日,吴第二次进京,被曹锟说服于次日去谒见徐世昌,从此以后,他就再也不谈总统问题了。

六　一项政治分赃密约

　　自从曹锟、张作霖进京以后,一切重大事情均由张作霖做主,曹锟都是惟张是从。当时舆论指出,“溯自曹张入京,所有重大事件,概由作霖主持,故张为自动,而曹则被动,已尽人皆知”②。吴佩孚提出的召开国民大会、解散新国会、处分段祺瑞、取消徐世昌的总统资格等重大问题,被张作霖、徐世昌等一一拒绝后,曹锟暗中告诫吴要克制一些,避免发生新的冲突。吴看到张作霖在北京城以战胜者自居,飞扬跋扈,武断一切,对自己极力加以排斥,心虽愤愤不平,但敢怒而不敢言。他作为一个具有浓厚上尊下卑的封建意识的军人,对顶头上司曹锟的旨意也只有服从。8月17日,他离开北京后,就决定不再预闻政事,约集冯玉祥、李奎元等直系将领开始准备在洛阳练兵,扩大直军的势力。他同张作霖的矛盾,成为后来直奉战争的伏线。

　　曹锟并不是只让步而毫无代价的,如果那样他也是不会干的。北

---

①　《非法总统之位置问题》,《民国日报》,1920年7月25日。
②　《北京通信》,《申报》,1920年8月28日。

京政府鉴于张作霖原有东三省巡阅使名义,而曹锟当时只是一个徒有虚名的川粤湘赣四省经略使,也拟委派曹为直鲁豫晋四省巡阅使。后因张作霖只有三省地盘,不愿曹锟拥有四省,同时山西都督阎锡山也反对归曹锟节制,故改为直鲁豫三省巡阅使。8 月 20 日,北京政府正式发表了由徐世昌签署的任命令(9 月 2 日任命吴佩孚为副使),同时裁撤川粤湘赣四省经略使。巡阅使与经略使不同,对所辖地区有控制实权,对此,曹锟是心满意足的。徐世昌、靳云鹏就是这样以权益为钓饵,取得曹锟对他们的妥协让步和支持的。

8 月中下旬,曹锟、张作霖、徐世昌、靳云鹏之间,为了实行政治分赃,在张志潭、叶恭绰、吴笈孙三人的参与斡旋下,进一步多次协商,并签订了包括下面六项内容的密约,一、以后国家大计,须先征求曹张同意而后施行;二、东三省以及直鲁豫巡阅使范围内,用人行政,政府予曹张以方便,不能有所干涉;三,总统地位,由曹张竭力维持,曹汝霖、陆宗舆亦由曹张负责保全其面子;四、靳内阁如有为难之处,曹张予以援助;五、各省如有不服从中央命令,曹张有劝告之责;六、段祺瑞生命财产,曹张予以保全①。此外,关于曹张二人之间势力问题,则采取平均分配办法,如西北军之军械归奉军所有,九师、十五师划归直系;在京抄没的段派军实,亦由直奉均等分配;此次讨段之直奉军,以后由陆军部发饷,并且规定每月发饷之准期;直奉两军驻近畿之兵,各为一师;等等。

曹锟和张作霖在北京住了整整一个月,于 9 月 4 日出京赴天津,旋各回保定、奉天。直皖战争结束后,上述有关时局的一些重大问题就这样处理结束了。原来由皖系安福系控制的北京政府,现在由直系和奉系来共同控制了。原来直皖之间势不两立的对抗状态,由于皖系战败而消失,为新的直奉间的矛盾所取代,军阀官僚的统治依然如故。人们因吴佩孚推翻皖系军阀统治而一度流露的某些喜悦心情和对他的期望,很快就冰消瓦解。他们已经看出,张作霖、曹锟不会比段祺瑞好些,北京政府还是安福系专横时期的旧班底,没有任何新的迹象;依靠军阀

---

① 《北京通信》,《申报》,1920 年 8 月 28 日。另见《申报》1920 年 8 月 29 日。

的胜败来解决政局问题,寻求政治的清明和社会的进步,是不可能的。要救中国,只有靠国民自决,奋起自救。《申报》发表的一篇题名为《新旧之北京》的时评说:"北京之内阁曰新内阁,其总理曰新总理,其国会曰新国会,皖直战争之崭然见头角者曰新人物,段派失败后取而代之者曰新势力,今日都中之所见所闻,几无一而不新。……然所谓新内阁总理者,仍是安福时代之内阁总理,所谓新国会者仍是安福时代之国会,所谓新人物者仍是武人,所谓新势力者仍是武人。今日都中所见所闻,实无一而不旧。离离原上草,一岁一枯荣,野火烧不尽,春风吹又生,此之谓矣。"①《民国日报》载文说:"曹锟、张作霖、李纯及彼等同派之各武人,何尝能优于皖派。……今之排斥安福者,因反抗其公敌小徐,故暂时团结一气,并无一定之宗旨及主义。迨小徐既去,彼等将因争夺赃物而起内部之争,则中国政局中之纷乱也,阴谋也,争攘也,仍将如故。久之必再造成一反对党,取今日握权者而代之。"②《民国日报》还刊载了7月31日本《读卖新闻》发表的一篇关于中国政局的论文,译者在最后指出:"今日欲解决吾国政局,真正救中国……决非任何军阀派的胜败所能生其直接的效果的。因彼等只知有军阀的盛衰,不知有国家的兴亡,那么如何可以靠他为吾国讲救济之策呢? 今欲救中国,惟有国民自决,国民奋起自救之一途。吾望有国民资格的诸同胞,急急觉醒,急急兴起,勿再深入迷梦,信赖军阀能救国救民,那是我日夜所祈祷的。"③

　　这不但说明了国民的普遍失望,同时也说明了一部分国民已经开始觉醒。在半殖民地半封建社会的条件下,中国人民总是要在苦难中前进的。历史也在曲折中前进。

---

①　《申报》,1920 年 8 月 24 日。

②　《民国日报》,1920 年 6 月 30 日。

③　《日报评战后之北政局》,《民国日报》,1920 年 8 月 10 日。

参考文献 *

中文档案文献

北洋政府大总统府档案,中国第二历史档案馆藏,南京

北洋政府国务院档案,中国第二历史档案馆藏,南京

北洋政府江苏督署档案,中国第二历史档案馆藏,南京

北洋政府零散军事档案,中国第二历史档案馆藏,南京

北洋政府陆军部档案,中国第二历史档案馆藏,南京

北洋政府内务部档案,中国第二历史档案馆藏,南京

北洋政府司法部档案,中国第二历史档案馆藏,南京

徐树铮档案,中国第二历史档案馆藏,南京

北洋时期档案文献,中国社会科学院近代史研究所藏,北京

北洋时期档案文献,云南省档案馆藏,昆明

文史资料未刊稿,全国政协文史资料委员会藏,北京

《白坚武日记》(稿本),中国社会科学院近代史研究所藏,北京

《贵州民国以来政治大略》,藏地不详

《黎元洪与段祺瑞》,张国淦,中国社会科学院近代史研究所藏,北京

《陆专使等参与欧和会报告》,藏地不详

《弢养斋日记》,徐世昌,藏地不详

《文电汇选》,中国社会科学院近代史研究所藏,北京

---

　* 本书目所收为本卷所引的主要参考文献。中文和日文书目以书名汉字的音序排列,西文书目以作者姓氏字母顺序排列。

《忆语随笔》,曾毓隽,天津市政协文史资料委员会藏,天津

《张勋复辟逸史》,王武,全国政协文史资料委员会藏,北京

《赵凤昌藏札》,国家图书馆藏,北京

《郑孝胥日记》,中国历史博物馆藏,北京

《众议院速记录》,第二届第一期常会,藏地不详

中文著作

《安福祸国记》,南海胤子著,上海,神州国光社,1920

《安福秘史》,鸿隐生著,上海,宏文图书馆,1920

《北洋军阀史料选辑》,杜春和等编,北京,中国社会科学出版社,1981

《蔡松坡集》,曾业英编,上海人民出版社,1984

《蔡元培全集》,高平叔编,北京,中华书局,1984

《蔡元培全集》,孙常炜编,台北,商务印书馆,1977

《曹汝霖一生之回忆》,台北,传记文学出版社,1970

《程璧光殉国记》,莫汝非著,广州,1919

《杜威五大讲演》,出版地、时间不详

《段祺瑞》,沃邱仲子著,上海,广文书局,1920

《盾鼻集》,梁启超著,上海,商务印书馆,1917

《复辟始末记》,上海文艺编译社,1917

《革命缀言》,杨虎著,桂林力报馆,1943

《古宋县志》(四川),出版地、时间不详

《顾维钧回忆录》,北京,中华书局,1983

《顾维钧外交文牍选存》,金问泗编,出版地、时间不详

《贵州辛亥革命》,冯祖贻、顾大全著,贵阳,贵州人民出版社,1981

《桂系据粤之由来及其经过》,李培生编,广州艺苑印刷所,1921

《国父民初革命纪略》,叶声夏著,出版地、时间不详

《国父年谱》,罗家伦主编,台北,中国国民党党史会,1958

《国父年谱》(增订本),台北,中国国民党党史会,1969

《国父全集》,秦孝仪主编,台北,近代中国出版社,1989

《国际条约集》(1917—1923)，北京，世界知识出版社，1961

《湖南省志》，出版地、时间不详

《护国之役》(电稿)，出版地、时间不详

《回顾录》，邹鲁著，台北，三民书局，1976

《回忆辛亥革命》，北京，文史资料出版社，1981

《会泽靖国文牍》，出版地不详，1923

《康南海先生遗著汇刊》，蒋贵麟编，台北，宏业书局，1976

《乐斋漫笔》，岑春煊，出版地、时间不详

《李大钊文集》，北京，人民出版社，1984

《梁节庵先生年谱》，吴天任著，台北，艺文印书馆，1979

《梁启超年谱长编》，丁文江、赵丰田编，上海人民出版社，1983

《梁启超诗文选》，方志钦、刘斯奋编注，广州，广东人民出版社，1983

《列宁全集》，中共中央马克思恩格斯列宁斯大林著作编译局编译，北京，人民出版
　　社，1984

《六十年来中国与日本》，王芸生著，北京，三联书店，1981

《六十五年来中国国际贸易统计》，杨端六编，中央研究院社会科学研究所，1931

《鲁迅全集》，北京，人民文学出版社，1981

《罗戴祸川纪实》，黄绶著，出版地点不详，1917

《马克思恩格斯选集》，中共中央马克思恩格斯列宁斯大林著作编译局编译，北京，
　　人民出版社，1972

《梦痕记》，镜宙著，出版地、时间不详

《秘笈录存》，北京，中国社会科学出版社，1984

《民国川事纪要》，周开庆著，台北，台湾四川文献研究社，1974

《民国十五年以前之蒋介石先生》，毛思诚编，香港，龙门书店，1965

《民国政史拾遗》，刘以芬著，台北，文海出版社，1954

《邱北县县志》，出版地、时间不详

《瞿秋白文集》，北京，人民文学出版社，1953

《曲石文录》，李根源著，出版地不详，1932

《日本外交史》[日]信夫清三郎主编，北京，商务印书馆，1980

《三水梁燕孙先生年谱》，凤冈及门弟子编，上海，联合书局，1946

《四川军阀史料》第1、2辑,成都,四川人民出版社,1981、1983

《孙中山全集》,北京,中华书局,1982—1986

《孙中山选集》,北京,人民出版社,1981

《太平洋会议之参考资料》,项衡方编,上海申报馆,1921

《唐继尧》,东南编译社编,台北,文海出版社,1963

《伟大的道路》,史沫特莱著,北京,三联书店,1979

《吴佩孚将军传》,陶菊隐著,北京,中华书局,1940

《吴佩孚书牍全篇》,出版地不详,1926

《吴佩孚战史》,得一斋主人编,出版地不详,1922

《吴佩孚正传》(初编),中央国史编辑社,出版地不详,1920

《五四爱国运动档案资料》,北京,中国社会科学出版社,1980

《湘灾纪略》,湖南善后协会编,出版地、时间不详

《新中国人物志》,〔日〕园田一龟著,黄惠泉、刁英华译,上海良友图书印刷公司,
    1930

《徐世昌》,警民著,台北,文海出版社,1967

《徐树铮电稿》,北京,中华书局,1962

《徐树铮秘史》,强国居士著,出版地、时间不详

《研究中山先生的史料与史学》,黄季陆等编,台北,"中华民国"史料研究中心,
    1975

《叶遐庵年谱》,出版地、时间不详

《一个美国外交官使华记》,芮恩施著,李抱宏、盛震溯译,北京,商务印书馆,1982

《一九一九年南北议和资料》,北京,中华书局,1962

《饮冰室合集》,梁启超著,上海,中华书局,1936

《云南贵州辛亥革命资料》,北京,科学出版社,1959

《章太炎先生年谱长编》,汤志钧编,北京,中华书局,1979

《章太炎政论选集》,汤志钧编,北京,中华书局,1977

《直皖秘史》,张一麐著,上海,世界书局,1920

《直皖战争》,中国第二历史档案馆编,南京,江苏人民出版社,1980

《中俄关系史料——西伯利亚出兵》,台北中研院近代史研究所编,1960

《中俄关系史料——新疆边防》,台北中研院近代史研究所编,1960

《中共党史革命史论集》,北京,中共中央党校出版社,1982

《中国国民党史稿》,邹鲁著,上海,商务印书馆,1946

《中国近代外债史统计资料》(1853—1927),徐义生编,北京,中华书局,1962

《中国议会史》,顾敦鍒著,苏州木渎心正堂,1931

《中华民国史事纪要》(初稿),中华民国史事纪要编辑委员会编辑,台北,"中华民国"史料中心,1974

《中美关系资料汇编》第1辑,北京,世界知识出版社,1957

《中外旧约章汇编》,北京大学法律系国际法教研室编,北京,三联书店,1959、1962

《邹鲁全集》,台北,三民书局,1976

《最近三十年中国军事史》,文公直著,上海,太平洋书店,1930

《最近三十年中国外交史》,刘彦著,上海,太平洋书店,1932

中文报纸

《爱国白话报》,北京

《晨报》,北京

《晨钟报》,北京

《大公报》,天津、长沙

《公言报》,北京

《光明日报》,北京

《国民公报》,成都

《国民日报》,长沙

《护国报》,云南

《民国大新闻报》,上海

《民国日报》,上海

《民立报》,上海

《商务日报》,重庆

《申报》,上海

《神州日报》,上海

《时报》,上海

《时事新报》,上海

《顺天时报》,天津、北京

《义声报》,云南

《粤报》,广州

《中华新报》,上海

《中央日报》,桂林

中文期刊

《北京大学日刊》,北京

《东方杂志》,上海

《广东公报》,广州

《广东文史资料》,广州

《贵州公报》,贵阳

《贵州文史资料选辑》,贵阳

《建国月刊》,上海、南京

《近代史资料》,北京

《军政府公报》,广州

《昆明文史资料选辑》,昆明

《旅欧杂志》,法国

《每周评论》,北京

《民报》,东京

《内阁官报》,北京

《南京学生联合会日刊》,南京

《人文月刊》,上海

《商务公报》,哈尔滨

《少年中国学会会员报告》,北京

《文史资料选辑》,北京

《新民丛报》,横滨

《新青年》(《青年杂志》),上海、北京

《星期评论》,上海

《云南档案史料》,昆明

《云南文史资料选辑》,昆明

《政府公报》,北京

《众议院公报》,北京

日文档案文献

日本外务省档案,东京

日本外务省缩微胶卷,东京

日文著作

《安福部》,西塘野史著,日新书局,出版地不详,1920

《东洋文化研究所纪要》,东京大学东洋文化研究所,出版时间不详

《公爵松方正义传》,德富苏峰编,出版地不详,1935

《原敬日记》,原奎一郎编,乾元社,出版地不详,1950

《贸易与国际收支——长期经济统计》,山泽逸平编,出版地不详,1965

《美国对外关系文件》(*Foreign Relations of the United States*),出版地、时间不详

《梦的七十余年》,北村敬直编,平凡社,东京,1975

《日本外交年表并主要文书》,日本外务省编纂,日本联合国协会,东京,1957

《日本外交文书》,日本外务省编纂,大正三、五、六、七、九年,1969－1972

《日本与中国——大正时代》,臼井胜美著,原书房,东京,1972

《外交余录》,石井菊次郎著,出版地不详,1930

《西原借款资料研究》,铃木武雄编,东京大学出版社,东京,1978

《小幡酉吉》,小幡酉吉传记刊行会编刊,出版地不详,1957

《中国借款与胜田主计》,胜田龙夫著,出版地不详,1972

《走向太平洋战争的道路》第 1 卷,日本国际政治学会编,朝日新闻社,东京,1963

人名索引 *

　　＊　本索引收入本卷中出现的人名，中国、日本、朝鲜、越南人名以其汉字的音序排列，其他国家的人名以其译音汉字的音序排列，并附其原文，少数不知原文者暂付阙如。

E

F